학생맞춤통합지원체계 구축하기

다층지원체계 [MTSS]

기초학력과 정서행동 지원의 통합

Kent McIntosh · Steve Goodman 공저
손승현 · 강영모 · 고서연 · 김미령 · 백영선 공역

INTEGRATED MULTI-TIERED SYSTEMS OF SUPPORT BLENDING RTI AND PBIS

학지사

Integrated Multi-Tiered Systems of Support: Blending RTI and PBIS

by Kent McIntosh and Steve Goodman

역자 서문

한국 교육은 기초학력 보장과 정서행동 지원이라는 두 과제를 동시에 안고 있다. 그러나 지금까지 두 영역은 별도의 사업과 체계로 운영되어, 지원의 연속성과 효율성이 떨어지고 사각지대가 발생해 왔다.

『다층지원체계(MTSS): 기초학력과 정서행동 지원의 통합(부제: 학생맞춤통합지원체계 구축하기)』은 중재반응모형(Response to Intervention: RTI)과 긍정적 행동지원(positive behavior intervention and support: PBIS)을 통합한 MTSS를 통해 학업과 행동을 아우르는 학생 지원 방안을 제시한다. MTSS는 새로운 사업을 추가하는 대신, 기존의 자원과 노력을 하나의 통합된 시스템으로 재구성해 학교 전체의 효율성과 효과성을 높인다.

제1장 서문에서 지적하듯이, 반복되는 교육 혁신의 피로를 줄이고 현장의 실행력을 높이기 위해서는 데이터 기반 의사결정, 증거 기반 실제, 다층적 지원, 팀 협력이라는 MTSS의 핵심 원리를 적용하는 것이 중요하다.

특히, 국내에서 2022년부터 시행되고 있는 「기초학력보장법」과 2026년부터 시행될 「학생맞춤통합지원법」, 그리고 최근 교육정책이 MTSS의 기본 철학과 맞닿아 있다. 이러한 제도적 기반 위에서 MTSS를 도입한다면, 개별 사업의 분절성을 해소하고 교실, 학교, 교육청 차원의 통합적 지원체계를 구축할 수 있다.

역자는 이 책이 한국 학교 현장에서 기초학력과 정서행동 지원을 통합적으로 구현하는 실천 지침이 되기를 기대한다. MTSS가 단순한 이론이 아닌, 모든 학생의 성장과 교육공동체의 회복탄력성을 높이는 교육 철학이자 운영 프레임으로 정착하기를 기대한다.

2025년 여름

역자 대표 손승현

차례

제3부 성공적으로 구축된 지원체계에 대한 사례 연구

제4부

돌아보기, 앞을 내다보기

제1부

기초

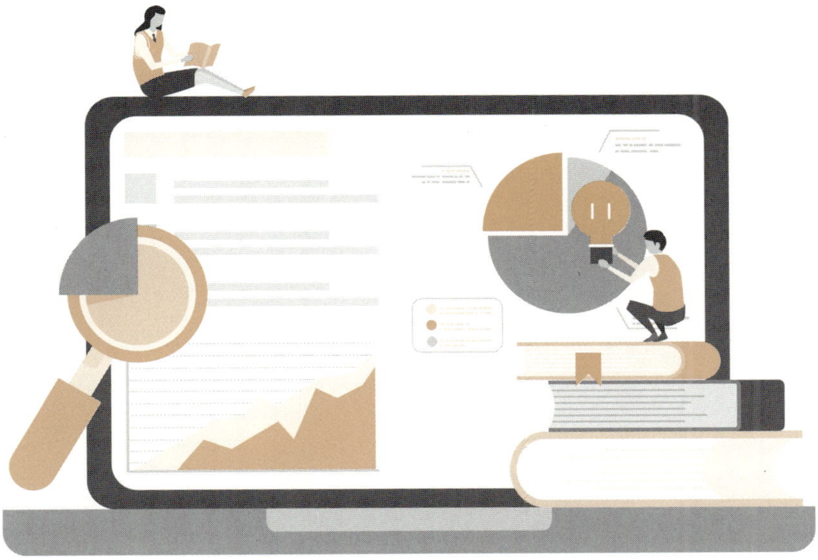

Integrated Multi-Tiered Systems of Support Blending RTI and PBIS

제1장

소개

라탐(Latham, 1988)은 교육혁신에 관한 그의 논문에서, 교육이란 "지속적인 개선 방안을 찾기 위한 아이디어와 실천의 지속적인 변화"라고 설명했다. 관리자들은 학생의 학업성취도 향상을 위해 수업이나 학교생활을 개선할 수 있는 새로운 시도나 프로그램과 같은 교육혁신을 큰 기대를 갖고 도입한다. 이러한 새로운 시도가 시작되면 새로운 자료들과 함께 교수·학습이 이전과 어떻게 다르게 실행되어야 하는지를 설명하는 다양한 용어들이 등장한다.

작년엔 유망했던 교육혁신은 안타깝게도 학생성취도에 미치는 실질적인 영향과는 관계없이 새로운 시도에 필요한 새로운 팀들과 교육, 실행을 위해 버려진다. 작년의 혁신은 먼지가 쌓인 물품 창고로 밀려나고, 모든 교육 문제에 대한 해답처럼 홍보되는 오늘의 새로운 시도는 1~2년 후 다른 시도와 합류하게 된다.

라탐이 '교육혁신의 탄생과 소멸 주기'라고 불렀던 이 과정은 패턴화되어 지속적으로 반복되고 있지만, 학교의 실제적인 운영 방식에는 눈에 띄는 변화가 없다(Coburn, 2003). 한정된 자원 안에서 양질의 교육이 절실히 필요한 학교 현장에서 이러한 과정은 자원 낭비로 이어진다는 것을 쉽게 유추할 수 있다. 이러한 자원 낭비의 가장 큰 피해는 새로운 프로그램을 구입하는 데 사용되는 예산의 손실이나 새로운 양식을 사용하도록 교직원을 교육하는 데 소요되는 시간의 손실이 아니라, 교육에서 새로운 접근 방식을 시도하려는 열정과 의지의 상실이다. 새로운 것을 시도할 때 생기는 피로감으로 인해 혁신에 압도당하고 저항하며 변화의 가능성을 비관적으로 생각하는 것은 오늘날 교육계의 일반적인 문제이다(Greenberg, Weissburg, & O'Brien, 2003). 유망하다고 여겨지는 새로운 시도가 수없이 많이 등장하고 사라지는 것을 보면 교육혁신에 대해 지쳐버리기 쉽다. 교사가 새로운 시도에 회의적이라면 다음 계획이 등장할 때까지 그냥 무시해 버릴 수 있다. 그리고 안타깝게도 종종 새로운 시도가 뿌리내리지 못하고 실패할 때 교사는 가장 먼저 비난 받는다(Valli & Buese, 2007).

새로운 용어, 양식, 프로세스를 도입하는 새로운 교육혁신에 대한 책을 내놓는 것이 다소 비관적으로 보여 기운이 나지 않을 수 있다. 그러나 새로운 접근 방식이 필요한 이유는 잘못 실행하거나 포기하게 되는 어려운 상황이 있기 때문이다. 어떻게 새로운 시도에 대한 피로감을 해소하면서 혁신을 계획할 수 있을까? 교사와 관리자의 리스트에 또 다른 계획을 추가하여 복잡하게 만드는 대신, 여러 영역에서 시행된 기존의 노력과 시스템을 연결하고 이미 학생들에게 제공되고 있는 지원을 전체로 통합하는 접근 방식이 필요하다. 이 책은 학업과 사회·정서적 행동을 서로 무관한 문제로 취급하여 별개로 접근하는 일반적인 접근 방식과 달리, 학업과 행동 사이의 중요한 연관성에 의존하는 접근 방식을 시도한다. 또한 학생의 성취도 향상을 위해 통합의 가장 효과적인 부분을 신중하게 고려하여 학업과 행동지원 체계의 통합을 위한 전략적인 접근 방식을 장려한다.

1. 다층지원체계

최근 교육혁신에 대한 논의에서 다층지원체계(Multi-Tiered Systems of Support: MTSS)라는 용어가 주목받고 있다. ERIC 및 PsycINFO 데이터베이스에서 검색한 결과 MTSS를 주제로 한 24개의 출판물이 발견되었으며, 이 중 2009년 이전에 출판된 것은 단 한 건에 불과했다. 어떤 모델의 인기가 급격히 높아지면 컨설턴트들이 돈을 벌기 위해 새롭게 개발한 것이거나, 학술적으로 증명된 바는 없이 미디어에서 유행하는 것에 불과하다는 불신이 생길 수 있다. MTSS는 현재 실행되고 있는 것들을 대체하기 위해 개발된 완전히 새롭게 배워야 할 모델인가? 답은 대중적이고 효과적인 두 가지 교육 접근 방식에 있다.

1) 학업 및 행동 중재반응모형 체계

최근에는 중재반응모형(Response To Intervention: RTI)과 긍정적 행동지원(Positive Behavioral Interventions and Supports: PBIS)이라는 두 가지 접근 방식이 학교 차원에서 실행되는 수준에서 벗어나, 사회적 중요성을 지닌 규모로 시행되고 있다. 예를 들어, 미국의 PBIS 국립센터는 21,000개 이상의 학교에 PBIS 실행 방안을 지원한다. 많은 학교가 센터의 공식적인 지원 없이 PBIS를 실행하고 있다는 점을 고려하면, 보수적으로 추산해도 미국 내 학교 다섯 곳 중 한 곳 이상에서 PBIS를 실행하고 있는 것으로 추정할 수 있다.

학업 RTI와 관련된 최근 조사 결과에 따르면 68%의 학교가 지역교육청 단위로 시행하는 RTI를 어느 정도 시행하고 있으며, 24%의 학교는 기존에 시행하고 있던 것에 RTI를 일부 도입하고 있다고 한다(GlobalScholar, 2011). 그러나 대부분의 학교는 초등학교 수준에서 읽기 영역에서만 RTI를 시행하고 있다고 한다. 이 조사에서 초등학교의 51%는 읽기에 대해 RTI를, 20%는 행동 영역에만 RTI를 활용하여 전체 모델을 실행하고 있다고 보고했다. 중학교에서는 13%가 읽기에서 RTI를, 8%가 행동 영역에만 RTI를 활용하여 전체 모델을 실행하고 있다고 답했다. 이와 같이 많은 학교가 RTI와 PBIS 중 하나 또는 두 가지를 시행하고 있기 때문에, 많은 학교가 또 다른 종합적인 체계를 실행하고 있을 거라 생각하긴 어려울 듯하다.

그렇다면 수많은 다른 방법이 시행되기도 전에 폐기되었음에도 불구하고, RTI와 PBIS가 널리 채택되고 유지되는 이유는 무엇인가?(Cook & Odom, 2013) 간단한 이유 중 하나는 효과성에 있다. 일반 교사들이 실행하였을 때 학생의 학업성취도에 향상을 보이는 성과가 있었기 때문이다. 여러 무작위 대조 실험(일부 학교는 시행하고 다른 학교는 기존대로 유지)을 포함한 여러 연구에 따르면, PBIS를 실행한 결과 학생의 돌발행동 감소, 괴롭힘 감소, 학업성취도 증가, 학교 안전 증가, 교사 분위기 및 자기효능감 개선, 사회적 역량 증가, 정서 조절력 증가 등의 효과가 보고되었다(Bradshaw, Koth, Thornton, & Leaf, 2009; Bradshaw, Waasdorp, & Leaf, 2012; Horner et al., 2009; Kelm & McIntosh, 2012; Nelson, Martella, & Marchand-Martella, 2002; Waasdorp, Bradshaw, & Leaf, 2012). 학업 RTI의 경우, 특히 초기 읽기 · 쓰기 영역에서 실행하면, 전반적으로 학업성취도를 향상시키고 어려움을 겪는 학습자의 두뇌 기능을 개선하며, 특수교육서비스에 대한 의뢰를 감소시킬 수 있다는 증거가 있다(Gunn, Biglan, Smolkowski, & Ary, 2000; Shaywitz et al., 2004; Simmons et al., 2002; VanDerHeyden, Witt, & Gilbertson, 2007; Vaughn, Linan-Thompson, & Hickman, 2003; Vellutino et al., 1996).

2) MTSS에 통합

RTI와 PBIS의 광범위한 확산과 효과성을 고려할 때, 이러한 접근법이 어떻게 일관된 시스템으로 통합될 수 있는지에 대한 비공식적인 논의가 있었으며 이를 다층지원체계(MTSS)라고 한다(Sugai & Horner, 2009b). 단순히 특수교육 적격성을 판단하는 모델로 RTI를 좁게 개념화한 것과 달리, 일부에서는 MTSS를 다층화된 서비스 제공 모델 내에서 교육, 평가 및 의사결정을 통합하여 한 가지 교육 영역(예: 읽기 · 쓰기)에 대한 포괄적인 접근 방식이라고 설명했다(Kansas MTSS Project, 2012). 이러한 구분은 종종 학교 심리학자가 주도하는 특정 의사결정 과정과 달리, 교육의 더 넓은 맥락에 관심을 집중한다는 점에서 유용하다(Baker, Fien, & Baker, 2010). 그러나 이 책에서 MTSS를 언급할 때는 교육의 여러 영역 또는 교과(예: 읽기 · 쓰기 및 사회 · 정서적 역량)를 다루기 위해 다층의 시스템을 하나의 일관되고 전략적으로 결합된 시스템으로 통합하는 것에 초점을 둔다. 〈표 1-1〉은 RTI, PBIS 및 MTSS 모델에 대한 개요이다.

표 1-1 학업 및 행동 지원에 대한 체계적인 접근 방식: 정의

명확히 하고자, 다음과 같은 정의를 사용한다.

학업 중재반응모형(RTI)

학업 RTI는 양질의 보편적 교육과 학생의 필요에 따라 제공되는 추가적인 단계별 지원을 통해, 학교 전체 및 개인의 성취도를 향상시키기 위한 예방적 체계이다. 여기에는 일반교육과 특수교육 전반에 걸친 협력적 팀워크가 포함된다. 학업 RTI에서 의사결정은 검증된 선별 및 진전도 모니터링 측정 도구로부터 수집한 데이터를 기반으로 한다. 이러한 데이터는 특수교육 적격성 결정 과정의 일부로 활용될 수 있지만, 학업 RTI는 성취기준 달성을 위한 수업(core classroom instruction)을 포함한 모든 교수 · 학습 체계를 포함한다.

학교 차원의 긍정적 행동지원(PBIS)

학교 차원의 PBIS는 증거 기반 실제로, 학생에게 3단계의 연속적인 지원을 제공하고, 교직원의 실행을 지원하며, 의사결정에 데이터를 사용하기 위한 체계(framework)이다. 따라서 PBIS는 학생의 사회 · 정서적 행동에 대한 RTI 접근법으로 간주된다. PBIS는 행동지원에 대한 교육적 접근 방식, 환경 변화를 통한 예방, 지역적 상황에 대한 적응, 응용행동분석 과학을 사용하여 교직원, 학생 및 가족에게 가치 있는 결과를 달성하는 것을 강조한다.

통합 다층지원체계(MTSS)

통합 MTSS 모델은 모든 학생이 학교에서 학업과 행동 모두에서 성공할 수 있는 최상의 기회를 제공한다. MTSS는 여러 영역에서 학생의 필요에 맞는 양질의 교육과 중재를 제공하고, 학생의 진전도를 자주 점검하여 교육목표를 변경할 것인지 결정하는 데 중점을 둔다. 단순히 학업 RTI와 PBIS 시스템을 모두 구현하는 것이 아니다. 모든 학교 시스템의 효율성과 효과를 향상시키기 위해 이러한 시스템을 체계적이고 신중하게 통합한다.

3) 학업 RTI와 PBIS의 구성 요소

학업 RTI와 PBIS는 몇 가지 공통된 기본 원칙에 기반하며, 이 원칙은 매우 중요하기 때문에 실제 여러 서비스를 제공하는 데 영향을 미친다. 문제를 예방하고 학생의 학습을 최적화하는 것이 핵심 개념이라는 점에서 둘은 똑같진 않지만 비슷하다. 구성 요소는 [그림 1-1]과 같다.

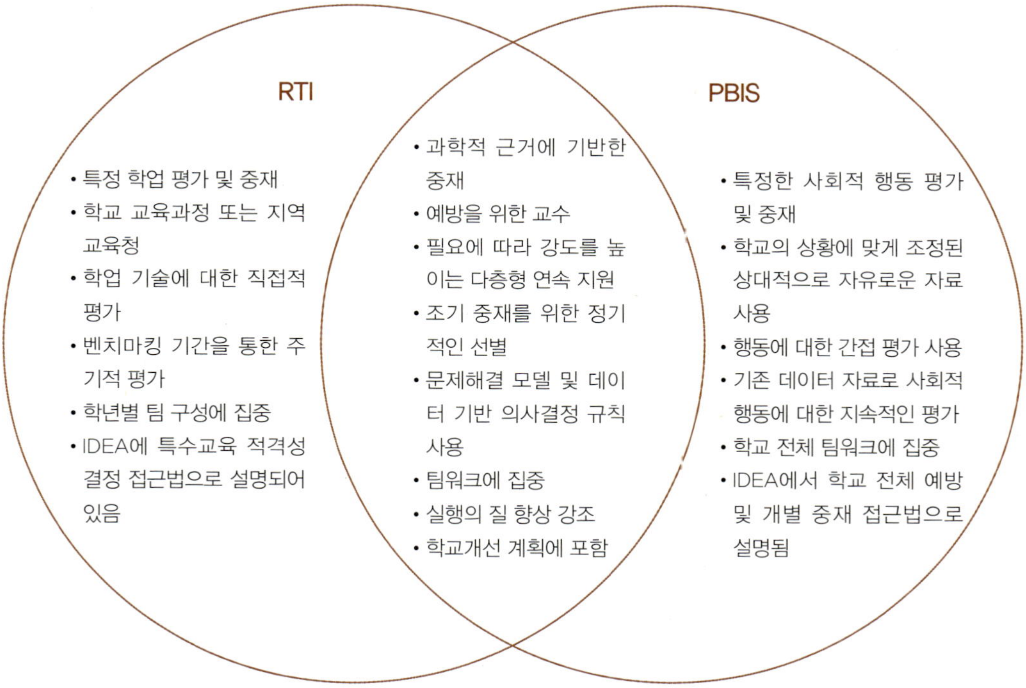

[그림 1-1] RTI와 PBIS의 유사점 및 차이점

출처: Sugai & Horner (2009).

(1) 구성 요소의 공통점

학업 RTI와 PBIS가 유사하다는 것은 우연이 아니다. 많은 구성 요소는 양질의 교육과 효과적인 시스템 변화 원칙에 기반을 두고 있다(McIntosh, Goodman, & Bohanon, 2010; Stollar, Poth, Curtis, & Cohen, 2006; Sugai & Horner, 2009b). 예를 들어, 학업 RTI와 PBIS의 핵심은 학생의 학업과 행동에서의 문제를 예방하는 것이므로, 이를 중점으로 얼마만큼의 노력을 기울여 어떤 중재를 선택하고 실행할 것인지를 결정한다. 즉, RTI와 PBIS 모두 문제가 발생했을 때 치료하는 것보다는 예방하는 것이 더 많은 학생에게 효과적이라는 철학에 기반한다.

이러한 예방 중심 접근법에 기반하여 두 모델은 어떤 학생이 어떤 위험 요소를 얼마만큼 가졌는지와 관계없이 모든 학생을 대상으로 중재를 실행하며, 더 도움이 필요한 학생들을 위한 지원도 지속적으로 제공한다. RTI와 PBIS의 목표는 학생들이 관심 분야의 콘텐츠를 읽고, 좌절에 대처하고, 친구와 사이좋게 지내는 등 자신의 행동에 대한 강화를 얻는 데 필요한 기술을 제공함으로써 학교 안팎에서 학생들에게 가치 있는 결과를 향상시키는 것이다. 두 시스템은 예방 및 중재를 위해, 차별화 교수의 원리에 기반한 수업에 초점을 두고 지속적으로 지원한다. 마지막으로, 두 시스템 모두 과학적으로 효과가 입증된 방법들을 사용한다. 즉, 다양한 교실에서 더 많은 학생에게 효과가 있는 것으로 입증된 방법을 활용한다. 이러한 실행 요소는 제4장에서 논의한다.

시스템 기반의 중재에 중점을 둔다는 점 역시 비슷하다. 학업 RTI와 PBIS는 기본적으로 데이터 기반이다. 중재충실도, 학생 선별 또는 표준화된 데이터, 진전도 모니터링 데이터와 같은 데이터들은 교사들이 수업을 하고 시스템을 실행하는 데에 유용한 정보를 제공한다. RTI와 PBIS, MTSS에서의 데이터에 대해서는 제3장에서 다룬다. 학업 RTI와 PBIS는 근본적으로 팀으로 운영된다(Gersten et al., 2008; Sugai & Horner, 2009a). 팀에 의해 실행이 시작되고, 과정을 점검하는 것 또한 팀에 의해 이루어진다. 팀에 대해서는 제5장에서 설명한다. 또한 팀 기반 접근 방식은 학교 내 시스템 전반에 협업이 요구된다. 학교 수준의 실행계획에는 일반교육, 특수교육, 행정, 학교 및 지역교육청 수준의 지원 및 교직원 간의 협업이 필요하다. 따라서 효과적인 학업 RTI와 PBIS 팀을 만들기 위해서는 각 부서의 대표자가 포함되어, 학교의 모든 구성원이 계획을 수립하고 실행하는 데 적극적으로 참여하도록 해야 한다.

(2) 구성 요소의 차이점

이러한 강력한 유사성에도 불구하고, 학업 RTI와 PBIS를 구분하는 데 도움이 되는 몇 가지 주목할 만한 차이점이 있다. 용어와 같은 일부 차이점은 사소한 것이다. 교육과정 측면에서 보면 학업 RTI의 1단계 지원은 성취기준을 중심으로 하는 일반 교육과정(core curriculum)을 의미하지만, 1단계 PBIS는 보편적인, 즉 학교 전체에 적용되는 교수를 의미한다. 다른 차이점은 실행 동력에 있다. 학업 RTI는 보통 법률에 따라 특수교육 적격성을 결정하기 위해 실행된다. PBIS는 전반적인 학교 분위기 또는 학생의 돌발행동 수준에 따라 실행될 가능성이 높다. 그 결과, 학업 RTI는 적어도 초기에는 평가 및 특수교육 지원에 더 중점을 둘 수 있다. PBIS는 일반적으로 1단계에서 시작되므로, 처음에 어디에 초점을 맞추느냐는 학생에게 제공되는 지원 수준에 따라 다르다. 즉, 학업 RTI는 시작 단계에서 특수교육 영역에 미치는 영향이 더 큰 반면, PBIS는 초기의 노력이 학교 전체 분위기에 영향을 미치는 점이 실행의 원동력으로 작용한다(Andreou, McIntosh, Ross, & Kahn, 2015). 또한 학교 분위기와 문화에 초점을 맞추기 때문에 PBIS는 학교 상황에 맞게 실행하기 위해 더 많이 조정해야 한다. 이는 교직원이 학생 및 가족, 교직원의 요구를 충족하기 위해 시스템을 수정해야 하기 때문에 더 복잡해 보이긴 하지만, 가시적인 결과로 인해 실행의 설득력을 확보한다.

학업 RTI와 PBIS를 실행하고 서비스를 제공하는 체계는 다르다. 학업 능력 및 사회적 역량과 같이 서로 다른 영역에서 학생의 수행에 대해 평가한다는 것은 분명하지만, 데이터 시스템 자체가 근본적으로 다르다. 학업 RTI에서 평가의 강점 중 하나는 학생의 학업 기술을 직접적으로 측정한다는 것이다. PBIS 데이터는 직접 측정(예: 직접 관찰)에 많은 비용이 들기 때문에 팀에서는 간접 측정(예: 성찰실 의뢰[1], 교사의 행동 평가)에 의존하는 어려움이 있다. 직접적인 학업 평가는 표준화된 검사의 이점을 누릴 수 있지만, 현재 사회·정서적 발달에 대한 동일한 정량적 기준은 없다(McIntosh, Frank, & Spaulding, 2010). 또한 학업 RTI의 평가는 주기적으로 이루어지는 반면, PBIS 평가는 주기적으로 이루어지거나(예: 충실도 평가, 선별 검사) 지속적(예: 교내 징계, 정학)으로 이루어질 수 있다. 이러한 차이는 팀의 기능과 의사결정 시점에 영향을 미치며, 학업 RTI의 경우 분기별로(분기별 성적이 성취기준에 도달하였는지 점검하기 위해), PBIS의 경우 월별로(학생의 문제행동에 지속적으로 대응하거나 예방하기 위해) 의사결정을 내리는 경우가 더 많다. 팀 자체도 다르며, 학업 RTI 팀 구성은 학년 수준에서 더 자주 발생하고 PBIS 팀 구성은 학교 전체의 노력이 요구되는 수준에서 더 자주 발생한다. 마지막으로, 실행을 위해 제공되는 코칭이 다를 수 있다. 코칭 과정 자체는 다르지 않을 수 있지만, 각 영역에서 코칭에 필요한 전문 지식의 차이로 인해 코치가 두 가지 지식 모두에 대한 지원을 제공하기 어려운 경우 다른 코치가 필요할 수 있다.

유사점과 비교할 때 이러한 차이점은 대단한 것이 아니다. 그럼에도 불구하고 이러한 차이점을 알아두는 것은 두 가지 이유에서 중요하다. 첫째, 이러한 차이점을 알면 실행할 때에 잘못된 가정을 하지 않을 수 있다. 둘째, 이러한 서로 다른 관점은 다른 영역에 정보를 제공하여 더 많은 노력을 투입할지 여부를 결정할 수 있다. 여러 가지 의미에서 이러한 차이점을 통해 배우는 것은 단일 접근 방식의 약점을 보완하는 데 도움이 될 수 있다. 예를 들어, 소집

1) 역자 주: office discipline referrals(ODRs), 학생이 학교 규칙을 어겼을 때, 교사가 이를 문서로 기록하고 학교 관리자에게 보고하여 적절한 조치를 취하는 공식적인 학생 행동 관리 절차.

단 중재를 평가하는 학업 RTI의 분기별 회의는 2단계 행동지원 중재의 일반적인 효과를 평가할 수 있는 좋은 기회가 될 수 있으며, 월별 보고서나 연간 실행계획에서 간략하게 평가하는 것보다 이렇게 주기적으로 평가하는 것이 더 효과적일 수 있다.

4) 단순히 문해력 + PBIS를 넘어선 그 이상

MTSS의 개념이 단순히 읽기와 행동만을 포괄하는 것이 아니라는 점도 중요하다. 현재 대부분의 MTSS 시스템은 초기 문해력과 행동에 초점을 맞추고 있지만, MTSS는 이 두 영역에만 국한되는 것은 아니다. 이 책에서 설명하는 일반적인 MTSS는 다른 학습 영역(예: 수학) 및 다양한 행동 측면(예: 회복탄력성, 정서 역량)을 포함하는 다양한 영역에 적용될 수 있다. 또한 MTSS는 학교 또는 관련 기관에서 사용하는 다른 시스템 수준의 접근 방식을 통합할 수 있다. 예를 들어, 학교와 가족 간 연계가 MTSS로 통합된 사례가 있다(McCart, Wolf, Sweeney, & Choi, 2009; Sullivan & Daily, 2013, March). 종합적인 지원(wraparound support)과 육아 지원도 MTSS의 구성 요소로 개념화되었다(Eber, Hyde, & Suter, 2011; Stormshak, Fosco, & Dishion, 2010). 최근에는 비슷한 접근 방식을 취하는 두 개의 체계에서 각각 제공하는 지원은 통합된 지원보다 덜 효과적이라고 보는 인식에 기반하여 정신건강지원과 PBIS가 연계되기도 하였다(Barrett, Eber, & Weist, 2013). 학업중단 예방과 같이 특정 목적을 달성하기 위한 여러 시도들도 서로 통합될 수 있다(Legters & Balfanz, 2010).

이 책의 요점은 모든 다층지원체계 또는 기관 간 협업 형태가 MTSS에 통합될 수 있다는 것이다. 이 책에서 주로 RTI를 PBIS와 통합하는 데 초점을 맞춘 이유는 이 두 시스템이 일반적으로 사용되며, 상당한 성공을 거둔 것으로 보고되기 때문이다. 그러나 이 책은 교육과 관련된 모든 다층체계를 통합하는 방법에 대한 일반적인 사례로 사용할 수 있다.

또한 학업 RTI 및 PBIS도 이미 자체적으로 통합된 접근 방식인 경우가 많다. 예를 들어, 학교 팀은 학생의 학업성취나 행동을 지원하기 위해 이미 실행하고 있는 것들 중에서 어떤 것이 효과가 있는지 확인하고자 기존의 실제를 검토할 수 있다(Sugai, Horner, Algozzine, et al., 2010; Sugai, Horner, & Lewis-Palmer, 2001). 종합적인 PBIS 접근 방식 안에, 학교는 모든 학생의 사회・정서적 학습을 향상시키기 위한 보편적(1단계) 교육과정으로 '대안적 사고 전략 촉진'(Promoting Alternative Thinking Strategies: PATHS; Kusche & Greenberg, 1994)을, 중간 수준의 불안을 가진 학생을 지원하기 위한 2단계 중재로 '마음 친구 프로그램' (FRIENDS for Life[2)]; Barrett, 2004)을, 2단계 및 3단계에서 정학의 대안으로 회복적 실천(restorative practices)과 같은 프로그램을 사용할 수 있다. 마찬가지로, 학교는 학생의 문해력 향상에 가장 효과적인 지원을 각 단계에 연속적으로 제공하기 위해 서로 다른 형태의 패키지형 교육과정(different packaged curricula)을 채택할 수 있다.

5) 시스템 결합을 고려해야 하는 이유

기존 시스템을 결합하는 것은 논리적으로 들리지만, 상당한 단계와 열정적이고 선의를 가진 리더들 사이에서 발생할 수 있는 갈등으로 인해 부담을 느낄 수 있다. 결국 이론적으로는 여러 시도들을 결합하는 것이 좋지만, 이미 잘 갖춰진(well-articulated) 훈련과 기술적 지원을 통합적으로 제공하는 것은 쉽지 않다. 게다가 같은 생각을 가진 동료들 사이에서도 예산이 공유되는 상황에서는 협업 의지가 무너지는 경우가 많다. "이미 개별 시스템이 잘 작동하고 있는데 굳이 시스템의 결합을 고려할 필요가 있을까?"라고 생각할 수도 있다.

이러한 시스템의 통합을 추진하는 것은 주로 세 가지 가정에서 비롯된다. 첫째, 제2장에서 자세히 설명하는 것처럼 학업 기술과 문제행동 간의 강력한 관계를 입증하는 문헌 기반이 확립되어 있다. 따라서 상호 관련된 문제에 대한 개별적인 중재 시스템은 통합된 접근 방식만큼 효과적이지 않을 수 있다(Stewart, Benner, Martella, & Marchand-Martella, 2007). 또한 이러한 통합된 접근 방식은 학생이 틈새로 빠져나갈 수 있는 개별 시스템과 달리, 보다 원활한 지원을 제공할 수 있다. 예를 들어, 학업과 행동 모두에서 중간 정도의 어려움을 겪는 학생의 경우, 양쪽 데이터를 모두 검토하여 위험도가 높은지 확인하지 않으면 필요한 지원을 받지 못할 수 있다. 또한 이러한 시스템을 통합하면 여러 부서나 팀이 학생 일부에 대해서만 각자 책임지고, 어느 그룹도 학생 전체에 대해 공동으로 책임지지 않음으로 인해 발생하는 문제를 피할 수 있다. 더 중요한 문제는 각자 돌아가는 학업 RTI와 PBIS 시스템이 서로 상반된 목적으로 작동할 수 있다는 점이다. 한 시스템에서는 학생에게 효과적일 수 있는 실제가 다른 시스템에서는 비효율적일 수 있기 때문이다. 예를 들어, 일부 학교에서는 학생의

2) 역자 주: Feelings(감정을 인식하고 이해하기)–Remember to Relax(이완하는 방법을 기억하기)–I can do it!(긍정적인 사고방식 기르기)–Explore solutions(문제해결 전략 찾기)–Now reward yourself(자기 보상하기)–Don't forget to practice(꾸준히 연습하기)–Stay calm(침착함 유지하기). Barrett(2004)이 개발한 불안 및 스트레스 관리 프로그램으로, 어린이와 청소년이 불안을 조절하고 긍정적인 사고방식을 기를 수 있도록 돕는 인지행동치료(CBT) 기반의 심리 교육 프로그램.

문제행동을 줄이기 위해 학생을 교실에서 내보내는 행동 중재(예: 타임아웃, 쿨다운 룸, 회복적 서클)를 정기적으로 사용한다. 그러나 이러한 중재를 과도하게 사용하면 학습 기회를 놓치게 되어 행동은 개선되지만 학업성취도는 하락할 수 있다(Benner, Nelson, Sanders, & Ralston, 2012; McIntosh, Horner, Chard, Dickey, & Braun, 2008). 마찬가지로, 학교 전체에 엄격한 학업 기준을 설정하면 학업성취도를 향상시킬 수 있지만(Jussim, 2013), 학생의 자퇴율과 문제행동이 증가할 수도 있다. 따라서 RTI를 통해 학업 영역을 실행하든 PBIS를 통해 행동 영역을 실행하든, 학업과 행동을 모두 고려하는 것이 중요하다.

둘째, 앞에서 설명한 바와 같이 학업 RTI와 PBIS는 많은 특징과 이론적 배경을 공유한다. 따라서 한 영역에서 실행하면 다른 영역도 더 효율적으로 실행할 수 있다. 교직원이 한 영역에서 지식과 경험을 쌓으면 그 영역에서 배운 개념, 시스템, 중재 기술을 통해 다른 영역에서 더 쉽게 실행할 수 있는 역량을 키울 수 있다. 어떤 의미에서 교사들이 MTSS를 통해 효과적으로 서비스를 전달하면, 학업 영역의 중재로도 활용될 수 있다는 것을 가르쳐 준다. 기술을 습득하고 어려움을 해결하기 위해 중재의 목표를 변경하면 된다.

셋째, 학업 및 행동지원 노력을 통합하면 자원을 더 효율적으로 사용하고 여러 다른 계획들로부터 보호하여 두 접근 방식의 지속 가능성을 높일 수 있다(McIntosh, Horner, & Sugai, 2009). 적은 자원으로 교사에게 더 많은 일을 요구하는 교육 시스템에서, 새로운 계획을 도입하는 것은 기존의 것을 유지하는 것보다 비용이 더 많이 든다(Latham, 1988; Tyack & Cuban, 1995). 지역교육청에서 여러 가지 주요 계획(예: 학업성취도평가 및 PBIS)을 동시에 실시하는 경우, 코칭 시스템 비용과 현직 교사의 전문성 개발을 위한 제한된 시간으로 인해 RTI와 PBIS 모두에 위협이 될 수 있다. 다층체계는 일반적으로 별도의 병렬 시스템으로 구축된다. 병렬 시스템의 개념은 오래전부터 존재해 왔으며, 교육계에 종사하고 있다면 여러 계획을 한꺼번에 실행할 때 생기는 과부하, 비효율적인 자원의 사용, 업무추진자 간 전문성 개발 시간 경쟁, 교직원 간의 혼란, 사각지대에 놓이는 학생들 등 이러한 시스템이 가져오는 문제를 가장 잘 알고 있을 것이다. 게다가 계획 간의 유사성은 이러한 혼란을 가중시킨다.

대안으로 이러한 노력을 결합하면 지역교육청은 예산 측면에서, 그리고 더 중요한 교직원의 역량 강화 노력 측면에서 비용을 절감할 수 있다. 제2장에서 살펴보게 되겠지만, 이 두 가지 시도가 서로 관련된 문제를 해결하는 방법을 명시적으로 보여 주면 통합 모델에 대한 예산을 늘리거나 유지하여 두 영역의 노력을 지속할 수 있는 강력한 사례를 만들 수 있다(McIntosh, Goodman, et al., 2010). 또한 여러 교과를 포함하는 통합 모델은 세분화된 계획을 구현하는 것보다 쉽게 느껴질 수 있다. 이러한 점을 고려하여 실행자, 연구자 및 정책 입안자들은 통합 프로세스를 통해 발생할 수 있는 심각한 문제를 고려하더라도, 이러한 통합적 접근 방식에 대해 상당한 관심이 있다.

2. RTI 개념의 유래, 다층체계와 통합된 모델

앞서 언급했듯이, 학업 RTI와 PBIS를 통합해야 한다는 강력한 논거 중 하나는 두 모델을 실제 학교 현장에서 실행할 때에 공통으로 적용되는 원칙이 존재한다는 것이다. RTI와 PBIS는 다층적 접근 방식을 바탕으로, 중재에 대한 학생들의 반응을 평가하여 그에 따른 서비스를 제공함으로써 예방에 초점을 맞추고 있다. 이러한 개념이 RTI와 PBIS의 기초가 되는 점을 고려할 때, 해당 개념의 역사가 MTSS 모델 내에서 일상적인 실제에 어떤 영향을 미칠 수 있는지에 주목하며 두 모형의 기원과 변화 과정을 살펴보는 것이 도움이 될 수 있다.

1) 중재반응모형(RTI)

RTI에 대한 많은 논의와 이를 촉진하기 위해 고안된 시스템 및 정책, 그리고 본질적으로 교육에 부합하는 논리로 인해 일부 사람들은 RTI가 등장하기 이전의 교육 시스템을 생각하기 어렵다. 많은 사람들은 2004년 미국 연방정부의 「장애인교육법」(IDEA, 2004) 재승인을 RTI의 탄생으로 간주한다. 이 법안을 통해 RTI가 미국 전역으로 확대된 것은 사실이지만, RTI의 요소는 수년 전으로 거슬러 올라갈 수 있다.

IDEA 법안에 학업 RTI를 포함시킨 것은 능력-성취 불일치 모델을 통해 특정학습장애를 선별하는 것에 대한 대안에 초점을 맞춘 워크숍에서 시작되었다. 당시 많은 연구자들(예: Reschly, 1988; Reynolds, Wang, & Walberg, 1987)이 지적했듯이 지능과 학업성취도 비교를 통해 학습장애를 선별하는 진단 방식에는 방법론적 · 이론적 · 실제적 문제를 포함한 여러 가지 단점이 있다. 아마도 교육자들에게 가장 두드러진 단점은 중재타당도가 부족하고 학생이 판별 자격을 갖춘 3학년이 될 때까지 기다려야 한다는 점일 것이다. 일반적으로 '실패할 때까지 기다리는 모델(wait-to-fail)'이라고 불리는 이 방식은, 가장 효과적인 발달 기간에 필요한 중재 및 학생들의 잠재적인 문제를 예방하는 데 필요한 서비스를 제공하지 못하여 더 큰 격차와 지속적인 학업적 · 행동적 실패 경험을 남길 수 있기 때문에 해로운 것으로 간주되었다(McIntosh, Horner, et al., 2008).

주요 학자들은 능력-성취 불일치 모델 대신, 추가적인 교사의 중재에 대한 학생의 반응을 모니터링하여 특수교육대상자 여부를 결정할 수 있다고 제안하였다(L. S. Fuchs, 1995). 그러한 제안을 뒷받침해 주는 연구는 아이오와주의 하트랜드 지역교육청, 캔자스주 교육부 및 미네소타의 미니애폴리스 공립학교와 같이 비범주적 체계를 활용하여 특수교육 대상자를 정의하는 지역에서 이루어졌다. 이 이론에 따르면 적절한 RTI는, ① 학생에게 보이는 장애가 없어야 하며, ② 모델 내에서 이루어진 중재가 학생의 학습을 효과적으로 지원한다. 반면에 부적절한 RTI는, ① 더 집중적인 중재가 필요하고(개인에게 특별히 고안된 중재), ② 유사한 다른 학생들에게는 효과가 있다고 입증이 된 중재를 제공했음에도 향상을 보이지 않는 결과를 기반으로 장애가 있다고 판단한다(L. S. Fuchs & Fuchs, 1998). 지난 10년 동안 교육과정중심측정(curriculum-based measurement)에 관한 연구가 증가함에 따라, 교육자들은 학생들의 성장을 실제적인 방식으로 평가할 수 있게 되었다(Deno, 1989; Deno & Mirkin, 1977). 결국, 기술과 이론적 발전의 결합은 특수교육법에 RTI를 도입하는 변화로 이어졌다.

현재 RTI는 특정학습장애(특히, 초기 문해력)에 대한 학업지원 및 특수교육대상자 선별에 확고하게 뿌리를 두고 있는 것처럼 보이지만, 이 용어는 초기 문해력보다는 훨씬 더 일찍 행동장애 영역에서 사용되었다. 1991년 그레셤(Gresham)은 행동장애를 평가하는 새로운 방법으로 '**중재에 대한 저항(resistance to intervention)**'이라는 용어를 제안하였다. 이 방법론은 응용행동분석(applied behavior analysis: ABA) 연구, 특히 기능행동평가(functional behavior assessment: FBA)에 뿌리를 두고 있다. 중요한 기본 개념은 문제행동을 단순히 부적응적인 것이 아니라 학생의 입장에서는 적응적인 것, 즉 학생이 자신의 욕구를 충족시키기 위해 최선의 시도로써 행하는 것으로 바라볼 수 있다는 것이었다. 따라서 그레셤은 행동을 변화시키는 데 있어 중요한 것은, 학생 주변 환경을(학생과 상호작용하는 어른들을 포함하여) 변화시키는 것으로 보았다. 효과적인 중재가 적용된 후에도 지속되는 특정 문제행동이 저항(resistant)으로 분류된다. 여담으로, '중재에 대한 반응(RTI)'이라는 용어는, ① 장애로 인한 개인의 특성이 아니라 제공된 지원이 성공적이었는지에 초점을 맞추고, ② 학생이 '의지적으로' 반응하지 않는 것이 아니라는 시각을 제공하는 면에서 선호되는 점이 흥미롭다.

몇몇 사람들은 RTI의 아이디어가 1991년 이전부터 시작되었다고 생각한다. 1957년 크론바흐(Cronbach)는 행동심리학 분야의 실험연구와 발달심리학의 상관연구라는 두 가지 이질적인 분야를 통합하자는 야심 찬 의제를 제안하였다. 그는 개인의 특성에 따른 중재 효과를 조사하면, 학생의 적성과 중재 간의 상호작용을 발견할 수 있다고 생각했다. 이러한 상호작용 효과에 대한 지식이 있으면, 교육자는 학생의 특성에 따라 더 효과적인 중재를 선택할 수 있다고 본 것이다. 그러나 10년이 넘는 집중적인 연구에도 불구하고 크론바흐(1975)는 적성-처치 상호작용의 증거를 거의 또는 전혀 발견하지 못했다. 그는 학생의 특성에 따라 중재 방법을 매칭하는 것이 어렵다는 점을 언급하며 "한때 우리가 적성-처치 상호작용에 주목해서 무한대로 확장되는 거울의 방에 들어갔다."라는 유명한 말을 남겼다. 대신 그는 형성평가를 기반으로 학생 개인에 대해 중재를 실행하고, 그 결과에 따라 다시 중재 방안을 수정하는 프로세스를 지지하였다. "교사가 처치에 대한 학생의 반응을 점검하고, 그 처치를 수정하여 적용한다." 본질적으로 그는 중재반응모형(RTI)을 설명한 것이다.

그러나 실제로 RTI의 기원은 크론바흐의 연구 또는 현대의 교육 시스템보다 훨씬 더 오래 전으로 거슬러 올라갈 수 있다. 본질적으로 중재에 대한 학생의 반응에 주목하는 것은 좋은 수업의 구성 요소이자 효과적인 수업을 제공하는 방안이며, 학생들에게 충분한 학습이 이루어졌는지를 파악하여 필요에 따라 수업을 변경하는 것이다. 즉, RTI는 매우 자연스러운 교수법으로 볼 수 있으며, 이를 구현하는 데 필요한 복잡한 시스템이나 구조는 모든 학생이 학습할 수 있도록 하기 위한 방법일 뿐이다.

2) 다층 서비스 전달 방식

다층체계의 또 다른 핵심 개념은 바로 명칭에 있다. 사실 다층체계에 대해 조금이라도 알고 있다면 삼각형 모양의 모델에 익숙할 것이다. 삼각형에는 다양한 변형이 있지만 가장 일반적으로는 초록색, 노란색, 빨간색의 세 가지 색으로 표시되며, 학생 지원 유형(보편적, 표적, 집중)이나 교육과정(성취기준을 중심으로 하는 일반 교육과정, 전략교수, 개별화) 또는 단계(1단계, 2단계, 3단계)를 나타낸다. 각 단계의 명칭은 위의 예시들을 바꿔 쓸 수 있다. 이 책에서는 숫자를 사용하여 1단계, 2단계, 3단계로 표기하고자 한다.

삼각형 모델이 널리 사용되는 이유 중 하나는 학교 인력이 각각 투입하는 중재를 통합하는 일반적인 틀로서, 간단하고 직관적으로 사용할 수 있기 때문이다(Gladwell, 2006). 삼각형을 사용하여 학교, 지역교육청, 시·도교육청의 팀은 모든 학생에 대한 지원(보편적 지원)에서 일부 학생에 대한 지원(소그룹 지원), 필요한 소수의 학생에 대한 지원(집중 지원)에 이르는 연속체를 따라 지원을 구성할 수 있다. 이러한 각 중재에는 별도의 대상자와 목적이 있지만, 삼각형 모델을 통해 이러한 중재가 어떻게 함께 작동하여 모든 학생에게 원활한 지원 시스템을 제공할 수 있는지 확인할 수 있다.

삼각형 모델이 어떻게 생겨났는지에 대한 많은 이야기가 있지만, 대부분의 교육 연구자들은 다층접근법이 공중보건 분야에서 유래한 것으로 본다(Walker et al., 1996). 일부에서는 3단계 모형의 기원을 캐플란과 그루네바움(Caplan & Grunebaum, 1967)에서 찾기도 하지만, 고든(Gordon, 1983)은 당시에는 이 모형이 의학 교과서에서 너무 널리 사용되어 한 명의 창시자가 있을 가능성이 낮고, 여러 연구자들이 상황에 따라 단계의 수를 더하거나 빼서 활용하였다고 한다. 같은 방식으로 이 모델은 많은 실무자와 연구자들이 교육용으로 바꿔 널리 사용하게 되었다. 다층모델을 학습과 행동 모두에 적용하는 방법을 최초로 설명한 것은 시미언슨(Simeonsson, 1994)의 글이다. 그러나 캐나다 서스캐처원주 교육부 관계자들은 1970년대까지 이 모델을 사용했다고 주장한다(Sanche, 1976; McIntosh et al., 2011). 실제로, 공중보건 분야에서와 마찬가지로, 많은 연구자들에 의해 정교화되어 진화하였을 가능성이 높다.

공중보건 모델의 역사를 돌아보는 것은 다층체계의 작동을 이해하는 데 도움이 된다. 20세기 중반, 공중보건 분야 연구자들은 대규모 인구 수준에서 개인의 건강을 지원하기 위해 고군분투하였다. 일부 질병은 대부분의 사람들에게는(모든 사람은 아니지만) 예방이 가능하지만 상당한 인구는 해당 질병을 앓고 있어 관리가 필요하다는 사실을 알고 있기에, 의학 연구자와 실무자들은 대규모 집단을 대상으로 다수의 목표를 해결할 수 있는 이론적 모델을 채택했다. 고든(Gordon, 1983)이 설명한 것처럼, 1단계 서비스는 건강 상태와 관계없이 모든 개인에게 보편적으로 제공되도록 고안되었다. 1단계 지원의 목표는 특정 상태가 발생하지 않도록 예방하는 것이다. 2단계 서비스는 아직 병에 걸리지는 않았지만 인구통계나 지역에 따라 질병에 걸릴 위험이 높은 사람들을 위한 것이다. 2단계 지원의 목표는 개인의 감염 가능성을 줄이는 것이다. 3단계 서비스는 이미 해당 질병에 감염된 개인을 위해 제공된다. 3단계 지원의 목표는 해당 질병의 증상을 줄이거나, 가능한 완치하는 것이다.

이러한 의료 분야에서의 관점을 활용하면 교육에서 다층모형을 사용하는 것을 이해하는 데 도움이 될 수 있다. 우리 대부분이 잘 알고 있는 감기 또는 독감을 예로 들어 보자. 독감 예방을 위한 1단계 지원에는 보편적인 실천 방안이 포함된다. 독감 전염을 방지하기 위해 모든 사람이 주기적으로 손을 씻고, 기침이나 재채기를 팔꿈치에 대고 하도록 권장되며, 화장실, 병원, 심지어 학교에서도 보편적인 공중보건 캠페인 표지판이 게시되어 있는 것을 볼 수 있다. 이러한 유형의 지원을 준수하면 대부분의 사람(모두는 아니더라도)이 독감에 걸리는 것을 예방할 수 있다. 독감 예방을 위한 2단계 지원은 평균보다 독감에 걸릴 가능성이 높은 사람을 위한 추가적인 개입을 제공한다. 노인이나 어린이와 같이 면역력이 약한 사람이나, 의료 전문가처럼 독감 환자와 주기적으로 접촉하는 사람은 독감 시즌이 시작되기 전에 독감 백신을 접종할 것을 강력히 권장한다. 이러한 개입은 더 많은 위험 요인을 가지고 있어 보편적인 실천 방안으로는 충분한 지원을 받지 못할 수 있는 사람들을 위한 것이다. 3단계 지원은 이미 독감에 걸려 증상이 심해지지 않도록 치료가 필요한 사람들을 대상으로 한다. 가장 집중적인 치료가 필요한 사람들에게는 면밀한 의료 감독하에 입원이나 해열제 투여 등의 처치가 이루어질 수 있다.

이 모델이 교육에 어떻게 적용되는지 쉽게 알 수 있지만, 몇 가지 유용한 변경 사항이 있다. 예를 들어, 성취기준을 중심으로 하는 일반 교육과정(core curriculum)은 보편적인 중재라고 생각하면 된다. 읽기의 경우, 효과적이고 순서가 잘 짜여진 읽기 교육과정을 효과적으로 전달하면 읽는 방법을 배우는 데 어려움을 겪지 않도록 할 수 있다. 행동 영역에서는 학생들에게 기대치를 가르치고 사회 · 정서적으로 성공하는 데 필요한 기술을 제공하여 바람직하지 않은 행동이나 위험 요소를 예방한다. 손 씻기 표지판이나 편리한 위치에 손 소독제 디스펜서를 비치하는 것이 보편적 위생에 도움이 되는 것처럼, 친사회적 행동에 관한 포스터나 복도 이동 규칙을 상기시키는 표지판과 같은 환경 구성은 학생의 친사회적 행동을 장려하는 데 도움이 된다. 그러나 보편적 중재는 단순히 문제를 예방하는 것 이상의 역할을 할 수 있으며, 학습을 최적화하거나 학생의 강점을 키울 수 있는 기회로 볼 수도 있다(Seligman, 2002). 예를 들어, 수업을 통해 학생들의 관심 분야를 넓히고 학업에 대한 호기심을 키우거나, 문제행동을 억제하고 타인을 대하는 효과적인 기술을 가르치는 방식으로 책임감을 가르칠 수 있다.

2단계에서는 학생들이 학습 또는 행동 문제를 겪는 악순환에서 벗어나도록 추가적인 수업이나 구조, 연습 기회를 제공한다. 인구통계학적 위험을 기준으로 하거나(예: 취약계층을 위한 교육복지 우선지원사업), 학생들의 진전도를 모니터링하여 학생을 선별할 수 있다. 의료 분야에서는 성장 차트 또는 혈액 정밀 검사를 통해 성장 장애나 고혈압과 같은 심각한 문제에 대한 궤적을 파악하여 위험도를 정량적으로 측정한다. 학교에서는 건강한 학업 성장(예: 교육과정중심측정, 단원평가) 또는 부정적인 사회적 결과(예: 성찰실 의뢰, 출석, 행동 문제 선별 결과, 고등학교 조기 경보 시스템)에 대한 궤적을 평가하는 유사한 측정 방법을 사용한다. 이러한 테스트를 통해 더 많은 수업, 성공을 경험할 수 있는 더 많은 기회 또는 학교 내 어른들과의 관계 형성이 보편적 지원의 질을 개선하는 데 도움이 될 수 있다.

학생이 3단계 지원 대상으로 확인되면, 2단계 지원으로는 해당 학생에게 부정적인 결과를 가져다줄 심각한 문제를 예방하기에 충분하지 않다는 것을 알 수 있다. 이 시점에서는 학생이 성공할 수 있도록 지원하기 위해 개별화된 계획(공식적으로는 개별화 교육계획(Individualized Education Plan: IEP)의 형태로, 비공식적으로는 일반교육지원계획의 형태로 제공될 수 있음)이 필요하다. 여기서 우리의 의학적 비유가 어느 정도 타당성을 잃을 수 있다. 학습장애나 행동장애와 같이 학교에서 반기지 않는 조건들은 사회적으로 구성된 것으로, 그러한 조건을 규정하는 명확한 검사가 존재하는 것이 아니라, 특정 기능 수준에 도달했을 때 정책적으로 장애가 있다고 판단되기 때문이다(Tilly et al., 1998). 이러한 방식으로 3단계 지원은 장애를 치유하는 것에 대한 대안으로 처치(예: 학생의 기능을 일반적인 수준으로 끌어올리기) 또는 장애의 영향을 완화하기 위한 계획(예: 기술교육, 점자교육, 학생을 가능한 한 오랫동안 학교생활에 참여하게 하는 것)을 제공한다. 많은 지원 계획에는 두 가지 요소가 모두 포함되며, 가족과의 긴밀한 교류를 통해 최상의 목표를 결정한다. 두 접근 방식 모두에서 특수교육서비스가 3단계 지원에 포함될 수도 있고, 포함되지 않을 수도 있다.

3) MTSS 잘못된 규칙

공중보건학적 관점은 다층체계를 둘러싼 몇 가지 잘못된 규칙과 통념을 고려하는 데에도 도움이 될 수 있다. 독감의 비유로 돌아가 보자. 다층체계의 한 가지 잘못된 규칙은 각 계층이 별도의 시스템이기 때문에 학생이 1, 2단계 또는 3단계와 같이 각각 분리된 지원을 받는다는 것이다. 이러한 개념이 아니라, 각 지원의 단계는 이전 단계의 지원 위에 누적적으로 제공되어야 하므로(예: 1단계와 2단계 지원을 함께 받음), 학생들은 이전에 받은 지원을 대체하거나 보완하는 방식이 아닌 추가 지원을 받는 것이다. 예를 들어, 노인 환자가 독감 예방주사를 맞았다고 해서 손을 씻지 않아도 되는 것은 아니다. 마찬가지로 MTSS의 핵심은 2단계 지원이 1단계 보편적 중재 대신에 제공되는 것이 아니라, 함께 제공될 때 더 효과적이라는 것이다(Baker et al., 2010). 이러한 다층적 접근 방식은 학생이 목표에 도달하여 지원을 제거할 때도 유용하다. 예를 들어, 2단계 행동 중재의 기대치를 1단계에 맞추면, 2단계 지원을 제거한 후에 1단계 지원으로 더 성공적으로 넘어갈 수 있다(Campbell & Anderson, 2011).

마찬가지로, 다층적 접근 방식은 학생들이 필요한 수준의 지원을 받기 전에 각 단계를 연속적으로 거쳐야 한다는 것을 의미한다고 주장하는 학자들도 있다(D. Fuchs, Mock, Morgan, & Young, 2003). 환자가 이미 독감에 걸렸다면 독감 예방주사를 맞을 이유가 거의 없다. 마찬가지로 일반적인 접근 방식이 특정 학생에게 필요한 수준의 학업 또는 행동지원을 제공하지 못한다면, 더 많은 지원을 받기 위해 학생이 먼저 실패해야 한다고 주장하는 것은 어리석은 일일 것이다. 그러나 덜 극단적인 경우에는 자원과 불필요한 지원의 바람직하지 않은 측면을 고려하여 가능한 이점과 단점을 비교하는 것이 가치가 있을 수 있다.

또 다른 오해는 다층체계가 특정 프로그램이나 학습 접근 방식에 국한된다는 것이다. 다층체계는 독감 예방을 위한 다층적 접근 방식에 전통적 서양의학(예: 예방주사)과 동양의학(예: 한약)이 모두 포함될 수 있는 것처럼 거의 모든 교육적 접근 방식에 통일된 틀로 적용될 수 있다. 마찬가지로 보편적인 읽기 교육과정에서는 명시적 교수, 인지전략 교수, 학생 주도 등의 학습 요소가 포함될 수 있다. 교수법은 철학이 아니라 학생의 학업성취도 향상에 대한 효과에 따라 선택해야 한다.

다층체계에 대한 마지막 오해는 다층체계가 학생을 진단하는 데 사용되는 또 다른 시스템일 뿐이라는 것이다. 다층체계는 학생에게 내재된 것이 아니라 그 시점에 학생에게 필요한 지원의 수준을 설명하는 데 사용된다. 다층체계 내의 지원은 학생의 진전도에 따라 유동적으로 반응하도록 고안된 것이지 문제아를 식별하는 라벨이 아니다. 이러한 사고방식은 모든 영역에서 학생에게 집중적인 중재가 필요하다는 가정을 하게 하고, 해당 시점에 필요한 지원과 학생의 내재적 특성을 혼동하게 만든다. 우리는 독감에서 회복된 환자를 침대에서 쉬게 하거나 병원에 입원시키지 않는다.

4) 통합모델의 역사

이 책은 특히 통합체계에 초점을 맞추고 있으므로 이러한 시스템의 간략한 역사를 살펴보는 것이 도움이 될 것이다. RTI 및 다층접근법과 마찬가지로 통합체계의 창시자가 유일하다고 보기는 어렵지만, 연방정부에서 주는 연구비 수주 경쟁이 통합체계의 개발과 확산에 우연처럼 중추적인 역할을 한 것은 사실이다. 2000년 미국 특수교육 사무국(OSEP)은 유치원부터 초등 3학년까지를 대상으로 행동 및 읽기 중재 모형에 초점을 둔 시범운영을 제안하였다. 이 제안서에는 학교 전체가 행동 또는 읽기에 초점을 맞출 것을 요구했지만, 네 개의 지역교육청이 신청하여 학교 전체가 행동 및 읽기에 초점을 맞출 수 있는 연구비를 받았다. 벧엘 교육구(오리건주), 랭커스터 레바논 광역 교육지원청[3](펜실베이니아주), 오타와 광역 교육지원청(미시간주), 티가드-투알라틴 교육구(오리건주)가 바로 그곳이다. 이러한 시범운영 프로젝트는 시스템 통합을 위한 초기 자금과 인프라를 제공하는 데 결정적인 역할을 했으

3) Intermediate School District, 미국에서 특정 지역의 여러 학교구(district)들을 지원하고 관리하는 중간 교육청 같은 개념.

며, 이러한 프로젝트 중 다수는 현재까지도 계속되고 있다(사례 연구는 제3부 참조).

이러한 성공적인 프로젝트는 2001년 캔자스 대학교와 샬럿에 있는 노스캐롤라이나 대학교에서 읽기 및 행동에 관한 두 개의 미국 특수교육 사무국 유치원부터 초등 3학년을 대상으로 한 연구 센터를 설립하는 등 향후 발전을 위한 발판을 마련했다. 이러한 노력을 통해 다양한 연구 논문(예: Ervin, Schaughency, Goodman, McGlinchey, & Matthews, 2006; McIntosh, Chard, Boland, & Horner, 2006)과 읽기 및 행동에 대한 통합적 접근의 논리를 개념적으로 설명하는 영향력 있는 논문(Sugai, Kame'enui, Horner, & Simmons, 2002)이 발간되었다. 또한 주 정부 전문성 개발 연구비(SPDGs)는 일부 주에서 통합 MTSS 모델을 구현할 수 있는 역량을 구축하는 데 공통적인 예산 자원이 되었다. 또한 여러 회의에서 통합체계에 대한 전용 콘텐츠를 지속적으로 제공해 왔으며(예: Goodman, 2005; McGlinchey, Goodman, & Schallmo, 2005; McIntosh, 2007; June; Sadler, 2003), 특히 RTI 혁신 콘퍼런스(www.rti-innovations.com 참조)가 그 대표적인 예이다.

초기 연구비가 지급된 지 10여 년이 지난 오늘날, RIT와 PBIS를 통합하여 지속적으로 실행할 수 있다는 것을 보여 주는 모범적인 사례가 많이 있다(Ervin et al., 2006; McIntosh et al., 2006; Sadler & Sugai, 2009). 그러나 이 분야에서 구체적인 실행 방법을 안내하는 연구는 거의 없으며(Stewart et al., 2007), 접근 방식을 통합하는 데 관심 있는 사람들이 이용할 수 있는 자원은 더 적다(McIntosh, Goodman, et al., 2010). 이론적 뒷받침과 의도는 강력하지만 그에 반해 실제 구현에 필요한 지침과 설명은 부족하다는 괴리로 인해, 불확실하고 비효율적인 통합으로 이어질 위험성이 있다.

3. 이 책의 방향성

1) 목적과 독자층

이 책의 목적은 학업 RTI와 PBIS의 기존 체계를 종합적인 MTSS 접근 방식으로 통합하거나 두 시스템이 모두 마련되어 있지 않은 학교에서 통합체계를 구현하는 데 필요한 자원을 제공하기 위한 것이다. 일부 배경지식이 제공되지만, 독자가 학업 RTI 또는 PBIS, 또는 둘 다 실행해 본 지식과 경험이 어느 정도 있다고 가정한다. 따라서 이 책에서는 학업 또는 행동 체계를 자세히 설명하지 않고 이를 통합하는 데 필요한 과정과 시스템을 설명한다. 학업

RTI 또는 PBIS의 기본에 대한 기초적인 자료를 찾는 독자는 〈표 1-2〉의 참고문헌을 참조하라. 기존의 방식을 경험에 기반하여 일관된 과정으로 통합할 수 있도록, 독자들은 배경지식을 확보한 상태에서 이 책을 읽는 것이 좋다. 이 책은 이론상 좋은 아이디어인 MTSS와, 오늘날 학교에서 실행 가능한 실용적인 MTSS 사이의 간극을 메우는 데 도움이 되고자 한다.

이 책 전체에서 반복하여 강조하는 핵심 메시지는 양질의 통합에는 신중하고 논리적인 접근이 필요하다는 것이다. 우선순위와 예산 확보를 위한 경쟁을 제외하고는 상호작용이 거의 없는 두 개의 개별 시스템, 즉 학업을 지원하기 위한 RTI와 행동을 지원하기 위한 PBIS를 각각 동시에 구현하는 '병렬 플레이'를 피하는 것이 중요하다. 그러나 통합을 위한 통합이나 개별적으로 더 잘 작동할 수 있는 시스템을 억지로 통합하지 않는 것도 중요하다. 우리의 목표는 통합이 아니라 효율성과 효과성이다. 따라서 통합은 효율성과 효과성을 달성하기 위한 수단이지 그 자체로 결과가 되는 것은 아니다. 완전한 통합이 반드시 분리된 시스템보다 나은 것은 아니므로 논리에 따라 통합할 대상을 결정해야 한다. 이 책은 MTSS 통합의 어떤 측면이 RTI와 PBIS를 더 효율적이고 효과적으로 만들 수 있는지에 대한 지침을 제공하고자 한다.

이 책의 주요 독자는 유·초·중·고 학교 차원에서 RTI와 PBIS를 통합하는 학교 수준의 팀 또는 여러 학교 내 팀을 지원하는 지역교육청 수준의 팀이다. 이러한 실천은 학교 수준에서 구상되고 실행되지만, 학교가 효과적으로 기능하기 위해서는 지역교육청 수준의 지원이 필요하다는 사실이 연구를 통해 분명해졌다(McIntosh et al., 2013). 따라서 지역교육청은 양질의 실행에 필요한 지원을 파악하기 위해 기관 수준에서 MTSS가 어떻게 작동하는지 깊이 이해해야 하며, 학교 팀원으로서 지속 가능한 시스템을 실천하기 위해 어떤 종류의 지원을 요청해야 하는지를 알아야 한다. 또한 지역교육청 및 시·도교육청은 학교에서 MTSS를 구현하는 데 필요한 사항을 잘 알고 있을 때 더 나은 정책을 설계할 수 있다.

지역교육청과 시·도교육청의 지원은 MTSS 구현의 용이성과 지속성을 크게 향상시킬 것이지만, 학교 팀은 여전히 자체적으로 학교에서 MTSS를 실현하는 데 필요한 정보를 찾아야 한다. 사실상 학교는 MTSS 시스템을 효과적으로 구현하여 학생들의 학습 결과가 향상되었음을 입증한 후에야 지지받을 수 있을지 모른다.

표 1-2 기초적인 자료

학업 RTI 자료

웹 사이트

www.rtinetwork.org
이 웹 사이트는 RTI와 그 원칙에 대한 논문 및 해당 분야에서 전국적으로 인정받는 전문가들이 작성한 유용한 실행 지침을 제공한다. 또한, 이 사이트는 MTSS에 대한 몇몇 논문도 제공한다.

www.progressmonitoring.org
진전도 모니터링 연구소의 이 웹 사이트는 학업 기술의 점진적 발달을 측정하는 검사 도구에 대한 정보를 제공한다.

www.interventioncentral.com
이 사이트는 3단계 모델 내에서 학생들을 위한 중재에 활용할 수 있는 다양한 무료 자원(주로 학업 지원을 위한 자료지만, 행동지원을 위한 자료도 포함)을 제공한다.

www.fcrr.org
플로리다 독서 연구 센터 웹 사이트에는 교사, 관리자, 연구자들이 효과적인 읽기·쓰기 교육을 실행하는 데 필요한 다양한 자원이 있다.

책

『The ABCs of CBM, Second Edition: A Practical Guide to Curriculum-Based Measurement』(Hosp, Hosp, & Howell, 2016)
이 책은 RTI 모델 내에서 학업 평가에 관한 쉽고 유용한 자원이다. 이 책은 교과 전반에 걸쳐 학업 기술 검사 및 진전도 모니터링 시스템을 실행하기 위한 단계별 지침을 제공한다.

『RTI in the Classroom: Guidelines and Recipes for Success』(Brown-Chidsey, Bronaugh, & McGraw, 2009)
이 책은 RTI 모델의 배경 정보와 함께 RTI를 실행할 준비가 되었는지 확인하는 것으로 시작한다. 강력한 1단계 시스템을 평가하고 개발하는 데 중점을 둔다. 추가 장에서는 교과 중재(예: 수학, 읽기, 쓰기, 사회적 행동)에 대한 중재 방안을 제공한다.

『RTI Applications: Volume 1. Academic and Behavioral Interventions』(Burns, Riley-Tillman, & VanDerHeyden, 2012)
이 책은 증거 기반 중재에 대한 개요와 학습 단계(습득, 유창성, 일반화 및 적응)에 따라 학생에 요구에 맞춰 중재를 제공하는 방법으로 시작한다. 추가 장에서는 학생의 학습 단계평가에 기반한 학업 또는 행동 중재 방안을 설명한다.

〈계속〉

『RTI Applications, Volume 2. Assessment, Analysis and Decision Making』(Riley-Tillman, Burns, & Gibbons, 2013)
이 책은 RTI 모델 내에서 검사 도구 선택 및 중재 효과 평가에 관한 지침을 제공한다. 이 책은 문제해결 방식을 적용하여 교육 시스템이 학생의 요구를 충족하도록 돕는다.

PBIS 자료

웹 사이트

www.pbis.org
미국 특수교육 사무국(OSEP)의 긍정적 행동지원 센터는 PBIS에 대한 소개 논문과 영상, 실천 사례, 평가 자료 및 학교 연수, 실행충실도 평가, 학생 성과 모니터링을 위한 무료 도구를 제공하는 종합적인 웹 사이트이다. PBIS 실행 청사진에는 PBIS 시스템과 일반적인 실제에 대한 개요가 포함되어 있으며, 시·도교육청 및 지역교육청에서 학교 차원의 실행을 지원할 수 있도록 설계한 유연한 접근 방식도 제공한다.

www.pbismaryland.org
이 사이트는 초등학교, 중학교, 고등학교 차원에서 PBIS를 실행하기 위한 광범위한(그리고 지속적으로 확장되는) 도구와 사례를 제공한다.

miblisi.prg
미시건 행동 및 읽기·쓰기 통합 지원 이니셔티브(Michigan Integrated Behavior and Literacy Supports Initiative)의 이 웹 사이트는 학업 RTI와 PBIS 모두에 도움이 되는 콘텐츠를 제공한다.

책

『Positive Behavior Support in Secondary Schools: A Practical Guide』(Young, Caldarella, Richardson, & Young, 2012)
이 책은 PBIS 실행에 있어 고등학교 리더십 팀에 대한 지침을 제공한다. PBIS의 핵심 원칙과 고등학교의 고유한 특성에 대한 배경 정보가 제공된다. 실행계획, 1단계 지원 방안, 효과적인 중재를 위한 데이터 활용에 관한 정보가 제공된다.

『Responding to Problem Behavior in Schools, Second Edition: The Behavior Education Program』(Crone, Hawken, & Horner, 2010)
이 책은 행동 교육 프로그램(체크인/체크아웃 또는 CICO라고도 함)이라고 불리는, 일반적으로 사용되는 2단계 시스템을 실행, 모니터링 및 문제 해결하기 위한 개요와 자세한 단계를 제공한다.

『Building Positive Behavior Support Systems in Schools, Second Edition: Functional Behavioral Assessment』(Crone, Hawken, & Horner, 2015)
이 책은 3단계에서 개별화된 평가와 중재 계획을 수행하는 데 필요한 단계와 도구를 자세히 설명한다. 독자에게 문제행동의 기능과, 원치 않는 행동을 예방하고 기능적인 친사회적 기술을 가르치기 위해 변경할 수 있는 환경을 파악하는 과정을 안내한다.

2) 이 책의 구성

이 책은 네 부분으로 구성되어 있다. 제1부에서는 MTSS 논리를 이해하고 개별 시스템을 MTSS 모델에 통합하는 것이 왜 유익한지 다른 사람들을 설득하는 데 필요한 내용을 제공한다. 제2장에서는 학업성취도와 행동이 어떻게 상호 연관되어 있는지에 관한 연구를 검토한다. 이러한 증거는 시스템 통합에 대한 실증적 근거를 제공한다. 제2부에서는 RTI와 PBIS의 공통 구성 요소와 단계 및 전략에 대해 자세히 설명한다. 제3장부터 제6장까지는 양질의 구현에 필요한 데이터 구조, 실제, 팀 구성 및 지역 내 시스템 등 통합 MTSS를 구현하기 위한 단계와 전략에 관한 심층적인 설명을 제공한다. 이러한 정보를 바탕으로 제7장에서는 전체 시스템의 논리적 통합을 달성하는 데 필요한 구체적인 프로세스, 구조적 고려 사항 및 정책에 대해 자세히 설명한다. 각 장은 실행을 안내하는 유용하고 재현 가능한 학교 및 지역 수준의 팀 체크리스트로 마무리된다. 제2부의 내용을 보완하는 제3부에서는 MTSS 구현에 대한 세 가지 예를 제공한다. 각 장에서는 구현, 결과 및 교훈에 대한 설명을 포함하여 다양한 MTSS를 시도한 예와 구조를 다룬다. 전체적으로 보면 이러한 사례 연구는 MTSS의 공통 주제를 보여 주고 특정 상황에 따라 어떻게 다르게 구현될 수 있는지를 보여 주며, 구조보다 기능이 더 중요하다는 핵심 교훈을 제공한다. 제4부에서는 연구와 실제를 위한 새로운 방향을 제시하며 책을 마무리한다.

제2장

학업 기술과 행동의 관계

이 책의 독자들에게 학업 기술과 사회·정서적 행동이 서로 연결되어 있음을 보여 주는 강력한 연구 기반이 존재한다는 사실은 놀라운 일이 아닐 것이다. 이 장에서는 시간이 지남에 따라 학업 및 행동 기술이 어떻게 발달하는지, 한 영역에 대한 중재가 다른 영역의 결과에 미치는 영향(crossover effects)(예: 학업 중재가 사회적 행동에 미치는 영향)을 포함하여 통합 MTSS 모델의 강점을 뒷받침하는 연구를 검토한다(Kellam, Mayer, Rebok, & Hawkins, 1998). 이 연구의 일부 또는 대부분은 독자들이 교실에서 직접 보았거나 가정한 내용을 확인시켜 줄 가능성이 높다. 이미 알고 있더라도 자신의 주장을 뒷받침하는 연구를 인용할 수 있으면 항상 도움이 되므로, 이 장에서는 연구 결과를 간결하게 요약하여 제공한다. 그러나 이 장의 일부에서는 몇몇 실험 결과가 예상만큼 명확하지 않은 이유와 이러한 모호함이 통합 MTSS 모델을 구현하는 데 어떤 의미가 있는지에 관해 새로운 정보를 제공한다.

1. 학업 기술과 행동 사이의 연관성을 보여 주는 연구들

지난 50년 동안 학업 기술과 행동 사이에 연관성이 존재한다는 확실한 증거가 축적되어 왔다. 이는 학업 기술이 낮은 학생이 학교에서 문제행동을 보일 가능성이 높으며, 그 반대의 경우도 마찬가지라는 것을 의미한다(Ayllon, Layman, & Burke, 1972; Gray, Carter, Briggs-Gowan, Jones, & Wagmiller, 2014; Merton, 1968). 예를 들어, 아널드 등(Arnold et al., 2005)은 읽기에 어려움을 가진 학생이 읽기에 능한 학생보다 불안과 우울을 보고할 가능성이 훨씬 더 높으며, 그들의 부모가 범죄를 저지를 가능성 또한 훨씬 더 높다는 사실을 발견했다. 또한 대규모 쌍둥이 연구(Trzesniewski, Moffitt, Caspi, Taylor, & Maughan, 2006) 결과에 따르면, 특히 남학생의 경우, 한 영역에서 초기에 어려움을 겪으면 이후 다른 영역에서도 어려움을 겪는 것으로 나타났다. 정서 · 행동장애로 특수교육 서비스를 받는 학생에게도 동일한 패턴이 나타난다(Nelson, Benner, Lane, & Smith, 2004; Wanzek, Al Otaiba, & Petscher, 2013). 이러한 학생들은 특수교육서비스를 받고 있음에도 불구하고, 사회 · 정서적 문제가 없는 학생들보다 학업 기술 발달 측면에서 뒤처질 가능성이 더 높았다.

이러한 증거 기반은 학업과 행동 사이의 연관성을 입증하는 것 외에도 그 본질에 대해 몇 가지를 더 보여 준다(McIntosh et al., 2008). 첫째, 이러한 관계는 학생의 학교생활 내내 강도가 증가하므로, 학교생활 초기에 학업 또는 행동 문제만 있는 학생은 중학교와 고등학교를 거치면서 다른 영역의 문제에 직면할 위험이 훨씬 더 높다(Fleming, Harachi, Cortes, Abbott, & Catalano, 2004; McIntosh, Flannery, Sugai, Braun, & Cochrane, 2008). 둘째, 학업과 행동의 여러 영역에서 이러한 연관성이 관찰되었지만(Lin et al., 2013), 특히 문해력과 외현화 문제행동(예: 방해행동과 같이 겉으로 표출하는 행동) 두 영역에서 가장 강한 상관이 있는 것으로 나타났다(Hinshaw, 1992; Nelson et al., 2004). 학생들은 초등학교에서 학년이 올라감에 따라 교과 전반에 걸쳐 읽기 기술을 점점 더 많이 사용해야 하므로, 문해력과 문제행동 간의 높은 상관은 직관적으로 이해가 된다(Heath, 1980). 기본적으로 문해력이 낮은 학생은 자신이 가지고 있지 않은 기술을 지속적으로 사용하도록 요구받는 더 어려운 학습 환경에 직면하게 된다(McIntosh, Sadler, & Brown, 2012). 셋째, 예상할 수 있는 바와 같이 학업과 행동 모두에 어려움을 겪는 학생은 학업성취도 저하, 학교 중퇴, 정신건강 문제 등 최악의 결과를 초래한다(예: Darney, Reinke, Herman, Stormont, & Ialongo, 2013).

2. 시간이 지남에 따라 학업과 행동 문제는 어떻게 결합되어 발전하는가

학업과 행동 간에 관계가 있다는 것이 당연한 사실처럼 보이는 이유 중 하나는, 이 두 영역이 밀접하게 연관된 이유를 설명하는 여러 이론이 있기 때문이다. 그 이론들은 반드시 서로 경쟁 관계에 있는 것은 아니며, 많은 연구자들은 해당 이론들이 한꺼번에 여러 경로(pathway)로 작용하여 학생의 학업과 행동 문제를 모두 일으킬 수 있다고 설명했다(예: Roeser & Eccles, 2000). 이러한 관계를 조사하기 위해 초기 연구를 실행한 코이와 크레비엘(Coie & Krehbiel, 1984)은 복합적인 문제에 대한 네 가지 경로를 설명했다(〈표 2-1〉 및 [그림

2-1] 참조). 이러한 경로와 각 경로를 뒷받침하는 연구는 다음 문단에서 이러한 경로를 단절할 수 있는 방법과 함께 설명한다.

표 2-1 학업 및 행동 문제에 대한 다양한 경로

코이와 크레비엘(Coie & Krehbiel, 1984)은 학업과 사회 · 정서적 행등 모두에서 어려움을 겪는 네 가지 경로에 관한 가설을 세웠다.

1. **행동 문제는 교육에 대한 접근성을 저하시킨다.** 사회 · 정서적 행동의 초기 결손은 행동이 학생의 학습을 방해하기 때문에 학업 기술의 결손을 유발한다.
2. **주의력 결핍은 두 영역 모두에서 문제를 일으키는 기저 요인이다.** 초기 주의력 결핍은 학업과 행동 문제 모두의 공통적인 원인이다.
3. **초기의 학업적 어려움은 사회적 거절감을 높인다.** 초기의 학업적 어려움은 또래와 교사에게 거절당하는 경험을 증가시켜 결국 사회 · 정서적 어려움을 야기한다.
4. **학업 중재에 대한 비반응은 행동 문제로 이어진다.** 초기의 학업적 어려움은 사회적 행동 문제(예: 회피성 방해행동) 및 또는 정서적 문제(예: 불안, 우울, 학습된 무기력)를 유발한다.

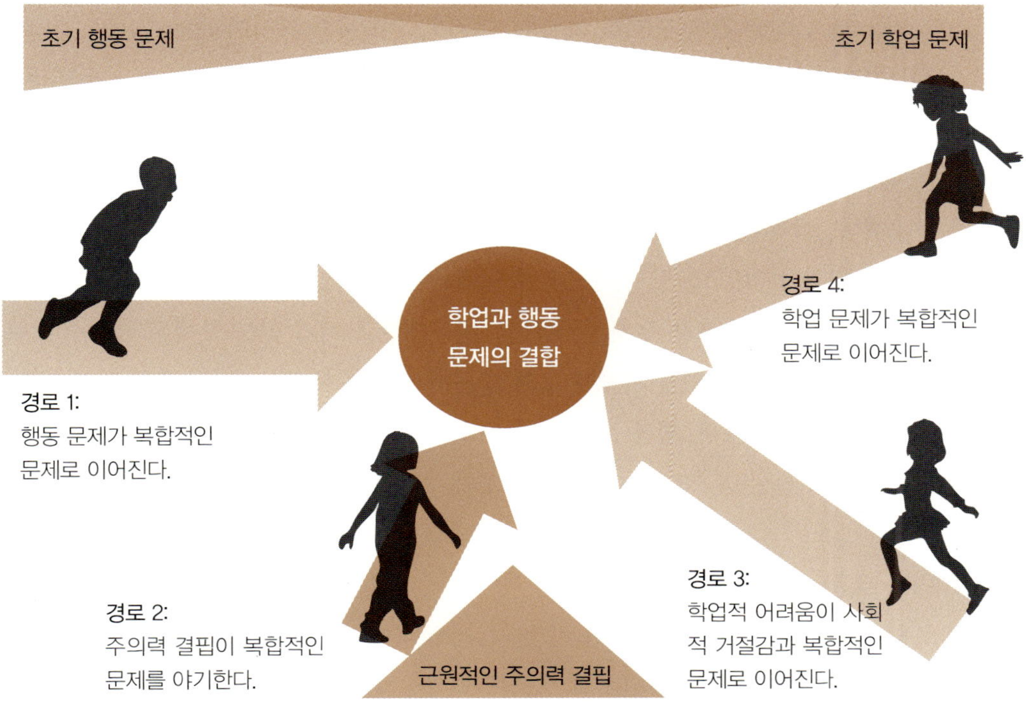

[그림 2-1] 학업 및 행동 문제에 대한 다양한 경로

1) 경로 1: 행동 문제로 인해 교육에 대한 접근성이 저하됨

첫 번째 경로는 외현화 또는 내재화 행동 문제를 보이는 학생에 관해 설명한다. 중재가 제공되지 않으면 이러한 문제행동은 수업 방해, 학습 환경에서의 배제, 사회 · 정서적 문제로 만 과하게 치부해 버리는 등의 문제로 인해 시간이 지남에 따라 교육에 대한 접근성을 떨어뜨린다(Dishion, French, & Patterson, 1995; Levy & Chard, 2001; Wehby, Lane, & Falk, 2003). 그 결과 학생들은 학업적으로 뒤처지게 되고, 학교생활을 하는 동안 기존의 행동 문제에 학업 기술의 결손이라는 어려움이 가중된다.

학생들이 학교에 입학하기 전부터 고등학생 때까지 이 경로가 이어진다는 것을 보여 주는 많은 연구가 있다. 그레이 등(Gray et al., 2014)은 만 1세 때의 과잉행동이 초등학교 2학년 읽기 결손의 강력한 예측 변인이라는 사실을 발견했다. 스피라, 브래컨, 피쉘(Spira, Bracken, & Fischel, 2005)은 초등 1학년부터 4학년까지의 학생의 읽기 성장을 측정했다. 그들은 1학년 때의 읽기가 4학년 읽기의 강력한 예측 변인이지만, 심각한 행동 문제가 있는 학생은 4학년에서 낮은 성취도를 보일 가능성이 훨씬 더 높다는 것을 발견했다. 이 경로를 뒷받침하는 또 다른 연구로는 중학교에서 고등학교에 이르는 학생의 학업성취도와 성찰실 의뢰(office discipline referrals: ODRs) 간의 관계를 조사한 연구가 있다(McIntosh, Flannery, et al., 2008). 중학교 2학년의 경우, 학업성취도와 성찰실 의뢰는 부적 상관관계(즉, 성취도가 높은 학생일수록 성찰실에 의뢰된 횟수가 적음)를 보였다. 또한 중학교 2학년 때의 성찰실 의뢰는 중학교 3학년의 낮은 학업성취도를 예측하였지만, 중2 때의 학업성취도는 중3 때의 성찰실 의뢰를 예측하지 못했다. 이러한 데이터를 분석한 결과, 중학교 3학년이 되면 대부분의 학생은 학업이나 행동에 문제가 없었고, 일부 학생은 학업에는 문제가 있었지만 행동에 문제가 없었으며, 일부 학생은 두 영역 모두에 문제가 있고, 행동에만 문제가 있는 학생은 극소수에 불과했다. 실제로 행동 문제만 있는 학생보다 학업 문제만 있는 학생이 거의 4배나 더 많았다. 이러한 데이터를 종합해 보면, 행동 문제가 있는 학생은 행동 문제가 없는 학생보다 학업 문제가 발생할 위험이 훨씬 더 크다는 것을 알 수 있다.

(1) 예방을 위한 시사점

이 경로를 단절시키는 열쇠는 가능한 한 빨리, 가급적이면 학교에 입학할 때 사회 · 정서적 문제를 파악하고 해결하는 것이다. 학생들에게 성공하는 데 필요한 기술을 제공함으로써, 해당 학생뿐만 아니라, 같은 반 친구들에게도 교육에 대한 접근성을 보장할 수 있다. 학생과 교사의 부정적인 상호작용 패턴은 조기에 형성되어 학생의 교육 경험에 악순환의 고리가 될 수 있으므로(Dishion & Snyder, 2016), 가능한 한 빨리 이 고리를 끊어 내면 사회적 행동과 학업 행동 모두에 극적인 영향을 미칠 수 있다. 제3장에서 설명하겠지만, 사회·정서적 요구를 선별하는 시스템을 활용하면 학업성취도가 위험 수준에 이르기 전에 지원이 필요한 학생을 찾는 데 도움이 될 수 있다.

2) 경로 2: 주의력 결핍은 학업과 행동 모두에서 문제를 일으키는 기저 요인이 됨

두 번째 경로는 학생들의 행동 문제를 야기한다는 점에서 비슷하지만, 이 경우 특정 문제는 실행기능(Dawson & Guare, 2010)—특히 조직화 기술 부족과 관련 자극(즉, 수업에서 다루는 핵심 학습 요소)에 대한 지속적인 주의력 부족—에서의 어려움과 관련이 있다. 이러한 문제는 사회적 문제(예: 관련 있는 사회적 단서에 대한 부주의)와 학업적 문제(예: 교사의 지시에 대한 부주의)를 모두 유발한다. 여러 연구에 따르면 학교 입학 시(또는 유아에게도) 이러한 근원적인 어려움이 학업성취도 저하와 문제행동 증가로 이어질 수 있는 것으로 나타났다(Carroll, Maughan, Goodman, & Meltzer, 2005; Duncan et al., 2007; Fleming et al., 2004; Gray et al., 2014; Mattison & Blader, 2013; Metcalfe, Harvey, & Laws, 2013; Volpe et al., 2006). 이 연구는 학업과 행동 사이의 연관성이 주로 수업에 대한 집중력이 낮기 때문일 수 있으며, 이를 해결하지 않으면 두 영역 모두에서 문제를 일으킬 수 있다는 몇 가지 증거를 제시한다.

(1) 예방을 위한 시사점

언뜻 보기에 이 경로는 개인의 특성에서 비롯된 것으로 보이기 때문에 주의력 결핍이 복합적인 문제로 이어지는 것을 방지할 방법이 제한적일 수 있다. 하지만 교육자들은 집중력을 '가르칠 수 있는 기술'로 간주하는 것이 더 정확하고 유용하다는 것을 알고 있다. 음운 인식과 마찬가지로 일부 학생은 거의 바로 이해하지만, 다른 학생은 명시적인 교수와 지속적인 지원 또는 조정이 필요하다(Dawson & Guare, 2010). 교사가 핵심 기술을 가르치고 자기점검 및 주의력 유지를 위한 인지전략을 제공하면, 학생들은 수업과 사회적 단서에 집중하여 학업 및 사회·정서적 기술이 향상될 수 있다. 교사는 학급 전체에 집중 구호를 가르치고 사용하며, 과제에 대해 명확하게 지시하고, 중요한 행동에 시청각적 단서를 활용하고, 교실에서 불필요한 시청각적 방해 요소를 제거함으로써 모든 학생이 더 쉽게 집중할 수 있도록 도울 수 있다(Fisher, Godwin, & Seltman, 2014; Hall, Meyer, & Rose, 2012).

3) 경로 3: 초기 학업 문제로 인해 사회적 거절감이 증가함

마지막 두 경로는 학업적 어려움이 사회적 어려움으로 이어지는 경우이다. 세 번째 경로에 따르면 학생이 학업적 결손을 안고 학교에 입학하는 경우, 학업적으로 낙제하거나 또래(또는 교사)에게 거부당하고 괴롭힘의 대상이 될 가능성이 높아진다. 이러한 사회적 상호작용 패턴은 행동 문제뿐만 아니라 추가적인 학업적 어려움으로 이어진다. 시간이 지남에 따라 이러한 패턴은 악순환의 고리가 되어 두 영역 모두를 약화시킬 수 있다(Hinshaw, 1992; Lane, 1999; Morgan, Farkas, Tufis, & Sperling, 2008).

이 경로에 대한 직접적인 증거는 다소 적다. 예를 들어, 모건, 파르카스, 우(Morgan, Farkas, & Wu, 2012)는 3학년 때 읽기에 어려움이 있는 학생이 5학년이 되었을 때 사회적 거절감과 외로움을 보고할 확률이 읽기에 능한 학생보다 2배 높다는 사실을 발견했다. 또한 학습장애가 있는 학생은 또래로부터 괴롭힘을 당할 가능성이 더 높다는 증거도 있다(Cummings, Pepler, Mishna, & Craig, 2006). 이 경로에서 더 나아가 시데리디스, 안토니우, 스타모블라시스, 모건(Sideridis, Antoniou, Stamovlasis, & Morgan, 2013)은 학습장애 학생의 경우, 학교폭력이 학업 기술 발달을 더욱 방해한다는 사실을 발견했다. 즉, 학생들이 어제 당한 학교폭력의 피해에서 아직 회복 중이거나 복도나 급식실에서 일어날 수 있는 괴롭힘에 대해 걱정한다면 수업에 집중하기 어렵다는 것이다(McIntosh, Ty, & Miller, 2014). 또 다른 예로, 초등학교 전체를 대상으로 실시한 연구에 따르면, 학교폭력이나 괴롭힘의 정도가 학생들의 낮은 문해력 및 수학성취도를 가장 강력하게 예측하는 사회적 변인이라는 사실이 밝혀졌다(Gietz & McIntosh, 2014).

(1) 예방을 위한 시사점

이 연구는 학교폭력과 괴롭힘을 줄임으로써 학업과 행동 문제를 모두 예방할 수 있는 가능성을 제시한다. 친사회적인 행동과 학교폭력에 대한 효과적인 대응 방법(가해자와 방관자 모두)을 가르치는 데 집중하면, 학교폭력을 줄이고 학교 안전에 대한 인식을 높일 수 있다(Nese, Horner, Dickey, Stiller, & Tomlanovich, 2014; Ross & Horner, 2009). 이러한 학교 환경의 변화는 학생들로 하여금 원치 않는 행동을 줄이고, 학업에 대한 접근성을 높여 성취도를 향상시킬 수 있다(Kelm, McIntosh, & Cooley, 2014).

4) 경로 4: 학업 중재에 대한 비반응이 행동 문제로 이어짐

학업 기술이 또래보다 뒤처진 상태로 학교에 입학하여 수업을 듣는 게 답답해지면, 학생들은 방해행동을 점점 더 많이 사용하여 고전적인 악순환의 고리에 따라 수업에서 배제되고 학업 결손이 악화된다(McIntosh, Horner, et al., 2008). 코이, 크레비엘, 멀튼(Coie, Krehbiel, & Merton, 1968)은 그의 논문에서 이 경로에 관해 광범위하고 상세하게 설명했다. 그는 학업 실패의 경험과 두 가지 일반적인(그리고 예측 가능한) 반응에 대해 기술하였다. 학생에게 혐오(aversive) 과제(예: 너무 어려운 과제)가 제시되면 학생은 방해행동(예: 고함지르기, 신체적 공격)을 함으로써 과제를 피하거나 본인을 그 상황에서 벗어난다(예: 성찰실, 타임아웃). 어떤 학생은 동일한 회피 과제를 아예 수행하지 않는 방식을 취한다. 이 경우 학생은 방해행동을 하는 대신 책상 위에 엎어진다. 이러한 문제행동을 통해 과제를 하지 않고 넘어갈 수 있다(예: 교사가 다른 학생에게 가거나 과제 검사를 하지 않음). 이러한 상황은 셀리그먼(Seligman, 1972)과 드웩(Dweck, 1975)이 설명한 학습된 무기력으로 이어질 수 있으므로 문제가 될 수 있다. 학생들이 반복적인 학업적 어려움에 대해 과제를 회피하는 행동으로 반응한다면, 결국 변화하기 어려운 패턴을 형성할 수 있다.

이 경로를 보여 주는 종단연구에 따르면, 행동 문제는 없지만 학업에 어려움을 갖고 입학한 학생들의 경우, 시간이 지남에 따라 새로운 문제행동이 발생하기도 한다(Bennett, Brown, Boyle, Racine, & Offord, 2003; Carroll et al., 2005). 예를 들어, 모건 등(Mogan et al., 2008)은 문제행동 변인을 통제하면 초등 1학년의 낮은 읽기 능력이 3학년의 외현화 문제행동과 과제 회피 모두를 예측한다는 사실을 발견했다. 또한 유치원 시기에 낮은 수준의 읽기 기술을 갖고 있던 학생들은 5학년이 되었을 때 불안(Carroll et al., 2005)과 우울(Herman, Lambert, Reinke, & Ialongo, 2008)의 위험이 증가할 뿐만 아니라, 방해행동 또한 높은 수준으로 나타났다(McIntosh, Horner, Chard, Boland, & Good, 2006), 린 등(Lin et al., 2013)은 더욱 정교한 분석을 통해 3학년의 읽기 및 수학 결손이 5학년의 외현화 및 내재화 문제행동을 모두 강력하게 예측하지만, 3학년의 행동 문제는 5학년의 학업성취도를 예측하지 못한다는 것을 보여 주었다.

RTI를 통해 유치원 때의 문해력이 초등학교 고학년의 행동 문제로 이어지는 궤적을 명확히 보여 준 연구도 있다(McIntosh et al., 2012). 이 연구에서는 유치원생들이 초등학교 5학년이 될 때까지 6년 동안 추적 관찰했다. 음운 인식 능력(단어의 소리 구조를 인식하는 능력)이 낮은 상태로 유치원에 입학한 학생들이 5학년이 되었을 때 성찰실에 더 자주 의뢰될 가능성

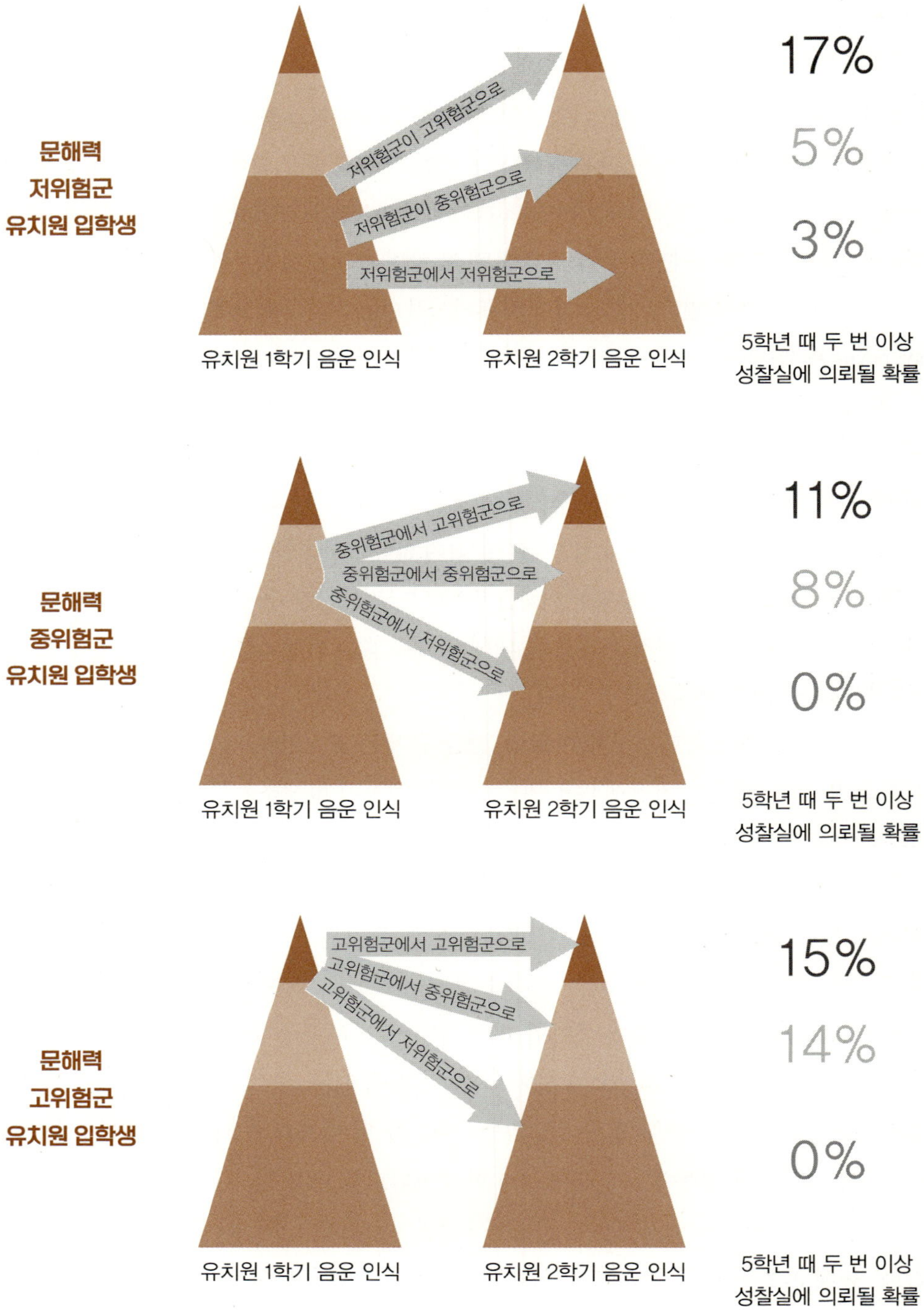

[그림 2-2] 유치원 문해력 수업에 대한 학생의 반응에 따른 5학년의 행동 문제 위험 변화

출처: McIntosh, Sadler, Brown (2012).

이 높다는 사실은 놀랍지 않을 것이다. 그러나 놀랍게도 유치원 전반에 걸쳐 음운 인식 발달에 대해 추가적으로 분석한 결과, [그림 2-2]와 같이 흥미로운 패턴이 나타났다. 음운 인식 기술 없이 유치원에 입학한 경우('위험')에는 부정적인 행동 결과를 강하게 예측하였으나, 1학기 내내 중재를 실행하여 학생들의 기술이 음운 인식 성취기준점에 도달하는 수준으로 증가했다면(즉, 긍정적인 학업 궤적을 따라잡았거나 '약간 위험' 또는 '위험'에서 '저위험'으로 이동), 5학년 때 성찰실에 의뢰될 가능성이 거의 0이 아니라 실제로 0으로 감소했다.

이러한 기술을 습득한 학군 내 학생 중 초등학교 졸업 시 여러 번 성찰실에 의뢰된 학생은 없었다. 그렇다면 5학년 때 행동 문제 위험이 가장 높았던 학생은 누구였을까? 고위험군으로 시작하여 계속 고위험군에 머물렀던 학생은 당연히 행동 문제의 위험이 높았고, 긍정적인 결과를 기대하며 학교를 시작했지만 또래보다 훨씬 뒤처진 학생은 초등학교 졸업 시 최악의 행동 결과를 보였다.

(1) 예방을 위한 시사점

이러한 연구 결과는 학생들이 부적응 RTI 경로로 이동하는 것을 방지할 수 있는 두 가지 유망한 방법을 제시한다. 첫째, 조기에 학업 결손을 해결할 수 있다면 학생들은 수업을 피하기 위한 문제행동을 할 필요가 없으며, 이러한 악순환이 시작되기 전에 멈출 수 있다. 따라서 모든 학생에게 입학 초기(또는 그 이전)에 양질의 학업 교육을 제공함으로써 원치 않는 행동을 획기적으로 줄일 수 있다. 이 경로는 초기 학업 실패에서 비롯되므로, 학생이 반복되는 실패를 경험할 때까지 내버려두지 않는 것이 중요하다. 둘째, 이미 수업을 회피하거나 탈출하기 위해 문제행동을 시작한 학생의 경우, 그 악순환의 고리를 인식하여 끊는 것이 중요하다. 이러한 학생들은 수업을 듣지 않기 위한 효과적인 방법을 스스로 개발하고 있으며, 많은 경우 교사가 이러한 학생을 내버려두거나 교실 밖으로 내보내도록 하는 데 성공한다(Wehby, Lane, et al., 2003). 따라서 성취도 저하와 관련 있는 타임아웃, 성찰실로 보내기, 정학과 같은 배제적 훈육 기법을 제한적으로 사용하는 것이 중요하다(Benner et al., 2012; Morrison, Anthony, Storino, & Dillon, 2001). 집중적인 학업 지도 없이는 학생들의 실력이 향상될 가능성이 낮기 때문이다.

3. 학업 기술과 행동 간 관계에 대한 중재 연구

이러한 연구 중 상당수가 설득력 있어 보이지만, 앞에 보고된 상관관계 연구에는 관계를 완전히 평가하기 어렵게 만드는 몇 가지 단점이 있다. 상관관계 연구를 통해 대규모 학생 집단의 일반적인 패턴을 파악할 수는 있지만, 가장 중재가 필요한 학생들이 겪는 어려움에 대한 특정 원인을 개별적으로 파악할 순 없다. 예를 들어, 배고픈 상태로 학교에 오는 것과 부모의 방임이 학생의 학업 및 행동 문제의 실제 원인일 수 있다. 중재 연구가 중요한 이유는 한 번에 한 가지 측면을 변화시킴으로써 무엇이 차이를 만드는지 확인할 수 있을 뿐 아니라, 학생의 성과를 개선하는 방법을 더 확실하게 알 수 있기 때문이다. 결국, 이론이 학생들을 상술한 경로에서 벗어나게 하는 방법, 즉 복합적인 문제를 피할 수 있는 방법을 보여 준다면, 실제로 그렇게 할 수 있는지 실행해 보는 중재 연구도 찾아봐야 한다.

안타깝게도, 일관된 교차 효과(예: 학업 중재가 학생 행동에 미치는 영향)가 존재한다는 증거는 생각하는 것만큼 충분하지 않다. 전반적으로 교차 연구 결과는 여전히 다소 불분명하지만, 혼합된 결과를 면밀히 살펴보면 우리가 알고 있는 것을 발전시키는 데 도움이 될 만한 동향을 파악할 수 있으며 학업 및 행동 지원 시스템을 통합하는 데 유용한 시사점을 제공할 수 있다.

1) 행동에 대한 학업 중재의 교차 효과

(1) 교차 효과를 보여 주는 연구 결과

앞선 자료에서 설명한 경로(특히, 네 번째 경로인 학업 중재에 대한 부적절한 반응)에 따르면, 효과적인 학업 중재가 사회적 효과도 가져올 것이라고 믿을 만한 강력한 이유가 있다. 이러한 효과에 대한 여러 가지 증거가 있다. 아이욘 등(Ayllon et al., 1972; Ayllon & Roberts, 1974)은 단순히 읽기 수행을 강화하는 것만으로도 읽기성취도와 행동이 모두 향상된다고 하였다. 소집단을 대상으로 한 초기 읽기 중재(Lane, O'Shaughnessy, Lambros, Gresham, & Beebe-Frankenberger, 2001; Lane et al., 2002)와 또래 교수를 포함한 학업 개별 지도(Coie & Krehbiel, 1984; D. Fuchs, Fuchs, Mathes, & Martinez, 2002; Locke & Fuchs, 1995), 개인의 특정 학업 결손에 맞춘 학업 중재(Filter & Horner, 2009; Lee, Sugai, & Horner, 1999; Preciado, Horner, & Baker, 2009; Sanford & Horner, 2013)에서도 유사한 효과가 나타났다.

(2) 교차 효과를 찾는 데 실패한 연구 결과

그러나 이러한 긍정적인 결과가 반드시 맞다고 가정할 수는 없다. 더 많은 연구에서 학업 기술에 대한 중재가 학업엔 효과적이더라도, 학업에서 행동으로의 교차 효과는 부족한 것으로 나타났다(예: Barton-Arwood, Wehby, & Falk, 2005; Lane, 1999; Wehby, Falk, Barton-Arwood, Lane, & Cooley, 2003). 실제로 문헌들을 종합한 두 개의 연구(Nelson, Lane, Benner, & Kim, 2011; Wanzek, Vaughn, Kim, & Cavanaugh, 2006)에서 학업 중재가 행동에 미치는 교차 효과가 거의 없거나 심지어는 부정적으로 나타났다.

(3) 상충되는 결과가 나올 수 있는 이유

그렇다면 이러한 엇갈린 결과를 설명할 수 있는 것은 무엇인가? 행동에 대한 학업 중재의 교차 효과가 일관되게 나타나지 않는 것에 대한 중요한 이유는 문제행동의 기능 때문일 수 있다. 행동 이론에 따르면, 반복되는 행동은 개인의 기본적인 욕구를 충족시키기 때문에 계속 사용되는 것이다(Carr, 1977; Crone, Hawken, & Horner, 2015; Skinner, 1953). 연구에 따르면 학생들의 문제행동은 또래나 어른들의 관심을 끌기 위해, 또는 학업 과제를 회피하거나 빠져나가기 위해 가장 많이 사용하는 것으로 나타났다(McIntosh, Horner et al., 2008). 학생의 문제행동이 과제회피로 인해 유발되는 경우(경로 4의 학업 중재에 대한 비반응과 같이), 과제를 더 쉽게 만들고 덜 싫어하도록 필요한 기술을 가르치면 해당 행동이 발생할 가능성을 줄일 수 있다. 그러나 관심 기능일 경우에는 학업 중재로 문제행동을 줄일 수 있을 것으로 기대해서는 안 된다. 이러한 상황에서 1단계(Tier 1) 교육 외의 추가적인 학업 중재는 필요한 행동을 지원하는 시간만 빼앗을 뿐이다. 따라서 학생 문제행동의 기능에 따라 학업지원은 어떤 경우에는 행동 변화와 관련이 없고, 어떤 경우에는 절대적으로 필요하다(McIntosh, Horner, et al., 2008).

학업과 행동 사이의 연관성에서 기능의 역할을 강조하는 몇 가지 연구 증거가 있다. 첫째, 4, 5, 6학년 학생들의 읽기 유창성을 평가한 연구에 따르면 기능행동평가(FBA)에서 회피성 문제행동이 나타난 학생은 학년 초 성취도가 낮고 성장 속도도 더 느리며, 주의력 결핍 문제행동이 다른 학생들보다 심각한 것으로 나타났다(McIntosh, Horner, et al., 2008). 또한 일련의 중재 연구에 따르면, ① 문제행동의 기능이 학업 과제를 회피하는 것이고 ② 수업 목표가 FBA를 통해 확인된 문제행동을 유발하는 과제인 경우, 학업 지도만으로도 문제행동이 크게 감소하는 것으로 나타났다(Filter & Horner, 2009; Lee et al., 1999; Preciado et al., 2009; Sanford & Horner, 2013). 학업 결손이 발생한 영역에서 학생의 능력이 향상되면 교사가 제시하는 과제를 덜 싫어하게 되어, 과제를 회피하거나 빠져나가려는 행동이 불필요해진다.

쿡 등(Cook et al., 2012)은 이 이론을 보다 잘 뒷받침해 줄 수 있는 실험을 실시하였다. 그의 연구팀은 읽기 중재만 실시한 경우, 행동 중재만 실시한 경우, 그리고 두 영역 모두 중재를 실시한 경우 학생들의 읽기 기술, 학습 참여도, 문제행동에 미치는 영향을 연구했다. 그 결과, 한 영역에 대해서만 실시한 중재는 전반적으로 어느 정도 효과적이었고, 두 영역을 결합한 중재가 가장 효과적이었다. 하지만 읽기 중재만 실시한 경우 주의집중과 관련된 문제행동이 있는 학생에게는 효과가 없었고, 행동 중재만 실시한 경우 회피하고자 문제행동을 일으키는 학생에게는 효과적이지 않았다. 이러한 결과는 문제행동의 기능이 효과적인 학업 및 행동 지원 계획을 설계할 때 참고해야 할 중요한 변수라는 증거를 제시할 뿐 아니라 (McIntosh, Campbell, Carter, & Dickey, 2009), 학업 중재가 문제행동을 줄이는 데 몇몇 경우에만 효과적인 이유도 설명해 준다.

2) 행동 중재가 학업 기술에 미치는 교차 효과

(1) 교차 효과를 보여 주는 연구 결과

학업 중재와 마찬가지로, 여러 연구에서 행동 중재가 학업성취도에 미치는 긍정적인 효과를 입증했다. 최근 많은 연구에서 PBIS가 학업에 미치는 영향에 관한 실험을 실시하였다 (McIntosh, Ty, Horner, & Sugai, 2013). 이러한 연구 결과에 따르면 PBIS는 위험군 학생(Nelson et al., 2002)과 전체 학생(Bradshaw, Mitchell, & Leaf, 2010; Horner et al., 2009; Lassen, Steele, & Sailor, 2006; Luiselli, Putnam, Handler, & Feinberg, 2005; Nelson, 1996)의 학업성취도에 긍정적인 영향을 미치는 것으로 일관되게 나타났다. 마찬가지로, 최근 메타 분석에 따르면 다양한 사회정서학습(SEL) 프로그램이 학교 수준의 학업성취도에 긍정적인 영향을 미치는 것으로 나타났다(Durlak, Weissburg, Dymnicki, Taylor, & Schellinger, 2011). 이 연구 결과에서 중요한 점은 순차적이고 활동적이며 집중적이고 명시적인 기술 개발 활동으로 구성된 프로그램이 가장 효과적이었다는 것이다.

(2) 교차 효과를 찾는 데 실패한 연구 결과

그러나 상술한 중재 일부를 동일하게 실시하였음에도 불구하고, 학업에 대한 행동 중재의 교차 효과가 나타나지 않은 양질의 연구도 있다. 예를 들어, 사회성 및 인성 개발 연구소(Social and Character Development Research Consortium, 2010)에서 널리 사용되는 8개의 SEL 또는 인성 함양 프로그램에 대한 대규모 무작위 대조 실험을 수행한 결과, 학업(또는 행동)에 대한 긍정적인 효과가 거의 없는 것으로 나타났다. 마찬가지로 '좋은 행동 게임(Good Behavior Game)'(Barrish, Saunders, & Wolf, 1969)을 단독으로 실행한 켈람 등(Kellam et al., 1998)의 연구에서 행동 측면에서는 긍정적인 효과를 보였지만, 학업 효과는 나타나지 않았다. 코이와 크레비엘(Coie & Krehbiel, 1984)은 사회적 기술 교수 실행 초기에는 학업성취도에 긍정적인 효과를 미치지만, 시간이 지남에 따라 그러한 효과가 사라졌다고 보고하였다. 마지막으로, 일부 효과적인 행동 중재는 학업성취도에 악영향을 미치는 것으로 나타났다. 중재를 받지 않은 대조군 학생과 비교했을 때, 구조화된 타임아웃 중재인 생각하는 의자(Think Time)(Nelson & Carr, 2000)는 성취도에 거의 유의한 부적 영향을 미치는 것으로 나타났다(Benner et al., 2012).

(3) 상충되는 결과가 나올 수 있는 이유

이러한 엇갈린 결과를 이해하기 위해 행동 중재가 학업성취도를 향상시킬 것으로 기대하는 이유를 생각해 볼 필요가 있다. 이 장에서 설명한 처음 세 가지 경로에 따르면 수업방해행동, 학업 중재에 대한 비반응, 거절감 및 피해의식 등으로 인한 교육에 대한 접근성 저하가 문제의 주요 원인이었다. 따라서 행동 중재는 교육에 대한 접근성을 높이기 때문에 효과가 있을 것이라는 가설을 세웠다. 예를 들어, PBIS를 통해 학생의 사회적 행동을 개선하면 교사가 학습지도에 더 많은 시간을 집중할 수 있고(Luiselli et al., 2005), 분리하는 훈육으로 인한 수업 결손 시간이 줄어들어(Scott & Barrett, 2004) 결과적으로 학업 참여율이 높아진다(Algozzine & Algozzine, 2007). 또한 두 개의 연구에서, 행동 중재로 인해 또래 거부가 줄어들고 학교폭력이 감소하여 PBIS가 학업성취도에 효과적이라는 증거를 제시하였다(Bradshaw et al., 2010; Kelm et al., 2014; Waasdorp et al., 2012). 이 두 연구 모두에서 PBIS를 시행한 결과 또래 거부 및 또는 학교폭력이 감소했으며, 학업성취도도 그에 상응하는 수준으로 증가했다.

교육에 대한 접근성을 높이려 할 때 중요하게 고려할 점은 성취도 향상은 수업의 질에 달려 있다는 것이다. 간단히 말해, 행동 중재를 통해 학생들이 산만함 없이 자리에 앉아 수업에 집중할 수 있지만, 수업의 질이 낮다면 성취도 향상을 기대할 수 없다(Algozzine & Algozzine, 2009). 행동 중재를 통해 수업 분위기를 조성한 후에는 교과 학습을 극대화하기 위한 가장 효과적인 교수법을 사용해야 한다.

이 이론은 통합 접근법이 학업과 행동에 미치는 영향에 대해 더 나은 연구 결과가 나온 이유를 설명하는 데 도움이 될 수 있다. 브룬과 와트(Bruhn & Watt, 2012), 쿡 등(Cook et al.,

2012)은 통합적 중재가 학생의 학업 및 행동 모두에 효과적이라는 것을 발견했다. 이알롱고 등(Ialongo et al., 1999)은 초등 1학년을 대상으로 복합적 중재를 실행한 학급은 강력한 효과를 나타냈다고 보고하였다. 마지막으로, 학교 수준에서는 통합 MTSS 모델이 일반적인 학교 차원의 학업 또는 행동 중재에서 볼 수 있는 것 이상으로 학업과 행동 모두에서 향상된 결과를 보여 준다는 기술적(descriptive) 사례 연구 증거가 있다(McIntosh et al., 2006; Sadler & Sugai, 2009; Stewart et al., 2007).

4. 학업과 행동 간의 관계에 대한 몇 가지 빅 아이디어

연구 결과는 우리가 생각하는 것만큼 간단하지는 않지만, 시스템 통합이 합당한 근거와 통합을 잘 수행하는 방법에 대한 지침을 제공한다. 통합 프로세스를 진행하면서 얻을 수 있는 몇 가지 중요한 아이디어가 있다. 이 책의 나머지 부분을 읽고 통합 MTSS 모델에 대해 자세히 알아볼 때 이러한 점을 염두에 두면 유용할 수 있다.

1. **가장 좋은 예방책은 학업과 행동 모두에서 양질의 1단계 지원을 제공하는 것이다.** 양질의 학업 교육을 제공하면 학생들의 학업성취도와 참여도가 높아져 문제행동을 줄일 수 있다(Osher, Bear, Sprague, & Doyle, 2010). 마찬가지로, 산만함과 학교폭력이 없는 안전하고 예측 가능하며 배려하는 학습 환경을 조성하면, 교육에 더 많은 시간을 할애할 수 있고 학생들은 학습에 집중할 수 있다(McIntosh, Ty, et al., 2014). 그러나 연구에 따르면 한 영역에서 다른 영역으로의 강력한 교차 효과를 기대할 수는 없다. 강력한 학업체계가 학생의 행동을 지원하는 데 적합하다고 가정해서는 안 되며, 그 반대의 경우도 마찬가지이다. 두 영역 모두에서 개선된 결과를 얻으려면 두 영역 모두에 투자해야 한다(Algozzine & Algozzine, 2009). 결과적으로 통합된 학업 및 행동 지원을 구현할 때 결과가 극대화된다(Cook et al., 2012; McIntosh, Chard, et al., 2006). 따라서 앞서 설명한 각 경로를 예방할 수 있는 최선의 방법은 교차 효과를 기대하는 것이 아니라, 학생들이 반복적으로 어려움을 겪기 전에 양질의 1단계 학업 및 행동 지원을 제공하는 것이다.

2. **행동의 기능은 2단계와 3단계에서의 효과적인 통합 지원을 위한 키포인트이다.** 서로 상반된 연구 결과의 상당 부분은 문제행동의 기능으로 설명할 수 있다(Cook et al., 2012). 기능

에 주의를 기울이지 않으면 문제행동을 개선하기는커녕 악화시킬 가능성이 높기 때문에 기능행동평가(FBA) 결과에 따라 중재를 선택하는 것이 중요하다(Crone et al., 2015). 이러한 이유로 분리하는 훈육 방식(예: 타임아웃, 성찰실 의뢰, 정학)은 일시적으로 문제행동을 줄일 수 있지만, 학생을 교육에서 배제하기 때문에 장기적으로는 문제행동을 증가시킬 가능성이 높다. 기능에 주의를 기울이면 의도치 않게 학생의 문제행동을 악화시키는 결과로 이어지지 않고, 회피로 인해 유지되는 행동의 실제 원인을 다룰 수 있다.

3. **통합은 부분의 합 그 이상이다.** 일반교육과 특수교육 전반에 걸쳐 학생의 내적인 결핍에 초점을 두는 경향이 있다. 이러한 사고방식은 학업 및 행동 문제를 서로 다른 것으로 간주하여 서로 다른 기술, 서로 다른 중재, 서로 다른 팀을 필요로 하는 파편화된 지원 체계로 이어진다. 이 장에서 기술한 연구에 따르면, 각 영역에 좁게 초점을 맞추는 대신 상호 연관된 것으로 간주하면 학생의 성과를 개선하고 시간과 자원을 절약할 수 있다. 시스템을 통합하여 학생의 성과를 개선할 수 있는 것처럼 한 영역에서 보유한 기술을 다른 영역에 적용하여 학생 지도 방법을 개선할 수 있다. 달치와 카미뉴이(Darch & Kame'enui, 2003)는 "생활지도와 학습지도를 동일한 과정의 중요한 부분으로 생각하면, 한 학년 동안 교사와 학생 모두에게 더 명확하고, 더 집중적이며, 균형 잡히고, 더 지속적이고, 더 풍요로운 교육이 될 수 있다."고 하였다. 통합 MTSS 모델을 채택하면 학업과 행동 전반에 걸쳐 더 나은 성과를 낼 수 있는 시너지를 얻는다.

제2부

핵심 구성 요소

이 책의 제2부에서는 통합 MTSS 모델의 핵심 내용을 제시한다. 각 장에서는 데이터 및 평가, 실제, 팀 구성, 통합적 운영을 지원하기 위한 지역교육청 차원의 관여, 통합 프로세스 자체 등을 포함한 MTSS의 다양한 측면을 다룬다. 각 장에서는 서로 다른 주제를 다루고 있는 것처럼 보일 수 있으나, 이러한 주제들은 분리된 것이 아니다. 이 주제들은 전체 시스템의 일부로 함께 작동하기 때문에 어느 정도 중복되는 부분이 있다. 예를 들어, 학교팀과 지역교육청 팀은 실행충실도 데이터를 활용하여 통합 프로세스를 안내한다. 이 전형적이고 지속적인 절차에는 제2부에서 자세히 설명하는 모든 주요 시스템이 포함된다. 따라서 설명하는 방식에 중복되는 부분도 있을 수 있다. 이러한 중복에는 장점이 있다. 학업과 행동의 예와 같이 처음에는 별개의 시스템처럼 보이지만 모든 측면에 걸쳐 연속성과 일관성이 있기 때문에, 시스템이 함께 작동하는 방식 및 한 시스템의 지식과 기술이 다른 시스템으로 일반화될 수 있는 방법을 더 쉽게 이해할 수 있다.

또한, 제2부의 모든 장에서 발견할 수 있는 공통 주제는 전략적 통합(strategic integration)이다. 완전한 통합을 강조하는 대신, 논리적이고 쉽게 통합할 수 있는 기회를 찾는 것이 도움 된다. 예를 들어, 제7장에서 설명하는 것처럼 통합은 학교개선 프로세스에 포함될 수 있다. 학생의 성취를 촉진하기 위해 교육 환경을 개선한다는 전체 목표를 공유한 상태에서 시작하면 통합이 훨씬 쉬워진다.

각 장은 일반적인 중점 사항을 요약하는 대신 학교 차원의 팀과 지역교육청 차원의 팀을 위한 팀 체크리스트를 제시한다. 이 체크리스트는 각 시스템의 핵심 사항을 요약한 것으로, 체계를 통합하고자 할 때 팀 차원에서 활용할 수 있다. 종합하면, 학교와 지역교육청이 학업 및 행동 시스템을 보다 완벽하게 통합하고자 할 때, 제2부 체크리스트를 로드맵으로 활용하면 실행계획을 세우는 데 도움이 될 수 있다.

제3장

데이터 통합하기

제3장에서는 통합된 학업 및 행동 MTSS 모델 내에서 데이터 활용에 대해 설명한다. 학업 RTI 및 PBIS와 같은 다층체계에서는 데이터를 기반으로 모든 실행과 의사결정이 이루어지기 때문에 통합 MTSS에서 데이터는 훨씬 중요한 역할을 한다. 실제로 매일 수업 내용 및 방법을 결정하는 일부터 특수교육대상자 선정 및 배치, 학교, 지역교육청 및 시·도교육청의 장기적인 계획을 결정하는 일까지 모든 교육 시스템을 최적화하는 데 있어 데이터는 매우 중요하다.

제3장의 각 체계와 마찬가지로 MTSS 내에서 데이터 시스템을 통합하는 것은 간단한 작업은 아니지만 많은 이점이 있다. 교육 현장에서 실제로 MTSS를 사용할 교직원에게 좋은 소식은, 통합된 학업 및 행동 시스템에서 활용하는 데이터 외에 새롭게 수집해야 하는 데이터가 거의 없다는 것이다. 도구 자체(예: 평가, 측정, 시험)는 특정 학업 또는 행동 기술을 평가하는 별도의 단위로 작동하도록 설계 및 검증된 경우가 많기 때문에 반드시 통합할 필요는 없다. 대신, 체계의 효율성과 효과성 측면에서 통합은 이점을 가져다준다.

데이터 시스템을 통합하는 것이 더 효율적인(efficient) 이유는 데이터 수집과 의사결정에 사용하는 개념과 원칙이 동일하기 때문이다. 데이터가 왜, 어떻게 수업을 개선할 수 있는지, 어떤 영역의 데이터를 선택할지, 하나의 교과(예: 행동)에서 의사결정에 데이터를 어떻게 활용할지에 대한 핵심 개념을 이해하면, 이 지식을 다른 영역(예: 수학)에 적용하는 것이 훨씬 쉬워진다. 이상하게 들릴지 모르지만, 우리가 흔히 데이터라고 생각하는 도구 자체는 서로 바꿔 사용할 수 있다. 많은 경우, 학업과 행동 간 데이터 시스템의 차이는 정확히 같은 목적을 가지고 도구를 바꾸는 데서 비롯된다. 예를 들어, 중급 수학이나 행동에 사용되는 진단 검사는 절차가 매우 달라 보일 수 있지만, 그 목적(학생의 요구를 정확히 파악하는 것)과 문제

해결 모델 내에서의 활용은 동일하다. 이처럼 교직원은 이미 가지고 있는 한 영역에 대한 배경지식을 다른 영역에 적용할 수 있으므로 효율성이 높아진다. 새로운 개념이 아니라 '이 학교에서 [행동]을 위해 이미 하고 있는 일'이라는 것을 알면 변화에 대한 저항도 줄어들어 교직원 연수 비용 절감의 효과가 있다.

효율성 외에도 효과성 측면에서 통합 데이터 시스템에는 이점이 있다. 학업 및 행동에 대한 데이터를 모두 수집하면 각 영역에서 더 나은 의사결정을 내릴 수 있다. 학교 전체, 소집단, 개별 학생에 대해 활용 가능한 모든 학업 및 행동 데이터를 볼 수 있으면, 문제의 범위를 좁히고 보편적 중재와 전략의 폭을 넓힐 수 있기 때문에 훨씬 더 효과적이다. 이전 장에서 설명한 학업 능력과 행동 간의 상호작용을 통해 아동에 대해 보다 폭넓고 전인적인 관점을 가질 수 있으며, 단일 데이터 시스템으로는 불가능한 맞춤형 지원을 통합된 데이터 시스템을 통해 제공할 수 있다. 어떤 경우에는(제4장 참조) 한 영역에 대한 중재나 약간의 차별화 교육만으로도 해당 학생 또는 소집단이 최소제한환경에서 학습할 수 있는 시간을 늘려 성취하는 데 충분한 지원을 제공할 수 있다. 다른 경우에는 두 가지 데이터 세트를 모두 확인하면 학업과 행동 지원을 모두 포함하는 개별화된 중재의 필요성을 알 수 있으며, 동시에 해당 중재의 효과를 판단하는 데 더 종합적인 데이터를 제공할 수 있다.

통합 데이터의 효율성과 효과성을 활용하려면, 어떤 영역을 지원하는 것과 관계없이 학교에서 데이터의 개념에 대한 이해를 공유해야 한다. 데이터는 통합 MTSS 모델 내에서 다음의 5가지 주요 목적으로 사용된다: ① 현재 시행 중인 실제(practices)와 진행 중인 프로세스에서 해당 방안이 얼마나 잘 실천 중인지 파악한다(예: 현행 실제 점검, 실행충실도 평가). ② 추가 지원이 필요한 학생을 파악한다(예: 선별). ③ 어떤 지원이 가장 도움이 될지 평가한다(예: 학교 차원 또는 개별 차원에서). ④ 정기적인 일정에 따라 학생의 지속적인 성장을 평가한다(예: 형성평가). ⑤ 더 넓은 범위에서 학생의 결과를 평가한다(예: 총괄평가). 제3장에서는 학교 전체 및 개별 학생 차원의 데이터를 포함하여 통합 MTSS에 가장 유용한 데이터에 대해 설명한다. 특정 유형의 데이터는 학교 전체 차원에서 유용할 것이며, 어떤 데이터는 개별 학생 차원에서 유용할 것이다. 이러한 데이터를 의사결정에 활용하는 방법에 대한 구체적인 지침은 제5장에 제시된다.

1. 데이터 중심 교육에 대한 반감: 우려 사항과 해결책

앞에서 설명한 내용은 데이터가 교육에서 중요한 역할을 한다는 꽤 설득력 있는 주장처럼 들릴 수 있다. 그러나 많은 경우 데이터는 세 글자 단어일 뿐이다(Horner, Sugai, & Todd, 2001). 사실, 학교에서 데이터가 설득력이 있다는 것을 부인하지 못하면서도 데이터에 대해 거부감을 갖는 것은 일반적이다. "나는 데이터에 대해 잘 알지도 못하고 별로 알고 싶지도 않아." 또는 "난 PBIS 진짜 좋아해, 데이터만 빼고."라는 말을 들어 봤을 수도 있다. 이 책의 독자라면 데이터에 관심을 갖고 데이터를 활용하는 전문가에 속하지 않을 가능성이 높다. 그렇다면 이러한 말에 좌절감을 느낄 수 있지만, 행동이 인간의 기본적인 욕구를 충족하는 기능을 하는 것처럼, 이러한 말 뒤에는 실제적이고 정당한 우려가 있다. 많은 교사들이 일상적으로 데이터를 다루는 것은 익숙하지 않다. 따라서 이러한 우려 사항을 검토하고 두려움을 줄일 수 있는 계획을 세우는 것이 좋다.

1) 학교에서 데이터를 수집하고 사용할 때의 일반적인 우려 사항과 잠정적인 해결책

(1) 숫자만 봐도 겁이 난다

많은 사람이 숫자나 데이터를 언급하는 것만으로도 불안감을 느낀다. 우리 사회에서는 심지어 교사들마저도 수학에 대한 공포감을 갖고 있거나 포기한 사람이 많아서, 데이터 사용을 거부하거나 데이터가 보이는 순간 흐린 눈을 하곤 한다. 우리 중 얼마나 많은 사람들이 보고서나 학술논문에 통계가 나올 때 두려움이나 무능함을 느끼는가? 이러한 경험으로 인해 많은 사람이 데이터 사용을 강력히 거부하게 되는데, 이러한 현상을 경험적 회피(experiential avoidance)라고 한다(Hayes, Wilson, Gifford, Follette, & Strosahl, 1996). 불편한 경험을 피하는 것은 일반적인 반응이며, FBA에서와 마찬가지로 이러한 정보를 아는 것은 문제해결에 매우 중요하다. 접근 방식이나 그 의미를 이해하는 데 도움을 주지 않고 수많은 숫자나 그래프를 제공하면 이러한 반응이 나타날 가능성이 높다. 그 대신에 데이터나 그래프를 제시할 때마다 그 목적을 명확하게 밝히고 '사고 구술(think-aloud)' 전략(각 단계를 말하면서 절차를 따르는 방식)을 사용하여 그룹이 이해할 수 있도록 안내하면 이러한 반응을 줄일 수 있다. 학생들의 공포증을 줄이는 것과 마찬가지로(Westen & Morrison, 2001), 데이터 활용 및 해석에 대한 긍정적인 경험을 하면 데이터에 대한 두려움을 줄일 수 있다.

(2) 데이터는 해석하기 어렵다

단순히 숫자에 대한 거부감을 넘어서, 데이터의 중요성을 인정하거나 숫자에 대한 두려움을 극복한 사람조차도 숫자 자체와 그 숫자가 알려 주는 내용에 매몰될 수 있다. 이러한 반응은 우리가 종종 필요 이상으로 많은 데이터를 수집하고, 많은 교사들이 데이터 사용법에 대한 전문적인 교육 또는 어떤 교육도 받지 않았기 때문에 흔히 발생한다. 길버트(Gilbert, 1978)는 데이터와 정보를 구분했다. 데이터는 날 것의 원시적인 숫자에 불과하고, 정보는 이러한 데이터를 이해할 수 있고 실행할 수 있는 형식으로 가공한 것이다. 교육에서, 수집하는 데이터가 너무 많아서 실제 그 데이터가 무엇을 의미하는지 파악하는 데 비효율적이고 많은 시간이 소요되는 경우가 많다. 이 문제를 다루려면, 양질의 데이터(즉, 정확하고 관련성이 높으며 시의적절한 데이터)를 확보하는 데 중점을 두고, 그 수치를 의미 있고 유용한 정보로 변환해야 한다. 이를 위해서는 수집하고 해석해야 하는 데이터를 줄이고, 가장 중요한 부분을 잘 활용하는 방법에 대한 지속적인 교육과 지원을 제공해야 한다.

(3) 데이터는 골치 아픈 문제를 들춰낼 수 있다

데이터를 해석하고 이해한 후, 또 한 가지 우려되는 점은 데이터를 자세히 살펴보기보다 불편하여 무시하고 싶은 문제를 들춰낼 수 있다는 것이다. 이러한 우려가 존재하는 일반적인 영역은 인종/민족에 따른 결과의 불평등이다. 이는 학업적인 면(예: 학업성취도에서의 격차)이나 행동적인 면(예: 징계 처분에서의 격차)에서 나타날 수 있다. 결과의 불평등을 확인하는 것은 불편하기에, 불평등한 결과를 평등하게 만들려는 조치를 취하는 대신, 데이터의 타당성에 의문을 제기하거나 데이터를 한 번 보고 무시해 버린다(McIntosh, Eliason, Horner, & May, 2014). 이러한 문제는 더 큰 사회 문제에 대한 학교의 효과적인 해결책이 없을 것 같다는 느낌으로 번질 수 있다. 그러나 학업 RTI 체계와 PBIS가 이러한 격차를 줄일 수 있다는 증거가 있다(제8장 참조; Vincent, Swain-Bradway, Tobin, & May, 2011). 이러한 문제를 해결하려면 우리의 가치에 따라 행동하고 데이터를 정기적으로 검토하는 용기가 필요하다. 또한, 지속적인 격차에 대해 변명을 찾기보다는 불평등의 원인을 해결하는 데 초점을 맞춘 체계적인 문제해결 접근 방식이 필요하다(McIntosh, Barnes, et al., 2014).

(4) 데이터가 수업 시간을 뺏는다

이론적으로는 이 지적이 사실이지만, 올바른 종류의 데이터를 수집하면 수업이 훨씬 더 효과적으로 이루어져 오히려 시간을 절약할 수 있다. 너무 기초적인(또는 너무 어려운) 내용이어서 아무것도 얻지 못한 교사 연수 워크숍에 참여한 적이 있는가? 간단한 사전 질문이나 시작할 때 교사들의 요구를 물어봤다면, 워크숍 시간의 일부를 할애해야 하겠지만 나머지 시간을 훨씬 더 가치 있게 만들었을 것이다. 초기 문해력에 관한 예를 들자면, 학생들이 음운 인식 기술을 확실히 익혔다는 것을 교사가 안다면 그 영역에 대한 보충 수업은 도움 되지 않을 것이므로 해당 기술은 간략하게 평가하고 진도를 나감으로써 효과적인 수업을 제공할 수 있다. 마찬가지로 학생들이 완벽히 습득한 수준까지 가르치지 못한다면, 추후에 특수교육을 단계적으로 제공하는 것이 어렵다(Wong, Wong, & Seroyer, 1998). 따라서 약간의 데이터만 수집해도 학생들이 더 빠르게 학습할 수 있으며, 이 데이터를 수업을 안내하는 자료로 사용할 수 있다.

이 문제를 극복하기 위한 두 가지 중요한 지침이 있다. 첫째, 불필요하게 수업을 방해하지 않도록 데이터 수집을 효율적으로 해야 한다. 수집된 데이터는 흥미롭다는 이유로 수집하는 것이 아니라 수업을 개선하는 데 사용되어야 한다. 데이터를 수집하는 것보다 데이터에 기반한 조치(교육 및 지원 제공)에 훨씬 더 많은 시간을 할애해야 한다. 교육에 대한 다층적 접근 방식은 모든 학생에 대해 짧고 주기적인 측정(예: 학업에서의 성취기준 도달 여부를 교육과정중심측정으로 평가)과 기존 데이터[예: 성찰실 의뢰 및 징계(suspension)에 관한 정보]를 활용하고 학생이 지원 단계에서 다음 단계로 올라갈수록 데이터 수집의 강도를 높인다. 이러한 접근 방식은 모든 학생을 대상으로 더 많은 데이터를 수집하는 것보다 더 효율적이다. 둘째, 교직원에게 데이터 수집을 요청할 때마다, ① 그들이 수집한 정보의 간결하고 이해하기 쉬운 요약본을 제공해야 하고, ② 해당 정보가 학생의 성과를 개선하기 위해 어떻게 활용되는지를 공유해야 한다. 이상적으로는, 이 정보를 다음 교직원 회의에서 공유하여 그들이 수집한 데이터가 학생들에게 실질적인 변화를 가져오고 있다는 점을 강조하는 것이 중요하다.

(5) 데이터는 오용될 수 있다

교사들이 우려하는 또 다른 중요한 문제는 수집한 데이터가 때때로 교사를 비난하거나, 공교육의 효과에 반대하거나, 일부 학생을 가르칠 수 없는 학생으로 분류하는 데 사용된다는 것이다. 교사 평가와 책무성에 대한 관심이 높아지면서, 교사들은 때때로 데이터를 수업 개선에 활용하기보다는 교사의 문제점을 지적하는 데 사용하기도 한다. 이러한 우려는 당연히 교육에서 데이터의 가치에 대한 심각한 회의론으로 이어진다. 때때로 데이터를 사용하여 효과적이지 않거나 정확한 중재를 거부하는 교사를 파악하고 싶을 수도 있다. 그러나 대부분의 경우, 교육에 사용되는 도구는 이러한 목적으로 검증되지 않았기 때문에, 교사를 평가하기 위한 목적으로 사용할 정당한 이유가 없다. 이러한 우려는 데이터의 세부 사항을 다루기 전에 마지막 권장 사항으로 이어진다. 개인을 처벌하기 위해 데이터를 사용해서는 안 된다(Horner et al., 2001). 개인은 숫자를 조작하거나 데이터 수집에 참여하지 않으려는 유혹을 받을 것이고, 그럴 만한 이유가 있기 때문이다.

2. 데이터 수집을 위한 평가 도구의 종류

상술한 바와 같이 데이터의 홍수에 빠진 느낌을 주는 한 가지 원인은 교사가 사용할 수 있는 평가 도구가 너무 많다는 것이다. 수많은 평가 도구와 그로부터 얻는 모든 데이터 때문에 실행할 선택지의 수가 혼란스러울 수 있다. 하지만 특정 목적에 따라 평가 도구를 분류하면 혼란을 줄이고 더 쉽게 선택할 수 있다. 통합 MTSS 모델 내에서 데이터는 다음과 같은 다섯 가지 주요 목적을 가지고 수집, 분석, 요약 및 활용된다: ① 실행충실도 평가(우리가 하기로 한 것을 실행하고 있는가?), ② 선별(추가 지원이 필요한 학생은 누구인가?), ③ 진단 평가(어떠한 구체적인 지원이 필요한가?), ④ 진전도 모니터링(지원이 학생의 궤적을 긍정적인 방향으로 바꾸고 있는가?), ⑤ 일반적인 성과 측정(학생이 전반적으로 더 잘하고 있는가?)(McIntosh, Reinke, & Herman, 2009; Torgesen, 2006). 각 목적은 교사가 효과적으로 가르치고 학생들이 성공하도록 하는 데 중요하다. 이러한 목적에 따라 평가는 여러 범주로 구분되지만 일부 도구는 여러 용도로 사용될 수 있다. 이 섹션에서는 각각의 목적, 일반적으로 사용되는 평가 도구, 데이터 수집 과정 및 각 평가 도구가 통합 MTSS 모델에서 어떻게 활용되는지 설명한다.

1) 실행충실도

우리의 현행 실제가 효과적인지 평가하기 전에, 우리가 해야 한다고 생각하는 것을 실제로 하고 있는지 확인하는 것이 중요하다. 충실도 측정은 교사들이 의도한 대로 얼마나 일관되게 실행하고 있는지를 평가한다(Gresham, 1989). 이러한 형태의 평가는 교육에서 간과되는 경우가 많지만 우리 업무에 매우 중요하다. 학교나 교육청이 특정 교육과정을 채택하면,

그 교육과정에 맞는 교사 연수 자료를 제공하기 때문에 그대로만 실천하면 충실하게 구현될 것이라고 가정한다. 그러나 이는 잘못된 가정이며 종종 위험하기도 하다. 연구에 따르면 단순히 교육과정을 채택하는 것만으로는 충실도를 보장하기에 충분하지 않다는 사실이 밝혀졌기 때문이다(Fixsen, Naoom, Blase, Friedman, & Wallace, 2005). 또한 지속적인 지원 없이 교육과정을 채택하거나 교사 연수에 참여하는 것만으로 교사가 실행할 수 있다고 믿는 것은 말이 되지 않는다(Joyce & Showers, 2002).

실제가 충실하게 실행되었는지 평가할 수 있으면, 실제를 제대로 실행하지 않아서 학생의 성취도가 낮은 것이라는 귀인을 배제할 수 있다. 기준에 맞게 실행되었다는 것을 보여 주는 데이터가 있다면, 좋지 않은 결과를 가져온 원인(예: 충분하지 않은 중재의 강도, 학생 요구에 부합하지 않음)을 더 잘 파악하고 그에 따라 계획을 변경할 수 있다. 충실도 데이터가 없다면 우리의 계획이 학생의 성공을 지원하는 데 도움이 되는지, 또는 더 나은 계획을 만들기 위해 어떤 부분을 변경해야 하는지 알 수 없다.

충실도 측정의 또 다른 잠재적 이점은 실천을 지속하기 위한 동기 부여와 관련이 있다. 연구에 따르면 MTSS 실천(예: PBIS, 또래지원 학습전략[PALS])을 통해 성공적인 학생성취 결과를 달성하면, 교직원의 충실도를 갖춘 실천이 강화되는 것으로 나타났다(Andreou et al., 2015; Baker, Gersten, Dimino, & Griffiths, 2004). 즉, 학생들의 긍정적인 변화를 보는 것은 우리가 계속해서 실천하도록 동기를 부여한다. 그러나 학생의 행동과 학업성취도의 변화를 달성하는 데는 오랜 시간이 걸릴 수 있다. 이때 실행충실도 측정은 교직원에게도 유사한 기능을 제공할 수 있다. 학생의 성취 결과를 확인하기 전에, 이러한 도구들(예: 전체를 실행하기까지 과정을 담은 체크리스트)은 다음 단계를 파악하는 데 도움을 줄 뿐만 아니라, 교직원이 스스로 점검하면서 해야 할 일들을 성공적으로 할 수 있도록 도와준다.

(1) 충실도 평가를 위한 일반적인 도구

충실도 도구는 크게 두 가지 유형으로 나뉜다. 충실도 자체 평가는 코치(외부 전문가)의 참석 여부에 관계 없이 팀 또는 전체 교직원이 완료한다. 외부 평가는 코치(외부 전문가) 또는 지역교육청 팀이 수행하며, 인터뷰, 관찰, 지속적 산출물 평가(permanent product reviews) 등이 포함되는 경우가 많다. 충실도 자체 평가는 일반적으로 더 효율적이지만 과대평가되기 쉽다(Wickstrom, Jones, LaFleur, & Witt, 1996). 일반적으로 자체 평가가 정확하려면, 평가 도구가 구체적이고(예: '우리가 얼마나 잘하고 있는지'에 대한 전반적인 평가보다는 구체적이고 관찰 가능한 항목으로 구성된 체크리스트), 평가자의 실무 경험이 많아야 한다(Allen & Blackston,

2003; Rasplica, McIntosh, & Hoselton, 2016).

또 다른 고려 사항은 평가 도구의 특정성(specificity)이다. 일부 평가 도구는 특정 교육과정과 연계되어 있으며, 특정 프로그램 구매 시 보충 자료로 포함되는 경우가 많다. 이러한 평가 도구는 일반적으로 절차적 충실도에 중점을 둔다(예: 수업의 모든 단계가 전달되었는가?). 다른 평가 도구들은 일반적으로 학생 성과를 향상시키는 것으로 알려진 주요 변수를 기반으로 효과적인 교육 실제의 주요 특징을 평가한다(Horner & McIntosh, 2016). 이러한 유형의 평가는 실무 전반에 걸쳐 사용되거나, 시스템 수준에서 양질의 교육이 실행되는지 측정할 때 사용되므로 종종 더 유용하다. 〈표 3-1〉은 행동 및 읽기 · 쓰기에 일반적으로 사용되는 충실도 평가 도구 목록이다. 표준화되거나 타당한 충실도 평가 도구를 사용할 수 없는 경우, 교사들이 실제의 핵심적인 특징이 무엇인지 합의하고, 이러한 특징이 제대로 갖춰져 있는지 확인하는 것이 도움이 된다.

① 행동 영역에서의 실제 평가 도구

PBIS에서는, 무료로 제공되는 다양한 시스템 수준 충실도 평가 도구가 있으며 PBIS 평가 웹 사이트(www.pbisapps.org)에서 찾을 수 있다. 학교 차원(1단계) 시스템의 실행을 평가하기 위한 타당화된 도구에는 PBIS 자체 평가 설문지(Self-Assessment Survey: SAS; Sugai, Horner, & Todd, 2000), SWPBIS 다층적 실행충실도 평가 도구(Tiered Fidelity Inventory: TFI; Algozzine et al., 2014), 학교 차원 벤치마크 평가 도구(School-wide Benchmarks of Quality: BoQ; Kincaid, Childs, & George, 2005), 학교 차원 평가 도구(School-wide Evaluation Tool: SET; Sugai, Lewis-Palmer, Todd, & Horner, 2001) 및 PBIS 팀 실행 체크리스트(Team Implementation Checklist: TIC; Sugai, Horner, & Lewis-Palmer, 2001) 등이 있다. 이러한 각 도구는 특정 용도로 개발되었다. 예를 들어, TIC는 1단계에서 유용하고, BoQ는 상위(advanced) 단계에서의 실행에 유용하며, SET는 외부 평가 척도이다. 충실도 평가 도구는 2단계와 3단계의 행동 지원 시스템 실행을 측정하는 데에도 사용할 수 있다. 여기에는 상위 단계를 위한 벤치마크(Benchmarks for Advanced Tiers: BAT; Anderson et al., 2012), 개별 학생 시스템 평가 도구(Individual Student Systems Evaluation Tool: ISSET; Lewis-Palmer, Todd, Horner, Sugai, & Sampson, 2003) 및 상위 단계 점검 도구(Monitoring Advanced Tiers Tool: MATT; Horner, Sampson, Anderson, Todd, & Eliason, 2013)가 포함된다. TFI에는 세 단계 모두에 대해 타당화된 하위 척도가 포함되어 있다(McIntosh, Massar, et al., 2017).

② 학업 영역에서의 실제 평가 도구

학업 영역에서 사용할 수 있는 충실도 측정 도구는 더 적지만, 읽기 · 쓰기를 위한 학교 차원 시스템에 초점을 맞춘 세 가지 도구는 주목할 필요가 있다. 효과적인 학교 전체 읽기 프로그램을 위한 계획 및 평가 도구(Planning and Evaluation Tool for Effective School-wide Reading Programs: PET-R; Kame'enui & Simmons, 2002)는 초등학교에서 단계별 학교 차원 읽기 향상 모델이 어느 정도 마련되어 있는지 알아내는 데 사용되는 자체 평가 도구이다. PET는 학교리더십 팀이 학교의 현재 읽기 프로그램 실행을 평가하고 우선순위를 파악하는 데 사용한다. 또 다른 척도인 〈읽기〉 다층적 실행충실도 평가 도구(Reading Tiered Fidelity Inventory: R-TFI; St. Martin, Nantais, Harms, & Huth, 2015)는 PET-R과 유사한 목적으로 설계된 자체 평가 도구이지만, 1~3단계를 모두 다룬다. 채점 루브릭을 사용하여 채점의 용이성을 높였다(초등학생용 및 중 · 고등학생용 R-TFI 단축형은 〈부록 3-1〉 및 〈부록 3-2〉 참조). R-TFI는 팀원들 스스로 행동 계획에 대한 실행을 점검하는 데 사용된다. R-TFI에는 초등학생용과 중고등학생용 두 가지 버전이 있다. R-TFI는 곧 온라인(www.pbisapps.org)에 무료로 접속하여 보고서 작성까지 가능할 예정이다. R-TFI의 보다 포괄적인 버전인 『〈읽기〉 다층적 실행충실도 평가 도구: 종합판』(Reading Tiered Fidelity Inventory Comprehensive Edition: R-TFI-CE; St. Martin, Huth, & Harms, 2015)은 학교의 1단계 읽기 · 쓰기 시스템 구현을 평가하고, 학업성취를 지원하기 위해 마련된 행동지원 전략을 평가하기 위한 외부 평가 도구이다. R-TFI-CE에는 학교 차원 시스템(예: 학사 일정 관리, 리더십 팀 활동)과 교실에서의 실제(예: 효과적인 교수 원리 사용, 학생 참여, 반응 기회)을 모두 평가하기 위한 지속적 산출물 평가, 인터뷰 및 교실 관찰이 포함된다. 교수 전략, 교실 환경, 학업 참여 및 반응 기회, 학생-교사 상호작용 평가를 포함하는 R-TFI-CE 수업 관찰 양식은 〈부록 3-3〉에 포함되어 있다.

③ 개별 지원계획 평가 도구

3단계 수준에서 개별 학생 지원계획의 실행충실도를 평가하는 데 도움이 되는 도구도 있다. 이러한 평가 도구는 보통 실행을 확인하는 체크리스트 형태이며, 사용된 지원계획 전략이나 실행을 평가하기 위한 평정 척도를 포함한다. 평가를 계획할 때, 각 도구들이 평가하는 것을 지원하는 계획에 맞게 조정되어야 한다. 학교 팀은 척도 고안, 데이터 입력 및 분석을 지원하기 위해 데이터베이스(예: Microsoft ACCESS)를 개발하거나, 다양한 자체 제작 충실도 양식(예: 실행 확인 체크리스트, 평정 척도)에 대한 데이터를 생성하고 그래프를 제공하는 개별 학생 정보 시스템-학교 차원 정보 시스템(Individual Student Information System-School Wide

표 3-1 행동 및 읽기 · 쓰기 지원 시스템의 실행충실도 평가 도구

측정	목적	일반적인 절차	일반적인 빈도
행동 시스템			
PBIS 팀 실행 체크리스트(PBIS Team Implementation Checklist: TIC)	학교 팀이 진전도를 모니터링하도록 안내하고 PBIS 1단계 실행에 필요한 초기 단계의 실행계획을 알려 준다.	학교리더십 팀은 코치(외부 전문가)의 유무와 관계없이 합의에 따라 하나의 체크리스트를 작성한다(최대 10분 소요).	100%까지 분기별 (이후 다른 측정값으로 전환)
PBIS 자기 평가 설문(PBIS Self-Assessment Survey: SAS)	다음과 같은 네 가지 시스템에 대한 요구 평가를 제공하고, 실행의 질 및 개선 우선순위에 대한 교직원의 인식을 조사한다: ① 학교 전체, ② 교실 외, ③ 교실, ④ 개별 학생	각 교직원은 별도의 설문조사를 작성하며, PBIS를 처음 활용하는 학교의 경우 개별 학생 시스템은 생략하는 경우도 있다(최대 30분 소요).	매년 또는 격년
학교 차원의 평가 도구(School-wide Evaluation Tool: SET)	인터뷰, 관찰, 성적표 검토를 포함하는 현장 방문을 통해 PBIS 시스템 1단계에 대한 외부 평가를 제공한다.	외부 관찰자(예: 코치, 교육청 코디네이터)가 현장 방문을 완료하고 팀에 보고서를 제공한다(관찰자가 최대 2시간 소요).	매년
학교 차원의 질적 기준(School-wide Benchmarks of Quality: BoQ)	PBIS 시스템 1단계에 대한 심층 평가를 통해 강점과 약점 영역을 파악하고 평가하여 실행계획에 대한 정보를 제공한다.	학교리더십 팀과 코치(외부 전문가)가 개별적으로 평가를 완료한 후, 회의를 통해 합의점을 찾는다(최대 45분 소요).	매년
고위험 단계를 위한 기준(Benchmarks for Advanced Tiers: BAT)	PBIS 시스템 2단계 및 3단계에 대한 심층 평가를 통해 실행계획에 대한 정보를 제공한다.	학교리더십 팀은 보통 코치(외부 전문가)와 함께 합의를 거쳐 하나의 평가를 완료한다(최대 1시간 소요).	매년

〈계속〉

측정	목적	일반적인 절차	일반적인 빈도
개별 학생 시스템 평가 도구(Individual Student Systems Evaluation Tool: ISSET)	인터뷰와 성적표 검토가 포함된 현장 방문을 통해 PBIS 시스템 2단계 및 3단계에 대한 외부 평가를 제공한다.	외부 관찰자(예: 코치, 교육청 코디네이터)가 현장 방문을 완료하고 팀에 보고서를 제공한다(관찰자가 최대 2시간 30분 소요).	매년
고위험 단계 점검 도구(Monitoring Advanced Tiers Tool: MATT)	학교 팀이 진전도를 모니터링하도록 안내하고 PBIS 2단계와 3단계에 필요한 실행계획을 알려 준다.	학교리더십 팀은 보통 코치(외부 전문가)와 함께 합의를 거쳐 하나의 평가를 완료한다(최대 45분 소요).	80%까지 분기별(이후 매년)
SWPBIS 다층지원 실행충실도 검사(SWPBIS Tiered Fidelity Inventory: TFI)	PBIS 세 단계 모두에 대한 효율적인 평가를 통해 강점과 약점 영역을 파악하고 평가하여 실행계획에 대한 정보를 제공한다.	학교리더십 팀은 보통 코치(외부 전문가)와 함께 합의를 거쳐 하나의 평가를 완료한다(최대 45분 또는 각 단계당 최대 15분 소요).	70%까지 분기별(이후 매년)
읽기 · 쓰기 시스템			
효과적인 학교 차원의 읽기 프로그램을 위한 계획 및 평가 도구-개정판(Planning and Evaluation Tool for Effective School-wide Reading Programs-Revised: PET-R)	초등학교 팀이 진전도를 모니터링하도록 안내하고 학교 전체 읽기 향상 모델의 7가지 핵심 요소를 구현하는 데 필요한 실행계획을 알려 준다.	학교리더십 팀은 보통 코치(외부 전문가)와 함께 합의를 거쳐 하나의 평가를 완료한다(최대 1시간 소요).	매년
읽기 영역의 다층지원 실행충실도 검사-종합판(Reading Tiered Fidelity Inventory Comprehensive Edition: R-TFI-CE)	인터뷰, 관찰, 성적표 검토를 포함하는 현장 방문을 통해 읽기 · 쓰기 시스템 1단계에 대한 외부 평가를 제공한다.	외부 관찰자(예: 코치, 교육청 코디네이터)가 현장 방문을 완료하고 팀에 보고서를 제공한다(관찰자가 최대 4시간 소요).	매년
읽기 영역의 다층 지원 실행충실도 검사-초등 및 중등용(Reading Tiered Fidelity Inventory: R-TFI; Elementary-and Secondary-Level Editions)	학교 팀이 진전도를 모니터링하도록 안내하고 읽기 · 쓰기 시스템 3단계에 필요한 실행계획을 알려준다.	학교리더십 팀은 보통 코치(외부 전문가)와 함께 합의를 거쳐 하나의 평가를 완료한다(최대 1~2시간 소요).	매년

Information System: ISIS-SWIS; www.pbisapps.org)과 같은 웹 기반 애플리케이션을 쓸 수 있다.

(2) 충실도를 평가하기 위한 일반적인 절차

충실도 평가는 시행 전(예: 이미 이행 중인 실제를 파악하기 위한 기초선 또는 요구 평가로서) 및 진전도를 평가하고자 정기적으로 실시되는 경우가 많다. 실행 초기에는 과업이 완료되었는지 확인하기 위해 더 자주(예: 분기별) 평가가 이루어질 수 있으며, 전체 실행을 달성하면 실제가 확장되고 지속되는지 확인하기 위해 연간 평가로 전환할 수 있다. 평가는 팀 구성원의 자체 평가 또는 동료 멘토링이나 지역교육청의 공식적인 평가 절차의 일환으로 외부 평가를 통해 이루어질 수 있다. 평가 척도에 따라 학교 차원 시스템의 충실도, 학급 시스템, 개별 지원 계획에 따라 평가의 규모가 달라질 수 있다. 평가가 완료되면 팀은 결과를 활용하여 실행의 강점과 약점을 파악할 수 있다. 강점은 부각하고, 단점은 실행계획 개발 시 개선될 수 있도록 다음 단계를 고려한다.

(3) 통합된 충실도 평가

통합된 학업 및 행동 MTSS 실행에 특화된 충실도 측정은 이제 막 등장하기 시작했다. 이러한 평가는 학교 또는 지역교육청에서 두 가지 지원 영역에 대한 시스템 수준의 실행에 중점을 둔다(예: 플로리다의 MTSS, 2013). 현재로서는 학업 RTI와 PBIS에 대해 별도의 충실도 측정을 사용하는 대신, 통합 시스템의 충실도를 평가하는 것의 이점을 입증하는 연구가 없다. 그럼에도 불구하고 이러한 새로운 평가는 통합 프로세스 자체의 강점과 다음 단계를 파악하는 데 유용할 수 있다. 예를 들어, 퓨레이와 스토너(Furey & Stoner, 2015)는 요구 평가 및 실행계획 도구로 활용할 수 있는 통합 MTSS 실행에 대한 전자식 자체 평가를 개발했다(www.sites.google.com/site/mtssneedsassessment에서 사용 가능). 학교 팀은 통합 모델의 기본 실행을 평가하고 완전한 실행으로 나아가는 과정을 추적하고자 이 평가를 사용할 수 있다. 이 평가의 지필용은 〈부록 3-4〉(초등학교용) 및 〈부록 3-5〉(중고등학교용)에 수록되어 있다. 또한 제7장의 마지막 부분에는 시스템 통합 과정에 대한 학교 및 지역교육청 체크리스트 세트가 수록되어 있다.

2) 추가 지원을 위한 선별

선별 도구는 1단계 이상의 추가 지원이 필요한 학생을 파악하는 데 필요한 데이터를 생성하는 데 사용된다. 이러한 과정을 통해 가능한 한 빨리 중재하여 학생들이 긍정적인 학업 또는 행동 결과를 얻을 수 있도록 한다. 선별 과정에서 중요한 고려 사항은 결과를 활용하여 학생의 지원 요구를 파악하고자 하는 것이지, 학생을 분류하기 위한 것은 아니다. 중재를 통해 일부 학생들은 해당 단계의 과업을 성공적으로 수행하여, 다음 평가 때는 추가 지원을 필요로 하지 않을 수 있다. 따라서 학생들은 '2단계 학생들'이 아니라, 현재 특정 교과에 대한 2단계 지원이 필요한 학생들이다. 실제로 1단계 시스템을 강화하면 추가 지원이 필요한 학생 수가 줄어들 것이다. 이러한 방식으로 학생의 요구는 개인에게 내재된 것으로 간주되는 것이 아니라, 학교에서 지원을 어떻게 배치하고 제공하는지에 따라 달라진다.

또한 선별 절차를 통해 수집된 데이터는 학생의 학업성취도를 최종적으로 나타내는 것이 아니라는 점에 유의해야 한다. 선별 도구를 통해 학생이 어려움을 겪고 있는지, 추가 지원이 필요한지를 판단한다. 다른 평가 결과, 현재까지의 학생 수행 수준 검토, 교사의 전문적인 판단을 조합하여 선별 결과를 검증하는 것이 좋다. 예를 들어, 대부분의 학교에서는 지원이 필요한 학생을 파악하기 위해 1년 내내 사용할 수 있는 교사 지원 요청서(〈부록 3-6〉)를 활용한다. 여러 연구에 따르면 담임교사는 추가 지원이 필요한 학생을 매우 정확하게 파악하고 있다(Lane & Menzies, 2005; Layne, Bernstein, & March, 2006).

(1) 선별을 위한 일반적인 도구

선별 도구는 모든 학생 또는 1단계의 모든 학생에게 사용되기 때문에, 간결하고 효율적이어야 하며 기술 발달의 가장 중요한 지표를 측정해야 한다. 따라서 이러한 평가 도구들은 종종 완전하지 않지만, 추가 검사나 지원이 필요한지를 평가하기 위한 정보를 제공한다.

① 행동 요구를 위한 선별 도구

행동 선별 도구에는 크게 두 가지 유형이 있다. 첫째, 행동을 직접 관찰하는 것은 비효율적이고 행동은 상황에 따라 다양하게 나타난다는 이유로, 학교 팀은 기존 데이터를 활용하여 행동을 평가하는 경우가 많다(McIntosh, Reinke, et al., 2009). 이러한 데이터에는 출석, 정학(suspension) 및 성찰실 의뢰가 포함된다. 성찰실 의뢰는 교사나 관리자의 중재가 필요한 문제행동 사안을 문서화하는 데 사용되는 양식이다. 비공식적인 의뢰서(예: 사안 보고서)의 활용은 교직원마다 다를 수 있고 신뢰성이 부족할 수 있지만(Nelson, Benner, Reid, Epstein, & Currin, 2002), 성찰실 의뢰로 표준화(예: 체크리스트와 정의가 포함된 표준 양식, 올바른 활용법에 대한 정기적인 연수 및 토론, 입력 및 분석을 위한 표준 절차)하면 정확성과 의사결정에 대한 활용이 크게 향상된다(McIntosh, Campbell, Carter, & Zumbo, 2009). 따라서 학교에서 행동 사안에 대한 데이터를 수집해야 하는 경우 성찰실 의뢰 양식 및 사용 절차를 표준화하는 것이 좋다. 성찰실 의뢰 데이터를 의사결정에 활용할 수 있는 방법에는 학생, 장소, 문제행동 유형, 시간 및 월별로 데이터를 쉽게 입력하고 즉시 그래프로 표시할 수 있는 전자 데이터베이스를 통한 입력 및 분석이 포함된다. 학교와 지역교육청은 자체 교육청 데이터베이스 또는 데이터 관리 시스템(예: Microsoft ACCESS를 통해)을 개발하거나, 이러한 작업을 위해 특별히 설계된 기존 제품을 사용할 수 있다. 한 가지 예로 학교 차원 정보 시스템(SWIS; www.pbisapps.org)을 들 수 있다. SWIS에는 표준화에 대한 지침이 포함되어 있으며, MTSS의 세 단계 모두에서 성찰실 의뢰 및 기타 행동 데이터를 활용할 수 있다.

일단 표준화하면 성찰실 의뢰를 이용한 선별은 상대적으로 효율적이다. 성찰실 의뢰는 데이터 시스템에 지속적으로 입력되어야 하며, 이를 통해 데이터의 추세를 즉시 분석할 수 있다. 학생에게 필요한 지원 수준을 파악하는 것은 지역적 특징이나 일반적으로 사용되는 지침을 기반으로 할 수 있다. 이 지침에서 0~1회의 성찰실 의뢰는 1단계 지원이 충분하다는 것을 나타내고, 2~5회의 성찰실 의뢰는 2단계 지원이 필요할 수 있음을 나타내며, 6회 이상의 성찰실 의뢰는 3단계 지원이 필요할 수 있음을 의미한다(McIntosh, Campbell, Carter, & Zumbo, 2009; Sugai, Sprague, Horner, & Walker, 2000). 그러나 이러한 합계는 연말 집계를 기반으로 하기 때문에, 조기 선별 및 중재가 불가능하다. 일련의 연구에서는 초기 몇 달 동안 받은 성찰실 의뢰의 수가 이러한 지원 요구를 예측하는지 조사했다. 초등학교에서 1학기 시작 후 2개월 이내에 2회 이상의 성찰실 의뢰를 받거나 교사의 지시에 따르지 않거나 신체적 공격으로 인해 1회 이상의 성찰실 의뢰를 받는다는 것은, 해당 학생에게 3단계 지원이 필요하다는 강력한 지표이다(McIntosh, Frank, et al., 2010). 중학교에서는 1학기 시작 후 1개월 이내에 2회 이상의 성찰실 의뢰를 받거나 반항으로 인해 1회의 성찰실 의뢰를 받는 경우, 3단계 지원이 필요함을 의미한다(Predy, McIntosh, & Frank, 2014). 그러나 성찰실 의뢰는 외현화(예: 공격성, 품행 문제) 행동 요구와는 밀접하게 관련되어 있지만, 내재화(예: 불안, 우울) 요구와는 약하게 관련되어 있다는 점에 유의해야 한다. 결과적으로, 성찰실 의뢰만을 이용한 선별로는 내재화 요구가 있는 학생을 파악하는 데에 한계가 있다.

행동 요구에 대한 또 다른 유형의 검사로는 체계적 행동 선별 검사가 있다. 이러한 검사는 다양한 행동지원 요구를 사전에 감지하기 위한 방법으로, 모든 학생을 대상으로 교사가 실시한다(Severson, Walker, Hope-Doolittle, Kratochwill, & Gresham, 2007). 행동 및 정서 선별 시스템(Behavioral and Emotional Screening System: BESS; Kamphaus & Reynolds, 2007) 또는 학

생 위험 선별 척도(Student Risk Screening Scale: SRSS; Drummond, 1994)와 같이, 교사가 행동 요구에 한 중요한 예측 변수에 대해 각 학생을 평가하는 간단한 선별 검사를 비롯하여 다양한 측정 방법을 사용할 수 있다. 다른 몇몇은 행동장애에 대한 체계적 선별 검사(Systematic Screening for Behavior Disorders: SSBD; Walker & Severson, 1992)와 같이 다관문(multiple-gate) 선별체계로 알려져 있다. 다관문 체계에서는 순위, 평정 척도 및 직접 관찰을 포함하여 평가 강도가 높아지는 여러 단계를 거쳐 학생을 평가한다. 체계적 행동 선별 검사에 관심 있는 사람들을 위해 레인 등(Lane et al., 2012)은 학교 팀을 위한 훌륭한 자원을 제공한다. 레인은 1, 2, 3단계의 실천 계획이 충실히 확립된 후에만 체계적 행동 선별 검사를 실행할 것을 권장한다. 그렇지 않으면 교직원은 어떻게 지원을 제공해야 하는지 모르는 상태로, 도움이 필요한 학생을 파악하는 데에만 많은 에너지를 소비하게 된다.

② 학업 요구를 위한 선별 도구

학업 성적(class grades)은 효율적인 선별 수단이 될 수 있지만, 직접적 측정보다 더 주관적이고 행동 요구(예: 무단결석)와 혼동될 수 있다. 학업 선별 절차에서 직접적 측정으로 종종 교육과정중심측정(curriculum-based measurement: CBM; Shinn, 2008)을 사용한다. 데노와 미르킨(Deno & Mirkin, 1977)이 처음 개발한 교육과정중심측정(CBM)은 핵심 학업 기술을 측정하기 위한 간단하고 반복 가능하며 시간제한이 있는 평가이다. 예를 들어, 구두 읽기 유창성 측정에서 학생들은 1분 동안 학년 수준의 지문을 읽는다. 그런 다음 평가자는 점수를 기록한다(예: 분당 올바르게 읽은 단어 수, 그리고 발생한 오류는 선택적으로 기록). 그런 다음 이 점수를 지역 또는 국가 표준과 비교하여 추가 지원이 필요한지를 결정한다. 교육과정중심측정(CBM)의 또 다른 예로는 초기 문해 기초기술의 역동적 지표(Dynamic Indicators of Basic Early Literacy Skills: DIBELS; Good & Kaminski, 2010)가 있다. 호스프, 호스프와 호웰(Hosp, Hosp, & Howell, 2016)은 MTSS 접근법 내에서 CBM을 관리하고 해석하는 데 훌륭한 자원을 제공한다. 행동 측정과 마찬가지로, 선별 결정 시 신속한 그래프 작성 및 분석을 위해 학업 선별 데이터를 전자 데이터베이스에 입력하는 것이 가장 효율적이고 효과적이다. 선택지로는 학교나 지역교육청에서 개발한 데이터베이스(예: ACCESS) 또는 AIMSweb(www.aimsweb.com), DIBELS 데이터 시스템(www.dibels.uoregon.edu), DIBELSnet(www.dibels.net), Easy CBM(www.easycbm.com)과 같이 상업적으로 이용 가능한 몇 가지 시스템이 있다.

(2) 선별을 위한 일반적인 절차

행동지원을 위한 선별 검사는 종종 지속적으로 이루어지지만(예: 성찰실 의뢰), 특정 단일 선별 도구 및 학업 선별 검사는 연중 정해진 기간에 이루어진다. 학업의 경우, 학교 내 모든 학생은 일반적으로 학년당 세 번 실시되는 최소 학업 성취기준(benchmarks) 프로세스를 통해 선별된다. 첫 번째 선별 검사는 학기 초에 실시되며, 일반적으로 학생들이 학기를 시작한 지 2주 후에 실시된다. 선별을 위해 몇 주를 기다려서 실시하므로 학생들이 학교 일과, 교육 내용 및 교사에 익숙해질 수 있는 시간을 가질 수 있다. 두 번째 선별 검사는 일반적으로 방학이 끝나고 돌아오는 2학기 두 번째 주에 실시한다. 세 번째 선별 검사는 일반적으로 2학기가 끝나기 몇 주 전에 이루어진다. 또한 새로운 학생이 학교에 전입할 때마다 검사를 진행할 수도 있다.

최소 학업 성취기준(academic benchmarking)을 수행하는 데에는 일반적으로 두 가지 선택지가 있다. 한 가지 접근 방식은 지역교육청 팀이 각 학교를 하나씩 불시에 방문하여 정확하고 효율적으로 검사를 실행할 수 있는 전문가가 모든 학생을 평가하는 것이다. 다른 하나는, 담임교사가 자체적으로 검사를 실시하는 방식인데, 경험이 적은 교사가 읽기 전문가와 함께 검사를 실시할 수도 있다. 두 가지 방법을 고려할 때, 담임교사가 선별 검사에 적극적으로 참여하는 데는 분명한 이점이 있다. 첫째, 평가 과정에 대한 이해와 기술을 향상시키는 데 도움이 되며, 진전도를 점검할 필요가 있는 학업 기술을 구축하는 것뿐만 아니라, 전체적인 학업 기술 개발과 더 큰 MTSS 프로세스를 이해하는 데 도움이 된다. 둘째, 선별 검사는 교사가 평가를 수행할 때 수업에 더 많은 정보를 제공한다. 예를 들어, 오류 분석은 일반적으로 선별 점수에 포함되지 않지만 능숙한 교사는 평가 중에 관찰된 오류 패턴을 기록하고 이 정보를 활용하여 수업을 개선한다. 지역교육청 팀에서 이 평가를 수행하는 경우, 이러한 정보가 수집되지 않았거나 교사에게 전달되지 않아서 정보가 손실될 수 있다.

① 통합된 선별

학업 및 행동 검사 모두에서 선별 데이터를 검토하면 개별적으로 선별 결정을 내리는 것보다 추가적인 이점을 얻을 수 있다(Kalberg, Lane, & Menzies, 2010). 일부 지역교육청에서는 학업 검사 데이터를 행동 평가 의사결정의 일부로 활용한다(Sadler & Sugai, 2009). 예를 들어, 유치원에서 낮은 성찰실 의뢰 비율만 보면 문제행동을 보이는 학생을 파악할 수 있는 가능성이 적지만, 사전 읽기 점수(prereading score)가 낮은 것을 보고 교사에게 행동지원의 필요성을 상의할 수 있는 것이다(McIntosh, Horner, et al., 2006). 그러나 일반적으로 초등학교에서는 학업 데이터로 학업적 요구를 확인하고 행동 데이터로 행동적 요구를 확인하는 것이 더 정확하다(Algozzine, Wang, & Violette, 2011). 대부분의 경우 학업 데이터와 행동 데이터를 모두 사용하는 선별 검사는 도움이 필요한 학생을 파악할 때보다는 2단계 또는 3단계 중재를 선택할 때 더 중요하다(아래 '진단 평가'에서 기술됨). 한 가지 예외는 고등학교에서 학생의 요구를 확인하는 것인데, 학생의 중도 탈락 예방을 확인할 경우에 학업(낙제)과 행동 데이터(출석 및 성찰실 의뢰)를 함께 검토하는 것이 더 효과적이다(Jerald, 2006).

학교에서 행동 기준 벤치마크 선별 검사를 실시하거나 성찰실 의뢰 횟수를 평가하는 기간을 정하는 경우, 선별 기간을 기존 학업 벤치마킹 평가 기간에 맞추는 것이 좋다. 예를 들어, 학년 초에 선별을 실시하는 경우 1학기 학업성취도 평가 기간에 맞추거나, 중학교나 고등학교의 경우 학교의 학기 또는 분기별 일정에 맞춰 학년의 일정과 일치하도록 조정할 수 있다. 학업 및 행동 벤치마크 기간을 일치시키면 두 가지 유형의 데이터를 모두 어떻게 지원할지에 관한 의사결정에 사용할 수 있으므로, 선별과 관련된 통합적인 의사결정이 가능하다.

선별 기간을 일치시킬 경우, 학업 및 행동 데이터에 단일 양식을 사용하여 프로세스를 더욱 간소화할 수 있다(Lane et al., 2012). 선별 데이터의 영역이 서로 다르더라도 통합된 선별에 하나의 양식을 사용하면 프로세스가 간소화되고 데이터 수집과 관련된 노력이 줄어든다. 다수의 다른 데이터 영역이 필요하더라도, 통합된 선별을 하게 되면 한 세트의 서류 작업만으로 프로세스가 이루어지기 때문에 효율성이 극대화된다.

3) 진단 평가

선별 데이터를 통해 1단계에서 제공된 지원 이상의 학업 또는 행동 지원이 필요한 학생으로 확인되면, 진단 평가를 통해 학생의 현재 기술 수준과 중재에 관한 구체적인 요구를 파악한다. 바로 중재를 제공하고 싶을 수도 있지만, 진단 평가를 하는 것은 2단계에서 어떤 중재가 효과적인지 혹은 3단계에서는 어떤 중재가 가장 효과적인지 알려 주는 데 도움이 된다.

학업 기술 발달을 설명하는 발달적 관점에서 학생의 오류 패턴(학업이든 행동이든)과 그 이유를 파악하는 것이 중요하다. 학교에서의 성공 여부는 종종 서로 연계되는 학업 기술의 위계를 활용하여 학생이 적절한 답변이나 행동을 할 수 있도록 하는 데 달려 있다. 예를 들어, 수학 문장제 문제(story problems)를 풀기 위해서는 읽기 해독 및 이해, 문제의 개념화, 복잡하고 기본적인 연산 능력이 필요하다(Jitendra, 2002). 이러한 영역의 기술이 부족하면 잘못된 반응을 이끌 수 있으며, 교정이 필요한 필수 기술을 확인하는 것은 효과적인 중재를 개발하는 데 큰 도움이 된다. 행동에 대해서도 동일한 방식으로 접근할 수 있다. 과제 회피는 해당 과목의 학업 기술이 부족하거나, 도움을 원활하게 요청하지 못하거나, 요청을 분명하지 않게 전달하거나, 과제를 하는 것이 왜 중요한지를 모르거나, 수면이 부족하거나, 잘못된 사회적 귀인(예: 교사가 학생을 당황하게 하려고 한다는 인식) 등으로 인해 발생할 수 있다. 진단 평가는 성공으로 나아가는 가장 효과적인 지원을 파악하기 위한 정보를 제공한다.

특정 진단 평가 도구 대신, 선별 도구가 유용한 진단 정보를 제공하는 경우가 많다. 학업의 경우, 학교 팀은 원래의 시험 책자나 모의고사를 통해 중재를 위한 오류 패턴(예: 다음절 단어 해독 문제, 나머지가 있는 나눗셈 문제)을 평가할 수 있다. 행동의 경우, 팀은 성찰실 의뢰를 분석하여 문제행동을 예측할 수 있는 맥락적 조건을 파악할 수 있다. 행동 자체의 유형 외에도 잠재적으로 유용한 조건은 장소, 시간, 요일, 관련된 다른 사람, 행동을 위한 인식된 동기(예: 행동의 기능)가 포함된다. 이러한 정보는 해당 행동이 왜 발생했는지, 어떤 지원이 사회적 역량을 향상시킬 수 있는지에 대한 단서를 제공한다. 선별 데이터를 활용하면 팀에서 학생의 요구에 맞는 중재를 찾아내고 적절한 2단계 중재를 선택할 수 있는 충분한 정보를 얻을 수 있으므로 매우 효율적이다. 하지만 선별 데이터로는 전체 상황을 파악할 수 없고 보다 구체적인 진단 평가 도구가 필요한 상황(특히, 3단계 지원 계획의 경우)이 있다.

(1) 진단 평가를 위한 일반적인 도구

더 많은 정보를 수집하기 위해 사용되는 전문적인 측정 도구는 관심 영역에 따라 달라지는 경우가 많다. 일부는 약간의 추가 지원만으로 완료할 수 있지만, 일부는 데이터를 정확하게 수집하고 올바르게 해석하기 위해 전문적인 기술이나 교육이 필요할 수도 있다.

① 행동 진단 평가

행동에 대한 효과적인 진단 평가에는 학생에 대한 추가적인 개별 검사가 거의 포함되지 않으며, 원하지 않는 행동과 그 행동이 발생하는 맥락(문제행동의 선행사건과 후속결과 확인)에 대한 자세한 분석(즉, FBA)이 필요하다(Crone et al., 2015; Loman, Strickland-Cohen, Borgmeier, & Horner, 2013; O'Neill, Albin, Storey, Horner, & Sprague, 2015). FBA는 행동 전후에 발생하는 변수를 확인하여 행동의 기능 또는 행동이 인간의 기본적인 욕구를 충족하는 데 어떻게 사용되는지에 관한 가설을 세울 수 있다. FBA는 바람직하지 않은 행동을 함으로써 학생 자신이 원하는 후속결과(예: 활동, 관심, 유형물)를 획득하는 기능을 하는지, 아니면 원하지 않는(aversive) 결과로부터 도피하거나 회피하는 기능을 하는지를 확인하기 위해 실시된다([그림 3-1]의 왼쪽 참조). 그런 다음 중재는 이러한 평가 결과와 연계하여, 선행사건과 후속결과를 조정하여 환경을 변화시키며, 이로써 친사회적 행동을 증가시키고 바람직하지 않은 행동을 예방한다(제4장 참조).

FBA는 통합된 MTSS 모델에서 특히 중요하다. 제2장에서 설명한 대로, 통합된 2단계 지원에서 3단계 지원으로 전환할 때 행동 기능을 확인하는 것이 중요하다. 문제행동의 기능을 알지 못하면 학업지원이 잠재적으로 행동지원의 중요한 구성 요소인지 또는 관련이 없는 구성 요소인지 알 수 없다. 학생에게 학업 과제가 주어졌을 때 바람직하지 않은 행동을 보인다면, 그 행동은 학업 과제로부터 도피하거나 회피하는 기능인 것을 알 수 있다. 따라서 통합된 FBA 프로세스를 통해 행동을 개선하기 위해 중재해야 하는 학업적 결손을 발견할 수 있다.

FBA 프로세스를 사용하여 학업적 · 행동적 요구가 어떻게 관련될 수 있는지를 파악할 수 있는 기존의 자료들이 많이 있다(Daly, Neugebauer, Chafouleas, & Skinner, 2015; Witt, Daly, & Noell, 2000). 이러한 자료들은 종종 학생에게 학업적 · 행동적 기술 결함('할 수 없는' 문제)이 있는지 또는 동기 부여가 되지 않았는지('하지 않는' 문제)를 판단하기 위한 진단 평가에 중점을 둔다(VanDerHeyden & Witt, 2008). [그림 3-1]의 오른쪽은 이러한 구분이 FBA 프로세스 내에서 어떻게 적용되는지 보여 준다. 할 수 없는(Can't do) 학업 문제는 특정 학업 기술의 결함, 선수학습 능력의 결함, 부적절한 전략 적용 또는 유창성 부족으로 인해 발생한다. 이러한 이유는 모두 행동을 지원하기 위해 어떤 학업 기술을 가르쳐야 하는지를 알려 준다. 하지 않으려는(Won't do) 문제는 학생이 학업 과제를 적절히 수행하는 데 필요한 기술을 충분히 가지고 있지만, 동기가 형성되지 않은 경우에 발생한다. 이러한 상황에서 바람직하지 않은 행동은 과제 수행에 수반되는 노력 또는 원치 않는 결과(예: 정답을 맞혔다는 이유로 다른 학생으로부터 놀림을 받는 경우) 때문일 수 있다. 이러한 우려는 환경(예: 학생에게 학업 과제를 요구하는 방식, 자연적 또는 인위적 강화 시스템)을 변경해야 할 필요성을 나타낸다.

FBA 진단 평가 과정에서 사용되는 일반적인 도구에는 지원 요청서, 인터뷰 도구 및 직접 관찰 측정이 포함된다. 〈부록 3-6〉에는 학업 및 행동 지원 요구를 통합한 교사의 지원 요청서(즉, 의뢰) 양식의 예시가 포함되어 있다. 이 양식은 의뢰 과정의 일환이며, 학업 기술의 부족, 특정한 문제행동, 선행사건, 그리고 행동의 기능을 확인하는 데 필요한 기초 정보를 제공한다. 또한 FBA는 학생을 잘 알고 문제행동을 설명할 수 있는 개인과 인터뷰를 실시하는 경우가 많다. 이러한 양식은 www.pbis.org에서 무료로 사용할 수 있고 연구 검증을 거친 교사와 교직원을 위한 기능평가 체크리스트(Functional Assessment Checklist for Teachers and Staff: FACTS)(March et el., 2000)와 같은 간소화된 학교 기반 도구부터 기능평가 인터뷰(Functional

기능적 행동 평가

1. 바람직하지 않은 행동의 기능을 파악한다:

회피 혹은 도피:

- 과제 또는 활동
  - 어려운 학업 과제
  - 비선호 활동
- 관심
  - 성인(예: 오류 교정, 특정 개인)
  - 또래(예: 괴롭힘, 특정 개인)
- 감각 자극

획득 또는 얻기:

- 활동 또는 물건
  - 선호 활동
  - 선호 물건
- 관심
  - 성인
  - 또래
- 감각 자극

2. 바람직하지 않은 행동의 기능이 학업 과제 요구를 회피하거나 도피하는 것인 경우:

기능적 학업 평가를 완료하여 행동을 유발하는 학업 과제를 확인하고, (통합된 평가를 통해) 학생에게 가르칠 학업 기술을 파악한다.

기능적 학업 평가

1. 학업 문제의 성격을 파악한다:

'할 수 없음' 문제(즉, 수행할 수 없음):

- 습득(정확도) 결함
  - 목표 학업 기술 결함
  - 선수학습 학업 기술 결함
  - 잘못된 규칙 적용
- 유창성(자동성) 결함
- 일반화 결함
- 학업 기술 수준과 과제 난이도 간의 불일치(너무 어려운 과제)
- 선수학습 학업 기술(예: 조직화, 주의집중)의 결함으로 인한 문제

'수행하지 않음' 문제(즉, 수행하지 않으려는 경우):

- 동기 부여 결함

2. 학생이 반복적으로 수업에서 제외되거나 학생의 바람직하지 않은 행동이 반복적으로 수업을 방해하는 경우:

기능적 행동 평가를 완료하여 바람직하지 않은 행동을 유발하는 요인을 확인하고, (통합된 평가를 통해) 학생에게 가르칠 사회적 기술을 파악한다.

[그림 3-1] 행동, 학업 또는 통합된 평가를 위한 진단 평가 절차

Assessment Interview) 및 학생 주도 기능평가 인터뷰(Student-Directed Functional Assessment Interview)와 같은 보다 확장된 도구에 이르기까지 다양하다(O'Neill et al., 2015). 의뢰 및 인터뷰 정보를 확인하기 위한 관찰 도구도 사용할 수 있다(O'Neill et al., 2015). Center on PBIS에서 개발한 무료 교육 매뉴얼을 포함하여 FBA를 수행하고 그 결과를 행동지원 계획과 연결하기 위한 많은 자료가 있다(Loman et al., 2013).

② 학업 진단 평가

학업 진단 평가를 위해 확장된 종합 검사 도구(extensive test batteries)를 사용하는 접근 방

식도 있지만, MTSS 모델에서 가장 일반적인 접근 방식 중 하나는 설문조사 수준의 간단한 평가다. 이 접근 방식은 수업에 적합한 수준의 읽기 지문을 결정하기 위한 노력에서 시작되었지만, 수학 교육과정 내에서 사전 읽기 기술(prereading skills) 또는 문제의 구성 요소를 파악하는 기술을 확인하는 등, 다양한 학업 교과에서도 사용할 수 있다. 셔피로(Shapiro, 2010)는 문해력(학년 수준의 읽기 지문을 활용)과 수학(수학 교육과정에 맞춘 단일 학업 기술 평가)에서 기초 수준의 평가(survey-level assessment)를 수행하는 구체적인 방법을 제시하고 있다. 기초 수준의 평가 결과를 사용하여 숙달되었지만 가르침이 필요한 기술을 확인하고 교사 주도 교육, 독립 수행 및 진전도 모니터링을 위한 적절한 수준(즉, 학습을 최대화하되 문제행동을 최소화하는 수준)을 확인할 수 있다.

(2) 진단 평가를 위한 일반적인 절차

진단 평가와 관련된 단계는 종종 선별을 위한 협의회 또는 지원 요청서(request-for-support form) 검토 직후에 이루어진다. 먼저, 선별 데이터 또는 지원 요청서를 평가하여 이 정보를 바탕으로 학생이 중재를 받게 될 수 있는지 여부를 검토할 수 있다. 데이터가 강점과 요구를 분명히 보여 주고 중재 옵션을 확실하게 보여 준다면 추가적인 진단 평가는 필요하지 않다. 예를 들어, 쓰기에서 확인된 선별 데이터는 소근육 운동에 관한 중재가 필요하다는 것을 나타낼 수 있다. 마찬가지로, 만약 학생이 다른 사람과 협력하는 데 심각한 어려움이 없고, 이미 사회적 기술 중재 혹은 표준 프로토콜(예: 체크인/체크아웃)에 따라 2단계 중재가 적용되고 있다면, 더 많은 데이터를 모은다고 해서 반드시 중재를 선택하는 데 도움이 되는 것은 아니다. 그러나 어떤 요구가 있는지 불분명하거나 3단계 지원이 필요한 경우, 학교 팀은 맞춤형 지원을 위해 추가적인 평가를 계획할 수 있다. 팀은 초기 지원 요청 협의회에서 FBA 인터뷰를 직접 실시하거나, 평가 일정을 잡고 그 결과와 지원 계획을 확인하기 위해 다시 모일 수 있다.

(3) 통합된 진단 평가

진단 평가를 통합하는 것은 새롭거나 다른 도구를 사용하는 것이 아니라 팀의 의사결정을 위해 학업 및 행동 데이터를 동시에 검토하는 것을 포함한다. 이러한 통합 분석은 진단 목적에 따라 매우 유용할 수 있다. 예를 들어, 학생이 행동 문제로 의뢰된 경우 학업 검사 데이터를 검토하여 학생의 학업 능력이 문제의 원인이 될 수 있는지 평가하는 것이 도움이 된다. 학생의 학업 능력이 우수하다면(즉, 기준치 이상) 행동을 중재하는 것만으로 충분할 수 있다. 그러나 특히 바람직하지 않은 행동이 발생하는 과목에서 학업 능력이 부족하면, 학업 및 행동 중재 또는 학업에 대한 중재가 필요하다는 것을 나타낸다. 두 가지 데이터를 모두 확보하면 보다 효율적인 FBA를 수행할 수 있으므로, 추가적인 진단 평가 데이터를 수집할 필요성이 줄어든다.

삽화(VIGNETTE) 3-1 진단 평가

통합 MTSS 모델 내에서 진단 평가를 이해하기 위해 에디(Eddie)라는 학생을 예로 든다. 학교의 통합된 2~3단계 지원팀의 구성원은 추가적인 행동지원이 필요한 학생을 확인하기 위한 선별 도구로 성찰실 의뢰 데이터(SWIS 애플리케이션을 통해)를 검토하였으며, 학년 중간 평가 이후로 빠르게 15번의 성찰실 의뢰(사소한 사안부터 심각한 사안까지를 포함한)를 받은 에디가 선별되었다. 추가적인 진단 평가를 진행하기 전에 팀은 선별 데이터에서 세 가지 그래프 형태로 몇 가지 진단 정보를 수집하여 에디의 바람직하지 않은 행동의 원인이 될 수 있는 요인을 파악한다. 팀이 검토하는 첫 번째 그래프는 문제행동별 성찰실 의뢰이다([그림 3V-1] 참조). 이 데이터는 8가지 유형의 행동에 대한 의뢰 빈도를 보여 주는데, '부적절한 언행'과 '무례한 행동'이 가장 빈번하게 나타났다. 두 번째 그래프는 시간대별 성찰실 의뢰로, 하루 종일 발생했으나 오전 8시 30분과 오후 1시 15분에 급증한 것을 알 수 있다([그림 3V-2] 참조). 세 번째 그래프는 문제행동의 발생 장소로, 대부분의 성찰실 의뢰가 교실에서 발생한다는 것을 알 수 있다([그림 3V-3] 참조).

에디의 성찰실 의뢰 데이터는 팀이 교실에 집중해야 하며 그 장소에서 어떤 성찰실 의뢰가 있었는지를 알 수 있다. 팀 데이터 코디네이터는 SWIS Drill Down[1] 기능을 사용하여, 행동 유형, 시간대, 그 행동의 동기가 무엇인지 등 교실에서만 추출한 세 가지 그래프를 빠르게 생성하여 보여 준다. 팀원들은 교실에서 가장 많이 나타나는 행동이 '부적절한 언어'라는 것을 알 수 있다([그림 3V-4] 참조). 또한 팀원들은 이 학생의 모든 교실 성찰실 의뢰가 오전 8시 30분 또는 오후 1시 15분에 이루어졌다는 사실에 주목한다([그림 3V-5] 참조). 에디의 스케줄을 살펴보면 오전 8시부터 9시 30분까지는 국어 시간이며, 오후 1시 15분부터 1시 30분까지는 독서 시간이었다. 또한 인지된 동기, 기능평가 또는 행동이 계속 발생하는 '이유'를 조사한다([그림 3V-6] 참조). 문제행동은 과제를 회피하거나 성인의 관심을 회피하기 위해 유지되는 것으로 보인다. 지금까지, 단순히 성찰실 의뢰 데이터만 봐도, 연구팀은 에디의 바람직하지 않은 행동이 교실에서 읽기 활동을 하는 시간에 가장 자주 발생한다는 사실을 발견했

1) www.pbisapps.org에서 제공하는 기능을 확인할 것.

다. 이러한 행동 문제는 과제 회피에서 비롯된 것으로 보였다. 그들은 에디의 문제행동과 학업 사이에 연관성이 있는지 궁금해지기 시작했다.

이러한 행동 패턴은 팀에서 그의 읽기 벤치마크 점수(성취기준 도달 평가)도 확인하여 학업 기술 부족이 문제의 원인인지 확인해야 함을 나타낸다. 팀은 DIBELS(초기 문해 기초 기술의 역동적 지표) 데이터 시스템(http://dibels.uoregon.edu)을 사용하여 에디의 DIBELS 읽기 데이터를 입력하고 분석한다. 에디의 구두 읽기 유창성 점수를 검토할 때 팀원들은 에디가 이 기술에서 하위 3분의 1에 속한다는 것을 알게 된다([그림 3V-7] 참조). 또한 에디가 이 읽기 지표에서 가을부터 겨울까지(즉, 평가 시작부터 중간 평가 기간까지) 진전이 없음을 알 수 있다. 성찰실 의뢰 데이터와 함께 이 정보들을 종합해 보면 에디의 문제행동이 낮은 읽기 능력에서 비롯되었음을 알 수 있다.

보다 구체적인 정보를 수집하기 위해 팀원들은 에디의 2학기 벤치마크인 DIBELS Next 구두 읽기 유창성 프로토콜을 검토한다([그림 3V-8] 참조). 팀원들은 에디가 학년 수준에 비해 낮은 유창성과 낮은 정확도를 보인다는 사실을 발견했다. 에디의 교사가 에디의 특정 오류를 기록했기 때문에 팀원들은 에디가 오류를 범할 때 종종 잘못된 단어를 같은 첫 글자 소리로 대체하는 것을 확인할 수 있었다. 이러한 오류 패턴은 에디에게 해독 능력에 대한 교정이 필요할 수 있음을 시사한다. 이 가설을 테스트하기 위해 연구팀은 초기 문해력 측정에서 에디의 과거 벤치마크 성적을 조사한 결과([그림 3V-9] 참조) 음운 인식은 숙달 수준까지 학습했지만 알파벳 원리는 숙달 수준까지 학습하지 못했음을 발견했다. 또한 그의 읽기 유창성은 꾸준히 해당 학년 수준의 벤치마크 목표에 미치지 못했다.

진단 평가에 기존 선별 데이터를 사용하는 이 절차는 각종 자료가 총망라된 진단 평가 없이도 팀이 문제를 효율적으로 파악할 수 있는 방법을 제시한다. 팀은 이미 확보된 정보만을 사용하여, 환경(교실), 활동(읽기), 행동의 기능(에디는 읽기 과제를 회피하거나 도피하기 위해 부적절한 언어를 사용함), 필요한 중재(읽기 해독 교육으로 읽기 혐오감을 줄임)에 대한 강력한 아이디어를 제시한다. 팀은 에디가 어려움을 겪는 이유와 중재를 위해 무엇을 해야 하는지에 대한 귀중한 통찰을 얻었고, 전문가에게 추가 진단 검사를 요청했을 때보다 더 많은 시간과 자원을 투입할 수 있게 되었다. 주로 학업 데이터와 행동 데이터를 동시에 조사할 때 이러한 장점을 취할 수 있다. 두 가지 유형의 데이터가 동시에 제공되지 않았다면, 팀은 잘못된 결론에 도달하거나 동일한 정보를 얻기 위해 추가 진단 평가에 자원을 낭비했을 수 있다.

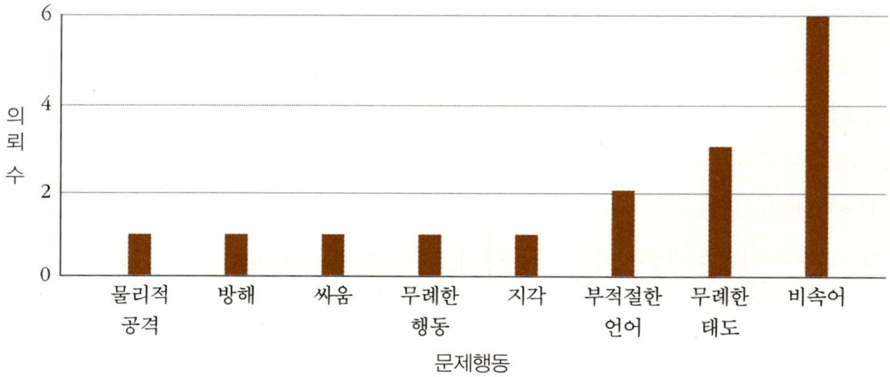

[그림 3V-1] 문제행동별 에디의 의뢰 건수

SWIS 제공, Rob Horner의 허가를 받아 재인용.

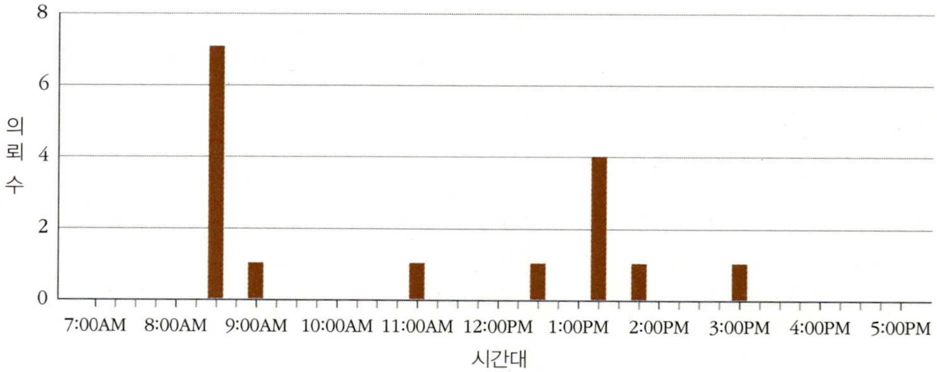

[그림 3V-2] 시간대별 에디의 의뢰 건수

SWIS 제공, Rob Horner의 허가를 받아 재인용.

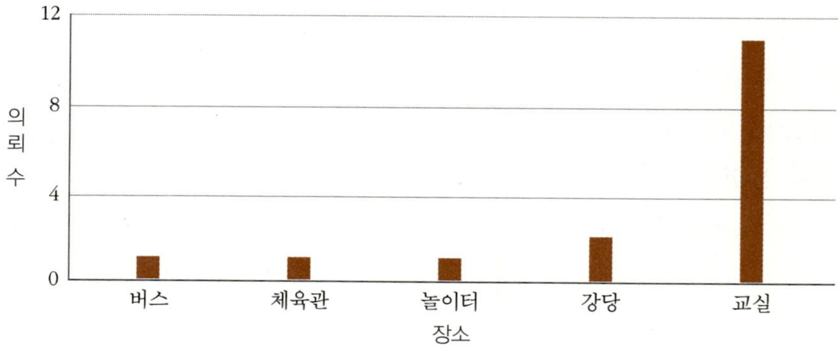

[그림 3V-3] 장소별 에디의 의뢰 건수

SWIS 제공, Rob Horner의 허가를 받아 재인용.

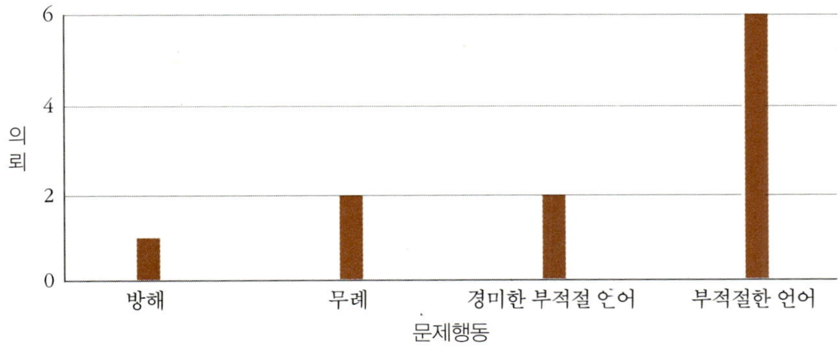

[그림 3V-4] 문제행동별 에디의 의뢰 건수(교실만)

SWIS 제공, Rob Horner의 허가를 받아 재인용.

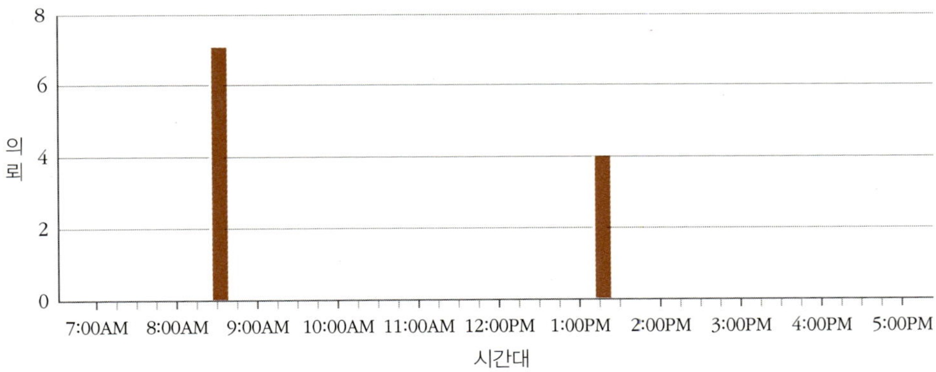

[그림 3V-5] 시간대별 에디의 의뢰 건수(교실만)

SWIS 제공, Rob Horner의 허가를 받아 재인용.

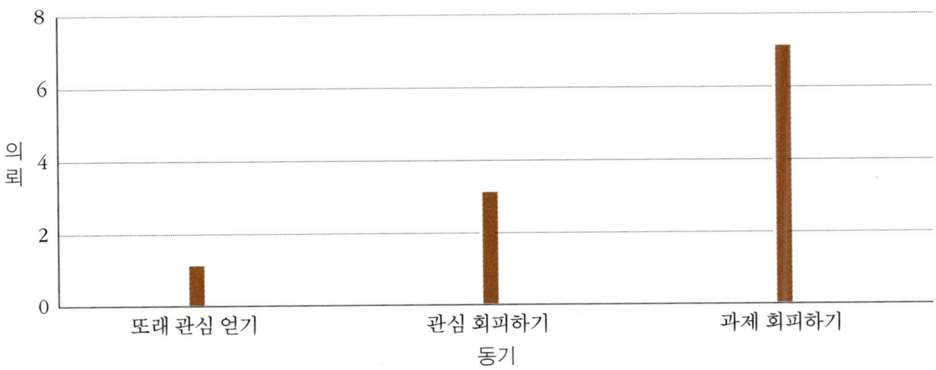

[그림 3V-6] 파악된 동기에 따른 에디의 의뢰 건수(교실만)

SWIS 제공, Rob Horner의 허가를 받아 재인용.

교육청: A 교육청
학교: B 초등학교
연도: 2013~2014년
학년: 3학년
학급: 1반(담임교사 김○○)
지원 요구: 성취기준 목표

DIBELS 구두 읽기 – 유창성 검사(DORF)

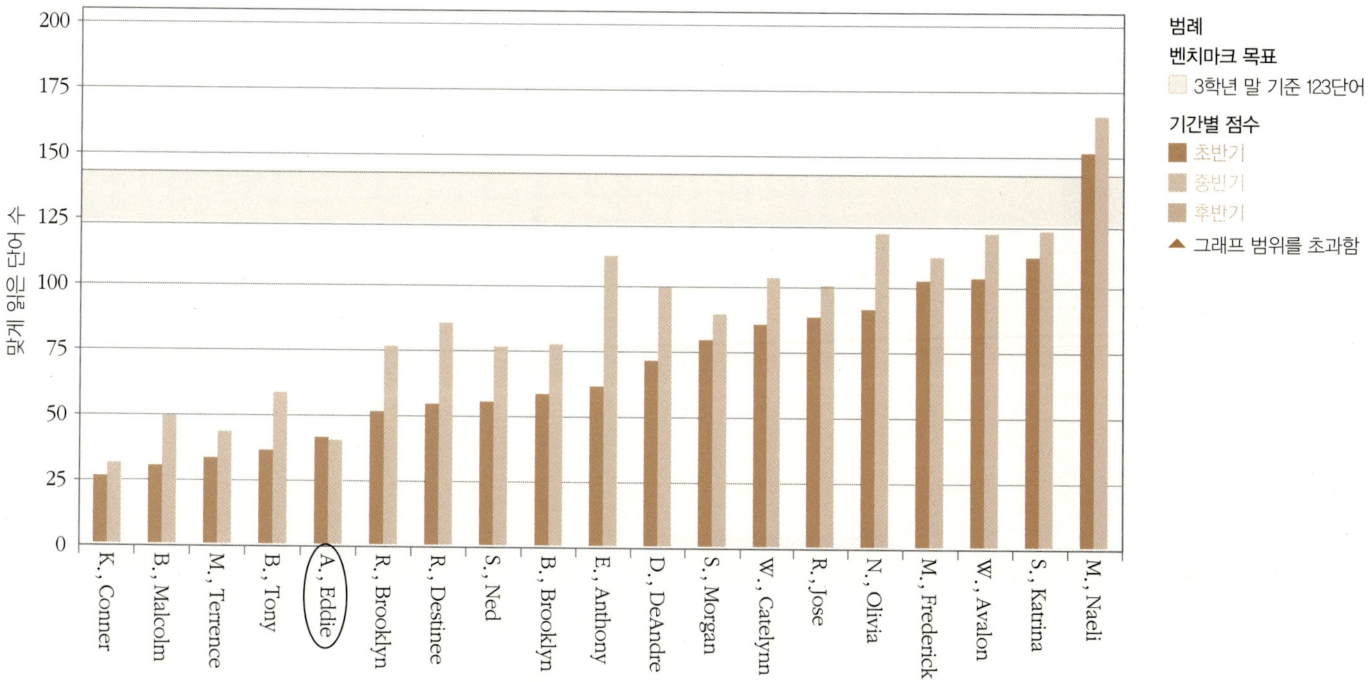

[그림 3V–7] 학급의 읽기 진전도 그래프

SWIS 제공, Rob Horner의 허가를 받아 재인용.

2 DIVELS® 구두 읽기 유창성 검사

3학년/성취기준 2.2

▶ 아래 이야기 글을 읽어 주세요. 최선을 다해 잘 읽어 주세요. 준비되었으면 시작하세요.

총 단어 수:	57
틀린 단어 수(건너뛴 단어 포함): −	16
맞힌 단어 수: =	41

Raising a Calf

0 Some of your friends probably have pet dogs or cats. Others might 12
12 have gerbils or goldfish. But do you know anyone who has a baby 25
25 cow? It might astonish you to know that many children do! Every year, 38
38 thousands of young people raise baby cows, or calves, to compete in 50
50 livestock shows. 52
52 Imagine that you are going to raise a calf for a livestock competition. 65
65 Get ready to work hard! First, you must prepare a place for your calf. It 80
80 needs a clean, dry pen that is roomy enough to run around. The enclosure 94
94 should have a good fence so the calf can't escape and get injured or lost. 109
109 Before you put the calf in its new home, check to make sure there is 124
124 nothing sharp or dangerous. Calves like to explore and put everything in 136
136 their mouth. It is your responsibility to watch out for them and protect 149
149 them. 150

[그림 3V-8] 에디의 DIBELS 구두 읽기 유창성 검사 지문

Dynamic Measurement Group의 허가를 받아 재인쇄됨.

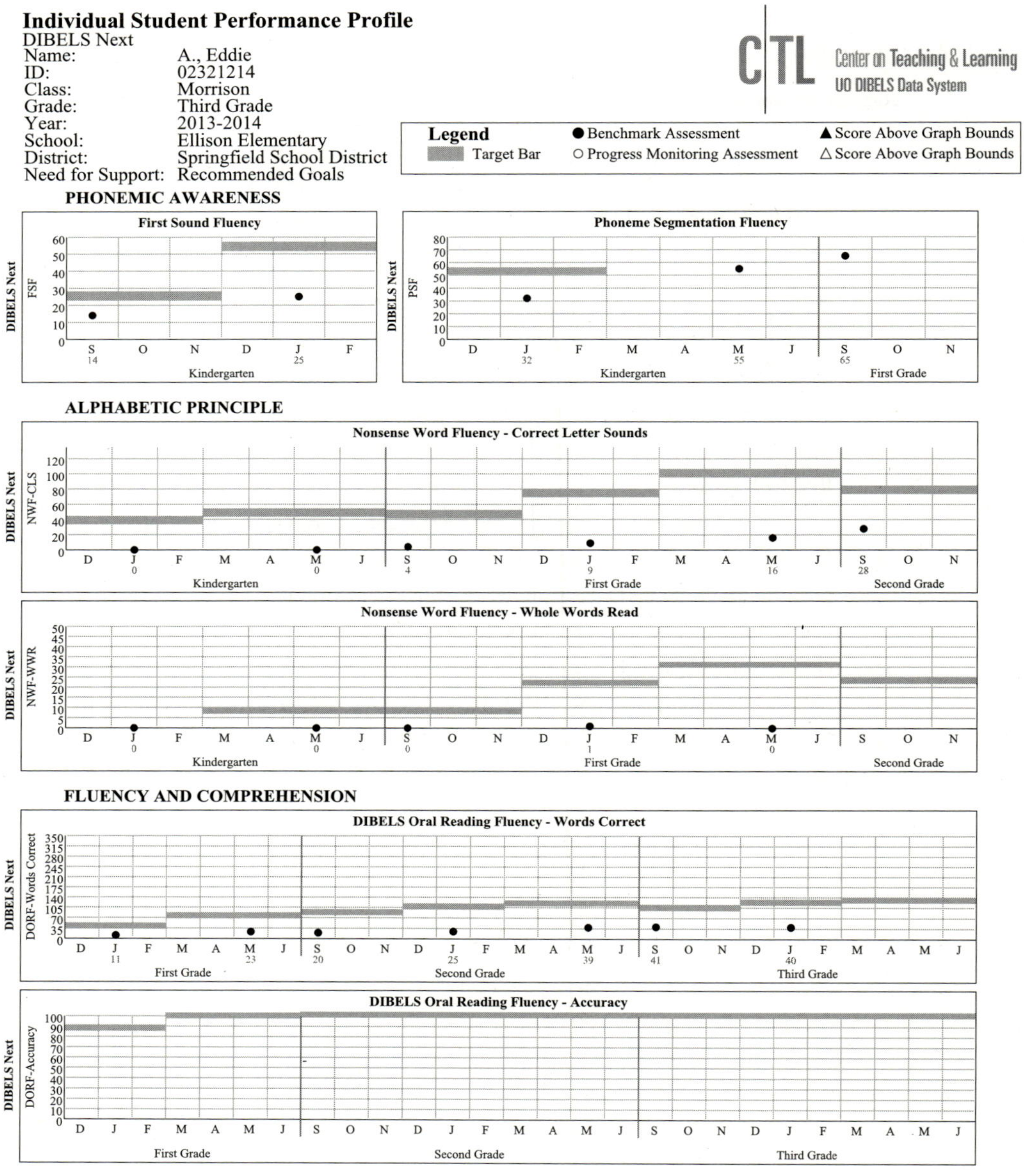

[그림 3V-9] 에디의 벤치마크 읽기 증가율

DIBELS 데이터 시스템에서 제공. Hank Fein의 허가를 받아 재인쇄됨.

4) 진전도 모니터링

선별 검사를 통해 표적집단 지원 혹은 집중적인 지원이 필요한 학생을 확인하고, 진단 평가를 통해 중재를 선택한 후에는, 진전도 모니터링 계획을 사용하여 학생이 적절하게 성장하고 있는지를 평가한다. 진전도 모니터링 측정은 선별과 유사하지만 더 자주(예: 월별, 주별, 일별) 사용되고 분석되며, 학생의 어려움이 더 심한 경우 더 자주 수행된다. 이러한 측정은 선별 데이터와 동일한 기능을 수행하지만 정기적인 선별 벤치마크 기간[예: 가을(1학기 초), 겨울(2학기 초), 봄(학년 말)] 사이의 공백을 메워 준다.

진전도 모니터링은 다음 벤치마크 기간까지 기다릴 수 없는 교육적 결정을 내리는 데 데이터가 사용되므로 선별 검사보다 더 자주 수행해야 한다. 1단계 교수의 경우 1년에 몇 번만 수정하는 것으로 충분할 수 있지만(예: 가을(1학기 초) 또는 겨울(2학기 초) 선별 검사 데이터에 대한 조치), 2단계 또는 3단계 지원이 필요한 학생의 경우 가장 효과적으로 중재할 기회를 잃지 않도록 효과가 없는지 즉시 파악해야 한다(Archer & Hughes, 2011). 데이터는 학생이 현재 지원을 통해 적절한 진전도를 보이고 있는지 여부를 알려 준다. 그렇지 않은 경우 계획을 변경할 수 있다(예: 중재 변경, 2단계 지원에서 3단계 지원으로 이동). 또한 이러한 데이터를 통해 학생이 지속적으로 성공하고 있으며 하위 지원 단계로 이동할 준비가 된 시기를 알 수 있다.

(1) 진전도 모니터링을 위한 일반적인 도구

진전도 모니터링 도구는 종종 선별 검사에 사용되는 도구와 동일하지만, 학생은 이전에 추가 지원이 필요한 것으로 확인되었기 때문에 진전도 모니터링은 일반적으로 모든 성장 지표가 아닌 성장의 가장 좋은 지표가 되는 한두 가지 특정 기술을 대상으로 한다. 이렇게 강도가 더 낮고, 시간이 덜 소요되는 접근 방식은 평가를 더 자주 수행할 수 있게 해 준다.

① 행동 요구를 위한 진전도 모니터링

행동의 경우, 학교 팀은 심각한 문제행동의 수준을 모니터링하기 위해 성찰실 의뢰를 계속 사용할 수 있지만, 사소한 사안에 대한 성찰실 의뢰일지라도 일일 또는 주간 단위로 변화를 보여 줄 만큼 민감하지 않을 수 있다(McIntosh, Frank, et al., 2010). 월별 회의에서 성찰실 의뢰를 모니터링하는 것 외에도 팀은 종종 일일 행동 기록지를 통해 진전도를 모니터링한다(Volpe & Fabiano, 2013). 이러한 카드는 일반적으로 행동을 지원하기 위한 2단계 중재인 체크인/체크아웃의 일부로 사용된다(Crone et al., 2010; 제4장 참조).

일일 행동 기록지는 학생의 하루를 수업 시간이나 다른 자연스러운 전환(transition)에 따라 더 작은 시간 단위(periods)으로 나눈다. 하나의 활동이 끝날 때마다 교사는 미리 정의된 행동에 따라 학생의 행동을 평가한다(예: 몇 가지 친사회적 행동에 대한 1~3등급). 단계 간 연계를 강화하고 2단계 지원이 점차 소거하려면(Campbell & Anderson, 2011), 학교 전체의 PBIS 기대행동(예: 자기 존중, 타인 존중, 환경 존중)을 평가하는 것이 도움이 된다. 이러한 행동이 학생과 교사에게 익숙한 언어로 작성되어 있고, 학교 전체에 적용되고 있으며, 추가적인 지원을 위한 기대행동이 이미 학교 곳곳에 게시되어 있을 때, 2단계 지원체계 제공이 가능하다. 학생이 전환 중에 기대행동에서 벗어나는 행동을 했을 때(transitions off the card), 학교 차원의 기대행동은 여전히 일관성 있게 적용될 수 있다. 2단계의 경우 모든 학생에게 동일한 카드를 사용하여(즉, 행동을 개별적으로 지정하여 평가하지 않음) 효율성을 극대화하고 수업의 중단을 줄인다. 보다 집중적인 진전도 모니터링이 필요한 3단계에서는, 카드를 개별화할 수 있다.

일일 행동 기록지 데이터는 종종 하루에 획득할 수 있는 점수의 백분율 그래프로 표시된다. 전자 시스템에 입력하고 그래프를 만들면 카드 점수를 사용하여 학생의 진전도를 평가하고 변경이 필요한지 여부를 쉽게 확인할 수 있다. 그래프 작성을 위한 시스템에는 간단한 마이크로소프트 엑셀 스프레드시트가 포함된다[다운로드 가능한 기본 점수 카드는 온라인 부록 www.guilford.com/mcintosh-materials 또는 SWIS 제품군(www.pbisapps.org) 내의 애플리케이션인 CICO-SWIS와 같은 특별한 프로그램을 참조]. [그림 3-2]는 엑셀 스프레드시트에 따라 그려진 일일 점수 그래프를 보여 준다. 그래프에서 학생이 월요일에는 성공적임에도 불구하고 매주 학생의 일일 점수가 감소하고 있으며, 특히 매주 금요일에 낮아지는 경향을 보이는 것

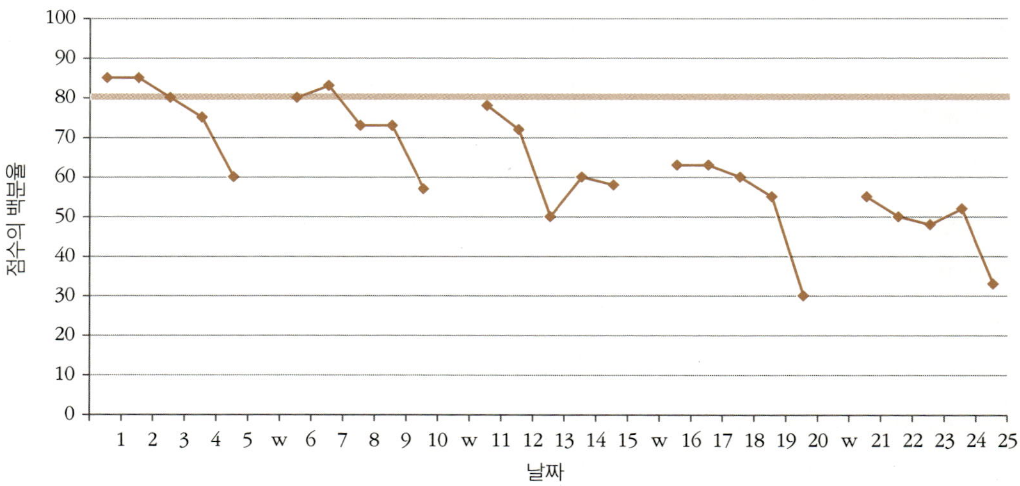

[그림 3-2] 일일 행동 점검 카드 그래프(CICO에 등록된 학생으로부터)

을 쉽게 확인할 수 있다. 팀은 이 정보를 사용하여 금요일에 더 많은 지원을 제공하는 데 중점을 두고 중재를 변경할 수 있다.

② 학업 요구를 위한 진전도 모니터링

학업 영역에서 CBM은 선별과 진전도 모니터링이라는 두 가지 목적으로 사용되어 왔다. 그러나 CBM을 사용한 선별에는 종종 영역별 측정(즉, 여러 구성 요소의 측정)이 포함되는 반면, 진전도 모니터링은 일반적으로 하나의 기술 구성 요소 영역의 측정에만 초점을 맞춘다. 학생의 발달 수준(예: 2학년의 구두 읽기 유창성)을 가장 잘 반영하는 CBM 검사 자료 내의 하나의 측정값 또는 특정한 단일 기술(예: 받아올림이 있는 한 자릿수 덧셈; Shapiro, 2010)이 포함된다. 또한, 가장 큰 성장을 보일 수 있는 기술 수준에서 진전도를 모니터링하는 것이 가장 좋다. 예를 들어, 4학년 지문을 정확하지만 느리게 읽는 6학년 학생이라면 5학년 읽기 지문으로 진전도를 모니터링할 수 있다. 이 학생에게 6학년 수준의 지문으로 진전도를 모니터링하면 읽기 지문이 어렵기 때문에 변화를 민감하게 파악하지 못할 수 있다.

(2) 진전도 모니터링을 위한 일반적인 절차

선별 검사와 마찬가지로, 진전도 모니터링은 학생을 가르치지 않는 전문가보다는 학생을 가르치는 교사가 완료할 때 가장 효과적이다. 교실 내에서는 학생이 독립적인 과제를 완료할 때 개별 진전도 모니터링 세션[일일 행동 기록지 카드 또는 교육과정중심평가(CBM) 프로브]을 진행하는 것이 가장 효율적일 수 있다. 이러한 상황에서는 교사가 주도하는 수업을 방해하지 않으면서도 교사가 소수의 학생과 간단히 과제를 할 수 있다. 진전도 모니터링이 필요한 학생을 선택할 때 어느 정도 신중을 기하는 것이 필요하다. 학교의 대부분의 학생의 성장을 평가하는 것이 도움이 되겠지만, 벤치마크 기간은 모든 학생에 대해 최소한의 평가를 제공한다는 점을 기억하는 것이 중요하다. 이러한 결정에 관한 가이드라인은 부정적인 결과에 대한 위험을 평가하는 것이다. 진전도가 부족할 것으로 우려될수록 더 자주 진전도 모니터링을 해야 한다.

(3) 통합된 진전도 모니터링

통합된 MTSS 모델에서는, 학업과 행동 간 상호작용에 대한 지식이 있다면 진전도 모니터링의 효율성을 제고할 수 있다. 어떤 경우에는 가장 우려되는 영역의 진전도를 모니터링하고 다른 영역의 벤치마크 기간을 기다릴 수 있다. 예를 들어, 학업적 기술이 부족해서 수업을 방해하지는 않지만 과제에 집중하지 않는 문제가 있을 경우 팀이 오직 학업적 중재만 필요하다고 판단하고, 팀은 학업적 능력의 진전도만 모니터링하고 일일 행동 기록지를 사용하지 않을 수 있다. 그러나 행동적인 문제가 더 심각한 경우에는, 행동 모니터링도 권장된다.

5) 일반적인 성과 측정

일반적인 학생의 성과에 관한 데이터는 진전도 모니터링 측정으로 평가되는 특정 기술보다 더 광범위하고 총체적인 학생의 학업 및 사회성 발달에 대한 전체적인 관점을 제공하기 위한 것이다. 이 수준의 측정은 학교의 전반적인 학업 및 행동 '건강(health)[2)]'은 물론 학년, 학급 및 개별 학생 수준에서의 건강까지도 살펴본다. 이러한 유형의 종합 평가는 통합된 MTSS 모델의 효과를 포함하여 교육 프로그램의 전반적인 효과를 보여 준다.

(1) 일반적인 성과를 평가하기 위한 공통 측정 기준

교사에게 가장 익숙한 일반적인 성과 측정은 시 · 도교육청 단위로 실시하는 고부담(high-stakes) 성취도 시험이다. 이러한 시험은 종종 의무적으로 시행되고, 학교에 집중되어 있으며, 이해관계자(예: 학교운영위원회, 일반 대중)의 관심을 받는다는 점을 고려했을 때, 타당하고 신뢰할 수 있는 측정이라면, 의사결정에 활용하는 것이 합리적이다. 일부 이해관계자의 입장에서는 이러한 평가가 유일한 주요 척도이다.

그러나 이와 다른 목적으로 수집한 데이터도 일반적인 성과를 측정하는 데 활용할 수 있다. 예를 들어, 선별(즉, 벤치마킹)을 위해 수집된 데이터는 일반적인 성과를 측정하는 데에도 사용할 수 있다(Sadler & Sugai, 2009). 지원 대상 학생을 확인하는 대신, 데이터를 검토하여 1단계 지원이 학생의 요구를 얼마나 성공적으로 충족시켰는지를 확인할 수 있다. 예를 들어, 학생의 상당수(예: 20% 이상)가 학업 및 행동 목표를 달성하기 위해 1단계 이상의 지원이 필요한 경우, 1단계 프로그램의 실행이 충분하지 않은 것이다. 이러한 데이터는 1단계 실행을 충실하게 제공하는 데 집중해야 하거나, 충실도가 충분하다면 1단계에서 제공되는 보편적 지원을 더 추가하거나 강화해야 할 필요가 있음을 나타낸다. 학생의 성과를 바라보는 이러한 다양한 관점이 없다면, 학교 팀은 1단계 지원을 충분히 강화하지 않은 채 2단계 및

2) 역자 주: 신체적 · 정신적 · 사회적으로 안녕한 상태[출처: WHO(세계보건기구)].

3단계 시스템에 지나치게 많은 에너지를 쏟아붓게 되어, 추가 지원이 필요한 학생들이 과도하게 증가될 수 있다.

(2) 행동의 일반적인 성과 측정

행동에 대한 학생 성과 측정은 정확한 월별, 연도별 또는 학교별(인구 통계가 유사한) 비교가 가능한 형식으로 성찰실 의뢰, 정학 및 출석에 대한 월별/연도별 검토를 포함할 수 있다. 이를 위해서는, 학생 행동의 변화 이외의 변수들이 개입되지 않도록 표준화하는 것이 중요하다(Horner et al., 2001; Todd, Sampson, & Horner, 2005). 일반적인 표준화에는 월별 수업 일수(월간 보고서를 포함하여, 다양한 수업 일수를 고려할 필요 없이 월별 데이터를 비교할 수 있도록)와 학생 수(재적 학생 수의 변화를 통제하여 학교 간 데이터를 더 쉽게 비교할 수 있도록)로 나누는 것이 포함된다. 또한 학교는 징계 데이터를 사용하여 각 단계의 효과를 나타내기 위해 성찰실 의뢰 수(예: 0~1회, 2~5회, 6회 이상)를 가진 학생의 비율을 측정할 수도 있다. 게다가 많은 학교에서는 학교 교육의 중요한 사회적 측면에 대한 학생의 인식을 파악하는 방법으로 학교 분위기, 학교 참여도, 또는 학교 안전에 대한 설문조사를 사용한다(Bear, Gaskins, Blank, & Chen, 2011; Christenson et al., 2008; Sprague, Colvin, & Irvin, 2002). 시·도교육청 또는 지역교육청에서는 이러한 데이터의 일부 혹은 전부를 사용하여 특정 접근 방식(예: PBIS, 통합된 MTSS)을 충실하게 구현하는 학교와 그렇지 않은 학교를 비교하여 서로 다른 효과를 평가할 수 있다.

(3) 학업의 일반적인 성과 측정

학업 성과 측정은 학업 영역에서 1단계 지원의 전반적인 효과를 평가하기 위해 교육청의 성취도 시험 결과와 벤치마크 선별 데이터에 초점을 맞추는 경우가 많다. 행동 데이터와 마찬가지로 이러한 점수는 학교 내 또는 학교 간 비교를 통해 교수·학습 실제(예: 1단계에서 사용하는 특정 교육과정)의 효과를 전년도 또는 다른 교수·학습 실제를 사용하는 학교와 비교하여 평가할 수 있다. 성과를 측정하는 데 일반적으로 사용되는 추가적인 측정에는 교육청의 필수 평가, 특정 교육과정의 단원 또는 배치 시험, 과목 학점 이수(특히 고등학교), 선별 및 진전도 모니터링에 사용되는 CBM이 포함된다.

(4) 인종적·민족적 불평등에 대한 일반적인 성과 측정

행동과 학업 모두를 아우르는 중요한 일반적인 성과는 교육 결과의 인종적·민족적 불평등 문제다. 불평등은 학교 규율(예: 유색인종 학생의 출석 정지 및 정학 비율이 높음; Skiba et al., 2011), 학업(예: 성취도 격차; Lee, 2002), 특수교육(예: 유색인종 학생의 배치 비율이 높음; Harry & Klingner, 2014; Skiba et al., 2008)에서 만연하고 지속적인 도전 과제이다. 학업과 행동 사이의 전반적인 관계와 마찬가지로, 학업과 행동의 불평등은 한 영역의 초기 불평등이 다른 영역으로 이어질 가능성이 높다(Gregory, Skiba, & Noguera, 2010). 예를 들어, 흑인 남성이 훨씬 더 높은 비율의 성찰실 의뢰와 정학을 받는다는 일관된 증거가 있으며, 징계 비율의 격차는 수년에 걸쳐 지속적으로 증가하고 있다(Losen, Hodson, Keith, Morrison, & Belway, 2015). 이러한 패턴은 교육에 대한 접근성을 심각하게 저하시키므로 성취도에서도 격차가 벌어진다. 성취도 격차가 커지면 당연히 도피 기능의 문제행동이 증가하여 학업 및 행동 교육에 대한 접근성이 더욱 감소된다(McIntosh, Horner, et al., 2008). 그러나 PBIS(Vincent et al., 2011) 또는 통합된 MTSS(제8장 참조)를 실행하면 훈육 및 성취도 격차가 감소하는 것으로 나타났다.

규율과 성취도 격차를 줄이기 위한 중요한 첫 단계는 인종/민족별로 세분화된 학생의 성과를 조사하고 시간이 지남에 따라 이러한 결과를 지속적으로 모니터링하여 개선 사항을 문서화하는 것이다(McIntosh, Girvan, Horner, & Smolkowski, 2014). 행동에 대한 불평등을 조사하려면 인종/민족 그룹별로 성찰실 의뢰 또는 정학에 대한 위험 지수 혹은 비율을 계산해야 한다(Boneshefski & Runge, 2014). PBIS 센터에서는 징계 불평등에 대한 결과 측정을 선택하고 계산하는 과정을 안내하는 무료 가이드(McIntosh, Barnes, et al., 2014)를 발표했다. 학업의 경우, 기대치(교육청 성취도 평가) 또는 벤치마크(CBM)를 충족하거나 초과하는 학생의 비율을 계산하고 그래프로 표시하는 방법이 있다. 예를 들어, 제8장의 [그림 8-5]와 같다(p. 356).

6) 일반적인 성과 측정을 위한 전형적인 프로세스

성과는 종종 팀, 교육청 관리자, 학교운영위원회, 지역사회 및 지역교육청에서 학년별 팀 또는 학교 팀별로 형성평가(예: 월별 또는 분기별 진행) 혹은 총괄평가(예: 연간 결과)로 간주된다. 데이터 기반의 의사결정을 용이하게 하려면 형성평가 데이터 결과를 즉시 그래프로 볼 수 있어야 한다. 총괄평가 데이터는 종종 학교개선 계획의 목표에 견주어 성과가 학교개선 과정에 어떻게 관련되어 있는지를 설명하는 보고서에 포함된다.

7) 통합된 일반적인 성과 측정

학업 및 행동 데이터를 일반적인 성과 측정의 구성 요소로 사용하는 것은 학업과 행동의 연관성을 이해하는 이해관계자에게는 중요할 뿐만 아니라 그렇지 않은 이해관계자에게도 매우 중요하다. 학교개선 계획에 행동에 대한 목표와 결과 데이터를 포함시키는 것만으로도 사회적 역량은 학업만큼이나 중요성이 높아진다. 행동 결과를 측정할 수 있는 능력이 없다면 이를 무시하기 쉽다는 말이 여기에 해당한다. 또한, 행동 결과 데이터를 보고하면 연관성을 밝힐 수 있다. 예를 들어, 학생 행동에 대한 교사의 기대행동이 명확할 때 학생들은 교육청의 수학 및 독해력 평가에서 더 높은 점수를 받는다는 연구(Gietz & McIntosh, 2014)는 어떻게 학교가 행동지원을 통해 성취도를 향상시킬 수 있는지를 보여 준다. 학업 및 행동 데이터를 동일한 그래프에 모두 표시하는 학교 보고서는 일부 이해관계자의 유일한 최종 목표가 학업성취도 향상일지라도, 연결 고리를 도출하고 행동지원의 우선순위를 설정하는 데 도움이 된다. 예를 들어, 제10장의 [그림 10-5]와 같다(p. 408).

3. 통합된 도구를 선택하기 위한 지침

통합된 MTSS 모델과 관련된 주요 과제 중 하나는 모든 데이터를 수집하고 이해하는 것이다. 모든 데이터를 포괄적으로 수집하고 싶은 욕심이 있겠지만, 측정 항목의 수와 생성되는 데이터의 양이 너무 많아 고성능 시스템을 갖춘 학교도 쉽게 압도당할 수 있다. MTSS 데이터는 많다고 해서 반드시 좋은 것만은 아니다. 올바른 정보뿐만 아니라 적시에 적절한 양의 정보가 필요하다. 더 나은 의사결정을 내리기 위해 충분한 데이터를 수집하지 않는 것은 흔한 실수이지만, 너무 많은 데이터를 수집해서 이를 이해하고 조치할 시간이 부족한 경우도 마찬가지로 흔한 일이다. 중재와 마찬가지로, MTSS 내에서 평가에 대한 올바른 접근 방식은 학생의 필요에 맞게 데이터 수집 강도를 조정하는 것이다. 가능한 한 많은 데이터를 수집하는 대신, 특정 학생의 학업 및 행동 상태를 이해하는 데 대한 자신감과 충분히 이해하지 못할 때 발생하는 위험을 고려하는 것이 좋다. 부정적인 결과(예: 학업 실패, 중퇴)에 대한 위험이 높을 수록 데이터를 수집해야 할 필요성도 커진다. 데이터를 적당히 수집하여 올바른 결정을 내릴 수 있다면 중재할 수 있는 시간이 더 많아진다. 하지만 데이터를 너무 적게 수집하면 잘못된 결정을 내릴 위험이 있다. 적절한 균형이 필요한 것이다.

1) 도구의 질

앞서 설명한 것처럼 좋은 의사결정을 위해서는 좋은 데이터가 필요하지만, 안타깝게도 모든 도구가 좋은 데이터를 생성하는 것은 아니다. 유용한 정보를 제공할 가능성이 높은 도구는 타당도, 신뢰도, 효율성, 의사결정에 대한 유용성이라는 특성을 가지고 있다(Horner et al., 2001). **타당도(Validity)**는 의도한 대로 측정하였는지를 의미하며, **신뢰도(Reliability)**는 각각의 측정마다 일관적으로 유사한 결과를 산출해서 데이터가 성장을 측정할 때 비교 가능한지를 의미한다. 신뢰도는 도구 자체에 담긴 것이 아니라 도구와 도구 사용에 대한 교육 및 코칭의 산물이다. 고가의 기타를 구입한 후 연주 방법을 배우지 않은 채로 아름다운 연주를 기대하는 것과 같다. 기타 자체는 필요하지만 좋은 연주를 하기 위해서 기타가 있다는 것만으로는 충분하지 않다. 마찬가지로 평가 도구 자체는 필요하지만 유용한 데이터를 만들기에는 평가 도구가 있다는 것만으로는 충분하지 않다. 평가가 안정적으로 수행되려면 평가자에 대한 정기적인 교육과 주기적인 관찰이 필요하다. 또한, 평가 도구는 전문가가 아니더라도 개인이 기본적인 연수를 받은 경우 쉽게 사용할 수 있고 효율적이어야 한다. 교사는 학생을 가르치는 데 최대한 많은 시간을 할애해야 하므로 이러한 측면은 매우 중요하다. 마지막으로, 평가는 의사결정에 유용해야 한다. 의사결정을 내려야 할 때 평가 데이터를 쉽게 사용할 수 있어야 하며, 이러한 데이터는 어떤 중재가 더 효과적일지 혹은 덜 효과적일지를 나타내야 한다.

2) 도구를 선택하기 위한 신뢰로운 자원

다양한 도구 중 어떤 것을 선택해야 할지 고민할 때 그 도구들의 용도, 장점 및 단점에 대한 다른 사람의 의견을 참고할 수 있다면 도구를 찾는 작업이 훨씬 쉬워진다. 신뢰할 수 있는 서적(예: Rathvon, 2004) 및 독립적인(즉, 개발자가 아닌) 웹 사이트(예: www.rti4success.org)를 포함하여 도구를 검토하기 위한 다양한 자원이 있다. 통합된 MTSS 모델을 고려할 때, 모든 도구에 대한 일반적인 고려 사항이 적용되지만, 학업 및 행동 내용 영역에 걸쳐 평가가 추가되면, 교사는 비슷하게 관리되고 해석되는 측정 항목을 선택하는 것이 더 쉬울 수 있다. 예를 들어, 교과(예: 수학, 문해력, 쓰기 표현) 전반에 걸쳐 1분 길이의 간단한 CBM을 사용하면 더 쉽게 해석할 수 있는 원 데이터가 생성된다. 마찬가지로, 2단계와 3단계 학생의 보편적 선별 및 진전도 모니터링을 위한 사회적 역량으로 학교 전체의 기대행동이 포함된 체크인/

체크아웃 일일 행동 기록표를 사용하면 교사, 학생 및 가족 모두가 평가와 장기적인 진전도 모니터링 데이터(팀 데이터 및 IEP 진도) 수집을 더 쉽게 이해할 수 있다(Burke et al., 2012). 그러나 학업 또는 행동적인 요구가 복잡하면 효과적인 지원계획을 수립하기 위해 더욱 개별화된 평가가 필요할 수 있다. 이러한 상황에서는 단일 기술(예: 여러 자릿수의 나눗셈, 너무 어려운 과제가 주어졌을 때 쉬어 가기)에 대한 평가가 더 민감한 척도가 될 수 있다.

3) 이미 구축된 데이터 시스템 안에서 도구 선택하기

비교적 효율적인 종합적인 도구 세트를 구축하는 또 다른 접근 방식은 평가 요구 사항을 파악하기 위해 2단계 프로세스를 사용하는 것이다(McIntosh, Reinke et al., 2009). 첫 번째 단계는 이미 사용 중인 도구를 조사하는 것이다. 학교 또는 교육청에서 현재 사용 중인 모든 도구의 목록을 작성하는 것이 효과적일 수 있다(빈 양식은 〈부록 3-7〉 참조). 나열된 각 도구에 대해, ① 해당 도구가 필요한가(예: 시 · 도교육청 또는 지역교육청에서), ② 양질의 데이터인가(예: 타당한가, 신뢰로운가, 효율적인가, 의사결정에 유용한가), ③ 데이터 품질을 개선하려면 무엇을 수정해야 하는가(예: 관리 또는 해석에 대한 지속적인 코칭) 등 세 가지 질문을 해야 한다.

첫째, 도구가 필요하지 않거나 질이 좋지 않은 경우, 더 나은 도구로 대체하는 것을 고려해 볼 수 있다. 도구가 필수적이라면, 그 도구가 유용한 정보를 제공하는지 또는 개선될 수 있는지를 검토해야 한다. 예를 들어, 교육청에서 일반적으로 사용하는 사안 보고서를 사용해야 할 수도 있지만, 조작적으로 정의된 용어가 포함된 체크리스트를 담은 표준화된 행동 사안 보고서 양식을 개발하면 신뢰성과 효율성이 향상될 수 있다(McIntosh, Campbell, Carter, & Zumbo, 2009). 대안적으로, 보고해야 하는 데이터임에도 학교 팀에서 쉽게 열람할 수 없는 출석 데이터와 같이 타당하고 신뢰롭지만, 의사결정에 쉽게 사용할 수 없는 도구도 있다. 그러나 일부 도구는, 필요하더라도 수정할 가치가 없을 수 있으며, 특히 의사결정에 대한 타당성이나 유용성에 대해 심각한 의문이 있는 경우에는, 수정할 가치가 없다. 두 번째 단계는 이러한 목적을 달성하기 위해 추가적인 측정이 필요한지를 확인하는 것이다. 또한 한 내용 교과의 기존 도구가 다른 내용 교과의 목적을 달성할 수 있는지 여부를 고려하는 것도 도움이 된다. 예를 들어, 학업 선별 도구는 선별 결정을 내리는 팀이 사용할 수 있는 한, 행동 선별에도 유용할 수 있다(McIntosh, Horner, et al., 2006).

이러한 추가 측정을 선택한 후에는 실행 순서를 고려하는 것이 현명하다. 궁극적인 목표는 모든 내용 교과에 대해 모든 평가 목적에 부합하는 MTSS 모델을 갖추는 것이지만, 새로운 도구를 한꺼번에 실행하려고 하면 시스템에 부담을 주고 의사결정에 도구가 비효율적이고 제대로 활용되지 않을 가능성이 높다. 대신에, 어떤 평가가 가장 필요한지 파악하고 거기서부터 시작하여 다년간의 계획을 세워 모든 요소를 갖추도록 하는 것이 유용하다. 일부 측정 결과(예: 학업 기술 선별, 행동에서의 실행충실도)는 다른 측정보다 더 필수적이다. 우선순위가 낮은 요구의 한 가지 분명한 예는 체계적인 행동 검사이다. 캐슬린은 1단계와 2단계에 대한 행동지원 전략이 높은 충실도로 실행된 후에만 이러한 도구를 추가할 것을 권장한다. 그렇지 않으면, 별다른 대책도 없이 선별 도구가 학생을 과도하게 선별하게 된다. 이러한 상황은 교사와 가족 모두에게 당연히 걱정을 불러온다.

4. 제3장 종합하기

종합적인 평가 도구가 마련되면, 평가와 해석의 실무적인 측면에 압도당하기 쉽다. 학교와 교육청 팀은 측정계획과 평가계획이라는 서로 분리되어 있지만 서로 연관된 두 가지 유형의 계획을 통해 이 모든 것을 이해할 수 있다.

1) 측정계획 작성하기

측정계획은 해당 학년도에 학교 또는 교육청의 모든 평가를 완료하기 위한 로드맵이다. 측정계획은 일반적으로 월별로 작성되며 데이터 수집(예: 검사)뿐만 아니라 교육, 분석 및 교직원들과의 공유까지도 포함된다. 모든 측정 및 측정과 관련된 활동을 하나의 문서에 포함시킴으로써, 연중 특정 시기에 시스템 과부하가 걸리지 않도록 일정을 작성하고 데이터를 사용하는 모든 구성 요소가 완료되었는지 쉽게 확인할 수 있다. 이러한 주요 구성 요소에는, ① 정확한 데이터 수집을 위한 교직원 교육하기, ② 데이터 수집 조율하기, ③ 데이터 분석하기, ④ 의사결정(예: 행동계획, 생활교육 지침)을 위해 결과 활용하기가 포함된다. 이러한 구성 요소가 모두 갖추어져 있지 않으면 수집된 데이터가 정확성이 떨어지고 실제로 의사결정에 사용될 가능성이 낮아지게 된다.

[그림 3-3]은 통합된 MTSS 모델을 구현하는 학교에서 수립한 학교 차원 측정계획의 예시를 보여 준다. 이 종합적인 측정계획에는 필요한 모든 데이터가 포함되어 있지만 교직원이 처리할 수 있는 범위를 넘어서지는 않는다. 이 계획은 가능한 한 연중 업무량을 분산하도록

월	활동
8월	• 다음 학년도의 평가계획을 검토한다. • 학교 구성원에게 일정을 알린다. • 평가 도구를 구입한다. • 평가 수행을 위한 연수를 조율한다. • 학업 RTI 및 PBIS 데이터베이스에 데이터를 입력하는 방법에 대한 연수를 조율한다.
9월	• 벤치마크 평가 절차를 교육/검토한다. • 행동 의뢰 데이터 수집 절차(예: 성찰실 의뢰 정의, 절차, 사무실 대 직원 관리 행동)를 교육/검토한다. • 학업 RTI를 위한 가을 벤치마킹 평가를 수행한다. • 데이터를 요약하고 결과를 학년별 팀과 모든 교직원에게 공유한다. • 벤치마크 및 성찰실 의뢰 데이터를 활용하여 추가 지원이 필요한 학생을 선별한다. • 학업 RTI와 PBIS에 대한 실행충실도를 평가한다. • 벤치마크 및 성찰실 의뢰 및 충실도 데이터를 사용하여 실행계획을 세운다.
10월	• 진전도 모니터링 평가 절차를 교육/검토한다. • 진전도를 모니터링한다. • 학업 RTI와 PBIS 실행충실도를 점검한다.
11월	• 진전도를 모니터링한다.
12월	• 진전도를 모니터링한다. • 겨울 벤치마크 평가를 준비한다(평가 자료 정리, 교실 내 평가 일정 잡기). • 학업 RTI와 PBIS에 대한 실행충실도를 평가한다.
1월	• 학업 RTI에 대한 겨울 벤치마킹을 실시한다. • 데이터를 요약하고 결과를 배포한다. • 벤치마크 및 성찰실 의뢰 데이터를 사용하여 추가 지원이 필요한 학생을 선별한다. • 벤치마크 및 성찰실 의뢰 및 충실도 데이터를 사용하여 실행계획을 수립한다.
2월	• 진전도를 모니터링한다.
3월	• 진전도를 모니터링한다. • 학업 RTI와 PBIS에 대한 실행충실도를 평가한다.
4월	• 진전도를 모니터링한다. • 봄 벤치마크 평가를 준비한다(평가 자료 정리, 교실 내 평가 일정 잡기).
5월	• 학업 RTI에 대한 봄 벤치마킹을 수행한다. • 데이터를 요약하고 결과를 배포한다. • 벤치마크 및 성찰실 의뢰 데이터를 사용하여 추가 지원이 필요한 학생을 선별한다. • 벤치마크 및 성찰실 의뢰 및 충실도 데이터를 사용하여 실형계획을 수립한다.
6월	• 다음 학년도 평가계획을 검토/수정한다. • 학업 RTI와 PBIS에 대한 실행충실도를 평가한다. • 교직원, 교육청 및 가족과 공유할 수 있도록 연례 평가 보고서를 작성한다.

[그림 3-3] 학교 차원 평가계획의 예시

설계되었지만, 연중 특정 시기에는 측정 관련 업무가 더 많을 수 있으므로 교직원이 평가에 부담을 느낄 수 있는 시점(예: 9월, 1월, 5월)을 예상할 수 있으면 도움이 된다. 이 계획은 교직원이 평가 데이터를 수집하고 사용하는 데 추가 지원이 필요할 수 있는 시기를 강조한다.

2) 평가계획 작성하기

평가계획의 핵심 활동 중 하나는 평가계획을 개발하는 것이다(Algozzine et al., 2010). 평가계획에는 두 가지 주요 기능이 있다. 첫째, 학교 팀 또는 지역교육청 팀과 교직원을 위한 실행계획을 위한 성과 및 영역에 대한 요약적인 연간 분석을 제공한다. 둘째, 팀이 더 넓은 범위의 교직원, 학교운영위원회, 가족 및 기타 이해관계자를 대상으로 노력의 결과를 보고 하는 데 도움이 된다. 평가를 위해 새로운 데이터를 수집하는 대신 이미 수집된 데이터 중 일부를 표집(sampling)하여 중요한 질문의 짧은 목록에 답하고, 그 질문에 가장 적합한 몇 가지 그래프에 중점을 두는 것이 더 효율적인 방법이다. 간단하지만 효과적인 평가계획 구조는 다음과 같은 질문에 답할 수 있다:

1. 학생의 성과를 개선하기 위해 무엇을 하고 있나요? (절차)
2. 얼마나 잘하고 있나요? (충실도)
3. 우리의 행동이 실제로 학생의 성과를 개선하고 있나요? (성과)

평가계획에는 이해관계자에게 보고서를 제시하는 단계도 포함된다. 평가계획의 일반적인 요소와 계획과 관련된 데이터는 학교 및 지역교육청 신청과 관련하여 다음 단락에 별도로 설명되어 있다.

(1) 학교 평가계획

학교의 경우, 평가계획은 종종 두 번째 기능(더 많은 대상에게 보고하기)보다 첫 번째 기능(실행계획을 위한 정보를 요약하기)에 더 집중하는 경우가 많다. 절차에 관한 질문에 답하기 위한 데이터에는 리더십 팀의 실행계획 항목 목록과 달성된 항목이 포함된다. 충실도에 관한 질문에 대한 데이터에는 실행충실도 평가 결과가 포함된다. 평가계획의 초점은 일반적으로 교실별 결과가 아닌 학교 차원의 충실도에 맞춰져 있다. 성과에 관한 질문의 경우, 학교에서는 일반적으로 전반적인 결과, 학업 벤치마크 또는 성찰실 의뢰 데이터(학업 및 행동에서 저

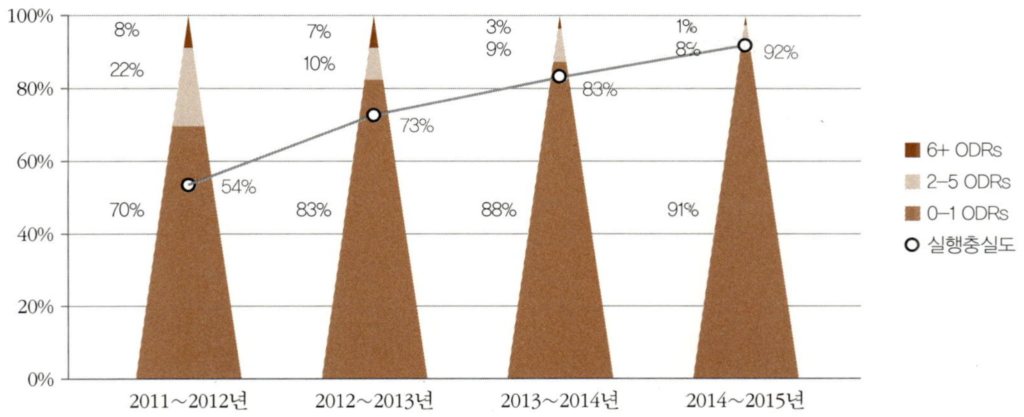

[그림 3–4] PBIS 충실도 및 연도별 훈육 데이터를 보여 주는 샘플 평가 보고서 그래프

위험, 중간 위험, 고위험으로 분류된 학생의 백분율 형태)이다. 이 정보(종종 삼각형 형태로 시각적으로 표시됨)는 주로 모든 학생에게 제공되는 1단계 지원의 효과를 나타낸다. 성과를 충실도 데이터와 결합하면([그림 3–4] 참조), 평가 보고서는 시간이 지남에 따라 실행의 질과 학생 결과 사이의 명확한 연관성을 보여 줄 수 있다.

학교 평가계획 및 의사결정에 도움이 되는 추가 양식은 2단계와 3단계를 위한 중재 추적 도구(빈 양식은 〈부록 3–8〉에 포함)이다. 이 도구는 중요한 정보 네 가지를 표시한다. 첫째(왼쪽 열 아래)에는 학교에서 어떤 학업 및 행동 중재가 시행되고 있는지 표시한다. 둘째, 각 중재에 대해 도구는 사용 수준(즉, 중재를 받고 있는 학생의 수와 비율)을 보여 준다. 학생이 접근하지 않는 효과적인 중재는 가치가 떨어지므로 이 정보는 중요하다. 셋째, 중재를 받은 학생의 몇 퍼센트가 성공적으로 수행 중인지 나타낸다(기존 선별 검사 또는 진전도 모니터링 데이터로 표시). 마지막으로, 실행충실도를 한눈에 파악할 수 있다. 이 정보는 중재를 더 효과적으로 만들기 위해 중재를 수정하거나, 대체하거나, 처음부터 적절하게 실행되도록 더 많은 지원을 제공하는 등 어떤 변경이 필요한지를 보여 주는 데 도움이 된다.

(2) 지역교육청 평가계획

지역교육청 차원의 평가계획도 유사하지만, 지역교육청이 학교 전체에서 효과적인 전략의 실행을 향상시킬 수 있는 방법을 고려하여 특정 실제를 평가하는 데 더 중점을 둔다. 프로세스 데이터는, ① 지역교육청 내의 학교에서 어떤 전략이 시행되고 있는지, ② 얼마나 많은 학교에서 이러한 전략을 시행하고 있는지, ③ 지역교육청이 학교에서 효과적인 전략 및

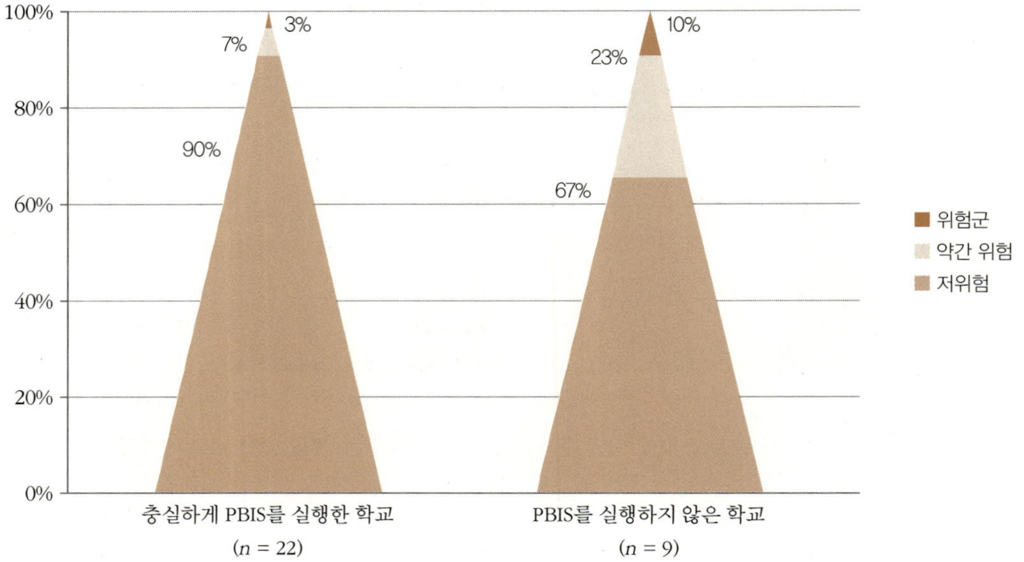

[그림 3-5] 학교 PBIS 실행충실도에 따른 연말 읽기 · 쓰기 벤치마크 점수를 보여 주는 샘플 평가 보고서 그래프

시스템 사용을 지원하기 위해 어떤 조치를 취하고 있는지(제6장에 설명 참조) 등 학교 전반의 사용 현황을 문서화한다. 충실도 데이터는 기준을 이행하고 있는 학교의 비율뿐만 아니라 충실도 개선에 대한 현재 지역교육청 지원의 효과도 보여 준다. 팀은 이 정보를 사용하여 지원 계획을 수정할 수 있다. 또는 개별 학교에 대한 지원을 차별화하여 충실도를 높일 수 있다. 성과 데이터는 실행 데이터와 학생 결과 데이터를 겹쳐서 전략을 충실하게 실행해야 하는 중요성을 보여 준다. 이러한 유형의 평가의 한 가지 예는 전략을 충실히 이행하는 학교와 그렇지 않은 학교의 학생 성과를 비교하는 것이다. [그림 3-5]는 이러한 그래프를 보여 주며, PBIS를 시행하는 학교와 시행하지 않는 학교 간의 읽기 · 쓰기 벤치마크 점수를 비교한다. 이 그래프는 PBIS를 충실히 구현하는 학교의 향상된 학생 읽기 · 쓰기 성과를 보여 주며, 행동 전략이 학업 결과에 미치는 교차 효과를 명확하게 문서화한다. 통합 MTSS 데이터의 이러한 측면은 다음 단락에서 설명한다.

5. 데이터 시스템 통합하기

안타깝게도 단순히 두 종류의 데이터를 모두 수집하는 것만으로는 충분하지 않다. 앞서 설명했듯이 학업 및 행동 통합 모델의 장점은 두 개의 시스템을 병렬적으로 구현한다고 해서 얻을 수 있는 것이 아니며, 이 점은 데이터에서도 마찬가지다. 학업과 행동을 상호 연관된 것으로 취급함으로써 얻을 수 있는 이점을 극대화하려면 데이터를 통합된 방식으로 분석할 수 있어야 한다. 예를 들어, 팀은 두 가지 유형의 데이터를 모두 가지고 있을 때 어떤 종류의 지원을 얼마나 많이 제공할지 더 나은 결정을 내릴 수 있다. 학업 선별 데이터는 행동 지원도 필요할 수 있는 학생을 표시할 수 있다. 특히, FBA는 팀이 특정 내용 교과의 문제행동 수준과 학업 능력을 비교할 수 있을 때 더욱 효과적이고 효율적이다. 통합된 평가는 여러 내용 교과에 걸쳐 중재하거나 한 교과에만 집중해야 할 필요성을 가리킬 수 있다. 또한 RTI를 보다 광범위하게 모니터링하면 단순히 기술 결함을 교정하거나 문제행동을 줄이는 것 이상으로 지원 계획이 효과적인지 확인할 수 있다. 학생들이 삼각형의 윗 단계로 올라갈수록 통합이 점점 더 중요해진다는 것을 명심해야 한다. 하지만 데이터 시스템을 연결하는 방법을 찾지 않고서는 이 중 어떤 것도 효율적으로 일어날 수 없다.

1) 효과적인 통합을 위한 필수 구성 요소

데이터 통합은 개념적으로는 간단하지만, 기술적인 측면에서는 달성하기 어려울 수 있다. 데이터 시스템을 통합하기 전에 충족해야 하는 여러 가지 전제 조건이 있다. AIMSweb(www.aimsweb.com) 및 SWIS(www.pbisapps.org)와 같은 일부 기존 웹 기반 프로그램에서 일부 형태의 학업 및 행동 데이터를 입력하고 사용할 수 있지만, 일반적으로 하나의 애플리케이션에 입력하는 것보다 더 광범위한 도구와 데이터를 통합해야 한다. 데이터 시스템을 통합하기 위한 가장 기본적인 전제 조건은 학교 또는 교육청의 모든 데이터 시스템에서 전자 데이터를 입력하고 저장하는 것과 공통된 학번(대부분 시·도교육청 또는 지역교육청 단위의 개인 식별 번호)을 사용하는 것이다. 이러한 정보가 없는 경우, 개별 학생의 데이터를 수작업으로 연결하거나 학생의 이름을 보고 사례를 일치시키는 등, 통합을 극도로 비효율적으로 만드는 상당한 노력이 필요하게 된다. 많은 컴퓨터 애플리케이션에서는 학생 데이터를 시스템에 처음 입력할 때 사용자가 공통된 학번을 입력하도록 한다. 이 기능이 없는 데이터 시스템은 사용하지 않는 것이 가장 좋다. 또 다른 기본 전제 조건은 데이터를 관리하고 연결하기 위해 데이터베이스 소프트웨어를 사용하는 것이다. 교육청 팀에서는 그래프 작성 및 의사결정을 위한 데이터 집합을 생성하기 위해 관계형 데이터베이스 프로그램(예: Microsoft ACCESS)을 사용하는 경우가 많다. 학생 및 학교 데이터를 중앙 데이터베이스로 쉽게 가져올 수 있는 데이터 시스템을 만드는 것을 데이터 웨어하우징이라고 한다. 마지막으로, 모든 통합된 데이터 시스템은 교사가 사용하기 쉬워야 한다. 교육청 정보기술 팀은 통합된 데이터 그래프를 즉시 표시하는 시스템을 구축할 수 있어야 하며, 이면에서 이루어지는 데이터베이스 연결의 흔적은 보이지 않아야 한다. 데이터가 데이터 웨어하우스로만 들어갈 수 있고 유용한 시각적 형식으로 나오지 않는다면 모든 노력이 낭비되는 것이다. 통합된 MTSS 데이터 시스템의 예와 구축 방법은 [삽화 3-2]에 포함되어 있다.

삽화(VIGNETTE) 3-2 통합된 데이터 시스템의 예

통합된 MTSS 데이터는 여러 출처(sources)에서 가져오고 여러 데이터 시스템에 저장되는 경우가 많으므로 이러한 데이터를 함께 분석하는 것이 번거로울 수 있다. 다음 예는 미시간주의 통합 행동 및 학습 지원 사업(MiBLSi; 이니셔티브에 대한 설명은 제10장 참조)에서 만든 것으로, 다양한 유형의 데이터(예: 학생 읽기 및 행동의 성과, 실행충실도, 실행 역량)를 입력 및 저장하고 이 정보를 학교, 지역교육청 및 시 · 도교육청 차원의 팀에서 사용할 수 있도록 보고서로 요약하여 제공한다. 이 시스템은 모든 유형의 학교 데이터를 저장하기 위한 것이 아니다. 대신, 이 시스템은 가장 중요한 통합 MTSS 질문에 효율적으로 답할 수 있는 방법을 제공한다.

1) 데이터 입력

데이터는 수동 입력과 자동 가져오기라는 두 가지 방법을 통해 시스템에 입력된다. 아직 보고되지 않은 데이터(예: 프로젝트별 데이터, 역량 평가, 실행 조치의 일부 충실도)의 경우, 시스템에서는 각 수준(예: 학교, 지역교육청, 주)에서 사용자가 데이터를 쉽게 입력할 수 있도록 한다. 그러나 효율성 향상을 위해, 주 교육부에 이미 입력 및 제출해야 하는 데이터(예: 주 학업성취도, 학생 정보) 또는 다른 시스템(예: AIMSweb, DIBELSnet, PBIS 평가, SWIS)은 일괄 가져오기 또는 자동화된 프로세스를 통해 가져온다. 이러한 데이터는 다른 데이터 시스템에 새로운 데이터가 들어올 때 자동으로 업데이트된다. 이러한 프로세스를 자동화하면(이중 입력이 아닌) 시간을 크게 절약할 수 있으며, 교직원은 분석과 교육에 집중할 수 있다.

2) 보고(reporting)

데이터 시스템을 사용하면 다양한 대상(예: 학교 팀, 교육청 팀, 교육부 팀)의 요구에 맞게 설계된 다양한 보고서를 즉시 생성할 수 있다. 학교 차원의 보고서는 팀이 공통된 결정을 내릴 수 있도록 정보를 제공하도록 구성되어 있다. 예를 들어, 이러한 보고서에는 커트라인 점수(충실도 또는 학생 성과)가 충족되었는지 여부가 표시된다. 이 보고서에는 각 분석이 중요한 이유와 점수를 해석하는 방법에 대한 설명이 포함되어 있다. 학교 팀은 교육에 보고서를 가져와서 데이터를 분석하고 실행계획에 사용하는 방법을 배울 수 있다. 또한 팀은 이 정보를 사용하여 시스템의 효율성을 평가하고 개선이 필요한 영역을 결정한다. 교육청 차원 보고서는 학교 전체의 데이터를 집계한다. 이 보고서는 프로젝트 효과와 전문성 개발 필요성을 평가하고 학교개선 요구 사항을 보고하기 위한 정보를 제공하는 데 중점을 둔다. 교육부 차원 보고서는 이니셔티브 수준의 결정을 내리고 이니셔티브의 상태와 영향을 주요 프로젝트 이해관계자에게 전달하기 위해 각 수준의 데이터를 집계한다.

3) 데이터 대시보드

데이터 시스템은 보고서 외에도 데이터 대시보드를 광범위하게 활용한다. 데이터 대시보드는 교육적 성공에 중요한 핵심 지표에 초점을 맞춰 데이터를 즉각적이고 이해하기 쉬운 형식으로 표시하는 도구다. 사용자가 로그인하면 자신의 분석 수준에 맞는 주요 데이터를 요약한 특정 데이터 대시보드가 표시된다. 학교 차원의 대시보드는 실행충실도 및 학생 성과에 초점을 맞춘다. 교육청 차원의 대시보드에는 학교 수준 정보 외에도 이니셔티브의 도달 범위(교육청 내에서 실행 중인 학교 수)와 통합 MTSS 작업을 지원할 수 있는 교육청의 역량이 표시된다. 예를 들어, [그림 3V-10]은 교육청 전체의 실행 범위를 표시하는 교육청 차원 데이터 대시보드를 보여 준다. 교육청 팀은 이 정보를 사용하여 교육청 내 시행 중인 학교의 수, 시행 중인 학교에서 개발 중인 지원 계층 및 시행 단계를 평가한다. 두 번째 교육청 차원의 데이터 대시보드 예시([그림 3V-11] 참조)는 시간 경과에 따른 시행 학교의 학교 전체 품질 벤치마크와 상위 단계 벤치마크를 사용하여 행동지원의 충실도를 표시한다. 오른쪽 상단의 그래프에 있는 목표는 기준 목표 또는 교육청 평균을 표시하도록 전환할 수 있다. 그런 다음 이 정보를 사용하여 학교 및 교육청 차원에서 구현 품질, 구현 궤적 및 지원 필요성을 평가할 수 있다.

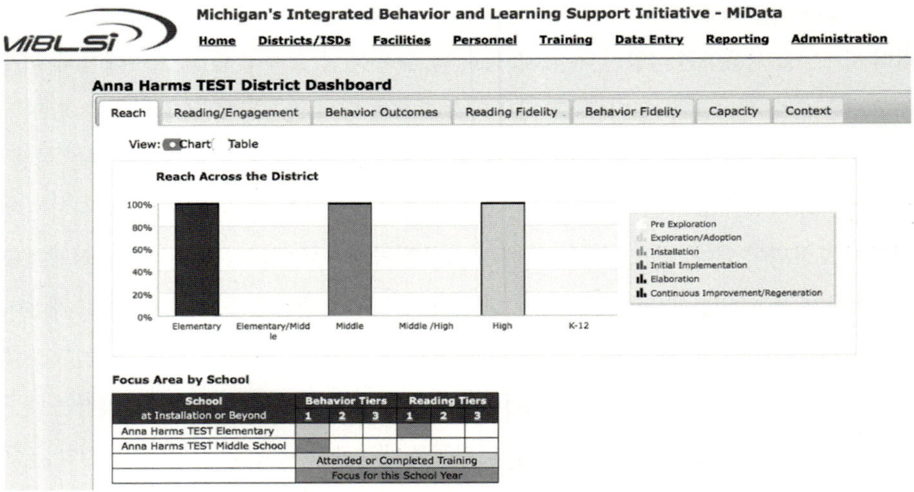

[그림 3V-10] 교육청 전체의 도달 범위를 보여 주는 교육청 대시보드

미시간 교육청의 허가를 받아 재인쇄됨.

4) 기술 사양

통합된 데이터 시스템을 구축하려면 프로젝트 평가, 데이터 시각화 및 웹 기반 데이터베이스 개발에 대한 기술적 전문 지식이 필요하다. 프로젝트 직원과 웹 기반 기술자로 구성된 팀이 프로젝트에 참여했다. 데이터베이스 개발에는 SQL 서버 보고 서비스와 함께 SQL 서버 데이터베이스를 사용하는 것이 포함되었다. 이 시스템은 IIS 7 호스팅 서버와 함께 .NET 플랫폼(버전 4.5)을 사용했다. 웹 사이트 디자인에는 MVC 웹 사이트 개발 도구가 사용되었다. 다른 시스템에서 데이터를 가져오려면 몇 가지 단계가 필요하다. 먼저 통합된 데이터 시스템 파일 레이아웃과 정확히 일치하는 열 머리글을 사용하여 원래 시스템에서 데이터를 쉼표로 구분된 파일(CSV)로 내보낸다. 데이터는 다음과 같다. 가져오기 프로세스를 시작한다. 가져올 데이터 유형별로 특정 열 머리글이 확인된다(예: AIMSweb, DIBELSnet, PBIS 평가, 학교 등록, 학생 정보, SWIS).

5) 지속적인 개선

다른 기술 혁신과 마찬가지로 통합된 데이터 시스템도 시간이 지남에 따라 개선되고 발전해야 유용성을 유지할 수 있다. 사용자는 눈에 잘 띄는 링크를 클릭하여 시스템 오류 메시지나 기타 문제를 보고할 수 있다. 이 정보는 기술 컨설턴트에게 전송되어 해결된다. 제안이나 기능 요청을 제출할 수 있는 별도의 링크도 있다. 그러면 팀에서 이 정보를 검토하여 우선순위와 실현 가능성을 결정한다.

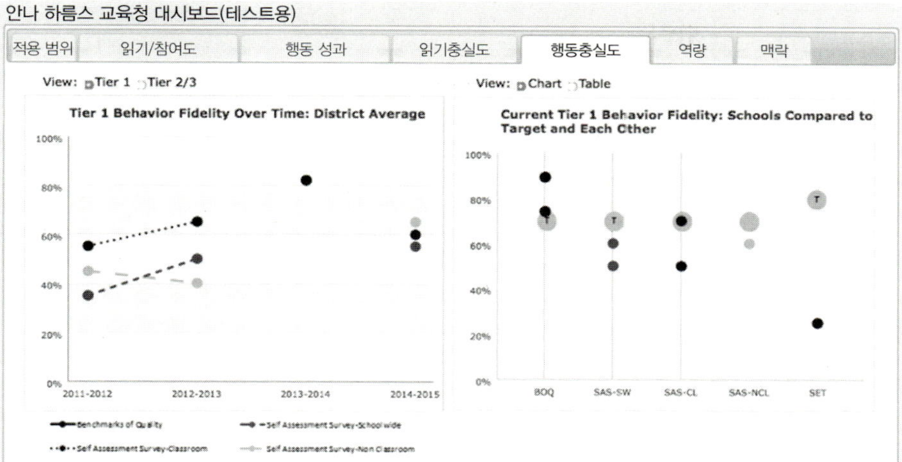

Benchmarks of Quality	PBS Team	Faculty Commitment	Discipline Procedures	Data Analysis	Expectations Developed	Reward Program	Lesson Plans	Implementation Plans	Classroom Plan	Evaluation	Total
District Average	93%	79%	77%	58%	88%	68%	73%	59%	78%	80%	84%
Anna Harms TEST Elementary	100%	100%	100%	88%	100%	81%	67%	62%	100%	100%	89%
Anna Harms TEST Middle School	78%	67%	67%	66%	80%	90%	86%	66%	68%	99%	89%
Anna Harms TEST High School	100%	70%	65%	20%	85%	32%	65%	50%	65%	40%	74%

Benchmarks for Advanced Tiers	Tier 1 Implementation	Tier 1 Commitment	Tier 1 Student Identification	Tier 1 Monitoring and Evaluation	Tier 2 Systems	Tier 2 Strategy Implementation	Tier 2 Monitoring and Evaluation	Tier 3 Systems	Tier 3 Assessment and Plan	Tier 3 Monitoring and Evaluation	Foundations Total	Tier 2 Total	Total 3 Total
District Average	41%	46%	51%	56%	61%	66%	71%	76%	81%	86%	51%	56%	61%
Anna Harms TEST Elementary	71%	71%	71%	71%	71%	71%	71%	71%	71%	71%	71%	71%	71%
Anna Harms TEST Middle School	10%	20%	30%	40%	50%	60%	70%	80%	90%	100%	30%	40%	50%

green cells indicate that the score is on track

[그림 3V-11] PBIS의 충실도를 보여 주는 교육청 대시보드

미시간 교육청의 허가를 받아 재인쇄됨.

2) 통합된 데이터 분석

통합 데이터 분석(즉, 지속적인 의사결정을 위해 데이터를 조사하고 사용하는 것)은 강력하지만, 적절한 도구나 계획이 없으면 부담스러울 수 있다. 데이터를 이해하는 데 적합한 그림이 있으면 이러한 작업은 훨씬 쉬워진다. 능숙한 데이터 분석가만이 통합 데이터 표를 보고 문제와 해결책을 파악할 수 있다. 통합된 데이터는 복잡하기 때문에 어떤 일이 일어나고 있는지, 어떻게 해야 하는지 신속하게 보여 줄 수 있는 차트와 그래프를 갖는 것이 중요하다. 다음은 의사결정을 개선하는 방식으로 통합 데이터를 보여 주는 몇 가지 그림이다. [그림 3-6]

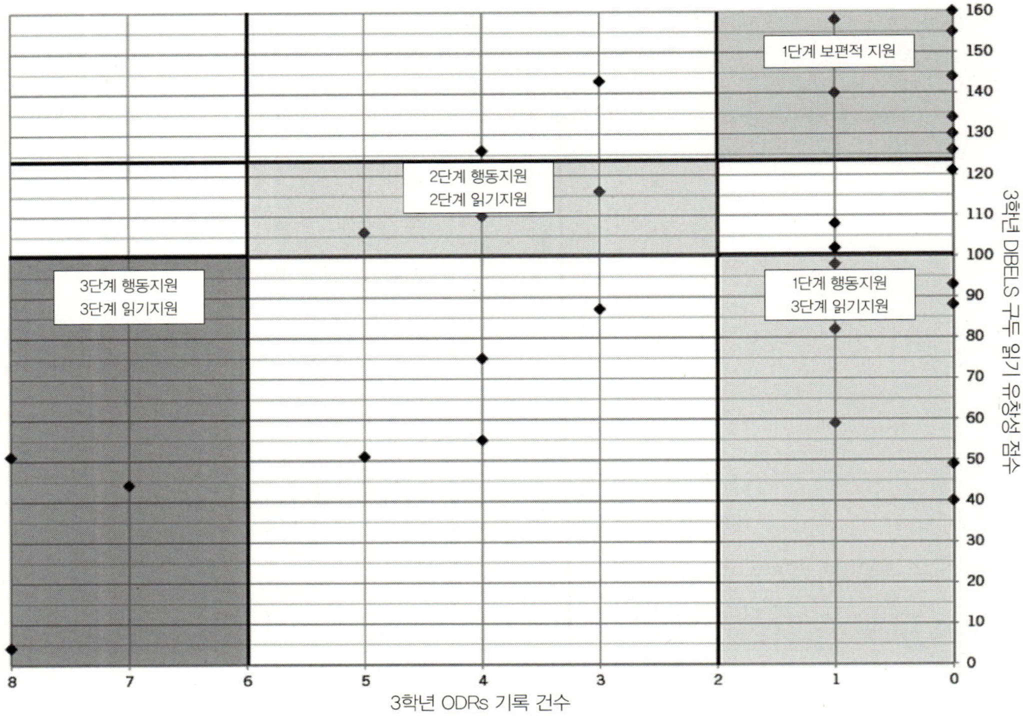

[그림 3-6] 3학년 교실의 통합된 선별 산점도

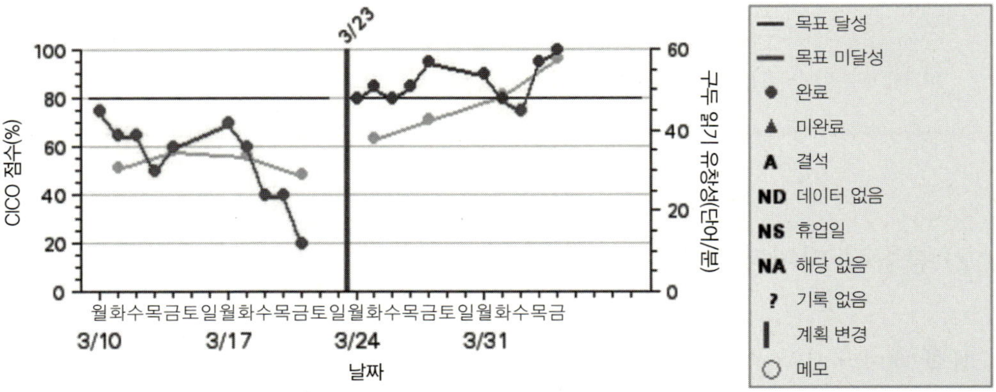

[그림 3-7] 학생의 체크인/체크아웃 점수와 구두 읽기 유창성을 보여 주는 통합 개인별 진전도 모니터링 그래프

ISIS-SWIS 제공, Rob Horner의 허가를 받아 재인용.

(Scott Baker, Hank Fien, Rob Horner의 작업 기반)은 3학년 교실에 대한 통합 검사 산점도(마이크로소프트 엑셀에서 생성)로, 각 학생은 학업(이 경우 읽기 · 쓰기)과 행동 모두에서 검사 결과를 보여 주는 데이터 요소로 표시된다. 오른쪽 위 영역(읽기 · 쓰기 및 행동 위험이 낮음)에 있는 학생은 현재 수준의 학업 및 행동 지원으로 성공을 경험하고 있다. 오른쪽 아래 영역(읽기 · 쓰기 고위험군, 행동 고위험군)에 있는 학생은 학업지원이 필요하며, 왼쪽 아래 영역에 있는 학생은 두 영역을 모두 다루는 집중적인 지원이 필요하다. 이 그래프는 학생의 요구 사항을 평가하고 이러한 요구 사항에 따라 학생을 다양한 실행 방안 또는 학생 그룹에 배정하는 명확한 방법을 제공한다(제4장 참조).

2단계와 3단계 지원을 받는 개별 학생의 데이터를 하나의 그래프에서 함께 확인하는 것은 매우 유익하다. [그림 3-7]은 ISIS-SWIS(www.pbisapps.org)에서 생성된 통합 개별 진전도 모니터링 그래프를 보여 준다. 이 그래프에서는 학업과 행동 측면의 진전도 데이터를 하나의 화면에서 제공하여 학생의 전반적인 성과를 평가할 수 있다. 문제행동 데이터(체크인/체크아웃 일일 행동 보고서 점수)는 어두운 선으로 나타나며, 왼쪽 y축에서 확인할 수 있다. 문해력 데이터(주 2회 실시하는 구두 읽기 유창성 검사)는 밝은 선으로 나타나며, 오른쪽 y축에서 확인할 수 있다. 중재의 변화는 실선으로 나타나며, 이를 통해 중재 전과 후의 변화를 쉽게 파악할 수 있다. 중재 이전에는 목표 달성률이 80%를 넘는 날이 없고, 읽기성취도의 변화가 거의 없었으나, 중재 이후에는 학업 및 행동 성과가 개선된 것을 확인할 수 있다. 이 통합 그래프는 다양한 영역의 진행 상황을 하나의 화면에서 간편하게 모니터링할 수 있는 방법을 제시한다.

6. 팀 체크리스트: 통합된 데이터

제2부의 서문에서 설명한 바와 같이, 아래의 팀 체크리스트는 이 장의 핵심 내용을 요약한 것이며, 팀이 더 쉽게 사용할 수 있는 형식으로 제공된다. 이 체크리스트에는 왼쪽에 통합된 핵심 활동이 나열되어 있고, 오른쪽에는 실행 상태를 평가할 수 있는 항목이 포함되어 있다. 이는 TIC(Sugai, Horner, et al., 2001) 또는 PET(Kame'enui & Simmons, 2002)와 유사한 방식이다. TIC와 마찬가지로, 팀은 각 항목의 실행 상태를 '미실행', '부분 실행', '완전 실행'으로 스스로 평가해야 한다. 체크리스트가 완료되면, 팀은 진행 상황과 성과를 파악하고, 통합을 위한 다음 단계를 설정하고 우선순위를 정할 수 있다. 첫 번째 체크리스트는 학교개선 팀, 학

교 전체 시스템 팀, 학년별 팀과 같은 학교 차원의 팀을 위한 것이다. 두 번째 체크리스트는 학교의 통합을 지원하는 교육청 차원의 팀을 위한 것이다. 이 장의 체크리스트에는 학업 및 행동 데이터를 효율적이고 효과적으로 통합하기 위한 일반적인 단계를 포함하고 있다.

2단계: 중재 실행				
2.3	학교는 증거 기반의 읽기 중재를 선택하기 위해 공식적인 절차를 사용한다.	2	1	0
2.4	학교는 학생의 요구에 맞는 읽기 중재를 제공하기 위해 데이터 기반의 절차를 사용한다.	2	1	0
2.5	중재 그룹은 읽기 중재를 받는 학생에게 적합하다.	2	1	0
2.6	학교는 학부모/보호자에게 학생을 위한 중재계획을 통지한다.	2	1	0
2단계: 자료(Resources)				
2.7	읽기 중재의 일정은 1단계 읽기 교육의 결과에 따라 조정된다.	2	1	0
2.8	읽기 중재를 제공하는 모든 교직원은 실행에 대한 지원을 받는다.	2	1	0
2단계: 평가				
2.9	학교는 읽기 중재 지원에 따른 학생 데이터를 모니터링한다.	2	1	0
2.10	교직원은 진전도 모니터링 데이터를 충실하게 수집한다.	2	1	0
2.11	학교는 학생의 진전도를 보여 주기 위해 데이터 체계를 활용한다.	2	1	0
2.12	학교는 2단계 중재의 충실도를 모니터링한다.	2	1	0
2.13	학년별 팀은 2단계 지원에 반응하는 학생의 비율을 모니터링한다.	2		0
2.14	학년별 팀은 개별 학생의 진전도에 따라 읽기 중재 지원을 조정한다.	2	1	0
[3단계] 학교 차원의 읽기 모델의 특징				
3단계: 팀				
3.1	학년별 팀은 집중적인 읽기 중재가 필요한 학생을 지원한다.	2	1	0
3.2	개별지원 팀은 학생들의 읽기 능력을 향상시키기 위해 구성된다.	2	1	0
3.3	학년별 팀의 교사는 개별지원 팀의 도움을 받을 수 있다.	2	1	0
3.4	개별지원 팀은 효과적인 팀 회의 절차를 사용한다.	2	1	0
3단계: 중재 실행				
3.5	학교에서는 다양하게 얻을 수 있는 데이터를 활용하여 집중적인 읽기 중재계획을 세운다.	2	1	0
3.6	학교는 읽기 중재 지원을 강화하기 위해 중재 변인을 변경할 수 있다.	2	1	0
3.7	학교는 학부모/보호자가 자녀를 위한 중재계획에 참여하여 협력할 수 있도록 한다.	2	1	0
3단계: 자료(Resources)				
3.8	학생에게 집중적인 읽기 중재계획을 지원하는 모든 교직원은 중재를 실행하는 데 필요한 지원을 받는다.	2	1	0
3단계: 평가				
3.9	교직원은 진단 · 평가 데이터를 충실하게 수집한다.	2	1	0
3.10	학교는 3단계 지원에 반응하는 학생의 비율을 모니터링한다.	2	1	0
3.11	3단계 중재의 충실도를 모니터링하는 절차가 있다.	2	1	0
3.12	집중적인 읽기 중재계획은 의사결정 방침에 따라 조정된다.	2	1	0

부록 3-2

〈읽기〉 다층적 실행충실도 평가 도구: 중고등학교용[6)]

채점 양식

학교: ________________ 지역교육청: ________________ 날짜: ________________

학교리더십 팀 구성원(school leadership team members): ________________

업무 담당자: ________________

기록자: ________________

지침: 학교리더십 팀은 R-TFI 채점 가이드를 사용하여 각 항목에 대해 논의하고 항목의 최종 점수에 대해 합의하여 R-TFI를 완료해야 한다.

[1단계] 학교 차원의 교과(content area) 읽기 모델의 특징				
연번	항목 설명	배점		
1단계: 팀				
1.1	학교리더십 팀은 학교 차원의 교과 읽기 모델의 실행을 지원하기 위해 조직되었다.	2	1	0
1.2	학교리더십 팀은 효과적인 팀 회의 절차를 사용한다.	2	1	0
1.3	학교리더십 팀의 업무는 다른 학교의 팀과 협력하여 진행된다.	2	1	0
1.4	교과별 팀(department team)은 1단계 교과 읽기 교육의 실행을 지원하기 위해 조직되었다.	2	1	0
1.5	교과별 팀은 효과적인 팀 회의 절차를 사용한다.	2	1	0

〈계속〉

6) Kent McIntosh와 Steve Goodman의 저서인 『Integrated Multi-Tiered Systems of Support: Blending RTI and PBIS』에서 발췌. © 2016 The Guilford Press. 이 〈부록〉은 이 책을 구입한 사람이 개인적으로 사용하거나 개별 학생을 지도할 목적으로 복사하여 활용할 수 있음(자세한 사항은 저작권 페이지 참조). 구매자는 이 〈부록〉의 추가 사본을 다운로드할 수 있음(차례 끝부분의 안내 참조).

1단계: 실행				
1.6	학교는 각 교과에서 읽기 교육을 제공하기 위해 교과 읽기 전략을 선정하는 공식 절차를 사용한다.	2	1	0
1.7	학교 차원에서 사용하도록 채택된 각 교과별 읽기 전략 교수 방법을 활용할 수 있다.	2	1	0
1.8	학교는 학교 차원의 교과 읽기 계획이 있다.	2	1	0
1.9	교과별 팀은 교과에 대한 학생의 이해를 높이기 위해 교육계획을 개발한다.	2	1	0
1.10	학생에게 학급 차원의 기대행동을 설정하고 가르친다.	2	1	0
1.11	일반적인 교실 활동을 위한 절차가 실행된다.	2	1	0
1단계: 자료(Resources)				
1.12	학교는 조기경보 시스템(Early Warning System: EWS)에서 데이터 조정을 지원할 담당자를 지정하였다.	2		0
1.13	현재 학년도의 조기경보 지표(Early Warning Indicator: EWI) 평가 일정을 확인할 수 있다.	2	1	0
1.14	교사의 전문학습 공동체은 학교 차원의 읽기 모델 실행 지원을 위해 선정된다.	2	1	0
1.15	학교리더십 팀은 체계적 코칭을 활용한다.	2	1	0
1.16	모든 교직원은 교과 읽기 전략을 가르치는 수업에 관한 코칭을 받을 수 있다.	2	1	0
1단계: 평가				
1.17	학교는 EWI 데이터에 접근할 수 있는 데이터 시스템을 사용한다.	2	1	0
1.18	학생의 요구를 교직원에게 제공하기 위해 과거의 데이터를 수집한다.	2		0
1.19	학교리더십 팀은 1단계 시스템 충실도 데이터를 수집한다.	2	1	0
1.20	학교리더십 팀은 데이터를 활용하여 학교 차원의 교과 읽기 모델의 상태를 모니터링한다.	2	1	0
1.21	학교리더십 팀은 데이터 기반의 의사결정을 위한 절차를 사용한다.	2	1	0
1.22	교과별 팀은 데이터 기반의 의사결정을 위한 절차를 사용한다.	2	1	0
1.23	학교리더십 팀은 학교 차원의 교과 읽기 계획의 실행을 모니터링한다.	2	1	0
1.24	교과별 팀은 교육계획의 실행을 모니터링한다.	2	1	0
1.25	학교리더십 팀은 관계자에게 학생의 읽기 성과에 대한 보고서나 발표를 제공한다.	2	1	0
[2~3단계] 학교 차원의 교과 읽기 모델의 특징				
2~3단계: 팀				
2.1	학교리더십 팀은 읽기 능력이 부족한 학생을 지원하기 위해 교과 간 협력 팀에서 사용할 절차를 정의한다.	2	1	0
2.2	교과 간 협력 팀은 적절한 진전도를 보이지 않는 학생을 지원하기 위해 노력한다.	2		0
2.3	개별지원 팀은 학생들의 읽기 능력을 향상시키기 위해 조직되었다.	2	1	0
2.4	교사는 개별지원 팀의 도움을 받을 수 있다.	2	1	0
2.5	개별지원 팀은 효과적인 팀 회의 절차를 사용한다.	2	1	0

〈계속〉

2~3단계: 중재 실행				
2.6	학교는 증거 기반의 읽기 중재를 선택하기 위해 공식적인 절차를 사용한다.	2	1	0
2.7	학교는 다양한 데이터 자원을 활용하여 읽기 중재계획을 설계한다.	2	1	0
2.8	중재 그룹의 규모는 읽기 중재를 받는 학생에게 적절하다.	2	1	0
2.9	학교는 읽기 중재 지원을 강화하기 위해 중재 변인을 변경한다.	2	1	0
2.10	학교는 학부모/보호자가 자녀를 위한 중재계획에 참여하여 협력할 수 있도록 한다.	2	1	0
2~3단계: 자료(Resources)				
2.11	학교는 읽기 능력이 부족한 학생들을 위한 읽기 평가를 지원할 담당자를 지정하였다.	2	1	0
2.12	읽기 중재를 제공하는 모든 교직원은 실행에 대한 지원을 받는다.	2	1	0
2~3단계: 평가				
2.13	학교는 읽기 중재 지원에 대한 학생의 데이터를 모니터링한다.	2	1	0
2.14	학교는 데이터 시스템을 활용하여 학생의 진전도를 표시한다.	2	1	0
2.15	교직원은 진전도 모니터링 데이터를 충실하게 수집한다.	2	1	0
2.16	교직원은 진단 · 평가 데이터를 충실하게 수집한다.	2	1	0
2.17	학교는 읽기 중재에 반응하는 학생의 비율을 모니터링한다.	2		0
2.18	3단계 읽기 중재의 충실도를 모니터링하는 프로토콜이 있다.	2	1	0
2.19	읽기 중재계획은 의사결정 방침에 따라 조정된다.	2	1	0

부록 3-3

〈읽기〉 다층적 실행충실도 평가 도구: 종합판[7)]

교실 관찰 지침

필요한 자료

- 스톱워치 또는 초시계를 사용하여 관찰의 '반응 기회'와 '과제 참여/과제 이탈'에 대해 정확한 시간을 기록한다.
- 계산기: 채점 가이드라인 문서에서 다양한 비율을 결정하는 데 유용하다.
- 클립보드
- 연필

제1부: 명시적 교수 및 교실 환경 체크리스트

명시적 교수 전략 체크리스트

1. 다음 중 읽기 수업 중에 관찰한 특징을 체크한다.
2. 관찰하지 못한 항목이나 수업 범위상 관찰하기에 적합하지 않은 항목은 '관찰 기회 없음/부적합' 열에 체크 표시를 하여 반영해야 한다.
3. 문장의 예와 반례가 모두 관찰되는 경우 항목을 '관찰되지 않음'으로 선택한다. 예를 들어, 교사가 개념을 설명할 때 어떤 경우에는 명확하고 간결한 언어를 사용했지만 다른 경우에는 명확하고 간결한 언어를 사용하지 않으면(예: 학생이 개념을 잘못 해석할 가능성을 허용하는 경우) 해당 항목을 '관찰되지 않음'으로 표시한다.

* 미시간주 교육부의 허가를 받아 재인용.

7) Kent McIntosh와 Steve Goodman의 저서인 『Integrated Multi-Tiered Systems of Support: Blending RTI and PBIS』에서 발췌. © 2016 The Guilford Press. 이 〈부록〉은 이 책을 구입한 사람이 개인적으로 사용하거나 개별 학생을 지도할 목적으로 복사하여 활용할 수 있음(자세한 사항은 저작권 페이지 참조). 구매자는 이 〈부록〉의 추가 사본을 다운로드할 수 있음(차례 끝부분의 안내 참조).

교실 환경 체크리스트

1. 다음 중 교실에 있는 동안 관찰한 기능을 체크한다.
2. 관찰하지 못한 항목이나 수업 범위상 관찰하기에 적합하지 않은 항목은 '관찰 기회 없음/부적합' 열에 체크 표시를 하여 반영해야 한다.
3. 문장의 예와 반례가 모두 관찰되는 경우 항목을 '관찰되지 않음'으로 선택한다. 예를 들어, 수업 활동을 시작할 때 학생의 주의를 끌기 위한 규칙이 정해져 있지만 숙제를 수집하는 데는 규칙이 정해져 있지 않은 것으로 나타났다면 해당 항목을 '관찰되지 않음'으로 표시한다.

제2부: 학업 참여

A. 과제 참여/과제 이탈 행동(10분)

1. 10초 순간시간표집법을 사용하여 총 10분 동안 교실에 있는 각 학생들을 관찰한다.
2. 전체 학급 활동 중에는 줄별로, 다른 활동으로 나뉘어 있는 경우에는 모둠별로 학생들을 관찰하는 것이 좋다.
3. 관찰을 시작할 때 타이머를 켜고 10초 간격마다 학생을 잠시 관찰한 후(예: 1초 미만), 해당 특정 시점에 학생이 과제를 하고 있는지 또는 과제를 하고 있지 않은지 결정한다. (단, 타이머를 사용할 경우, 학생을 방해하지 않도록 타이머를 진동으로 설정하거나 매우 조용한 소리로 울리는지 확인하는 것이 중요하다.)
4. 10초 간격이 끝나는 시점에 학생이 과제에 참여 중인 것으로 보이면 '학생 1' 칸에 '+'로 표시하고, 과제에 참여하지 않는 것으로 보이면 '–'로 표시한다. (아래 예 참조)
   a. 과제 참여 행동('+'): 학생이 과제 또는 상황에 대한 행동 기대치를 충족한다. 예를 들어, 질문을 받았을 때 구두로 학업적 반응을 하거나, 교사가 말할 때 교사를 쳐다보거나, 활동지(workbook)를 쓰거나, 손을 들거나, 교재나 학습지를 보거나, 교사의 행동 지시를 따르거나, 질문에 반응하는 친구를 쳐다보는 등의 행동을 말한다.
   b. 과제 이탈 행동('–'): 주어진 학업 과제와 직접적으로 관련이 없거나 허용되지 않는 움직임 또는 청각적 언어 표현을 말한다. 또한 학생에게 주어진 학업 활동에 수동적이어서 참여하지 않는 경우다. 예를 들어, 학생이 앉아서 해야 하는 과제 중에 교사의 허락 없이 자리를 벗어나거나, 허락되지 않은 말을 하거나, 창밖을 응시하거나, 교사의 행동 지시에 따르지 않는 모습을 보이는 경우 등을 말한다.
5. 첫 번째 학생에 대해 '+' 또는 '–'를 기록한 후, 두 번째 학생을 잠시 관찰하여 '학생 2' 칸에 '+' 또는 '–'를 기록한다.
6. 교실의 모든 학생을 관찰할 때까지 이 패턴을 계속한다.
7. 첫 번째 학생으로 돌아가서 아래 표 전체를 채울 때까지 10초 간격으로 관찰을 계속한다. 즉, 학급에 20명의 학생이 있는 경우, 과제 참여/과제 이탈 행동 차트의 60개 칸이 모두 채워질 때

까지 학생을 세 번 순환해야 한다.

B. 반응 기회(10분)

1. 시계를 보고 관찰 양식의 이 부분을 관찰하기 시작한 시간을 기록한다. 최소 10분 동안 데이터를 수집한다.
2. 읽기 수업을 관찰하는 동안 개별 학생 또는 모둠의 학업적 반응(예: 구두 또는 행동)이 있을 때마다 해당 칸에 하나씩 표시한다.
3. 학업적 정반응: 학생에게 요구된 지시/질문의 요건을 완전히 충족한다(예: '샘'이라는 단어를 소리 내어 말할 경우 [ㅅ], [ㅐ], [ㅁ]은 세 가지가 아닌 하나의 반응으로 간주된다. 문장을 읽거나 단어를 정의하거나 이해력 질문에 대답하는 것도 하나의 반응이며, 단어에 대한 이해를 나타내는 표정을 보이거나 손가락 두 개를 들어 두 가지 가능한 답변 중에서 선택하는 것도 하나의 반응이다.
4. 여러 학생이 모둠으로 답안을 제출하는 경우 모든 학생이 올바르게 답해야 한다(3번 '학업적 정반응'의 예 참조).
5. 오반응: 학생이 잘못된 반응을 한 경우(예: 요청을 받았을 때 반응하지 않거나 모둠 반응 중 다른 학생이 반응한 후에 반응한 경우) 오반응으로 채점한다.
6. 이 부분의 관찰을 중단하면 시계를 보고 '종료 시간'을 기록한다. 빈칸에 '반응 기회'를 관찰한 총 시간을 계산한다.

C. 학생-교사 상호작용(10분)

1. 교사가 학생의 적절한 행동(예: 과제에 대한 행동 기대치를 충족하고 학생/친구의 학습에 도움이 됨)에 대해 반응을 보일 때마다 '적절한 행동에 대한 반응' 칸에 일(1)을 표시한다.
2. 교사의 반응은 음성, 신체, 또는 제스처로 전체 학급, 소수의 학생, 또는 개별 학생에게 전달될 수 있다.
3. 교사의 칭찬이 구체적인지(예: 교사가 칭찬할 때 적절한 행동을 구체적으로 거론함) 또는 일반적인지(예: 교사가 '엄지 척!' 신호를 보내지만 구체적으로 어떤 행동인지 말하지 않음)를 '적절한 행동에 대한 반응' 칸 내의 '특정' 또는 '일반' 열에 집계를 표시한다.
4. 교사가 학생의 부적절한 반응에 대해 반응을 보일 때마다 '부적절한 행동에 대한 반응' 칸에 표시한다(예: 교사의 반응은 주의를 돌리거나 말, 신체적 촉구(prcmpts) 또는 제스처를 통해 불쾌감을 표시하는 것일 수 있음). 교사의 반응은 전체 학급, 소수의 학생 또는 개별 학생을 대상으로 할 수 있다.
5. 학생의 학업적 반응이 맞는지 틀리는지 표현하는 교사의 반응[예: "맞아요, 정답은 '반도'라는 단어예요." 또는 "아니요, 정답은 여성 단수(woman)가 아니라 여성 복수(women)예요."]을 집계하지 않는다.

수업 관찰 양식

학교: ______________________ 지역교육청: ______________________

관찰자: ______________________ 날짜: ______________________

제1부: 명시적 교수 및 교실 환경 체크리스트

A. 명시적 교수 전략	관찰됨	관찰되지 않음	부적합 (혹은 관찰 기회 없음)
1. 수업의 목표와 교사의 기대를 명확하게 설명하며 수업을 시작했다.			
2. 새로운 학습을 시작하기 전에 이전에 배운 기술과 지식을 복습했다.			
3. 새로운 기술이나 전략을 명확하게 시연(모델링)하고 안내된/지원된(guided/supported) 연습 기회를 제공했다.			
4. 수업 내내 명확하고 간결한 언어를 사용했다.			
5. 이전에 배운 기술을 연습할 때는 학생들이 제시된 예를 숙달할 때까지 충분한 연습 기회를 제공했다.			
6. 학생들은 다 같이(또는 짝과 함께) 그리고 개별적으로 반응할 수 있는 기회를 제공받았다.			
7. 교실을 돌아다니며 학생 반응을 점검했다.			
8. ① 반응을 모델링하거나 반응을 이끌어 내기 위한 전략을 써서 모델링/학생을 지도하고, ② 같은 혹은 유사한 예시로 연습할 수 있도록 기회를 제공함으로써, 학생의 오류를 거의 대부분(약 90%까지) 즉시 수정했다.			
B. 교실 환경	**관찰됨**	**관찰되지 않음**	**부적합 (혹은 관찰 기회 없음)**
1. 학생들이 교사와 시각 자료를 볼 수 있도록 교실 가구를 배치하고, 교사가 학생의 행동을 쉽게 점검할 수 있으며, 다른 사람에게 방해가 되지 않고 교실 내 이동이 가능하도록 하였다.			
2. 교사와 학생들이 자료에 쉽게 접근할 수 있도록 교실 환경을 설정하고 산만한 요소를 최소화하였다.			
3. 학생들에게 기대되는 행동을 교실에 있는 모든 사람이 볼 수 있게 게시하고, 학생이 이해할 수 있는 언어를 사용하여 명확하게 정의하고, 긍정적 표현으로 기술되었다.			

〈계속〉

4. 일반적인 일상 활동(예: 활동 전환, 학생 주의 끌기, 숙제 수집, 자료 배부, 소리 내어 함께 반응하기, 도움 요청, 과제 제출, 짝 선택, 화장실 사용)에 대한 규칙을 설정하였다.			
'관찰됨' 항목의 합계			

제2부: 학업 참여

관찰을 시작하면서 타이머를 작동하고, 10초 간격마다 학생을 잠시(예: 1초 미만) 관찰한 다음 해당 시점에 학생이 과제에 참여하고 있는지, 참여하고 있지 않은지 결정한다. 학생이 과제를 하고 있는 것으로 보이면 각 구간에 '+'를 표시하고, 과제를 하지 않는 것으로 보이면 구간에 '–'를 표시한다. 모든 상자에 표시가 될 때까지 계속 관찰하고 기록한다.

A. 과제 참여/이탈 행동(10분)									
1	2	3	4	5	6	7	8	9	10
11	12	13	14	15	16	17	18	19	20
21	22	23	24	25	26	27	28	29	30
31	32	33	34	35	36	37	38	39	40
41	42	43	44	45	46	47	48	49	50
51	52	53	54	55	56	57	58	59	60
'+' 항목의 합계:									

〈계속〉

B. 반응 기회(10분)
지침: 읽기 수업을 관찰하는 동안 개별 학생 또는 모둠의 학업적 반응(예: 구두 또는 행동)에 대해 해당 반응 칸에 바를 정(正)자로 표시한다. 시작 시간: ____: _______ 종료 시간: ____: _______ 총 관찰 시간: ____: _______

모둠 반응	
올바른 학업 반응 (정반응)	부적절한 반응 (오반응)
소계:	소계:
모둠 반응 합계:	

개별 학생의 반응	
올바른 학업 반응 (정반응)	부적절한 반응 (오반응)
소계:	소계:
개별 반응 합계:	

새롭게 소개되거나 복습하는 자료를 대부분(80% 이상) 다루었는가? 예/아니요
(교사에게 문의해야 할 수 있음)

C. 학생-교사 상호작용 (10분)
• 교사가 학생의 적절한 행동(예: 과제에 대한 행동 기대치를 충족하고 학생/친구의 학습에 도움이 되는 행동)에 대해 반응을 보일 때마다 '적절한 행동에 대한 반응' 항목에 표시한다. 교사의 반응은 말, 신체, 제스처를 사용할 수 있으며, 전체 학급, 소수의 학생, 개별 학생을 대상으로 할 수 있다. • 교사가 학생의 부적절한 행동에 반응할 때마다 '부적절한 행동에 대한 반응' 항목에 바를 정(正)자로 표시한다. 교사의 반응은 다시 지시하거나, 말, 신체적 촉구, 제스처를 통해 학생의 행동이 적절하지 않음을 표시할 수 있다. 교사의 반응은 학급 전체, 소수의 학생, 개별 학생을 대상으로 할 수 있다. • 구체적인 vs. 일반적인 적절한 반응: 교사의 칭찬이 구체적인 경우(예: 교사가 칭찬할 때 적절한 행동을 명시한 경우) '구체적인' 칸에 바를 정(正)자로 표시한다. 교사의 칭찬이 일반적인 경우(예: 교사가 '엄지 척!' 신호를 보냈지만 행동을 명시하지 않은 경우) '일반적인' 칸에 바를 정(正)자로 표시한다.

학생의 적절한 행동에 대한 교사의 반응		학생의 부적절한 행동에 대한 교사의 반응	
구체적인	일반적인		
구체적인 반응의 수: 일반적인 반응의 수: **반응의 합계:**		**반응의 합계:**	

관찰 채점 지침

파트 1A: 명시적 교수 전략 체크리스트

관찰된 명시적 교수 전략의 수:

기준: 6개 이상 = 2점, 3~5개 = 1점, 3개 미만 = 0점

명시적 교수 전략의 점수 = ________ / 2

파트 1B: 교실 환경 체크리스트

관찰된 특징의 수:

기준: 4개 = 2점, 2~3개 = 1점, 0~1개 = 0점

교실 환경 점수 = ________ / 2

파트 2A: 과제 참여/이탈 행동

과제 참여 행동 비율 공식:

과제 참여 행동 비율 = '+'의 개수 ÷ 60 = ________ %

기준: 90% 이상 = 2점, 75~89% = 1점, 0~74% = 0점

과제 참여 행동 비율 점수 = ________ / 2

파트 2B: 반응 기회(Opportunities to Respond: OTR)

(1) 총 학생 OTR 비율 공식

학생의 OTR 비율 = 총 반응 수 ÷ 관찰한 시간(분) = 분당 ________ 회

새로운 자료를 위한 기준: 분당 4회 = 2점, 분당 2−3회 = 1점, 분당 0~1회 = 0점

복습을 위한 기준: 분당 9회 = 2점, 분당 4~8회 = 1점, 분당 0~3회 = 0점

OTR 비율 점수 = ________ / 2

(2) 모둠 반응 정확도 공식

모둠 반응 정확도 = 모둠의 정반응 수 ÷ 모둠의 총 반응 수 = ________ %

새로운 자료를 위한 기준: 80% 이상 = 2점, 60~79% = 1점, 0~59% = 0점

훈련 및 연습 기준: 90% 이상 = 2점, 75~89% = 1점, 0~74% = 0점

모둠 반응 정확도 점수 = ________ / 2

(3) 개별 학생의 반응 정확도 공식

개별 반응 정확도: 개별 학생의 정반응 수 ÷ 개별 학생의 총 반응 수 = ________ %

기준: 90% 이상 = 2점, 75~89% = 1점, 0~74% = 0점

개별 반응 정확도 점수 = ________ / 2

파트 2C: 학생과 교사의 상호작용

(1) 총 상호작용 비율 공식

총 상호작용 비율 = 학생의 적절한 행동에 교사가 반응한 수 ÷ 학생의 부적절한 행동에 교사가 반응한 수 = ________

기준: 3 이상 = 2점, 1.5~2.9 = 1점, 1.5 미만 = 0점

총 상호작용 비율 점수 = ________ / 2

(2) 구체적인 반응률 공식

구체적인 반응률 = 적절한 행동에 대한 구체적인 반응의 수 ÷ 적절한 행동에 대한 총 반응(구체적인 반응 + 일반적인 반응) 수 = ________ %

기준: 75% 이상 = 2점, 25~75% = 1점, 0~24% = 0점

구체적인 반응률 점수 = ________ / 2

부록 3-4

다층지원체계 요구 평가지: 초등학교용[8]

MTSS의 요소	0	1	2	3	우리 학교의 현재 구현 수준
	미시행	일부	대부분	완전한	
요소 1. 교직원은 다층적 서비스 제공 모델을 활용한 학교 기반 서비스 대해 잘 알고, 조직하고, 전달한다. 이 서비스 제공에는 대부분의 학생에게 학교 내 어려움을 예방하기 위한 체계적인 접근 방식(공중보건 모델)과 확인된 시스템 수준 및 학생 수준의 어려움을 해결하기 위한 체계적인 접근 방식(문제해결 모델)이 모두 통합되어 있다.	1. 일반적으로, 교직원은 다층적 서비스 제공 모델의 이론적 근거와 구성 요소를 이해하고 지원하며, 이 모델은 실제에 대한 지침을 제공한다.				
	2. 일반적으로, 교직원은 예방 서비스 제공에 대한 공중보건 모델의 근거와 구성 요소를 이해하고 지원하며, 이 모델은 실제에 대한 지침을 제공한다.				
	3. 일반적으로, 교직원은 서비스 제공의 문제해결 모델에 대한 근거와 구성 요소를 이해하고 지원하며, 이 모델은 실제에 대한 지침을 제공한다.				

〈계속〉

8) Kent McIntosh와 Steve Goodman의 저서인 『Integrated Multi-Tiered Systems of Support: Blending RTI and PBIS』에서 발췌. 구매자는 이 〈부록〉의 추가 사본을 다운로드할 수 있음(차례 끝부분의 안내 참조).

MTSS의 요소	0	1	2	3	우리 학교의 현재 구현 수준
	미시행	일부	대부분	완전한	
요소 2. 모든 학생을 대상으로 학교 차원의 주기적인 선별 검사를 실시한다. 예방을 목적으로 수합된 선별 검사 결과 데이터는 학교 내 모든 학생의 전반적인 '건강(health)'을 평가하는 데 사용된다. 또한 하위 그룹(예: 신입생, 여학생/남학생, 다문화 학생, 특수교육 대상 학생)의 성취도를 평가하기 위해 데이터를 세분화한다. 평가 도구의 신뢰성, 타당성 및 유용성을 고려한다. ※ 참고: 요소 4는 문제 발생 위험이 있거나 문제가 있는 개별 학생을 파악하기 위한 목적으로 선별 데이터를 사용하는 데 중점을 둔다.	1. 읽기/문해력 관련 학업 기술/학업성취도 영역(예: STAR, DIBELS, AIMSweb)				
	a. 성취도를 주기적으로 선별하는 시스템을 구성하여 활용한다.				
	b. 신뢰할 수 있고 타당하며, 유용한 선별 도구가 있다.				
	c. 모든 학생의 가장 최신 데이터를 검토하여 학교의 전반적인 건강 상태를 주기적으로 평가한다.				
	d. 현재 및 과거에 수집된 학교 차원의 선별 데이터를 검토하여 시간의 흐름에 따른 경향성을 정기적으로 평가한다(예: 학교 차원의 학생성취도와 가을, 겨울, 봄의 성장률을 연도별로 비교).				
	e. 선별 데이터를 활용하여 학교의 다양한 하위 그룹 학생의 성취도를 정기적으로 평가한다.				
	2. 수학 관련 학업 기술/학업성취도 영역(예: STAR, DIBELS, AIMSweb)				
	a. 성취도를 주기적으로 선별하는 시스템을 구성하여 활용한다.				
	b. 신뢰할 수 있고 타당하며, 유용한 선별 도구가 있다.				
	c. 모든 학생의 가장 최신 데이터를 검토하여 학교의 전반적인 건강 상태를 주기적으로 평가한다.				
	d. 현재 및 과거에 수집된 학교 차원의 선별 데이터를 검토하여 시간의 흐름에 따른 경향성을 정기적으로 평가한다(예: 학교 차원의 학생성취도와 가을, 겨울, 봄의 성장률을 연도별로 비교).				
	e. 선별 데이터를 활용하여 학교의 다양한 하위 그룹 학생의 성취도를 정기적으로 평가한다.				
	3. 학업 행동 및 참여 영역(예: 출석, 숙제 완료, 동기 부여, 학습 및 조직화 기술)				
	a. 학업 행동과 참여를 주기적으로 선별하는 시스템을 구성하여 활용한다.				
	b. 신뢰할 수 있고 타당하며, 유용한 선별 도구가 있다.				
	c. 모든 학생의 가장 최신 데이터를 검토하여 학교의 전반적인 건강 상태를 주기적으로 평가한다.				

〈계속〉

MTSS의 요소	0 미시행	1 일부	2 대부분	3 완전한	우리 학교의 현재 구현 수준
	d. 현재 및 과거에 수집된 학교 차원의 선별 데이터를 검토하여 시간의 흐름에 따른 경향성을 정기적으로 평가한다(예: 학교 차원의 학생성취도와 가을, 겨울, 봄의 성장률을 연도별로 비교).				
	e. 선별 데이터를 활용하여 학교의 다양한 하위 그룹 학생의 성취도를 정기적으로 평가한다.				
	4. 정신건강 그리고 또는 개인적 혹은 대인관계 적응 영역(예: 불안, 우울증, 주의력 문제, 약물 사용, 대인관계/인맥)				
	a. 정신건강/개인적 적응을 주기적으로 선별하는 시스템을 구성하여 활용한다.				
	b. 신뢰할 수 있고 타당하며, 유용한 선별 도구가 있다.				
	c. 모든 학생의 가장 최신 데이터를 검토하여 학교의 전반적인 건강 상태를 주기적으로 평가한다.				
	d. 현재 및 과거에 수집된 학교 차원의 선별 데이터를 검토하여 시간의 흐름에 따른 경향성을 정기적으로 평가한다(예: 학교 차원의 학생성취도와 가을, 겨울, 봄의 성장률을 연도별로 비교).				
	e. 선별 데이터를 활용하여 학교의 다양한 하위 그룹 학생의 성취도를 정기적으로 평가한다.				
	5. 문제행동 영역(예: 신체적 및 언어적 공격성, 학교폭력, 교칙 위반)				
	a. 문제행동을 주기적으로 선별할 수 있는 시스템을 구성하여 활용한다.				
	b. 신뢰할 수 있고 타당하며, 유용한 선별 도구가 있다.				
	c. 모든 학생의 가장 최신 데이터를 검토하여 학교의 전반적인 건강 상태를 주기적으로 평가한다.				
	d. 현재 및 과거에 수집된 학교 차원의 선별 데이터를 검토하여 시간의 흐름에 따른 경향성을 정기적으로 평가한다(예: 학교 차원의 학생성취도와 가을, 겨울, 봄의 성장률을 연도별로 비교).				
	e. 선별 데이터를 활용하여 학교의 다양한 하위 그룹 학생의 성취도를 정기적으로 평가한다.				

〈계속〉

<table>
<tr><th rowspan="2">MTSS의 요소</th><th>0</th><th>1</th><th>2</th><th>3</th><th rowspan="2">우리 학교의 현재 구현 수준</th></tr>
<tr><th>미시행</th><th>일부</th><th>대부분</th><th>완전한</th></tr>
<tr><td rowspan="18">요소 3. 학생의 학업성취, 학업 행동/참여 행동(engagement), 정신건강 및 개인적 적응, 적절한 행동을 위한 증거 기반 전략(차별화 교수 및 체계적 지원)을 설계하고 제공한다.</td><td colspan="4">1. 증거 기반 전략(교육 및 지원)은 다음 영역의 모든 학생(1단계)에게 사용한다.</td><td></td></tr>
<tr><td colspan="4">a. 읽기 · 쓰기 학업 기술/성취도 향상</td><td></td></tr>
<tr><td colspan="4">b. 수학 학업 기술/성취도 향상</td><td></td></tr>
<tr><td colspan="4">c. 학업적 행동 및 참여(예: 출석, 숙제 완료, 동기 부여, 학습 및 조직화 기술, 성적)의 향상 및 지원</td><td></td></tr>
<tr><td colspan="4">d. 긍정적인 정신건강/개인 및 대인관계 조절(불안, 우울증, 주의력, 약물 사용, 대인관계/인맥 등의 문제 예방) 향상</td><td></td></tr>
<tr><td colspan="4">e. 적절하고 기대되는 행동(신체 및 언어적 공격, 학교폭력, 교칙 위반과 같은 문제행동 예방)의 향상 및 지원</td><td></td></tr>
<tr><td colspan="4">2. 일부 학생(2단계 지원은 1단계 서비스만으로는 충분한 혜택을 받지 못하는 학생에게 추가 지원을 제공하기 위한 것으로, 일반적으로 소규모로 제공됨)에게는 다음과 같은 영역에서 추가적인 증거 기반 전략(교육 및 지원)이 사용된다.</td><td></td></tr>
<tr><td colspan="4">a. 읽기 · 쓰기 학업 기술/성취도 향상</td><td></td></tr>
<tr><td colspan="4">b. 수학 학업 기술/성취도 향상</td><td></td></tr>
<tr><td colspan="4">c. 학업적 행동 및 참여(예: 출석, 숙제 완료, 동기 부여, 학습 및 조직화 기술, 성적)의 향상 및 지원</td><td></td></tr>
<tr><td colspan="4">d. 긍정적인 정신건강/개인 및 대인관계 조절(불안, 우울증, 주의력, 약물 사용, 대인관계/인맥 등의 문제 예방) 향상</td><td></td></tr>
<tr><td colspan="4">e. 적절하고 기대되는 행동(신체 및 언어적 공격, 학교폭력, 교칙 위반과 같은 문제행동 예방)의 향상 및 지원</td><td></td></tr>
<tr><td colspan="4">3. 소수의 학생(3단계 지원은 심각한 어려움을 겪고 있는 학생에게 개별화된 지원을 제공하기 위한 것임)을 위해 다음과 같은 영역에서 개별화되고 집중적인 증거 기반 전략(교육 및 지원)이 사용된다.</td><td></td></tr>
<tr><td colspan="4">a. 읽기 · 쓰기 학업 기술/성취도 향상</td><td></td></tr>
<tr><td colspan="4">b. 수학 학업 기술/성취도 향상</td><td></td></tr>
<tr><td colspan="4">c. 학업적 행동 및 참여(예: 출석, 숙제 완료, 동기 부여, 학습 및 조직화 기술, 성적)의 향상 및 지원</td><td></td></tr>
</table>

〈계속〉

MTSS의 요소	0	1	2	3	우리 학교의 현재 구현 수준
	미시행	일부	대부분	완전한	
	d. 긍정적인 정신건강/개인 및 대인관계 조절(불안, 우울증, 주의력, 약물 사용, 대인관계/인객 등의 문제 예방) 향상				
	e. 적절하고 기대되는 행동(신체 및 언어적 공격, 학교폭력, 교칙 위반과 같은 문제행동 예방)의 향상 및 지원				
요소 4. 문제 해결에 중점을 두고 데이터 기반 의사결정과 연계된 평가를 사용한다. ① 선별/벤치마킹 결정, ② 진단 그리고 또는 기능 평가 결정, ③ 진전도를 보이는지를 결정하는 평가를 포함한다.	1. 요소 2에서의 선별 검사는 다음 영역에서 잠재적으로 위험에 처한 개별 학생을 파악하는 데 사용된다.				
	a. 읽기 · 쓰기 학업 기술/성취도				
	b. 수학 학업 기술/성취도				
	c. 학업적 행동 및 참여(예: 출석, 숙제 완료, 동기 부여, 학습 및 조직화 기술, 성적)				
	d. 정신건강/개인 및 대인관계 조절(불안, 우울증, 주의력, 약물 사용, 대인관계/인맥 등의 문제 예방)				
	e. 문제행동(예: 신체 및 언어적 공격, 학교폭력, 교칙 위반)				
	2. 진단 그리고 또는 기능평가는 다음 영역에서 위험에 처한 학생의 특정 문제 영역/강점을 파악하기 위해 실시된다.				
	a. 읽기 · 쓰기 학업 기술/성취도				
	b. 수학 학업 기술/성취도				
	c. 학업적 행동 및 참여(예: 출석, 숙제 완료, 동기 부여, 학습 및 조직화 기술, 성적)				
	d. 정신건강/개인 및 대인관계 조절(불안, 우울증, 주의력, 약물 사용, 대인관계/인맥 등의 문제 예방)				
	e. 문제행동(예: 신체 및 언어적 공격, 학교폭력, 교칙 위반)				
	3. 다음 영역에서 위험에 처한 위험군 학생에 대한 교수적 의사결정 과정을 돕기 위해 정기적으로 진전도 모니터링 평가를 시행한다.				
	a. 읽기 · 쓰기 학업 기술/성취도				
	b. 수학 학업 기술/성취도				
	c. 학업적 행동 및 참여(예: 출석, 숙제 완료, 동기 부여, 학습 및 조직화 기술, 성적)				
	d. 정신건강/개인 및 대인관계 조절(불안, 우울증, 주의력, 약물 사용, 대인관계/인맥 등의 문제 예방)				
	e. 문제행동(예: 신체 및 언어적 공격, 학고폭력, 교칙 위반)				

MTSS의 요소	0 미시행	1 일부	2 대부분	3 완전한	우리 학교의 현재 구현 수준
	4. 선별검사 데이터는 적시에(예: 2~3주마다) 분석하여 위험군 학생을 파악하는 데 활용한다.				
	5. 진단 그리고 또는 기능평가 데이터는 적시에 분석되어 수업/중재에 정보를 제공한다.				
	6. 진전도 모니터링 데이터를 적시에 분석하여 학생의 RTI에 대한 결정을 내린다.				
	7. 선별 검사, 진전도 모니터링, 진단/기능평가 데이터는 팀 기반 의사결정을 지원하는 데 사용된다.				
	8. 학생의 요구를 반영하는 데이터를 사용하여 유연한 중재 그룹을 구성한다. 이러한 그룹은 학생의 진전도 및 학생의 중재 필요성 재검토에 따라 주기적으로 조정된다는 점에서 유연하다.				
	9. 프로그램과 지원이 충실하게 제공되는지(즉, 프로그램이 설계된 대로 충분한 강도로 실행되는지)를 체계적으로 문서화하고 평가한다.				
	10. 부모/가족은 선별 검사, 진전도 모니터링, 진단/기능평가 및 결정과 관련된 의사결정 및 문제 해결에 체계적으로 정보를 제공받고 참여한다.				
요소 5. 예방과 문제 해결을 위해 모든 교직원과 비교과교사, 관리자, 학부모, 학생이 책임감을 공유하도록 장려한다. 특히, 일반교육과 특수교육 간의 협력, 전문가와 교직원 간의 협력이 중요하다.	1. 일반교사, 특수교사, 학생을 전문적으로 지원하는 교사(specialized support staff)는 다음 영역에서 학생의 진전도/결과에 대한 책임을 공유한다.				
	a. 읽기 · 쓰기 학업 기술/성취도 향상				
	b. 수학 학업 기술/성취도 향상				
	c. 학업적 행동 및 참여(예: 출석, 숙제 완료, 동기 부여, 학습 및 조직화 기술, 성적)의 향상 및 지원				
	d. 긍정적인 정신건강/개인 및 대인관계 조절(불안, 우울증, 주의력, 약물 사용, 대인관계/인맥 등의 문제 예방) 향상				
	e. 적절하고 기대되는 행동(신체 및 언어적 공격, 학교폭력, 교칙 위반과 같은 문제행동 예방)의 향상 및 지원				
	2. 비교과교사 및 교직원은 다층적 체계(framework) 내에서 학생을 위한 학업지원에 참여한다.				
	3. 비교과교사 및 교직원은 다층적 체계(framework) 내에서 학생을 위한 행동지원에 참여한다.				

〈계속〉

MTSS의 요소	0 미시행	1 일부	2 대부분	3 완전한	우리 학교의 현재 구현 수준
	4. 교직원은 위 1번의 하위 항목으로 명시된 영역과 관련된 예방, 문제 해결 및 의사결정에 학생을 구성원으로서 정기적으로 참여시킨다.				
	5. 교직원은 위 1번의 하위 항목으로 명시된 영역과 관련된 예방, 문제 해결 및 의사결정에 부모/가족을 구성원으로서 정기적으로 참여시킨다.				
	6. MTSS 리더십 팀에 학부모/가족 대표가 있다.				
	7. 학부모/가족은 1번의 하위 항목으로 명시된 영역에서 자녀의 성취를 지원하기 위해 교육과정 프로그램이 어떻게 운영되는지 알 수 있다.				
요소 6. 다층적 체계(framework)의 각 단계에서 효과적인 팀 기반의 문제 해결을 조직하고 제공한다.	1. 학교 전체 차원에서 효과적인 문제해결 회의를 진행한다.				
	2. 학년 또는 교과 수준에서 효과적인 문제해결 회의를 진행한다.				
	3. 학생이 진급하는 시기에 이전 학년에서 문제 해결을 위해 어떠한 노력을 했는지에 관한 정보를 효과적으로 전달한다.				
	4. 팀 내 역할과 책임이 명확하게 위임되고 모든 팀원이 이를 이해한다.				
	5. 팀 간 조정이 이루어지고 효과적이다(예: 학년 간, 교과 간 조정).				
	6. 학부모는 학업 문제 해결을 위해 구성원으로서 참여한다.				
	7. 학부모는 행동 문제 해결을 위해 구성원으로서 참여한다.				
요소 7. 예방 및 문제 해결에 맥락적 요인을 고려하고 통합한다. 여기에는 교육과정, 학사일정, 문화적 변수, 다문화 학생, 자원, 재원, 지역사회 요인, 계약/노조 관련 요인, 발달적 고려 사항 등이 포함되며, 이외에도 다양한 요인들을 고려해야 한다.	1. 우리 학교는 예방 및 문제 해결을 위해 다음과 같은 요소에 체계적으로 주의를 기울인다.				
	a. 교육과정				
	b. 학사일정				
	c. 문화적 변수				
	d. 다문화 학생				
	e. 자원(resources)				
	f. 재원(funding)				
	g. 지역사회 요인				
	h. 계약/노조 관련 요인				
	i. 연령, 학년, 발달적으로 적합한 지원				

〈계속〉

MTSS의 요소	0	1	2	3	우리 학교의 현재 구현 수준
	미시행	일부	대부분	완전한	
	2. 다수의 학교 기반 및 지역사회 기반 학생 지원 계획이 학교 내에서 조정되고 통합된다.				
	3. 학부모/가족의 목표와 기대는 우리 학교의 팀 기반 문제해결 전략의 일부로 고려된다.				
요소 8. 학습장애와 행동장애가 있는 학생을 선별 및 지원하고, 진단 및 중재충실도 문서화에 대한 이중 불일치 그리고 또는 기능평가 접근법의 사용을 포함하여 특수교육 대상 학생으로 선정하기 위한 다층적 접근 방식을 체계적으로 사용한다. ※ 참고: 이 요소의 질 높은 실천은 요소 3과 4에서 확인된 전략의 사용과 관련이 있고 그에 따라 달라진다.	1. 특정학습장애(SLD)를 진단하기 위해 이중 불일치 접근법을 사용한다.				
	2. 특정학습장애를 진단하기 전에 증거 기반의 교육적 중재를 활용한다.				
	3. 학생이 중재에 반응하지 않는다고 결론을 내리기 전에 교육적 중재 충실도를 점검하고 문서화한다.				
	4. 기능 평가 접근법은 행동 문제를 이해하고 중재하는 데 사용된다.				
	5. 행동장애를 진단하기 전에 증거 기반의 행동지원을 활용한다.				
	6. 학생이 중재에 반응하지 않는다고 결론을 내리기 전에 행동지원/중재의 충실도를 점검하고 문서화한다.				
	7. 데이터가 장애의 존재를 시사할 때, 가족에게 정당한 절차 권리(due process rights)에 대해 안내한다.				
요소 9. MTSS 관리, 교직원 연수, 활동/인력의 감독을 위한 강력하고 지속적인 리더십을 제공한다.	1. 적절한 예산 및 기타 자원을 통해 MTSS 리더십 팀의 노력을 지원한다.				
	2. MTSS 리더십 팀은 효과적인 회의를 진행한다.				
	3. MTSS 리더십 팀은 교직원 연수 제공을 포함하여 MTSS 관련 평가 활동을 조직하고 지원한다.				
	4. MTSS 리더십 팀은 교직원 연수 제공을 포함하여 MTSS 관련 교육과정 및 중재 프로그램 개발을 조직하고 지원한다.				
	5. MTSS 리더십 팀은 MTSS 실행계획에 테크놀로지 통합을 촉진한다.				
	6. MTSS 리더십 팀은 교육청의 자원을 활용하여 MTSS 관련 활동을 조정한다.				
	7. MTSS 리더십 팀은 유 · 초 · 중 · 고 연속적인 MTSS 서비스 및 활동 개발을 지원한다.				
	8. MTSS 리더십 팀은 학부모/가족의 MTSS 관련 활동 참여에 관한 교직원 연수 기회를 조직하고 지원한다.				

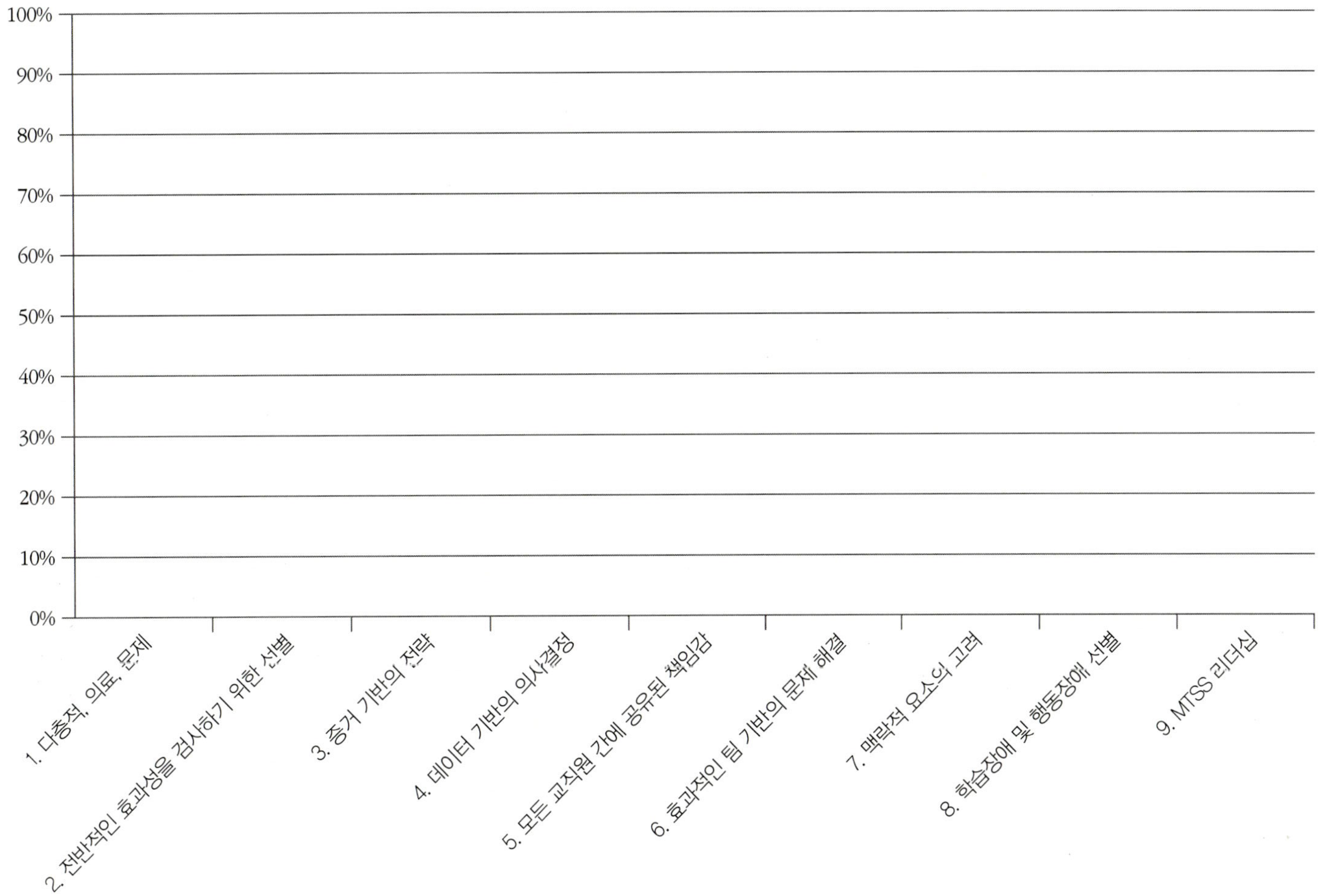
100%
90%
80%
70%
60%
50%
40%
30%
20%
10%
0%
1. 다층적, 의료, 문제
2. 전반적인 효과성을 검사하기 위한 선별
3. 증거 기반의 전략
4. 데이터 기반의 의사결정
5. 모든 교직원 간에 공유된 책임감
6. 효과적인 팀 기반의 문제 해결
7. 맥락적 요소의 고려
8. 학습장애 및 행동장애 선별
9. MTSS 리더십

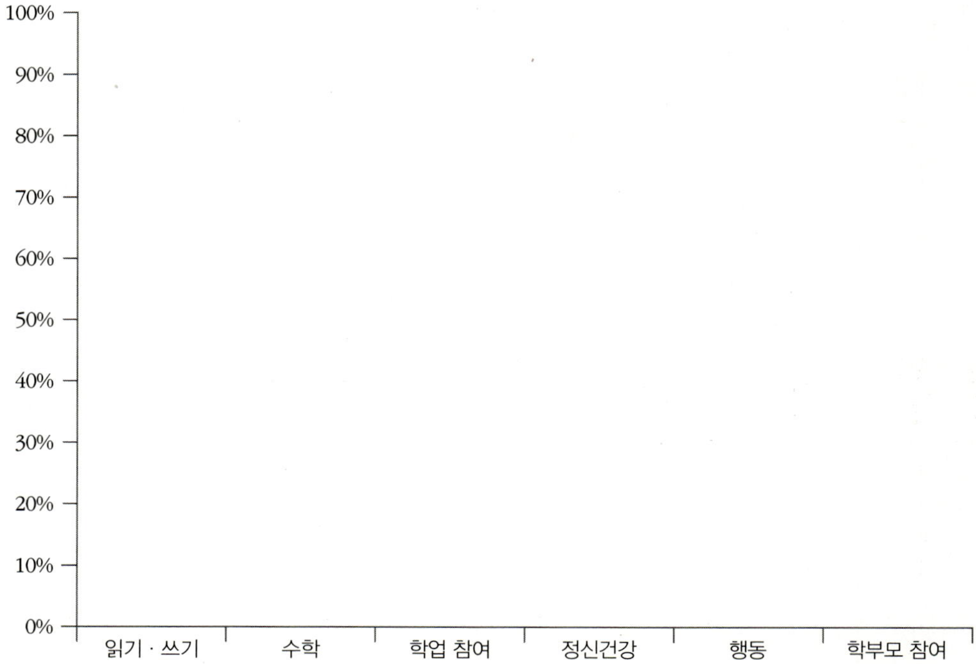
100%
90%
80%
70%
60%
50%
40%
30%
20%
10%
0%
읽기 · 쓰기
수학
학업 참여
정신건강
행동
학부모 참여

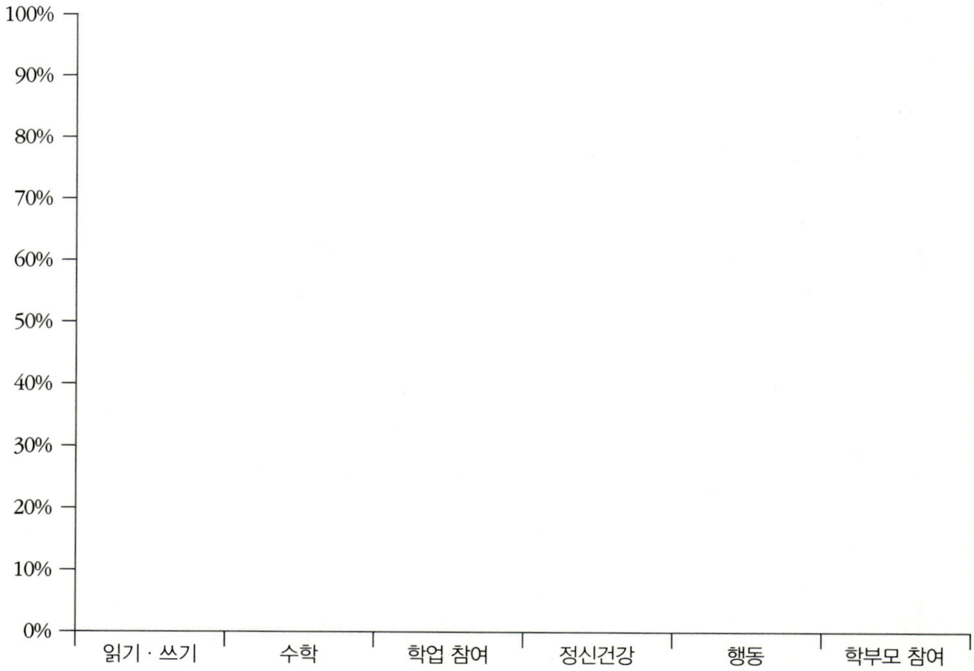
100%
90%
80%
70%
60%
50%
40%
30%
20%
10%
0%
읽기 · 쓰기
수학
학업 참여
정신건강
행동
학부모 참여

부록 3-5

다층지원체계 요구 평가지: 중고등학교용[9)]

MTSS의 요소	0	1	2	3	우리 학교의 현재 구현 수준
	미시행	일부	대부분	완전한	
요소 1. 교직원은 다층적 서비스 제공 모델을 활용한 학교 기반 서비스 대해 잘 알고, 조직하고, 전달한다. 이 서비스 제공에는 대부분의 학생에게 학교 내 어려움을 예방하기 위한 체계적인 접근 방식(공중보건 모델)과 확인된 시스템 수준 및 학생 수준의 어려움을 해결하기 위한 체계적인 접근 방식(문제해결 모델)이 모두 통합되어 있다.	1. 일반적으로, 교직원은 다층적 서비스 제공 모델의 이론적 근거와 구성 요소를 이해하고 지원하며, 이 모델은 실제에 대한 지침을 제공한다.				
	2. 일반적으로, 교직원은 예방 서비스 제공에 대한 공중보건 모델의 근거와 구성 요소를 이해하고 지원하며, 이 모델은 실제에 대한 지침을 제공한다.				
	3. 일반적으로, 교직원은 서비스 제공의 문제해결 모델에 대한 근거와 구성 요소를 이해하고 지원하며, 이 모델은 실제에 대한 지침을 제공한다.				

〈계속〉

* Jenlyn Furey와 Gary Stoner의 허가를 받아 재인용.

9) Kent McIntosh와 Steve Goodman의 저서인 『Integrated Multi-Tiered Systems of Support: Blending RTI and PBIS』에서 발췌.

<table>
<tr><th rowspan="2">MTSS의 요소</th><th>0</th><th>1</th><th>2</th><th>3</th><th rowspan="2">우리 학교의 현재 구현 수준</th></tr>
<tr><th>미시행</th><th>일부</th><th>대부분</th><th>완전한</th></tr>
<tr><td rowspan="18">요소 2. 모든 학생을 대상으로 학교 차원의 주기적인 선별 검사를 실시한다. 예방을 목적으로 수합된 선별 검사 결과 데이터는 학교 내 모든 학생의 전반적인 '건강(health)'을 평가하는 데 사용된다. 또한 하위 그룹(예: 신입생, 여학생/남학생, 다문화 학생, 특수교육 대상 학생)의 성취도를 평가하기 위해 데이터를 세분화한다. 평가 도구의 신뢰성, 타당성 및 유용성을 고려한다.
※ 참고: 요소 4는 문제 발생 위험이 있거나 문제가 있는 개별 학생을 파악하기 위한 목적으로 선별 데이터를 사용하는 데 중점을 둔다.</td><td colspan="4">1. 문해력 관련 학업 기술/학업성취도 영역(예: STAR, 포트폴리오, 종합 수업 성적)</td><td></td></tr>
<tr><td colspan="4">a. 성취도를 주기적으로 선별하는 시스템을 구성하여 활용한다.</td><td></td></tr>
<tr><td colspan="4">b. 신뢰할 수 있고 타당하며, 유용한 선별 도구가 있다.</td><td></td></tr>
<tr><td colspan="4">c. 모든 학생의 가장 최신 데이터를 검토하여 학교의 전반적인 건강 상태를 주기적으로 평가한다.</td><td></td></tr>
<tr><td colspan="4">d. 현재 및 과거에 수집된 학교 차원의 선별 데이터를 검토하여 시간의 흐름에 따른 경향성을 정기적으로 평가한다(예: 학교 차원의 학생성취도와 가을, 겨울, 봄의 성장률을 연도별로 비교).</td><td></td></tr>
<tr><td colspan="4">e. 선별 데이터를 활용하여 학교의 다양한 하위 그룹 학생의 성취도를 정기적으로 평가한다.</td><td></td></tr>
<tr><td colspan="4">2. 수학 관련 학업 기술/학업성취도 영역(예: STAR, 포트폴리오, 종합 수업 성적)</td><td></td></tr>
<tr><td colspan="4">a. 성취도를 주기적으로 선별하는 시스템을 구성하여 활용한다.</td><td></td></tr>
<tr><td colspan="4">b. 신뢰할 수 있고 타당하며, 유용한 선별 도구가 있다.</td><td></td></tr>
<tr><td colspan="4">c. 모든 학생의 가장 최신 데이터를 검토하여 학교의 전반적인 건강 상태를 주기적으로 평가한다.</td><td></td></tr>
<tr><td colspan="4">d. 현재 및 과거에 수집된 학교 차원의 선별 데이터를 검토하여 시간 경과에 따른 이 영역의 경향을 정기적으로 평가한다(예: 학교 차원의 학생 성과와 가을, 겨울, 봄의 성장률을 연도별로 비교).</td><td></td></tr>
<tr><td colspan="4">e. 선별 데이터를 활용하여 학교의 다양한 하위 그룹 학생의 성취도를 정기적으로 평가한다.</td><td></td></tr>
<tr><td colspan="4">3. 학업 행동 및 참여 영역(예: 출석, 숙제 완료, 동기 부여, 학습 및 조직화 기술)</td><td></td></tr>
<tr><td colspan="4">a. 학업 행동과 참여를 주기적으로 선별하는 시스템을 구성하여 활용한다.</td><td></td></tr>
<tr><td colspan="4">b. 신뢰할 수 있고 타당하며, 유용한 선별 도구가 있다.</td><td></td></tr>
<tr><td colspan="4">c. 모든 학생의 가장 최신 데이터를 검토하여 학교의 전반적인 건강 상태를 주기적으로 평가한다.</td><td></td></tr>
</table>

〈계속〉

MTSS의 요소	0 미시행	1 일부	2 대부분	3 완전한	우리 학교의 현재 구현 수준
	d. 현재 및 과거에 수집된 학교 차원의 선별 데이터를 검토하여 시간 경과에 따른 이 영역의 경향을 정기적으로 평가한다(예: 학교 차원의 학생 성과와 가을, 겨울, 봄의 성장률을 연도별로 비교).				
	e. 선별 데이터를 사용하여 학교의 다양한 하위 그룹 학생의 성취도를 정기적으로 평가한다.				
	4. 정신건강 그리고 또는 개인적 혹은 다인관계 적응 영역(예: 불안, 우울증, 주의력 문제, 약물 사용, 대인관계/인맥)				
	a. 정신건강/개인적 적응을 주기적으로 선별하는 시스템을 구성하여 활용한다.				
	b. 신뢰할 수 있고 타당하며, 유용한 선별 도구가 있다.				
	c. 모든 학생의 가장 최신 데이터를 검토하여 학교의 전반적인 건강 상태를 주기적으로 평가한다.				
	d. 현재 및 과거에 수집된 학교 차원의 선별 데이터를 검토하여 시간 경과에 따른 이 영역의 경향을 정기적으로 평가한다(예: 학교 차원의 학생 성과와 가을, 겨울, 봄의 성장률을 연도별로 비교).				
	e. 선별 데이터를 사용하여 학교의 다양한 하위 그룹 학생의 성취도를 정기적으로 평가한다.				
	5. 문제행동 영역(예: 신체적 및 언어적 공격성, 학교폭력, 교칙 위반)				
	a. 문제행동을 주기적으로 선별할 수 있는 시스템을 구성하고 활용한다.				
	b. 신뢰할 수 있고 타당하며, 유용한 선별 도구가 있다.				
	c. 모든 학생의 가장 최신 데이터를 검토하여 학교의 전반적인 건강 상태를 주기적으로 평가한다.				
	d. 현재 및 과거에 수집된 학교 차원의 선별 데이터를 검토하여 시간 경과에 따른 이 영역의 경향을 정기적으로 평가한다(예: 학교 차원의 학생 성과와 가을, 겨울, 봄의 성장률을 연도별로 비교).				
	e. 선별 데이터를 사용하여 학교의 다양한 하위 그룹 학생의 성취도를 정기적으로 평가한다.				

〈계속〉

MTSS의 요소	0 미시행	1 일부	2 대부분	3 완전한	우리 학교의 현재 구현 수준
요소 3. 학생의 학업성취, 학업 행동/참여 행동(engagement), 정신건강 및 개인적 적응, 적절한 행동을 위한 증거 기반 전략(차별화 교수 및 체계적 지원)을 설계하고 제공한다.	1. 증거 기반 전략(교육 및 지원)은 다음 영역의 모든 학생(1단계)에게 사용한다.				
	a. 읽기 · 쓰기 학업 기술/성취도 향상				
	b. 수학 학업 기술/성취도 향상				
	c. 학업적 행동 및 참여(예: 출석, 숙제 완료, 동기 부여, 학습 및 조직화 기술, 성적)의 향상 및 지원				
	d. 긍정적인 정신건강/개인 및 대인관계 조절(불안, 우울증, 주의력, 약물 사용, 대인관계/인맥 등의 문제 예방) 향상				
	e. 적절하고 기대되는 행동(신체 및 언어적 공격, 학교폭력, 교칙 위반과 같은 문제행동 예방)의 향상 및 지원				
	2. 일부 학생(2단계 지원은 1단계 서비스만으로는 충분한 혜택을 받지 못하는 학생에게 추가 지원을 제공하기 위한 것으로, 일반적으로 소규모 그룹으로 제공됨)에게는 다음과 같은 영역에서 추가적인 증거 기반 전략(교육 및 지원)이 사용된다.				
	a. 읽기 · 쓰기 학업 기술/성취도 향상				
	b. 수학 학업 기술/성취도 향상				
	c. 학업적 행동 및 참여(예: 출석, 숙제 완료, 동기 부여, 학습 및 조직화 기술, 성적)의 향상 및 지원				
	d. 긍정적인 정신건강/개인 및 대인관계 조절(불안, 우울증, 주의력, 약물 사용, 대인관계/인맥 등의 문제 예방) 향상				
	e. 적절하고 기대되는 행동(신체 및 언어적 공격, 학교폭력, 교칙 위반과 같은 문제행동 예방)의 향상 및 지원				
	3. 소수의 학생(3단계 지원은 심각한 어려움을 겪고 있는 학생에게 개별화된 지원을 제공하기 위한 것임)을 위해 다음과 같은 영역에서 개별화되고 집중적인 증거 기반 전략(교육 및 지원)이 사용된다.				
	a. 읽기 · 쓰기 학업 기술/성취도 향상				
	b. 수학 학업 기술/성취도 향상				
	c. 학업적 행동 및 참여(예: 출석, 숙제 완료, 동기 부여, 학습 및 조직화 기술, 성적)의 향상 및 지원				

〈계속〉

MTSS의 요소	0 미시행	1 일부	2 대부분	3 완전한	우리 학교의 현재 구현 수준
	d. 긍정적인 정신건강/개인 및 대인관계 조절(불안, 우울증, 주의력, 약물 사용, 대인관계/인맥 등의 문제 예방) 향상				
	e. 적절하고 기대되는 행동(신체 및 언어적 공격, 학교폭력, 교칙 위반과 같은 문제행동 예방)의 향상 및 지원				
요소 4. 문제 해결에 중점을 두고 데이터 기반 의사결정과 연계된 평가를 사용한다. ① 선별/벤치마킹 결정, ② 진단 그리고 또는 기능평가 결정, ③ 진전도를 보이는지를 결정하는 평가를 포함한다.	1. 요소 2에서의 선별 검사는 다음 영역에서 잠재적으로 위험에 처한 개별 학생을 파악하는 데 사용된다.				
	a. 읽기 · 쓰기 학업 기술/성취도				
	b. 수학 학업 기술/성취도				
	c. 학업적 행동 및 참여(예: 출석, 숙제 완료, 동기 부여, 학습 및 조직화 기술, 성적)				
	d. 정신건강/개인 및 대인관계 조절(불안, 우울증, 주의력, 약물 사용, 대인관계/인맥 등의 문제 예방)				
	e. 문제행동(예: 신체 및 언어적 공격, 학교폭력, 교칙 위반)				
	2. 진단 그리고 또는 기능평가는 다음 영역에서 위험에 처한 학생의 특정 문제 영역/강점을 식별하기 위해 실시된다.				
	a. 읽기 · 쓰기 학업 기술/성취도				
	b. 수학 학업 기술/성취도				
	c. 학업적 행동 및 참여(예: 출석, 숙제 완료, 동기 부여, 학습 및 조직화 기술, 성적)				
	d. 정신건강/개인 및 대인관계 조절(불안, 우울증, 주의력, 약물 사용, 대인관계/인맥 등의 문제 예방)				
	e. 문제행동(예: 신체 및 언어적 공격, 학교폭력, 교칙 위반).				
	3. 다음 영역에서 위험에 처한 위험군 학생에 대한 교수적 의사결정 과정을 돕기 위해 정기적으로 진전도 모니터링 평가를 시행한다.				
	a. 읽기 · 쓰기 학업 기술/성취도				
	b. 수학 학업 기술/성취도				
	c. 학업적 행동 및 참여(예: 출석, 숙제 완료, 동기 부여, 학습 및 조직화 기술, 성적)				

〈계속〉

MTSS의 요소	0 미시행	1 일부	2 대부분	3 완전한	우리 학교의 현재 구현 수준
	d. 정신건강/개인 및 대인관계 조절(불안, 우울증, 주의력, 약물 사용, 대인관계/인맥 등의 문제 예방)				
	e. 문제행동(예: 신체 및 언어적 공격, 학교폭력, 교칙 위반)				
	4. 선별검사 데이터는 적시에(예: 2~3주마다) 분석하여 위험군 학생을 파악하는 데 활용한다.				
	5. 진단 그리고 또는 기능평가 데이터는 적시에 분석되어 수업/중재에 정보를 제공한다.				
	6. 진전도 모니터링 데이터를 적시에 분석하여 학생의 RTI에 대한 결정을 내린다.				
	7. 선별 검사, 진전도 모니터링, 진단/기능 평가 데이터는 팀 기반 의사결정을 지원하는 데 사용된다.				
	8. 학생의 요구를 반영하는 데이터를 사용하여 유연한 중재 그룹을 구성한다. 이러한 그룹은 학생의 진전도 및 학생의 중재 필요성 재검토에 따라 주기적으로 조정된다는 점에서 유연하다.				
	9. 프로그램과 지원이 충실하게 제공되는지(즉, 프로그램이 설계된 대로 충분한 강도로 실행되는지)를 체계적으로 문서화하고 평가한다.				
	10. 부모/가족은 선별 검사, 진전도 모니터링, 진단/기능평가 및 결정과 관련된 의사결정 및 문제 해결에 체계적으로 정보를 제공받고 참여한다.				
요소 5. 예방과 문제 해결을 위해 모든 교직원과 비교과교사, 관리자, 학부모, 학생이 책임감을 공유하도록 장려한다. 특히, 일반교육과 특수교육 간의 협력, 전문가와 교직원 간의 협력이 중요하다.	1. 일반교사, 특수교사, 학생을 전문적으로 지원하는 교사(specialized support staff)는 다음 영역에서 학생의 진전도/결과에 대한 책임을 공유한다.				
	a. 읽기 · 쓰기 학업 기술/성취도 향상				
	b. 수학 학업 기술/성취도 향상				
	c. 학업적 행동 및 참여(예: 출석, 숙제 완료, 동기 부여, 학습 및 조직화 기술, 성적)의 향상 및 지원				
	d. 긍정적인 정신건강/개인 및 대인관계 조절(불안, 우울증, 주의력, 약물 사용, 대인관계/인맥 등의 문제 예방) 향상				
	e. 적절하고 기대되는 행동(신체 및 언어적 공격, 학교폭력, 교칙 위반과 같은 문제행동 예방)의 향상 및 지원				
	2. 비교과교사 및 교직원은 다층적 체계(framework) 내에서 학생을 위한 학업지원에 참여한다.				

〈계속〉

MTSS의 요소	0	1	2	3	우리 학교의 현재 구현 수준
	미시행	일부	대부분	완전한	
	3. 비교과교사 및 교직원은 다층적 체계(framework) 내에서 학생을 위한 행동지원에 참여한다.				
	4. 교직원은 앞의 1번의 하위 항목으로 명시된 영역과 관련된 예방, 문제 해결 및 의사결정에 학생을 구성원으로서 정기적으로 참여시킨다.				
	5. 교직원은 위 1번의 하위 항목으로 명시 된 영역과 관련된 예방, 문제 해결 및 의사결정에 부모/가족을 구성원으로서 정기적으로 참여시킨다.				
	6. MTSS 리더십 팀에 학부모/가족 대표가 있다.				
	7. 학부모/가족은 1번의 하위 항목으로 명시된 영역에서 자녀의 성취를 지원하기 위해 교육과정 프로그램이 어떻게 운영되는지 알 수 있다.				
요소 6. 다층적 체계(framework)의 각 단계에서 효과적인 팀 기반의 문제 해결을 조직하고 제공한다.	1. 학교 전체 차원에서 효과적인 문제해결 회의를 진행한다.				
	2. 학년 또는 교과 수준에서 효과적인 둔제해결 회의를 진행한다.				
	3. 학생이 진급하는 시기에 이전 학년에서 문제 해결을 위해 어떠한 노력을 했는지에 관한 정보를 효과적으로 전달한다.				
	4. 팀 내 역할과 책임이 명확하게 위임되고 모든 팀원이 이를 이해한다.				
	5. 팀 간 조정이 이루어지고 효과적이다(예: 학년 간, 교과 간 조정).				
	6. 학부모는 학업 문제 해결을 위해 구성원으로서 참여한다.				
	7. 학부모는 행동 문제 해결을 위해 구성원으로서 참여한다.				
요소 7. 예방 및 문제 해결에 맥락적 요인을 고려하고 통합한다. 여기에는 교육과정, 학사 일정, 문화적 변수, 다문화 학생, 자원, 재원, 지역사회 요인, 계약/노조 관련 요인, 발달적 고려 사항 등이 포함되며, 이외에도 다양한 요인들을 고려해야 한다.	1. 우리 학교는 예방 및 문제 해결을 위해 다음과 같은 요소에 체계적으로 주의를 기울인다.				
	a. 교육과정				
	b. 학사일정				
	c. 문화적 변수				
	d. 다문화 학생				
	e. 자원(resources)				
	f. 재원(funding)				
	g. 지역사회 요인				
	h. 계약/노조 관련 요인				
	i. 연령, 학년, 발달적으로 적합한 지원				

〈계속〉

MTSS의 요소	0 미시행	1 일부	2 대부분	3 완전한	우리 학교의 현재 구현 수준
	2. 다수의 학교 기반 및 지역사회 기반 학생 지원 계획이 학교 내에서 조정되고 통합된다.				
	3. 학부모/가족의 목표와 기대는 우리 학교의 팀 기반 문제 해결 전략의 일부로 고려된다.				
요소 8. 학습장애와 행동장애가 있는 학생을 선별 및 지원하고, 진단 및 중재충실도 문서화에 대한 이중 불일치 그리고 또는 기능평가 접근법의 사용을 포함하여 특수교육 대상 학생으로 선정하기 위한 다층적 접근 방식을 체계적으로 사용한다. ※ 참고: 이 요소의 질 높은 실천은 요소 3과 4에서 확인된 전략의 사용과 관련이 있고 그에 따라 달라진다.	1. 특정학습장애(SLD)를 진단하기 위해 이중 불일치 접근법을 사용한다.				
	2. 특정학습장애를 진단하기 전에 증거 기반의 교육적 중재를 활용한다.				
	3. 학생이 중재에 반응하지 않는다고 결론을 내리기 전에 교육적 중재 충실도를 점검하고 문서화한다.				
	4. 기능평가 접근법은 행동 문제를 이해하고 중재하는 데 사용된다.				
	5. 행동장애를 진단하기 전에 증거 기반의 행동지원을 활용한다.				
	6. 학생이 중재에 반응하지 않는다고 결론을 내리기 전에 행동지원/중재의 충실도를 점검하고 문서화한다.				
	7. 데이터가 장애의 존재를 시사할 때, 가족에게 정당한 절차 권리(due process rights)에 대해 안내한다.				
요소 9. MTSS 관리, 교직원 연수, 활동/인력의 감독을 위한 강력하고 지속적인 리더십을 제공한다.	1. 적절한 예산 및 기타 자원을 통해 MTSS 리더십 팀의 노력을 지원한다.				
	2. MTSS 리더십 팀은 효과적인 회의를 진행한다.				
	3. MTSS 리더십 팀은 교직원 연수 제공을 포함하여 MTSS 관련 평가 활동을 조직하고 지원한다.				
	4. MTSS 리더십 팀은 교직원 연수 제공을 포함하여 MTSS 관련 교육과정 및 중재 프로그램 개발을 조직하고 지원한다.				
	5. MTSS 리더십 팀은 MTSS 실행계획에 테크놀로지 통합을 촉진한다.				
	6. MTSS 리더십 팀은 교육청의 자원을 활용하여 MTSS 관련 활동을 조정한다.				
	7. MTSS 리더십 팀은 유 · 초 · 중 · 고 연속적인 MTSS 서비스 및 활동 개발을 지원한다.				
	8. MTSS 리더십 팀은 학부모/가족의 MTSS 관련 활동 참여에 관한 교직원 연수 기회를 조직하고 지원한다.				

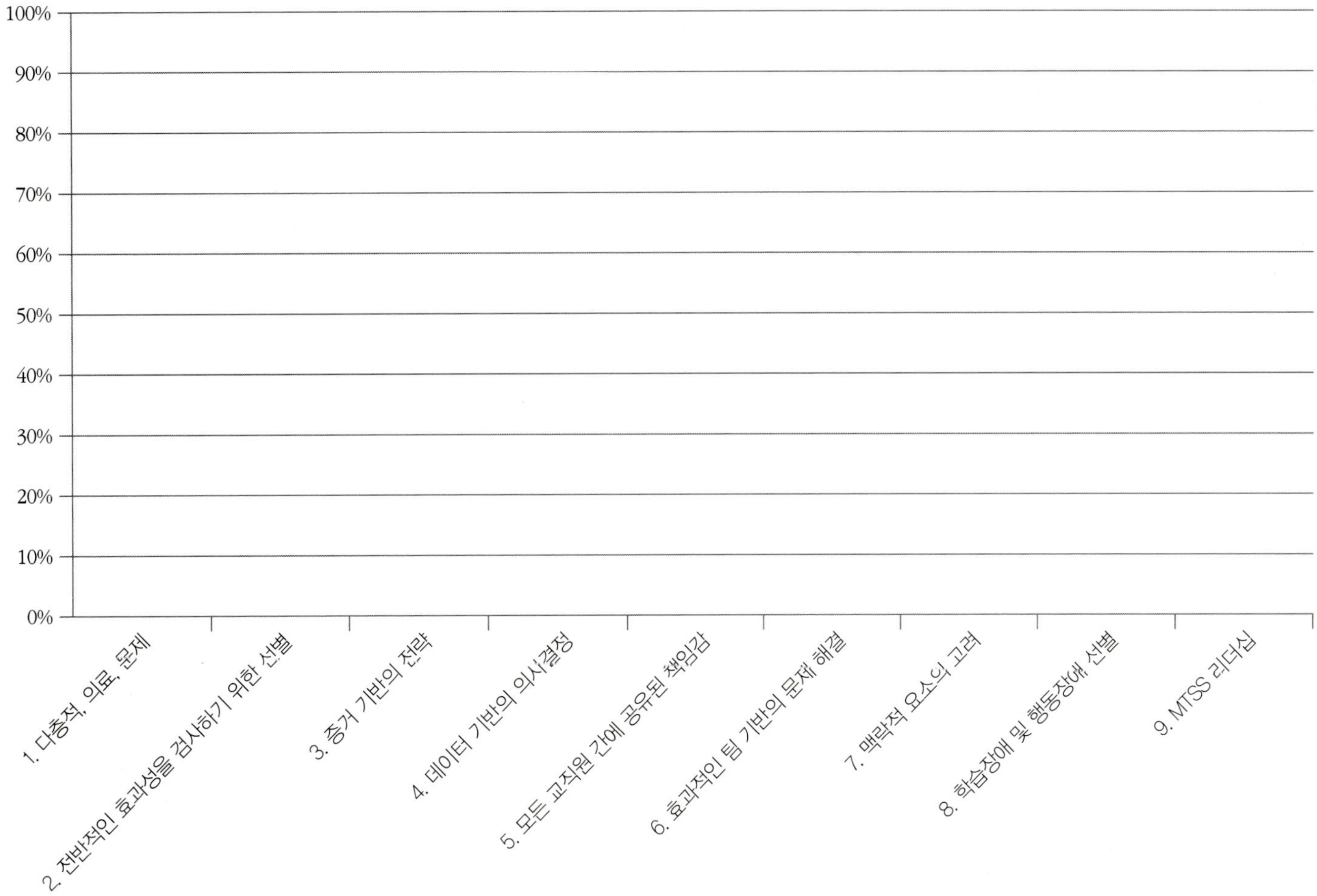
100%
90%
80%
70%
60%
50%
40%
30%
20%
10%
0%
1. 다층적, 의료, 문제
2. 전반적인 효과성을 검사하기 위한 선별
3. 증거 기반의 전략
4. 데이터 기반의 의사결정
5. 모든 교직원 간에 공유된 책임감
6. 효과적인 팀 기반의 문제 해결
7. 맥락적 요소의 고려
8. 학습장애 및 행동장애 선별
9. MTSS 리더십

부록 3-6

통합된 학업 및 행동 지원 요청서[10)]

날짜: ______________________ 교사/팀: ______________________

학생 이름: ______________________ 학년: __________ IEP(☑): □ 예 □ 아니요

중점 사항(☑): □ 학업 □ 사회적 행동 □ 모두

학업적 강점(최소 2개 이상): ______________________

____

사회적 강점(최소 2개 이상): ______________________

____

관심사(최소 1개 이상): ______________________

패턴 분석: 각 기간/활동마다 학업 기술 결손(숫자 위쪽 줄), 문제행동 가능성(숫자 아래쪽 줄), 구체적인 중점 사항(conerns)에 동그라미로 표시한다.

일과 (시간)	기간/활동	← 학업 기술 결손 → 저 문제행동 가능성 고	특정 학업 결손 그리고 또는 문제행동
		1 2 3 4 5 6 1 2 3 4 5 6	
		1 2 3 4 5 6 1 2 3 4 5 6	

〈계속〉

* Anne W. Todd의 허가를 받아, Todd, Horner, Sugai, & Colvin(1999) 및 March 등(2000)을 토대로 수정 · 재구성함.

10) Kent McIntosh와 Steve Goodman의 저서인 『Integrated Multi-Tiered Systems of Support: Blending RTI and PBIS』에서 발췌.

		1 2 3 4 5 6 1 2 3 4 5 6	
		1 2 3 4 5 6 1 2 3 4 5 6	
		1 2 3 4 5 6 1 2 3 4 5 6	
		1 2 3 4 5 6 1 2 3 4 5 6	

패턴 확인: 가장 우려되는 기간을 살펴본다. 학업에 체크된 비율이 높은 기간에 행동에 체크된 비율도 높은가?

특정한 학업적 중점 사항(필요할 경우 작성):

교과	특정한 학업적 요구

우려되는 영역에 관하여 가장 최근에 실시한 선별/진전도 점검 데이터:
날짜: __________ 교과: __________________ 점수: __________________
날짜: __________ 교과: __________________ 점수: __________________
날짜: __________ 교과: __________________ 점수: __________________

무엇을 시도/사용하였는가? 어떤 효과가 있었는가?

〈계속〉

특정한 행동적 중점 사항(필요할 경우 작성):

상황	문제행동	흔히 수반되는 결과
무엇을 시도/사용하였는가? 어떤 효과가 있었는가?		

통합된 중점 사항: 교사가 학생에게 학업 과제를 지시했을 때 문제행동이 발생한 경우, 어떤 지시를 했는지 아래에 자세히 서술하시오.

문제행동으로 이어지는 학업 과제(예: 읽기, 긴 나눗셈)
문제행동으로 이어질 가능성이 높은 과제는 무엇인가?
문제행동으로 이어질 가능성이 낮은 과제는 무엇인가?
문제행동으로 이어지는 지시사항(예: 소리 내어 읽기, 개별 학습 과제)
문제행동으로 이어질 가능성이 높은 요청의 유형은 무엇인가?
문제행동으로 이어질 가능성이 낮은 요청의 유형은 무엇인가?

학부모/보호자에게 어떻게 정보를 제공하였는가? ______________________

____

회의 일시: ______________________

부록 3-7

MTSS 평가 요구를 파악하기 위한 체크리스트[11)]

교과: ____________	질문		
도구(예: 평가, 측정, 시험)	꼭 필요한가?	자료는 적절한가?	어떻게 수정해야 하는가?
실행충실도			
1.			
2.			
3.			
4.			
5.			
실행충실도에 관한 요구:			
선별			
1.			
2.			
3.			
4.			
5.			
선별에 관한 요구:			

〈계속〉

11) Kent McIntosh와 Steve Goodman의 저서인 『Integrated Multi-Tiered Systems of Support: Blending RTI and PBIS』에서 발췌.

진단 평가			
1.			
2.			
3.			
4.			
5.			
진단 평가에 관한 요구:			
진전도 점검			
1.			
2.			
3.			
4.			
5.			
진전도 점검에 관한 요구:			
일반적 결과 측정			
1.			
2.			
3.			
4.			
5.			
일반적 결과 측정에 관한 요구:			

부록 3-8

2단계, 3단계 중재 추적 도구[12)]

지침: 이 양식을 사용하여 2단계, 3단계 학업적 또는 행동적 중재를 얼마나 많이 사용했는지, 학생이 얼마나 잘 반응했는지, 얼마나 잘 실행되고 있는지에 대한 정보를 요약한다. 이 양식을 활용하여 학생의 성취기준(benchmark) 또는 진전도 모니터링 평가에 대한 정보를 수합한다. 동일한 중재를 여러 개의 섹션 또는 그룹에게 제공한 경우, 각 섹션 및 그룹에 관한 정보를 분리하여 기록한다. 매월 업데이트한다.

중재(아래에 각각 나열)		3월	4월	5월	6월	7월	8월	9월	10월	11월	12월	1월	2월
	중재에 참여한 학생 수												
	반응 혹은 적절한 진전도를 보인 학생 수												
	반응 혹은 적절한 진전도를 보인 학생 비율(%)												
	실행충실도/평균 점수												

〈계속〉

* 미시간주 교육부의 허가를 받아 재인용.

12) Kent McIntosh와 Steve Goodman의 저서인 『Integrated Multi-Tiered Systems of Support: Blending RTI and PBIS』에서 발췌.

	중재에 참여한 학생 수												
	반응 혹은 적절한 진전도를 보인 학생 수												
	반응 혹은 적절한 진전도를 보인 학생 비율(%)												
	실행충실도/ 평균 점수												
	중재에 참여한 학생 수												
	반응 혹은 적절한 진전도를 보인 학생 수												
	반응 혹은 적절한 진전도를 보인 학생 비율(%)												
	실행충실도/ 평균 점수												

제4장

통합의 실제

이 장에서는 통합 MTSS 모델 내에서 학업과 행동의 실제를 결합하는 방법에 대해 설명한다. 실제(practices)란, 학교 전체 학생들, 교실 내 학생들, 그리고 개별 학생에게 사용되는 교육과정, 수업 시간, 중재 및 전략을 의미한다. 학업 및 행동에 대한 훌륭한 비통합적 중재 연구들이 많으므로(예: Burns, Riley-Tillman, & VanDerHeyden, 2012; Crone et al., 2010; Rathvon, 2008; Stormont, Reinke, Herman, & Lembke, 2012), 특정 학업 및 행동 중재에 대한 광범위한 세부 정보는 제공하지 않으려 한다. 대신, 우리는 학교에서 일반적으로 사용되는 기존의 학업 및 행동의 실제를 논리적이고 효율적인 방식으로 통합할 수 있는 방법을 설명한다. 통합 MTSS 접근 방식의 목표는 방해 요소가 적은 안전하고 친근한 학습 환경을 제공하고, 학생들이 교실에 머무르며 수업에 집중하고, 학업 및 행동 영역 전반에 걸친 효과적인 교수 전략을 통해 수업 시간을 최대한 활용함으로써 학습을 최적화하는 데 중점을 둔다. 이러한 통합은 학생들의 성공 경험으로 이어져, 교과 전반의 성과(outcomes)를 향상시킨다.

1. 더 현명한 통합

제2장의 연구를 보면, 학업 및 행동 시스템의 모든 측면을 통합하는 것이 논리적으로 보일 수 있다. 어쨌든, 학업과 행동 기술이 서로 얽혀 있고 시스템이 매우 유사하다면, 통합된 중재 세트를 제공하는 것이 가장 타당하다고 생각될 수 있다. 그러나 반드시 그렇지는 않으며, 특히 통합된 중재가 제3의 또 다른 실제와 학생에 대한 것이라면 더욱 그렇다. 대신에, 통합 시스템은 통합적 사고를 수반하고, 학업과 행동 간의 자연스러운 연결을 고려하며, 학

업과 행동 양쪽에 좋은 일을 하고, 가장 타당한 지점에서 통합된다. 이러한 단계에서는 추가적인 통합된 중재를 시행하려는 유혹을 물리치고, 대신 어떠한 기존의 중재가 학업 및 행동 지원을 모두 제공하는지 고려하고 기존 구조와 실제 내에서 통합 지원이 이루어질 수 있도록 차별화 교수(differentiating instruction)를 제공해야 한다.

다음 섹션에서는, 제3의 실제를 따로 추가하지 않고도 이러한 실제를 통합할 수 있는 유용한 방법을 제공한다. MTSS에서 통합이 3단계 지원의 관점에서 설명되는 이유는, 단순히 학업 RTI 및 PBIS가 다층으로 구성되어 있기 때문이 아니라, 통합된 실제가 특정 계층에 따라 적용되는 방식이 달라지기 때문이다. 앞으로 살펴보겠지만, 통합된 1단계 실제에서는 중재를 안내하는 동일한 핵심 원칙을 사용하여, 각 교과에서 양질의 수업을 제공하는 경우가 많다. 1단계에서의 통합된 실제도 도움이 될 수 있지만, 2단계와 3단계의 통합은 추가 지원이 필요한 학생의 성과를 향상하는 데 훨씬 더 중요하다. 2단계에서는, 행동 지원을 포함하는 기존의 2단계 학업의 실제를 파악하거나(또는 그 반대의 경우도) 교과 전반에 걸쳐 효율적인 중재를 추가하기 위해 수업을 차별화(differentiating)함으로써 실제를 통합할 수 있다. 3단계에서는, 개인의 요구에 따라 완전히 통합된 지원 계획이 구성되며, 이는 종합적인 지원일 수도 있고 필요한 교과에만 지원하는 것일 수도 있다. 이 장의 마지막 섹션에서는 통합된 실제를 선택하고 관리하기 위한 전략을 설명한다. 성과를 향상시키기 위한 효율적인 수단으로 시너지를 내는, 실용적이고 실행 가능한 통합을 강조한다.

2. 다층모형에서 통합의 실제

1) 1단계: 보편적 지원

학업 RTI와 PBIS 모두에서, 1단계의 초점은 학습을 최적화하고 문제를 가능한 한 조기에 예방하는 것이다. 앞서 논의했듯, 한 영역에서 해결되지 않은 문제(challenges)는 다른 영역의 문제로 이어질 수 있다. 반대로, 한 영역에서의 성공은 다른 영역으로 일반화될 수 있는데, 이는 보편적인 기술을 사용하거나 주의와 끈기가 성공으로 이어지는 경험을 통해 가능하다. 따라서 1단계 실제는 학생 개별의 문제에 대응하기 위해 특별히 선택되는 것이 아니라, 모든 영역에서 모든 학생의 성공을 극대화하기 위해 선택된다. 이러한 논리에 따라, 학생들이 학업 및 사회·정서적 기술을 빠르게 개발하는 데 가장 도움이 될 가능성이 높은 실제를 사용하는 것이 중요하다.

(1) 효과적인 학업 및 행동 지도(instruction)를 위한 6가지 원칙

학업 및 행동 지원 모두에 대한 가장 효과적이고 지속적인 중재에는 교수(teaching)가 포함되며, 수업의 질이 높을수록 중재 효과는 더욱 강력해진다. 실제로, 방금 가르친 기술을 사용하지 않거나 상황에 맞지 않는 전략을 지속적으로 사용하는 학생을 만날 때, 학업이든 행동이든 문제 해결의 첫 번째 단계는 교수(teaching)의 질에 주의를 기울이는 것이다. 따라서 1단계를 위한 몇 가지 주요 보편적인 지도 원칙을 검토하는 것이 좋다. 코인, 카메에누이, 카나인(Coyne, Kame'enui, & Carnine, 2007)의 6가지 원칙은, 학업 및 사회 · 정서 지도에 동일하게 적용된다(〈표 4-1〉 참조).

① 원칙 1: 큰 개념에 집중

양질의 교육과정은 수업의 큰 개념(big idea)에 중점을 둔다. 큰 개념은 학업 및 사회적 역량에 필요한 핵심 개념 또는 하위 개념이다. 큰 개념은 긍정적 발달을 극대화하고 학생들에게 '내용만 많고 깊이는 얕은' 교육을 제공하는 것을 피하여 수업에 집중하게 한다. 코인, 카메에누이, 카나인(Coyne, Kame'enui, & Carnine, 2007)이 언급했듯이, 큰 개념은 어떤 내용을 가르치는 것이 가장 중요한지를 알려 준다. 예를 들어, 초기 문해력에서는 음운 인식, 자모체계의 원리(alphabetic principle), 읽기 유창성, 어휘, 읽기 이해가 중요하다는 연구 결과가 있다(National Reading Panel, 2000). 행동과 관련해서는 무엇이 큰 개념을 구성하는지에 대한 집단적 합의가 덜 이루어졌지만, 몇 가지 가능성을 찾을 수 있다. 예를 들어, '학업 및 사회 · 정서적 학습을 위한 협력체(Collaborative for Academic, Social, and Emotional Learning: CASEL)'는 사회 · 정서적 역량의 큰 개념을 자기 인식, 자기 관리, 사회적 인식, 관계 기술 및 책임감 있는 의사 결정으로 설명했다(CASEL, 2003). 학교 차원의 PBIS에서 학교 전체에 대한 기대행동(예: 안전하게 행동하기, 책임감 갖기, 존중하기)이 잘 만들어지면, 초기 문해력의 큰 개념이 수업을 안내하는 것과 같은 방식으로, 이러한 개념들을 포괄하고 사회적 행동에 관한 교육과정의 닻 역할을 한다.

② 원칙 2: 명시적 전략

이러한 지도 원칙에서는, 내용뿐만 아니라, 학습과정 자체에 대한 명확한 설명을 통해 학습자에게 교수 행동을 분명하게 한다. 코인, 카메에누이, 카나인(Coyne, Kame'enui, &

표 4-1 효과적인 학업 및 행동 지도를 위한 원칙

원칙	설명	읽기 예시	행동 예시	통합된 지원 예시
큰 개념 (big ideas)	핵심적이고 중요한 구성 요소에 집중	초기 문해력의 큰 개념 • 음운 인식 • 자모체계의 원리 • 읽기 유창성 • 어휘 • 읽기 이해 전략	사회 · 정서 학습 • 자기 인식 • 자기 관리 • 사회적 인식 • 관계 기술 • 책임감 있는 의사결정 학교 차원의 PBIS 기대행동 • 안전하게 행동하기 • 책임감 갖기 • 존중하기	기대되는 행동을 학업적 기대치와 직접적으로 연결(예: '책임감 갖기'는 '수업에 참여함'을 의미함)
명시적 전략	성공적인 학습자가 사용하는 전략을 직접적으로 가르침	개별 글자의 소리를 가르친 다음, 글로 쓰인 단어를 말하기 위해 소리를 합치는 것을 가르침(예: 파닉스)	맥락과 관련된 예와 비예를 통해 기대행동을 명시적으로 가르침; 문제행동(예: 괴롭힘)에 대응하는 루틴을 가르침	학업 촉진 기술(예: 출석, 수업 참여 행동)을 직접적으로 가르침
매개된 비계 설정	촉구와 용암(fading)을 통한 안내 제공	학생이 글자를 소리 내어 읽도록 손가락으로 가리키고, 그런 다음 단어를 따라 손가락을 움직여 빠르게 읽게 하기	기대행동을 시각적 촉구(prompts)로써 게시함; 기대되는 행동을 적어놓음으로써 일상적으로 활용할 수 있음	학생이 하지 말아야 할 일(문제행동)이 아니라 해야 할 일(학업 참여)을 유도; 성공적인 반응을 늘리고 문제행동을 줄이기 위한 수업을 계획

〈계속〉

원칙	설명	읽기 예시	행동 예시	통합된 지원 예시
전략적 통합	이전 학습을 새롭고 더 복잡한 내용 및 맥락에 적용하는 방법	음운 인식은 자모 체계의 원리와 결합되어 제재글의 읽기 유창성을 향상시킴	새로운 환경과 상황(예: 대체 교사, 현장 학습)으로 전환할 수 있도록 기대되는 행동을 선택하고 가르침	학생들에게 읽기 문제 해결에서 배운 전략을 사회성 문제(예: 맥락 단서 파악, 의미 이해)에 적용하도록 가르침
배경지식 활성화	현재 배우는 내용과 이전 지식 및 경험 연결	어휘 수업을 할 때 학생이 기존에 알고 있던 어휘 및 이해와 연결	학생의 경험을 활용하여 친사회적 행동을 왜 해야 하는지를 더 잘 이해함	한 영역에서 이전에 학습한 개념(예: 이야기의 내용)을 다른 영역의 배경지식(예: 사회적 상황에서 책임감의 중요성)과 연결
신중한 복습	기술 및 지식에 대한 계획적이고 주기적인 복습	첫 수업이 끝날 때 및 학생의 성취도에 따라 주기적으로 어휘 용어를 복습	각 방학 기간 후 또는 문제행동이 일반적으로 '급증'하기 전에 기대되는 행동을 복습; 문제행동을 유발하는 환경이 발생하기 전에 미리 수정	수업 환경 내에서 학생의 수행을 모니터링하여 학업 및 행동 기술 모두에 대한 복습이 필요한지를 평가

Carnine, 2007)은 명시적 전략(conspicuous strategies)이 우리가 어떻게 가르쳐야 하는지를 설명한다고 제안한다. 이러한 전략들은 학생들이 단순히 사실을 암기하는 것이 아니라, 복잡한 정보를 처리하고 분석하여 자신만의 지식을 생산하는 데 필요한 기술을 제공한다. 읽기 수업을 시작할 때, 교사는 학생들에게 개별 글자의 소리를 낸 다음 그 소리를 혼합하여 책에 있는 단어를 말하도록 가르친다. 이 전략은 학생들에게 익숙하지 않은 단어를 접할 때 사용할 수 있는 기술을 제공하기 때문에, 일견 단어(sight words)만 가르치는 것보다 훨씬 더 효율적이다. PBIS에서, 학생들은 명확한 수업계획을 통해, 이유(기술을 사용해야 하는 근거), 올바른 상황맥락 단서(기술을 사용해야 하는 시기), 명확한 예와 비(非)예(기술을 사용하는 방법), 교사의 피드백이 포함된 연습을 통해 사회·정서적 기술을 배운다. 학생에게 이러한 피드백을 주면, 사회·정서적 기술을 써야 하는 이유와 자연적 강화 사이의 관련성을 강하게 보여준다(예: "모든 사람이 차례가 올 때까지 기다림으로써 존중을 보여 주었구나. 네가 존중하는 모습을 보여 주면 사람들도 너를 존중해 줄 거야.").

③ 원칙 3: 매개된 비계 설정

이 원칙은 정확하고 시기적절한 반응을 촉진하기 위해 추가 지원을 제공하는 데 중점을 둔다. 이러한 지원은 결국 학생의 기술이 향상됨에 따라 줄여나간다. 매개된 비계 설정의 예로는, 학생이 새로운 기술이나 어려운 기술을 배울 때 잘 배울 수 있도록 언어적으로 혹은 시각적 촉구(prompts)를 추가적으로 제공하는 것이다. 학업 지도를 할 때 사용할 수 있는 비계 설정으로는, 전략을 따르도록 상기시켜 주는 교사의 말(예: "10의 자리로 올림하는 것을 잊지 마세요.")을 학생이 기술을 안정적으로 사용할 수 있게 되면 점차적으로 제거하는(예: "올림하는 것을 잊지 마세요.") 방법이 있다. 교실에서 기대행동에 대한 PBIS 비계 설정으로 기대행동을 촉구하는 포스터를 벽에 붙일 수 있다. 학년 초에 교사는 학생들에게 포스터에 적힌 기대행동을 읽고 전환(transitions) 전에 기대행동의 올바른 예를 제시하도록 요청할 수 있다. 학년이 진행됨에 따라, 학생들이 효율적으로 전환하고 있으면 교사는 말없이 포스터를 가리키기만 해도 된다.

④ 원칙 4: 전략적 통합

전략적 통합의 원칙은 수업 구성 요소를 결합하고 체계적으로 구성하여, 보다 광범위하고 의미 있는 방식으로 학생의 이해를 높이는 것이다. 이는 학생들로 하여금 새로운 학습으로 이어지는 이전 학습의 중요한 특징을 이해하도록 도와줌으로써 가능해진다. 예를 들어,

(앞에서 확인한) 다양한 큰 개념에 관한 수업이 제공된 후, 이러한 큰 개념이 결합되어—음운 인식이 자모 체계의 원리와 결합되고 읽기 유창성을 발전시키는 등—더 심층적인 학습을 할 수 있다. 행동 측면에서는, 일단 기대행동이 확인되고 정의되면, 학생들은 해당 행동이 요구되는 자연스러운 환경에서 이를 연습하게 된다.

⑤ 원칙 5: 배경지식 활성화

교사가 현재 수업을 이전 지식과 연결하면 학습 효과가 극대화된다. 이러한 연결은 간략한 복습을 제공하고, 새로운 내용을 더 친숙하게 만들며, 이전에 배운 것과 수업의 내용을 연결해 준다. 예를 들어, 평균, 중앙값, 최빈값의 어휘와 정규분포의 개념을 이해하면 학습자가 중심 경향값을 더 잘 이해하는 데 도움이 된다. 학생의 학습 경험이 교사가 가르치는 것과 많이 다른 경우, 학습 내용을 그들의 배경지식과 연결하는 것이 특히 중요하다(Chaparro, Nese, & McIntosh, 2015). 행동의 경우, 사회 · 정서적 기술이 유용했던 이전 경험과 상황을 간략하게 논의하면, 학생의 학습 경험과 연계하여 새로운 기술을 가르칠 수 있다. 이러한 배경지식 활성화는 학생들의 학습 동기를 높일 수 있다.

⑥ 원칙 6: 신중한 복습

주요 개념을 자주 노출시키면 학생들이 이를 기억하는 데 도움이 된다는 것은 누구나 알고 있지만, 단순히 배운 내용을 복습하는 것이 아니라, 신중하고 목적에 맞게 복습하는 것이 중요하다. 학습 효과를 극대화하려면 복습이 필요한 내용이 무엇인지, 언제 복습을 해야 하는지 고려하는 것이 중요하다. 유능한 교사는 학생의 수행을 고려하여 복습이 도움이 되는 시기를 평가하고 결정한다. 예를 들어, 투명 및 불투명 용어를 가르친 후, 교사는 수업 토론을 모니터링하여 복습이 더 필요한지 평가할 수 있다. PBIS에서는, 학년 초에 학생에게 기대행동을 가르치지만, 1년 내내 (보충수업의 형태로) 주기적인 복습이 필요하다. 복습이 필요한 시기(예: 방학 후), 어려움이 예상되는 일과(예: 현장 학습, 대체 교사)를 변경하기 전, 또는 학생의 필요에 따라 언제 복습이 필요한지를 데이터를 기반으로 결정할 때 가장 효과적이다. 예를 들어, 유치원 교사는 등원 준비를 돕기 위해 학기 초 몇 주 동안 매일 아침 기대행동을 복습할 수 있다.

(2) 통합 전략

교사는 학업 및 행동지도 전반에 걸쳐 이러한 일반적인 지도 원칙을 사용하여 효과를 높일 수 있다. 통합 MTSS 모델 내에서 큰 개념에 초점을 맞추기 위해, 기대행동을 바람직한 학업 행동과 직접 연결할 수 있다. 예를 들어, '책임감'에 대한 기대행동은 학교 규칙을 준수하는 것뿐만 아니라 교과 수업에 전적으로 참여하는 것이다. '준비된'이라는 기대행동은 학급 토론 전에 과제를 읽거나 숙제를 완료하는 것과 연관되어 있다. 이러한 두 가지 시나리오에서, 효과적인 행동 지원은 교과 수업을 보다 효율적이고 효과적으로 만든다. 또한, 명시적 전략과 매개된 비계 설정은 학업 또는 행동 내용과 상관없이 독립적으로 사용될 수 있다. 이러한 원칙을 활용하면 학생들이 학업 교과(특히, 과거에 학생들이 어려워했던 활동의 경우)를 효과적이고 성공적으로 학습할 수 있도록 도움으로써 방해행동 및 회피를 목적으로 하는 문제행동의 발생 가능성을 줄일 수 있다. 통합 접근 방식에서 전략적 통합은 교과 내뿐만 아니라, 교과 간에도 유용하다. 전제 조건인 학업 참여 행동(예: 교사에게 집중하기, 도움 요청하기, 지시 따르기)을 발달시키면 학업성취도가 향상되고 문제행동이 발생하지 않게 된다. 또한, 이 원칙은 교사와 학생이 학업 또는 행동에서 잘못된 것을 교정하는 데 시간을 소비하는 대신, 학생이 해야 할 일에 집중하고 이를 올바르게 수행할 수 있도록 예방적 지원을 제공하는 데 도움이 된다.

다음 예를 생각해 보자. 교실 환경에서는, 교과(예: 읽기 · 쓰기, 수학, 행동)와 관련된 보편적 지원(1단계 실제)을 결정한다. 보편적 읽기 프로그램은 지역교육청 읽기 교육과정을 활용하여 90분 읽기 블록 수업에 초점을 맞출 수 있다. 이 수업은 학교 차원의 기대행동을 포함하는 보편적 행동 지원 프로그램과 연결될 수 있다. 이러한 기대행동은 교실에서 학생들에게 일상적 행동에 기대되는 행동을 수업과 연결시켜 과제를 제출하거나 도움을 요청하는 것과 같은 행동으로 설정될 수 있다. 1단계 중재 내에서, 학생은 수업의 원칙에 기반한 양질의 교육을 제공받으며 매개된 비계 설정 및 신중한 복습 전략을 활용하여 지도 기간 동안 상호작용하는 방법을 명시적으로 배운다.

일반적으로 효과적인 수업의 원칙을 준수하는 것 외에도 몇 가지 구체적인 1단계 전략은 통합적인 학업 및 행동 지원을 제공하는 데 특히 유용하다. 이러한 전략의 대부분은 수업 시간과 학생 참여를 둘 다 극대화하면 학생의 학업 및 행동 성과를 극대화할 수 있다는 전제에 기반한다. 교사는 사용 가능한 모든 수업 시간을 활용하는 것이 중요하며, **수업 시간**과 **실제로 수업에 할애한 시간** 사이에는 중요한 차이가 있다. 학생의 방해행동과 활동 간 전환으로 인해 실제로 수업에 할애한 시간은 줄어든다. 분명히, 교사가 더 많은 시간을 수업에 할애하면 학생은 더 많이 학습에 참여하게 되고, 이는 학생성취의 강력한 예측 요인이다(Brophy, 1988; Fisher et al., 1981; Greenwood, Horton, & Utley, 2002; Wang, Haertel, & Walberg, 1997). 다음 전략은 교사가 1단계 행동 지원이 학업성취도에 어떻게 도움이 되는지, 또는 그 반대의 경우도 마찬가지인지 이해함으로써 시간을 활용하는 데 도움이 될 수 있다.

① 효과적인 학급 경영의 실제

제2장에서 설명한 바와 같이, 효과적인 교실 행동 지원은 문제행동을 해결하느라 잃어버렸을 교사의 실제 수업 시간을 회복하고 활용할 수 있는 수단이다. 또한, (타임아웃, 교장실, 정학이 아닌) 교실에 학생을 계속 머물게 할 수 있는 모든 전략은, 학생들이 실제 배우는 시간이 늘어날 수 있게 한다. 학생들이 양질의 수업을 받을 수 있도록, 교사는 수업 시간을 최대한 활용하기 위해 기대되는 교실 내 행동을 정의하고, 가르치고, 학생이 기대행동을 보였을 때 인정하는 등의 효과적인 교실 PBIS 전략을 사용할 수 있다. 기대행동이 명확하면, 교사는 양질의 수업을 자유롭게 제공할 수 있고, 학생은 문제행동으로 인한 방해나 피해받을 것에 대한 걱정 없이 학습에 더 집중할 수 있다(McIntosh, Chard, et al., 2006; McIntosh, Ty, & Miller, 2014). 또한, 학교 차원의 PBIS 시스템은 교실 시스템이 충실하게 구현될 때 더 효과적이고, 지속 가능하며, 더 공정하다(Childs, Kincaid, George, & Gage, in press; Mathews, McIntosh, Frank, & May, 2014; Tobin & Vincent, 2011).

② 교실 일상 속에서 가르치기

PBIS를 실행하는 대부분의 학교가 다양한 환경에서 기대행동을 가르칠 때 교실을 포함하지만, 일반적인 교실뿐만 아니라, 교실 내 별도의 환경과 일상(routine) 전반에 걸쳐 기대행동을 가르치는 것에는 훨씬 더 큰 이점이 있다. 기대행동은 당연히 과목이나 수업 방식에 따라 달라지기 때문에, '존중하기'는 모둠 활동 중에는 조용히 말하는 것을 의미하지만, 시험이나 교사 주도 수업 중에는 말하지 않는 것을 의미한다. 결과적으로, 교실 활동(예: 교사 주도 수업, 모둠 활동, 시험 및 퀴즈) 또는 일상적인 활동(예: 교실 입장, 준비물 챙기기, 새로운 활동으로 전환)에 대한 기대행동을 가르치는 것이 전반적인 교실 기대행동을 가르치는 것보다 더 효과적이다(Sprick, 2009). [그림 4-1]은 학교 차원의 기대행동(왼쪽 아래)과 활동 또는 일상(상단에 나열)을 포함하는 일반적인 교실 규칙 매트릭스이다. 중앙에는 이러한 폭넓은 의미의 기대행동이 각 활동이나 일상에 따라 어떻게 달라지는지에 대한 구체적인 예가 제시되어 있다. 교실 일상에서 명시적 교수는 학업성취도에 영향을 미칠 수 있는 고의가 아닌 부적절한 행동(예: 숙제를 알아서 제때 제출하지 않는 것)을 피하고 전환 시간을 최소화하는 데 특히 도움이 된다(McIntosh, Herman, Sanford, McGraw, & Florence, 2004). [그림 4-2]는 교실 일상 수업

학교 규칙 ↓ / 교실 일상 →	전환	자기 자리에서 하는 개별 활동	모둠 활동	교사 주도 수업
존중하기	• 속삭이듯 말하기 • 다른 사람과 20cm 간격 유지	• 말하기 전에 손들기 • 최선을 다해 과제 제출하기	• 발표자에 주목하기 • 경청하기 • 서로의 답변 수용하기	• 교사에 집중하기 • 말하기 전에 손들기
책임감 갖기	• 신호에 맞춰 바로 시작하기 • 준비물 정리하기	• 교사의 지시 사항을 읽고 따르기 • 개별 과제 완료하기	• 자신의 역할 수행하기 • 시간을 현명하게 사용하기	• 따라 하기 • 교사의 지시 듣기 • 노트 필기하기
안전하게 행동하기	• 신속하면서도 안전하게 이동하기 • 타인 살피기	• 발을 바닥에 붙이고 앉기 • 자기 자리에 앉아 있기	• 수업과 관련 없는 물건 치우기 • 준비물 조심스럽게 사용하기	• 발을 바닥에 붙이고 앉기 • 수업과 관련 없는 물건 치우기

[그림 4-1] 학급 차원의 기대행동 매트릭스

Fairbanks, Simonsen, & Sugai (2008)에서 발췌. SAGE의 허가를 받아 수정됨.

계획의 예시이다.

③ 반응 기회 늘리기

효과적인 행동 지원 실제가 마련되고 교실 활동과 일상에 대한 기대행동을 가르치고 실천한 후에는, 성공을 극대화하기 위해 교과 수업을 어떻게 해야 하는지 고려하는 것이 중요하다. 다시 말해, 방해행동으로 인해 허비된 귀중한 수업 시간을 회복하려면, 그 시간을 현명하게 사용해야 한다. 학업 참여를 높여 성취도를 향상시키고 문제행동의 가능성을 줄이는 한 가지 전략은, 학생의 반응 기회를 늘리는 것이다. 올바른 반응을 격려하는 피드백뿐만 아니라 교사의 질문에 자주 응답할 수 있는 기회를 제공하면, 학생들이 수업에 더 적극적으로 참여하고, 유창성을 키우며, 교사는 학생의 이해도나 기술을 확인하여 다음 단계로 넘어갈 때인지를 확인할 수 있다. 교사는 학생이 반응하도록 격려하여 실제로 추가 연습이 이루어지도록 하는 것이 중요하다. 또한 교사는 학생의 반응을 주의 깊게 모니터링하여 올바른 반응을 인정하고 오류를 수정하는 것도 중요하다.

도움 요청하기 (어려운 과제에 대한 지원 요청 방법)
교수(teaching) 예시
1. 수학 문제를 풀다가 이해가 안 되는 부분이 있으면, **손을 들고 선생님이 도와주실 때까지 기다리세요.** 비예(nonexample): 손을 들어 흔들거나 외칩니다. 2. 친구와 함께 과학 실험을 하고 있는데 실험 도구가 하나 없어졌습니다. **선생님께 잃어버린 도구를 찾아 달라고 요청하세요.** 비예(nonexample): 이 도구를 사용하는 실험 단계를 건너뜁니다. 3. 문단을 읽고 있는데 단어의 뜻을 모릅니다. **옆에 앉은 친구에게 물어보세요.** 비예(nonexample): 옆에 앉은 친구에게 단어를 물어본 후에도 계속 이야기해요.
학생 활동
1. 두세 명의 학생에게 과제, 활동 또는 지시 사항을 완료하는 데 도움이 필요했던 상황에 맞는 예를 들도록 합니다. 2. 학생에게 **도움을 받을** 수 있는 방법을 표시하거나 보여 달라고 요청합니다. 3. 적절한 토론/반응을 격려하고 지원합니다. 부적절한 반응에 대한 관심을 최소화합니다.
수업 후 (하루 중)
1. 학생에게 어렵거나 새로운 과제, 지시 사항 또는 활동을 제공하기 직전에 어려움이 있는 경우 도움을 요청할 수 있는 방법을 알려 주세요[사전 교정(precorrection)]. 2. 학생이 과제 수행에 어려움을 겪고 있는 것을 봤을 때(예: 과제를 하지 않거나 불평하는 경우), **도움이 필요함**을 표현하도록 요청합니다[상기시키기(reminder)]. 3. 학생이 올바른 방법으로 요청해서 **도움을 받을** 때마다, 구체적으로 칭찬해 주세요.

[그림 4-2] 교실 일상 수업계획

더 많은 연습을 제공하는 몇 가지 예로는, 모든 학생이 다 같이 질문에 답하거나 반드시 익혀야 하는 기술을 연습할 때, 전체 학급이 구두로 다 함께 답하기(choral response) 등이 있다. 변형된 방법으로는 모든 학생이 개인용 화이트보드에 답안을 작성하는 것으로, 모든 학생이 교사의 신호에 따라 동시에 자신의 응답을 보여 준다. 또한, 교사는 먼저 질문을 한 다음 '무작위로' 개별 학생을 지목하여 질문에 답하도록 한다. 더 많은 질문을 하여 응답 기회를 늘리되 예측 가능한 순서(예: 각 줄 아래)로 학생을 지목하면, 학생은 선생님의 말씀에 집중하지 않아도 되는 때를 쉽게 알게 되므로 응답 기회를 더 많이 제공하려는 목적이 무색해진다. 대신, 누가 다음에 질문을 받을지 모르는 상황에서, 각 학생은 대답할 준비를 해야 하므로, 연습의 기회가 크게 증가한다. 또한 이 기법은 더 많은 연습이나 지원이 필요한 학생들이 더 많은 지원을 받고 있다는 사실을 겉으로 드러내지 않으면서도, 교사가 자연스럽게 해당 학생들을 더 자주 참여하도록 유도할 수 있는 장점이 있다. 학생들이 수업에 더 많이 참여하면, 문제행동을 할 가능성도 줄어든다.

④ 또래 교수 활용

반응 기회를 늘리기 위한 또 다른 방법은 또래 교수를 가르치는 것이다. 이 전략은 학생을 짝으로 묶거나 모둠원을 활용하여 교사 한 명이 관리할 수 있는 것보다 더 자주 반응할 수 있는 기회를 제공하는 것이다(MacKay, Andreou, & Ervin, 2009). 학생들은 종종 번갈아 가며 '교사'와 '학생'이 되어 각 학생이 질문에 응답할 기회를 갖는다. 또래 교수(Peer-Mediated Instruction)는 일반적으로 새롭거나 어려운 내용이 아닌, 학생이 이미 습득한 기술에 대한 추가적인 연습을 제공하고 유창성을 키우는 데 더 적합하다. 또래 교수 시간은 다양한 교과에서 교사 주도의 수업을 강화하기 위해 하루 중 '자유 시간'에 배치할 수 있다.

또래 교수 프로그램은 고도로 구조화되어 있고 학생들에게 또래 교수 절차를 가르칠 때 가장 효과적이다. 학생들에게 이러한 방식을 준비시키려면 특정 역할, 타이머 사용, 심지어 학생들이 따라야 할 대본 사용까지 가르쳐야 한다. 구조를 강화하면, 복잡한 교수 절차(예: 오류 수정)도 학생이 정확하게 전달할 수 있다. 또한 이러한 구조는 불명확한 지시와 감독되지 않은 학습 시간으로 인해 발생할 수 있는 잘못된 행동을 줄여 준다. 실제로, 많은 효과적인 프로그램에서, 첫 번째 수업은 학업적인 내용 없이, 효과적인 또래 교수에 필요한 루틴을 확립하는 데 전적으로 초점을 맞추고 있다.

또래 교수는 학업과 사회·정서적 교육을 동시에 진행할 수 있기 때문에 유익한 통합 전략이다. 또래와의 일대일 상호작용을 통해, 학생들은 학업 참여도를 높이고 학업 기술을 연습하는 동시에 팀워크와 코칭 기술을 배울 수 있다. 또한 적절한 학업 및 행동 반응을 위해 또래의 관심을 받을 수 있으며, 이는 일부 학생에게 단순히 교사의 관심을 받는 것보다 더 큰 동기를 부여할 수 있다.

또래 교수를 실행하는 데 사용할 수 있는 다양한 자원이 있다. 무료 온라인 자료(예: http://interventioncentral.com/htmdocs/interventions/rdngfluency/prtutor.php) 외에도 특정 프로그램도 개발되어 검증되었다. 한 가지 예로 전 학급 또래 교수(ClassWide Peer Tutoring, CWPT) (www.specialconnections.ku.edu/~kucrl/cgibin/drupal/?q=instruction/ classwide_peer_tutoring)를 들 수 있다. 전 학급 또래 교수(CWPT) 프로그램은 교사가 주도하는 수업에서 학생이 받을 수 있는 기회보다 두 배의 응답 기회를 제공하도록 설계되었다. 또 다른 방법은

또래 보조 학습 전략(Peer-Assisted Learning Strategies PALS; http://kc.vanderbilt.edu/pals)이다. PALS는 학업 참여도, 학업 기술, 문제행동 감소, 사회적 입지 향상(Barton-Arwood et al., 2005; L. S. Fuchs, Fuchs, Yazdian, & Powell, 2002; Locke & Fuchs, 1995; Sutherland & Snyder, 2007) 등 다양한 학업 및 사회적 성과에 효과적인 것으로 나타났다.

⑤ 보편적 학습설계 활용하기

같은 학급 내에서 여러 학년 수준의 학업 기술 차이가 있는 다양한 학습자로 구성된 학급을 가르치는 것은 교사에게 어려운 일이다(Coyne et al., 2007). 동시에, 학생들에게 너무 어려운 학습 자료를 제시하면 문제행동의 가능성이 높아진다(Filter & Horner, 2009; McIntosh, Horner, et al., 2008). 보편적 학습설계(Hall et al., 2012)는 다양한 교실에서 성공률을 높이는 데 도움이 되는 개념이다. 한 가지 핵심 원칙은 추가적인 도움이 필요한 학생을 지원하는 데 중요한 교수의 실제가 모든 학생에게도 도움이 될 수 있다는 것이다. 예를 들어, 수업의 주요 개념을 집중적으로 파악하면 모든 학생이 원하는 학업 성과를 달성하는 데 도움이 된다.

통합된 지원에 특히 도움이 되는 보편적 학습설계의 한 측면은 성공률을 높이기 위해 과제 난이도를 체계적으로 달리하는 것이다(Archer & Hughes, 2011; Carnine, Silbert, Kame'enui, Tarver, & Jungjohann, 2006). 예를 들어, 교사 주도의 읽기 수업에서, 교사는 학생의 반응을 주의 깊게 관찰하여 실수를 최소화할 수 있으므로, 더 어려운 내용으로 학생들을 안내할 수 있다. 독립 과제에서는, 성공률을 높이고, 좌절감을 줄이며, 반복적인 실수를 방지하여 문제행동의 가능성을 낮추기 위해 과제를 성공할 수 있도록 구조화하는 것(예: 교사 주도보다 더 쉬운 수준의 내용)이 더 중요하다. 교과 영역에 따라 교수 기법을 다양하게 적용하는 것도 중요하다. 예를 들어, 이야기 자체가 흥미로울 수 있는 읽기와 달리, 수학 수업은 동기 부여 측면에서 볼 때 더 많은 교육적 지원이 필요할 수 있다(Gersten, 2013).

⑥ 읽기 · 쓰기, 사회과 또는 역사에 사회 · 정서적 요소 포함시키기

학업 환경을 바꾸는 것 외에도, 행동 지도를 교과 수업에 포함시킬 수 있다. 과학이나 수학 수업에 행동 지원 내용을 끼워 넣는 것은 상상하기 어려운 일은 아니지만, 어색할 수 있으므로(예: "데이브는 진정하기 위해 심호흡을 두 번 했습니다. 총 5번 심호흡을 하려면, 몇 번 더 해야 할까요?"), 사회과에서 배운 내용을 읽기(예: 이야기글) 또는 역사 수업에 어떻게 포함시킬 수 있을지 고려하는 것이 더 논리적일 것이다. 이를 위한 두 가지 유용한 전략이 있다. 첫 번째는 단순히 사회적 또는 정서적 행동(예: '도덕과')을 포함하는 자료 또는 내용을 선택하는 것이다. 〈표 4-2〉에는 다양한 사회 · 정서적 주제를 다루는 아동 문학 목록이 포함되어 있다. 교사는 이러한 자료를 예방적으로, 기대행동에 대한 보충수업의 일부로, 또는 교실 내 사건이나 행동 패턴에 대한 대응으로 활용할 수 있다. 두 번째는 읽을 때 사회 · 정서적 행동에 초점을 맞춘 종합 또는 토론 질문을 활용하는 것이다. 예를 들어, 한 토막의 글을 읽을 때, 교사는 다음과 같은 예시 질문을 할 수 있다:

1. "그 말을 들었을 때 기분이 어땠을 것 같나요?" (공감을 가르치기 위해)
2. "다음에 무슨 일이 일어날 것 같나요?" (원인과 결과를 가르치기 위해)
3. "어떻게 다르게 행동할 수 있었을까요?" (문제 해결을 가르치기 위해)

전쟁(예: 제1차 세계 대전)으로 이어진 상호작용과 같은 역사적 사건이나 불평등(예: 노예제, 원주민 강제 이주) 또는 사회적 영감을 주는 사건(예: 인권 운동, 모국어 활성화)은 존중, 책임감, 관점 취하기, 문제 해결을 가르치는 데 사용할 수 있는 역사 수업 내용의 좋은 예이다. 학생들은 PBIS를 통해 배운 사회 · 정서적 역량을 활용하여 어떻게 문제를 이해하고 예방할 수 있었는지 설명할 수 있다.

표 4-2 아동 문학을 통한 사회 · 정서적 역량 교육: 간략한 도서 목록[1]

일반적인 사회 · 정서적 역량
• 이솝(Aesop). 『개미와 베짱이(The Ant and the Grasshopper)』
• 알리시아 아스핀발(Aspinwall, Alicia). 『Please』
• 저넬 캐넌(Cannon, Janell). 『Stellaluna』
• 에릭 칼(Carle, Eric). 『The Grouchy Ladybug』
• 데미(Demi). 『빈 화분(The Empty Pot)』
• 셰인 데롤프(Derolf, Shane). 『크레파스가 소곤소곤(The Crayon Box That Talked)』
• 폴 갈돈(Galdone, Paul). 『빨간 암탉(The Little Red Hen)』
• 제럴드 맥더멋(McDermott, Gerald). 『거미 아난시(Anasasi the Spider)』
• 팻 모라(Mora, Pat). 『The Rainbow Tulip』
• 릴리안 오블리가도(Obligado, Lilian). 『Three Little Kittens』

〈계속〉

1) 원서 번역된 책만 한글 병기.

- 마르쿠스 피스터(Phister, Marcus). 『무지개 물고기(The Rainbow Fish)』
- 페기 라스만(Rathman, Peggy). 『Officer Buckle and Gloria』
- 마그렛 레이 외(Rey, Margret, & Rey, H. A.). 『Curious George Visits the Police Station』
- 존 셰스카(Scienscka, Jon). 『늑대가 들려주는 아기돼지 삼형제 이야기(The True Story of the Three)』
- 존 T. 스태플턴(Stapleton, John T.). 『The Littlest Mermaid』

자기 인식과 자기 관리

- 이솝(Aesop). 『The Boy and the Nuts』
- 이솝(Aesop). 『여우와 까마귀(The Fox and the Crow)』
- 이솝(Aesop). 『우물에 빠진 개구리(The Frogs at the Well)』
- 이솝(Aesop). 『황금알을 낳는 거위(The Goose That Laid the Golden Egg)』
- 줄리아 쿡(Cook, Julia). 『내 입은 펑 터지는 화산인가 봐!(My Mouth Is a Volcano!)』
- 마리아 디스몬디, 캐시 하이엇(Dismondy, Maria, and Hiatt, Kathy). 『Spaghetti in a Hot Dog Bun: Having the Courage to Be Who You Are』
- 로안 개더트(Gaeddert, LouAnn). 『Noisy Nancy Norris』
- 낸 길버트(Gilbert, Nan). 『Champions Don't Cry』
- 패트리샤 매클라클랜(MacLachlan, Patricia). 『사라, 플레인 앤 톨(Sarah Plain and Tall)』
- 피터 레이놀즈(Reynolds, Peter). 『점(The Dot)』
- 모리스 센댁(Sendak, Maurice). 『Where the Wild Things Are』
- 엘베스타 H. 스톤(Stone, Elberta h). 『I'm Glad I'm Me』
- 주디스 비오르스트(Viorst, Judith). 『Alexander and the Terrible, Horrible, No Good Very Bad Day』

사회적 인식

- 올리브 블레이크(Blake, Olive). 『Mystery of the Lost Letter』
- 웹 그리핀(Butterworth, William). 『Leroy and the Old Man』
- 베치 바이어스(Byars, Betsy). 『The House of Wings』
- 캐런 친(Chinn, Karen). 『Sam and the Lucky Money』
- 미리엄 코헨(Cohen, Miriam). 『No Good in Art』
- 맷 데 라 페냐(De La Peña, Matt). 『행복을 나르는 버스(Last Stop on Market Street
- 안네 프랑크(Frank, Anne). 『안네의 일기 The Diary of Anne Frank)』
- 캐슬린 크룰, 유이 모랄레스(Krull, Kathleen, and Morales, Yuyi). 『Harvesting Hope: The Story of Cesar Chavez』
- 신시아 레빈슨(Levinson, Cynthia). 『We've Got a Job: The 1963 Birmingham Children's March』
- 마거릿 메이(Mahy, M). 『The Seven Chinese Brothers』
- 샤론 벨 마티스(Mathis, Sharon Bell). 『The Hundred Penny Box』
- 페기 라스만(Rathmann, Peggy). 『Ruby the Copy Cat』

〈계속〉

- 마고 테이스 레이븐, 크리스 엘리슨(Raven, Margot Theis, and Ellison, Chris). 『Let Them Play』
- 데니스 스미스(Smith, Dennis). 『The Little Fire Engine That Saved a City』
- 캐럴 탤리, 페넬로피 콜빌 페인(Talley, Carol, and Paine, Penelope Colville). 『Clarissa』

관계 기술

- 해리 알러드(Allard, Harry). 『선생님을 찾습니다!(Miss Nelson Is Missing)』
- 해럴드 버슨(Berson, Harold). 『Pop Goes the Turnip』
- 바버라 브레너(Brenner, Barbara). 『Mr. Tall and Mr. Small』
- 잰 브렛(Brett, Jan). 『Berlioz the Bear』
- 로리 크라스니 브라운(Brown, Laurene). 『How to Be a Friend』
- 마샤 브라운(Brown, Marcia Wise). 『Stone Soup』
- 리사 에른스트(Ernst, Lisa Campbell). 『Zinna and Dot』
- 캐서린 에번스(Evans, Katherine). 『A Bundle of Sticks』
- 폴 갈돈(Galdone, Paul). 『빨간 암탉(The Little Red Hen)』
- 러셀 호반(Hoban, Lillian). 『A Bargain for Frances』
- 레오 리오니(Lionni, Leo). 『헤엄이(Swimmy)』
- 자넷 버로웨이, 존 버논(Lord, John Vernon). 『The Giant Jam Sandwich』
- 캐롤 매클라우드(McCloud, Carol). 『Have You Filled a Bucket Today? A Guide to Daily Happiness for Kids』
- 마거리 미첼(Mitchell, Margarie King). 『Uncle Jed's Barbershop』
- 에리카 실버맨(Silverman, Erica). 『The Big Pumpkin』

책임감 있는 의사결정

- 바버라 앤 포트(Barbara Ann Porte). 『Harry in Trouble』
- 마크 브라운(Brown, Marc). 『아서의 애완동물 사업(Arthur's Pet Business)』
- 마든 돌스테트(Dahlstedt, Marden). 『The Terrible Wave』
- 알렉산드라 데이(Day, A). 『Frank and Ernest』
- 카르멘 애그라 디디(Deedy, Carmen). 『The Library Dragon』
- 존 레이놀즈 가디너(Gardiner, John). 『Stone Fox』
- 노마 그린(Green, Norma). 『The Hole in the Dike』
- 론 로이(Hoban, Lillian). 『Awful Thursday』
- 엘렌 야베르닉(Javernick, Ellen). 『What If Everybody Did That?』
- 신시아 레빈슨(Levinson, Cynthia). 『We've Got a Job: The 1963 Birmingham Children's March』
- 닥터 수스(Seuss, Dr). 『Horton Hatches the Egg』
- 닥터 수스(Seuss, Dr). 『The Lorax』
- 셸 실버스타인(Silverstein, Shel). 『아낌없이 주는 나무(The Giving Tree)』
- 로즈메리 웰스(Wells, Rosemary). 『Fritz and the Mess Fairy』

〈계속〉

학교폭력

- 패티 로벨(Lovell, Patty). 『당당해라, 몰리 루 멜론(Stand Tall, Molly Lou Melon)』
- 알렉시스 오닐(O'Neill, Alexis). 『The Recess Queen』
- 닥터 수스(Seuss, Dr). 『The Sneetches』
- 밥 손슨, 마리아 디스몬디(Sornson, Bob, and Dismondy, Maria). 『The Juice Box Bully: Empowering Kids to Stand Up For Others』

공정성

- 스탠 & 잰 베런스타인(Berenstain, Stan, and Berenstain, Jan). 『The Berenstain Bears and the Slumber Party』
- 스탠 & 잰 베런스타인(Berenstain, Stan, and Berenstain, Jan). 『The Berenstain Bears Go Out for the Team』
- 주디 블룸(Blume, Judy). 『Pain and the Great One』
- 메리 블런트 크리스천(Christian, Mary). 『The Green Thumb Thief』
- 엘리너 클라이머(Clymer, Eleanor). 『My Brother Stevie』
- 마리온 코헨(Cohen, Marion). 『Bee My Valentine』
- 스티븐 코스그로브(Cosgrove, Stephen). 『Sniffles』
- 데미(Demi). 『빈 화분(The Empty Pot)』
- 마이클 포먼(Foreman, Michael). 『Moose』
- 진 프리츠(Fritz, Jean). 『The Cabin Faced West』
- 레슬리 맥과이어(McGuire, Leslie). 『This Farm Is a Mess』
- 로버트 오브라이언(O'Brien, Robert). 『니임의 비밀(Mrs. Frisby and the Rats of NIMH)』
- 로버트 뉴턴 펙(Peck, Robert N). 『Soup』
- 로버트 뉴턴 펙(Peck, Robert N). 『Soup and Me』
- 수전 베스 페퍼(Pfeffer, Susan). 『Kid Power』
- 대니얼 핑크워터(Pinkwater, Daniel). 『The Big Orange Splot』
- 토머스 록웰(Rockwell, Thomas). 『How to Eat Fried Worms』
- 닥터 수스(Seuss, Dr). 『The 500 Hats of Bartholomew Cubbins』
- 헬렌 시테리(Siiteri, Helen). 『Adventures of Nicolas』
- 주디스 비오르스트(Viorst, Judith). 『Alexander, Who Used to Be Rich Last Sunday
- 린드 워드(Ward, Lynd). 『세상에서 가장 커다란 곰(The Biggest Bear)』

정직

- 이솝(Aesop). 『양치기 소년(The Boy Who Cried Wolf)』
- 로이드 알렉산더(Alexander, Lloyd). 『The Truthful Harp』
- 애비(Avi). 『Nothing but the Truth』

〈계속〉

- 마리온 데인 바우어(Bauer, Marion Dane). 『잃어버린 자전거(On My Honor)』
- 스탠, 잰 베런스타인(Berenstain, Stan, and Berenstain, Jan). 『The Berenstain Bears and the Truth』
- 마크 브라운(Brown, Marc). 『The True Francine』
- 이브 번팅(Bunting, Eve). 『A Day of Work』
- 스테파니 칼멘슨(Calmenson, Stephanie). 『The Principal's New Clothes』
- 케이 코로아오(Choroao, Kay). 『Molly's Lies』
- 조애너 콜(Cole, Joanna). 『The Secret Box』
- 힐라 콜먼(Coleman, H. C.). 『Tell Me No Lies』
- 카를로 콜로디(Collodi, Carlo). 『피노키오(Pinocchio)』
- 데미(Demi). 『빈 화분(The Empty Pot)』
- 바버라 기리온(Girion, Barbara). 『Misty and Me』
- 주아니타 하빌(Havill, Juanita). 『Jamaica's Find』
- 러셀 호반(Hoban, Russell). 『A Bargain for Frances』
- 딘 휴스(Hughes, Dean). 『Honestly, Myron』
- 에벌린 네스(Ness, Evaline). 『고양이 뱅스가 사라진 날(Sam, Bangs, and Moonshine)』
- 브린턴 터클(Turkle, Brinton). 『갈매기의 친구 오바디아(The Adventures of Obadiah)』
- 마저리 와인먼 샤매트(Weinman, Marjorie). 『A Big Fat Enormous Lie』
- 엘윈 브룩스 화이트(White, E. B). 『트럼펫을 부는 백조(The Trumpet of the Swan)』
- 데이비드, 조안 와일리(Wylie, David, and Wylie, Joanne). 『A Big Fish Story』

친절

- 몰리 뱅(Bang, Molly). 『The Paper Crane』
- 잰 브렛(Brett, Jan). 『The Wild Christmas Reindeer』
- 데니스 카제트(Cazet, Denys). 『A Fish in His Pocket』
- 브록 콜(Cole, Brock). 『The King at the Door』
- 앨버트 시드니 플라이시먼(Fleischman, Sid). 『The Scarebird』
- 듀보즈 헤이워드(Heyward, Du Bose). 『The Country Bunny and the Little Gold Shoes』
- 신시아 라일런트(Rylant, Cynthia). 『Silver Packages: An Appalachian Christmas Story』
- 로버트 D. 샌수시(San Souci, Robert D.). 『The Talking Eggs』
- 닥터 수스(Seuss, Dr). 『Horton Hears a Who!』
- 존 스텝토(Steptoe, John). 『Murfaro's Beautiful Daughters』
- 수전 위치어(Whitcher, Susan). 『Moonfall』
- 샬롯 졸로토(Zolotow, Charlotte). 『우리 동네 할머니(I Know a Lady)』

인내

- 캐런 에릭슨(Erickson, Karen). 『Waiting My Turn』
- 마리 홀 에츠(Ets, Marie Hall). 『나랑 같이 놀자(Play with Me)』

〈계속〉

- 마샤 키비(Kibby, Marsha). 『My Grammy』
- 로버트 크라우스(Kraus, Robert). 『The Carrot Seed』
- 빅토리아 데 라레아(de Larrea, Victoria). 『Waiting for Mama』
- 글렌 라운즈(Rounds, Glen). 『The Blind Colt』
- 샬럿 스테이너(Steiner, Charlotte). 『What's the Hurry, Harry?』
- 니키 웨이스(Weiss, Nicki). 『Waiting』
- 로즈메리 웰스(Wells, Rosemary). 『Max's Breakfast』

시간 엄수

- 제프리 앨런(Allen, Jeffrey). 『Mary Alice, Operator Number 9』
- 셀마 보이드(Boyd, Selma). 『I Met a Polar Bear』
- 존 버닝햄(Burningham, John). 『지각대장 존(John Patrick Norman McHennessy: The Boy Who Was Always Late)』
- 프리실라 프리드리히(Friedrich, Priscilla). 『The Easter Bunny That Overslept』
- 빌 그로스만(Grossman, Bill). 『The Guy Who Was Five Minutes Late』
- 러셀 호반(Hoban, Lillian). 『Bedtime for Frances』
- 시드 호프(Hoff, Sid). 『Henrietta, the Early Bird』
- 필리스 크라실로브스키(Sewell, Marcia, and Krasilovsky, Phyllis). 『The Man Who Tried to Save Time』

2) 2단계: 2차 지원

모든 학생에게 동일한 방식으로 제공되는 1단계 지원과 달리, 2단계 지원은 학생의 요구에 따라 추가된다. 2단계 지원은 1단계 지원을 보완하는 것이지 대체하는 것이 아니기 때문에(Baker et al., 2010), 두 영역 모두에서 양질의 지원을 제공하는 1단계 시스템은 2단계 지원의 필요성을 줄이고 효과적이고 효율적인 통합된 2단계 중재를 위한 더 많은 선택지를 제공한다. 이러한 의미에서, 양질의 1단계 실제는 지원의 기초를 제공하여, 학생들이 이미 학업과 행동 모두에서 최소한의 지원을 받고 있음을 의미한다. 2단계 중재를 고려할 때, 어떻게 하면 1단계 지원을 보완할 수 있는지만 파악하면 된다.

대부분의 학교에는 이미 몇 가지 2단계 학업 및 행동 실제가 마련되어 있으며, 공식적인(즉, 체계화된) 것보다는 비공식적인 실제가 더 많다. 일반적인 2단계 실제는 간단한 개별 또는 소집단 교수(학업적 또는 사회적)부터 환경을 변화시키는 조정(예: 점수 카드, 자료 또는 과제 수준 변경)에 이르기까지 다양하며, 학업 또는 행동 중재로 분류된다(Yong & Cheney, 2013).

이 장의 시작 부분에서 설명한 바와 같이, 이러한 기존 중재 위에 또 다른 층의 통합 중재를 추가하는 것은 (특히, 기존 중재가 체계화되고 효과적인 경우) 이점을 가져다주기보다는 과부하를 일으킬 가능성이 높다. 대신, 더 **현명한 통합**에 대해 다시 생각하는 것은 이미 시행하고 있는 것을 검토하고 현재 시행하고 있는 것 중에 어떤 실제가 학업과 행동을 동시에 지원할 수 있는지 확인하는 것이다.

(1) 2단계 지원을 위한 학생의 요구 평가

더 현명한 통합의 토대에는 학생의 요구를 분석하여 2단계 지원에 가장 적합한 것을 선택하는 것이 포함된다. [그림 4-3]에 표시된 것처럼 학생의 요구는 네 가지 유형으로 나눌 수 있으며, 그에 따라 서로 다른 방식으로 지원해야 한다:

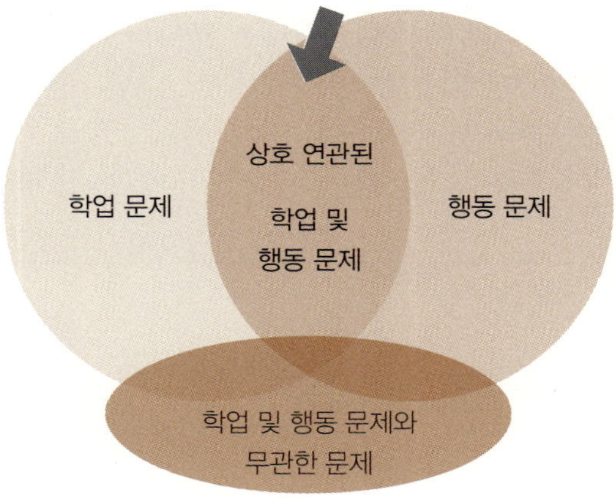

[그림 4-3] 문제의 유형에 따른 네 가지 학생 요구

1. **학업 문제만 있는 경우** 이 범주에 해당하는 경우는 학업에만 어려움을 겪는 학생이다. 하나의 예로 수학 개념을 이해하고 적용하는 데 어려움을 겪는 학생을 들 수 있다. 수학 내용 오류에서만 어려움을 보일 수 있으나, 이와 관련된 행동상의 어려움은 없을 수 있다. 따라서 학업적 중재만이 필요하다.

2. **행동 문제만 있는 경우** 학업이 아닌 행동에 대해서만 지원이 필요한 학생이 있다. 예를 들어 또래의 관심을 끌기 위해 쉬는 시간 동안 복도에서 다른 학생을 주기적으로 괴롭히는 학생이 있지만, 이러한 행동은 학업적 어려움과 관련이 없다. 이러한 상황에서는, 행동

중재만 필요하다.

3. **학업과 관련이 없는 행동 문제** 세 번째 범주는 문제행동을 보이고 학업에도 어려움을 겪는 학생이지만, 한 영역에서의 문제가 반드시 다른 영역의 문제와 연관되지 않는 경우이다. 예를 들어, 쉬는 시간에 자신이 좋아하는 그네를 타기 위해 다른 학생을 밀치는 학생이 새로운 어휘를 배우고 활용하는 데 어려움을 겪을 수 있다. 이 학생은 두 영역 모두에서 문제를 겪고 있지만, 서로 관련 없는 것으로 보인다(그리고 서로 다른 일과 중 발생하기도 한다). 이 학생의 경우, 별도의 학업 및 행동 중재가 필요할 수 있으며, 지원 팀은 학생의 문제를 해결하면서도 교직원의 업무 과부하를 최소화하기 위해, 중재를 동시에 또는 순차적으로 실행하도록 선택할 수 있다.

4. **상호 연관된 학업 및 행동 문제** 마지막 범주는 문제행동이 학업 문제와 직접적으로 연관된 학생을 포함한다. 예를 들어, 학년 수준의 자료를 읽는 데 어려움을 겪는 학생은 학업 과제에서 도피하기 위해 문제행동을 할 수 있다. 읽기 모둠 수업 중에 교사에게 소리를 지르면 교사가 해당 학생을 교실에서 내보낼 수 있다. 이 시나리오에서 발생하는 악순환은, 더 많은 수업과 연습이 필요한 학생이 수업 상황에서 제거되었으므로 실제로는 더 적게 배우게 되고, 또래들은 기술을 쌓아 감에 따라, 읽기 과제가 점점 더 어려워진다는 것이다(McIntosh, Horner et al., 2008). 학생은 읽기 · 쓰기와 행동 모두에서 어려움을 겪고 있으며, 비록 학업과 행동을 각각 중재하는 것도 효과적일 수 있지만, 학업과 행동 지원을 결합한 통합된 중재 또는 적절한 학업 중재를 단독으로 제공하는 것이 더 효율적이고 효과적일 수 있다.

앞에서 설명한 처음 세 가지 경우는 다소 간단하며 단독적인(즉, 독립적인) 학업 및 행동 RTI 시스템에 잘 맞는다. 학생은 그들의 요구에 따라 가능한 2단계 학업 또는 행동 실제에 배정될 수 있다. 제2장에서 설명한 대로, 이러한 학생의 요구를 가능한 한 빨리 파악하고 해결하면, 초기 문제가 상호 연관된 문제로 이어지는 네 번째 경우까지 가는 것을 방지하는 데 도움이 될 수 있다. 통합 시스템이 가장 유용한 것은, 이러한 상호 연관된 문제, 즉 네 번째 경우에 대한 것이다.

(2) 통합된 2단계 중재

2단계에서 효율적인 지원이라는 주요 목표를 고려할 때, 본질적으로 다른 교과에서도 중간 수준의 지원을 제공하는, 기존의 학업 또는 행동 중재를 활용하는 것이 가장 좋은 경우가 많다. 이러한 정보는 효과적이면서도 1단계 지원에 대한 방해를 최소화하는 지원을 계획하는 데 도움이 된다. 예를 들어, 여러 요구를 효과적으로 지원하는 한 가지 실제를 선택함으로써, 두 가지 별개의 중재를 위해 학생을 교실에서 빼내지 않고도, 해당 학생은 일반 교육 환경에서 또래들과 함께 더 많은 시간을 학습할 수 있다. 또한 이미 과부하가 걸린 학교에 점점 더 많은 중재를 추가하는 문제도 피할 수 있다. 교수적 집단화(instructional grouping) 과정은 원래도 복잡한데, 학업과 행동 어려움을 다루기 위해 추가적인 교수적 집단화 과정까지 고려해야 한다면, 수업을 계획하고 행동을 관리하는 것이 너무 힘들어질 것이다.

대신, 통합된 지원은 기존의 교수적 집단화 구조 안에서 차별화 교수(differentiating instruction)를 통해 가장 잘 실행될 수 있다. 학업과 행동 모두에서 2단계 요구가 있는 학생을 지원할 때, 학생의 주요 학업 관심 분야에 대한 소집단 수업에 배치하는 것을 추천한다. 그런 다음 교사는 소집단에 속한 학생의 행동 기능에 따라 행동 지원 전략을 추가하며, 이는 통합된 중재를 선택하는 데 가장 중요한 데이터다(McIntosh, Campbell, Carter, & Dickey, 2009). 다음의 예에서는, 행동 기능에 따라 통합된 지원을 제공할 수 있는 유용한 2단계 학업

표 4-3 행동의 기능에 기반한 통합된 2단계 실제

통합된 모델에서, 학생은 주요 교과 수업 요구에 따라 소규모 교육 집단에 배치된다. 그다음, 아래의 고려 사항을 기반으로 사회적 행동에 대한 조정 및 차별화 교수가 이루어진다.

시나리오	가능한 조정/차별화(differentiation)
1. 학생이 수업 중에 교사의 관심을 끌기 위해 문제행동을 보이는 경우	• 교사의 관심을 끌 수 있는 적절한 방법에 중점을 두고, 기대행동을 가르치고, 연습하고, 인정하기 • 학생이 반응할 수 있는 기회를 더 많이 주고, 그에 대해 교사가 피드백 제공하기 • 다른 학생에게 방해가 되지 않으면서 적절한 방식으로 교사의 주의를 끌 수 있는 교육 환경 마련하기(예: 교사 근처에 앉기, 개별 과제를 위한 '도움 신호' 제공) • 체크인/체크아웃(CICO) 활용
2. 학생이 수업 중에 또래의 관심을 끌기 위해 문제행동을 보이는 경우	• 또래의 관심을 끌 수 있는 적절한 방법에 중점을 두고, 기대행동을 가르치고, 연습하고, 인정하기 • 또래 교수(예: 또래 튜터링, 모둠 활동)의 더 많은 기회 제공하기 • 또래에게 문제행동은 무시하고, 적절하고 친사회적인 행동을 인정하도록 가르치기 • 또래의 방해(예: 좌석 변경)를 최소화할 수 있도록 교육 환경 준비하기

3. 학생이 수업 중 교사나 또래와의 상호작용을 회피하거나 도피하기 위해 문제행동을 보이는 경우	• 기대행동을 간략하게 가르치고 연습하고 학생을 강화하는 반응을 보일 때 인정하기 • 독립적인 구조화된 수업(예: 프로그램 교수, 컴퓨터 지원 교수)을 받을 수 있는 기회 제공하기 • 필요한 사회 · 정서적 기술 가르치기
4. 학생이 학업 과제를 회피하거나 도피하기 위해 문제행동을 보이는 경우	• 특히, 어려움을 보이는 영역의 학업 기술 개발하기 • 학생의 성공 수준에 맞는 수업 제공하기 • 증거 기반의 중재를 활용하여 학업적 어려움이 있는 영역 해결하기 • 참여에 대한 보상을 제공하기 위한 강화 시스템 추가하기 • 체크인/체크아웃(CICO)을 재구성한 'Breaks are Better' 활용[2)]
5. 학생이 학업에 필요한 기술이 부족하여 문제행동을 보이는 경우	• 적절한 교실 내 행동에 중점을 두고, 기대행동을 가르치고, 연습하고, 인정하기 • 학업에 필요한 기술(예: 출석, 정리, 참여) 가르치기 • 체크인/체크아웃(CICO) 활용

및 행동 지원 실제를 분류한다(〈표 4-3〉 참조).

① 수업 중 교사의 관심을 끌기 위해 문제행동을 보이는 학생을 위한 중재

주의 획득을 목적으로 행동 문제를 보이는 학생의 경우, 올바른 학업 및 사회적 반응을 위해 세 단계를 통해 교사의 관심을 받을 수 있는 기회를 제공하는 것이 중요하다. 먼저, 학생에게 기대행동에 대한 간단한 보충수업을 제공하여, 허용되는 행동에 대한 이해를 높이고 교사의 관심을 끌 수 있는 적절한 방법을 설명한다. 예를 들어, 학생과 교사는 교실 PBIS 시스템의 짧은 보충수업으로 수업 중에 교사와 상호작용할 때 존중하고 책임감 있게 행동하는 방법을 복습할 수 있다. 둘째, 학생의 반응과 교사의 피드백이 많이 필요한 학업 교과에서 학생의 반응과 교사의 피드백 기회가 많은 교수법을 사용한다. 읽기 · 쓰기의 경우, 아처, 글리슨, 바숑(Archer, Gleason, & Vachon, 2006)의 REWARDS(Reading Excellence, Word Attack, and Rate Development Strategies)를 예로 들 수 있다. 교사는 지시를 따르는 학생에게 많은 관심을 보이고, 문제행동에 대한 관심은 최소화한다. 셋째, 다른 학생들에게 방해가 되지 않으

2) 역자 주: 체크인/체크아웃을 기반으로 하며, 수업 활동을 회피하는 문제행동을 하는 학생들을 위한 2단계 중재. Boyd, R. J., & Anderson, C. M. (2013). Breaks are better: A tier II social behavior intervention. *Journal of Behavioral Education, 22*, 348-365.

면서도 적절한 방식으로 교사의 관심을 끌 수 있는 교육 환경을 마련한다. 예를 들어, 학생을 교사에게 더 가까이 배치하거나, 신호(예: 카드를 들거나 제스처)를 사용하여 조용히 도움을 요청하도록 가르칠 수 있다(Paine, Radicchi, Rosellini, Deutchman, & Darch, 1983). 또한 학생이 교사의 피드백을 더 많이 받을 수 있도록 구조화하기 위해, 체크인/체크아웃(행동 교육 프로그램으로도 알려져 있음, Crone et al., 2010)과 같은 일반적인 2단계 행동 지원 실제를 추가하는 것이 도움 될 수 있다. 체크인/체크아웃은 일일 진전도 보고서를 사용하여 학생의 행동에 대한 피드백을 강화함으로써, 학생이 교사의 관심을 받을 수 있는 체계적인 프로세스를 제공한다.

② 수업 중 또래의 관심을 끌기 위해 문제행동을 보이는 학생을 위한 중재

또래의 관심을 원하는 학생의 경우, 교사의 관심을 위한 이전의 중재를 수정하여 사회적으로 적절한 방식으로 또래로부터 더 많은 관심을 얻게 할 수 있다. 특히, 또래와의 상호작용에 대한 기대는, 존중받는 또래와 함께 가르치고 실천할 수 있다. 이 지원 범주에 속하는 학생은 학생의 요구가 확인된 학업 영역에서 또래 교수(1단계 섹션에서 설명한 대로)를 받는 것이 도움이 된다. 또래 교수에는 학생의 반응과 또래 피드백을 위한 많은 기회와, 올바른 학업적 반응과 친사회적 행동을 위해 구조화된 또래의 관심이 포함된다. 이러한 프로그램은 종종 집단 강화 전략을 활용하며, 이를 통해 학업 참여를 위한 더 많은 또래 상호작용을 제공한다. 환경적으로는, 학급 전체 또는 소집단이 또래의 문제행동은 무시한 채 과제를 계속하도록 교육하여, 잘못된 행동에 대한 관심을 최소화하고 학업 수업에 더 집중하도록 할 수 있다. 양질의 상호작용을 보장하기 위해 또래를 모니터링하는 것뿐만 아니라, 적절한 행동을 보여 줄 수 있는 또래 근처에 학생을 앉히고, 부적절한 행동에 반응할 가능성이 있는 또래로부터는 멀리 떨어뜨려 앉히는 것도 도움이 된다.

③ 수업 중 교사 또는 또래와의 상호작용을 회피하거나 도피하기 위해 문제행동을 보이는 학생을 위한 중재

앞과는 반대로, 학생은 다른 학생이나 교사와의 상호작용을 회피하거나 도피하는 행동을 보일 수 있다. 이러한 행동 패턴은 종종 학업 기술 결손과 그로 인해 다른 사람 앞에서 실수하는 것에 대한 두려움으로 인해 발생한다. 이러한 상황에서 중재할 때에는 학생이 모둠 활동을 할 때 기대되는 행동을 가르쳐야 한다. 그러나 보충수업은 자기 교수 또는 컴퓨터 보조 수업을 통해 제공할 수 있다. 이러한 수업을 통해 문제를 일으킬 수 있는 사회적 상호작용

없이도 기술을 개발할 수 있다. 예를 들어, 일정 기간의 소집단 수업이 끝난 후, 학생은 추가 기술 개발을 위해 독립적으로 학습할 시간을 가질 수 있다. 일부 프로그램화된 교수 전략은 학생이 스스로 체계적으로 문제를 해결한 다음, 제공된 답과 비교하여 자신의 학습을 즉시 확인하도록 한다. 또 다른 예로, '자연스럽게 읽기'(Read Naturally; www.readnaturally.com)는 사회적 상호작용 없이 읽기 유창성과 이해를 키우는 데 중점을 둔 컴퓨터 기반 구성 요소를 갖추고 있다. 그러나 학생이 다른 사람과 효과적으로 상호작용할 수 있는 사회성 기술이 부족한 경우, 학생이 모둠 활동에 성공적으로 참여할 수 있는 준비를 갖추도록 사회성 기술 교수가 필요할 것이다. 강력한 증거를 기반으로 시중에 판매되는 사회성 기술 프로그램의 한 가지 예로 Second Step: 폭력 예방 교육과정(Committee for Children, 1997)이 있다. 이 프로그램은 1단계에서는 모든 학생에게, 2단계에서는 일부 학생에게, 또는 모든 학생이 1단계 교육을 받고 일부는 2단계에서 추가 교수 또는 실제를 하는 복합적인 중재로 활용될 수 있다(Merrell & Gueldner, 2010).

④ 학업 과제를 회피하거나 도피하기 위해 문제행동을 보이는 학생을 위한 중재

때로는 너무 쉽거나 지루한 과제로 인해 문제행동을 보이기도 하지만, 학업 과제를 회피하기 위해 행동하는 학생은 일반적으로 과제를 완료하는 데 필요한 기술이 부족하다. 이러한 상황에서는, 학업 곤란의 원인이 되는 특정 기술의 결손을 파악하고 이를 개선할 수 있는 수업을 제공해야 한다. 목표는 과제를 더 이상 회피하지 않을 때까지 학업 기술(또는 이러한 기술에 대한 유창성)을 강화하는 것이다. 과제가 더 쉬워지면, 회피나 도피가 불필요해진다. 이를 위해, 문제행동을 유발하는, 결손이 발생한 특정 영역을 교정해 줄 필요가 있다. 예를 들어, 글자 소리 인식에 어려움을 겪는 학생의 경우 읽기 유창성 중재만으로는 문제행동을 줄일 수 없다.

1단계 통합된 전략으로 설명했던 반응 기회를 늘리기 위한 전략은 2단계에서 학업 기술 향상을 위한 차별화 교수로써 활용될 수 있다. 그러나 행동의 기능이 학업 과제를 회피하거나 도피하는 것이므로, 과제를 적절한 수준으로 제시하거나, 해당 행동을 유발할 만큼 학생이 싫어하는 방식으로 과제를 제시하지 않는 것이 중요하다. 또한 학생들이 학업 과제에 지속해서 임하도록 구조화된 강화 시스템을 추가하는 것이 필요할 수도 있다. 그리고, 과제 회피 행동이 나타날 때 '휴식이 더 좋아요(Breaks are Better)'라 불리는 체크인/체크아웃 프로그램을 도입하는 것이 좋은지 고려하는 것도 가치가 있다(Boyd & Anderson, 2013). 이러한 2단계 실제에서는, 학생이 학업 과제 수행을 지나치게 어려워하거나 힘들어할 때 사용할 수 있는 표준화된 휴식 루틴을 가르친다.

⑤ 학업에 필요한 기술이 부족하여 부적절한 행동을 보이는 학생을 위한 중재

학업 및 행동 통합된 요구의 마지막 시나리오는 수업에 참여하는 데 필요한 선행 기술(예: 조직화, 마음가짐, 출석)이 부족한 경우이다. 이러한 기술은 학업을 가능하게 하거나(academic enablers) 또는 학업을 촉진하는 요인(academic facilitators)이라고 하며, 학생이 교실에서 수업에 참여하고 배울 수 있도록 돕는 태도와 참여 행동으로 정의된다(DiPerna, Volpe, & Elliott, 2002). 학생이 수업 환경에 대해 준비되지 않으면, 문제가 연쇄적으로 발생할 수 있다. 예를 들어, 학생이 준비물을 챙기지 않았거나 이전의 학업 과제를 완료하지 못했을 수 있다. 그러면 교사의 교정 피드백이 학생의 문제행동을 불러일으키고, 수업에 방해가 되어 교실에서 퇴실 조치될 가능성이 있으며, 이로 인해 수업에 대한 접근성이 더욱 떨어지게 된다. 이와 같은 경우에는, 이러한 기본 기술을 가르치는 것이 중요하다. 이러한 교육과정의 한 예로 '성공적인 학교생활을 위한 기술'(Skills for School Success; Archer & Gleason, 1990)이 있다. 이 프로그램은 학생들에게 정리 기술을 향상시키기 위한 전략을 제공하며, 중급용(초등 3~6학년) 및 고급용(중학생 이상)이 있다. 이러한 기술을 습득한 후에는, 규칙적으로 활용할 수 있도록 체크인/체크아웃과 같은 실제를 통해 추가적인 피드백과 보상을 제공할 수 있다.

3) 3단계: 3차 지원

다층 접근 방식에서는, 덜 심각한 문제는 보편적인 예방(1단계)과 2단계 지원의 전략적 중재를 통해 해결해야 한다. 3단계에 도달하면, 학생의 요구를 충족하기 위해 제공하는 1단계 또는 2단계 지원만으로는 학생이 성공하기에 불충분하다. 종합적인 MTSS 모델 내에서 어려움이 계속되는 학생은 가장 숙련된 중재 전문가가 제공하는 가장 강력한 중재를 통해 요구의 강도와 심각성을 해결해야 한다. 안타깝게도 효과적인 3단계 지원을 제공하려면, 일을 쉽게 하고자 절차를 생략해서는 안 된다. 이러한 상황에서의 프로그램은 집중적이어야 하고, 학생의 특정 상황에 맞게 조정되어야 한다. 일반적인 3단계 중재 전략이 있지만, 각 지원 계획은 개별 학생의 요구를 가장 잘 해결하기 위해 독특하고 구체적인 방식으로 중재를 통합한다. 〈표 4-4〉는 학업 또는 행동 문제에 대한 3단계 지원 계획을 개발하기 위한 몇 가지 자원을 제공한다.

통합 MTSS 모델에서는, 학업과 행동 간의 상호작용 관계를 고려하는 것이 1단계와 2단계보다 훨씬 더 중요하다. 학교는 학업과 행동에 대한 독립적인 지원 시스템(예: 별도의 의뢰 절차, 별도의 팀, 별도의 지원 계획)을 제공하도록 준비해야 하는 경우가 많다. 이러한 분리는, ① 지원의 연계성, ② 학생 전체에 대한 교육 책임, ③ 종합적인 지원계획 측면에서 문제를 일으킬 수 있다. 학업 문제와 행동 문제를 다루기 위해 중재를 각각 개발하게 되면, 중재를 실행할 때 더 많은 시간과 주의가 요구되어, 그 결과 학업과 행동 중재 모두 잘 실행되기 어렵다. 학생에게 학업 및 행동 문제가 서로 연관된 상황에서는, 행동 문제의 원인이 되는 학업 문제에 초점을 맞춰 중재를 계획하는 것이 중요하며, 그 반대의 경우도 마찬가지다.

표 4-4 3단계 지원 계획을 개발하기 위한 자원들

평가 데이터를 기반으로 학업 또는 사회적 행동 문제에 대한 3단계 중재를 선택할 때 참고할 수 있는 훌륭한 자원이 많이 있다. 각각의 자원은 주로 학업 또는 행동 지원에 중점을 둔다.

3단계 학업지원

Archer, A. L., & Hughes, C. A. (2011). **명시적 교수: 효과적 및 효율적 수업**(*Explicit instruction: Effective and efficient teaching*). New York: Guilford Press.

명시적 교수는 각 지원 단계에 있는 학생들에게 도움이 되지만, 3단계 지원을 받는 학생들에게 특히 중요하다. 이 책은 수업을 설계하고 교수를 조직화하고 전달하는 데 필요한 정보를 제공한다. 이 전략은 모든 학년과 교과에서 유용하다.

O'Connor, R. E., & Vadasy, P. F. (Eds.). (2013). *Handbook of reading interventions*. New York: Guilford Press.

이 핸드북은 읽기에 대한 어려움을 다루기 위한 증거 기반의 방법을 제시한다. 각 장에서는 음운 인식, 파닉스 중재, 어휘, 유창성, 읽기 이해 등 읽기 중재의 주요 영역에 대한 전략을 제공한다. 유아 읽기 · 쓰기 교수, 고학년 학생, 다문화 학생 및 학습장애가 있는 학생을 위한 중재가 제공된다.

Carnine, D. W., Silbert, J., Kame'enui, E. J., Tarver, S. G., & Jungjohann, K. (2006). *Teaching struggling and at-risk readers: A direct instruction approach*. Columbus, OH: Pearson.

이 책은 초급 및 중급 독자를 위한 명시적 교수 원칙과 실제에 대한 포괄적인 설명을 제공한다. 해당 영역은 읽기 및 사전 읽기(prereading)에 국한되지만, 그 내용은 모든 학문적(심지어 사회적) 영역에도 적용된다.

〈계속〉

Daly, E. J., Neugebauer, S., Chafouleas, S. M., & Skinner, C. H. (2015). *Interventions for reading problems: Designing and evaluating effective strategies* (2nd ed.). New York: Guilford Press.

데일리 등(Daly et al., 2015)은 학생이 적절한 기술을 갖고 있지 않은지('할 수 없음'의 문제) 또는 동기가 없는지('하지 않을 것'의 문제) 여부를 판단하기 위해, 읽기 문제를 진단하는 체계적인 프로세스를 마련했다. 진단 결과는 읽기 중재와 연결된다.

Hall, S. L. (2012). *I've DIBEL'd, now what? Next edition: Designing interventions with DIBELS data*. Longmont, CO: Sopris West Educational Services.

이 책은 지원 팀이 초기 문해력을 평가하기 위해 DIBELS를 사용하는 경우, 그 결과를 얻어 소그룹의 개별화된 조기 읽기 · 쓰기 수업을 설계하는 데 유용한 지침을 제공한다. 저자는 DIBELS 결과에서 확인된 일반적인 학업 기술의 결손을 해결하기 위한 구체적인 중재 전략을 권장한다.

Shapiro, E. S. (2010). *Academic skills problems: Direct assessment and intervention* (4th ed.). New York: Guilford Press.

이 책(및 관련 워크북)은 여러 영역에 걸쳐 개별 학업 평가에 대한 포괄적인 안내를 제공하고, 이러한 결과를 활용하여 중재 선택 및 진전도 모니터링을 하는 방법을 설명한다.

3단계 사회적 행동 지원

Crone, D. A., Hawken, L. S., & Horner, R. H. (2015). *Building positive behavior support systems in schools: Functional behavioral assessment* (2nd ed.). New York: Guilford Press.

크론과 호너(Crone & Horner)는 학교 기반 FBA 및 행동지원 계획에 대한 개요를 제공한다. 이 책에서는 타당화 된 축약형 인터뷰 도구인 **기능 평가 체크리스트: 교사 및 교직원**(March et al., 2000)이 포함되어 있다(McIntosh et al., 2008).

O'Neill, R. E., Albin, R. W., Storey, K., Horner, R. H., & Sprague, J. R. (2015). *Functional assessment and program development for problem behavior: A practical handbook* (3rd ed.). Independence, KY: Cengage Learning.

개정된 이 책은 FBA를 수행하고 행동지원 계획을 개발하는 데 있어 훌륭한 자원이며, 특히 심각한 문제 및 그와 관련된 건강 문제가 있는 학생을 위한 것이다. 책에서 제공하는 평가 과정에는 종합적인 인터뷰 도구와 직접 관찰 양식이 포함되어 있다.

Loman, S., Strickland-Cohen, M. K., Borgmeier, C., & Horner, R. H. (2013). *Basic FBA to BSP trainer's manual*. Eugene, OR: University of Oregon, Educational and Community Supports. Available at *www.pbis.org*.

이 무료 자원은 교사가 할 수 있는 '기초 FBA'에 관한 교직원 연수를 위한 완전한 자료가 포함된 매뉴얼로, 비교적 간단하여 장기간의 교직원 연수 없이도 교사가 활용할 수 있다. 연수의 두 번째 부분은 기초 FBA 결과를 기반으로 행동지원 계획을 개발하는 방법에 중점을 둔다.

(1) 효과적인 3단계 지원 계획을 개발하는 데 있어 FBA의 중요성

통합된 3단계 계획을 위한 중재 선택의 핵심 동인은, 제3장에서 설명한 바와 같이 행동의 기능이다. FBA를 통해 기능을 파악하고 확인하면, 지원팀은 종합적인 지원 계획을 위한 구체적 중재전략을 브레인스토밍하고 선택할 수 있다. FBA 결과는 경쟁 경로 도식([그림 4-4] 참조)을 작성하는 데 사용되며, 문제행동의 예측 요인과 결과는 문제행동을 무관하고, 비효율적이며, 비효과적으로 만드는 전략을 선택하는 데 활용된다(O'Neill et al., 2015). 이러한 목표는 환경 변화 및 문제행동과 동일한 요구를 충족하지만 사회적으로 수용 가능한 방식으로 학생에게 기능적 기술을 가르치는 것을 통해 달성된다(Loman et al., 2013).

(2) 통합된 3단계 지원 사례

다음 사례 연구(제3장의 사례 연구에 이어짐)에서는 상호 연관된 학업 및 행동 문제를 해결하기 위해 3단계 지원 계획을 구축하는 다양한 방법에 대해 설명한다.

에디는 기타를 연주할 수 있고 팀 스포츠를 즐기며, 장애는 확인되지 않은 3학년 학생이다. 에디는 친사회적 행동에 대한 반복적인 수업과 연습을 했음에도 불구하고, 교실에서 만성적인 방해행동을 하여 교사로부터 행동 지원에 의뢰되었다. 교실 관찰에 따르면 그는 학년 수준의 글을 읽으라는 요청을 받으면 소리를 지르고 다른 사람을 위협한다. 에디가 이러한 행동을 하면, 교실 구석에 있는 타임아웃 책상으로 보내져, 즉시 잘못된 행동을 멈추게 한다. 제3장에서 에디의 읽기 유창성 벤치마크 데이터를 검토한 결과, 에디는 실제로 자신의 학년보다 훨씬 낮은 수준의 읽기 능력을 보이며, 단어 해독에 상당한 기술 결손이 있음을 알 수 있다. 이러한 결과는 에디의 문제행동이 학업 기술 결손에서 비롯되었음을 나타낸다(이전 섹션, '학업 과제를 회피하거나 도피하기 위해 문제행동을 하는 학생에 대한 중재' 참조). 이러한 과정은 [그림 4-4]의 경쟁 경로 도식에 설명되어 있다.

어떤 접근 방식을 사용하든, 목표는 에디가 문제행동을 하지 않고 학업 과제를 성공적으로 완수하는 것이다. 에디(와 모든 학생)를 위해 이러한 목표를 달성하고자, 우리는 학업 및 행동에서의 성공을 촉진하는 적절한 1단계 실제를 실행하기 위해 노력한다. 우리는 대부분의 학생이 성공할 수 있도록 탄탄한 성취기준을 중심으로 하는 읽기 프로그램(core reading program)을 운영한다. 해당 프로그램은 연구에서 확인된 읽기 교육의 다섯 가지 큰 개념을 다루어야 한다. 또한, 잘못된 행동에 대한 교수적 수정을 제공하는 것뿐만 아니라, 교실에서의 행동 기대치를 가르치고, 연습하고, 인정함으로써, 긍정적인 행동을 촉진한다. 에디의 경우, 1단계 전략만으로는 학업 및 행동 영역에서 성공하는 데 도움이 되지 않는다. 또한, 에디가 겪는 어려움의 빈도와 강도는 2단계 중재 이상의 지원이 필요함을 시사한다. 따라서 에디를 위한 3단계 기능 기반 행동 중재가 개발되었다. 이 중재는 일반적인 단독적인(siloed) 접근 방식을 사용하거나, 통합 접근 방식을 사용하는, 두 가지 방식 중 하나로 개발할 수 있다.

① 단독적인 접근법([그림 4-4])

일반적인 비통합적 실제에 따르면, 행동지원 팀은 예방, 교수, 후속 결과 전략의 세 가지 구성 요소로 기능 기반 중재를 실행할 수 있다(이 과정에 대한 자세한 안내는 크론 외(Crone et al., 2015) 참조). 팀은 학년 수준의 읽기 자료를 제공하지 않음으로써 문제행동을 방지하는 전략을 실행할 수 있다. 이 전략은 문제행동을 유발하는 학생이 싫어하는 요청을 제거함으로써 이러한 행동의 필요성을 줄이는 것이다. 둘째, 행동지원 팀은 문제행동(도피)으로 얻어낼 수 있는 것과 동일한 결과를 가져오는 대체행동(휴식 요청)을 가르칠 수 있다. 이 계획은 에디에게 학습 과제로부터 벗어날 수 있는 사회적으로 수용 가능한 방법을 제공하기 때문에, 문제행동을 줄일 가능성이 높다는 점에서 기능적이다. 그런 다음, 팀은 후속 결과 전략을 사용하여 올바른 방식으로 휴식을 요청했을 때 과제 회피를 보장하고, 학생이 원하지 않는 행동을 도피하고 싶어서 나타내는 문제행동을 방지할 수 있다. 결과적으로 그러한 행동이 줄어든다면 팀은 만족할 것이다. 이와 동시에(행동지원 고려 사항과는 별개로), 학업지원팀

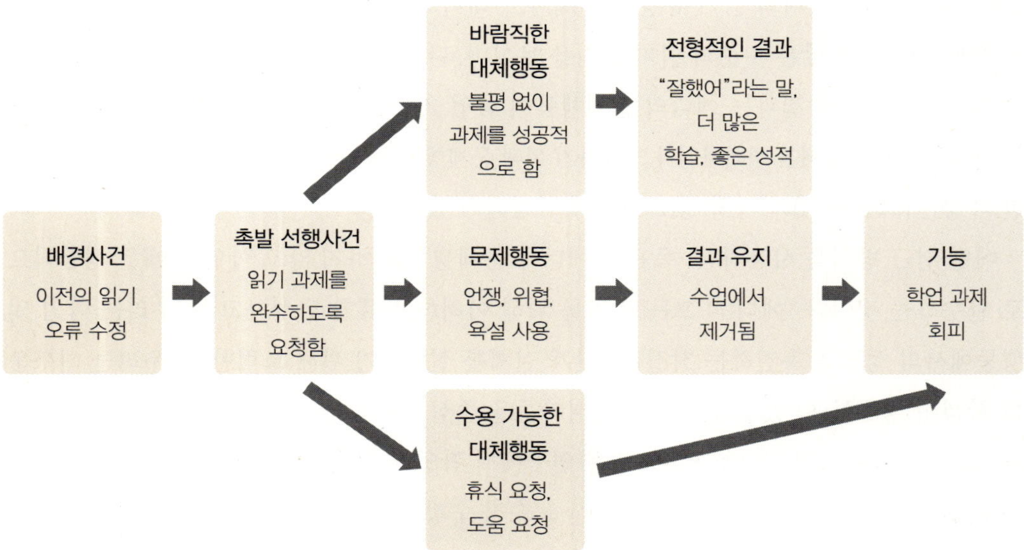

[그림 4-4] 행동의 경쟁 경로 분석

은 에디에게 추가적인 교육 기회를 제공하고 반복 연습을 통해 읽기 능력이 향상되기를 바라며, 동일한 수업을 더 많이 제공하는 '이중 투여' 접근 방식을 실행할 수 있다. 이러한 '통합된' 계획에서, 행동 팀은 문제행동을 줄이기 위한 중재를 제공하고, 학업 팀은 학업 기술을 향상시키기 위한 중재를 제공했다. 두 영역 모두 지원되고 있는 것으로 보인다.

그렇다면 이러한 방식에는 어떤 문제가 있는가? 이 계획이 문제가 되는 이유는 에디가 이미 읽기 수업을 회피하거나 도피하기 위해 방해행동을 하고 있기 때문이다. '더 많은 동일한' 수업을 추가하고 휴식 시간을 활용하도록 장려하면 학업 수업에 대한 접근성이 더욱 감소할 가능성이 높다. 에디가 성공하려면 추가적인 지도가 필요하지만, 문제행동이나 대체행동을 통해 결국 수업에서 제외되는 악순환이 발생한다. 결과적으로, 팀은 문제행동은 줄였지만 애초에 학업 과제를 싫어하게 만드는 근본적인 문제는 해결하지 못했다. 더 나은 중재 계획은 동일한 행동 기능을 해결하면서 읽기를 덜 싫어하게 만드는 학업 기술을 개선하여 읽기 과제 회피를 불필요하게 만드는 것이다.

② 통합된 방법([그림 4-5])

통합된 중재계획([그림 4-5] 참조)은 학업 및 행동 결손을 동시에 고려하며, 이 둘의 연관성에 더욱 중점을 둔다. 일반적인 지원과 마찬가지로, 예방, 교수 및 후속 결과 구성 요소가 포함된다. 하지만 이러한 구성 요소는 에디의 요구와 더 밀접하게 연관되어 있다. 우리의 즉각적인 목표는 에디를 교육 환경에 계속 머물게 하여 에디의 기술을 향상시키기 위한 추가 교수가 이루어질 수 있도록 하는 것이다. 따라서 단독적인 계획에서 제안한 것처럼, 에디에게 과거와 같은 방식으로 읽기 과제를 주어서는 안 된다. 에디에게 단순히 학년 수준의 읽기 과제를 회피하게 하는 대신, 에디의 수준에 맞는 학업 과제(예: 더 쉬운 내용)를 제공하는 데 더 중점을 두어야 한다. 또한 내용은 덜 위협적인 방식으로 제시될 수 있다(예: 교사가 내용을 안내하고, 촉구하고, 양을 줄여서 제시). 마지막으로, 에디가 학업적으로 성공하는 데 필요한 전제 조건 또는 필수 기술을 강화하는 데 중점을 둔다. 그 결과, 에디는 단순히 어려운 과제를 하지 말라는 요청을 받는 것이 아니라, 도전적이지만 덜 싫어하는 과제를 부여받아 학업성취도를 높일 수 있게 된다. 이 계획의 교육 구성 요소에서, 필요한 경우, 이전 계획에서 사용한 휴식 절차를 계속 가르칠 수 있다. 하지만 우리는 계획에서 학업 기술 개발에 더욱 집중한다. 이 구성 요소에는 에디의 특정 기술 결손에 맞춰 에디의 수준에 맞는 학업 지도가 포함된다([그림 4-6] 참조). 이 구성 요소가 없으면, 에디의 기술은 결코 발전하지 않을 것이며, 독서는 여전히 혐오스러운 행동으로 남아, 어려운 과제가 주어질 때마다 문제행동이나 과도

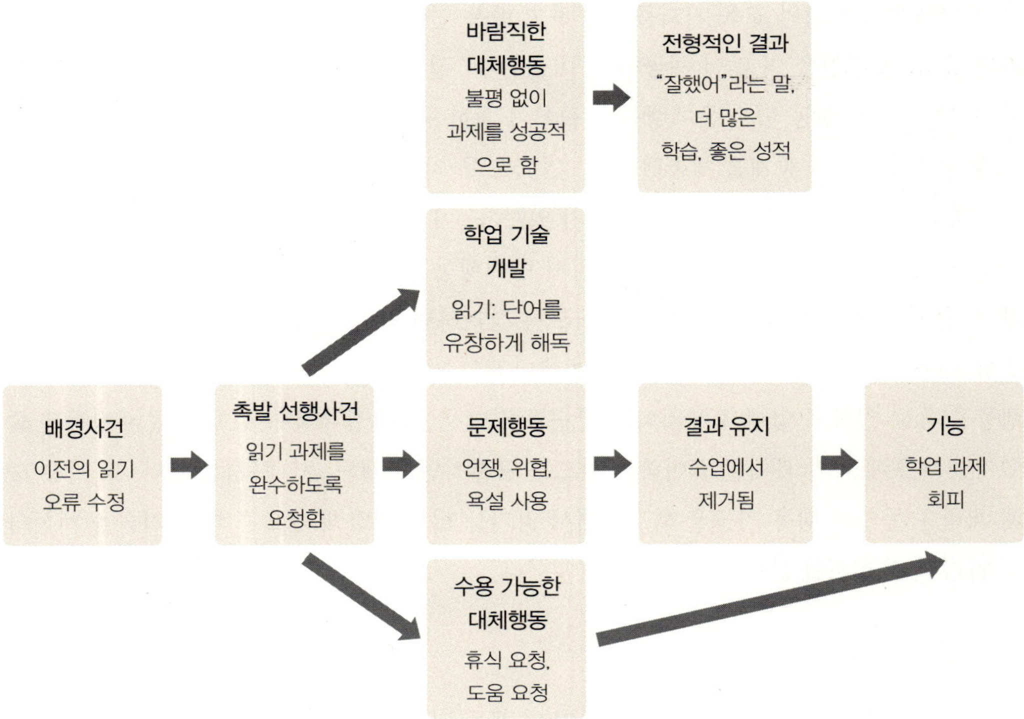

[그림 4-5] 통합된 학업 및 행동의 경쟁 경로 분석

한 휴식 시간 사용으로 이어질 것이다.

경쟁 경로 도식이 개발되고 가능한 전략이 브레인스토밍되면, 몇 가지 의사 결정 규칙에 따라 전략이 좁혀진다(Albin, Lucyshyn, Horner, & Flannery, 1996). 먼저, 각 전략의 효과성을 고려하여 FBA와 일치하지 않는 전략을 제거해야 한다. 다음으로, 중재를 충실하게 실행할 수 있도록 적절한 자원(예: 시간, 자료, 중재 기술)을 확보하고 있는지도 고려해야 한다. 교육 환경의 복잡성과 교사에게 요구되는 많은 요구 사항을 고려할 때, 학생에게 교육적으로 중요한 결과를 촉진하기 위해 우리가 할 수 있는 가장 작은 변화에 집중하는 것도 중요하다. 마지막으로, 중재의 실행 가능성을 결정하기 위해 실행자의 맥락을 고려해야 한다. 이러한 과정의 주요 결과는 충실하게 실행할 수 있는 기술적으로 건전한 계획을 수립하는 것이다. 때로는 완벽하지는 않지만 잘 실행되는 계획이, 전혀 실행되지 않는 매우 강력한 계획보다 낫다는 사실을 기억할 필요가 있다.

배경사건 전략	선행사건 전략	전략 교수	후속 결과 전략
읽기 교육과정이 적절한 수준인지 평가–적절한 수준에 배치하기 집중적인, 증거 기반 읽기 프로그램(예: 읽기 숙달, 교정적 읽기) 활용 읽기 시간 동안 또래 청중 제거	과제 완료 독려 과제 난이도 완화 첫 번째 활동 함께 하기 다양한 과제 제공 학습지에서 어떤 읽기 항목을 작성할지 선택할 수 있음	**행동 기술 전략** 문제행동에 대한 대체 행동을 가르치고 연습: 1. 휴식 요청 2. 도움 요청 **학업 기술 전략** 특정 학업 기술을 가르치고 연습: 1. 해독 기술	요청이 있을 때 휴식과 도움 제공 과제 시작 후 1분 이내에 보상을 제공(3, 5, 10분으로 '짧게') 문제행동에 대한 보상 최소화(과제를 완수하지 않은 상태에서 타임아웃으로 보내지 않기) 바람직한 행동에 대한 보상

[그림 4–6] 학업 및 행동에 대한 통합 경쟁 경로 분석을 기반으로 가능한 중재 전략

3. 통합된 실제 선정을 위한 지침

학업 RTI와 PBIS 모두 시스템 수준의 방법이며 그 자체로 중재가 아니기 때문에, 이 두 가지(또는 통합된 MTSS)를 채택하려면 특정 실제를 선택하고 실행해야 한다. 이 장에서 설명한 바와 같이, 실제(practices)는 교육과정 및 기타 출판된 프로그램, 무료로 배포된 중재, 또는 학생의 수행을 향상시키는 데 사용되는 간단한 전략이나 요령일 수 있다. 학업 RTI와 PBIS 모두 중재 선택에 대한 세 가지 기본 기준이 있다. 첫째, 실행의 질(또는 충실도)을 측정할 수 있어야 한다. 둘째, 증거 기반(연구로 타당화된, 또는 IDEA에서 '과학적, 연구 기반'이라고도 함; 미국의 장애인교육법, 2004)이어야 한다. 셋째, 학생의 요구에 따라 강도가 높아지는 연속적·단계적 지원을 제공하기 위해 전략적으로 채택되어야 하며, 너무 많은 중재가 이루어져 제대로 실행할 수 없어서는 안 된다. 첫 번째 기준을 평가하는 데 사용된 데이터에 관해서는 제3장에서 다루었으며, 이 섹션에서는 두 번째 및 세 번째 기준에 대해 설명한다.

1) 증거 기반의 실제 선택하기

증거 기반의 실제를 선택하는 것에 관한 중요성은 두말할 나위가 없다. 간단히 말해, 교육

에 사용할 수 있는 귀중한 몇 안 되는 자원을 효과가 없을 것 같은 실제에 낭비해서는 안 된다. 특정 실제가 효과가 있을 가능성이 더 높다면(즉, 다양한 학교와 학생들에게 효과가 있다는 연구 결과가 더 많다면), 그것이 아닌 다른 실제를 선택하는 것을 정당화하기는 어렵다. 그렇다면 어떤 실제가 근거에 기반한 것인지 아닌지를 어떻게 결정할 수 있는가?

(1) 증거 기반의 실제란

중재를 위한 증거 기반을 결정하는 데 있어 논리적인 출발점은 증거 기반이 무엇인지에 대한 명확한 기준을 갖는 것이다. 그러나 교육 전반에 걸쳐 공통된 정의나 이러한 기준에 관한 규정이 없다(Kratochwill & Stoiber, 2002). 그 결과, 출판사는 (값비싼 교육과정 표지에 반짝이는 스티커를 붙여) 자신의 프로그램이 '증거 기반'이라고 주장하기 쉽다. 이에 따라, 많은 협회(예: 미국 심리학 협회, 긍정적 행동지원 협회, 특수 아동 위원회, 예방 연구 협회)에서 이러한 라벨에 대한 자체 기준을 개발했다. 위와 같은 다양한 협회의 정의에는 몇 가지 차이점이 있지만, 비슷한 점이 훨씬 더 많다. 이들 연구의 일부를 바탕으로, 증거의 정도에 따른 세 가지 수준을 통해 학업 및 행동 실제를 평가하는 데 사용할 수 있는 매우 간단한 분류 시스템이 다음과 같다: ① 입증되지 않은 실제, ② 연구 기반의 실제, ③ 증거 기반의 실제.

① 입증되지 않은 실제

안타깝게도, 학교에서는 그 효과를 뒷받침하는 증거가 없거나, 심지어 학생들에게 해로울 수 있다는 증거가 있는 많은 실제가 사용되고 있다. 의학, 법률, 심지어 자동차 수리 분야에서도 증거가 없는 실제가 정기적으로 사용된다는 것은 상상하기 어렵지만, 교육 분야에서는 흔히 볼 수 있는 일이다. 예상한 대로, 이러한 실제는 피해야 할 뿐만 아니라, 적극적으로 금지되어야 한다. 예를 들어, 현재까지 다수의 연구 결과에 따르면 약물 남용 예방 프로그램인 D.A.R.E.(Drug Abuse Resistance Education, 약물 남용 저항 교육)은 효과가 없거나 잠재적으로 해로울 수 있으므로(즉, 약물 남용을 증가시킬 수 있음) 약물 남용을 예방하거나 줄이기 위해 다른 실제를 선택해야 한다(Cornell, 2006).

② 연구 기반의 실제

증거의 다음 단계인, 연구 기반의 실제는 (입증되지 않은 실제 범주와 마찬가지로) 엄격한 연구를 통해 평가되지는 않았지만, 적어도 효과가 있을 가능성이 있다는 연구 결과를 바탕으로 설계된 실제를 말한다. 예를 들어, 연구로 검증된 교수법 원리(이 장의 시작 부분인 148~153쪽에 설명된 것과 같은)를 사용하여 (연구에 따르면 중요한 초점인) 듣기이해 또는 정서 조절을 향상시키기 위해 고안된 검증되지 않은 중재는, 대상과 방법에 대한 최상의 정보를 바탕으로 만들어졌으므로 연구 기반으로 간주할 수 있다. 엄격하지 않은 연구를 통해, 그 가능성을 입증하는 일부 연구가 있는 경우에도 연구 기반의 실제로 간주될 수 있다. 예를 들어, 평가 또는 조건에 대해 무선 할당하지 않은 연구(즉, 학생이나 학교가 실험군 또는 통제군으로서 무작위로 선택되지 않은 경우)에서 해당 실제가 효과가 있는 것으로 나타났을 수 있다. 이러한 수준의 증거는 아직 높지 않지만, 현재까지 해당 영역에서 효과가 있는 것으로 입증된 다른 중재가 없는 경우 연구 기반의 실제로 선택하는 것이 허용될 수 있다(Kratochwill & Shernoff, 2004).

③ 증거 기반의 실제

이전 범주와는 달리, 증거 기반의 실제는 여러 엄격한 연구에서 학생의 성과를 향상시키는 것으로 나타났다. 우리의 시스템에서, 이 라벨은 단순한 연구 이상의 의미를 갖는다. 증거 기반 라벨을 획득하는 연구는 몇 가지 권위 있는 학회지 출판물에서 도출한 표준을 준수해야 한다(Flay et al., 2005; Gersten et al., 2005; Horner, Carr, et al., 2005). 우리의 관점에서 볼 때, 증거 기반이라고 불리려면, 연구는 다음과 같은 네 가지 기준을 충족해야 한다: 첫째, 양질의 실험연구(무선 할당한 집단연구이거나 실험적 단일 사례 설계)가 최소 2개 이상이어야 하고, 둘째, 이러한 연구는 서로 다른 기관의 팀에 의해 수행되어야 하며(개발자와 관련이 없는 팀이 최소 1개 이상 포함), 셋째, 부정적인 부작용 없이 교육적으로 의미 있고 가치 있는 결과에 대한 긍정적 효과가 일관되게 문서화되어야 하며, 넷째, 일반적인 자원을 갖춘 전형적인 학교 인력이 해당 실제를 완전히 실행할 수 있다는 증거가 있다. 마지막 기준이 중요한데, 초기 연구에서는 종종 효과성이 아니라 실제의 효능(즉, 훈련된 임상의와 광범위한 자원을 갖춘, 이상적인 조건에서의 효과)을 평가하기 때문이다(Bearman, Ugueto, Alleyne, & Weisz, 2010). 이러한 분류 체계의 예로서, PBIS의 일부인 일반적인 실제 모음집은 문제행동, 학업성취도, 괴롭힘, 학교 안전 및 감정 조절에 대해 긍정적이고 임상적으로 의미 있는 효과를 보여 주는 일반적인 실행자가 수행한 여러, 양질의, 무작위 대조 시험을 통해 증거 기반의 실제 기준을 충족한다(Bradshaw et al., 2012; Horner, Sugai, & Anderson, 2010; Waasdorp et al., 2012).

(2) 증거 기반 검토를 위한 데이터

증거 수준을 결정할 때는 연구 자체의 질이 높은지가 중요하다. 엄격하게 통제된 설계가 없으면, 긍정적인 효과에 의문이 생길 수 있으며, 덜 엄격한 연구에서 얻은 증거만 있는 실제는 양질의 연구가 수행되기 전까지는 연구 기반보다 높은 평가를 받을 수 없다. 양질의 연구 기준에 대해 더 자세히 알고 싶은 독자는 거스텐 등(Gersten et al., 2005) 및 호너 등(Horner et al., 2005)의 논문에서 명확한 지침을 찾을 수 있다.

그러나 이러한 기준이 그 자체만으로, 실제에서 확신을 갖기 위해 필요한 모든 증거가 아니다. 다른 수준의 증거도 필요하다: 선택하고 실행 후에는, 특히 문화적 · 언어적으로 다양한 학생들을 지원할 때 해당 실제가 당신이 지원하는 특정 학생들에게 효과가 있음을 보여야 한다. 모든 경우에, 실제의 증거 기반과 관계없이, 실제가 적용되는 특정 학생 또는 학생 집단에 대해 효과성을 평가해야 한다(Kratochwill & Shernoff, 2004). 다른 학교에서 효과가 있다고 해서 우리 학교에서도 자동으로 효과가 있을 것이라고 가정해서는 안 된다. 학생 개개인의 데이터만이 그 답을 알려줄 것이다.

2) 이미 실행 중인 실제를 평가하여 그중에서 선택하기(자원 배치)

어떤 실제를 추가할지 결정하기 전에, 자원 배치(resource mapping)라 불리는 과정을 통해 학교의 현재 학업 및 행동 지원 실제를 목록화하여 이미 실행 중인 실제를 파악하는 것이 도움 되는 경우가 많다. 이러한 실제를 통해 학교 또는 지역교육청 팀은 이미 실행 중인 실제의 장점과 지원을 위한 선택지가 거의 없는 영역을 분석할 수 있다. 격차 분석(gap analysis)이라 불리는 이 후자의 단계는, 팀이 새로운 실제를 선택하고 실행하는 데 필요한 우선순위를 정할 때 도움이 된다. 또한, 자원 배치도(a resource map)를 검토하면서, 일부 실제가 더 이상 활용되지 않거나 필요하지 않으며 더 관련성이 높거나 효과적인 실제로 대체될 수 있다는 사실을 알게 될 수도 있다. 자원 배치 활동에는 여러 가지 유형이 있으며, 각 활동에는 고유한 목적이 있다.

(1) MTSS 신속 점검

가장 간단한 형태로서, 자원 배치도는 삼각형 모형 내에서 각 단계의 실제를 채울 수 있는 빈칸이 있는 한 쪽짜리 문서일 수 있다(완성된 예는 [그림 4-7], 빈칸이 있는 양식은 〈부록 4-1〉 참조). 모든 단계를 한 번에 평가하면 현재 실행 중인 것과 앞으로 필요한 것이 무엇인지를 간단하고 효율적으로 파악할 수 있다. 이 도구는 학교 전체를 평가하는 데 자주 사용되지만, 특정 학년이나 학급을 대상으로도 사용될 수 있다. 점검을 완료하기 위해, 팀원은 삼각형의

MTSS 신속 점검

학교: 파크스 초등학교　　날짜: 2015년 9월 13일

학년/반: 1학년　　영역: 사회적 행동

실제 목록(전략, 프로그램)

모든 학생을 위한 실제(1단계)

- 기대행동 수업(연초)
- 정기적으로 기대행동 촉진하기
- 곰 발바닥(*bear PAWS*) 티켓[3]
- 사회정서학습(*second step lesson*)
- 학교폭력 예방 *PBIS* 수업

위험군 학생을 위한 실제(2단계)

- 전문상담(교)사에게 의뢰

개별 학생을 위한 실제(3단계)

- 기능 기반 지원 계획
- 교육청 행동지원팀에 의뢰
- 포괄적 지원(*Wraparound support*)
- 다체계적 치료
- 부모관리교육

MTSS 신속 점검

학교: 파크스 초등학교　　날짜: 2015년 9월 13일

학년/반: 1학년　　영역: 읽기 · 쓰기

실제 목록(전략, 프로그램)

모든 학생을 위한 실제(1단계)

- 90분 블록 타임 집중 읽기 수업
- 유연한 모둠 구성
- 수업 기대를 명확히 하는 학습
- 증거 기반 핵심 교육과정
- 자모체계의 원리에 집중

위험군 학생을 위한 실제(2단계)

- 핵심 교육과정으로 이중 학습
- 또래 지원 학습 전략
- 읽기 유창성 개발 프로그램(*Read Naturally*)
- 읽기 보충수업
- 초기 문해 프로그램(*Road to the Code*)

개별 학생을 위한 실세(3단계)

- 기술 수준을 기반으로 한 소집단 구성
- 초기 읽기 중재 프로그램(*Scott Foresman ERI*)
- 읽기 숙달

[그림 4-7] MTSS 단계별 사회적 행동 및 읽기 · 쓰기 실제에 대한 MTSS 신속 점검 작성 예시

---

3) 역자 주: 미국의 일부 학교에서 학생들의 긍정적인 행동을 장려하기 위해 사용하는 보상 시스템의 일환으로, 학생들이 긍정적인 행동을 보일 때마다 'PAWS' 티켓을 제공하여 기대행동을 지속하도록 유도함. PAWS는 Positive Attitude(긍정적인 태도 갖추기), Act Responsibly(책임감 있게 행동하기), Work Hard(열심히 하기), Show Respect(존중하기)의 약자임.

해당 칸 옆에 각 지원 단계별 실제를 나열하여 학교 내에서 학업 및 행동 지원을 위해 사용할 수 있는 실제를 표시한다(통합된 지원을 위한 도구는 이 장의 뒷부분에 설명되어 있음). 다음 단계는 상업적으로 구매한 프로그램, 교사가 개발한 실제, 기본 전략 등 현재 실행 중인 모든 실제를 작성하는 것이다. 또한, 일부 팀에서는 단순히 앞으로 사용할 수 있는 실제와 현재 사용 중인 실제를 구분하고 싶을 수 있다. 작성이 완료되면, 마지막 단계는 이러한 실제를 검토하여 ① 실행 중인 실제와 필요한 실제의 격차와 ② 제거할 실제 또는 보다 체계적인 증거 기반의 실제로 대체할 수 있는 실제를 파악하는 것이다.

예를 들어, [그림 4-7]의 신속 점검(Quick Audit)을 생각해 보자. 파크스 초등학교는 1학년을 대상으로 행동 및 읽기 · 쓰기 지원 시스템에 대한 신속 점검을 완료하여 격차가 발생한 곳과 개선이 필요한 영역을 파악했다. 행동 실제가 읽기 · 쓰기 실제로써 작용할 수 있고, 그 반대의 경우도 가능하다는 점은 명확하지만, 신속 점검을 통해 팀과 코치는 한 번에 하나의 교과에 집중하여 양질의 실행을 수행할 수 있다. 그러나 읽기 · 쓰기 점검에는 '교수 기대를 명확히 하는 수업(instructional expectations lessons)'이 포함되는데, 이는 지원팀이 이를 효과적인 읽기 · 쓰기 교수를 위한 핵심적인 1단계의 실제로 강조하는 것이 중요하다고 느끼기 때문이다. 신속 점검 활동을 통해 시스템 개선을 위한 점검이 필요한 요소가 무엇인지 파악할 수 있다. 예를 들어, 행동에 대한 2단계에서, 단 하나의 실제(제공되는 서비스 및 효과성 측면에서 크게 다를 수 있음)만 존재한다는 것은 이 영역에 실제를 추가해야 함을 나타낸다. 체크인/체크아웃과 같이, 학생의 요구에 따라 조정할 수 있는 비용 효율이 높은 실제 하나를 선택하면, 학교는 3단계 지원이 필요하다고 간주된 일부 학생이 실제로는 2단계에서도 적절하게 지원받음을 발견할 수 있다. 반면에, 읽기 · 쓰기 2단계에서는, 실제가 너무 많아서 모든 실제를 충실하게 제공하기가 어렵거나 적어도 비효율적일 수 있다. 팀은 새로운 2단계 행동 실제를 구현할 시간을 확보하기 위해 하나 이상의 실제를 제거하는 것을 고려할 수 있다. 읽기 · 쓰기 3단계에서는, 일부 빈칸이 있더라도, 팀이 현재 시행 중인 실제들로 학생들이 적절히 지원받고 있다고 판단하면, 더 이상 추가할 필요가 없을 수 있다. 목표는 문서의 모든 칸을 채우는 것이 아니라, 양질의 지원을 제공하는 것이다.

(2) 2단계 자원 배치도

MTSS 신속 점검은 광범위한 관점을 제공할 뿐 아니라, 각 단계에서 자원 배치를 세부적으로 수행할 수 있다. 이러한 과정은 특히 2단계에서 유용한데, 평가 결과에 따라 특정 학업 기술 결손이나 요구에 따라 다양한 2단계 중재가 필요함을 보여 주기 때문이다. PBIS에서

핵심 구성 요소

학교: 리버뷰 초등학교　　　　날짜: 2015년 10월 30일

2단계 중재 ➡ 특징 ⬇	체크인 체크아웃	사회적 기술 동아리	슬픔/상실 집단	숙제 동아리	점심 친구
성인의 관심 획득 가능	X	X	X	X	X
동료의 관심 획득 가능		X	X		X
다양한 대체 활동 선택 가능	X	X	X	X	X
혐오하는 활동을 회피하기 위한 선택지	X	X	X	X	X
혐오하는 사회적 관심을 회피하기 위한 선택지			X		X
하루 동안 '해야 할 일'에 대한 추가적인 구조적 촉구	X	X			
매일 최소 5회 이상 체계적인 피드백을 받음	X				
학교-가정 간 의사소통 시스템	X			X	
자기 관리 시스템에 적응하기 위한 선택지	X	X		X	X

[그림 4-8] 완성된 2단계 기능 기반 중재 자원 배치 예시

학교 팀은 때때로 학생 행동의 기능에 맞는 적절한 중재를 실시하고 있는지 파악하기 위해, 이에 관한 정보를 배치한다(Horner & Todd, 2002; 완성된 문서는 [그림 4-8], 빈칸이 있는 양식은 〈부록 4-2〉 참조). 2단계 기능 기반 중재 및 자원 배치 양식에서, 학교 팀은 활용 가능한 2단계 중재 표를 작성하고 이를 행동의 기능과 중재의 특징에 일치시킨다. MTSS 신속 점검과 마찬가지로, 팀은 2단계 지원을 더욱 완벽하게 만들기 위해 어떤 중재를 추가할지 결정하고자 실제의 격차를 조사할 수 있다. 예시 학교의 중재에는 체크인/체크아웃, 사회성 기술 동아리, 슬픔/상실 집단, 숙제 동아리, 점심 친구 선택지가 포함된다. 각 중재를 검토하여 참여 학생이 이용할 수 있는 가능한 유형의 강화를 결정한다. 그런 다음 팀은 학생 행동의 가능성 있는 기능에 따라 적절한 2단계 중재를 선택한다. 예를 들어, 문제행동이 성인의 관심으로 유지되는 학생은 모든 중재에 배치될 수 있지만, 또래의 관심으로 행동이 유지되는 경우, 사회성 기술 동아리, 슬픔/상실 집단(적절한 경우) 또는 점심 친구 선택지가 더 적합할 수 있다. 이러한 각 중재는 규칙적이고, 구조화된 사회적 상호작용을 제공하므로, 통제된 환경에서

2단계 중재 ➡ / 특징 ⬇	Open Court	K-PALS	PALS	REWARDS	Passport	Read Naturally
성인의 관심 획득 가능	X		X	X	X	
동료의 관심 획득 가능		X	X	X		
혐오하는 활동을 회피하기 위한 선택지						X
혐오하는 사회적 관심을 회피하기 위한 선택지						X

[그림 4–9] 완성된 통합된 학업 및 행동 자원 배치 예시

또래의 관심을 받을 수 있다. 일부 중재는 또래의 관심을 제공하도록 수정할 수 있지만(예: 체크인/체크아웃), 또 다른 중재는 개별화하지 않는 것이 더 자연스럽게 적합하여, 이를 통해 2단계 중재의 효율성을 높일 수 있다.

앞서 소개한 자원 배치 예시가 이 책에서 설명하는 방식에 맞게 학업과 행동 실제를 통합할 수 있는 방법을 반드시 보여 주는 것은 아니다. 하지만 자원 배치는 통합을 위한 중요한 도구가 될 수 있다. 통합된 학업 및 행동 2단계 자원 배치도를 설명하기 위해, 미국 캔자스주 쇼니 미션 스쿨 학구의 돈 밀러(Dawn Miller)는 2단계 학업 중재 전달에 내재된 구성 요소에 기능을 일치시키는 보다 포괄적인 표를 개발했다([그림 4–9] 참조). 문제행동을 유발할 수 있는 특정 학업 결손을 해결하는 것이 학업 중재를 통해 행동지원을 제공할 수 있는 가장 확실한 방법이지만, 다른 고려 사항도 있다. 예를 들어, 또래의 관심으로 유지되는 문제행동은 또래 지도를 통해 학업지원을 제공하는 PALS(http://kc.vanderbilt.edu/pals)와 같은 또래 중재 전략으로 해결할 수 있다. 이러한 통합된 접근 방식에서, 학생은 기능별 지원에 대한 학업 및 행동 요구를 본질적으로 모두 충족하는 기존의 2단계 학업 중재에 배치된다.

그런 다음 이 기능은 학업 기술 개발을 지원할 뿐만 아니라 문제행동이 제공하는 유사한 기능에 접근할 수 있는 기회를 본질적으로 제공하는 중재를 선택하는 데 사용된다. 이러한 일치 과정을 통해 사회적 요구도 충족되기 때문에 수업 시간 동안 문제행동을 할 필요가 없다. 또한, 교직원이 완전히 새로운 통합된 중재를 선택하고 실행하는 대신, 이미 보유하고 있는 통합된 실제(예: 본질적으로 일부 행동지원을 제공하는 학업 중재)를 파악하는 데 도움이 되므로 실행을 지원한다.

(3) 통합된 수업계획

자원 배치의 최종적이고 가장 상세한 형태는 각 학년 또는 학급을 위한 통합된 수업계획이다(예는 [그림 4-10], 빈칸이 있는 양식은 〈부록 4-3〉 참조). 이 수업계획은 CIRCUITS 프로젝트의 일환으로, 베스 하른(Beth Harn)이 개발한 핵심, 전략 및 집중(CSI) 지도라는 다른 자원 배치 도구에서 채택한 것이다(Chard & Harn, 2008). 일반적으로 통합된 수업계획은 1년에 두 번(예: 1학기와 2학기 벤치마킹 기간 이후) 작성한다. 이 과정에서 학년별 팀 또는 담임 교사는 담당 교사, 필요한 시간, 진전도 모니터링 측정 도구 및 시기뿐만 아니라, 각 단계별로 지원이 필요한 학생과 활용 가능한 실제를 나열한다. 통합된 고려 사항 열에는 통합을 통해 수업을 개선할 수 있는 방법이 설명되어 있다. 1단계에서는, 모든 교과에 걸쳐 모든 학생에게 양질의 1단계 중재를 제공하여, 추가적인 위험을 방지하는 데 중점을 둔다. 2단계와 3단계에서는 기존의 실제 내에서 통합 지원을 제공할 수 있는 학생 또는 학생 집단을 위한 구체적인 조정(accommodation)에 대해 설명한다. 이러한 통합된 수업계획의 주요 이점은 교사가 각 학업 또는 행동 지원의 실제를 받는 학생을 한눈에 쉽게 파악하고, 이에 따라 집단의 일정을 계획할 수 있다는 것이다. 결과적으로, 통합된 수업계획은 지원을 받을 학생과 실제를 한눈에 파악하고 그룹을 편성하는 데 유용하지만, 시스템 전체에서 어떤 부분이 부족한지 분석하는 작업은 MTSS 신속 점검이 더 효과적일 수 있다.

[그림 4-10]의 예에서는, 모든 학생에게 긍정적인 사회·정서 발달을 지원하기 위한 학교 차원의 PBIS뿐만 아니라, 핵심 읽기·쓰기 프로그램과 학업 성장을 지원하기 위한 보충 활동이 포함된 1단계 수업을 제공한다. 1단계의 통합된 고려 사항 열에는 교과 전반에서 성공을 극대화하기 위한 모든 학생을 위한 전략이 설명되어 있다. 2단계에서는, 동일한 열에 학생이 추가 중재 없이 통합된 지원을 받을 수 있는 방법이 나와 있다. 예를 들어, 대니얼은 두 영역 모두에서 지원이 필요하며, 조정은 완전히 개별화된 3단계 계획 없이도 2단계에서 성공을 극대화할 수 있음을 나타낸다. 또 다른 사례로, 트랜은 읽기·쓰기에서 어려움을 겪고 있지만, 체크인/체크아웃 시 출석과 과제 완수에 중점을 두면 읽기·쓰기 발달을 위한 충분한 지원을 제공할 수 있다고 팀은 판단한다. 반대로, 학년별 팀은 핵심 수업 중 이안의 가벼운 도피성 방해행동을 해결하는 데는 2단계 읽기·쓰기 중재로 충분할 것으로 판단한다. 3단계에서, 트레비스는 현재 3단계 행동지원이 필요하지만 강력한 1단계 읽기·쓰기 지원으로 적절하게 서비스를 받고 있는 반면, 샘은 통합된 지원 계획이 필요하다. 신중한 자원 배치 덕분에, 이러한 모든 통합된 지원은 학교에서 기존에 실행한 실제 내에서 제공되므로, 시스템의 대응력이 향상되고 지속 가능하다.

통합된 수업계획: 읽기 · 쓰기 및 행동

학교: 플레전트 밸리 초등학교　　학년: 1학년　　기간: 가을부터 겨울까지

팀 구성원: 번스, 윌슨, 토머스, 존스, 말로리　　날짜: 2015년 9월 24일

지시 사항: 학년별 데이터를 검토한 후, 아래 칸을 완성한다. 이 도구의 목적은 해당 학년의 모든 학급 내 및 학급 전체에 걸친 지원 노력을 총괄하는 것이다.

읽기 · 쓰기 초점: (1학기) 음운 인식: 1학년 1학기 초까지, 학생들은 DIBELS 음운 분절 유창성(*Phoneme Segmentation Fluency*) 측정 도구에 표시된 대로 음운 인식 능력을 확립해야 한다. 학생의 20% 이상이 이에 해당하지 않는 경우, 읽기 블록 수업을 90분 이상으로 만들고 6~8주 동안 주 3~5일 15~20분씩 할당하는 것을 고려한다(내년에도 이러한 악순환이 반복되는 것을 방지하기 위해 유치원 핵심 프로그램을 조정한다).

자모체계의 원리: 1학년 2학기 초까지, 학생들은 난센스 단어 유창성(*Nonsense Word Fluency*) 측정 도구에 표시된 대로 소리-기호 관계와 철자법을 유창하게 구사할 수 있어야 한다. 매일 핵심 블록 수업의 일부로 20~30분 동안 자모 체계의 원리에 대한 소집단 수업을 권장한다. 전략적이거나 집중적인 지도가 필요한 학생에게는 추가 시간과 수업이 필요하다. 또한 학생들은 2~3초에 한 단어씩 읽는 속도로 단어를 읽을 수 있어야 한다.

행동 초점: (1학기) 친사회적 행동의 모델링 및 라벨링: 행동지원의 목적은 친사회적 행동을 가르치고, 학교에 적합한 행동 모델과 함께 기대치를 어휘로 가르치며, 수업 시간을 최대화하고 방해행동/학생 분리를 최소화하도록 교육 환경을 구성하는 것이다.

〈계속〉

[그림 4-10] 완성된 통합된 수업계획의 예: 읽기 · 쓰기 및 행동

		학생	프로그램 및 자료	통합된 학업 및 행동 고려 사항(보편적 초점)	교사	시간/요일	진전도 모니터링	다음 벤치마크까지 남은 주
벤치마크/ 보편적 지원 모든 학생에게 각 영역의 '큰 개념'에 초점을 맞추고 대부분 (≥ 80%) 학생의 요구를 충족시키는 데 효과적인 과학적 기반의 핵심 프로그램을 제공한다.	읽기 쓰기	모든 학생	성취기준을 중심으로 하는 프로그램: 출판사 복습 자료(*Harcourt Review*) 활용, 매일 2~3개의 소규모 집단	높은 학업 응답률을 보장	번스 말로리 존스	매일 20분	모든 학생을 위한 월 1회 NWF	9주
			자모 체계의 원리: 파닉스 교육을 시작하기 전에 매일 3~5개의 음소 단어를 혼합하고 세분화하여 연습기	가속도를 내기 위해 90% 이상의 정답률을 목표로 함	번스 말로리 존스	3~5분		
			전체 수업에 PALS를 활용하여 핵심 지원	PALS 루틴에 대한 명시적인 지침	번스	35분 일주일에 3회		
	행동	모든 학생	교실 및 교실 외 환경에 대한 행동 기대치를 가르치고 검토하기 위한 학교 차원의 행동 기대치 수업계획	학교 차원의 행동 기대치를 학업과 연결(예: '책임감 있게 행동하기'는 수업에 참여한다는 의미)	번스	첫 주에는 매일 10분, 이후 매주 월요일 복습	매월 1학년 교실 및 운동장에서 SWIS office 성창실 의뢰 검토	9주
			새롭거나 어려운 내용을 수업하기 전에 미리 교정하기	교실 환경(예: 교사 주도 수업, 모둠 활동) 및 일상(예: 도움 요청, 과제 제출)에서의 기대행동에 대한 명시적인 지침 제공				
			학업 참여에 대한 보상으로 티켓 획득					

〈계속〉

		학생	프로그램 및 자료	통합된 학업 및 행동 고려 사항(보편적 조정)	교사	시간/요일	진전도 모니터링	다음 벤치마크까지 남은 주
전략/표적집단 중재 핵심에 대해 적절한 진전도를 보이지 못한 학생들을 위한 것이다. 비슷한 요구를 가진 학생들을 그룹화하고 학생의 요구와 '큰 개념'을 기반으로, 특정 영역에 대한 중재를 제공한다.	읽기 쓰기	대니얼 이안 제임스 후안 캄 네베아	교사 주도형 PALS	댄은 적절한 행동을 모델링하고 수업 중에 적절한 관심을 제공해 줄 수 있는 또래와 짝을 이루어, 또래의 관심이 유지되는 문제행동을 해결하도록 함	번스	블록타임 이후 매일 30분씩, 주 3일	주 1회 PSF 및 NWF	9주
	행동	대니얼 제임스 나타샤 캄 테런스	2단계 사회성 기술 프로그램	또래에게 댄의 부적절한 행동은 무시하도록 가르치기	윌슨 그린	하루에 20분, 주 3일	월간 SWIS 의뢰	9주
		트랜 숀델	체크인/체크아웃(CICO)	트랜의 CICO 프로그램은 출석률 향상과 주어진 과제 완수에 초점을 맞춰야 함	윌슨 말로리	매일	CICO-SWIS 보고 월간 SWIS 의뢰	

〈계속〉

[그림 4-10]

집중적/개별적 지원	영역	학생	프로그램 및 자료	통합된 학업 및 행동 고려 사항(보편적 초점)	교사	시간/요일	진전도 모니터링	다음 벤치마크까지 남은 주
핵심 및 전략적 지원으로 지원될 가능성이 없는 심각한 문제를 겪고 있는 학생들을 위한 것이다. 평가 결과에 따라 학생들에게 매우 구체적이고 개별화된 중재가 제공된다.	읽기 쓰기	에바 제롬 존 샘 테런스	읽기 숙달	성인의 관심을 끄는 문제행동을 해결하기 위해 수업 중에 에바에게 적절한 피드백과 관심을 줄 수 있는 기회를 더 많이 제공하기	윌슨	블록타임 이후 매일 30분씩, 주 5일	주 2회 PSF 및 NWF	9주
	행동	트래비스	교실에서 전환 시 적절한 언어 사용을 위한 토큰 경제 체제; 점심 식사 전과 귀가 전 토큰으로 물품 구매 가능		토머스	매일	ISIS-SWIS 2주마다 보고; 매일 획득한 토큰 차트	9주
		샘	도피 유지 행동인 공격성/기물 파괴에 대한 행동 중재 계획을 참조(적절한 요청 시 휴식 제공, 수업 시 학생에게 요청하는 사항 수정).	샘의 중재 계획이 음운 인식에서 성공할 기회를 제공하는 학업 기술 개발에 초점을 맞추고 있는지 확인, 학업 및 행동 반응을 모두 모니터링하기	번스 토머스	매일	ISIS-SWIS 2주마다 보고; 적절한 휴식 요청 차트	

[그림 4-10]

(4) 자원 배치 및 일정 관리를 위한 추가적인 방법

점검, 자원 배치도, 통합된 수업계획 외에도 또는 이들을 대신하여, 일부 교사와 팀은 보다 시각적인 접근 방식을 사용하여 실제를 파악하고 이를 학생들의 요구와 연결한다. 특히, 격차가 이미 해결되었고, 각 실제에 대한 일정을 수립하는 것이 주요 과업일 때 이러한 방법을 활용한다.

① 포켓 차트 및 인덱스 카드

학급 또는 학년 수준에서, 교사는 때때로 학생별 포켓과 기존 학업 및 행동 2단계 및 3단계 실제를 나타내는 인덱스 카드(각 실제마다 다른 색상을 사용하거나 단계별로 색상이 구분되어 있음)가 포함된 포켓 차트를 사용할 수 있다. 그런 다음 이 카드는 개인의 요구에 따라 각 학생의 주머니에 넣는다. 이러한 빠른 분류 과정을 통해, 어떤 학생에게 추가적인 학업 또는 행동 지원이 필요한지 쉽게 확인할 수 있다. 패턴은 또한 중재를 통합할 수 있는 부분(예: 동일한 중재 집단에서 사회적 기술과 읽기 이해 교육)을 강조하거나 더 실현 가능한 일정을 위해 1단계 지원을 강화할 수 있는 부분(예: 학생의 요구가 많은 경우 1단계 지원에 수학 유창성 중재를 더 많이 통합)을 강조할 수 있다.

② 주요 게시판

많은 교사가 게시판을 사용하여 실제와 일정을 시각적으로 표시하는데, 특히 학업 및 행동 지원이 교실과 학년 수준에 걸쳐 배치된 경우 더욱 그렇다. [그림 4-11]은 교직원 회의실 내 게시판의 예를 보여 주며, 아래쪽에는 학교의 하루 일정이, 위쪽에는 학년별 일정이 표시되어 있다. 팀은 하루 시간표에 따라, 학업 및 행동 지원이 필요한 학생들의 중재 내용을 시간대별로 배치할 수 있다. 이러한 도구를 사용하면 중재 집단을 보다 유연하게 구성할 수 있고, 통합된 실제를 계획하고 일정을 관리할 때 중재 집단의 중복을 줄이는 데 도움이 된다.

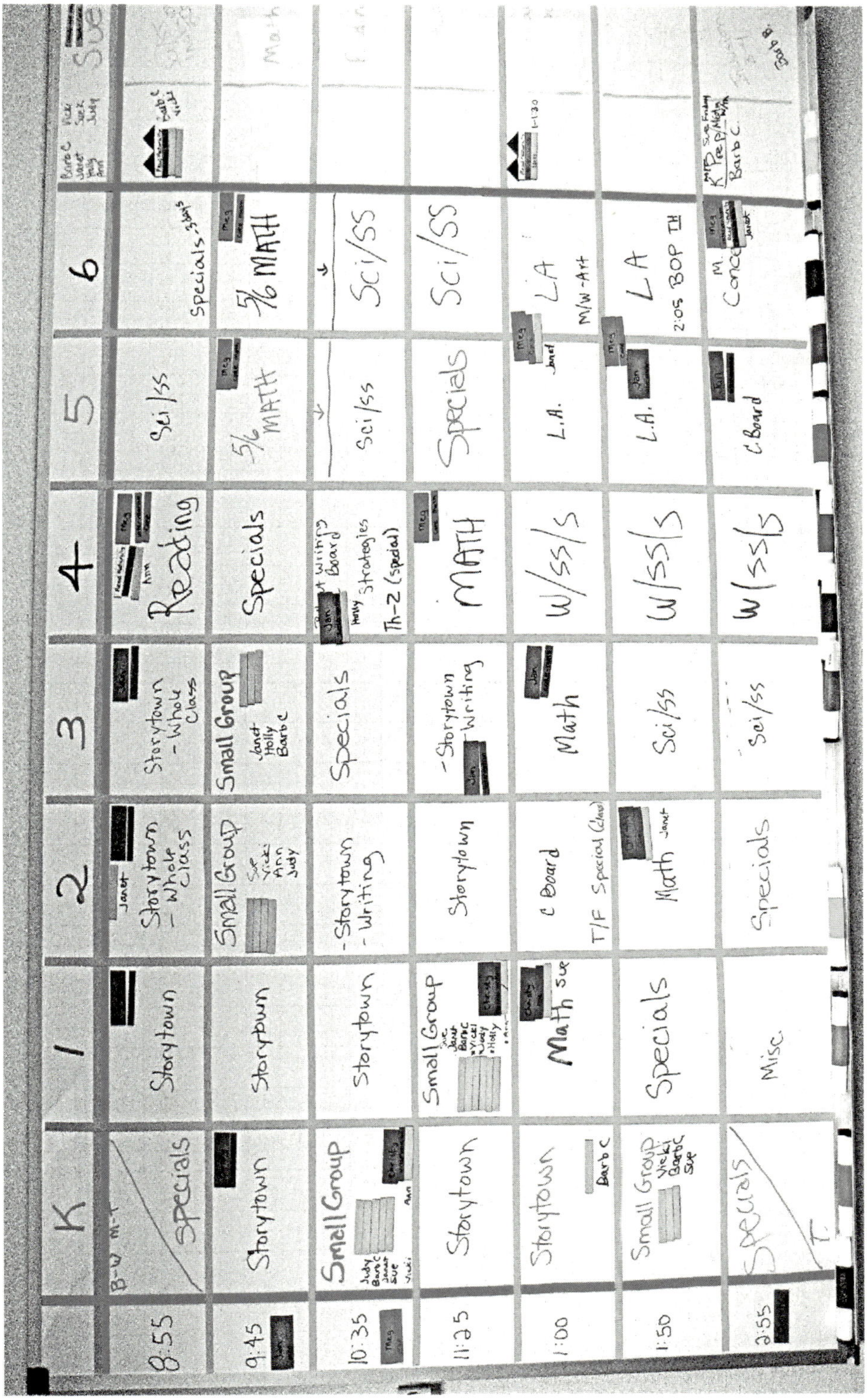

[그림 4-11] 학년 수준에서 실제 일정을 시각적으로 표시

Patrick Sorrelle의 허가를 받아 재인쇄됨.

4. 팀 체크리스트: 통합의 실제

이 장의 체크리스트는 학교 및 지역교육청 수준에서 통합된 실제를 만들기 위한 활동에 중점을 둔다. 여기에는 효과적인 실제 선택, 실행과 통합에 중점을 두는 일반적인 단계가 포함되어 있다.

통합의 실제를 위한 학교 수준의 팀 체크리스트[4)]

실행 단계	실행 상태		
	실행 하지 않음	부분적으로 실행함	실행함
1. 팀은 증거 기반에 따라 학교 전체 및 교실 내 중재를 선택한다.			
2. 중재는 강도가 증가하는 단계적 연속체(예: 빈도, 기간, 개별화, 지원의 전문성)에 따라 선택되고 조직화된다.			
3. 팀은 학교에서 제공되는 중재의 연속성에 대한 지도를 제작하기 위해 MTSS 신속점검을 만들고 유지한다.			
4. 팀은 2단계 기능 기반의 중재 및 자원 배치 문서를 만들고 유지하여 학업 및 행동 중재를 문제행동의 기능에 배치한다.			
5. 학년별 팀은 최소 1년에 두 번 이상 통합된 수업계획을 작성한다.			
6. 학업 및 행동 실제는, ① 충실하게(제3장), ② 수업의 질에 관한 6가지 원리(148~153쪽 참조)에 따라 실행된다.			
7. 친사회적 행동을 촉진하고, 수업 시간을 늘리며, 교육에 방해가 되는 요소를 제거하기 위해 학교 차원의 행동 기대치를 파악하고 가르친다.			
8. 학급 관리 시스템은 학교 차원의 PBIS 시스템과 일치한다(예: 학교 차원의 기대치와 동일, 학교 전체의 인정에 대한 접근성).			
9. 담임 교사는 학교 차원의 행동 기대치가 학급에 어떻게 적용되는지 명시적으로 지도한다.			
10. 담임 교사는 학교 차원의 기대치에 부합하는 교실 일상(예: 과제 제출, 교실 이동, 도움 요청)을 명시적으로 지도한다.			

실행계획의 우선순위 (가장 중요한 세 가지 항목)	담당자는 누구인가?	언제까지 실행하는가?	언제 완료되었는지 어떻게 알 수 있는가?
1.			
2.			
3.			

4) Kent McIntosh와 Steve Goodman의 저서인 『Integrated Multi-Tiered Systems of Support: Blending RTI and PBIS』에서 발췌.

통합의 실제를 위한 지역교육청 수준의 팀 체크리스트[5)]

실행 단계	실행 상태		
	실행 하지 않음	부분적으로 실행함	실행함
1. 지역교육청 팀은 학군 내 지원되는 중재의 연속성을 배치하기 위해 지역교육청 수준의 MTSS 신속 점검을 작성하고 유지한다.			
2. 지역교육청 팀은 학업 및 행동 지원 모두를 위해 단계적 연속체 전반에 걸쳐 권장되는 증거 기반의 실제 목록을 개발하고 유지한다.			
3. 지역교육청 팀은 MTSS 신속 점검 예시, 2단계 기능 기반 중재 및 자원 배치 문서, 통합된 수업계획을 수집하고 공유한다.			
4. 지역교육청 팀은 학교 수준의 팀이 기존의 실제, 자원 및 요구에 따라 증거 기반의 실제를 선택할 수 있도록 지원한다.			
5. 지역교육청 팀은 학교에 권장되는 중재를 충실히 실행하는 데 필요한 자료와 교직원 연수를 제공한다.			
6. 지역교육청 팀은 요구에 대한 평가를 실시하여 학교에 필요할 수 있는 추가적인 실제를 파악한다.			

실행계획의 우선순위 (가장 중요한 세 가지 항목)	담당자는 누구인가?	언제까지 실행하는가?	언제 완료되었는지 어떻게 알 수 있는가?
1.			
2.			
3.			

5) Kent McIntosh와 Steve Goodman의 저서인 『Integrated Multi-Tiered Systems of Support: Blending RTI and PBIS』에서 발췌.

부록 4-1

MTSS 신속 점검[6]

학교: ____________________ 날짜: ____________________

학년/학급: ____________________ 영역: ____________________

실제 목록(전략, 프로그램)

모든 학생을 위한 실제(1단계):

위험군 학생을 위한 실제(2단계):

개별 학생을 위한 실제(3단계):

6) Kent McIntosh와 Steve Goodman의 저서인 『Integrated Multi-Tiered Systems of Support: Blending RTI and PBIS』에서 발췌.

부록 4-2

2단계 기능 기반 중재 자원 배치 양식[7)]

학교: ______________________ 날짜: ______________________

목적: 이 양식은 기능 기반 행동 지원 요구를 논의할 때 자원 배치도로 활용하도록 설계되었다. 개별 학생에 대한 중재를 선택하거나 추가적인 실제에 대한 학교의 요구를 파악할 때 참고 자료로 활용한다.

2단계 중재의 정의: 공통된 특징은 다음과 같다. ① 추가적인 학업 기술 수업 및 연습, ② 구조 및 촉구 증가, ③ 피드백 증가, ④ 대부분의 학생에게 동일한 방식으로 제공, ⑤ 72시간 이내에 누구나 사용 가능

지침: 상단에 학교에서 활용할 수 있는 표적 집단 중재를 나열한다. 각 칸에 ×를 표시하여 중재를 지원하도록 설계된 가능한 기능(또는 특징)을 파악한다.

예시:

- 체크인/체크아웃은 약간의 수정을 통해 예측 가능한 성인의 관심, 구조, 피드백 및 추가 기능(예: 또래의 관심, 도피)을 제공한다.
- 사회성 기술 집단은 성인과 또래의 관심 및 선택 또는 적절한 과제 회피를 요청하는 기술에 대한 수업을 제공할 수 있다.

7) Kent McIntosh와 Steve Goodman의 저서인 『Integrated Multi-Tiered Systems of Support: Blending RTI and PBIS』에서 발췌. © 2016 The Guilford Press. 이 〈부록〉은 이 책을 구입한 사람이 개인적으로 사용하거나 개별 학생을 지도할 목적으로 복사하여 활용할 수 있음(자세한 사항은 저작권 페이지 참조). 구매자는 이 〈부록〉의 추가 사본을 다운로드할 수 있음(차례 끝부분의 안내 참조).

2단계 중재 ➡ 특징 ⬇					
성인의 관심 획득 가능					
동료의 관심 획득 가능					
다양한 대체 활동 선택 가능					
혐오하는 활동을 회피하기 위한 선택지					
혐오하는 사회적 관심을 회피하기 위한 선택지					
하루 동안 '해야 할 일'에 대한 추가적인 구조적 촉구					
매일 최소 5회 이상 체계적인 피드백을 받음					
학교-가정 간 의사소통 시스템					
자기 관리 시스템에 적응하기 위한 선택지					

Horner & Todd (2002)의 Rob Horner와 Anne W. Todd의 허락을 받아 각색함.

부록 4-3

통합된 수업계획: 읽기 · 쓰기 및 행동[8)]

학교: ____________ 학년: ____________ 기간: ____________

팀 구성원: ________________________ 날짜: ____________

지시 사항: 학년별 데이터를 검토한 후, 아래 칸을 완성한다. 이 도구의 목적은 해당 학년의 모든 학급 내 및 학급 전체에 걸친 지원 노력을 총괄하는 것이다.

읽기 · 쓰기 초점:

행동 초점:

〈계속〉

8) Kent McIntosh와 Steve Goodman의 저서인 『Integrated Multi-Tiered Systems of Support: Blending RTI and PBIS』에서 발췌.

통합된 수업계획: 읽기.쓰기 및 행동(2/4쪽)

		학생	프로그램 및 자료	통합된 학업 및 행동 고려 사항 (보편적 초점)	교사	시간/요일	진전도 모니터링	다음 벤치마크 까지 남은 주
벤치마크/ 보편적 지원 모든 학생에게 각 영역의 '큰 개념'에 초점을 맞추고 대부분 (≥80%) 학생의 요구를 충족시키는 데 효과적인 과학적 기반의 핵심 프로그램을 제공한다.	읽기 쓰기	모든 학생						
	행동	모든 학생						

〈계속〉

통합된 수업계획: 읽기.쓰기 및 행동(3/4쪽)

		학생	프로그램 및 자료	통합된 학업 및 행동 고려 사항 (보편적 초점)	교사	시간/요일	진전도 모니터링	다음 벤치마크 까지 남은 주
전략/ 표적집단 중재 핵심에 대해 적절한 진전도를 보이지 못한 학생들을 위한 것이다. 비슷한 요구를 가진 학생들을 그룹화하고 학생의 요구와 '큰 개념'을 기반으로, 특정 영역에 대한 중재를 제공한다.	읽기 쓰기							
	행동							

〈계속〉

통합된 수업계획: 읽기.쓰기 및 행동(4/4쪽)

		학생	프로그램 및 자료	통합된 학업 및 행동 고려 사항 (보편적 초점)	교사	시간/요일	진전도 모니터링	다음 벤치마크까지 남은 주
집중적/ 개별적 지원 핵심 및 전략적 지원으로 지원될 가능성이 없는 심각한 문제를 겪고 있는 학생들을 위한 것이다. 평가 결과에 따라 학생들에게 매우 구체적이고 개별화된 중재가 제공된다.	읽기 쓰기							
	행동							

제5장

팀 통합

통합 MTSS 모델을 구축하려면 학교와 지역교육청 차원에서 막대한 시간과 자원이 소요된다. 이를 계획할 때, 모두의 머릿속에는 이 시간을 어떻게 투자해야 실행력과 지속 가능성을 최대화할 수 있을까라는 의문이 끊임없이 떠오르게 된다. 우리 중 많은 사람들은 주요 교육 개혁이 제대로 뿌리 내리지 못하거나(즉, 부적절한 실행), 처음에는 자리를 잡았으나 시간이 지나면서 시들어 버린 경우(즉, 실행력은 충분했으나 지속 가능성이 미흡한 경우; McIntosh et al., 2013; Sindelar, Shearer, Yendol-Hoppey, & Liebert, 2006)를 경험한 적이 있을 것이다. 이처럼 많은 투자가 이루어진 후, 특히 교직원과 환경의 변화가 불가피한 상황에서 어떻게 시스템 변화를 깊이 있고 지속 가능하게 구현할 수 있을까? 우리의 경험에 따르면, 이러한 두 가지 목표를 모두 달성하는 최선의 방법이 바로 팀 접근 방식이다.

1. 팀 접근 방식

팀은 주기적으로 모여서 스스로를 팀이라고 부르는 개인들의 집합체 그 이상이다. 팀이란 공동의 목적을 달성하기 위해 협력하는 집단을 의미한다. 교육에서 팀을 구성하는 목적은 교직원이 학생을 효과적으로 지원할 수 있도록 돕는 데 있다. 이 정의는 팀이 목표 달성을 위해 모두가 더 효율적으로 일할 수 있게 해 주는 시스템임을 명확히 보여 준다.

하지만 때로는 팀이 이러한 목표를 달성하는 데 방해가 되는 것처럼 보일 수 있다. 끝없는 회의가 이어지면서, 일을 논의하는 데 시간을 쓰기보다는 실제로 그 일을 곧바로 시작하는 것이 더 나을 것 같다는 생각이 들 때도 있다. 우리의 경험에 따르면, 이러한 느낌은 과도한 팀 활동이 아니라 비효율적이고 부실한 팀 활동에서 비롯된다. 예를 들어, 팀이 주로 사교적 기능이나 불만 해소 기능을 수행하거나 단지 한 사람의 비전을 협력 없이 실현하는 것에 그친다면, 오히려 팀이 없는 것이 학생 지원에 더 비효율적일 수 있다. 이러한 경험은 (우리 모두가 때때로 겪듯이) 팀에 대한 사기를 저해하고, 팀 활동 전반에 회의적인 시각을 가지게 하여 구성원들이 점점 소극적으로 되고 더 큰 비효율로 이어질 수 있다. 이 장에서는 비효율적인 팀을 효과적인 팀으로 전환하기 위한 팀 구조와 구체적인 전략을 설명하며, 통합 MTSS 모델을 구현하고 지속하는 과정에서 발생할 수 있는 도전과 기회를 중점적으로 다루고자 한다.

1) 팀 접근 방식이 중요한 이유는 무엇인가

우리는 비효율적인 회의와 회의를 최소화하려는 유혹을 많이 경험했음에도 불구하고 팀 활동의 중요성을 강조하는 몇 가지 핵심적인 이유가 있다. 첫째, 팀의 기본 기능은 여러 개인에게 업무량을 분산시키는 것이다. 이러한 방식은 그 자체로 많은 장점을 가지고 있다. 이는 특정 개인에 대한 스트레스(또는 의존도)를 줄일 수 있다. 업무를 분산함으로써, 우리는 업무의 효율성을 높이고 소진을 감소시킬 수 있다. 여러 사람에게 업무를 분배하는 것은 한 개인에게 과도하게 의존하여 시스템을 운영할 가능성이 줄어든다. 한 사람의 지식과 노력에 지나치게 의존하는 시스템은 그 사람이(종종 개혁의 주역으로) 다른 직위로 이동할 때 쉽게 무너진다(Strickland-Cohen, McIntosh, & Horner, 2014). 반면, 기능이 잘 발휘되는 팀이 시스템을 운영하면, 교육 정책의 도입 및 시행은 연속성을 유지하며 직원 이동으로 인한 영향을 최소화할 수 있다. 학교와 지역교육청은 PBIS를 지속적으로 유지하기 위해 매년 학교리더십 팀의 구성원을 새롭게 구성하는 전략을 활용하고 있다(Andreou et al., 2015). 이 과정에서 새로운 교직원은 팀 참여를 독려받고, 경력이 많은 베테랑 교직원은 순환 근무를 통해 교체된다. 이 과정은 신규 교직원(종종 교실 관리에 대한 연수가 부족함)의 역량을 구축하고, 팀에 새로운 아이디어를 도입하며, 핵심 구성원의 소진을 감소시키고, 이 접근법을 잘 아는 교직원으로 학교를 채우는 데 도움이 된다.

팀 구성의 또 다른 장점은 협업 기회를 확대할 수 있다는 것이다. 현대의 우리 교육자들은 다양한 분야에서 전문성을 갖추어야 한다. 문을 닫고 고립된 채로 일하는 것은 비현실적이며 건강하지 못한 기대이고, 이는 종종 실패로 이어지며 경험이 풍부한 교사 그룹의 집단적 전문 지식과 단절되는 결과를 초래한다. 반면, 팀의 일원으로서 협업한다면 이러한 접근이 체계적인 방식으로 가능해진다. 팀원들의 다양한 기술, 경험, 전문 지식을 활용함으로써 문제해결 능력이 향상된다. 여러 교직원의 관점을 통해 정보를 얻기 때문에 더 좋은 결정을 내릴 수 있다. 결과적으로, 한 개인이나 소그룹이 주요 결정을 내릴 때보다 팀 전체가 결정 과정에 참여함으로써 모든 구성원이 대표되고 있다고 느끼게 되며, 이로 인해 교직원들의 참여도가 높아지는 경우가 많다.

2. MTSS에서의 팀

팀에 대해 논의할 때, 대부분의 학교에 어떤 팀들이 있는지, 각 팀의 목적, 일반적인 구성원 및 활동을 파악하는 것이 유용하다. 통합적 MTSS를 도입한 학교에는 종종 다양한 유형의 팀이 존재한다(예: 학교 차원의 RTI 팀과 학교 차원의 PBIS 팀). 학교마다 완벽한 팀 구성이나 팀의 수가 정해져 있는 것은 아니지만, 각 팀의 구성과 역할을 파악하는 것은 새로운 팀을 구성하거나 기존 팀을 통합할 때 활용될 수 있다. [그림 5-1]에서는 학교 및 지역교육청 차원에서 각각 팀을 어떻게 구성해야 하는지 제안하고, 이들 팀이 서로 어떻게 조화롭게 작동하는지 보여 준다. 이미 존재하는 팀을 고려할 때 이러한 팀들이 특정 학교에서 어떻게 기능할 수 있는지를 고려하는 것이 중요하다. 팀이나 프로세스를 합치거나 조정할 때, 각 상황에 맞는 가장 효율적이고 효과적인 통합 방법을 고려하는 것이 유용하다.

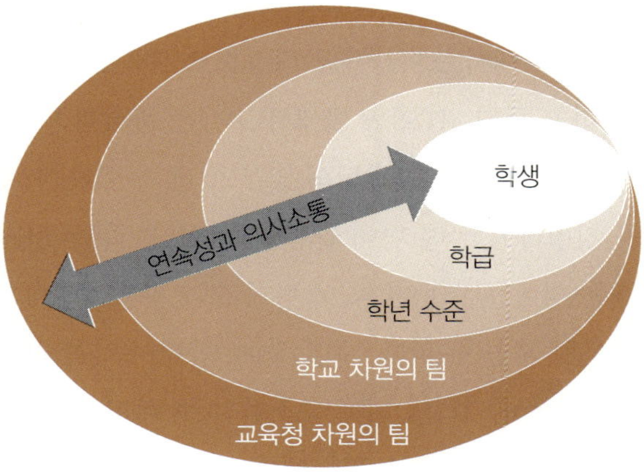

[그림 5-1] 학교 및 지역교육청 차원의 팀 구조의 계층

1) 학교 차원의 공통 MTSS 지원 팀

(1) 개별 학생지원 팀

모든 팀 유형의 중심에 위치하지만, 종종 간과되는 팀이 바로 개별 학생지원 팀이다. 이 팀은 학생이 특수교육서비스를 받는 경우가 아니면 공식적인 팀으로 여겨지지 않지만, 학교의 전체 팀 구조에서 중요한 요소로 고려할 만한 가치가 있다. 개별 학생지원 팀은 학생의 학업 및 사회성 발달, 진로 개발, 삶의 질을 책임져야 한다. 기본 구성원으로는 학생, 교사, 가족 또는 보호자가 포함된다. 가족 구성원과 보호자는 학생의 성과를 보장하는 협력자로 간주되어야 하며, 학생이 더 큰 삶의 목표를 달성하도록 지원하는 데 필요한 중요한 정보를 제공할 수 있다. 성공적인 지원을 위해 추가 지원이 필요한 경우, 팀에는 사례 관리자, 학교관리자, 지역사회 기관 담당자 등 더 다양한 구성원을 포함할 수 있다. 학생이 특수교육서비스를 받을 경우, 이 팀은 IEP 팀으로 전환된다. 이 팀은 최소 연 1회 학생 상담 시간(또는 IEP 회의 시)에 모여 회의를 진행한다. 이러한 회의에서 팀은 성적표, 학업 및 행동 검사 데이터, IEP 목표와 진전도를 검토한다. 이 팀은 학생 교육의 모든 측면을 담당하기 때문에 그 수요에 따라 이미 통합된 형태로 실행되고 있다.

(2) 학급 차원의 지원 팀

학급은 전통적인 의미에서 팀으로 간주되지는 않지만, 교실 내에서 성과를 향상시키기 위해 함께 일하는 여러 구성원이 존재하는 경우가 많다. 담임교사가 이끄는 이 팀은 주로 1단계에서, 때로는 2단계와 3단계에서도 학생들을 대상으로 교육 프로그램을 직접 시행하는 주요 책임을 맡고 있다. 따라서 통합 MTSS 모델에서 교사는 중재계획 및 실행의 핵심이다. 교사 외에도 보조교사나 자원봉사자가 교실 팀의 일부가 될 수 있으며, 전문가나 치료사와 같은 지원 인력이 학생을 지원하기 위해 팀에 합류할 수 있다. 학급 '팀'에 기여하는 구성원들이 한 팀으로 모두 모이는 경우는 드물며, 특히 팀 규모가 작을 때는 더욱 그렇다. 그러나 팀 규모가 커지면 팀이 더 자주 모일 수 있다. 예를 들어, 협력 수업을 진행하는 학급 팀은 일관성을 유지하고 사전에 문제를 해결하기 위해 최소한 매주 회의하거나 체계적으로 소통하는 경우가 많다. 학급 차원의 지원 팀의 주요 활동에는 전체 학급, 소그룹, 때로는 개별 학생 중재의 실행이 포함된다. 교사에게 가장 유용한 데이터는 개별 학생의 성과에 초점을 맞추며, 특히 어떤 학생이 추가 지원이 필요한지를 평가하는 데 중요하다. 개별 학생지원 팀과 마찬가지로, 학급 차원의 지원 팀은 교실 내 모든 학생에게 학업 및 행동지원을 제공해야 하므로 이미 통합된 형태로 운영되고 있다.

(3) 학년 차원의 지원 팀

많은 학교는 학급 간 일관성을 높이고 문제 해결을 위한 협업을 촉진하기 위해 학년 차원의 지원 팀 구조를 도입하고 있다. 학년 차원의 지원 팀의 주요 목적은 학생의 학업 성과 향상에 있으며, PBIS 구현을 필수 목표로 하지 않는다. 그러나 통합 MTSS 모델에서는 학년 차원의 지원 팀이 학업지원뿐만 아니라 행동지원에도 초점을 맞출 수 있다. 고등학교에서는 학년 차원의 지원 팀 대신 학년을 초월하여 유사한 목적을 가진 교과목(예: 수학, 과학)으로 대체될 수 있다.

학년 차원의 지원 팀은 보통 해당 학년의 모든 교사로 구성된다. 학교의 규모나 논의 주제에 따라, 여러 학년이 하나의 팀을 구성하는 것이 더 유리할 수 있다(예: 소규모 초등학교의 저학년 및 중학년을 한 팀으로 구성). 팀 구성원에는 담임교사, 보조교사, 지원 인력 및 학교 관리자가 포함된다. 여러 학년 차원의 팀이 동시에 모이는 경우(예: 단축수업일), 교장 또는 교감이 여러 팀 회의에 돌아가면서 참석해야 한다. 또한, 외부 또는 지역교육청 코치가 이러한 팀 회의에 참석하여 팀 역량을 구축하는 데 도움을 줄 수 있다. 이러한 팀은 공통 계획 시간에 매주 또는 격주로 모이는 경우가 많다.

학년 차원의 지원 팀의 핵심 활동은 특정 학년과 교실 내 모든 학생을 지원하는 실제의 효과를 평가하고 이를 강화하기 위한 조치를 취하는 것이다. 이 팀들은 각 학업 평가 기간 후, 학생 선별 데이터를 검토하여 그룹 편성 및 중재 고려 사항을 검토한다. 유연한 그룹 편성을 통해 학급 간 학생들을 공유함으로써, 유사한 교육적 요구에 맞춰 차별화된 교육을 보다 효율적으로 제공할 수 있다. 통합된 학년 차원의 지원 팀은 행동지원 조정을 위해 ODR(성찰실 의뢰) 데이터를 참고하기도 한다. 또한, 학년 차원의 지원 팀은 전체 학생의 학업 진전도를 검토하고, 학년 목표에 맞춰 결과를 비교하여 교육 및 실제를 조정할 필요가 있는지 평가한다. 2단계 지원은 특정 학생 그룹의 필요에 맞추어 '패키지' 형태로 제공된다. 앞서 제4장에서 설명한 바와 같이, 이러한 패키지 프로그램은 교직원이 개발하거나 상용 프로그램을 구매하여 사용할 수 있다.

앞서 설명한 바와 같이, 학년 차원의 지원 팀은 일반적으로 학업지원을 목적으로 구성되며 반드시 PBIS를 위해 구성되는 것은 아니다. 학년 차원의 지원 팀은 학업과 행동 모두에 중점을 둔 완전한 통합을 통해 이 문제를 해결할 수 있다. 그러나 교직원은 학업은 학년 차원에서 주로 다루고 행동은 학교 차원에서 다루어야 한다고 생각할 수도 있다. 또 다른 선택지는 학년 차원의 지원 팀이 계속해서 학업지원에 더 집중하고 1단계 행동지원은 학교 차원의 PBIS 팀(다음에 설명하는 학교리더십 팀일 수도 있음)에 맡기는 것이다. 이러한 상황에서는 각 학년 차원의 지원 팀별 구성원 한 명이 학교 차원의 지원 팀의 일원으로 활동하는 것이 바람직하다.

(4) 학교리더십 팀

학교리더십 팀은 통합 MTSS 모델에서 초기 및 지속적인 실행을 지도하고 감독하는 역할을 담당한다. 각 학교의 리더십 팀은 주로 1단계 시스템의 실행을 조정하지만, 경우에 따라 2단계와 3단계 시스템을 감독하기도 한다. 개별 학생, 학급, 학년 차원의 지원 팀이 주로 실제를 실행하는 데 집중하는 반면, 학교리더십 팀은 보다 광범위한 관점에서 현장 실행 역량을 개발하고 장기적 지속 가능성을 위한 계획 수립에 중점을 둔다.

따라서 학교리더십 팀의 업무가 학교개선 과정에 내재되는 것이 중요하다. 일부 학교에서는 학교개선 계획의 개발 및 실행을 담당하는 학교개선 팀을 운영하기도 한다. 학교개선 작업은 학업 및 행동 MTSS 과정과 중복된다. 이러한 이유로, 우리는 학교개선 팀과 학교리더십 팀의 기능을 하나의 팀으로 통합할 것을 제안한다. 두 팀의 역할을 합치는 것은 MTSS를 통해 구현할 수 있는 다양한 교육적 시도를 관리할 때 특히 유용하다(예: 형평성, 가정-학교 파트너십; McIntosh, Girvan, et al., 2014). 최소한 학교개선 팀과 MTSS 팀 간에 목표 일관성, 소통, 협력이 이루어져야 한다.

학교리더십 팀의 구성원은 예상할 수 있듯이 학교 내 다양한 리더들로 구성된다. 학교리더십 팀은 학년과 교과목을 아우르며 학교를 대표할 수 있어야 한다. 교장은 핵심 구성원으로 자원을 확보하고 성과를 인정하며(acknowledging success) 교직원, 학부모, 지역교육청에 프로그램의 중요성을 강조함으로써 시스템을 만들고 강화하는 책임이 있다. 학교리더십 팀은 모든 학생과 학급에 대한 시스템 개발을 모니터링하고 지원하기 때문에, 학교 내 다른 팀의 대표자들이 팀 구성원으로 포함하는 것이 중요하다. 이러한 팀원들은 실행 과정에서 리더십을 발휘하고 학교 전반에 걸쳐 정기적인 소통을 보장한다. 외부 또는 내부 코치는 효과적이고 효율적인 회의 진행을 지원하고 문제를 해결하며 성과를 공유할 수 있도록 팀의 운영 과정을 촉진한다. 교장이 팀의 진행자 역할을 맡는 것은 권장되지 않는데, 그 이유는 두 가지다. 첫째, 교장은 다른 업무로 인해 자리를 비울 가능성이 있어 팀이 진행자 없이 운영될 수 있다. 둘째, 교직원이 진행자 역할을 맡으면 학교의 통합 MTSS 모델이 (하향식이 아닌) 상향식 접근 방식으로 자리 잡는 데 도움이 된다.

많은 학교에서는 학부모와 학생들이 학교리더십 팀의 구성원 또는 제한된 구성원(limited members)으로 참여한다. 학교리더십 팀에 학부모의 관점을 포함하면 가정-학교 간의 협력 관계가 강화될 수 있다(Garbacz, McIntosh, Eagle, Dowd-Eagle, Hirano, & Ruppert, 2016). 따라서 팀 내 학부모 대표는 특정 집단이 아닌 모든 학부모의 우려와 관심사를 대표할 수 있어야 한다. 모든 팀 운영 과정과 마찬가지로 학생과 학부모 정보에 대한 비밀 유지는 매우 중요하다. 특히, 학생, 학부모, 지역사회 구성원이 팀에 참여할 때 더욱 중요하다. 일부 상황에서는 이들을 하위 위원회에 포함하는 것이 적절하다고 생각할 수 있는데(예: 학생이 학생 PBIS 하위 위원회에 참여, 학부모가 학교개선 팀에 참여 등) 다른 경우에는 오히려 배제된 느낌을 줄 수 있으므로 주의가 필요하다.

학교리더십 팀의 핵심 활동에는 1단계 실행충실도를 평가하고 학교개선 목표에 맞춰 실행충실도를 높이기 위한 세부 실행계획을 수립하고 모니터링하는 것이 포함된다. 실행계획(action plan)은 핵심 역량을 개발하는 데 필요한 연수 및 코칭에 대한 접근성을 높여 현장 역량을 강화하는 단계를 포함하는 경우가 많다. 학교리더십 팀은 개별 학생과 더 밀접하게 작업하는 팀(예: 개별 학생지원 팀, 학생지원 팀)으로부터 정보를 수집한다.

이러한 활동을 수행하기 위해 팀은 실행충실도 데이터, 중재 성공 데이터, 학생 성과 데이터 등 다양한 데이터를 활용하여 의사결정을 내린다(제3장에서 자세히 설명). 학교리더십 팀은 개별 학생의 진전도를 모니터링하기보다는, 기존의 다층적 지원이 학업과 행동에서 학생의 성과를 향상시키는지 확인하기 위해 사용한다. 학교리더십 팀이 데이터를 검토 시, '학생 이름 비공개' 규칙을 권장한다. 이 정책은 예방에 중점을 둠으로써, 개별 학생의 요구에 대응하는 것보다 효과적인 학교 차원의 교육 환경을 개발하는 데 초점을 맞추고 있다(학생지원 팀의 목적은 아래에서 설명됨). 또한 '학생 이름 비공개' 정책은 학생이나 학부모가 팀에 포함된 경우 비밀을 유지하는 데 도움이 된다.

데이터 수집 및 분석 외에도, 학교리더십 팀은 통합 MTSS 모델의 현재 상태와 성과를 이해관계자에게 전달하는 중요한 역할을 수행한다. 팀은 설명회, 뉴스레터, 보고서를 통해 교직원, 학생, 지역사회(예: 학부모-교사 협회) 및 지역교육청(예: 지역교육청 행정 팀, 학교 이사회)에 정기적으로 최신 정보를 제공한다. 이러한 소통은 통합 MTSS 진행 상황 및 성공에 대한 유용한 정보를 제공할 뿐만 아니라 학교개선 계획을 달성하는 데 필요한 폭넓은 지원을 확보하는 데 도움이 된다.

통합 MTSS 모델을 고려할 때, 학업과 행동 시스템을 모두 조율하는 하나의 학교리더십 팀을 구성하는 것이 도움이 된다. 그러나 초기 단계이거나 단계별로 시행하는 학교에서는 학업과 행동지원을 위한 별도의 1단계 팀을 구성하는 경우가 많다. 별도의 팀이 효율적으로 운영되지 않으면 학교 차원의 팀을 통합하기 어려울 수 있다. 통합된 학교리더십 팀의 안건이 과다하게 쌓여 초기 실행 단계에서는 효율적인 운영이 어려울 수 있다. 대안으로, 학교리더십 팀이 1단계에서 구성된 별도의 팀과 구성원이 동일한 경우, 격주마다 모임을 가지며 RTI와 PBIS에 번갈아 초점을 맞춰 진행할 수 있다. 이러한 결정을 고려할 때, 제2장에서 언급된 연구에 따르면 2단계 및 3단계 시스템을 조정하는 팀을 별도로 운영하기보다는 하나의 통합된 팀으로 운영하는 것이 더 중요하다.

(5) 학생지원 팀

학생지원 팀(또는 학생보조 팀, 학교 기반 팀 또는 학생연구 팀)은 학생 성공을 위해 1단계 이상의 지원이 필요한 학생들의 요구를 다룬다. MTSS 개념에서 학생지원 팀은 기존의 같은 이름의 팀이나 개별 학생지원 팀보다 더 넓은 범위를 포괄한다. 학생지원 팀의 주요 목적은 2단계와 3단계의 시스템을 구축하고 점검하며 조정하는 것이다. 이 팀은 추가적인 지원이 필요한 학생들을 위한 지속적인 중재(2단계)를 유지하고, 심각한 어려움을 겪는 학생들을 위한 집중적이고 개별화된 지원 프로그램을 개발하고 그 효과를 점검한다(3단계). 규모가 큰 학교는 2단계와 3단계 팀을 따로 운영하기도 한다. 학생지원 팀은 특수교육 서비스의 적격성 결정 과정에도 관여할 수 있다. 그러나 학생지원 팀은 특정 학생이 어떤 지원 수준으로 지정되었는지와 관계없이 모든 학생에게 지원을 제공하고 그 효과를 모니터링하는 데 초점을 맞출 때 가장 효과적이다. 따라서 학생지원 팀의 확장된 역할에 맞추기 위해 기존 학생연구 팀에 일부 의도적인 변경이 필요할 수 있다.

학생지원 팀의 구성원에는 특수교사, 분야별 전문가(예: 행동 컨설턴트, 읽기 코치), 상담사, 사회복지사, 심리학자, 지역사회 기관 담당자 등이 포함될 수 있다. 이 수준에서 학생들이 직면하는 어려움 때문에, 읽기·쓰기, 수학, 응용행동분석, 그리고 학생중심계획(person-centered planning) 또는 포괄적 지원계획과 같은 특정 중재 영역에 대한 지식과 기술을 가진 전문가가 팀에 포함되는 것이 중요하다. 학생지원 팀은 정기적이거나 필요에 따라 지역교육청 차원의 전문가를 팀에 포함할 수 있다. 지역교육청 직원은 세 가지 중요한 역할을 수행할 수 있다. 첫째, 학교 팀의 역량을 넘는 복잡하고 심각한 어려움을 가진 학생들을 위한 중재 계획을 개발하는 데 도움을 준다. 둘째, 2단계 또는 3단계 지원 시스템을 순조롭게 운영할 수 있도록 지원한다. 셋째, 지역교육청 관리자와의 중요한 소통 연결 역할을 수행한다. 학생지원 팀의 특정 구성원은 팀의 업무와 활동을 조율하고 관리하는 코디네이터 역할을 담당한다. 코디네이터는 회의를 주관하는 것 외에도, 회의 전, 개별 학생의 진전도 데이터를 점검하여 팀에서 논의할 학생의 우선순위를 정한다(예: 충분한 진전도를 보이지 못한 학생들). 학생지원 팀은 일반적으로 격주로 모인다.

학생지원 팀의 핵심 활동에는 추가 지원이 필요한 학생을 선별하고, 학생지원(즉, 중재) 계획을 설계하며, 해당 계획의 효과를 지속적으로 모니터링하고, 교직원이 이를 구현하도록 지원하는 것이 포함된다. 따라서 이 팀은 개별 학생의 선별, 진단, 그리고 진전도 모니터링 데이터를 광범위하게 활용한다. 학업 및 행동 선별 검사 데이터는 다음 회의에서 논의할 학생들을 결정하는 데 활용된다. 학생지원 팀은 이러한 데이터를 진단 목적으로 사용하거나, 추가 진단 평가, 특히 기능행동평가(FBA)를 실시할 수도 있다(Crone et al., 2015). 학생지원 팀은 회의에서 담임교사나 다른 교직원을 초대하여 FBA 인터뷰를 실행할 수 있다. 이 데이터는 학생들을 2단계 중재에 배정하거나 3단계 중재계획을 설계하는 데 활용된다. 계획이 수립되고 실행되면, 팀은 진전도 모니터링 데이터를 활용해 학생들이 성공적으로 학습하고 있는지, 또는 조정이 필요한지를 평가한다. 이는 특수교육 의뢰를 받은 학생을 위한 중재 계획만 수립하고 후속 조치를 하지 않는 기존 팀에게는 새로운 역할일 수 있다. 따라서 중재 내용 변경에 대한 명확한 의사결정 기준(예: 연속된 세 번의 측정치가 목표치 아래에 있을 경우 또는 다음 목표에 도달하기 위한 기준선 제시)을 마련하면 이러한 결정을 더욱 효율적으로 수행할 수 있다(Riley-Tillman & Burns, 2010). 마지막으로, 학생지원 팀은 2단계와 3단계 중재를 받고 있는 학생 수와 각 중재에서 성공적으로 반응한 학생 비율에 대한 정보를 수집한다(〈부록 3-8〉 참조). 이 정보는 요약되어 학교리더십 팀에 전달되어 계획과 평가에 사용된다.

일부 학교에서는 학업 문제나 행동 문제를 다루기 위해 별도의 학생지원 팀을 운영하기도 한다. 우리는 학업지원과 행동지원을 모두 관리하는 하나의 통합된 팀으로 통합할 것을 강력히 권장한다. 특정 중재가 아닌 시스템에 중점을 두기 때문에 이 팀들은 이미 유사한 안건을 가지고 있어, 이전에 설명한 다른 유형의 팀보다 쉽게 통합할 수 있다. 또한, 제2장에서 설명한 바와 같이, 학업지원 팀이 항상 행동지원을 고려할 필요는 없지만, 행동지원 팀은 학생의 학업적 요구를 함께 고려할 때 더 효과적이다. 따라서 또 다른 통합 방안으로는 하나의 학업지원 팀을 두고, 회의 안건에 행동지원 시스템이나 개별 학생에 대한 행동지원이 포함될 때 행동 전문가를 참여시키는 방법이 있다.

2) 지역교육청 차원에서 공통적으로 운영되는 MTSS 팀

(1) 지역교육청 리더십 팀

지역교육청 리더십 팀은 통합 MTSS 모델을 위한 예산 지원, 비전 수립 그리고 정책적 지원을 촉진함으로써 학교리더십 팀을 지원한다. 제6장에서 더 자세히 설명하겠지만, 지역교육청 차원의 리더십 팀은 위원회(Cabinet Team)와 실행 팀으로 구분할 수 있다. 구성과 상관없이, 지역교육청 리더십 팀은 강력하고 통일된 비전을 보장하고 장기적인 계획 및 평가를 제공하며, 학교를 위한 연수와 코칭을 제공한다(Sugai, Horner, Algozzine, et al., 2010).

지역교육청 리더십 팀에는 재원 및 정책 결정을 내릴 권한이 있는 구성원이 포함된다. 회의 중에 다른 사람의 승인을 먼저 확인할 필요 없이 이러한 결정을 내릴 수 있는 구성원을 확보하는 것이 중요하다. 구성원에는 교육감, 교육과정 담당자, 특수교육 담당자, 지역사회 기관 대표, 청소년 법원 대표, 교사 협회 대표, 학부모, 일부 학교관리자, 지역교육청 코치 및 지역교육청 MTSS 코디네이터가 포함될 수 있다. 지역교육청 리더십 팀은 월별 또는 분기별로 모임을 갖는다.

지역교육청 리더십 팀의 핵심 활동에는 MTSS 시스템의 실행충실도와 효과를 평가하고, 현장 실행 역량을 구축하며, 지속 가능성을 위한 장기적(예: 3~5년) 실행계획을 수립하는 것이다. 효과적인 평가와 계획을 위해 지역교육청 리더십 팀은 학교 차원의 실행충실도와 성과 데이터를 수집한다. 주요 분석 작업에는 데이터를 취합하여 시간이 지남에 따라 나타날 수 있는 개선 사항과 통합 MTSS 모델의 실행충실도와 학생 성과 간의 관계를 문서화하는 것이다. 예를 들어, 지역교육청 리더십 팀은 실행충실도가 높은 학교와 그렇지 않은 학교의 성과를 비교하여 보고서를 작성할 수 있다(예: [그림 3-5]). 이 정보는 정책적 지원을 강화하고, 각 학교리더십 팀의 실행을 최적화할 수 있는 방법을 파악하며, 실행의 방해 요소를 제거하는 데 사용된다. 지역교육청 리더십 팀이 해결할 수 있는 방해 요소 중 하나는, 학업과 행동 MTSS 실행계획이 서로 어긋나게 작동하는 문제이다. 이 문제를 고려할 때, 지역 내 모든 팀을 통합하여 개별 프로그램을 하나의 통합된 지원 시스템으로 통합하는 것이 도움이 된다.

(2) 지역교육청 학생지원 팀

지역교육청 학생지원 팀은 각 학교의 학생지원 팀이 원활하게 기능할 수 있도록 도와준다. 팀은 주로 2단계 및 3단계 시스템을 관리하며, 두 가지 주요 역할을 수행한다. 첫째, 지역교육청에서 지원하는 2단계 및 3단계 중재와 이를 효과적으로 실행하는 데 필요한 지침을 제공한다. 둘째, 개별 학교가 제공하기 어려운 전문 기술이 필요한 경우, 심각한 어려움을 겪는 학생들을 위해 집중적이고 개별화된 지원 프로그램을 개발한다.

지역교육청 차원의 지원은 다양하고 복잡한 문제를 포함하기 때문에, 지역교육청 학생지원 팀은 학교 차원에서 중재를 시도했으나 여전히 어려움을 겪고 있는 학생을 지원할 수 있어야 한다. 따라서 지역교육청 학생지원 팀에는 평가, 중재 및 서비스 제공에 대한 전문성을 갖춘 구성원이 포함되어야 한다. 이러한 전문가는 교육청 직원이거나 외부 기관의 전문가로 학생을 지원할 수 있어야 한다.

지역교육청 학생지원 팀의 핵심 활동에는 각 학교의 학생지원 팀의 실제와 시스템을 향상할 수 있도록 역량을 강화하는 것과 개별 학생의 요구나 긴급 상황에 대응하는 것이 포함된다. 학교 교직원(심지어 교육청 관리자)들이 이 팀의 주된 기능을 긴급 상황에 대한 대응으로만 보는 경향이 있지만, 학교의 시스템을 지원하는 것에 중점을 두어야만 이 팀의 업무량을 효과적으로 관리할 수 있다(Lewis-Palmer, Bounds, & Sugai, 2004). 지원체계 실행을 평가하고 연수와 코칭의 필요성을 파악하는 것은 학교 학생지원 팀이 더 많은 학생을 효과적으로 지원하는 데 도움이 된다. 지역교육청 학생지원 팀은 2단계 및 3단계에서 시스템과 개별 학생 모두를 지원하기 때문에, 학교의 학생지원 팀과 동일한 데이터를 사용한다. 역량 강화를 위해, 지역교육청 학생지원 팀은 학교 팀이 자체 데이터를 분석하는 데 도움을 줄 수 있다.

학교 차원의 팀과 마찬가지로, 지역교육청 학생지원 팀의 통합을 강력히 권장한다. 2단계와 3단계 시스템이 학업과 행동 모두에서 유사한 구조를 가지고 있기 때문에(예: 3단계 구조, 데이터 기반 의사결정, 회의 안건 활용), 학교 팀의 다층적 지원 시스템 안에서 학교 팀을 지원하기 위해 동일한 지식과 기술이 사용된다. 그러나 개별 학생의 지원 요구에 따라, 학교의 개별 학생지원 팀이 반드시 통합된 방식으로 학생 상담을 제공할 필요는 없다. 〈표 5-1〉에는 학교와 지역교육청에서 공통적으로 운영되는 팀 구성 구조가 요약되어 있다.

표 5-1 학교 및 지역교육청 차원에서 공통적으로 운영되는 팀 구조

팀	구성원	회의 주기	학생 초점	주요 목적
개별 학생지원 팀	• 학생 • 학부모 • 담임교사 • 전문가(필요시)	• 연 1회 또는 필요에 따라 더 자주	• 개별 학생	• 진로, 사회성, 진로 성공을 위한 목표 설정 • 개별 학생의 진행 상황 검토
학급 차원의 지원 팀	• 학년별 교사(예: 6학년, 통합교사) • 보조교사	• 격주 1회	• 해당 학년 내 대부분의 학생을 대상으로 1단계 예방에 주된 초점을 맞춤 • 2단계 및 3단계 중재를 부차적으로 다룸	• 학년별 학생 데이터를 수집 및 검토 • 통합 학년별 중재를 조정하고 일정 수립 • 통합 학업 및 행동 실제를 실행하기 위해 협력
학교리더십 팀	• 학교장 • 학년 차원의 지원 팀 대표 • 전문가 • 학부모 대표 • 학생(들)	• 월 1회	• 교내 모든 학생 학생을 대상으로, 1단계 예방에 주된 초점을 맞춤 • 2단계 및 3단계 중재를 부차적으로 다룸	• 통합된 학업 및 행동 MTSS 모델에서 학교 전체 중재를 조정하고 관리 • 학교 전체 차원에서 실행충실도, 학업 및 행동 데이터를 검토하고 실행계획을 조정
학생지원 팀	• 2/3단계 코디네이터 • 특수교사 • 교과 전문가 • 지원인력 • 지역교육청 직원(필요시)	• 격주 1회	• 추가 지원이 필요한 특정 학생들을 위한 시스템으로, 2단계와 3단계 중재에 주된 초점을 맞춤	• 통합된 학업 및 행동 MTSS 모델에서 2단계와 3단계 중재를 조정 및 관리 • 2단계와 3단계 중재를 설계하고 효과를 모니터링

〈계속〉

팀	구성원	회의 주기	학생 초점	주요 목적
지역교육청 차원의 리더십 팀	• 교육청 관리자 • 학교관리자 • 지역사회 대표 • 학부모 대표 • 지역교육청 MTSS 코치 • 지역교육청 MTSS 코디네이터	• 분기별 1회	• 지역 내 각 학교의 시스템 역량을 위한 지원으로, 1단계 예방에 주된 초점을 맞춤	• 모델의 실행과 효과를 평가학교 내 역량 강화(교육, 코칭) 지원 장기 실행계획 수립 및 실행
지역교육청 차원의 학생 지원 팀	• 지역교육청 행동 전문가 • 지역교육청 및 또는 외부 중재 전문가 • 가족 연계 담당자 • 지역교육청 MTSS 코치 • 지역교육청 MTSS 코디네이터	• 월 1회	• 지역 내 각 학교의 시스템 역량을 취한 지원으로 2단계 및 3단계 중재에 주된 초점을 맞춤 • 특히, 3단계(가장 많은 지원이 필요한 학생)에 중점을 둠	• 2단계와 3단계 중재의 실행과 효과를 평가 학교 내 역량 강화(교육, 코칭) 지원 • 학교 학생지원 팀에 직접적인 지원을 제공

3. 팀의 전략적 통합

이 책 전반에 걸쳐 RTI와 PBIS의 통합 필요성을 강조해 왔다. 통합 MTSS 모델의 진정한 장점이 드러나는 지점이 바로 팀 구성이다. 첫째, 학업과 행동이 상호작용하기 때문에 두 영역을 모두 고려하는 팀이 학생의 요구를 보다 효과적으로 해결할 수 있다. 둘째, 동일하거나 유사한 기능을 가진 팀을 단순히 추가하기보다 통합하는 것은 복잡한 시스템에서 효율적으로 구축할 수 있는 특별한 기회이다. 이론적으로, 학교는 가능한 한 팀을 통합하여 모든 팀이 학업과 행동 데이터를 문제해결 과정에 반영하고, 동일한 문제 해결 과정을 활용해 학생들의 다양한 요구를 해결하도록 권장한다. 그러나 이러한 완전한 통합 방식이 모든 학교의 요구를 충족시키는 것은 아니기 때문에, 우리는 신중한 통합, 즉 어떤 팀을 통합할 것인지와 통합 순서를 신중히 고려하는 전략적 통합을 권장한다.

1) 적절한 균형 찾기

RTI와 PBIS를 모두 시행하는 학교에서 팀 구성이 완전히 분리되어 있는 경우가 많다. 시행 초기 단계에서 이러한 방식이 타당하지만, 임시로 구성된 RTI 또는 PBIS 위원회가 정규 팀으로 전환(제7장 참조), 학교 내 팀 수가 감당하기 어려운 수준에 이를 수 있다. 교직원이 많은 대규모 학교에서는, 특정 학생 지원 요소를 담당하는 별도 팀을 두는 것이 유리할 수 있다(단계별 또는 영역별). 예를 들어, 학교 차원의 RTI 팀이 학업 지도 방법에 집중할 수 있으며, 이는 학교 차원의 PBIS 팀이나 학교개선 계획 팀과는 독립적으로 운영될 수 있다. 반면, 소규모 학교의 경우 교직원을 너무 다양한 팀에 배치하는 것이 문제일 수 있다. 핵심은 효과성과 효율성 사이의 균형을 찾아 각 학교의 필요에 맞는 적절한 팀 수와 구성을 설정하는 것이다. 이를 통해 팀이 충분히 모여 안건을 처리할 수 있도록 해야 한다. 통합 모델의 성공을 위해 중요한 기능을 식별하고, 그 기능들이 제대로 실행되도록 보장하는 것이 기본 전제이다. 이 기능들을 다루는 형태(즉, 팀의 수와 유형)는 자원의 가용성, 관리자의 우선순위, 그리고 교직원의 경험에 따라 달라질 수 있다. 각 학교에 이상적인 팀 구성이나 팀의 숫자가 정해져 있지 않듯이, 통합 방법에 있어서도 마법 같은 이상적인 해법은 없다. 각 학교의 실제 상황에 맞는 가장 합리적인 팀을 통합하는 것이 타당하므로, 우리는 이 통합 작업을 수행하는 세 가지 방법을, ① 기존 팀 조정, ② 영역 간 통합, ③ 단계 간 통합으로 제안하고자 한다.

(1) 기존 팀 조정하기

학교에는 이미 다양한 팀이 존재하며(그중 일부는 법정 기구임), 이들 중 한 팀이 MTSS 팀의 역할을 수행할 수 있는지 탐색해 보는 것은 현명한 접근이다. 앞서 설명했듯이, 기존의 학교 리더십 팀이나 학교개선 팀이 1단계 MTSS 조정을 담당할 수 있다. 또한, 학교 기반 팀이나 교사 지원 팀이 학생지원 팀의 역할을 대신할 수 있다. 그러나 해당 팀을 MTSS 통합 모델로 재편성할 때는, 팀의 책임과 주요 활동이 어떻게 변경되는지 명확히 전달하고 이해시키는 것이 중요하다. 예를 들어, 기존에 특수교육 적격성 의뢰(특히, 학업 관련)만을 다루던 학생지원 팀은, 2단계 또는 3단계 지원을 받는 학생들의 진행 상황을 지속적으로 모니터링하는 새로운 역할에 적응하기 위해 추가 연수와 지속적인 코칭이 필요할 수 있다.

(2) 영역(학업 및 행동) 간 통합

통합을 위한 또 다른 확실한 경우는 학업과 행동 영역을 다루는 팀을 하나로 통합하는 것이다. 이때, 기존의 학교 차원의 RTI 또는 PBIS 팀을 MTSS 팀으로 확장할 수 있다. 이러한 구성은 많은 학교에 유리하지만, 일부 학교에서는 중요한 업무 수행이 어려워질 수도 있다. 이런 경우에 적합하거나 더 나은 대안이 될 수 있는 몇 가지 방법이 있다. 학업과 행동지원을 2단계와 3단계에서 통합하는 것이 매우 효과적이므로, 이러한 팀들을 먼저 통합할 것을 권장한다. 학업 및 행동지원을 통합하고 싶지만 모든 학생을 다루기 어렵다면(초기 의뢰 및 진전도 모니터링 포함), 격주로 학업 또는 행동에 초점을 맞추어 회의를 진행하는 방식이 적절한 해결책이 될 수 있다. 팀이 통합될 때, 통합된 MTSS 팀이 학업과 행동지원에 대해 충분한 지식을 갖추어야 하지만 모든 팀원이 두 분야 모두에서 전문가일 필요는 없다. 통합된 팀은 기술을 공유하고 집단적인 문제해결 역량을 구축할 수 있다.

(3) 단계 간 통합

팀 과부하는 지원 통합뿐만 아니라 MTSS 모델의 여러 단계에서 팀을 구성하는 과정에서도 발생할 수 있다. 통합을 위한 또 다른 접근 방식은 수직적 통합(즉, 단계별로 팀을 합치는 것)이다. 단계 간 팀을 통합하는 가장 쉬운 방법은 2단계와 3단계를 하나의 팀으로 통합하는 것이다. 현대의 MTSS 관점에서는 지원을 개별적인 단계보다는 점진적인 연속성으로 보는 것이 일반적이다. 예를 들어, 지원 팀이 학생을 대상으로 표준 체크인/체크아웃 절차를 실행한 후, 이를 조정하여 학생의 회피 행동을 더 효과적으로 예방하는 방식으로 발전시킬 수 있다. 이러한 지원은 2단계와 3단계의 중간에 위치할 가능성이 높으므로, 이와 같은 연속적인 지원을 단일팀에서 관리하는 것이 유리하다. 그러나 추가 지원이 필요한 모든 학생에 대한 서비스를 하나의 팀이 조정하려 한다면, 특히 고등학교의 경우 부담이 너무 커질 수 있다. 영역 간 통합과 마찬가지로, 대안으로 한 팀이 격주로 2단계 또는 3단계에 초점을 맞춰 회의를 진행할 수 있다. 마지막으로, 일부 학교에서는 모든 단계(1단계, 2단계, 3단계)를 하나의 팀으로 통합하려는 시도가 있다. 이 접근 방식이 좋은 해결책처럼 보일 수 있으나(소규모 학교에서는 유일한 선택일 수 있음) 개별 학생 지원을 논의할 때 몇 가지 단점이 있다. 예를 들어, 만약 학부모나 학생이 팀 구성원으로 참여할 경우, 개별 학생에 대한 논의가 다른 학생의 정보나 개인정보를 노출할 위험이 있다. 또한, 개별 학생 지원에 대한 논의가 팀의 주된 내용이 되면, 1단계에서의 예방적 실제가 충분히 다루어지지 못할 수 있다. 이는 예방이 미흡해져 장기적으로 더 많은 학생이 2단계와 3단계 지원을 필요하게 되는 상황으로 이어질 수 있다.

2) 팀 조율

학교 내 MTSS 팀의 수와 구성 방식과 상관없이, 모든 팀이 학생 성과 향상이라는 목표에 맞춰 조율되는 것이 중요하다. 여러 팀 간의 조율을 통해 각 팀이 자원과 업무 집중력 낭비를 줄이면서, 직원의 시간과 에너지를 효과적으로 활용하여 꾸준히 성과를 낼 수 있다. 교직원들은 MTSS 실행을 학교개선 활동을 강화하는 방법으로 인식해야 한다. 관리자는 MTSS 활동을 기존 및 향후 학교, 지역, 주 차원의 목표(예: 성취도 향상, 학교 안전, 형평성) 실현 방안으로 설명함으로써 교직원들의 이해를 도울 수 있다.

4. 효과적인 팀 운영을 위한 전략

이 장의 앞부분에서, 통합팀이 직면하는 어려움 중 하나로 추가적인 데이터 검토로 인한 안건 증가와 함께, 동일한 회의에서 통합된 데이터와 중재를 검토하는 복잡성에 대해 언급했다. 현재 명확한 구조와 절차 없이 하나의 교과(content area)만 다루고 있는 팀도 새로운 영역과 팀원이 추가되면 업무 부담이 과중해질 수 있다. 따라서 팀 기능을 평가하고 개선하는 것이 매우 중요하다. 연구에 따르면, 효과적인 팀은 실행의 성공과 지속 가능성에 핵심적인 요소로 작용한다(Coffey & Horner, 2012; McIntosh et al., 2013; McIntosh, Mercer, Nese,

Strickland-Cohen, & Hoselton, 2016).

팀 기능을 개선하려면 팀워크 경험을 고려해 보는 것이 중요하다. 개인은 다양한 이유로 팀에 합류할 수 있다. 수행해야 할 업무에 관심이 있거나, 학교에 기여해야 한다는 의무감을 느끼거나, 동료들과 함께 일하는 것을 즐기거나, 혹은 선발되어 팀에 합류했을 수도 있다. 이유가 무엇이든, 팀원 각자가 팀이 생산적이고 성공적이라고 느낄 때 팀에 대한 동기 부여가 높아진다. 따라서 효과적인 팀워크에 집중하면 장기적으로 팀의 사기와 기능이 향상된다. 팀이 이러한 변화에 적응하려면 지속적인 노력이 필요하다(즉, 단순히 시간을 함께 보내는 개별 구성원들의 모임에서 협력적으로 기능하고 결과 지향적인 팀으로 변모하는 것). 이러한 변화 과정에서 익힌 팀워크 기술은 다른 분야에서도 쉽게 적용될 수 있으므로 팀원들은 이 기술이 다른 팀 활동에도 유용할 것이라는 확신을 가질 수 있다.

1) 효과적인 팀 구조

학교나 지역교육청의 팀 구조 및 통합 방식과 관계없이, 모든 팀은 조직화, 효과적인 상호작용, 실질적인 문제 해결을 위한 몇 가지 전략으로부터 혜택을 받을 수 있다(Sugai &Todd, 2004). 이러한 전략 중 다수가 PBIS 팀을 위해 개발된 체계적 팀 프로세스인 팀 주도 문제 해결(TIPS)에 포함되어 있다(Newton et al., 2014). TIPS는 문제 해결을 위해 학교 데이터를 활용하고 이를 실행계획과 연결하는 데 중점을 둔 팀 구성과 효과적인 회의 진행을 위한 포괄적인 모델이다. 실험 연구에 따르면 TIPS를 도입하면 팀 기능과 의사결정이 크게 개선된다는 결과가 나타났다(Newton, Horner, Algozzine, Todd, & Algozzine, 2012; Todd et al., 2011). 다음에 제시된 팀 구조는 TIPS에서 정의된 내용을 많이 반영한 것으로, 통합 MTSS 모델에서 팀워크를 향상시키는 데 기여할 수 있다.

(1) 명확한 목표와 목적

팀이 얼마나 잘 기능하는지를 평가하기에 앞서, 각 팀이 명확한 목표를 가지고 있어야 하며, 각 회의의 목표도 분명히 설정되어 있어야 한다. 명확하고 간략한 목적 진술은 팀과 각 구성원이 팀의 포괄적인 목표를 다루고 있는지 아니면 학교 내 다른 팀의 목적을 수용하고 있는지 쉽게 평가할 수 있다. 예를 들어, 학교리더십 팀이 개별 학생의 요구 사항을 논의하는 데 시간을 할애할 수 있지만, 이는 학생지원 팀의 목표에 더 적합한 업무일 수 있다. 학교리더십 팀의 목표 진술은 다음과 같을 수 있다.

> 우리는 다음을 통해 MTSS 보편적 예방 체계를 조율한다: ① 학교 차원의 데이터 수집, 분석, 및 실행과 성과에 대한 정보를 교직원 및 지역사회와 공유, ② 학교 차원의 교육적 요구(읽기, 수학, 행동 등) 파악, ③ 교육적 요구를 충족하기 위한 학교 차원의 목표/우선순위/전략 개발, ④ 전반적인 목표/우선순위/전략의 달성을 보장.

이 목표 진술은 학교리더십 팀의 역할이 학교 전체 시스템을 조정하는 것에 중점을 두고 있음을 강조하고 있다. 따라서 팀 구성원뿐만 아니라 학교 교직원 모두가 통합 MTSS 모델과 관련하여 수행해야 할 책임과 역할을 이해하게 된다.

또한, 교직원들은 서로와의 교류를 즐기기도 하지만, 일반적으로 이들은 업무 현장에서 성과와 목표를 달성하기 위해 협력한다. 만약 회의에서 뚜렷한 성과가 나오지 않으면 오히려 부담과 스트레스를 느낄 수 있다. 팀 구성원들은 각 회의에 들어가기 전에 어떤 결정을 내려야 하며 그 결정이 팀의 목표와 일치하는지 등 알고 있어야 한다.

(2) 합의 및 규범

효과적인 팀으로 일하기 위해서는 팀원 간에 공유된 가치와 이해를 기반으로 한 팀 문화를 형성하는 것이 중요하다. 또한 효과적인 팀은 생산적인 회의 진행 과정과 협업을 위한 특화 기술을 활용한다. 제4장에서 학생들이 해야 할 행동을 명확히 이해할 수 있도록 기대되

표 5-2 팀 기대행동 예시

기대행동	구체적인 예시
책임감 있게 행동하기	• 정시에 시작하고 정시에 끝내기 • 회의에 대비하여 철저히 준비하기(예: 지정된 업무를 완료하기) • 안건에 충실한 회의하기(Follow agenda) • 회의 목표 달성 및 회의 진행을 책임지기
타인을 존중하기	• 모든 의견을 존중하기 • 온라인으로 참석하는 팀원을 배려하기 • 선의로 받아들이기 • 모든 직원의 전문성과 경험을 지지하고 존중하기
생산성 향상하기	• 효율적으로 작업하기 • 대화에 집중하기 • 팀의 임무에 집중하기 • 팀 성과를 위한 행동 규율 정의하기

는 행동을 설정하는 것이 학교에서의 성공에 얼마나 중요한지 논의한 바 있다. 마찬가지로, 팀원들이 팀 내에서 기대되는 행동에 대해 합의하는 것이 도움이 된다. 〈표 5-2〉는 팀을 위한 기대행동의 예를 보여 준다.

(3) 명확한 회의 역할 부여하기

팀 기대행동 외에도, 각 팀원이 자신의 역할과 책임을 이해하도록 명확히 정의하는 것이 적절하다. TIPS 프로토콜에는 진행자, 기록자, 데이터 분석가, 그리고 팀원으로 네 가지 역할이 포함되어 있다(Newton et al., 2014). 다른 예로, 〈표 5-3〉에서는 팀 구성원의 역할과 각자 맡은 책임을 보여 준다. 역할을 명확히 정의하는 데 있어 중요한 점은 특정 역할명(예: 시간 관리자/기록자/작성자)과 책임 분담 방식을 명시하는 것보다 누가 이 역할을 수행할 것인지에 대한 합의가 더 중요하다. 따라서 학교마다 역할명과 책임이 다를 수 있으며, 팀 구성원 수에 따라 역할의 수도 달라질 수 있다. 통합 MTSS 모델에서, 다양한 데이터(예: 읽기 · 쓰기, 수학, 행동)에 대해 별도의 데이터 코디네이터가 필요할 수 있다. 이 예시에서 중요한 또 다른 측면은 모든 팀원이 특정 역할을 맡고 있으며, 모두가 책임감 있고 능동적인 팀원이어야 한다는 점이다. 마지막으로, 긴급 상황을 해결하기 위해 회의의 일부 또는 전부를 놓칠 가능성이 있으므로 핵심 구성원이 참석할 수 없는 경우를 대비하여 대체 인력을 지정하고, 참석하는 학교관리자가 적극적인 팀원 역할을 수행하도록 하는 것이 유용하다.

팀원의 책임에는 회의 중 활동뿐 아니라 회의 전후에 완료해야 할 업무도 포함된다. 회의 준비와 후속 조치는 회의 사이에 팀의 업무가 제대로 수행되고 있는지 확인하는 데 도움이 된다. 대표적인 예로 데이터 코디네이터의 역할이다. 〈표 5-3〉에서 볼 수 있듯이 데이터 코디네이터의 주요 책임 중 하나는 팀이 데이터를 검토하기 전에 데이터의 의미를 해석하는 것이다. 팀 회의 시간은 매우 소중하고, 통합 MTSS 모델에서는 팀원들이 다양한 영역에서 서로 다른 능력을 보유하고 있기 때문에 회의 중에 모든 팀원이 원본 데이터를 검토하는 것은 비효율적이며 종종 과부하를 초래할 수 있다. 대신, 누군가(또는 소규모 그룹)가 원본 데이터를 검토하고, 주요 경향을 파악하며, 업데이트와 논의해야 할 영역을 요약하여 팀에 제공하는 것이 큰 도움이 된다. 예를 들어, 실행충실도를 검토할 때, 전반적인 개요(예: 기준에 맞게 구현하고 있는가?)로 회의를 시작한 다음 실행계획 수립을 위한 제안을 제공하거나, 이 과정을 신속하게 안내하여 팀의 역량을 높이는 것이 좋다. 학교 전체 또는 학년별 데이터를 검토할 때, 데이터 코디네이터는 학업 벤치마크 데이터를 활용해 1단계 지원체계에서 어느 영역에서 효과가 있는지, 핵심 교육과정에 보완이 필요한 영역은 무엇인지 등 파악할 수 있다.

데이터 코디네이터는 2단계 또는 3단계 진전도 모니터링 데이터를 검토할 때 명단을 확인하고, 학생 중 ① 성공적으로 수행 중인 학생 비율, ② 지원 단계를 낮출 수 있는 학생 비율, ③ 추가적인 문제 해결이 필요한 학생 비율을 계산할 수 있다. 이러한 결정이 명확한 경우, 데이터 코디네이터는 팀에 현황 보고 제공하고 실행계획 변경 사항을 기록한다. 이러한 효율성은 문제 해결이 필요한 복잡한 사안에 더 많은 시간을 할애할 수 있게 한다. 이로써 다른 팀원들은 어떤 결정을 내려야 하는지 파악하는 대신 중요한 결정을 내리는 데 집중할 수 있게 한다.

(4) 구조화된 안건

회의의 질을 개선하기 위한 가장 중요한 도구 중 하나는 바로 회의 안건이다. 안건이 명확하지 않거나 안건에서 벗어나는 경향이 있는 팀은 목표를 달성할 가능성이 낮다. 이러한 문제를 해결하기 위해 팀을 체계적으로 이끌 수 있는 구조화된 안건 양식을 개발하는 것은 회의의 품질과 책임감을 크게 향상시킬 수 있다. 구조화된 안건은 효과적인 협업과 의사결정에 참여하기 위한 일련의 지침으로 볼 수 있다. 예를 들어, TIPS 프로세스에는 문제 해결을 향상시키기 위해 데이터를 활용하는 데 중점을 둔 구조화된 회의 안건 양식이 포함되어 있다. TIPS 기반한 안건은 팀이 데이터를 분석하도록 유도하며, 일반적인 문제 진술(예: "복도에서의 행동이 통제 불가능하다.")을 보다 실행 가능하고 보다 효과적이며 효율적인 해결책으로 이어지는 정확한 문제 진술(예: "오후 복도에서 6학년 학생들의 부적절한 언어에 대한 ODR이 꾸준히 증가하고 있다.")로 전환하는 데 도움이 된다(Todd et al., 2012). 이러한 유형의 안건은 학교리더십 팀, 학년 차원의 지원 팀, 학생지원 팀 및 다양한 지역교육청 차원의 지원 팀을 포함하여 통합 MTSS 모델의 모든 팀에 적합하다. 또한, 이 과정은 학업, 행동 또는 통합된 학업 및 행동 문제를 해결하는 데 효과적이다.

효과적인 구조화된 안건은 팀이 최대한 효과적으로 기능할 수 있도록 돕는 몇 가지 주요 특징을 갖추고 있다(Sugai & Todd, 2004). 첫째, 이러한 안건은 팀이 주요 의사결정을 내리는 데 데이터를 활용하도록 집중시키며, 학생 성과뿐만 아니라 효과성을 실제 실행의 충실도에 대해서도 논의하고 계획을 수립할 수 있는 시간을 제공한다. 또한, 팀이 간과하기 쉬운 중요한 요소인 이전 과제 해결 방안의 점검하고 후속 조치를 수행하도록 유도한다. 둘째, 구조화된 안건에는 각 안건 항목에 예상 소요 시간(예: 몇 분)이 포함되어 있어, 팀이 주어진 시간 내에 모든 안건을 다룰 수 있도록 돕는다. 셋째, 〈표 5-3〉에 나와 있는 실행 과제 기록자의 역할이 명시된 것처럼, 잘 구성된 안건에는 담당자와 기한을 명확히 기록할 수 있는 공간이 제공된다. 이는 문제와 해결책을 논의하는 과정에서 계획 실행에 필요한 세부 사항이 누락되지 않도록 한다. 넷째, 잘 구성된 안건에는 회의가 끝날 때 팀원들이 합의 사항을 준수하고 효과적으로 일하고 있는지를 평가할 수 있도록 간단한 자기 평가가 포함되어 있다. 이 기능을 통해 팀은 비효율적이거나 비효과적인 회의 습관에 빠지기 전에 자신의 노력을 검증하고 오류 패턴을 스스로 수정할 수 있게 한다. 선택 사항으로, 안건 양식에 회의록을 기록할 수 있는 공간을 포함해 회의록과 안건 항목이 누락 없이 일치하도록 관리할 수도 있다.

구조화된 안건이 마련되면, 팀은 이를 최대한 활용하기 위해 여러 가지 조치를 취할 수 있다. 먼저, 회의 전에 목표가 명시된 안건을 배포하여, 팀원들이 보다 능동적인 참여자로 회의에 참석할 수 있도록 하는 것이 바람직하다. 또한, 안건과 회의록을 실시간으로 문서화하

표 5-3 팀원 역할 및 책임 예시

팀원 역할	팀원 책임
진행자	• 회의 전 알림과 안건을 발송하기 • 안건이 잘 진행되고 있는지 확인하기 • 토론을 이끌기 • 모든 팀원이 팀의 목표와 성과에 몰입하도록 유도하기
회의록 작성자	• 주요 내용 문서화하기 • 회의 중 논의된 결과를 명확히 정리하기 • 회의 후 즉시 회의록을 배포하기
실행 과제 기록자 (회의록 작성자와 역할을 병행할 수 있음)	• 팀원에게 할당된 실행 가능한 과제와 다음 단계 항목을 문서화하며, 다음과 같은 내용을 포함함: –과제에 대한 명확한 설명 –과제를 수행할 담당자 –과제 완료 기한 –과제에 필요한 자원
시간 관리자	• 팀 회의 중 시간과 관련된 안건 항목을 관리하기 • 각 안건 할당 시간이 끝나거나 초과되었을 때 알림 제공하기
데이터 코디네이터	• 회의 전 충실도와 결과 데이터를 분석하기(즉, 데이터를 정보로 전환) • 논의할 항목의 우선순위 정하기(예: 1단계는 구체적인 어려움 영역, 2/3단계는 문제 해결을 위한 학생의 특별한 교육적 요구) • 논의를 위한 데이터 요약본 준비하기
활동적인 팀원	• 대화에 참여하고 팀 업무에 대한 대안 및 피드백 제공하기 • 실행 과제 기록자가 문서화한 할당된 과제를 완료하기

여 화면에 띄워 모두가 입력되는 내용을 함께 볼 수 있게 하는 것이 유용하다. 이 간단한 조치는 모든 팀원이 실시간으로 안건, 회의록, 결정 사항을 따라가도록 도와주며, 회의록 작성자가 사후에 별도로 정리하지 않고도 회의 종료 직후 이메일로 팀원들에게 바로 전달할 수 있게 한다.

[그림 5-2]와 [그림 5-3]에는 두 가지 팀 회의 안건 양식이 제공되며, 〈부록 5-1〉과 〈부록 5-2〉에는 빈 양식이 포함되어 있다. 첫 번째 안건은 통합 MTSS 학교리더십 팀이 정기 회의에서 1단계 학업 및 행동지원체계를 조정하는 데 사용할 수 있다. 이 안건에는 팀의 목적이 포함되어 있어 팀원들에게 가장 중요한 업무에 집중하도록 상기시켜 준다. 특히, 과거 회의에서 목표에서 벗어난 경우, 진행자가 미리 목적을 읽어 주는 방식으로 이를 예방할 수 있다. 첫 번째 공식 안건은 새로운 교육과정의 성공적인 실행이나 특정 영역에서 학교 전체의 학생 성과 향상과 같은 1단계 성공 사례를 공유하는 것이다. 다음으로 팀은 시스템 수준에서 실행충실도 데이터를 검토하고 진행 상황을 논의한다. 충실도를 검토한 후에는 학교 전체 데이터(예: 성공적인 학생 비율)를 검토하되, 개별 학생에 대한 논의는 생략한다. 이어서, 팀은 이전 계획에 따라 전년도에 비해 증가한 교실 내 ODR을 줄이기 위해 후속 조치를 취한다. 다음으로, 팀은 새로운 안건을 논의하는데, 여기에는 인종적 불균형을 나타내는 ODR 데이터에 대한 논의가 포함된다. 마지막으로, 팀은 스스로의 기능을 평가한다. 안건 하단에는 회의 중 지속적으로 업데이트될 실행계획이 포함되어 있다.

두 번째 팀 회의 안건은 학교의 통합 MTSS 학생지원 팀에서 사용할 수 있도록 구성되었다. 다음에서 확인할 수 있듯이, 이 안건은 몇 가지 주요 차이점을 제외하고 학교리더십 팀의 안건과 매우 유사하다. 안건 4('데이터 코디네이터의 시스템 의사 결정 업데이트')는 회의의 중요한 구성 요소이다. 이 항목은 학생의 진행 상황에 대한 간단한 업데이트로, 졸업 또는 지원 변경에 대한 결정을 강조하는 내용이기 때문에 의도적으로 짧게 구성되었다(이 범주에 해당하지 않는 학생들은 현재의 지원을 계속 받고 있음). 이 항목을 간단히 다루어 절약한 시간은 학업에 어려움이 있는 학생들의 지원 방안을 논의하는 데 사용할 수 있다. 물론, 팀원 개개인이 특정 학생의 진행 상황을 자세히 논의하자고 요청할 수도 있다.

학교리더십 팀 회의 안건

학교: 레이크뷰 초등학교 날짜: 10월 8일

진행자: 론다

회의록 작성자/기록자: 샬린

시간 관리자: 디션

데이터 코디네이터: 카린

참석 팀원: 케네스, 하워드

팀 목적:

우리는 통합지원체계를 조정하여 모든 학생의 학업 및 행동 성과를 개선하기 위해 노력한다. 또한 학교, 지역, 주 차원의 정책과 일치하도록 조율한다.

1. 성과 공유하기(5분)

모든 교사가 제시간에 수업을 완료하는 등 교실 ODR을 줄이기 위한 계획이 효과를 거두고 있음

2. 1단계 실행 데이터 검토(10분):

a. 가장 최근의 충실도 데이터를 검토하세요.

- 읽기 · 쓰기: R-TFI 총점: 91%
- 행동: SWPBIS TFI 1단계 점수: 83%
  학생/학부모/지역사회 참여 항목 점수: 0(미실시)

b. 실행을 방해하는 장애물은 무엇인가요?

초등 중학년 교사(Intermediate teachers)들이 학습성취도가 낮은 학생을 위한 전체-그룹 읽기 수업의 차별화 방법에 대해 잘 이해하지 못하는 것 같음

c. 실행을 개선하기 위해 무엇을 할 수 있나요? 실행계획을 업데이트하세요.

- 다음 무학년 팀 회의에서 차별화 교수의 일반 원칙을 검토
- PBIS 학부모 의견 및 만족도 설문 조사를 실시

3. 1단계 학생 결과 데이터 검토(15분):

a. 가장 최근의 학생 결과 데이터를 검토하세요.

A. 읽기 · 쓰기: 가을 AIMSweb 벤치마킹 기준 이상인 학생 비율:

i. 유치원: 41%
ii. 1학년: 78%
iii. 2학년: 87%
iv. 3학년: 79%
v. 4학년: 77%
vi. 5학년: 77%

〈계속〉

B. 행동

i. 0~1회의 ODR를 받은 학생 비율(지난 전체 학년): 83%(전년도 81%)

a. 백인 학생: 92%

b. 흑인 학생: 73%

c. 라틴계 학생: 94%

ii. 지난달 교실 내 ODR 수: 26건(그 전달: 33건)

b. 결과를 개선하기 위해 무엇을 할 수 있나요? 실행계획을 업데이트하세요.

- 중학년의 수업 검토 후 결과 모니터링 (다음 연수일 주제로 고려)
- 성찰실 의뢰(ODRs)를 꼼꼼히 검토하여 흑인 학생 비율이 더 높은 특정 상황을 확인하고, 문제를 명확히 정의
- SWIS 다문화 보고서(SWIS Ethnicity Report)에서 위험 비율을 확인하여 특정 집단의 학생들 사이에 발생하는 불균형을 모니터링

4. 진행 중인 사안(15분):

a. 가장 최근의 이슈와 조치 항목을 검토하세요.

교실 내 ODR 감소를 위해 교실 규칙을 교육 또는 재교육하기

i. 상태는 어떠한가요(완료, 진행 중, 시작 안 함)?

완료됨—모든 교사가 지난 금요일까지 완료함

ii. 계속/중단/추가해야 할 사항은 무엇인가요?

- 매월 교실 ODR을 지속적으로 모니터링
- 교실에서 보충 수업 필요성을 평가

5. 신규 사안(10분):

a. 개선된 실행 또는 결과를 보장하기 위해 어떤 새로운 문제들을 해결해야 하나요?

- ODR 결정에서의 암묵적 인종 편향과 교실 수업에서의 평등한 응답 기회 제공에 대한 논의
- 문제의 본질을 정확한 문제 진술로 계속 파악하기: 다음 회의 주제로 선정

b. 실행을 방해하는 지속적인 장애물이나 위험 요소는 무엇인가요?

교직원 업무 과중 문제 해결을 위해 매달 몇 가지 작은 일에 집중하도록 노력

〈계속〉

6. 회의 자기 평가(5분):

	팀 회의 평가	그렇다	보통	아니다
1	오늘 회의에서 우리가 기대한 대로 진행되었나요?	X		
2	오늘 회의에서 우리 팀의 목적에 집중했나요?	X		
3	이전 회의에서 합의한 업무를 잘 완료했나요?	X		
4	전반적으로 완료된 과제가 학생 성과에 원하는 효과를 미치고 있나요?		X	
	일부 평가가 '보통' 또는 '아니요'인 경우, 어떻게 개선할 수 있나요?			
	과제를 계속 완수하고, 특히 형평성 관련 과제는 매우 중요함. 이 팀의 노력은 좋은 성과로 이어질 것임!			

진행 중인 실행계획 항목

활동	책임자	목표 시작 날짜	목표 종료 날짜	효과 파악
R-TFI 완료	코치와 팀	1월 8일	1월 8일	2월 회의에서 논의
SWPBIS TFI 완료	팀과 PBIS 코치	12월 2일	12월 2일	PBIS 평가 사이트 입력됨
학급 규칙 지도	담임교사	10월 1일	10월 15일	교실 점검표-완료
교실 ODRs 모니터링	데이터 코디네이터	10월 1일	월별 진행	회의 전 데이터 요약 및 전달
학교 뉴스레터에 학부모 의견 및 만족도 설문조사 링크를 포함하여 가정에 전송	행정 보조원	11월 5일	12일 5일	최소 75% 회수율

[그림 5-2] 학교리더십 팀 회의 안건 작성 예시

학생지원 팀 회의 안건

학교: 레이크뷰 초등학교 날짜: 10월 15일

진행자: 세사르

회의록 작성자/기록자: 샌디

시간 관리자: 마이클

데이터 코디네이터: 카린

참석 팀원: 찬티, 하워드

팀 목적:

우리는 주로 1단계 이상의 지원이 필요한 학생들을 위해 효과적인 학업 및 행동 지원 시스템을 구축하기 위해 노력한다. 또한 새로운 지원 의뢰를 처리하고 개별 학생의 진행 상황을 모니터링하고 문제를 해결한다.

1. 성과 공유하기(5분)

REWARDS 프로그램의 훌륭한 실행
아리아는 지난주에 100% 일반 교실에서 시간을 보냄
에디의 독해 능력이 빠르게 향상되고 있음

2. 2/3단계 실행 데이터 검토(10분):

a. 가장 최근의 충실도 데이터를 검토하세요.

- 읽기 · 쓰기: REWARDS 프로그램의 실행충실도 관찰 결과 평균 88%
- 행동: SWPBIS TFI 2단계와 3단계 점수: 각각 76% 및 51%
  3단계 지원 계획 하위 척도 점수: 33%
  기능행동평가(FBAs)는 기록이 잘되어 있으나, 지원 계획에 핵심 요소(예: 포괄적 지원, 가족 선호)가 빠져 있음

b. 실행을 방해하는 장애물은 무엇인가요?

캐럴이 떠난 후 지원 계획 수립 역량이 줄어듦

c. 실행을 개선하기 위해 무엇을 할 수 있나요? 실행계획을 업데이트하세요.

팀을 위한 FBA에서 BSP로의 교육 요청 및 지역교육청 코칭 지원

3. 2/3단계 학생 결과 데이터 검토(15분):

a. 가장 최근의 학생 결과 데이터를 검토하세요.

A. 읽기 · 쓰기: 학생들이 성공적으로 목표선 유지 중(진전도 모니터링에서 목표선 이상 도달한 경우)
  i. 조기 읽기 중재: 91%
  ii. Read Naturally 프로그램: 78%
  iii. REWARDS 프로그램: 87%

B. 행동: 성공적인 학생 비율(주 5일 중 4일 이상 일일 목표 달성)
  i. FRIENDS for Life 프로그램: 89%
  ii. CICO (체크인/체크아웃): 89%

〈계속〉

iii. CICO + Second Step: 82%

iv. CICO + 3단계 계획: 42%

b. 결과를 개선하기 위해 무엇을 할 수 있나요? 실행계획을 업데이트하세요.

3단계 행동지원 계획의 적절성을 검토하고 계획을 개선하기

4. 데이터 코디네이터 시스템 의사결정 업데이트(5분):

a. 읽기 · 쓰기

i. 지원이 더 이상 필요하지 않은 학생들

카린(Read Naturally)—1단계로 하향 조정

ii. 성공하지 못한 학생들(#5에서 논의)

현재 없음 (잘하고 있어요, 우리 팀!)

b. 행동

i. 지원이 더 이상 필요하지 않은 학생들

아리아(CICO)—자기점검으로 전환

ii. 지원이 더 이상 필요하지 않은 학생들

네드(3단계)—다음에 논의

5. 개별 학생을 위한 문제 해결(15분):

a. 우려되는 학생(들)

i. 현재 계획

- CICO + 3단계(개별화 계획) 적절한 기술을 가르침으로써 또래의 주의를 얻도록 함
- 추가 학업지원 없음

ii. 이슈

- 지난주 수학 시간에 교사 체크아웃 후, 과제 거부 및 반항행동으로 4건의 ODR 발생
- 수학 문장제 문제 유창성이 기준점 이하

ii. 계속/중단/추가해야 할 사항은 무엇인가요?

- 네드에게 긍정적인 CICO 피드백을 받아들이는 방법을 다시 가르치고, 교사에게는 이를 효과적으로 전달하는 방법을 지도
- 수학 추가 진단 평가 실시[기준 평가 도구(banchmark probe)로 시작]

6. 신규 지원 의뢰(5분):

a. 새로 처리해야 할 의뢰는 무엇인가요?

i. 현재 계획

에이든 (2학년) 수업 방해. 학생의 읽기 실력은 기준에 도달했으며, 교사가 기대되는 행동에 대해 설명 완료함.

b. 실행을 위해 필요한 단계는 무엇인가요? 실행계획을 업데이트하세요.

에이든에게 체크인/체크아웃 프로그램을 시작하기. 세르사가 내일 초기 교육을 담당하고, 카린이 멘토 역할을 맡음.

〈계속〉

7. 회의 자기 평가(5분):

	팀 회의 평가	그렇다	보통	아니다
1	오늘 회의는 우리가 기대한 대로 진행되었는가?	X		
2	오늘 회의는 우리 팀의 목적에 집중하였는가?	X		
3	이전 회의에서 합의한 업무를 잘 완료하였는가?	X		
4	전반적으로 완료된 과제가 학생 성과에 원하는 효과를 미치는가?		X	
	일부 평가가 '보통' 또는 '아니요'인 경우, 개선 방법은 무엇인가?			
	문제 해결 시 회의의 효율성을 유지하기 위해 서로에게 관련된 학생 정보만 공유하도록 상기시키기			

진행 중인 실행계획 항목

활동	담당자	목표 시작 날짜	목표 종료 날짜	효과 파악
지속적으로 읽기 · 쓰기 중재에 대한 충실도 관찰 진행	읽기 · 쓰기 코치	11월 15일	월간	다음 회의에서 논의
SWPBIS TFI 완료	PBIS 코치와 팀	12월 15일	12월 15일	PBIS 평가 사이트에 입력
지역교육청의 FBA와 BSP 연수 요청	진행자	10월 22일	11월 1일	지역교육청 코디네이터의 답변
지역교육청 행동 컨설턴트 회의 참석 요청	진행자	10월 22일	11월 1일	지역교육청 코디네이터의 답변
티어 3 행동지원 계획 검토	데이터 코디네이터	10월 22일	월간(월 3회)	팀에 요약 전송
네드 및 선생님과 함께 CICO 평가 프로세스 다시 배우기	진행자	10월 16일	10월 22일	회의에서 보고
네드의 수학 벤치마크 검토하기	진행자	10월 22일	11월 1일	다음 회의에서 논의
에이든을 CICO에 등록하기	진행자	10월 16일	10월 22일	회의 시 데이터 요약

[그림 5-3] 학생지원 팀 회의 안건 작성 예시

(5) 연간 안건 일정표

통합 MTSS 팀은 방대한 과제를 처리해야 한다. 팀이 과중한 부담을 느끼지 않고 효과적으로 기능하기 위해서는 이러한 과제를 연중 회의에 걸쳐 체계적으로 분산하는 것이 효율적이다. 이러한 연간 일정표는 종종 지역교육청 관리자에 의해 개발되어, 연수 및 활동들을 일정표에 반영한다. 〈표 5-4〉는 통합 MTSS 학교리더십 팀을 위한 월별 주요 활동을 포함한 연간 일정표의 예시이다. 표에 명시된 활동들은 예측 가능한 시점에 이루어지는 주요 이벤트(예: 학업 벤치마크 평가)와 연결되어 실행계획 수립에 활용된다. 또한 추가 활동으로 팀의 실행을 모니터링하고 조정하여, 학생들이 효과적인 중재를 받고 그 결과로 성과가 향상되도록 돕는 과정도 포함된다. 이 시간표는 [그림 3-3](p. 93)에 제공된 데이터 수집 및 사용과 긴밀히 연관된다. 시간에 따른 일정 예시로, 〈부록 5-3〉에는 학업 벤치마크 데이터 수집 이후 회의를 위한 학년별 팀 회의 안건 예시가 제공되며, 이 회의는 통합된 교육계획 수정으로 마무리된다([그림 4-10], p. 188 및 〈부록 4-3〉, p. 200 참조).

2) 통합 문제 해결 및 의사결정 프로세스

회의 중에, 통합 팀은 다양한 차원(예: 학교, 학급, 개별 학생) 및 영역(예: 학업, 행동, 통합 지원)에서 문제를 해결하는 데 동일한 표준 절차를 사용함으로써 더 효과적이고 효율적으로 업무 진행할 수 있다. 일단 표준화된 문제해결 절차가 정의되고 채택되면, 팀원들은 회의 시간에 다음 단계가 무엇인지 고민하기보다는 문제해결에 더 많은 에너지를 집중할 수 있다. 표준 문제해결 절차를 사용하는 것이 처음부터 성공을 보장하는 것은 아니지만, 반복적인 문제해결 과정을 통해 팀이 점차 문제해결 과정에 더 능숙해지고 정확해지며, 결국 문제해결 가능성도 높아질 것이다.

(1) 통합 문제 해결 프로세스

교육자가 수업의 질과 학생 성과를 제고하기 위해 사용하는 다양한 문제해결 모델이 있지만, 이러한 모델들은 많은 공통 요소를 가지고 있어 일반적인 문제해결 과정의 변형으로 볼 수 있다(Newton et al., 2014). 일부 모델은 간단한 핵심 요소(예: 계획, 실행, 연구, 조치)만 포함하거나 더 복잡한 과정을 포함할 수도 있다. 이 책은 모든 단계 및 교과 팀에서 사용할 수 있는 일반적인 6단계 문제해결 과정을 제안한다. 이 과정은 학교심리학 연구(Deno, 1995), TIPS(Newton et al., 2012) 및 성과 중심 모델(Good, Gruba, & Kaminski, 2002)을 참고하였다.

① 1단계: 문제 식별

이 단계는 팀의 주의를 문제에 집중시키는 것에서 시작된다. 문제 식별은 일반적으로 "3학년 읽기 점수가 너무 낮다" 또는 "학생들이 복도에서 지나치게 시끄럽다"와 같은 광범위한 진술로 시작된다. 이 단계의 주요 목적은 문제 존재 여부를 확인하고, 가능한 한 정확하게 정의하며, 해결할 가치가 있는 문제인지 결정해야 한다. 이를 위해 현재 데이터를 특정 기준(예: 학업 벤치마크, 행동에 대한 지역 또는 국가 표준, 이전 연도의 성과)과 비교하는 것이 도움이 된다.

표 5-4 통합 MTSS 학교리더십 팀 회의 연간 일정

월	팀의 초점	팀 활동	주요 질문의 답변
9월	통합 실행 계획 수정	• 가을 학기 학업 벤치마킹/선별 평가와 연간 충실도 평가 조정 • 학교 전체 학생 결과 데이터를 활용하여 진전도 추적 • 학교 전체 학생 데이터를 기반으로 학교 개선 계획 조정	• 학교 직원이 데이터 수집을 수행하는 데 충분한 지원을 받고 있는가? • 선별 데이터에 따라 학업 중재와 지원을 변경할 필요가 있는가?
10월 11월 12월	충실도 및 행동 진전도 모니터링	• 1단계 실행충실도 데이터를 활용하여 진전도 추적 및 성공 요인과 장애물 파악 • 실행 문제를 사전 파악하고 수정 • 월별 행동 선별 데이터를 활용하여 성공 사례와 문제점 도출	• 학교 직원이 중재를 올바르게 시행하고 있는가? • 중재 시행을 개선하기 위해 추가적인 전문성 개발 기회가 필요한가?
1월	통합 실행 계획 수정	• 겨울 학업 벤치마킹/선별 평가 조율 • 학교 전체 학생 결과 데이터를 활용하여 진전도 추적 • 필요에 따라 학교개선 계획을 조정	• 선별 데이터에 따라 중재와 지원을 변경할 필요가 있는가?
2월 3월 4월	충실도 및 행동 진전도 모니터링	• 1단계 실행충실도 데이터를 활용하여 진전도 추적하고 성공 요인과 장애물 파악 • 실행 문제를 사전 파악하고 수정 • 팀과 학교 직원의 실행 역량 강화 • 월별 행동 선별 데이터를 활용하여 성공 사례와 문제점 도출	• 학교 직원들이 중재를 올바르게 실행하고 있는가? • 추가적인 전문성 개발 기회가 필요한가?

〈계속〉

5월	다음 학년도 통합 실행 계획의 평가 및 수정	• 실행 및 학생 결과에 대한 평가를 매년 실시 • 평가 보고서를 교직원, 학부모, 지역교육청, 지역사회와 공유 • 실행 및 결과 데이터를 기반으로 다음 학년도 학교개선 계획 수립	• 통합 MTSS 모델을 얼마나 잘 구현했는가? • 통합 MTSS 모델로 학생들은 얼마나 성공을 거두었는가? • 통합 MTSS 모델을 강화하기 위해 다음 학년도에 무엇을 해야 할까?

② 2단계: 문제 설명

문제가 식별되면 더 구체적으로 이해하는 것이 중요하다. 문제 명확화 과정에서는 팀이 문제가 발생하는 원인을 파악해야 한다. 이 과정은 학생을 대상으로 하는 진단 평가와 유사하다(제3장에서 설명됨). 문제를 유발하거나 지속시키는 맥락적 요인들을 파악해야 한다. 이 단계에서의 신중한 데이터 수집과 분석은 문제와 직접적으로 연결된 해결책을 개발하는 데 도움이 된다.

③ 3단계: 해결 방안 계획

팀은 2단계에서 수집한 정보를 바탕으로 가능한 중재 방법을 탐색하기 시작한다. 이 과정에는, 첫째, 가능한 전략을 브레인스토밍하고, 둘째, 실행 가능하면서 효과가 있을 것으로 예상되는 전략을 선택하며, 셋째, 결과를 평가하기 위한 명확한 실행계획을 개발하는 세 가지 활동이 포함될 수 있다(Scott, Anderson, & Alter, 2012).

④ 4단계: 목표 설정

문제 해결에서 자주 간과되는 단계는 계획이 성공했는지를 판단할 수 있는 명확한 목표를 설정하는 것이다. 이 목표는 1단계에서 문제를 식별할 때 사용한 기준을 기반으로 설정할 수 있다. 목표에는 달성 기한과 함께 진행 상황을 평가할 계획도 포함되어야 한다.

⑤ 5단계: 중재 실행

해결책이 정해지고 목표가 설정되면 중재를 실행한다. 이때 실행자가 중재를 잘 수행할 수 있도록 필요한 자원을 확보하는 것이 중요하며, 실행충실도를 모니터링하는 계획도 포함되어야 한다. 경우에 따라 실행자는 해결책을 효과적으로 구현하기 위해 추가 교육이 필요할 수 있다.

⑤ 6단계: 평가

마지막 단계에서는 계획의 성공 여부를 평가하여(1단계와 유사한 과정) 문제가 여전히 존재하는지 확인해야 한다. 문제가 남아 있다면, 이전 문제해결 과정에서 얻은 새로운 정보를 활용하여 문제해결 단계를 다시 시작한다. 반면, 과정이 성공적이라면 성과를 공유하고 이번 과정에서 얻은 경험을 앞으로의 문제 해결에 활용하는 것이 바람직하다.

예시

이 과정은 학교나 지역교육청의 모든 팀이 의사결정을 내리는 데 활용될 수 있다. 이 모델이 실제로 어떻게 적용되는지 간단한 예시를 보여 주기 위해, [그림 5-4]에서는 회의 중 팀이 해결해야 할 두 가지 문제에 대해 문제해결 단계를 적용한 모습을 간략히 제시하였다([그림 5-2]와 [그림 5-3]에는 회의 기록이 표시됨). 1단계 팀 문제 해결(Todd et al., 2012)과 2단계 팀 문제 해결(Albin & Todd, 2015)에 대한 다른 예시는 관련 문헌에서 찾아볼 수 있다.

문제해결 실행 단계 학교리더십 팀([그림 5-2]의 안건 참조)
문제: ODR의 인종/민족 불균형 문제
1단계: 문제 식별 데이터 코디네이터는 흑인 학생들이 ODR을 지나치게 많이 받는다는 것을 확인함. 작년에 0~1건의 ODR을 기록한 백인 학생이 92%, 전체 평균이 83%인 것과 비교하였을 때, 흑인 학생은 73%였음.
2단계: 문제 설명 다음 회의(11월) 전, 데이터 코디네이터가 문제행동, 장소, 시간대별로 ODR을 분석한 결과, 흑인 학생들이 예의 없는 행동으로 인해 ODR을 받을 가능성이 높고, 특히 오후 버스 대기 구역에서 ODR을 받을 가능성이 높은 것으로 나타남.
3단계: 해결 방안 계획 다음 회의에서 브레인스토밍을 통해 다음과 같은 방안을 결정함: ① 예의 없는 행동에 대한 ODR 정의를 재검토, ② 문제행동에 대한 교육 접근 방식 점검, ③ 버스 대기 구역에서의 기대행동을 재교육, ④ 버스 구역에서 그룹 간 형평성을 보장하는 승인 티켓(acknowledgment tickets) 사용을 증가, 그리고 ⑤ 흑인 학생의 ODR 비율을 개선하기 위해 흑인 학생의 위험 비율(ODR을 받은 흑인 학생 비율/ODR을 받은 백인 학생 비율)을 모니터링.
4단계: 목표 설정 팀은 현재 위험 비율이 2.85임을 확인하고, 학년 말까지 이를 1.25 이하로 낮추는 것을 목표로 설정함.

〈계속〉

5단계: 중재 실행
팀은 다음 직원회의에서 ODR, 행동에 대한 교사의 대응, 버스 구역에서의 기대되는 행동을 점검하고, 다음 주에 학생들에게 기대되는 행동을 재교육하기로 계획함. 또한 버스 구역에서 친사회적 행동 및 문제행동에 대한 대응이 잘 이행되는지 관찰할 예정. 팀은 목표 달성 여부를 평가하기 위해 간단한 체크리스트를 활용함.
6단계: 평가
팀은 목표(4단계에 설명된)가 달성될 때까지 매월 계획을 재검토하고 결과를 관찰하여 월별 위험 비율이 감소하지 않으면 계획을 수정할 계획임.

학생지원 팀([그림 5-3]의 안건 참조)
문제: ODR의 인종/민족 불균형 문제
1단계: 문제 식별 네드는 지난 한 주 동안 네 번의 ODR 받음. 작년에는 7번을 받았지만 올해는 지난주까지 한 번도 받지 않음.
2단계: 문제 설명 담임교사는 네드의 문제가 수학에서의 과제 수행 거부와 CICO(체크인/체크아웃) 이후 반항적인 행동과 관련이 있다고 보고함. 파일 검토(가을 학업 선별 검사)를 통해 수학 문장제 문제에서 기준치에 미치지 못하고 있는 것이 확인됨. 데이터 코디네이터가 오류 패턴을 분석한 결과, 문제 이해는 정확하나 여러 연산에서 오류가 발생하고 있는 것이 확인됨.
3단계: 해결 방안 계획 팀은, ① 네드에게 효과적인 CICO 피드백을 받아들이는 방법을 가르친다; ② 교사가 효과적인 CICO 피드백을 제공하는 전략을 검토한다; ③ 수학 연산을 다시 가르친다; ④ CICO 점수, ODR 횟수, CBM 수학 진전도 모니터링 데이터를 통해 개선 여부를 모니터링함.
4단계: 목표 설정 팀은 CICO 일일 점수의 80% 달성 및 겨울 수학 벤치마크 목표로 하는 진전도선에 맞춰 1월 15일까지 진행하는 것으로 목표 설정함.
5단계: 중재 실행 팀은 각 구성 요소가 완료되도록 보장하는 실행계획을 수립함. 진행자는 교사가 피드백을 효과적으로 제공하고, 네드가 피드백을 수용하는지를 확인하기 위해 CICO 피드백 세션을 주 1회 이상 관찰할 예정임.
6단계: 평가 팀은 1월 15일까지 겨울 수학 벤치마크를 달성하기 위한 목표선을 설정하고 CICO 일일 점수의 80%를 도달하는 것을 목표로 함.

[그림 5-4] 학교리더십 팀 및 학생지원 팀 문제해결 단계 예시

(2) 통합 학생 지원 요청 프로세스

문제해결 모델을 통해 학생이 1단계 지원만으로는 성공하기 어렵다는 판단이 내려지면, 다양한 학생의 어려움을 유연하고 체계적으로 해결할 수 있는 의뢰 과정을 마련하는 것이 통합 학생지원 팀에 큰 도움이 된다. 이 과정을 통해 학생지원 팀은 다양한 전문 지식을 활용하고, 복잡한 문제를 명확하고 간결하게 분석하여 팀의 역량을 강화할 수 있다. 효과적인 학생지원 팀은 통합 지원 요청 양식 작성법(제3장과 〈부록 3-4〉 참조)을 통해 교직원들에게 지원 요청 방법을 교육한다. 의뢰를 받은 팀은 [그림 5-5]에 명시된 절차를 따른다. 주요 문제가 학업이든 행동이든 첫 번째 단계(문제 명확화의 일부)는 1단계 지원이 충실하게 실행되었는지 확인하는 것이다. 학생의 어려움이 단순히 양질의 1단계 지원 부족으로 인해 발생하는 것은 아닌지 확인해야 한다. 만약 학생이 1단계에서 충분한 지도를 받지 못했다면, 팀은 담임교사나 학교리더십 팀과 협력하여 1단계 지원의 충실도를 개선하고(예: 학습 기술이나 기대행동에 대한 명확한 지도, 연습 및 피드백 제공) 학생의 진전도를 지속적으로 모니터링해야 한다. 양질의 1단계 지도가 이루어졌다고 판단되면, 다음 단계로 문제를 해결하기 위해 이전에 사용된 전략에 대한 정보를 수집한다. 이 정보는 데이터 코디네이터가 요약하고, 회의록 작성자가 문서화하여, 이후 중재 계획을 수립하고 중재 시도를 기록하는 데 활용된다. 이 시점에서 팀은 기존 2단계 중재를 선택해 실행할 수 있으며(그림에 표시되지 않음), 또는 중재 선택을 돕기 위해 추가 진단 정보를 수집하여 문제를 더 명확히 파악할 수 있다.

추가 정보를 수집하기 위해, 팀은 행동(기능행동평가, FBA; Crone et al., 2015) 또는 학업(기능학업평가; Witt et al., 2000)에 대해 간단하거나 심층적인 기능평가를 실시한다. 이 과정은 제3장에서 설명되었으며, [그림 3-1](p. 74)에 예시가 제시되어 있다. 이 단계의 결과는 학업과 행동을 함께 지원하는 통합 지원 계획이 필요한지 여부를 판단하는 데 도움을 준다. 행동 문제의 경우, 팀의 FBA는 학생의 행동이 학업 과제를 회피하려는 동기로 인해 유지되는지 확인한다. 이러한 요인이 아니라면, 팀은 학업지원 계획만을 수립할 수 있다. 그러나 회피 또는 도피가 요인으로 확인되면, 팀은 기능학업평가를 완료하여 어떤 학업 과제가 문제행동을 유발하는지 파악하고 이에 대한 중재가 필요 여부를 확인할 수 있다. 이 결과는 통합 지원 계획을 수립하는 데 활용되며, 팀은 그 효과와 필요한 변경 사항을 모니터링한다. 학업 문제의 경우, 핵심 판단 요소는 학생의 행동이 학습 기회를 방해하는지 여부이다. 예를 들어, 방해행동이 수업에서 학생을 자주 제외시키는 경우가 이에 해당한다. 방해 요소가 없다면, 팀은 학업지원 계획만을 수립할 수 있다. 반면, 방해 요소가 있는 경우 팀은 문제행동에 영향을 미치는 환경적 변수를 파악하기 위해 FBA를 실시해야 한다. 이러한 환경 변수는 기

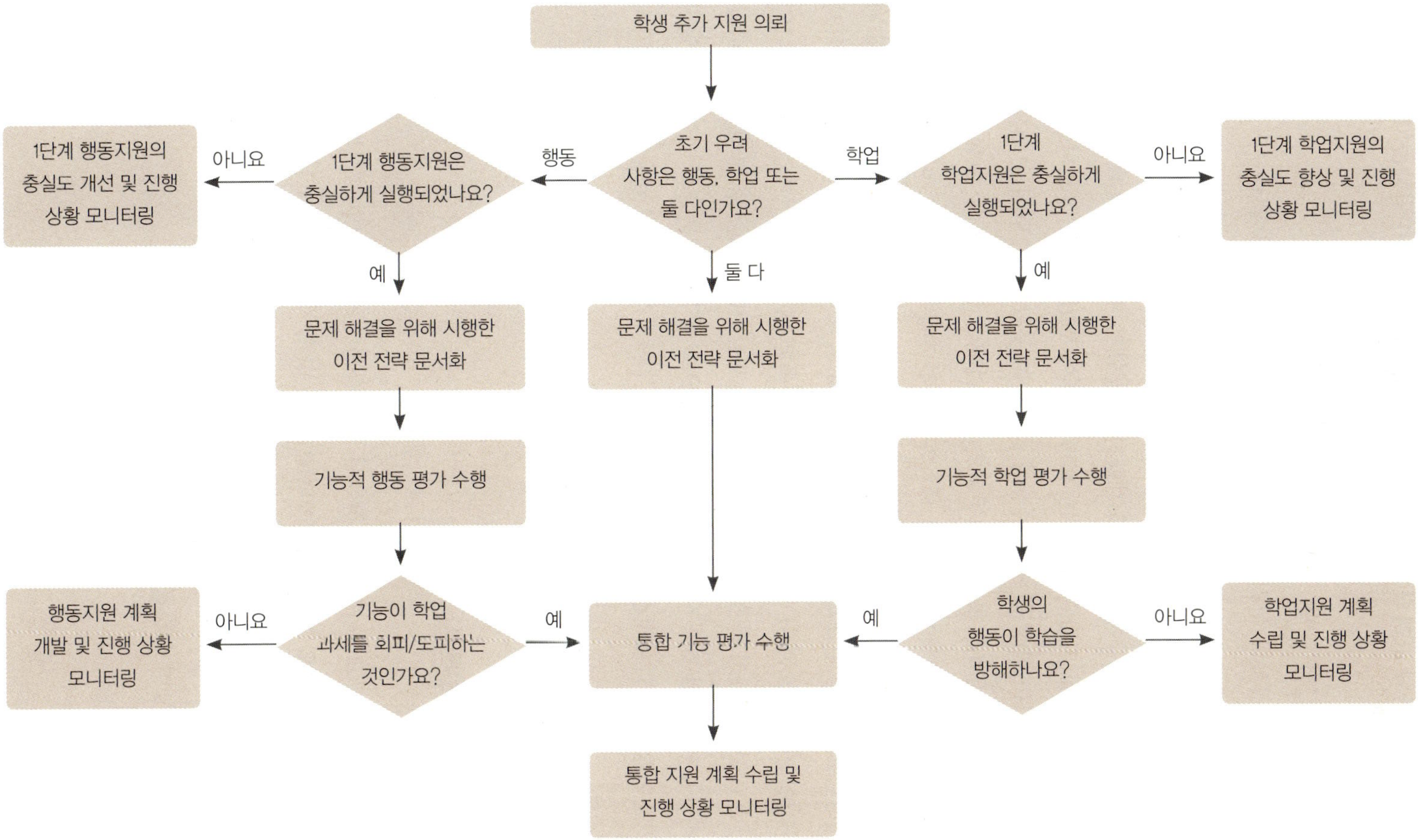

[그림 5-5] 제안된 통합 MTSS 지원 요청 절차

참고: [그림 3-1]에서는 행동, 학업, 통합 문제에 대한 기능적 평가 절차를 설명함.

능적 학업 평가 결과와 함께 고려되어 통합 학업 및 행동지원 계획을 수립하는 데 활용된다.

(3) 데이터 기반 의사결정 규칙

앞서 설명한 두 가지 절차와 이러한 절차가 이루어지는 모든 회의에서는 문제해결 과정의 공통적인 단계에 대해 명확한 의사결정 기준을 마련하는 것이 큰 도움이 된다. 예를 들어, 지원체계의 결정 사항을 업데이트하는 과정에서 데이터 코디네이터가 효율적인 결정을 내리려면, 코디네이터와 팀이 지원을 유지할지, 수정할지, 중단할지에 대한 구체적인 기준에 합의해야 한다. 1단계 의사결정에서는 '80% 규칙'이 일반적으로 적용되는데, 이 규칙은 1단계 지원을 받고 있는 학생 중 80% 이상이 성공하지 못할 경우, 팀이 최소 80%의 학생이 성공할 때까지 1단계 지원을 충분히 제공하거나 강화해야 한다. 특히, 고위험 지역의 학교에서는 1단계 지원이 다른 학교의 2단계 지원과 비슷한 수준일 수 있다. 이 정도의 강도가 없다면 대부분의 학생들이 2단계와 3단계의 추가 지원이 필요하게 되는데, 이는 오히려 더 많은 자원을 소모하게 된다. 2단계 및 3단계 의사결정에서는 지원 수정 필요 여부를 평가하기 위한 일반적인 기준으로, 목표선보다 낮은 3개의 연속된 데이터 지점(학업지원) 또는 3일 연속 일일 진전도 보고서에서 목표 미달성(행동지원)이 포함된다. 물론, 팀 구성원들은 다양한 이유(예: 지원 변화에 대한 평가 시간을 충분히 주기 위해)로 이러한 기준을 무시할 수도 있지만, 명확한 기준이 없으면 의사결정이 비효율적으로 이루어져 팀 전체의 효율성도 떨어지게 된다.

5. 팀 체크리스트: 팀 통합

이 장의 체크리스트는 학교와 지역교육청에서 팀을 통합하기 위한 일반적인 단계에 초점을 맞춘다. 팀의 구성 방식(예: 팀 수, 구성 형태)은 다를 수 있지만, 최적의 운영을 위해서는 동일한 기능(예: 목적, 핵심 활동)이 필요하다. 어떤 팀에게는 통합이 활동을 간소화하는 효율적인 방법이 될 수 있지만, 다른 팀에게는 기존 구조보다 오히려 부담이 될 수 있다. 이 체크리스트는 형식보다는 기능에 중점을 두고 있다.

학교 차원 팀 통합을 위한 체크리스트[1)]

실행 단계	실행 상태		
	실행 하지 않음	부분적으로 실행함	실행함
1. 학교리더십 팀은 각 팀의 목적과 구성원을 파악하는 조사를 통해 통합하거나 해체할 수 있는 팀을 사전 확인한다.			
2. 학교의 모든 팀은 서로 중복되지 않는 명확한 임무와 목적을 가지고 있다.			
3. 학교의 모든 팀은 정기적인 회의 시간과 장소를 가지고 있다.			
4. 학교의 모든 팀은 팀원들을 위한 규범과 기대 사항을 설정한다.			
5. 학교의 모든 팀은 회의에서 맡을 역할과 필요한 경우 대체 역할을 지정한다.			
6. 학교의 모든 팀은 정해진 회의 안건과 공통 문제해결 절차를 사용한다.			
7. 학교의 모든 팀은 학생의 학업성취를 평가하고 교육 및 중재 조정 결정을 내릴 때, 합의된 규칙을 준수한다.			

실행계획의 우선순위 (가장 중요한 세 가지 항목)	담당자는 누구인가?	언제까지 실행하는가?	언제 완료되었는지 어떻게 알 수 있는가?
1.			
2.			
3.			

1) Kent McIntosh와 Steve Goodman의 저서인 『Integrated Multi-Tiered Systems of Support: Blending RTI and PBIS』에서 발췌.

지역교육청 차원의 팀 통합을 위한 체크리스트[2)]

실행 단계	실행 상태		
	실행 하지 않음	부분적으로 실행함	실행함
1. 지역교육청 리더십 팀은 각 팀의 목적과 구성원을 파악하는 조사를 통해 통합하거나 해체할 수 있는 팀을 사전 확인한다.			
2. 지역교육청 소속 모든 팀은 서로 중복되지 않는 명확한 임무와 목적을 가지고 있다.			
3. 지역교육청 소속 모든 팀은 정기적인 회의 시간과 장소를 가지고 있다.			
4. 지역교육청 소속 모든 팀은 팀원들을 위한 규범과 기대 사항을 설정한다.			
5. 지역교육청 소속 모든 팀은 회의에서 맡을 역할과 필요한 경우 대체 역할을 지정한다.			
6. 지역교육청 소속 모든 팀은 정해진 회의 안건과 공통 문제해결 절차를 사용한다.			
7. 지역교육청 소속 모든 팀은 학생의 학업성취를 평가하고 교육 및 중재 조정 결정을 내릴 때, 합의된 규칙을 준수한다.			
8. 지역교육청 리더십 팀은 학교 팀들이 회의 의제를 세울 때 참고할 수 있도록 공통 활동과 결정 사항을 포함한 연간 일정/캘린더를 작성한다.			

실행계획의 우선순위 (가장 중요한 세 가지 항목)	담당자는 누구인가?	언제까지 실행하는가?	언제 완료되었는지 어떻게 알 수 있는가?
1.			
2.			
3.			

2) Kent McIntosh와 Steve Goodman의 저서인 『Integrated Multi-Tiered Systems of Support: Blending RTI and PBIS』에서 발췌. © 2016 The Guilford Press. 이 〈부록〉은 이 책을 구입한 사람이 개인적으로 사용하거나 개별 학생을 지도할 목적으로 복사하여 활용할 수 있음(자세한 사항은 저작권 페이지 참조). 구매자는 이 〈부록〉의 추가 사본을 다운로드할 수 있음(차례 끝부분의 안내 참조)..

부록 5-1

학교리더십 팀 회의 안건[3)]

학교: ______________________ 날짜: ______________________

진행자: ______________________

회의록 작성자/기록자: ______________________

시간 관리자: ______________________

데이터 코디네이터: ______________________

참석 팀원: ______________________

팀 목적:

1. 성과 공유하기(5분)

2. 1단계 실행 데이터 검토(10분):
   a. 가장 최근의 충실도 데이터를 검토

   b. 실행을 방해하는 장애물을 확인

   c. 실행을 개선하기 위해 무엇을 할 수 있나요? 실행계획을 업데이트

3) Kent McIntosh와 Steve Goodman의 저서인 『Integrated Multi-Tiered Systems of Support: Blending RTI and PBIS』에서 발췌.

3. 1단계 학생 결과 데이터 검토(15분):
   a. 가장 최근의 학생 결과 데이터를 검토

   b. 결과를 개선하기 위해 할 수 있는 것은? 실행계획을 업데이트

4. 진행 중인 사안(15분):
   a. 가장 최근의 이슈와 조치 항목을 검토
      i. 상태는 어떠한가(완료, 진행 중, 시작 안 함)?

      ii. 계속/중단/추가해야 할 사항은 무엇인가?

5. 신규 사안(10분):
   a. 개선된 시행과 또는 결과를 보장하기 위해 어떤 새로운 문제들을 해결해야 하는가?

   b. 실행을 방해하는 지속적인 장애물이나 위험 요소는 무엇인가?

6. 회의 자기 평가(5분):

팀 회의 평가	그렇다	보통	아니다
1. 오늘 회의는 우리가 기대한 대로 진행되었는가?			
2. 오늘 회의는 우리 팀의 목적에 집중하였는가?			
3. 이전 회의에서 합의한 업무를 잘 완료하였는가?			
4. 전반적으로 완료된 과제가 학생 성과에 원하는 효과를 미치는가?			
일부 평가가 '보통' 또는 '아니다'인 경우, 개선 방법은 무엇인가?			

진행 중인 실행계획 항목

활동	담당자	목표 시작 날짜	목표 종료 날짜	효과 파악

부록 5-2

학생지원 팀 회의 안건[4)]

학교: ______________________ 날짜: ______________________

진행자: ______________________

회의록 작성자/기록자: ______________________

시간 관리자: ______________________

데이터 코디네이터: ______________________

참석 팀원: ______________________

팀 목적:

1. 성과 공유하기(5분)

2. 2/3단계 실행 데이터 검토(10분):

    a. 가장 최근의 충실도 데이터를 검토

    b. 실행을 방해하는 장애물을 확인

    c. 실행을 개선하기 위해 무엇을 할 수 있나요? 실행계획을 업데이트

4) Kent McIntosh와 Steve Goodman의 저서인 『Integrated Multi-Tiered Systems of Support: Blending RTI and PBIS』에서 발췌. 구매자는 이 〈부록〉의 추가 사본을 다운로드할 수 있음(차례 끝부분의 안내 참조).

3. 2/3단계 학생 결과 데이터 검토(15분):
   a. 가장 최근의 학생 결과 데이터를 확인

   b. 결과를 개선하기 위해 무엇을 할 수 있나요? 실행계획을 업데이트

4. 데이터 코디네이터 시스템 의사결정 업데이트(5분):
   a. 읽기 · 쓰기
      i. 지원이 더 이상 필요하지 않은 학생들

      ii. 성공하지 못한 학생들(#5에서 논의)

   b. 행동
      i. 지원이 더 이상 필요하지 않은 학생들

      ii. 지원이 더 이상 필요하지 않은 학생들

5. 개별 학생을 위한 문제 해결(15분):
   a. 우려되는 학생(들)
      i. 현재 계획

      ii. 이슈

      iii. 계속/중단/추가해야 할 사항은 무엇인가?

6. 신규 지원 의뢰(5분):

a. 새로 처리해야 할 의뢰 사안은 무엇인가?

b. 실행을 위해 필요한 단계는 무엇인가? 실행계획을 업데이트

7. 회의 자기 평가(5분):

팀 회의 평가	그렇다	보통	아니다
1. 오늘 회의는 우리가 기대한 대로 진행되었는가?			
2. 오늘 회의는 우리 팀의 목적에 집중하였는가?			
3. 이전 회의에서 합의한 업무를 잘 완료하였는가?			
4. 전반적으로 완료된 과제가 학생 성과에 원하는 효과를 미치는가?			
일부 평가가 '보통' 또는 '아니다'인 경우, 개선 방법은 무엇인가?			

진행 중인 실행계획 항목

활동	담당자	목표 시작 날짜	목표 종료 날짜	효과 파악

2/3단계 학생 업데이트 시트

학생 이름	의뢰 날짜	최초 회의 날짜	1차 검토 날짜	1차 검토 고려 사항	1차 검토 기간 데이터	2차검토 날짜 (첫 회의 2주 후)	2차 검토 고려 사항	2차 검토 기간 데이터	3차 검토 날짜 (첫 회의 3주 후)	3차 검토 기간 데이터
				□ 계속하기 □ 수정하기 □ 졸업시키기			□ 계속하기 □ 수정하기 □ 졸업시키기			
				□ 계속하기 □ 수정하기 □ 졸업시키기			□ 계속하기 □ 수정하기 □ 졸업시키기			
				□ 계속하기 □ 수정하기 □ 졸업시키기			□ 계속하기 □ 수정하기 □ 졸업시키기			
				□ 계속하기 □ 수정하기 □ 졸업시키기			□ 계속하기 □ 수정하기 □ 졸업시키기			
				□ 계속하기 □ 수정하기 □ 졸업시키기			□ 계속하기 □ 수정하기 □ 졸업시키기			
				□ 계속하기 □ 수정하기 □ 졸업시키기			□ 계속하기 □ 수정하기 □ 졸업시키기			
				□ 계속하기 □ 수정하기 □ 졸업시키기			□ 계속하기 □ 수정하기 □ 졸업시키기			

부록 5-3

학생지원 팀 회의 안건[5)]

학교: ______________________ 날짜: ______________________

진행자: ______________________

회의록 작성자/기록자: ______________________

시간 관리자: ______________________

데이터 코디네이터: ______________________

참석 팀원: ______________________

팀 목적

회의 목적: 모든 학생의 요구를 반영하고 학습 성과를 최적화할 수 있는 수업계획 수립

1. 벤치마킹 데이터 수집 과정 요약(10분):
   a. 성과

   b. 다음 벤치마킹 기간을 위한 제안

2. 학업 벤치마킹 데이터 검토(5분):
   a. 학년 차원의 벤치마크 목표 검토
      i. 가을

5) Kent McIntosh와 Steve Goodman의 저서인 『Integrated Multi-Tiered Systems of Support: Blending RTI and PBIS』에서 발췌. © 2016 The Guilford Press. 이 〈부록〉은 이 책을 구입한 사람이 개인적으로 사용하거나 개별 학생을 지도할 목적으로 복사하여 활용할 수 있음(자세한 사항은 저작권 페이지 참조). 구매자는 이 〈부록〉의 추가 사본을 다운로드할 수 있음(차례 끝부분의 안내 참조).

ii. 겨울

iii. 봄

b. 학년 및 학급의 현재 학업 상태 평가

i. 위험도가 낮은 학생 비율(기준치 이상)

ii. 어느 정도 위험이 있는 학생의 비율

iii. 위험군에 있는 학생의 비율

c. 행동 데이터와 비교(ODRs 또는 체계적 선별)

i. 위험도가 낮은 학생

ii. 어느 정도 위험이 있는 학생의 비율

iii. 위험군에 있는 학생의 비율

3. 개별 학생을 위한 문제 해결(15분):

a. 우려되는 학생(들)

i. 현재 계획

ii. 이슈

iii. 계속/중단/추가해야 할 사항은 무엇인가?

d. 학업 및 행동 데이터를 1단계 목표와 비교

4. 다음 벤치마크까지 학년 차원의 수업 계획 작성하세요(45분):
   a. 1단계 목표를 기준으로 이전 계획을 검토하세요. 필요한 변경 사항이 있는지 논의

   b. 구체적인
      i. 학생들이 중재에 참여할 수 있도록 중재 방법, 교수자, 일정 등을 파악

      ii. 진전도 모니터링을 받을 학생들과 담당자를 지정

   c. 실행계획 최종 확정
      i. 실행을 위한 실행계획의 단계 설정

      ii. 계획 실행에 필요한 추가 지원 사항 확인

      iii. 업무 할당

      iv. 후속 일정 설정

5. 회의 자기 평가(5분):

팀 회의 평가	그렇다	보통	아니다
1. 오늘 회의는 우리가 기대한 대로 진행되었는가?			
2. 오늘 회의는 우리 팀의 목적에 집중하였는가?			
3. 이전 회의에서 합의한 업무를 잘 완료하였는가?			
4. 전반적으로 완료된 과제가 학생 성과에 원하는 효과를 미치는가?			
일부 평가가 '보통' 또는 '아니다'인 경우, 개선 방법은 무엇인가?			

진행 중인 실행계획 항목

활동	담당자	목표 시작 날짜	목표 종료 날짜	효과 파악

제6장

지역교육청의 통합 지원 시스템

이 책의 지금까지의 주요 초점은 학교가 시스템들을 통합하기 위해 무엇을 할 수 있는지에 맞춰져 있었다. 이 장에서는 학교가 통합 지원 시스템을 구축할 수 있도록 지역교육청 차원에서는 어떤 지원이 필요한지에 대해 자세히 다루고자 한다. 학교에서 일을 하다 보면, 더 즉각적으로 나타나는 학교 차원의 촉진 요인과 장애 요인들이 더 큰 영향을 미치는 것처럼 보이기 때문에, 지역교육청의 영향을 간과하기 쉽다. 지역교육청의 리더십은 학년 팀이나 개별 교사의 행동과는 동떨어진 것처럼 보일 수 있다. 예를 들어, 학교관리자의 리더십은 지역교육청 담당자의 리더십보다 추진력을 구축하는 데 훨씬 더 중요한 것처럼 보인다. 그러나 지역교육청의 리더십은 학교관리자의 리더십을 포함하여 더 큰 범위에서 학교에 영향을 미칠 수 있다. 예를 들어, 지역교육청이 통합지원을 최우선으로 인식할 때, 이를 실행할 수 있는 예산과 지원 인력을 확보할 수 있게 함으로써 학교 차원의 지원을 강화할 수 있다(McIntosh, Kelm, & Canizal Delabra, in press; Strickland-Cohen et al., 2014). 이러한 관점에서, 지역교육청은 특히 학교들이 각자의 실행 역량을 저하시키는 장애물을 해결할 수 있도록 지원함으로써, 실행과 지속 가능성 과정에서 중심적인 역할을 한다고 볼 수 있다(Andreou, McIntosh, Ross, & Kahn, 2015; George & Kincaid, 2008).

단위 학교 지원에 있어 지역교육청의 복합적인 역할은 마치 미식축구의 공격 라인이나 최신 기술(예: 무선 인터넷 또는 LCD 프로젝터 연결)을 사용하는 것에 비유하여 설명할 수 있다. 즉, 뒤에서 순조롭게 일이 진행되고 있을 때는 그냥 모든 것이 다 예외적으로 매끄럽게 진행되는 것 같아서 이들의 역할이 얼마나 중요한지 깨닫지 못하고 있다가, 일이 잘못되면 마치 모든 것이 다 잘못되고 있는 것처럼 느껴지게 하는 것과 같다. 결국 이러한 차이를 만들어 내는 것이 지역교육청의 지원 효과라고 볼 수 있다. 강력한 지역교육청의 지원은 배의 중심축(keel)과 같다. 이는 물살과 바람의 변화 속에서도 학교들이 한 방향으로 나아갈 수 있게 해 준다. 중심축(keel)이 내려져 있으면, 배의 방향을 벗어나게 할 수도 있었던 바람을 거의 느끼지 못할 것이다.

이 장은 학교가 학업 및 행동에 대한 통합 MTSS 모델을 충실하게 지속 가능한 형태로 실행할 수 있도록 지역교육청 차원의 지원 정보를 제공하는 데 목적이 있다. 지역교육청의 지원에 대해서만도 책 한 권을 쓸 수 있으므로, 이 장에서는 지역교육청 지원의 개요, 특히 단위 학교에 통합 MTSS 모델을 지원하는 지역교육청의 역할에 중점을 두었다.

이 장의 가장 핵심은 지역교육청이 제공하는 특정한 일련의 지원을 통해 학교 차원의 통합지원이 강화된다는 것이다. 이 장은 지역교육청 담당자들에게 통합 MTSS 모델을 운영하는 학교 지원에 필요한 주요 기능을 안내한다. 그리고 학교에서의 실제 실행과 시스템 사용 및 지속성을 높일 수 있는 전략을 소개한다. 학교리더십 팀을 위해서는 필요한 외부 지원이 무엇이며, 그것이 왜 필요한지에 대해 설명한다. 이를 통해 학교리더십 팀의 구성원들이 이 정보를 활용하여 지역교육청으로부터 필요한 지원을 요청할 수 있기를 기대한다. 지역교육청에서 어떤 지원이 필요한지 파악하는 것은 학교리더십이 MTSS 모델을 사용하는 데 있어, 효과적으로 지원을 요청하고, 학교 전체 프로그램에 더 나은 투자를 할 수 있게 하며, 학생 성과 향상에 도움이 될 지원을 받을 가능성을 높이는 데 기여할 것이다.

1. 학교 차원의 MTSS 실행을 위한 지역교육청의 역할

우리는 본 저서를 통해, 사회적으로 의미 있는 학생 성과를 창출하는 방안으로 통합 MTSS 모델을 장려한다. 학교 차원의 시스템을 구축하여 학업 및 행동 실제를 구현하려면 단순히 교사들에게 어떤 실제를 적용해야 하는지 알려 주는 것만으로는 충분하지 않다. 교사들은 이러한 실제를 효과적으로 실행하기 위한 구체적인 절차와 방법을 알아야 한다. 또한, 이러한 실행 과정에서 교사들이 필요로 하는 적절한 지원이 반드시 제공되어야 한다. [그림 6-1]은 효과적인 중재(Intervention)가 효과적인 실행(Implementation) 및 지원 환경(Enabling Contexts)과 어떻게 결합되어 사회적으로 중요한 성과를 촉진하는지를 보여 준다(Fixsen, Blase, Horner, & Sugai, 2009a). 또한, 이러한 요소들이 결합되는 궁극적인 목적이 학업과 행동 측면에서 가치 있는 학생 성과를 창출하는 것임을 강조한다.

1) 효과적인 실제

아래 [그림 6-1]에서 제시하는 바와 같이, 효과적인 실제란 가장 명확한 구성 요소라 할 수 있다. 이는 우리가 전체 학생, 학급, 소그룹, 그리고 개별 학생들을 지원할 때 무엇을 해야 하는지를 직접적으로 보여 주기 때문이다.

[그림 6-1] 중재의 효과를 높이기 위한 지역교육청의 지원
출처: Bohanon, Goodman, & McIntosh (2009).

제4장에서, 우리는 통합된 실제(practices)에 대한 세부 사항과 그것을 선택하는 방법을 제시했다. 효과가 입증된 증거 기반 실제를 선택함으로써, 학생의 성과를 향상시킬 가능성이 가장 높은 실제에 투자하고 있다는 확신을 가질 수 있다. 또한, 이러한 실제를 효과적으로 실행하기 위해서는 실행 과정(즉, 시스템)에도 투자해야 한다는 점을 고려할 때, 근거 기반 실제의 활용은 더욱 중요해진다. 이러한 투자는 실제에 대한 자원 투입을 배가시키며, 따라서 신중하게 선택할 필요성을 더욱 강조한다.

2) 효과적인 실행 과정

앞서 설명한 바와 같이, 효과적인 실행 과정은 우리가 실제(practices)를 충분히 잘 실행하여 학생 성과의 변화를 눈으로 확인할 수 있도록 도와준다. 이 책 전반에 걸쳐 실행 과정을 강조하고 있지만, 제5장(팀 통합)과 제7장(전체 시스템 통합)은 효과적으로 실제(practices)

를 실행하기 위한 과정을 포함한 아주 세밀한 정보를 제공한다. 실제(practices) 자체에 집중하는 것만큼이나, 또는 그보다 더 질 높은 실행을 위한 요소에 집중함으로써, 우리는 중재가 학생 성과에 가장 큰 영향을 미칠 가능성을 극대화할 수 있다. 결국, 학생들이 중재를 받지 않고는 어떠한 혜택도 얻을 수 없다(Fixsen et al., 2005).

3) 효과적인 지역교육청의 지원

지역교육청의 지원은 시간이 지나면서 실제 실행을 촉진하거나 방해하는 시스템 차원의 조직 환경으로 볼 수 있다. 이러한 지역교육청의 지원은 교사들의 특정한 요구와 지역교육청과 그에 속한 학교들이 갖는 고유한 상황적 변수에 따라 조정된다. 지역교육청은 통합 모델을 촉진하고 효과적인 실행을 방해하는 장애물(예: 교장 또는 교직원의 전보, 지역사회 변화, 예산 문제, RTI-PBIS 영역 다툼)을 해결할 수 있는 정책을 제정함으로써 효과적인 실행을 지원할 수 있다. 이러한 장애물을 해결하고, 연수를 제공하며, 역량을 구축함으로써 지역교육청은 학교 구성원들이 실제(practices)를 효과적으로 수행할 수 있는 환경을 조성할 수 있다. 이는 학생 행동을 지원할 때 우리가 환경을 수정하는 것과 같은 방식이다(McIntosh, Lucyshyn, Strickland-Cohen, & Horner, 2014). 지역교육청 지원의 이러한 측면은 효과적인 실제가 이루어질 수 있는 환경, 즉 '주관 환경(host environment)'을 구성한다(Kame'enui, Simmons, &

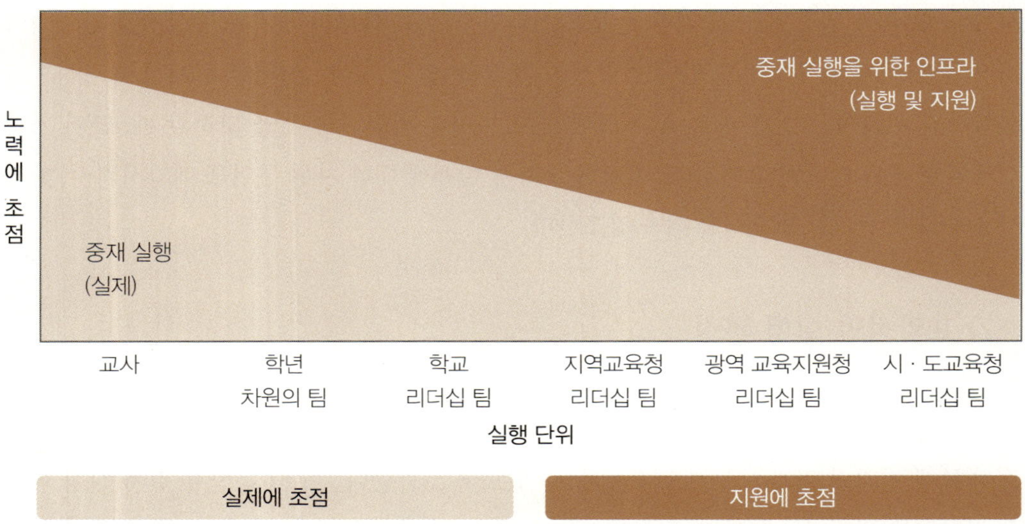

[그림 6-2] 효과적인 실제의 실행을 위한 노력에 초점화

Coyne, 2000).

[그림 6-2]는 MTSS 모델이 서로 얽힌 구성 요소들 간의 강조점이 다른 수준에서 어떻게 변화하는지를 다른 방식으로 보여 준다. 교사에게 있어, 주요 초점은 학생들에게 중재의 실제를 전달하는 데 있지만, 실행의 측면(예: 충실도 자체 평가, 진전도 모니터링)도 여전히 업무의 일환으로 포함된다. 실행 단위가 확장됨에 따라, 실제 자체에서 실행 과정과 외부 지원으로 초점이 이동된다. 지역교육청 차원에서는, 특정 실제를 선택하는 역할이 여전히 있지만, 그 실제를 지속 가능한 방법으로 실행하는 것에 더 많은 강조점을 둔다.

2. 지역교육청 지원의 동력

픽센과 동료들(Fixsen et al., 2005)은 효과적인 실행에 관한 연구를 검토한 결과, 효과적인 외부 지원을 제공하기 위한 몇 가지 주요 경로를 확인했으며, 이를 실행 동력(implementation drivers)이라고 명명했다. 이것들은 실제를 충실하게 그리고 지속 가능하게 실행하도록 촉진하는 기본적인 요소이며, 확장하여 적용될 수 있다. 지역교육청은 이러한 동력들이 마련되도록 함으로써 학업 RTI 및 PBIS의 실제가 시간이 지남에 따라 충실하게 구현될 수 있도록 학교를 지원할 수 있다. 이 장에서 제시하는 동력들은 학교 시스템에 특화된 것이며, 출처는 다음과 같다: ① 전국 실행 네트워크(National Implementation Research Network)가 촉진하는 동력들(Blase, Van Dyke, & Fixsen, 2013), ② 학교 차원의 PBIS 실행 청사진에서의 리더십 팀 기능(Sugai, Horner, Algozzine, et al., 2010), ③ 토머스 길버트(Thomas Gilbert, 1978)의 기초적인 리더십 작업 9개의 개별 동력은 효과적인 조직에 필수적인 세 가지 범주, 즉 리더십, 맥락, 역량으로 구성된다([그림 6-3] 참조). 각 동력은 학교 환경을 설계하고 개선하여 실행 절차를 안내함으로써, 실제가 온전히 구현되고 결과가 유의미하게 향상되도록 하는 데 중요한 역할을 한다.

이러한 동력은 통합되어 있으며 상호 보완적인 특성을 가진다는 점을 유의할 필요가 있다(Blase, Van Dyke, et al., 2013). 각각의 동력은 다른 요소들과 연결되어 있어서, 지역교육청의 효율성과 효과성을 향상시키고, 원하는 결과를 도출하는 데 도움을 준다. 예를 들어, 실제를 구현할 적합한 사람을 파악하는 구체적인 과정이 있을 때, 교직원 연수는 더 효율적일 것이다. 또한, 특정 요인의 약점은 다른 요인들에 의해 보완될 수 있다. 예를 들어, 선발 절차가 최적화되지 않은 경우에도 효과적인 연수와 코칭을 통해 그 약점을 보완할 수 있다. 또

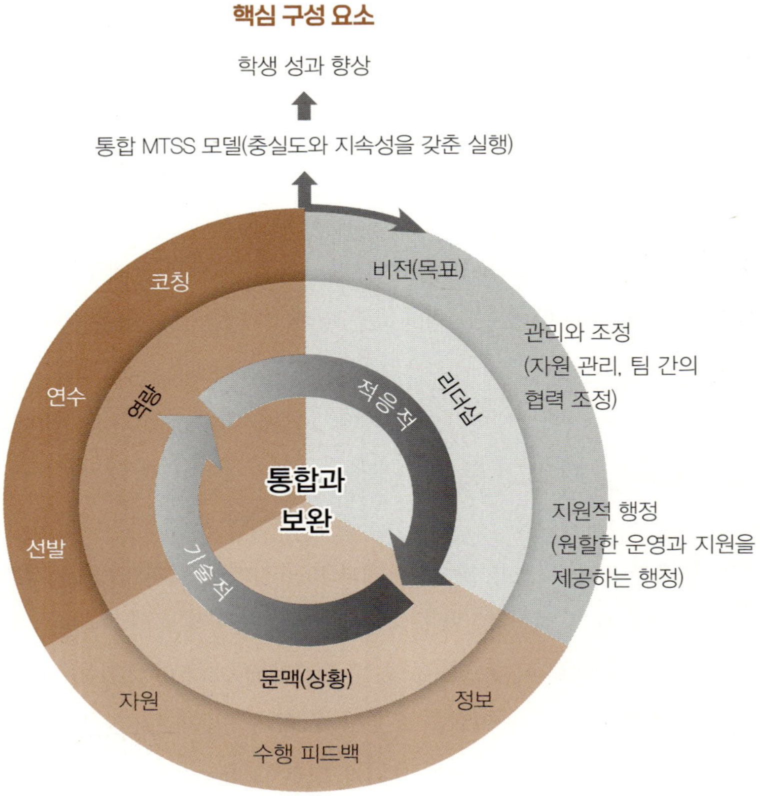

[그림 6-3] MTSS 실행 동력

Blase, Van Dyke와 Fixsen(2013)의 내용을 근거로 Karen A. Blase가 재구성.

한, 이러한 동력을 지역교육청 지원의 지도처럼 사용하면 실행 과정을 이해하고 개선하는 데 도움이 된다. 특정 동력이 부족한 경우는 기술적 또는 적응적 문제 때문일 수 있다(Heifetz, Grashow, & Linksy, 2009). 기술적인 문제는 실행에 있어서 '무엇을?', '어떻게?'와 관련된 것으로, MTSS의 핵심 원칙에 따라 실제와 도구를 선택하고 이를 사용하는 방법을 배우는 메커니즘을 의미한다. 이 문제들은 비교적 단순하며, MTSS 데이터, 시스템, 실제를 실행하는 구체적인 단계에 대해 현재 연구가 제시하는 바를 정확히 공유함으로써 해결할 수 있다. 이와는 달리, 적응적 문제는 실행의 '이유'와 관련이 있으며, 모델을 철학적 또는 교육학적 신념, 가치, 태도와 일치시키거나 조화를 이루는 것과 관련이 있다. 적응적 지원(adaptive support)은 해당 실제를 도입하는 과정에서 나타나는 정치적 · 철학적 · 문화적 요구와 연결될 수 있도록 제공된다. 적응적 문제를 해결하기 위해서는 환경이나 상황을 평가하고 해당 환경에 맞게 실제를 조정하는 것이 필요하다. 또한 실행을 방해하는 사회적 장애물을 고려하고, 참여를 방해하는 요인을 제거해야 한다. 기술적 및 적응적 문제 해결의 관점에서 볼 때, MTSS 실행 과정에서 지역교육청은 새로운 요구와 도전에 대응하기 위해 실행 요소를 적용하는 방식을 조정해야 할 필요가 있다.

각 동력(driver)은 개별적으로 개발할 수 있지만, 어디서부터 시작할지 우선순위를 정하는 것이 도움이 될 수 있다. 우리는 리더십 동력부터 시작한 후, [그림 6-3]을 따라 시계 방향으로 각 동력을 다룰 것을 제안한다. 이러한 방향으로 진행하면 이후의 각 동력이 이전 동력을 기반으로 구축되어 전체 실행 지원 과정의 효과성과 효율성이 향상된다. 그러나 실행 동력을 구축하는 과정이 반드시 선형적으로 진행될 것이라고 기대할 수는 없으며, 개별 지역교육청은 변화에 대한 보다 수월한 진입점을 가질 수 있다. 〈표 6-1〉에는 실행 동력과 일반적인 구축 활동이 포함되어 있다.

표 6-1 구축을 위한 실행 동력 및 일반적인 활동

구분	동력	일반적인 활동
리더십: 실행 과정을 안내하기 위해 방향을 제시하고 조율하기	비전: 지역교육청의 기본적인 목표와 목적을 바탕으로 그 지역이 미래에 어떤 모습이 되기를 원하는지를 명확하게 정의	• 공유된 철학과 가치를 구축하고 문서화하기 • 이 비전에 대한 지원과 지침을 규정에 포함시키기 • 새로운 사업을 위한 목표와 기준을 식별하기 • 행정부와 이해관계자로부터 정치적 및 사회적 지원 확보하기
	관리와 조정: 제한된 자원을 최대한 효율적이고 효과적으로 사용하도록 지휘하고 점검하는 것	• 기존의 구성된 팀을 활용하여 실행 중인 활동들을 관리하고 그 모니터링을 지속적으로 점검하기 • 목표, 목적, 구체적인 활동들과 시간표가 포함된 지역청 계획을 개발하고 사용하여 비전을 실제 행동과 전략으로 실현하기 • 충분한 재원과 시간을 할당하여 실행 활동을 완료하기 • 실행 동력을 평가하고 확장하기(예: 지역교육청 역량 평가 실시)
	지원적 행정: 실행을 보다 쉽게 만들고 장벽을 제거함으로써 실행을 지원	• 학교 차원의 데이터(충실도, 성과, 과정)를 활용하여 교육 환경을 개선하기 • 효과적인 실행을 방해하는 요소를 찾아내고 정책, 규제, 예산 및 지원을 통해 해결하기 • 맥락과 역량 범주 내에서의 동력들이 서로 통합되고, 조정되며, 보완될 수 있도록 보장하기 • 실행 단계의 논리를 적용하여 실행을 강화하기

〈계속〉

<table>
<tr><td rowspan="3">맥락: 단위 학교의 수행을 향상시키기 위해 주관 환경을 조성하기</td><td>정보: 현재 상태와 다음 단계에 대한 명확하고 객관적인 이해를 바탕으로 결정</td><td>• 전자 데이터 시스템 구축하기(온라인 또는 스프레드시트 또는 데이터베이스 소프트웨어 프로그램 사용): 학생 성과 데이터, 실행충실도 데이터 및 과정 데이터를 저장하고 접근할 수 있는 전자 데이터 시스템 구축하기
• 교과별로 데이터 시스템 통합하여 통합된 의사결정을 가능하게 하기
• 통합 MTSS 모델의 성과에 대한 명확하고 이해하기 쉬운 기준 설정하기
• 데이터 시스템을 사용하여 진전도를 평가하고 실행계획 목표를 설정하기 위한 평가 데이터를 적시에 제공하기</td></tr>
<tr><td>수행 피드백: 지속적인 개선을 촉진하기 위해 의미 있는 정보를 공유</td><td>• 학생들의 학습 결과와 프로그램 실행의 충실도에 대한 피드백을 교직원들에게 정기적이고 이해하기 쉽게 제공하기
• 정기적인 일정을 설정하여 데이터를 공유하고 모니터링을 논의할 수 있는 양방향 피드백 체계를 구축하기</td></tr>
<tr><td>자원: 실제와 시스템을 잘 실행할 수 있도록 필요한 수단을 제공</td><td>• 교사들이 활동을 계획하고 수행할 충분한 시간을 확보할 수 있도록 보장하기
• 통합MTSS 모델의 효과적인 실행을 위한 핵심적인 프로세스와 절차 개발하기
• 매뉴얼, 자료 및 도구(샘플 양식, 간편 안내서 등)가 포함된 라이브러리 구축 및 유지하기</td></tr>
<tr><td rowspan="2">역량: 개인들이 시스템과 실제를 실행하기 위해 필요한 지식과 기술을 개발하기</td><td>선발: 적절한 기술과 태도를 갖춘 적합한 사람을 고용</td><td>• 직무내용과 채용 공고에 MTSS 관련 업무를 명시적으로 포함시키기
• 면접 과정에서 MTSS 능력 시연을 포함하기
• 교직원을 선발할 때 특정 기술과 경험 외에도 MTSS 모델을 효과적으로 실행할 수 있는 능력과 관련된 마인드 셋(예: 철학, 협력적인 정신)을 고려하기</td></tr>
<tr><td>연수: 지식과 기술 습득을 위한 공식적인 구조를 제공</td><td>• 인식, 지식 또는 기초 역량을 구축하기 위한 연수를 제공하기
• 사용될 상황에 필요한 기술을 구축하는 데 집중하기
• 명확한 목적과 의도된 결과가 있는 정기적인 연수 일정을 개발하기
• 대상자와 요구에 따라 연수를 차별화하기</td></tr>
</table>

〈계속〉

	코칭: 촉구, 모델링, 인정 및 피드백을 통해 역량 강화를 촉진	• 학교 구성원들이 연수를 통해 습득한 중요한 기술을 발전시키고 실습할 수 있도록 코칭을 제공하기 • 학교와 개인의 요구에 따라 코칭 차별화하기 • 요구에 따라 현장 코칭 제공하기(모델링과 함께) • 학교 팀 네트워킹 세션 제공하기(팀 간 협력과 지식 공유를 촉진) • 코치들에게 전문성 제고의 기회를 제공하기

1) 리더십 동력

첫 번째 실행 동력 영역인 리더십 동력은 우선순위를 강하하고 통합 모델에 필요한 비전과 자원 배분을 제공하기 위한 활동이 포함된다(McIntosh, Filter, et al., 2010; Sugai, Horner, Algozzine, et al., 2010). 이러한 리더십 동력, 즉 '비전, 관리와 조정, 그리고 촉진적 행정'은 주로 다른 동력들이 자리 잡을 수 있도록 기반을 마련한다. 이러한 동력들을 고려할 때, 리더십의 효과적인 개념은 필연적으로 폭넓게 이해되어야 한다는 점을 유념하는 것이 중요하다. 여기서 '리더십'은 조직 내 특정 개인의 직위가 아니라 리더십의 기능을 의미한다. 많은 사람이 리더십을 발휘할 수 있으며, 재정을 직접 관리할 수 있는 경우 리더십을 수행하기가 더 수월하다.

(1) 비전

학교 팀들은 종종 일상적인 실행 업무에 몰두하기 때문에, 지역 차원에서 효과적인 학교 실제를 실행하고 지속하는 목표를 향해 나아가기 위해서는 더 큰 조직 단위에서 전체적인 통찰력과 장기적인 계획을 제공하는 것이 중요하다. 지역교육청은 효과적인 실제에 기반한 핵심 목표를 추진하고, 중요한 사업에 우선순위를 두며, 우선순위가 높은 실제 간의 정렬을 모색함으로써, 소속 학교들이 나아갈 방향에 대한 종합적인 비전(Vision)을 제시할 수 있다. 수준 높은 교수와 그 실행에 관한 연구와 원칙에 기반한 명확한 방향을 설정함으로써, 지역교육청은 각 학교의 실행 노력이 더 오래 지속되고, 확장 가능성도 높아지도록 크게 강화할 수 있다. 또한 공통된 비전은 외부로의 인지도(visibility)를 높이는 데 도움이 된다. 지역교육청이 특정 모델을 홍보하고, 그 효과에 대한 현장 근거(local evidence)를 공유할 때, 더 많은 이해관계자들이 그 비전에 공감하고 참여하게 될 가능성이 높아진다.

효과적인 지역교육청의 비전은 교직원, 학생, 가족, 그리고 더 넓은 지역사회 전체의 가치관을 반영한다. 특정 목표나 결과를 달성하기 위해 공통적이고 공유된 가치를 찾아내고 그 가치를 반영하는 방식으로 합의를 이룰 수 있다(McIntosh, Horner, & Sugai, 2009). 모든 지역교육청 이니셔티브는 그 계획에 해당 지역의 가치관과 목표를 포함시키고, 그 실행 과정에서 교직원(staff), 가족, 지역사회가 어떻게 참여하고 소통하는지에 대한 설명을 포함시킴으로써 계획을 개선할 수 있다.

비전은 자원의 조정된 활용을 가능하게 하기 때문에 중요하다. 이 비전이 널리 공유되면, 지역교육청은 학교들 간에 실행을 위한 자원을 더 효율적으로 할당할 수 있다. 이는 종종 다양한 단기적이고 조정되지 않은 프로젝트에 자금을 지원하는 방식보다 더 효율적이다. 이러한 공유된 비전은 통합된 MTSS 모델에서 특히 중요하다. 학업 RTI와 PBIS 이니셔티브에 대한 지역교육청의 별도 비전과 우선순위가 때때로 서로 충돌할 수 있기 때문이다. 통합 모델의 장점을 보여 주는 연구(제2장 참고)와 핵심 요소를 통합하는 효율적인 방법(제3장, 제4장, 제5장 참고)을 강조하는 포괄적인 비전을 촉진함으로써, 비전의 분열과 기존 지역교육청 자원에 대한 경쟁을 피할 수 있다.

(2) 관리와 조정

다음의 리더십 동력은 지역교육청의 비전이 실행으로 옮겨지는 경로라고 할 수 있다. 지역교육청이 동력을 설치하려면, 이니셔티브(계획 또는 프로젝트)의 지속적인 활동을 관리하고 감독할 책임이 있는 조직이나 부서가 필요하다. 이 그룹은 통합 MTSS 모델의 실행에 있어서 지역교육청과 학교들의 수행을 조정한다. 그들의 업무에는 실행을 위한 목표와 목적, 활동 그리고 실행일정(타임라인)이 명시된 상세한 계획을 작성하여 이를 실행해 나가는 것이 포함된다. 이후에 설명하겠지만 이 조직이 새로운 그룹일 필요는 없다. 일반적으로 새 구조를 만드는 것보다 기존의 구조를 사용하는 것이 바람직하다. 하지만 기존 그룹이 이미 많은 업무를 처리하고 있거나 해당 업무에 적합하지 않을 경우, 새로운 그룹을 만드는 것이 더 쉬울 수 있다. 어떤 경우에는 기존의 지역교육청 RTI 또는 PBIS 리더십 팀을 확장하여 통합된 MTSS 모델을 조정하는 일을 맡기는 것이 좋을 수 있다. 이들은 각자의 모델 관리와 조정에 능숙하며, 교과 전반에 걸쳐 효과적으로 지원할 수 있다.

(3) 촉진적 행정

관리 및 조정 기관의 업무는 효과적인 실행에 관한 연구에 기반할 때 더욱 강화된다. 예를 들어, 학교는 실행 단계에 따라 다른 유형과 수준의 지원이 필요하다(Mercer, McIntosh,

Strickland-Cohen, & Horner, 2014; Turri, Mercer, McIntosh, Nese, & Hoselton, in press). 이에 대한 내용은 제7장에서 설명되어 있다. 지역교육청 리더들이 이러한 이해를 바탕으로 운영할 때, 학교가 탐색(exploring), 구축(installing), 유지(sustaining)의 과정을 효과적으로 거칠 수 있도록 계획을 수립할 수 있다. 촉진적 행정(facilitative administration)은 실행을 저해하거나 촉진하는 요인을 파악하고 해결함으로써 '수용적인(hospitable)' 환경을 조성하며, 맥락(contexture) 및 역량(competency) 동력을 효과적으로 활용할 수 있도록 한다.

2) 맥락 기반 동력

두 번째 동력에는 세 가지의 맥락 기반 동력이 포함된다. '맥락 기반(Contexture)'은 공통 목표를 위해 환경의 다양한 측면을 통합하는 과정이다. 이러한 맥락 기반 동력은 교사가 보다 효과적이고 효율적인 조직 시스템을 만들고 유지할 수 있도록 돕는다. 즉, 이러한 동력은 실제를 잘 수행할 수 있도록 만드는 '효과적인 호스트 환경(host environments)'의 요소이다(Kame'enui et al., 2000). 효과적인 개인을 고용하여 지원이 부족한 환경에서 일하게 하는 것보다, 효과적인 실제를 지원하는 시스템을 구축하는 것이 본질적으로 더 바람직하다. 이 시스템의 목표는 연속적인 개선이 가능한 자가 수정 시스템을 구축하는 것이며, 이를 통해 데이터, 실제 및 시스템이 실행 과정에서 정기적으로 수정된다. 이와 같은 시스템을 구축하는 동력에는 데이터 시스템과 개선을 위해 데이터를 활용하는 방법이 모두 포함된다.

(1) 정보

제3장에서 통합 MTSS 모델에 필요한 다양한 종류의 데이터 유형을 자세히 다루었다. 정보 동력은 단순히 데이터를 수집하는 도구뿐만 아니라, 데이터를 수집하고 요약, 분석, 보고하는 과정과 절차(즉, 데이터를 정보로 변환하는 과정)를 포함한다. 이러한 정보를 기반으로 효과적인 지역교육청 정보 시스템은 MTSS를 실행해야 하는 사람들과 실행 상태를 파악하고자 하는 사람들 모두가 적시에 이해할 수 있는 결과를 제공한다. 성공적인 통합 MTSS 모델을 위해서는 학생 성과 데이터, 실행충실도 데이터, 그리고 시스템 자체에 대한 데이터(예: 역량, 과정)가 포함된 종합적인 정보 시스템이 필요하다. 통합 MTSS 모델은 교과가 추가되기 때문에 실행하기에 많이 복잡해진다. 지역교육청 내 한두 명의 사람이 단발성 또는 개별적으로 노력하는 것은 특정 영역(예: 초기 문해력, PBIS)에서는 효과적일 수 있지만, 특히 학교 차원의 이니셔티브가 지역교육청 전체로 확장될 때에는 이러한 복잡성을 관리할 수 있는 조

정된 시스템이 필요하다.

평가 과정은 정보 동력의 핵심 구성 요소이다. 통합 MTSS 시스템을 평가하는 목표 중 하나는 시스템이 제대로 구현되고 있는지 확인하는 것이며, 또 다른 목표는 이 모델이 지역교육청에 속한 학생, 가족, 지역사회, 교직원의 요구를 충족하는 데 얼마나 가치가 있는지 판단하는 것이다. 중요한 점은, 평가를 통해 효율성과 효과성을 개선하는 형성적 과정(formative process)이 가능하다는 것이다. 이 동력 내에서 교직원들은 어떤 유형의 데이터를 수집해야 하는지, 그리고 그 결과를 표준(예: 학생 읽기 성과의 기준 목표 또는 PBIS 실행충실도를 평가하는 기준 점수)에 어떻게 비교해야 하는지를 이해해야 한다.

(2) 수행 피드백

중요한 데이터를 수집하고 이를 피드백 루프(feedback loop)를 통해 개인에게 제공할 때(예: 현재 상태와 목표 대비 비교), 시스템 내 개인들은 성과를 개선할 수 있는 역량이 더 커진다. 이러한 피드백 루프는 강화 작용을 하며, 해당 실제(practice)의 중요성과 개선 가능성을 부각시키는 데 도움을 준다. 예를 들어, 실행 데이터와 성과 데이터 모두를 정기적으로 수집하고, 확인하며, 공유하는 것은 PBIS 실행의 지속적인 충실도 유지와 강하게 관련되어 있다(Andreou et al., 2015; McIntosh et al., 2013). 이러한 피드백 루프는 지역교육청, 학교, 학년, 교실, 개별 학생 수준의 팀과 개인을 위해 구축될 수 있다.

(3) 자원

하지만 이러한 전문성은 한 사람에게만 의존해서는 안 된다. 만약 그렇게 될 경우, 그 사람이 자리를 옮기거나 지역교육청을 떠났을 때 시스템은 쉽게 무너질 수 있다. 학교와 지역교육청의 전문성을 제도화하는 명확한 계획을 수립하는 것이, 지식과 숙련도의 손실을 방지할 수 있는 한 가지 방법이다. 통합된 MTSS 모델을 성공적으로 실행하기 위한 자료와 도구들을 체계적으로 정리한 자료실(library)을 구축하고 제공하는 것은, 특정 개인에게 지나치게 의존하지 않도록 하는 데 도움이 된다. 이 자료들이 학교 팀이 쉽게 활용할 수 있는 형식(예: 간결하고 유익한 안내문, 핵심 내용 요약 및 체크리스트 등)으로 제공된다면, 지역교육청 차원의 전문성은 크게 확장될 수 있다. 이러한 자료는 단순히 실제에 대한 안내서에 그치지 않는다.

지역교육청 팀은 효과적인 실행에 필요한 다양한 과정과 절차(예: 회의 안건, 양식, 보고서, 일정표 등)의 지역 사례를 구축해 활용할 수도 있다.

3) 역량 동력

마지막 동력 영역에는 통합 MTSS 모델의 다양한 측면을 실행하는 데 필요한 단위 학교 교직원의 역량을 개발, 향상 및 유지하는 메커니즘이 포함된다. 이러한 동력은 각 개인이 정확하고 효율적인 방식으로 실제를 실행하는 데 필요한 역량을 갖추도록 만든다. 통합 MTSS 모델을 실행하는 데 필요한 기술의 범위가 방대하여, 각기 다른 역량 수준을 가질 수밖에 없는 교직원들을 지원할 수 있는 시스템을 마련해야 한다. 역량 동력에 초점을 맞추면 교직원들이 통합 MTSS 모델을 성공적으로 실행할 수 있도록 준비시키는 데 도움이 된다. 이러한 동력에는 선발, 연수, 코칭이 포함된다.

(1) 선발

통합 모델 실행에 필요한 역량을 개발한다고 할 때, 우리는 종종 우선적으로 교직원 연수를 제공하는 것부터 떠올린다. 그러나 동력의 적용을 고려하면, 연수(training) 이전에 먼저 MTSS를 효과적으로 실행할 수 있는 지식, 기술, 경험을 갖춘 개인을 선발(selection)하는 것이 첫 번째 단계임을 시사한다. 적합한 사람을 채용하는 것은 연수나 코칭을 통해 역량을 키우는 것보다 더 효율적이다. 또한, 이는 증거 기반의 실제와 의사결정을 위한 데이터 사용과 같은 핵심 기능에 대한 반대 의견을 줄이는 데 효과적이다. 선발에 중요도를 두게 되면 모델의 지속 가능성도 높아지게 되는데, 적합하게 선발된 교직원들은 MTSS를 학교에서의 '일반적인 실제'라는 공통된 시각을 가지고 있기 때문이다(McIntosh, Predy, et al., 2014). 선발 동력에는 통합 MTSS 모델을 지역교육청 정책, 직무 설명서 및 공고, 채용 절차에 명확하게 구체화하는 것이 포함된다(Blase, Fixsen, Naoom, & Wallace, 2005). 선발을 위한 면접에서는 MTSS 실행의 일반적인 상황을 포함할 수 있다. 예를 들어, 가상의 학생이나 학교의 학업 및 행동 데이터를 살펴보고 중재계획을 설계하는 과제가 될 수 있다.

(2) 연수

연수는 이미 잘 알려진 동력으로서, 통합 MTSS 모델에서 필요한 기술들이나 전문 지식이 부족한 교사들의 기술이나 지식 개발을 강화하는 데 사용된다. 연수는 특히 적절한 선발을 실행하기 어려울 때(예: 직원이 이미 배치된 경우) 기존 교직원들의 역량을 강화하는 데 유용하다. 불행히도 많은 교육 분야의 전문성 개발 일정에는 관련이 없는 많은 주제에 대한 연수가 포함되어 있으며, 때로는 확실한 증거가 없는 접근법들까지 포함되기도 한다. 이는 하나의 접근법에 대한 깊이 있는 지식과 기술을 숙지할 수 있게 하는 체계적으로 구성된 계획이 아닌 경우가 많다.

연수는 단독으로 이루어지기보다는, 역량을 구축하기 위한 전반적인 계획의 일부분으로 포함될 때 가장 효과적이며, 특히 큰 개념이나 핵심 개념에 대한 이해, 지식 습득, 그리고 정의된 일련의 활동(a set of defined set of activities)[1]에 대한 초기 기술 개발에 도움이 된다. 결과적으로, 연수는 교직원들이 기술이나 지식이 부족할 때(예: '할 수 없다') 가장 효과적이며, 동기 부족(예: '하고 싶지 않다')이 문제인 경우에는 그 효과가 상대적으로 적다. 연수 과정에서는, 우수한 강사가 연수의 기대치를 전달하고, 능동적 참여 전략을 사용하며, 긍정적인 학습 환경을 조성하고, 적절한 속도 조절을 통해 참가자들의 요구를 충족시키는 것이 중요하다. 가장 중요한 점은 강사와 참가자 모두 각 연수 세션의 목적과 구체적인 결과를 명확히 이해해야 한다는 것이다(Lewis, Barrett, Sugai, & Horner, 2010). 목적과 결과가 정의되지 않으면, 지식이나 기술 수준이 향상될 가능성이 훨씬 낮아지게 된다.

학교 팀이 새로운 팀원이나 일반 교직원들을 위한 비공식적이거나 비정기적인 연수를 실시할 수도 있지만, 지역교육청 차원에서 연수를 진행하는 것이 훨씬 더 효율적이고 효과적이다. 지역교육청은 MTSS 실행에 대한 장기적인 비전과 차별화된 연수 요구를 바탕으로 더 체계적이고 일관된 접근 방식을 제공할 수 있다. 예를 들어, 특정 지역교육청 내 모든 학교에는 새로운 직원들이 있으며, 이들은 MTSS의 원칙, 실행 방법, 절차에 대한 기본적인 오리엔테이션이 필요하다. 새로운 직원과 새로운 관리자들을 대상으로 중앙 집중식 MTSS 소개 연수를 실시하는 것은 지역교육청에서 지속 가능성을 높이고 비용을 절감할 수 있는 중요한 조치이다(McIntosh, Kelm, et al., 2014).

(3) 코칭

연수도 중요한 요소이지만, 질 높은 연수만으로 실행이 개선될 것이라고 가정해서는 안 된다. 조이스와 샤워즈(Joyce & Showers, 2002)는 최고의 연수라 할지라도 지속적인 코칭 없이는 교육적 실제를 바꾸기 어렵다는 것을 입증했다. 불행히도, 이 책을 읽는 것에도 동일한 원칙이 적용된다. 즉, 이 책을 읽는 것만으로는 충분하지 않다. 연수를 위해 정기적인 기술

1) 역자 주: 학생 데이터 분석, 지원 계획 수립과 같이 연수를 통해 배운 지식이나 기술을 실제로 적용할 수 있도록 하는 데 필요한 구체적인 활동.

지원을 추가하는 것은 지역교육청 내 학교들의 역량 강화에 더욱 효과적이다.

코칭은 주로 개인이나 PBS 팀이 계획한 MTSS 실제를 충실히 구현할 수 있도록 지원하는 형태로 이루어진다. 코칭 없이는 이러한 실제가 충실하게 실행되기 어려운 경우가 많다. MTSS 모델을 충실하게 실행하지 못하게 되면 결과는 향상되지 않는다. 따라서 코칭은 통합 MTSS 모델이 제대로 작동하도록 하는 중요한 메커니즘이다. 이와 같은 코칭에 대한 비전은 학업 RTI와 PBIS 모두에서 공유되고 있다.

코칭은 연수에서 소개된 핵심 요소들의 개념적 이해를 돕는 역할을 하며, 연수 후에 기술을 실제로 사용하고 경험을 쌓으며, 이 실제들이 성과 개선을 위한 방안을 모색하는 데 중요한 역할을 한다(즉, 실행의 강화; Andreou et al., 2015). 코칭은 실행 기술의 숙련도를 발전시키는 데 도움을 줄 뿐만 아니라, 연수에서 배운 지식과 기술을 학교 환경의 특정 상황에 맞게 적용하는 데에 중요한 역할을 한다. 연수만으로는 실행 기술은 취약한 상태일 수 있으며, 일반적인 연수 기술이 실제 교실 환경이나 학생 개개인의 다양한 요구에 맞게 적용될 수 있는 가능성이 낮다(예: 기대행동을 가르치는 것에서 개별 학생에게 이를 효과적으로 다시 가르치는 것으로의 전환). 코칭이 병행된다면 새로운 기술을 시도할 때 더 적은 노력으로, 실패에 대한 두려움을 낮추고, 자신감을 가지며 도전할 수 있게 된다. 코칭 과정은 신뢰 형성, 의사소통, 사전 수정(즉, 기술 사용에 대한 상기), 수행 피드백, 그리고 실제 사용에 대한 강화가 포함된다(Sprick, Knight, Reinke, & McKale, 2006). 하지만 공식적인 평가와 코칭이 연결되면, 코치와 피드백을 받는 사람 간의 신뢰 관계가 손상될 수 있다.

코칭은 특정한 직책을 가진 한 사람만이 아니라 여러 사람이 함께 나누어 수행하는 공동의 기능으로 이해되어야 한다(Sugai & Todd, 2006). 비록 한 개인이 '코치'라는 공식적인 직책으로 고용될 수 있지만, 코치 역할을 수행할 수 있는 사람은 직책이 다양한 여러 사람이 될 수 있다. 이 점은 통합 MTSS 모델에서는 특히 중요하다. 왜냐하면 한 사람이 모든 주요 영역, 예를 들어 시스템 변화 및 개선에 필요한 지식, 컨설팅 기술, 학업 RTI, PBIS 등에서 깊은 전문성을 가질 수 없기 때문이다. 대신, 코치들은 각기 다른 전문성을 갖춘 사람들이 협력하여 팀을 지원할 필요가 있다. 학교 팀은 이러한 모든 영역에서의 전문성에 접근할 수 있어야 하며, 꼭 '코치'라는 직책을 가진 사람이 필요하지는 않다. 이러한 영역과 관련하여, 〈부록 6-1〉에는 오리건 대학교의 캐서린 라이언 잭슨과 에린 셔퍼로(Kathleen Ryan Jackson & Erin Chaparro)가 작성한 MTSS 코치 역량 자기 평가(Self-Assessment)가 제공된다. 이를 통해 알 수 있듯이, MTSS 모델에서의 코칭은 결코 쉬운 일이 아니다. 이에 따라, 코치들 또한 자신의 역량을 개발하는 데 있어 지원이 필요하다. 코치들이 학교를 지원하는 역할을 수행하는 데

		기술	
		새로운 방법	검증된 방법
상황	새로운 방법	높은 강도	중간 강도
	익숙한 방법	중간 강도	낮은 강도

필요와 경험에 따른 지원 강도

[그림 6-4] 지역 MTSS 코칭의 강도 변화

Karen A. Blase의 허락을 받아 Blase, Van Dyke, Fixsen(2013)에서 수정하여 사용.

있어 자신감을 가질 수 있도록, 정기적인 코치 회의 및 연수 기회가 필수적이다.

코칭에서 제공되는 지원의 정도는 교원의 기술 수준, 통합된 학업 및 행동 모델에 대한 경험, 그리고 자원의 가용성에 따라 달라진다. 캐런 블라세(Karen Blase)는 실행자가 이미 일정한 기술을 보유하고 있고 익숙한 환경에서 실행을 하고 있을 때는 코칭이 꼭 필요하지는 않으며, 일회적인 숙련된 코칭으로 충분하다고 제안한다. 반면, 새로운 환경에서 실행하고 새로운 기술을 요구하는 경우에는 보다 숙련된 코칭이 필요하다고 설명한다. [그림 6-4]는 상황에 따라 얼마나 많은 코칭이 필요할 수 있는지를 보여 준다.

코칭의 강도는 단순히 더 많은 시간이나 더 많은 전문 지식을 제공하는 것 이상을 포함하며, 여기에는 시스템적 요소가 중요한 역할을 한다. 픽센, 블라세, 호너, 슈가이(Fixsen, Blase, Horner, & Sugai, 2009b)는 이 점을 강조한다:

> 기본적인 기술 지원(Basic TA)과 집중적인 기술 지원(Intensive TA) 사이의 중요한 차이점은 기술 지원 제공자가 결과에 대해 어디까지의 책임을 지는가에 달려 있다. 기본적인 기술 지원은 지원을 받는 수혜자가 자율적으로 정보를 잘 활용하여 훈련을 적용하는 데 의존하는 형태이다. 반면, 집중적인 기술 지원은 정보를 제공하고 필요한 지원을 제공하는 것뿐만 아니라, 결과에 대해 더 큰 책임을 지고, 지원이 적시에 효과적인 방식으로 이루어지도록 모든 필요한 조치를 취하기 위해 무엇이든지 해야 할 책임을 진다(p. 1).

4) 실행 동력 평가

학생의 진전도와 실행충실도를 평가하는 것 외에도, 이러한 동력을 실행하는 데 있어 지역교육청의 상태를 평가하는 것도 필요하다. 지역교육청 역량 평가(District Capacity Assessment: DCA; Duda et al., 2012)는 효과적인 학교 실행을 위한 필수적인 지원을 얼마나 잘 제공하고 있는지 평가하는 도구이다. 이것은 통합 MTSS 모델을 포함한 증거 기반의 실제를 학교에서 효과적으로 실행하기 위해 필요한 지원을 평가하는 데 목적이 있다. DCA는 각 실행을 촉진하는 요인을 고려하여 지역교육청이 충분한 지원 메커니즘을 갖추고 있는지 평가한다. 이를 통해 지역교육청의 팀은 몇 가지 중요한 활동을 완료할 수 있다. 여기에는, ① 지역교육청 차원의 역량 구축 필요성 평가, ② 역량 개발 노력의 효과 평가, 그리고 ③ 지역교육청의 다음 단계를 파악하는 것이 포함된다.

3. 지역교육청 지원체계 모델

정도에는 차이가 있지만, 각 그룹은 다음 두 가지 구성 요소를 다룬다: ① 지원 제공을 위한 구조, ② 그 지원을 실제로 전달하는 방식. 구조(structure) 구성 요소는, 학교에 더 효과적으로 지원을 전달할 수 있는 조건을 마련하고, 학교가 실제로 실행할 수 있는 자료, 과정, 절차를 개발할 수 있도록 한다. 반면, 전달(delivery) 구성 요소는 정보와 자원을 학교 구성원에게 전달하는 메커니즘을 의미한다. 집행 팀(cabinet)과 실행계획 팀(implementation planning teams)은 주로 구조적 요소를 다루는 역할을 하기 때문에 '구조' 범주에 포함된다.

그러나 이들 그룹 역시 일정 부분 '전달' 기능도 수행한다. 예를 들어, 지역교육청 교육장(superintendent)이 학교장들과의 회의에서 MTSS 실행과 관련된 정보나 문제해결 방안을 공유할 수 있다. 그에 따라 학교들은 학생들과 함께 실제를 실행하고, 자신들이 필요로 하는 지원에 대해 지역교육청 팀에 피드백을 제공함으로써 모델에 참여하게 된다.

1) 지역교육청 팀과 역할

학교는 새로운 팀을 만드는 것보다는 기존의 팀을 지역교육청 지원에 활용하는 것이 좋다. 기존의 조직 구조는 훨씬 더 지속 가능하며, 명확한 종료 기한이 있는 신규 사업 예산을 통해 새로운 직위나 팀을 추가할 때 발생할 수 있는 일시적인 '프로젝트 중심 사고방식'을 피할 수 있다(Adelman & Taylor, 2003). 모든 지역교육청에는 행정 수준의 경영팀이 있기 때문에, 이 기존 팀을 활용하고 정기적인 회의 시간 중 일부를 MTSS 실행과 관련된 사항을 논의

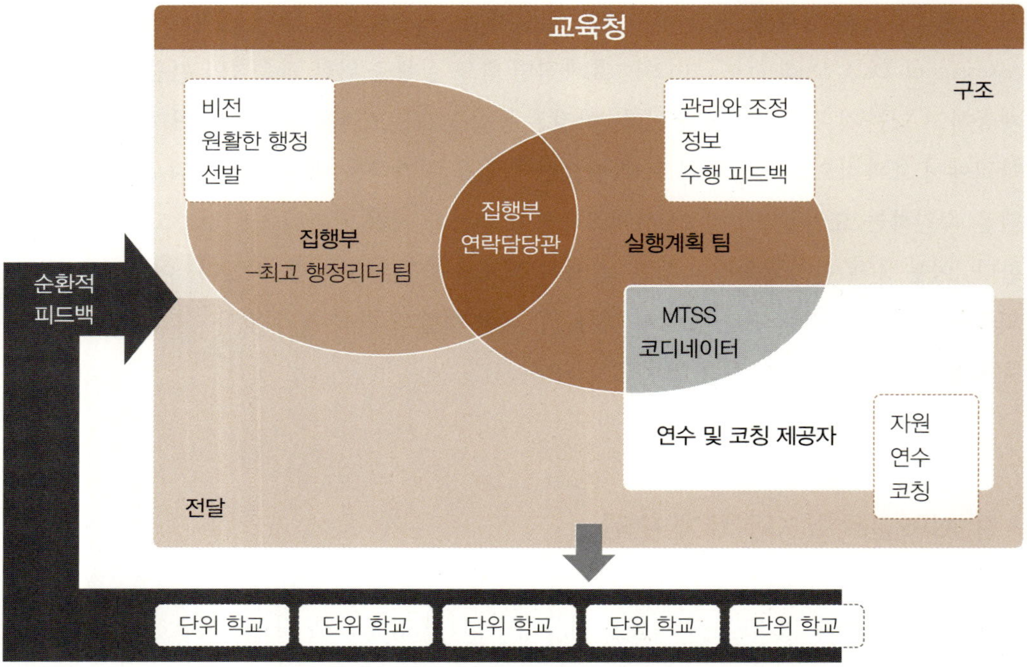

[그림 6-5] 지역교육청 MTSS 지원을 체계적으로 구성하기 위한 모델

하는 데 사용하는 것이 바람직하다. 또한, 일부 지역교육청은 MTSS 실행을 전담하는 팀이 없을 수 있지만, RTI, PBIS 혹은 학교개선 팀이 이러한 역할을 맡을 수 있다.

(1) 집행부

집행부(cabinet team)는 일반적으로 지역교육청의 집행 관리 인력으로 구성된 기존 그룹이다. 여기에는 교육감(superintendent), 부교육감들(예: 교육과정 및 수업 담당), 국장들(예: 특수교육 담당)이 포함된다. 이 집행부는 일반적으로 정기적으로 회의를 진행하며(예: 주간 회의), 최우선 사업의 추진, 정치적 지지 확보, 인지도(visibility) 향상, 예산 확보, 자원 배분, 실행을 가로막는 장벽 제거('barrier busting') 등과 같은 리더십 기능을 수행한다. 이 집행부의 핵심 구성원 중 한 명이 바로 집행부 연락담당관(cabinet liaison)이다. 이 인물은 보통 부교육감이나 국장 등 리더십 직위에 있는 사람이며, 집행부와 실행계획팀 양쪽 모두에 소속되어 두 팀 간 직접적인 소통을 담당하는 역할을 한다. 집행부에 참여할 때, 연락담당관은 MTSS 실행 현황을 집행부에 보고하는 책임을 진다. 일반적으로 보고 내용에는 다음이 포함된다: 통합된 MTSS 모델을 실행 중인 학교 수, 실행충실도 평가 결과, 실행 노력과 관련된 학생성취, 실행에 영향을 주는 잠재적 장벽 등. 이러한 보고는 보통 한 회의당 5~10분 정도 소요된다.

(2) 실행계획 팀

실행계획 팀은 통합 MTSS 모델에 대한 지식, 기술, 경험을 가진 사람들로 구성된다. 이 팀은 보통 MTSS에 대해 배우거나 실행 우선순위를 설정하기 위해 관리자가 접근할 수 있는 다섯에서 일곱 명의 구성원으로 이루어진다. 팀 구성원으로는 읽기 전문가, 학교 심리학자, 사회복지사 또는 학교개선 컨설턴트 등으로 구성할 수 있다. 실행계획 팀이 계획, 조정, 모니터링, 평가 작업을 수행할 수 있도록 충분한 시간을 주어야 한다. 이 팀은 프로젝트 작업을 기존 지역교육청의 사업에 통합시켜야 하는 책임을 가지고 있다(즉, 다양한 노력을 하나의 일관된 학교개선 계획으로 통합하는 것; 제7장에서 자세히 설명). 또한 팀은 지역 또는 주 단위의 실행계획 세션에도 참여한다. 팀 리더는 MTSS 코디네이터이며, 이 역할은 실행계획 팀 회의를 주관하고, 실행계획을 조율하며, 연수 강사 및 코치들과 소통하는 업무를 수행한다. 코디네이터는 지역교육청의 지원 시스템 전반에서 일관성을 유지하고 메시지를 통합하기 위해 집행부 연락관(cabinet liaison)과 긴밀히 협력한다.

(3) 연수 및 코칭 담당자

지역교육청 차원의 세 번째 그룹은 연수 및 코칭을 제공하는 집단이다. 이들은 학업, 행동, 평가와 관련된 지역교육청 차원의 트레이너, 코치, 내용 전문가들이다. 연수 및 코칭 담당자의 역할은 학교 내 교직원들의 역량 제고를 위해 연수와 코칭을 제공한다. 이들은 단위학교의 리더십 팀이 학교에서 수행하는 작업을 지원하거나, 학교 간의 정보 공유를 조정하거나, 교사들이 MTSS 실행에 필요한 기술을 개발할 수 있도록 코칭할 수 있다. 이 그룹은 정기적인 팀으로 모이지 않을 수 있기 때문에, 학교가 효과적인 지원을 받을 수 있도록 MTSS 코디네이터가 의사소통, 조정, 지원을 제공하는 것이 중요하다.

2) 팀 간 조정

지역교육청 리더십과 실행 기능을 두 개의 팀으로 나누어 운영하는 것이 효율적이다. 특정 이니셔티브가 성공하려면 강력한 정치적 지원이 중요하다는 것을 발견했다. 특히, 지역교육청 자원을 할당할 직접적인 예산 권한을 가진 사람들의 지원이 중요하다. 또한, 내용을 이해하고 지속적인 실행 지원의 세부 사항에 시간을 할애할 수 있는 사람들로 구성된 그룹이 필요하다. 작은 지역교육청에서는 한 팀이 두 팀의 기능을 모두 수행할 수 있다. 그러나 일반적인 지역교육청에서는 이러한 기능이 더 전문화된 역할을 가진 개인들로부터 제공된다. 지역교육청 관리자들은 정책을 변경하고 자원을 할당할 권한은 있지만, 통합된 MTSS 모델의 실제 및 과정에 대한 전문 지식은 부족할 수 있다. 실행계획 팀의 구성원들은 작업에 시간을 할애할 수 있고 과정에 대한 깊은 이해를 가지고 있지만, 지역교육청 전반에 걸친 결정을 내릴 권한은 없다. 두 팀을 분리함으로써 각 팀은 명확한 목적을 갖게 된다.

집행부와 실행계획 팀 간의 효과적인 조정을 위해 몇 가지 단계가 필요하다([그림 6-6] 참조). 집행부는 지역교육청 차원의 통합 MTSS 모델을 어떻게 실행할 것인지에 대한 구체적인 방향을 소통하고 개발계획을 세우는 것을 지원한다. ① 이 비전이 정책적 지원과 중요한 우선순위로 자리 잡을 때, 실행계획 팀에 전달되어 구체적인 실행계획이 수립된다. 지역교육청 관리자의 지원 아래, 실행계획 팀은 데이터를 수집해 지역교육청 계획을 개발하고 자료를 만들며 실행을 방해하는 요소들을 파악한다. 그리고 이 정보는 다시 집행부에 전달된다. ② 이에 대해 집행부는 MTSS가 성공적으로 실행될 수 있도록 자원을 배정하고 장애 요인을 없앤다. ③ 데이터에 따라 계획을 수정해야 할 필요가 있을 때마다 이 과정은 지속적으로 반복된다.

앞의 두 그림에서 보여 준 바와 같이, 지역교육청의 지원에서 중요한 요소는 실행의 질에 대한 데이터 수집과 실행을 개선할 수 있는 활동에 대한 피드백을 받는 것이다. 지역교육청은 학교 팀으로부터 실행충실도, 학생 성과, 실행을 방해하는 장애물에 대한 정보를 수집한다. 이 정보는 집행부, 실행계획 팀, 연수 및 코칭 담당자와 공유되어 각 그룹의 행동이나 활

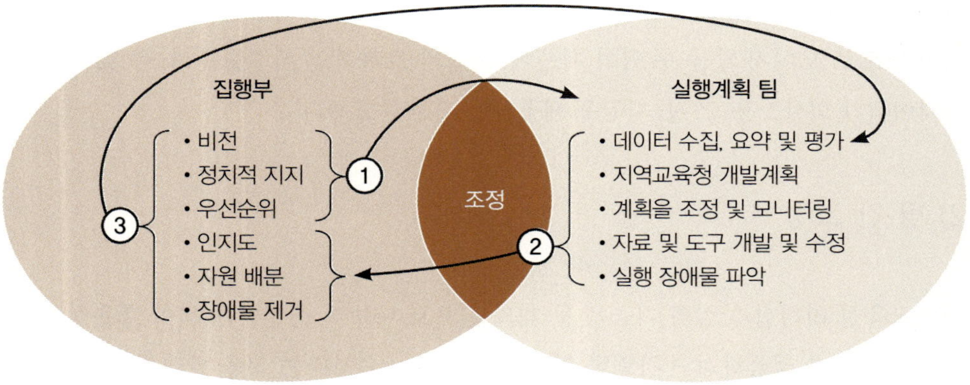

[그림 6-6] 지역교육청 팀 간 조정 과정

동을 조정하거나 수정하는 데 필요한 데이터로 사용된다. 이러한 정보 채널은 지역교육청과 학교 팀이 동일한 방향으로 나아갈 수 있도록 돕는다. 한 수준의 팀(예: 학교 팀)에서 발견된 문제와 요구 사항은 다른 수준의 팀(예: 지역교육청)에서 해결할 수 있다. 정렬을 통해 지역교육청과 학교들 간의 목표나 계획이 일치하도록 하여, 특별히 학교에서 중복되거나 비효율적인 활동을 최소화하여 자원을 효율적으로 배분하는 데 도움을 준다.

4. 지역교육청 지원의 다양성

지금까지 이 장에서는 지역교육청과 학교에 제공되는 지원을 다소 일반적으로 설명하였다. 그러나 모든 지역교육청이 동일한 조직 구조를 가지고 있지 않으며, 각 지역교육청 내의 모든 학교가 동일한 지원을 필요로 하지는 않는다. 이 책 전반에서 설명했듯이, 형태보다는 기능이 훨씬 중요하다는 것을 기억해야 한다. 이상적인 지역교육청 지원 구조를 모든 지역교육청에 맞추려고 하기보다는, 각 지역교육청의 상황과 그에 속한 학교들의 상황을 고려하여 시스템을 설계하는 것이 더 바람직하다. 지역교육청의 조직 구조에 따라 학교 지원을 차별화할 때, 두 가지 변화 지점을 살펴보아야 한다: 지역교육청의 규모에 따른 MTSS 구조의 변화와 학교의 필요에 따른 지원 방식의 다양성을 고려해야 한다.

1) 지역교육청의 규모에 따른 지원의 차이

각 지역교육청은 학교 지원에 필요한 자원과 능력에서 크게 차이를 보인다. 지역교육청의 규모에 따라 지원의 여러 측면에서 상대적인 장점과 단점이 존재한다. 각 규모별 지역교육청이 규모에 따라 어떤 형태로 지원을 조직하냐보다는 통합된 MTSS 모델을 학교에서 실행하는 데 필요한 실질적 기능을 제공하는 것이 더 중요하다. 이 책에서는 지역교육청의 세 가지 일반적인 규모에 기반하여 지침을 제공한다: ① 대도시 지역교육청, ② 독립형 지역교육청, ③ 소규모 지역교육청.

(1) 대도시 지역교육청

대도시에 위치한 지역교육청은 많은 자원과 인력을 보유하고 있으며 사회경제적인 어려움을 가진 인구가 많다. 규모가 큰 지역교육청은 MTSS를 지원할 수 있는 많은 인력을 가지고 있다. 그 결과, 이러한 대형 지역교육청은 지역 내에서 교육 프로그램이나 정책을 실제로 실행할 수 있는 역량을 구축하는 것이 더 쉬울 수 있다. 지역교육청 직원들이 전문화된 역할을 맡을 수 있기 때문이다. 즉, 학업 RTI와 PBIS에서 코칭, 연수, 기술적 전문성을 제공할 수 있는 전문 역할을 외부 강사에 의존하지 않고도 지원할 수 있다. 그 결과, 대형 지역교육청에서는 학교에 더 많은 지원 시간을 제공하고 지역교육청 팀에 더 많은 인력을 배치할 수 있다. 또한 대형 지역교육청은 여러 가지 교육적 이니셔티브를 실행해 온 경험이 많을 수 있다. 하지만 대도시 지역교육청은 빈곤 문제, 학생들의 높은 전학률, 교직원과 관리자, 특히 교육장의 잦은 인사이동이라는 해결이 쉽지 않은 문제에 직면해 있다. 또한, 종종 서로 충돌하거나 중복되는 이니셔티브가 존재하며, 다양한 지원이 여러 부서에서 따로따로 운영되고 있어 비슷한 기능을 공유하는 경우가 많다. 학업 RTI나 PBIS를 지원하는 전담 부서를 갖추는 것이 좋아 보일 수 있지만, 특히 예산이 통합될 때 부서 간 영역다툼이 발생하기 쉽다. 이러한 문제를 가지는 지역교육청은 명확한 방향과 실행을 위한 충분한 지원을 바탕으로 응집력 있고 지속 가능한 프로그램에 예산을 확보할 필요가 있다. 이러한 문제들은 리더십 역할과 방향을 설정의 중요성을 말해 준다. 또한 지역교육청과 학교 행정의 인사 변화는 통합 모델의 우선순위, 연속성, 지속 가능성을 유지해 나가는 데 어려움을 줄 수 있다. 때문에 연수와 같은 역량 동력이 새로운 학교와 지역교육청 인력을 훈련시킴으로써 지역 학교의 역량을 보장하는 중요한 역할을 한다.

(2) 독립형 지역교육청

독립형 지역교육청은 연수, 코칭, 평가를 할 수 있는 적절한 수준의 자원을 가지고 있으며, 대도시 지역교육청에 비해 상대적으로 단순하고 관리하기 쉬운 환경적 여건을 가진다. 또한, 정치적 갈등이 상대적으로 적고 행정적으로 더 안정적인 환경을 유지하는 특징을 갖는다. 이러한 안정성은 통합 MTSS 모델을 지원하는 지역교육청의 이니셔티브가 많은 이들에게 알려지고 높은 우선순위를 놓이게 하는 데 중요한 역할을 한다. 이로써 대규모의 재교육 필요성이 줄어들고, 보다 지속 가능한 시스템을 구축하기가 상대적으로 용이하다.

(3) 소규모 지역교육청

이에 반해, 학교 수가 적거나(혹은 한 개의 학교만 있는 경우) 학생 수가 3,000명 이하인 소규모 지역교육청은 이들만의 특수한 어려움이 존재한다. 바로 인원이 적다는 점인데 이것은 장점과 단점을 동시에 갖는다. 예를 들어, 지역교육청의 인원이 적으면 부서 간 업무가 분리되는 현상이 줄어들어 일관된 비전을 수립하기가 더 쉬워진다. 하지만 소규모 지역교육청은 자원이 부족해 맥락 기반 및 역량 동력을 구축하는 데 어려움을 겪을 수 있다. 지역교육청의 관리자는 팀 구성에 대해 더 창의적으로 생각해야 하며, 특히 학교 팀과 지역교육청 팀을 결합하여 적은 인원을 보완하는 방안을 생각해 볼 수도 있다. 또한, 집행부, 실행계획 팀, 연수 및 코칭 담당자 모두 동일한 그룹으로 구성할 수도 있다. 이러한 방법은 의사소통의 효율이 높아지는 장점도 발생하지만, 팀을 결합한다고 해서 업무량이 줄어드는 것은 아니기에 분명한 한계점도 존재한다. 이러한 소규모 지역교육청은 학교들의 실행 지원 요구를 충족하기 위해 다양한 방식으로 자원의 한계를 극복할 수 있다.

(4) 지원을 위한 추가적인 구조

지역교육청이 학교 지원에 필요한 자원을 확보하기 어렵다면, 학교들이 독자적으로 운영하도록 방치하기보다는 다른 지원 방안을 모색하는 것이 중요하다. 소규모 지역교육청은 더 큰 기관으로부터 실행 기능에 대한 지원을 받음으로써 문제를 해결할 수 있다. 많은 시 · 도에서 지역교육청이 연수 및 코칭 지원을 제공하기도 한다. 일부 시 · 도지역교육청은 시 · 도와 지역교육청 간의 조직적 지원을 연결하기 위해 중간 단위의 교육기관(intermediate units)을 운영한다. 중간 단위의 교육기관의 예로는 다음과 같다: 아이오와의 지역교육기관(Area Education Agencies), 뉴욕 및 콜로라도의 협력 교육서비스 위원회(Boards of Cooperative Educational Services), 텍사스의 교육서비스 센터(Education Service Centers), 오리건의 교육서비스 지구(Education Service Districts), 미시간의 중간 규모 지역교육청(Intermediate School Districts). 이러한 중간 단위의 교육기관은 지역교육청이 더 효율적으로 운영되도록 하고 시 · 도지역교육청 규정을 준수할 수 있도록 지원한다. 마지막으로, 중간 단위의 교육기관이 없거나 소규모 지역교육청의 실행 노력을 지원할 수 없는 경우, 여러 소규모 지역교육청이 자원을 공유하는 방식을 통해 지원을 강화하는 것도 고려할 수 있다.

2) 학교별 요구에 따른 지원의 차별화

지역교육청 차원의 지원 형태에서의 다양성은 지역교육청 내 각 학교에 제공되는 지원의 유형이나 수준에 차이를 두는 것이다. 교실에서 학생 개개인에게 맞춤형 지원을 제공하듯, 학교 팀에 대한 지원도 '지역의 전문성, 요구, 가용 자원'에 닿게 조정되었을 때 더 효과적이다. 그러나 교실에서와 마찬가지로, 각 학교에 개별적으로 맞춤형 지원을 제공하는 것은 실용적이지 않거나 비효율적일 수 있다. 몇몇 학교만 지원하는 지역교육청(예: 초기 파일럿 프로그램을 운영하는 경우)에서는 맞춤형 지원이 가능할 수 있지만, 대규모 이니셔티브에서는 이를 조정하기란 쉽지 않다. 따라서 학교들이 MTSS 실행 단계(제7장에서 설명)를 기준으로, 그리고 추가 실행 지원에 대한 필요 수준에 따라 그룹화하여 차별화된 지원을 제공하는 방안을 고려하는 것이 좋다.

(1) 차별화된 연수

통합 MTSS 모델이 잘 정착된 지역교육청은 전문성 제고를 위해 체계적인 일정계획을 세우고 이에 따라 운영한다. 이를 통해 한 번의 연수를 통해 여러 학교를 대상으로 연수를 진행하거나 필요에 따라 외부 연수 강사를 효율적으로 활용할 수 있게 된다. 이러한 접근법은 학교들이 독자적으로 연수를 조율하도록 내버려두는 것보다 훨씬 합리적이지만, 단점도 존재한다. 대규모 연수는 효율적일 수 있지만, 학교 팀들이 서로 다른 실행 단계에 있고 필요한 지식 및 기술 개발 수준도 다양하기 때문에 효과가 떨어질 수 있기 때문이다. 차별화된 연수는 지역교육청이 학교의 단계와 필요에 맞는 콘텐츠를 제공하여 효과와 효율의 균형을 맞출 수 있도록 하는 것이 좋다.

MTSS 연수를 차별화하는 두 가지 일반적인 전략을 소개하자면 다음과 같다. 첫 번째 전략은 일반 사례 교육(General Case Instruction)을 활용하는 방법이다(Becker & Engelmann, 1978; Horner, McDonnell, & Bellamy, 1985). 일반 사례 교육은 MTSS의 핵심 특징과 원칙을 강조하면서 주요 내용을 전달하고, 충분한 사례를 제시하여 새로운 학교 팀과 경험이 풍부한 학교 팀 모두가 혜택을 받을 수 있도록 하는 방식이다. 다양한 사례를 통해 학교 팀들은 실행 초기 단계와 고급 단계에서의 실천 방식의 차이를 이해하고, 각기 다른 학교 맥락에 적합하게 실행 방식을 조정하는 방법을 배울 수 있게 된다. 이 접근법은 일부 참가자들에게는 반복적이고 지루하게 느껴질 수 있지만, 반복은 유창성을 높이는 데 기여하며, 일관된 연수는 교직원 간의 실행 일관성을 높인다. 일반 사례 교육은 연수 자원을 효율적으로 활용할 수 있는 방법이지만, 일부 학교는 이러한 연수를 각자의 상황에 적용하기 위해 추가적인 코칭이 필요할 수 있다.

두 번째 전략은 전문성 개발 공유의 날(Shared Professional Development Day), 즉 학군 전체가 전문성을 강화하고 협력할 수 있도록 지원하는 함께 연수를 받는 날에 소그룹을 대상으로 맞춤형 연수를 제공하는 방법이다. 먼저 모든 참가자들이 한자리에 모여 동일한 초기 콘텐츠를 학습한다(플리너리 세션, Plenary Session). 이 세션은 일반적인 사례 교육의 방식을 따라 진행되며, 도입이나 검토에 중요한 핵심 개념을 다루게 된다. 플리너리 세션 이후, 참가자들은 현재 실행 수준이나 지식 및 기술 요구에 따라 소그룹으로 나뉘어 분과 세션(Breakout Sessions)에 참여한다. 분과 세션에서는 사전에 파악된 요구에 따라 다양한 주제를 다룬다. 효율적인 차별화를 위해, 콘텐츠는 외부 강사, MTSS 코디네이터, 지역교육청의 코치, 그리고 지역교육청 내 숙련된 학교 팀 실행자들이 제공할 수 있다. 지역교육청은 지역 또는 시 · 도 차원의 회의를 통해 전문성 개발 기회를 추가적으로 제공할 수도 있다.

(2) 차별화된 코칭

학교의 실행 단계에 따라 연수를 차별화하는 것이 중요하지만, 학교가 필요로 하는 요구 수준에 따라 코칭을 차별화하는 것은 더욱 중요하다. 학생 지원에 사용되는 다중 체제(Multi-Tiered Framework)와 유사한 방식으로, 다층적 접근법으로 학교들을 지원하는 것이 도움이 될 수 있다. 모든 학교가 코칭을 통해 필요한 도움을 받을 수 있지만, 경험이 쌓인 학교는 적은 지원으로도 효과적으로 MTSS를 실행할 수 있다. 이러한 학교 팀은 특정 시점에서 추가적인 지원이 필요할 수 있다(예: 새로운 교과에서 RTI를 실행할 때, 주요 교원의 변동 후 등). 일반적으로는 주기적인 연수와 코칭만으로 충분할 수 있지만, 학교에 따라 기본적인 활동조차도 자주 체계적인 지원을 필요로 할 수도 있다.

차별화된 코칭의 주요 초점은 지역교육청 내 학교 그룹에 제공되는 지원의 강도를 다양화하여 모든 학교가 통합 MTSS 실제를 실행할 수 있도록 돕는 것이다. 학교의 필요에 맞춰 지원 강도를 조정함으로써 지역교육청 팀은 자원을 효율적으로 배분하고, 가장 필요한 곳에 집중할 수 있게 된다. 학교들을 '초록 구역(Green Zones)', '노랑 구역(Yellow Zones)', '빨강 구역(Red Zones)'으로 나누는 것처럼 분류하는 방식이 효율적으로 생각될 수 있지만, 학교들이 지원을 필요로 하는 이유는 다양하므로 이러한 라벨링은 부적절하고 비생산적일 수 있다. 학생들과 마찬가지로, 학교 맥락에는 MTSS 모델 실행이 일관되지 않거나 제대로 이루어지지 않은 것은 고의적인 저항 때문이 아닌 다양한 요소(인력, 예산, 연수, 인식 등)가 있을 수 있다(McIntosh, Lucyshyn, et al., 2014). 따라서 학교 그룹에 제공되는 지역교육청 차원의 지원 수준을 다음과 같은 방식으로 설명하는 쪽이 더 효율적이다: 기본 지원(Standard Support), 추가 지원(Supplemental Support), 집중 지원(Focused Support).

① 기본 지원(Standard Support)

기본 지원을 받는 학교는 최소한의 외부 지원을 통해 자신들의 실행 노력을 주도하고, 기본적인 실행에서의 문제점을 해결할 수 있다. 이러한 지원을 통해 학교리더십 팀은 학교 내에서 실행 역량을 독립적으로 개발하며, 기본적인 통합 MTSS 연수를 제공한다. 또한 학교는 자신의 실행 상황과 필요를 평가하여 지역교육청에서 제공하는 추가 연수에 참여할 수 있다. 추가적으로 기본 지원에는 월별 또는 분기별로 학교 팀 네트워킹 세션을 통해 제공되는 코칭도 포함된다. 이 세션에서 학교 팀은 정기적으로(예: 월별, 분기별) 만나 실행 상황을 논의하고, 아이디어를 공유하며 서로 지원을 주고받는다. 또한, 학교가 특정한 도움이 필요할 때 요청하면, 지역교육청은 해당 학교의 구체적인 맥락을 고려하여 맞춤형 코칭(on-demand)을 제공한다.

학생들과 마찬가지로 기본 지원만으로도 성공적으로 실행할 수 있는 학교의 비율을 지역교육청 차원의 다양한 전략을 통해 높일 수 있다. 첫째, 지역교육청은 학교가 초기 연수를 받기 전에 선정 절차를 통해 MTSS 실행 준비가 되어 있는지를 확인할 수 있다. 〈부록 6-2〉에는 지역교육청 통합 MTSS 모델을 위한 표본(sample) 학교 신청서가 제시되어 있다. 선정 절차를 사용하는 것은 매우 중요하다. 왜냐하면 이 절차가 팀들이 초기 단계에서 필요한 조치를 취하여, 시작 전에 코칭을 많이 요구하지 않도록 지원을 확보하는 데 효율적인 자기 학습 가이드 역할을 하기 때문이다. 학교는 데이터를 수집하고 제출하도록 요구받을 수 있으며, 이는 데이터 사용이 실행의 핵심 요소라는 것을 명확히 하는 데 도움이 된다. 이 절차는 또한 교직원(또는 관리자)이 필요한 자원이 무엇인지 파악하지 않고 섣불리 실행을 시작하는 것을 예방한다. MTSS 모델 실행을 위해 필요한 시간, 노력, 인력, 재정적 자원 등에 대한 투자나 헌신 없이 채택된 실행은 쉽게 실패로 이어질 수 있으며, 지역교육청은 이러한 노력을 보여 주지 않은 팀들과 작업할 때보다 더 많은 코칭이 필요하게 된다(Fixsen et al., 2005). 공식적인 선정 절차는 또한 교직원들 사이에서 참여 동기를 높일 수 있게 한다. 선정되지 않은 학교 팀에는 향후 준비 상태를 개선(즉, 신청서를 개선)할 수 있는 간단한 팁을 제공할 수 있다. 둘째, 학교에 양질의 연수를 제공하는 데 집중하면, 지역 내 강한 실행 역량을 가진 학교에서는 코칭의 필요성을 줄일 수 있다(그러나 완전히 없애지는 못할 수 있음). 셋째, 공통의 그룹으로 제공되는 코칭 기회(예: 앞서 언급된 학교 팀 네트워킹 세션)를 활용하면 개별 학교 방문을 통한 코칭보다 더 효율적인 지원의 기초를 제공할 수 있다. 실행에 참여하는 다른 학교 팀들로부터 지원을 받는 것은 때로 실천 공동체 또는 전문 학습 공동체라고 불리며, 개별 코칭보다 더 효율적이고 효과적인 방식으로 같은 기능을 수행할 수 있다(Stoll, Bolam, McMahon, Wallace, & Thomas, 2006).

② 추가 지원(Supplemental Support)

추가 지원은 학교 팀이 데이터, 실제, 시스템을 계획한 대로 정확하고 일관되게 실행하기 위해 추가적인 지역교육청의 지원이 필요할 때 제공되는 것이다. 학교 팀은 다양한 이유로 이러한 수준의 지원이 필요할 수 있다. 예를 들어, 실행이 쉽지 않은 조건이나 '교직원, 팀, 관리자'의 수준에서 역량이 부족한 경우가 있을 수 있다. 이 지원은 학교 팀이 새로운 실행 단계를 시작하거나 일시적인 어려움을 겪고 있을 때(예: 관리자나 팀 리더의 교체) 일시적으로 필요할 수 있다.

추가 지원은 일반적으로 코칭 팀과 학교 간의 연락 빈도를 높이고, 코칭의 내용을 더 집중적이고 심도 있게 다룬다(Lorhmann & Davis, 2014). 학교 팀의 질문에 언제든지 답할 수 있고, 적극적인 소통을 통해 필요한 지원을 미리 예측하고 제공하는 역할 담당자를 제공하는 것이 도움이 된다. 하지만 추가 지원을 받는 학교는 지역교육청 팀과 정기적으로 연락을 취하지는 못하는 경우가 많은데, 거기엔 다음과 같은 일반적인 이유가 있다. 첫째, 학교 팀은 자신들의 지원이 필요한 시점을 잘 인식하지 못할 수 있다. 학교 팀이 MTSS의 핵심 원칙과 실행 방법을 배우는 초기 단계에서 이를 완전히 이해하지 못하고 자신들이 잘 실행하고 있다고 착각할 수 있다(Rasplica, McIntosh, & Hoselton, 2016). 이러한 상황에서는 현장(on-site) 코칭이 양질의 실행을 보장하고, 팀이 정확한 자기 평가와 행동 계획을 할 수 있도록 돕는다. 이러한 코칭 소통(coaching contacts)의 목표는 학교 팀이 더 독립적으로 실행할 수 있도록 그들의 전문성을 키우게 하는 것이다. 또한, 학교 팀은 다른 중요한 업무로 바빠서 연락을 끊을 수도 있다. 이 경우, 코칭 제공자는 피드백과 사전 교정을 통해 학교 팀이 실행계획을 다시 활성화하고 학생 성과를 향상시키도록 도울 수 있다. 추가 지원에는 추가적인 연수 기회도 포함될 수 있다. 예를 들어, 직원이나 팀 리더가 정기적인 지역교육청 오리엔테이션에 참석하도록 독려하거나, 온라인 모듈(modules)이나 실제 적용 가능한 실용적인 참고서와 같은 기존의 지역교육청 자원을 활용하도록 권장하는 것 등이 이에 해당된다.

학생 지원에서와 마찬가지로, 표준 지원과 추가 지원 간에는 명확한 경계는 없으며, 특정 시점에 어떤 학교가 어떤 유형의 지원을 받고 있는지 명확히 구분하기도 어렵다. 학교 팀이 능동적으로 추가 지원을 요청할 수도 있고, 지역교육청 직원이 학교 팀과의 상호작용(예: 소통 부족, 일반적인 과제에 대한 반발 등)을 통해 추가 지원이 필요하다고 판단할 수도 있다. 또한, 지역교육청 팀은 각 학교의 실행충실도 데이터를 최소한 연 1회 검토하여 더 많은 지원이 필요한 학교를 파악해야 한다.

③ 집중 지원(Focused Support)

추가 지원이 학교 팀이 이전에 받은 연수와 기존 자원을 바탕으로 다시 안내하는 '가벼운 터치(light touch)' 형태의 촉구와 접촉을 포함하는 반면, 집중 지원은 학교 팀이 직면한 지속적인 실행 장벽을 극복할 수 있도록 집중적이고 체계적인 코칭을 제공한다. 이러한 장벽은 지역사회의 빈곤, 빈번한 교직원 교체 및 이동, 심각한 학생의 요구, 또는 MTSS 실행에 대한 저항이나 '실행 피로'(Lohrmann, Forman, Martin, & Palmieri, 2008; Tyack & Cuban, 1995)와 같은 교직원이나 관리자 헌신 부족에서 비롯될 수 있다. 좋은 소식은 이러한 맥락적 도전이 처음 생각했던 것만큼 큰 장벽이 아닐 수 있으며, 오히려 실행을 개선하려는 동기를 제공할 수 있다는 것이다(Bradshaw & Pas, 2011; McIntosh et al., 2013). 또한 학교가 적절한 실행 수준에 도달하면, 이러한 장벽이 학교의 지속적인 실행에 미치는 어려움을 덜어 준다(Turri et al., in press).

집중 지원에서의 코칭은 정기적인 소통과 더 광범위한 방문을 포함한다. 이 수준의 지원을 받는 학교 팀이 자발적으로 지역교육청 팀에 연락할 것이라고 가정하지 않으므로, 지역교육청은 이 역할을 맡아 정기적인 연락과 후속 조치를 취한다. 특히, 팀 회의나 주요 데이터 수집 시점(예: 학업 벤치마킹)을 전후로 연락을 취한다. 이러한 학교들에는 지역교육청 코치나 MTSS 코디네이터가 회의에 참석하여 회의가 원활하게 진행되도록 하는 것이 좋은 방안이 된다. 코치는 회의를 효율적이고 효과적으로 진행하는 방법을 모델링하여 팀들이 자신들이 직면한 문제에도 불구하고 잘 진행할 수 있다는 것을 볼 수 있도록 한다. 효과적인 집중 지원의 핵심 요소는 코칭이 내용과 전달 방식 모두에서 명확하다는 점이다. 코치는 '생각을 말로 표현하는' 방식을 통해 팀이 독립적으로 문제해결 능력을 키울 수 있도록 지원할 수 있다. 코치는 제5장에서 설명된 문제해결 접근법을 사용하여 성공적인 구현을 방해하는 특정 문제들을 해결하도록 돕는다(예: 현재 가용 자원이 부족할 때 자원/자금 배분). 집중 지원은 또한 이러한 학교 팀에 매년 정기적인 연수를 제공하는 것을 포함하며, 이는 일반적으로 초기 실행 단계에서만 제공되는 새로운 팀 연수이다. 이 연수는 지역적 역량을 구축하고, 빈번한 교체와 MTSS에 대한 오해를 해결하는 데 도움 된다.

집중 지원을 제공할 때, 실행 동력 섹션(the implementation drivers section)에서의 기술적 문제와 적응적 문제의 구분을 다시 살펴보아야 한다. 기술적 문제(무엇을 어떻게 해야 하는지에 대한 문제)와 관련해서, 집중 코칭은 교직원에게 통합 MTSS 실제의 구성 요소에 대한 역량을 제공한다. 코칭 제공자는 실행할 다음 단계를 명확히 안내하고, 팀이 이러한 기술을 따라서 배울 수 있도록 실행 방법을 보여 준다. 적응적 문제(왜 해야 하는지에 대한 문제)와 관련해서, 집중 코칭은 실제 상황에서 발생하는 구체적인 문제나 우려를 직접 해결한다. 이를 위해 MTSS 실행에 대해 우려하는 사람들을 설득하고, 오해를 불식시키고 실제를 상황에 맞게 조정하게 하는 명확한 접근 방식을 사용한다(Feuerborn, Wallace, & Tyre, 2013). 이 과정에서는 코칭 전문성이 필요하다. 왜냐하면 실제를 적용하는 과정에서 실제의 핵심적인 특징을 유지하는 것이 중요하기 때문이다(McIntosh, Horner, & Sugai, 2009). 모든 전략이나 중재에는 실제가 제대로 작동하게 하는 핵심 요소가 아닌 관련 없는 '장식'도 존재한다. 즉, 예를 들어, PBIS에서 사용되는 인정 티켓은 중요한 요소(즉, 친사회적 행동에 대한 인정)와 관련 없는 요소(예: 티켓의 색깔이나 모양, 추첨 과정)가 있다. 지역적 또는 외부 코칭 전문성이 없다면, 학교 팀은 전략을 적응시키면서 중요한 요소를 실수로 제거할 수 있으며, 이로 인해 '치명적인 변형'이 발생할 수 있다(McLaughlin & Mitra, 2001). 대부분의 경우, 집중 지원과 관련된 문제는 기술적 문제와 적응적 문제의 결합으로 발생하며, 이로 인해 코치는 두 가지 모두에 신경을 써야 한다.

5. 팀 점검 리스트: 지역교육청 지원의 통합

이 섹션의 각 장에는 학교 차원과 지역교육청 차원의 점검 리스트가 모두 포함되어 있지만, 이 장에서 제공하는 점검 리스트는 다른 장들과는 약간 다르다. 이 장의 시작 부분에서 설명된 대로, 주요 초점은 지역교육청 수준의 전략에 있지만, 학교 팀은 여전히 필요한 지역교육청 지원을 요구해야 한다. 이와 같은 이유로 학교 수준의 점검 리스트는 지역교육청 수준의 점검 리스트와 밀접하게 연관되어 있다.

지역교육청 지원의 통합을 위한 학교 차원의 팀 체크리스트[2)]

실행 단계	실행 상태		
	실행 하지 않음	부분적으로 실행함	실행함
1. 학교리더십 팀은 정기적으로(예: 매년) 학생, 학부모, 교직원 등 다양한 이해관계자들에게 MTSS가 그들의 요구를 얼마나 잘 충족하고 있는지 평가하고, 학교 공동체에서 모두가 중시하는 가치를 파악하기 위해 의견을 수집한다[예: 설문조사, 지역사회와 함께 하는 행사(Community nights), 포커스 그룹].			
2. 학교리더십 팀은 MTSS의 실행과 결과에 대한 데이터를 지역교육청 관리자와 학교운영위원회에 제시하여 지역교육청의 MTSS 지원을 확보한다.			
3. 학교리더십 팀은 가능한 한 MTSS 실행에, ① 직무 내용, ② 채용 공고, ③ 채용 우선순위에 반영한다.			
4. 학교리더십 팀은 정기적으로(예: 매년) 실행의 장애물을 확인하고 이를 극복하기 위한 계획을 실행하거나 지역교육청에 지원을 요청한다.			
5. 학교리더십 팀은 MTSS 실행에 대한 학교 내부 전문성을 구축하기 위해 '선발이나 연수' 등의 방안을 시도한다.			
6. 학교리더십 팀은 매년 새로운 구성원을 팀에 합류시키고 관련된 연수에 구성원을 보내는 방식으로 교직원 사이에서 MTSS 역량을 구축하는 데 도움을 준다.			
7. 학교리더십 팀은 지역교육청 팀과 정기적으로 소통한다(성공 사례 공유 포함).			
8. 학교리더십 팀은 필요할 때 코칭 지원을 요청한다.			
9. 학교리더십 팀은 다른 학교 팀들과 네트워크를 형성하여 성공 사례와 극복해야 할 장애물을 공유한다.			

실행계획의 우선순위 (가장 중요한 세 가지 항목)	담당자는 누구인가?	언제까지 실행하는가?	어떻게 완료되었음을 알 수 있는가?
1.			
2.			
3.			

2) Kent McIntosh와 Steve Goodman의 저서인 『Integrated Multi-Tiered Systems of Support: Blending RTI and PBIS』에서 발췌. 구매자는 이 〈부록〉의 추가 사본을 다운로드할 수 있음(차례 끝부분의 안내 참조).

지역교육청 지원의 통합을 위한 지역교육청 차원의 팀 체크리스트[3]

	실행 상태		
실행 단계	실행하지 않음	부분적으로 실행함	실행함
1. 지역교육청 행정 팀은 다음 기능을 수행하기 위해 팀(또는 팀들)을 구성한다 ① 집행부(즉, 행정 리더십), ② 실행 지원, ③ 연수 및 코칭.			
2. 팀은 팀이 더 잘 협력하고 소통할 수 있도록 연락담당관과 MTSS 코디네이터를 설정한다.			
3. 팀은 다양한 이해관계자(예: 학생, 가족, 교직원)의 미리 정해진 절차나 방법에 따라 공유된 가치를 파악한다.			
4. 집행부는 다양한 지역교육청 정책에 통합 MTSS 모델을 구축한다(예: 자원 우선순위, 교직원 연수).			
5. 집행부는 MTSS 실행을, ① 직무내용 ② 채용 공고, ③ 채용 우선순위에 반영한다.			
6. 팀은 정기적으로 학교 실행의 장애물을 파악하고 이를 극복하기 위한 계획을 실행한다.			
7. 실행지원 팀은 데이터 시스템이 의사결정을 위한 의미 있는 정보를 생성하도록 설계되었는지 확인한다.			
8. 팀은 정보 시스템에서 받은 평가를 바탕으로 모든 단계에서 실행을 개선하기 위해 성과에 대한 피드백을 제공한다.			
9. 지역교육청은 연수 및 코칭 역량에 접근할 수 있으며, 지역 연수 및 코칭 역량을 구축하기 위한 조치를 취한다.			
10. 연수 및 코칭 담당자는, ① MTSS 오리엔테이션, ② 관리자 아카데미, ③ 코치를 위한 교육, ④ 동료 네트워킹, ⑤ 특별 주제를 포함한 공유된 교육 일정을 통해 전문성 개발을 진행한다.			
11. 지역교육청은 학교에 코칭을 제공하며, 지원 요구에 따라 접근 방식을 차별화한다(예: 기본, 보충, 집중).			
12. 연수 및 코칭 담당자는 지역교육청 내에서 코칭을 제공하는 사람들을 위한 정기적인 연수 및 회의(예: 분기별)를 진행한다.			

〈계속〉

3) Kent McIntosh와 Steve Goodman의 저서인 『Integrated Multi-Tiered Systems of Support: Blending RTI and PBIS』에서 발췌.

13. 연수 및 코칭 담당자는 학교 팀이 그들의 성공과 극복해야 할 장애물을 공유할 수 있도록 정기적인 학교 팀 네트워킹 세션(예: 분기별)을 개최한다.			
14. 실행지원 팀은 지역교육청의 지원 역량을 정기적으로(예: 분기별) 자기 평가하고 (예: 지역교육청 역량 평가), 결과를 바탕으로 실행계획 목표를 개발한다.			

실행계획의 우선순위 (가장 중요한 세 가지 항목)	담당자는 누구인가?	언제까지 실행하는가?	어떻게 완료되었음을 알 수 있는가?
1.			
2.			
3.			

부록 6-1

증거 기반의 교육 및 지원 시스템 코치 자기 평가[4)]

(EBISS System Coach Self-Assessment)

Kathleen Ryan Jackson & Erin A. Chaparro

Center on Teaching and Learning, University of Oregon, 2014

EBISS 코치 이름: ______________________ 코칭 경력: ____________________________

지역교육청 또는 기관(District or Agency): ______________________________________

시스템 코치로서 지역교육청이 효과적인 행동 및 교수 지원 시스템(EBISS) 또는 다층지원체계(MTSS)를 실행하는 데 필요한 특정 코칭 및 교과 기술에 대해 스스로 평가해 주세요. 이 자기 평가는 자신의 전문성 개발 목표를 설정하는 도구로 활용할 수 있습니다. 또한 이 결과를 지역교육청과 공유하여 지역교육청에서 적절한 전문성 개발을 지원할 수 있도록 할 수 있습니다.

다음 항목에 대해 동의 여부를 표시해 주세요:

전혀 동의하지 않음 (1), 동의하지 않음 (2), 동의함 (3), 매우 동의함 (4)

A. EBISS 증거 기반의 실제(EBPs):

나는 다음을 실행할 수 있는 지식과 기술을 가지고 있다:

1. 과학적으로 검증된 또는 증거 기반의 읽기에 대한 단계별 프로그램							
나는 이 지식을 능숙하게 활용할 수 있다.				나는 이 분야에서 다른 사람들을 코칭할 수 있는 기술을 갖추고 있다.			
①	②	③	④	①	②	③	④

〈계속〉

4) Kent McIntosh와 Steve Goodman의 저서인 『Integrated Multi-Tiered Systems of Support: Blending RTI and PBIS』에서 발췌. © 2016 The Guilford Press. 이 〈부록〉은 이 책을 구입한 사람이 개인적으로 사용하거나 개별 학생을 지도할 목적으로 복사하여 활용할 수 있음(자세한 사항은 저작권 페이지 참조). 구매자는 이 〈부록〉의 추가 사본을 다운로드할 수 있음(차례 끝부분의 안내 참조).

2. 학생들의 행동을 위한 과학적으로 검증된 또는 증거 기반의 단계별 프로그램							
나는 이 지식을 능숙하게 활용할 수 있다.				나는 이 분야에서 다른 사람들을 코칭할 수 있는 기술을 갖추고 있다.			
①	②	③	④	①	②	③	④
3. 모든 학생을 선별하여 학업 성과나 행동에 위험이 있는 학생을 파악							
나는 이 지식을 능숙하게 활용할 수 있다.				나는 이 분야에서 다른 사람들을 코칭할 수 있는 기술을 갖추고 있다.			
①	②	③	④	①	②	③	④
4. 학생의 읽기 및 행동 성과, 개선 속도, 그리고 교수법에 대한 반응을 평가하기 위한 모니터링 모니터링							
나는 이 지식을 능숙하게 활용할 수 있다.				나는 이 분야에서 다른 사람들을 코칭할 수 있는 기술을 갖추고 있다.			
①	②	③	④	①	②	③	④
5. 단계별 프로그램 실행을 안내하는 의사결정 지침과 일정							
나는 이 지식을 능숙하게 활용할 수 있다.				나는 이 분야에서 다른 사람들을 코칭할 수 있는 기술을 갖추고 있다.			
①	②	③	④	①	②	③	④
6. 모든 수준에서 이루어지는 데이터 기반 의사결정(예: 교육위원회, 지역교육청, 학교, 교실)							
나는 이 지식을 능숙하게 활용할 수 있다.				나는 이 분야에서 다른 사람들을 코칭할 수 있는 기술을 갖추고 있다.			
①	②	③	④	①	②	③	④

B. 리더십 및 팀 운영:

나는 다음을 수행할 수 있는 지식과 기술을 가지고 있다:

1. 모든 이해관계자들 간의 소통 루프와 개선 주기를 설정하기 위한 팀 구성 프레임워크(예: EBISS 팀 구성 프레임워크)를 개발한다.							
나는 이 지식을 능숙하게 활용할 수 있다.				나는 이 분야에서 다른 사람들을 코칭할 수 있는 기술을 갖추고 있다.			
①	②	③	④	①	②	③	④

〈계속〉

2. 팀이 실행 단계를 활용할 수 있도록 안내한다(예: Fixsen et al., 2013).

나는 이 지식을 능숙하게 활용할 수 있다.				나는 이 분야에서 다른 사람들을 코칭할 수 있는 기술을 갖추고 있다.			
①	②	③	④	①	②	③	④

3. 매년 타당한 지역교육청 단계별 프로그램 충실도 도구를 완료하도록 이끈다.

나는 이 지식을 능숙하게 활용할 수 있다.				나는 이 분야에서 다른 사람들을 코칭할 수 있는 기술을 갖추고 있다.			
①	②	③	④	①	②	③	④

4. 지역교육청과 학교에서 나온 성과 및 충실도 데이터를 분석한다.

나는 이 지식을 능숙하게 활용할 수 있다.				나는 이 분야에서 다른 사람들을 코칭할 수 있는 기술을 갖추고 있다.			
①	②	③	④	①	②	③	④

5. 문제해결 모델(예: PDSA, TIPS)을 사용하여 지역교육청 및 학교의 실행계획을 개발하고, 조정하며, 모니터링한다.

나는 이 지식을 능숙하게 활용할 수 있다.				나는 이 분야에서 다른 사람들을 코칭할 수 있는 기술을 갖추고 있다.			
①	②	③	④	①	②	③	④

6. 여러 가지 계획, 지역교육청 정책 및 학교의 실제를 연결하는 지속적 개선 계획을 개발하는 데 도움을 준다.

나는 이 지식을 능숙하게 활용할 수 있다.				나는 이 분야에서 다른 사람들을 코칭할 수 있는 기술을 갖추고 있다.			
①	②	③	④	①	②	③	④

7. 모든 지역교육청 및 학교 차원의 부서들 간 학생 성과에 대한 공동 책임을 반영하는 공평한 자원 배분을 위한 지역교육청 예산 설계를 지원한다.

나는 이 지식을 능숙하게 활용할 수 있다.				나는 이 분야에서 다른 사람들을 코칭할 수 있는 기술을 갖추고 있다.			
①	②	③	④	①	②	③	④

8. 중요한 이해관계자를 확인하고, 의견을 요청하며, 피드백을 분석한다.

나는 이 지식을 능숙하게 활용할 수 있다.				나는 이 분야에서 다른 사람들을 코칭할 수 있는 기술을 갖추고 있다.			
①	②	③	④	①	②	③	④

〈계속〉

C. 시스템 조정:

나는 다음을 수행할 수 있는 지식과 기술을 가지고 있다:

1. 지역교육청과 학교의 실행 수준 및 변화에 대한 준비도를 평가한다.

나는 이 지식을 능숙하게 활용할 수 있다.				나는 이 분야에서 다른 사람들을 코칭할 수 있는 기술을 갖추고 있다.			
①	②	③	④	①	②	③	④

2. 실행 장애 요소를 평가하고 실용적인 개선 방안을 추천한다.

나는 이 지식을 능숙하게 활용할 수 있다.				나는 이 분야에서 다른 사람들을 코칭할 수 있는 기술을 갖추고 있다.			
①	②	③	④	①	②	③	④

3. 지역교육청 및 학교에 적합한 증거 기반의 실제(EBPs)의 채택과 실행을 지원한다.

나는 이 지식을 능숙하게 활용할 수 있다.				나는 이 분야에서 다른 사람들을 코칭할 수 있는 기술을 갖추고 있다.			
①	②	③	④	①	②	③	④

4. 연수, 코칭, 선발, 만족도 및 평가를 통합한 실행계획을 개발한다.

나는 이 지식을 능숙하게 활용할 수 있다.				나는 이 분야에서 다른 사람들을 코칭할 수 있는 기술을 갖추고 있다.			
①	②	③	④	①	②	③	④

5. 1, 2, 3단계에서의 행동과 관련된 다양한 결과 및 충실도 데이터(예: SET, BoQ, ODRs, TFI, MATT, ISSET)를 수집, 분석 및 보고한다(예: SET, BoQ, ODRs, TFI, MATT, ISSET).

나는 이 지식을 능숙하게 활용할 수 있다.				나는 이 분야에서 다른 사람들을 코칭할 수 있는 기술을 갖추고 있다.			
①	②	③	④	①	②	③	④

6. 1, 2, 3단계에서의 문해력과 관련된 다양한 결과 및 충실도 데이터(예: SET, BoQ, ODRs, TFI, MATT, ISSET)를 수집, 분석 및 보고한다(예: R-TFI, OTISS, 프로그램별 충실도 지표).

나는 이 지식을 능숙하게 활용할 수 있다.				나는 이 분야에서 다른 사람들을 코칭할 수 있는 기술을 갖추고 있다.			
①	②	③	④	①	②	③	④

〈계속〉

7. 증거 기반의 실제(EBP) 충실도와 학생 성과에 대한 이해하기 쉬운 보고서를 개발하고 이를 여러 이해관계자에게 발표한다.

나는 이 지식을 능숙하게 활용할 수 있다.				나는 이 분야에서 다른 사람들을 코칭할 수 있는 기술을 갖추고 있다.			
①	②	③	④	①	②	③	④

D. 교직원 연수 및 코칭:

나는 다음을 수행할 수 있는 지식과 기술을 가지고 있다:

1. MTSS 실행 전에 지역교육청과 학교 팀이 필요한 지식과 기술을 파악하기 위해 요구 사항 평가를 실시한다.

나는 이 지식을 능숙하게 활용할 수 있다.				나는 이 분야에서 다른 사람들을 코칭할 수 있는 기술을 갖추고 있다.			
①	②	③	④	①	②	③	④

2. 자신의 전문 분야에서 실무 중심의 교직원 연수(PD) 서비스 제공 계획을 개발하고 실행하며, 필요시 추가 지원을 확보한다.

나는 이 지식을 능숙하게 활용할 수 있다.				나는 이 분야에서 다른 사람들을 코칭할 수 있는 기술을 갖추고 있다.			
①	②	③	④	①	②	③	④

3. 교직원의 역량을 측정하고 교직원 연수 및 코칭 계획을 개발하기 위해 정기적으로 수행되는 명확하게 정의된 실행충실도 시스템을 구축한다.

나는 이 지식을 능숙하게 활용할 수 있다.				나는 이 분야에서 다른 사람들을 코칭할 수 있는 기술을 갖추고 있다.			
①	②	③	④	①	②	③	④

4. 다양한 데이터를 사용하여 교직원 연수(PD)의 효과를 평가하고 코칭에 반영한다.

나는 이 지식을 능숙하게 활용할 수 있다.				나는 이 분야에서 다른 사람들을 코칭할 수 있는 기술을 갖추고 있다.			
①	②	③	④	①	②	③	④

5. 다양한 데이터를 사용하여 코칭의 효과를 평가하고 신규 직원 채용 및 선발에 반영한다.

나는 이 지식을 능숙하게 활용할 수 있다.				나는 이 분야에서 다른 사람들을 코칭할 수 있는 기술을 갖추고 있다.			
①	②	③	④	①	②	③	④

〈계속〉

6. 각 학교의 고유한 요구에 부합하는 지역교육청 전체의 코칭 서비스 제공 계획을 개발하고 실행한다.							
나는 이 지식을 능숙하게 활용할 수 있다.				나는 이 분야에서 다른 사람들을 코칭할 수 있는 기술을 갖추고 있다.			
①	②	③	④	①	②	③	④
7. 지역교육청 리더십 팀을 코칭한다(예: 의사결정 규칙 개발, 실행계획 및 자원 배분을 위한 데이터 분석 기술 적용).							
나는 이 지식을 능숙하게 활용할 수 있다.				나는 이 분야에서 다른 사람들을 코칭할 수 있는 기술을 갖추고 있다.			
①	②	③	④	①	②	③	④
8. 학교리더십 팀을 코칭한다(예: 의사결정 규칙 사용, 실행계획 및 자원 배분을 위한 데이터 분석 기술 적용).							
나는 이 지식을 능숙하게 활용할 수 있다.				나는 이 분야에서 다른 사람들을 코칭할 수 있는 기술을 갖추고 있다.			
①	②	③	④	①	②	③	④

채점 지침

지식 범주와 코칭 범주 각각에는 세 가지 유형의 점수가 있습니다.

1. 항목별 원점수는 각 항목에 대해 1, 2, 3 또는 4로 점수를 매긴다.
2. 하위 척도 총점는 각 섹션의 모든 항목에서 받은 원점수의 합이다. 각 항목에서 최대 4점까지 가능하다.
3. 하위 척도 비율은 해당 섹션에서 받은 점수를 그 섹션에서 가능한 최대 점수로 나눈 비율이다.

마지막으로, 하위 척도 비율을 평균 내어 전체 평균 비율을 구한다.
아래 표를 사용하여 하위 척도 점수와 비율을 계산한다.

시스템 코치 자기 평가: 전체 요약 점수				
나는 이 지식을 능숙하게 활용할 수 있다.			**나는 다른 사람들을 코칭할 수 있는 기술이 있다.**	
EBISS 근거 기반 실천(EBISS EVIDENCE-BASED PRACTICES)				
문항 수	받은 점수/최대 점수	가능한 점수의 비율	받은 점수/최대 점수	가능한 점수의 비율
6	/24	%	/24	%
리더십 및 팀 촉진(LEADERSHIP AND TEAM FACILITATION)				
문항 수	받은 점수/최대 점수	가능한 점수의 비율	받은 점수/최대 점수	가능한 점수의 비율
8	/32	%	/32	%
시스템 조정(SYSTEMS COORDINATION)				
문항 수	받은 점수/최대 점수	가능한 점수의 비율	받은 점수/최대 점수	가능한 점수의 비율
7	/28	%	/28	%
전문성 개발 및 코칭(PROFESSIONAL DEVELOPMENT AND COACHING)				
문항 수	받은 점수/최대 점수	가능한 점수의 비율	받은 점수/최대 점수	가능한 점수의 비율
8	/32	%	/32	%
	백분율 평균값	%	백분율 평균값	%

부록 6-2

통합 MTSS 실행 준비 상태 신청서[5)]

이 신청서 절차의 목적은 학교가 통합된 학업 및 행동 다층지원체계(MTSS)를 구현할 준비 상태와 의지를 갖추었는지 확인하고, 지역교육청의 MTSS 이니셔티브에 참여할 준비가 되었는지를 평가하는 것입니다.

다음은 지역교육청의 통합 MTSS 이니셔티브에 참여하기 위한 요구 사항입니다.

- 학교 차원의 MTSS 리더십 팀이 지정되어 모든 필수 연수에 참석하고, 학교 건물 내에서 MTSS 활동을 운영합니다.
- 학교장의 MTSS 이니셔티브 활동(예: 전문성 개발, 연수, 회의)에 필요한 시간을 할당하고 모든 필수 훈련에 참석하겠다는 약속이 필요합니다.
- 문해력과 사회적 행동이 올해의 학교개선 목표 상위 3개 중 하나로 설정되어야 합니다.
- 교직원 80% 이상이 향후 3년 동안 MTSS 이니셔티브에 참여할 약속을 해야 하며, 이 약속을 어떻게 얻고 문서화했는지에 대한 설명이 필요합니다.
- MTSS 활동을 연간 학교 예산에 통합하여 구현할 수 있도록 자원을 구축할 약속이 필요합니다.
- 다층 지원 시스템 요구 평가(Multi-Tiered Systems of Support Needs Assessment)를 완료하고 이를 신청서에 포함시켜야 합니다.

다음 질문에 답해 주세요.

1. 귀하의 학생들이 통합 MTSS 모델을 통해 해결할 수 있는 가장 큰 요구는 무엇입니까?

5) Kent McIntosh와 Steve Goodman의 저서인 『Integrated Multi-Tiered Systems of Support: Blending RTI and PBIS』에서 발췌.

2. MTSS 프레임워크는 귀하의 학교 문화, 철학, 가치와 어떻게 맞아떨어집니까?

3. MTSS 모델을 잘 구현할 수 있는 충분한 직원 역량이 있습니까? (자세히 설명해 주세요.)

4. MTSS 모델을 잘 구현할 수 있는 충분한 추가 자원이 있습니까? (자세히 설명해 주세요.)

5. 이 이니셔티브가 학교개선 계획의 성과 달성에 어떻게 기여할 것인지 설명해 주세요.

6. 현재 사회적 행동 및 문해력 분야에서 구현하고 있는 다른 이니셔티브에 대해 설명해 주세요. 이 이니셔티브는 얼마나 오래 진행되어 왔습니까? 이 이니셔티브가 MTSS와 어떻게 지원하거나 경쟁합니까? MTSS를 현재 이니셔티브에 어떻게 통합할 계획입니까?

제7장

시스템의 완전한 통합

이 책 전반에 걸쳐, 학업 및 행동을 위한 RTI 시스템 통합의 필요성에 대해 논의해 왔다. 제3장에서는 데이터 통합의 근거와 전략을, 제4장에서는 통합의 실제를, 제5장에서는 팀 구성과 운영을, 제6장에서는 지역교육청 시스템을 다루었다. 이번 장에서는, 이러한 모든 요소를 하나의 통합된 시스템으로 결합하는 방법, 즉 '어떻게'에 초점을 맞춰 보다 폭넓게 살펴보고자 한다. 짐작할 수 있듯이, 이는 결코 쉬운 일이 아니다. 성공적으로 수행하려면, 현재 시스템을 면밀히 검토하고, 실행을 뒷받침하는 기초 연구를 충분히 고려해야 한다.

앞서 강조했듯이, 통합은 그 자체가 목표는 아니다. 진정한 목표는 학생 성과를 향상시키는 것이며, 통합을 위한 모든 노력은 이 목표를 달성하는 데 기여했는지를 기준으로 평가되어야 한다. [그림 7-1]은 이 과정을 어떻게 개념화할 수 있는지 보여 준다. 그림의 오른쪽에는 '학생 성과 향상'이라는 목표가 제시되어 있다. 중앙에는 성과 향상을 위해 시스템을 실행하는 과정이 포함되어 있다. 이러한 시스템이 효과적이고, 효율적이며, 공정하고(equitable), 지속 가능할수록 학생 성과는 지속적이고 긍정적으로 향상될 수 있을 것이다.

통합은 교육 시스템의 네 가지 핵심 특성인 효과성, 효율성, 형평성, 지속 가능성을 개선하여 시스템을 발전시키는 중요한 도구이다. 그러나 통합이 더 이상 시스템 개선에 기여하지 않는 지점에 도달했다면, 다른 지원 요소에 집중하여 통합이 다시 효과적으로 작동할 수 있는 환경을 조성하는 것이 필요하다.

통합을 시스템 발전의 도구로 바라보면, 학교와 지역교육청이 이를 실행하는 방식이 다양한 단계로 나타날 수 있음을 이해할 수 있다. 극단적인 사례로는 병렬적(또는 분리된) 시스템이 있다. 이 경우, 학교는 학업 RTI와 PBIS를 각각 독립적인 프로그램으로 운영하며, 서로 다른 팀, 데이터 시스템, 실행 방식을 통해 관리한다. 이러한 접근 방식은 일부에서 MTSS 모

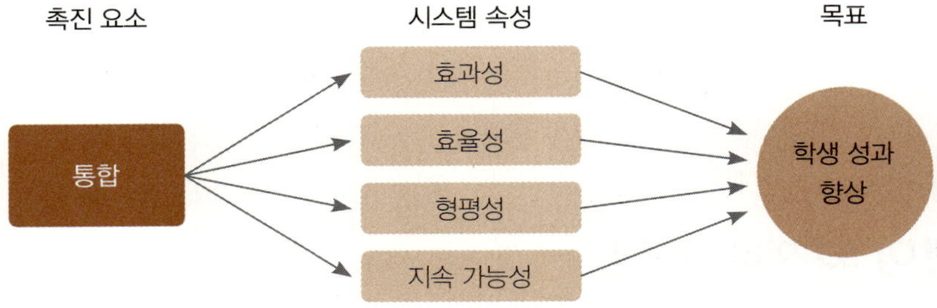

[그림 7-1] 통합이 학생 성과를 간접적으로 향상시키는 방식

델로 간주될 수 있지만, 진정한 통합은 두 프로그램을 단순히 병행 운영하는 것과는 차이가 있다. 반면, 진정한 통합이란 동일한 팀이 학업 RTI와 PBIS를 하나의 상호 연계된 교육 시스템의 구성 요소로 통합하여 실행하는 것을 의미한다. 대부분의 학교는 이 두 극단 사이 어딘가에 위치하며, 초기 목표 지점은 중간 단계에 가까운 경우가 많다.

효과적인 통합 접근법은 의도적이고 명확한 목표를 설정하는 데서 시작된다. 통합을 언제 시작하고 어떻게 실행해야 하는지에 대한 명확한 이해가 있다면, 우리의 노력을 훨씬 더 효율적으로 활용할 수 있다. 모든 학업 및 행동 실제를 모든 학생에게 일률적으로 통합하려는 시도는 현실적으로 불가능할 뿐만 아니라 비효율적일 가능성이 크다. 대신, 통합이 합리적이며 교사들의 교수 활동을 더 쉽게 만드는 방향으로 실행하는 것이 중요하다.

이 장에서는, 학업 RTI와 PBIS를 효과적으로 통합하기 위한 다양한 전략과 통합 과정을 체계적으로 계획하는 방법을 제시한다. 또한 실행 원리를 바탕으로 실행 단계를 살펴보고, 실행 효과와 지속 가능성을 극대화하는 방안에 중점을 둔다. 마지막으로, 실행 과정에서 흔히 발생하는 장애 요인들을 분석하고 이를 극복하기 위한 구체적인 해결책을 제안한다.

1. 통합 MTSS 모델로의 전환: 어떻게 도달할 수 있을까

학교가 시스템 통합을 위해 선택할 수 있는 경로는 여러 가지가 있다. 일부 학교는, 이미 학업 RTI 또는 PBIS 중 하나를 시행하고 있을 수 있다. 이 경우, 기존 시스템을 기반으로 확장하여 통합 MTSS 모델을 개발하는 것이 상대적으로 간단하다. 특히, 기존 시스템이 성공적으로 실행되고 있으며 학생 성과에 긍정적인 영향을 미친다는 평가를 받고 있다면 더욱 그렇다. 반면, 다른 학교에서는 학업 RTI와 PBIS 시스템이 모두 부재하거나, 존재하더라도 높은 충실도로 구현되지 않았을 가능성이 있다. 이러한 상황에서는 두 가지 선택지가 있다. 첫째, 한 시스템을 먼저 완전히 도입한 후 다른 시스템을 추가로 구현하는 방법이다. 둘째, 처음부터 통합된 시스템을 도입하는 방법이다. 두 접근 방식 모두 궁극적으로 통합 MTSS 모델을 구축하는 것을 목표로 하며, 어떤 경로를 선택할지는 각 학교의 상황, 요구, 그리고 이 장에서 다룰 시스템 수준의 요인들에 따라 결정될 것이다.

1) 동시 도입 및 실행

학교에 학업 RTI나 PBIS 시스템이 확고히 자리 잡지 않은 경우, 처음부터 완전한 통합 MTSS 모델을 구현하는 것이 하나의 선택지가 될 수 있다. 통합 MTSS 모델을 초기 단계부터 도입하는 주요 장점은 학업과 행동지원을 통합하여 명확한 목표를 설정할 수 있다는 점이다. 이를 통해, 관리자는 통합 MTSS 모델이 학교의 주요 목표임을 분명히 전달할 수 있으며, 모든 교육 활동이 통합된 방향으로 진행되도록 설명할 수 있다. 이러한 방향성은 '학생의 전인적 성장'이라는 가치를 강조함으로써 더 강력한 지지를 얻을 가능성이 크다. 또한, MTSS를 단일 체계로 운영하면 교육과 시스템 개발을 통합적으로 진행할 수 있어 더 효율적이다. 학업 RTI와 PBIS를 독립적으로 구축한 후 나중에 통합하려는 방식은 분리될 위험이 있지만, 처음부터 최종 목표를 염두에 두고 시스템을 설계하면 이러한 문제를 방지할 수 있다. 이는 학업지원과 행동지원 중 하나에만 집중해야 한다는 오해를 막아 주며, RTI와 PBIS가 분리된 체계로 발전하는 것을 사전에 차단할 수 있다. 핵심 교직원들은 학업 RTI와 PBIS 실행을 주도하는 경우가 많다(Andreou et al., 2015). 핵심 교직원들이 학업 RTI와 PBIS 실행에 많은 시간과 노력을 기울이는 경우, 두 시스템이 별도로 오래 운영될수록 통합 과정에서 갈등이 발생할 가능성이 높아질 수 있다. 담당자들은 통합 MTSS 모델이 자신들의 전문성을 약화시키거나 영향력을 축소시킨다고 느낄 수 있다. 그러나 처음부터 통합 모델을 도입하면 이러한 문제를 예방하거나 최소화할 수 있다.

그럼에도 불구하고, 통합 모델을 처음부터 동시에 도입하고 실행하는 데는 몇 가지 도전 과제가 따른다. 현재 교사들은 이미 과도한 업무를 맡고 있으며, 이러한 부담은 종종 비현실적이라는 인식을 초래할 수 있다. 학생성취도 향상, 교사 책무성 강화, 새로운 주(state)의 성취기준 도입 등으로 인해 교사들은 교육 시스템 전반을 한꺼번에 개혁하려는 시도에 큰 압박감을 느낄 수 있다. 만약 통합 접근 방식이 학생과 교사 모두에게 더 나은 결과를 가져올 것이라는 점을 교직원들에게 명확히 전달하지 못한다면, 이러한 인식은 더욱 악화될 수 있다. 또한, 자원과 지원이 부족한 상황에서 통합 MTSS 모델을 도입하려는 시도는 과도한 과제를 한꺼번에 해결하려는 것처럼 보일 수 있다. 이러한 경우에는 특정 영역(예: 학업 또는 행동)에서 작게 시작하여 성공을 경험한 후 이를 바탕으로 점진적으로 확장하는 방식이 더 효과적일 수 있다.

2) 단계적 통합 접근법

동시적 도입 및 실행 경로의 대안으로, 단계적 접근법은 한 영역을 먼저 실행한 후 기준에 도달하면 다른 영역을 추가하는 방식이다. 이 방법은 기존 시스템이 이미 구축되어 있는 경우에도, 그렇지 않은 경우에도 적용할 수 있다(예: PBIS). 만약 두 시스템 모두 없는 상황이라면, 학교나 지역교육청의 실행 팀은 우선 한 영역을 선택해 실행하고, 이후 다른 영역을 추가하는 단계를 밟을 수 있다. 단계적 접근법의 주요 장점은 교사들이 MTSS의 한 영역에서 기술을 익히고 성공을 경험한 후, 좀 더 세부적으로 복잡한 요소를 추가할 수 있다는 점이다. 이러한 '구축형(build-on)' 절차에서는, 이미 개발되고 정비된 핵심 개념, 자원, 구조를 기반으로 다른 MTSS 모델을 실행할 수 있는 안정적인 기반이 마련된다. 또한, 통합 모델의 이점과 두 영역 간의 유사성을 명확히 전달하면, 교직원들이 두 번째 요소를 통합 모델에 추가하는 데 더 큰 동기를 느끼고 적극적으로 참여할 가능성이 높아진다.

그러나 단계적 접근에는 몇 가지 잠재적 문제가 있다. 예를 들어, 실행 우선순위를 둘러싼 '영역 간 갈등'이 발생할 수 있다. 또한, 통합 모델이라는 명확한 목표가 부재한 경우, 교사들이 한 영역을 포기하고 다른 영역에만 집중해야 한다는 부담을 느낄 수 있다. 이 두 접근법의 장점을 모두 활용하기 위해 효과적인 방법은, 학교와 지역교육청의 관리자가 5~7년이라는 장기적인 시간 프레임 안에서 완전한 통합 모델을 실행하겠다는 명확하고 일관된 메시지를 제공하는 것이다. 이 과정은 한 영역부터 시작하여 점진적으로 다른 영역을 추가하는 방식으로 진행된다. 메시지가 일관성을 유지하면, 관계자들은 작업을 진행하면서도 궁극적인 목표를 명확히 이해하고 이를 염두에 둘 수 있다. 또한, 직무연수 과정에서 연수 강사 및 코치는 이러한 비전을 공유하며, 별개의 요소들을 통합할 수 있는 구체적인 사례와 명확한 지침을 제공해야 한다. 이를 통해 교직원들은 통합 모델을 더 잘 이해하고, 실행 과정에서의 혼란을 줄이며, 효과적으로 적용할 수 있다.

3) 무엇이 우선인가: 학업 또는 행동?

학교나 지역교육청이 단계적 구현 경로(staggered implementation path)를 선택할 경우, 자주 제기되는 질문 중 하나는 어떤 영역을 먼저 구현할 것인지이다. 이 결정은 주로 학교의 강점과 요구에 따라 달라진다. 예를 들어, 특정 영역에서 이미 일부 요소가 준비된 경우(예: 학교 차원의 기대행동 설정과 행동 매트릭스 구축), 해당 영역을 부분 실행에서 완전 실행(Full Implementation)으로 전환하는 것이 더 수월할 수 있다. 이는 초기 단계에서 성취감을 제공하며, 다른 영역으로 확장할 수 있는 동력을 형성하는 데 기여한다. 대규모 실행계획에서 빠르게 가시적인 성과를 보여 주는 것은 교지원의 동기를 높이그 변화에 대한 저항을 줄이는 데도 효과적이다. 또 다른 경우에는 교직원의 선호도가 구현 순서를 결정하는 데 중요한 역할을 할 수 있다. 예를 들어, 교직원들이 문제행동 감소보다 학업 성과 향상에 우선순위를 두고 싶어 할 수도 있다. 학생 행동 지도의 맥락에서 선택권을 제공하는 것이 효과적이듯, 교직원들에게도 선택권(예: 투표의 형태)을 제공하는 것은 주인의식(ownership)을 높이고 구현 과정에 대한 참여도를 향상시키는 강력한 도구가 될 수 있다.

(1) 학업부터 시작해야 하는 이유

명확한 방향에 대한 뚜렷한 지지가 없는 경우, 행동 시스템보다 학업 RTI를 먼저 도입하는 것이 유리하다. 학업 RTI를 우선적으로 도입해야 하는 주요 이유는 학생들의 학업적 요구 때문이다. 많은 학교가 학생들의 학업 성과를 개선해야 한다는 시급한 과제를 안고 있다. 학업 접근법을 먼저 실행하면 정치적 압력(polictical pressure)을 완화하고, 학업 성과에 대한 교직원의 우려를 해결할 수 있다. 또한, 학업 RTI를 선행하면 고부담 평가에서 더 나은 성과를 도출할 수 있도록 시 · 도 및 지역교육청의 지침을 따르기가 쉬워진다. 이러한 방식은 학교가 목표를 효율적으로 달성할 수 있도록 돕고, 교직원과 이해관계자들로부터 신뢰와 지지를 얻는 데 기여할 수 있다.

(2) 행동부터 시작해야 하는 이유

반면, 행동지원을 우선적으로 도입하는 것이 더 많은 장점을 제공할 수 있다. 첫째, PBIS를 도입하면 학교 환경에 즉각적인 변화가 나타나는 경우가 많다. 예를 들어, 학교 곳곳에 기대되는 행동을 시각적으로 게시하는 것과 같은 물리적 변화가 포함된다. 이러한 초기 변화는 단순해 보이지만, 교직원들에게 가시적인 성과를 보여 주며 실행 의지를 높이고 동기를 부여하는 데 도움을 줄 수 있다. 둘째, 학생 행동은 학업 기술보다 빠르고 뚜렷한 개선이 나타날 가능성이 높아, 실행 노력에 대한 보상을 주고 교직원의 동기를 더욱 강화할 수 있다. 문제행동으로 인해 수업 시간이 낭비되는 경우 학업 RTI를 효과적으로 실행하기 어려운 만큼, PBIS를 먼저 도입하면 학업 RTI를 효율적이고 효과적으로 실행할 수 있는 기반을 마련할 수 있다. 셋째, 학업 교수법을 변경하는 것은 종종 더 어려운 과제가 될 수 있다. 사회적 행동을 명시적으로 가르칠 때도 철학적 차이를 극복해야 할 경우가 있지만, 수업 계획이 확정된 경우 사회적 기대와 규칙을 간단히 가르치는 것이 교수법을 전면적으로 변경하는 것보다 더 쉬울 수 있다. 특히, 학업 교수법에 대한 철학적 논쟁(예: 읽기 지도 방법, 수학 교수법)에 대한 갈등을 해결하려면 시스템에 대한 신뢰가 충분히 형성되어야 한다. 따라서 이러한 신뢰가 형성되기 전에는 학업과 관련된 갈등을 피하는 것이 바람직하다.

2. 실행 단계

어떤 경로나 실행 순서를 선택하든, 통합 과정을 효과적으로 안내할 수 있는 기본적인 이론과 연구가 존재한다. 그러나 학교에서는 새로운 사업이나 프로그램을 도입할 때, 실행과 통합을 지원하는 과학적 근거를 충분히 고려하지 않는 경우가 많다. 예를 들어, 누군가 책을 읽거나 흥미로운 강연을 들은 뒤 새로운 실제를 도입하자고 제안하는 일이 있다. 이러한 초기 열정은 계약 체결, 일회성 교사연수, 매뉴얼 제작으로 이어지고, 교직원들에게 해당 실제를 전면적으로 실행하도록 요구하는 방식으로 발전하곤 한다. 이를 제대로 실행하지 않을 경우 제재를 가하는 방식까지 포함되기도 한다. 그러나 연구 결과는(혹은 많은 경우 단순한 상식만으로도) 이 접근 방식에서 발생할 수 있는 여러 잠재적 문제를 경고하고 있다. 이러한 문제 중 하나라도 발생하면, 설령 그 실제가 증거 기반이며 학교의 요구를 충족한다고 해도 전체 프로그램이 실패로 끝날 위험이 있다.

실행 과학(Implementation Science)은 시스템과 실제가 어떻게 도입되고, 실행되며, 지속되는지 연구하는 학문이다(Cook & Odom, 2013). 실행 과학에 대한 이해는 교수 내용을 아는 것만큼이나 중요하다. 이는 실행 과학이 통합 MTSS 모델의 모든 단계와 과정에 스며들어 있기 때문이다. 실행 과학의 핵심 개념 중 하나는 실행 단계(Stages of Implementation)이다(Fixsen et al., 2005; Horner & Sugai, 2006). 이 단계는 단순히 학교나 지역교육청이 MTSS를 실행하는 과정을 추적하는 것을 넘어, 각 단계에서 필요한 활동과 성과를 명확히 파악할 수 있는 틀을 제공한다. 이를 통해 실행과 통합 과정을 더 신속하고 효과적으로 진행할 수 있다(Goodman, 2013a). 각 단계에서는 중점적으로 다루어야 할 내용이 다르며, 한 단계에서 매우 중요한 전략이 다른 단계에서는 덜 중요할 수도 있다(Mercer, McIntosh, Strickland-Cohen, & Horner, 2014; Turri et al., in press). 이러한 단계를 제대로 이해하고 활용하면, 교육 시스템 통합 과정에서 발생할 수 있는 주요 장애물(예: 구성원의 지지 부족, 상충하는 프로그램 도입)을 예방할 수 있다.

[그림 7-2]는 이러한 실행 단계를 시각적으로 보여 준다. 실행 단계는 다섯 단계로 나뉘지만, 이를 다음 세 가지 큰 범주로 요약할 수 있다: ① 실행 여부 결정 ② 제대로 실행하기 위한 노력 ③ 더 나은 실행을 위한 노력. 위 단계와 순서는 모든 시스템에 공통적으로 적용되지만, 각 학교나 지역교육청이 단계를 진행하는 속도는 교직원의 경험과 자원 배분에 따라 달라질 수 있다(Schaper, McIntosh, & Hoselton, in press; Nese et al., 2016). 또한, 인력이나 자원에 변화가 생기면 이전 단계로 돌아가야 하는 경우도 흔하다. 각 단계는 개요, 목표 성과, 그리고 일반적으로 발생할 수 있는 장애물을 식별하고 이를 피하는 방법을 제공한다. MTSS

초점	단계	활동
실행 여부 결정	탐색/도입	• 실행 요구사항 이해하기 • 적합성 평가하기 • 실행 의지 강화하기
제대로 실행하기 위한 노력	실행 준비 (Installation)	• 리더십 팀과 데이터 시스템을 구성하기 • 현재 자원과 역량을 평가하기 • 실행을 계획하고 준비하기
	예비 실행	• 소규모로 시범 운영하여 효과적인 대규모 실행 방안을 마련하기 • 실행자들에게 집중적인 지원을 제공하기
더 나은 실행을 위한 노력	정교화	• 새로운 영역, 개인, 시기로 확장하기 • 예비 실행 결과를 바탕으로 실제와 시스템을 조정하기
	지속적 재생산	• 실행을 더 효과적이고 효율적으로 만들기 • 현재의 실제에 내재화하기 • 변화하는 환경에 적응하기

[그림 7-2] 실행 단계

를 처음 도입하거나 완전한 통합 모델을 목표로 하는 학교는 이 단계를 통합 과정을 위한 실제나 모델로 활용할 수 있다. 또한, 기존의 개별 시스템(예: 학업 RTI와 PBIS)을 통합하거나 기존 모델에 새로운 시스템을 추가하려는 학교를 위해, 각 실행 단계에서 통합 시 고려해야 할 사항도 함께 제시한다.

1) 1단계: 탐색/도입

탐색/도입 단계는 팀이 특정 실행 방안이나 프로그램을 채택할지 여부를 결정하는 과정을 포함한다. 교직원들은 일반적으로 문제 해결에 집중하는 경향이 있으며, 문제가 발생하면 즉각적으로 해결책을 실행하려 한다. 이러한 신속한 실행 의지는 긍정적이지만, MTSS와 같은 대규모 시스템 수준의 실행이나 통합에서는 선택 과정을 신중히 진행하고, 선택한 방안의 적합성과 타당성을 검토하는 것이 필수적이다. 이 단계는 통합 MTSS 모델이 학교나 지역교육청의 상황에 적합한지 여부를 평가하는 데 사용된다. 이를 위해 학생들의 수요, 학교와의 적합성, 그리고 이 접근법이 해당 환경에서 성공할 가능성을 면밀히 검토해야 한다. 핵심은 문제를 파악하고 그 원인을 분석하며, 사용할 수 있는 옵션과 성공을 위한 계획을 수립하기 전에 서둘러 실행하지 않는 것이다. 이러한 질문 과정은 제5장에서 설명한 통합 문제해결 과정과 잘 맞아떨어진다(p. 233 참조).

이 단계는 통합 MTSS 모델과 같은 실행 방안이나 모델의 도입 가능성을 검토하는 탐색 팀이 주도한다. 학교에 기존의 리더십 팀(또는 지역교육청에 지역리더십 팀)이 있다면, 이 팀이 탐색 과정을 맡게 된다. 이는 점진적 실행 접근 방식을 활용하는 학교에서 흔히 나타나는 상황이다. 예를 들어, 기존의 PBIS 팀이 통합 모델을 확장할지 여부를 논의하는 경우가 이에 해당한다. 리더십 팀이 없는 학교나 지역교육청이라면, 탐색 단계를 수행하기 위해 임시 탐색 팀을 구성해야 한다. 이러한 팀에는 행정적 · 예산적 권한을 가진 구성원과 학교 또는 지역교육청을 대표하는 리더가 포함되어야 한다. 학교 팀의 경우에도 지역 행정이 탐색 및 도입 단계에서 중요한 역할을 수행한다. 중앙 행정은 통합 MTSS 모델의 비전을 명확히 제시하고, 학교 팀에 정책적 지원을 제공하며, 필요한 자원을 배정하고, 통합 모델과 지역교육청의 다른 활동과 조화를 이루도록 돕는 역할을 한다. 또한, 지역 학부모-교직원 단체와 협력하는 것도 이 단계에서 유익하다.

특정 실행 방안이나 모델을 고려하기 전에, 탐색 팀은 현재 학생 성과 데이터를 수집해야 한다. 제3장에서 설명했듯이, 일반적으로 다음과 같은 방법이 사용된다: 고위험 성취 시험 또는 CBM 벤치마크에서 학업 기대치를 초과 달성한 학생 비율 보고하거나 ODR 또는 정학과 같은 배제적 징계 비율을 분석한다. 이 데이터를 공유할 때는 학생 성과가 지역, 시·도, 또는 전국 평균과 비교해 어떤 위치에 있는지를 보여 주는 것이 중요하다. 또한, 성장률(즉, 시간이 지남에 따라 학생 성과가 개선되고 있는지 여부)을 고려하는 것도 필요하다. 만약 학생 성과가 기대에 미치지 못하거나 성장 속도가 느리다면, 팀은 현재의 교육 프로그램이 성과를 개선할 수 있을지에 대해 스스로 질문해야 한다. 특정 프로그램을 평가하기보다는, 학생 성과를 출발점으로 삼으면 학생들의 요구 수준과 이를 해결하기 위한 적절한 지원 유형을 명확히 평가하는 데 도움이 된다.

학생 성과가 설정되고 변화의 필요성이 확인되면, 팀은 현재 시스템을 통합하는 방안을 포함하여 성과를 개선할 수 있는 다양한 접근법을 평가할 수 있다. 이를 위해 [그림 7-3](National Implementation Research Network의 육각 프레임워크를 수정함; Blase, Kiser, & Van Dyke, 2013)은 새로운 실제나 모델을 도입할 때 고려해야 할 핵심 영역을 보여 준다. 이 새로운 접근법에는 고려해야 할 여섯 가지 구성 요소가 있다. 이 중 세 가지 요소(음영이 있는 삼각형)는 "이 실행 방안이 적합한가?"라는 질문을 다룬다. 이 질문은 해당 실제가 학교 또는 지역의 요구와 얼마나 잘 부합하는지를 탐색하는 과정이다. 나머지 세 가지 요소는 "이 실행 방안을 제대로 실행할 수 있는가"라는 관련된 질문을 다룬다. 이는 특정 실제나 모델을 완전하고 지속 가능하게 실행하기 위해 필요한 사항을 평가하는 과정이다. 〈표 7-1〉은 실행 팀

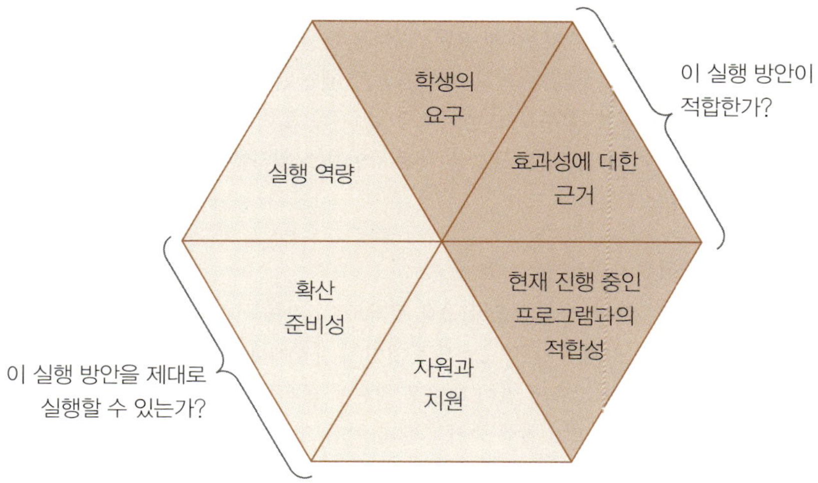

[그림 7-3] 실행 방안 도입 평가를 위한 육각 프레임워크

Blas, Kiser와 Van Dyke(2013)의 자료를 Karen A. Blase의 허가를 받아 수정한 내용.

표 7-1 육각 프레임워크를 활용한 탐색 및 도입 결정 방법

다음 단계는 [그림 7-1]의 육각 프레임워크를 활용하여 탐색 팀이 실행 방안을 평가하는 과정을 안내하는 데 사용될 수 있다. 만약 여러 옵션을 평가해야 한다면, 이 과정을 각 실행 방안(또는 모델)에 대해 반복적으로 수행하면 된다. [그림 7-1]은 육각 프레임워크를 기반으로 특정 실행 방안이나 모델의 도입 가치를 평가하는 방법을 구체적으로 제시한다. 이 단계는 새로운 실행 방안의 적합성을 신중히 검토하고, 성공 가능성을 높이며, 실행 과정을 보다 체계적으로 준비하는 데 핵심적인 역할을 한다.

이 실행 방안이 적합한가?

- **학생의 요구:** 이전에 수집한 학생 성과 데이터를 기반으로, 제안된 실행 방안이 학생의 요구를 충족할 수 있는지 평가해야 한다. 실행 방안 자체가 일반적으로 좋은 아이디어이거나 실행할 가치가 있다고 하더라도, 그것이 반드시 확인된 학생들의 특정 요구를 해결한다는 보장은 없다. 따라서 제안된 실행 방안이 학생들의 특정 요구에 얼마나 적합한지를 면밀히 검토하는 것이 중요하다.
- **효과성에 대한 근거:** 제4장에서 설명된 기준을 사용하여 제안된 실행 방안이 학생 성과를 개선할 잠재력이 있는지 평가해야 한다. 새로운 실행 방안을 효과적으로 구현하기 위해서는 상당한 자원 투자가 필요하므로, 선택 과정에서 가장 효과적일 가능성이 높은 옵션을 신중히 선택하는 것이 필수적이다. 이는 자원의 낭비를 방지하고 성공 가능성을 극대화하는 데 중요하다.
- **현재 진행 중인 사업 및 프로그램과의 적합성:** 제안된 실행 방안이 기존 사업 및 프로그램들과 얼마나 잘 맞는지를 평가하기 위해, 〈부록 7-1〉(p. 334)에 있는 MTSS 시행 점검 양식을 활용할 수 있다. 먼저 학교나 지역교육청에서 현재 실행 중인 모든 사업, 프로그램 및 활동을 열거하고, 각 사업 및 프로그램의 수혜 대상, 성공 평가를 위한 성과 측정 방법, 그리고 필수적으로 시행해야 하는 사업 및 프로그램인지 여부를 기록한다. 이후, 제안된 실행 방안이 기존 사업 및 프로그램과 어떤 관계를 가지는지 분석하여, 충돌하거나 중복되는지, 혹은 추가적인 가치를 더할 수 있는지를 평가한다. 마지막으로, 제안된 실행 방안이 학생의 요구를 충족하고 기존 사업 및 프로그램과 통합되거나 이를 대체할 수 있는지, 그리고 다른 사업 및 프로그램, 특히 필수 사업 및 프로그램을 더 효과적으로 만드는지 등 종합적으로 검토한다. 이러한 분석을 통해 제안된 실행 방안이 제공하는 부가 가치(value added)를 관리자, 교직원, 학부모, 지역사회와 공유함으로써, 새로운 실행 방안을 도입하기 위한 지지와 협력을 얻을 수 있다. 또한, 새로운 실행 방안을 도입하기 위해 제거하거나 수정할 수 있는 기존 프로그램을 식별해야 한다.

이 실행 방안을 제대로 실행할 수 있는가?

- **실행 역량:** 학교 교직원들의 현재 실행 기술 수준을 평가하고, 기존 시스템 중 어떤 것이 실행을 지원할 수 있는지, 그리고 이미 도입된 실행 요소가 무엇인지 파악해야 한다. 많은 경우, 학교는 이미 효과적인 실행 관행이나 구조를 갖추고 있어 새로운 계획에 활용하거나 조정할 수 있다. 실행충실도에 대한 자기 평가를 완료하여 현재 실행 중인 관행과 핵심 요소를 이해해야 한다(도구에 대한 내용은 제3장 참고). 이러한 도구는 수요 평가에도 활용할 수 있다. 예를 들어, PBIS 자기 평가 설문(Sugai, Horner, & Todd, 2000)은 각 PBIS 핵심 요소에 대해 해당 요소가 이미 도입되었는지와 실

〈계속〉

행 우선순위를 평가한다. 이 정보를 팀과 공유하여 실행 지원을 문서화하고, 데이터 수집 및 의사결정에 활용하는 관행을 형성할 수 있다. 낮은 실행 역량은 해당 관행을 실행해서는 안 된다는 의미는 아니지만, 이를 보완하기 위해 추가적인 자원과 지원이 필요함을 의미한다.

- **반복 준비도:** 해당 관행이 학교나 지역교육청 내 여러 학교에 얼마나 쉽게 도입될 수 있는지 고려해야 한다. 관행이 명확하고 이해하기 쉬운지 확인해야 한다. 실행 과정을 안내할 수 있는 고품질 자료와 전문가에 접근할 수 있는지 평가해야 한다. 해당 관행이 다양한 학교에서 실행되었으며, 실행과 지속 가능성에 필요한 자원이 문서화되었는지 확인해야 한다. 근처에 실행 현장을 직접 방문하여 관행을 관찰할 수 있는 시범 사이트가 있는지 파악해야 한다. 지역교육청이 이를 고려하고 있다면, 파일럿 학교를 지원하여 지역 시범 사이트를 구축하는 계획을 수립해야 한다.
- **자원과 지원:** 학교 직원들이 해당 관행을 충실하게 실행하기 위해 어떤 유형의 지원이 필요한지 결정해야 한다. 시스템 수준의 계획이 잘 실행되기 위해서는, 학교는 제6장에서 설명한 실행 동력을 포함하여 지역교육청으로부터 구체적인 지원을 받아야 한다. 어떤 실행 방안을 평가할 때는 해당 방안을 효과적이고 지속 가능하게 실행하기 위해 필요한 자원을 확보하는 실행계획을 함께 평가해야 한다.

이 이 도구를 활용하여 특정 실제나 모델이 도입할 가치가 있는지를 평가하는 과정을 안내한다. 이 도구를 활용하면 실행 방안의 적합성과 실행 가능성을 체계적으로 분석할 수 있으며, 탐색 및 도입 단계에서 신중한 검토를 통해 최적의 선택을 내릴 수 있도록 돕는다.

(1) 단계별 결과

탐색/도입 단계는 특정 실제나 모델이 실행을 위해 선택될 때 완료된다. 하지만 이 선택 과정에서 종종 간과되는 두 가지 중요한 요소가 있다. 첫째, 이 단계가 완료되었다고 판단하려면 해당 실제나 모델에 대해 폭넓은 지지가 필요하다. 일반적으로 학업 및 행동 시스템에서 사용하는 기준은 교직원의 80%와 모든 학교관리자가 실행에 동의하는 것이다(Horner, Sugai, et al., 2005). 둘째, 실행 의지가 진정성을 가지려면 교직원과 관리자가 도입하려는 실제나 모델에 대해 기본적인 이해를 가지고 있어야 한다. 구체적으로, 개인은 실제 또는 모델의 핵심 요소(예: 명확한 학업 및 행동 지도, 진전도 모니터링), 이러한 요소의 구현 방법, 그리고 이것이 자신의 교실 운영이나 행정 업무와 어떻게 연관되는지를 파악할 수 있어야 한다. 또한, 프로그램 실행에 필요한 조건, 활동, 그리고 다년간의 시간 투자가 요구된다는 점도 이해해야 한다. 이는 특히 실행을 주도하는 학교관리자에게 중요하다(McIntosh, Kelm, et al., in press; Strickland-Cohen et al., 2014). 〈표 7-2〉는 MTSS에 대한 교직원의 지지를 형성하고 유지하기 위한 행정리더십의 주요 요소를 제시한다. 이러한 리더십 활동의 결과로 모든 교직원은 해당 접근법의 장점과 단점을 충분히 이해한 후 동의할 수 있어야 한다. 이러한 이해 없이 진정성 있는 실행 의지는 불가능하다.

(2) 주의할 점

탐색/도입 단계에서 가장 큰 함정은 명확하고 신중한 의사결정 없이 다수의 교직원의 지지를 받지 않은 상태에서 새로운 계획을 너무 빨리 추진하는 것이다. 이 단계에 시간을 들이는 목적은 다음 두 가지를 피하기 위함이다: ① 학교나 지역교육청의 요구나 자원과 맞지 않는 실제를 도입하는 것, ② 교직원이 이해하거나 지지하지 않는 실제를 도입하는 것이다. 또한, 도입 결정을 내리기 전에 탐색 팀이 학교가 실행을 지원할 역량(예: 예산, 자원, 시간, 기술)을 갖추고 있는지 여부를 확인하고, 충분한 역량을 구축하기 위한 계획을 마련했는지 확인하는 것이 중요하다. 탐색/도입 단계를 신중하게 진행하면 이러한 함정을 효과적으로 해결할 수 있다.

(3) 개별 시스템 통합을 위한 고려 사항

프로그램을 새로 도입하는 것과 기존 시스템을 통합하는 과정은 겉보기에는 다르게 보일 수 있지만, 실제로는 동일한 절차와 접근 방식을 사용하는 것이 중요하다. 육각 프레임워크와 MTSS 시행 점검 양식은 동일한 방식으로 작성되며, '통합'을 염두에 두고 있다. 예를 들어, 탐색 팀은 통합이 기존 프로그램에 어떻게 적합하거나 가치를 더할 수 있는지, 그리고 현재의 역량과 자원에 얼마나 부합하는지를 평가한다. 시스템 통합을 고려할 때는 두 가지 중요한 문제를 다루어야 한다. 첫째, 통합 과정은 각 학교의 강점과 요구에 맞게 조정되므로, 매뉴얼이 정해진 프로그램보다 그대로 복제하여 적용하기가 더 어렵다. 따라서 통합을 성공적으로 수행하려면 더 많은 자원과 지원(예: 코칭)이 필요하다. 그러나 통합을 통해 기존의 프로그램, 시스템 또는 접근 방식이 강화되거나 더 효율적으로 작동할 가능성이 높다. 둘째, 앞서 설명했듯이, 프로그램 담당자들이 서로 협력하라는 요청을 받을 때 느낄 수 있는 상실감을 해결하는 것이다. 프로그램에 대해 강한 소유 의식을 가진 담당자들을 탐색 팀에 포함시키면, 팀이 교직원의 요구를 더 잘 반영한 결정을 내릴 수 있으며, 반대 의견 대신 지지 의견을 얻는 데 도움이 될 것이다.

표 7-2 통합 MTSS 모델 지원을 위한 학교 및 지역교육청 관리자의 주요 역할

핵심 요소	근거	예시
1. 공식적인 지지 표명	학교관리자들의 가시적인 지원은 해당 활동의 우선순위를 보여 주며, 교직원의 지지를 이끌어 내는 데 도움이 된다.	• 교직원 회의에서 MTSS 모델에 대한 지원을 논의한다. • 교직원 소통에서 지지 발언을 포함한다.
2. 교직원 간 합의 형성	교직원의 '핵심 지지층(critical mass)'을 형성하는 것은 실행 방안 을 시작하는 데 도움이 된다. 폭넓은 지지를 얻으면 소수의 반대 의견으로부터 실행 방안을 보호할 수 있다. 구성원의 합의는 예비 실행 단계의 불안정한 시기에 실행 방안을 지속적으로 추진하는 데 중요한 역할을 한다.	• 학교개선 목표를 검토한다(통합 MTSS는 학교 목표 상위 3개 중 하나로 고려해야 함). • 현재 학생들의 학업 및 행동 성과 현황을 교직원과 공유한다. • 학교가 현지 방식으로 계속 운영될 경우 상황이 개선될 가능성이 있는지 교직원에게 질문한다. • 선택된 실행 방안이 학교의 수요를 어떻게 해결하며, 효과성과 적합성이 입증되었는지 교직원이 이해하도록 돕는다.
3. 학교리더십 팀 구성 및 지원	팀 접근 방식을 촉진함으로써 관리자는 직접 '주도'하지 않아도 리더십을 발휘할 수 있는 지역 역량을 구축할 수 있다. 팀의 역량을 강화하면 관리자가 학교나 지역교육청에서 근무하는 기간을 넘어, 효과성과 지속 가능성을 높이는 데 기여할 수 있다.	• 학교 전체 지원을 위한 공동 비전을 공유한다. • 모든 학생을 지원할 수 있는 팀의 역량을 구축한다. • 통합 MTSS 모델에 자원을 투입한다. • 팀이 정기적인 회의 일정과 효과적인 회의 구조를 갖추도록 보장한다. • 측정 가능한 결과에 대한 진전도를 평가할 방법을 개발한다. • 데이터를 기반으로 실행계획을 수립한다.
4. 실행 기준 설정 및 유지	팀과 교직원들은 통합 MTSS의 성공적인 실행이 어떤 모습인지에 대한 명확한 프레임워크와 기준이 필요하다. 비전이 수립되면, 이를 실행계획을 수립하고 진행을 안내하는 데 활용하는 것이 중요하다.	• 실행충실도 데이터를 수집하고 실행계획을 업데이트한다. • 매월 실행 노력을 검토한다. • 실행 결과를 충실도 기준과 비교하고 교직원에게 성과 피드백을 제공한다.

〈계속〉

5. 의사 결정 및 문제해결 과정 안내	학교관리자는 데이터를 지속적으로 수집하고 이를 의사결정에 활용할 수 있는 체계를 구축하는 데 도움을 줄 수 있다. 관리자가 실행 활동을 모니터링하고 교직원에게 피드백을 제공하는 것은 매우 중요하다.	• 실행충실도와 학생의 학업 및 행동 성과를 포함한 다양한 데이터 출처를 검토한다. • 데이터를 기반으로 실행계획을 수정한다.
6. 리더십 팀과 학교 교직원 격려	관리자는 교직원이 성과를 달성했을 때 이를 인정하고 격려하는 데 중요한 역할을 한다. 특히, 어떤 활동이 교직원에게 새롭거나 어려울 때 인정과 격려는 더욱 중요하다.	• 목표를 향해 '올바른 방향'으로 나아가는 교직원과 직원들을 인정한다. • 핵심 실행 요소(예: 충실도 데이터)와 관련된 활동을 인정하는 데 초점을 맞춘다. • 피드백 비율을 고려한다(예: 변경이나 수정 제안 1회당 5회의 인정 제공).

2) 2단계: 실행 준비(Installation)

학교가 새로운 실제(예: 통합 MTSS 모델)를 도입하기로 결정했다면, 이를 효과적으로 실행하기 위해 필요한 구조를 준비하는 작업이 필요하다. 실행 준비 단계는 학생을 실제 실행에 포함하지 않는다. 대신, 이 단계는 해당 실제를 지원하기 위해 필요한 요소들을 준비하도록 팀을 돕는 데 중점을 둔다. 하지만 이러한 구분이 다소 미묘하기 때문에, 뛰어난 팀조차도 이 단계를 건너뛰고 시스템 변화를 빠르게 추진하기 위해 도입 단계에서 곧바로 실행 단계로 넘어가는 경우가 많다. 이러한 실수는 오늘날 교육 분야에서 가장 큰 문제 중 하나로 꼽히며(Fixsen et al., 2005), 실행 준비 단계의 구성 요소를 신중하게 검토함으로써 해결할 수 있다.

탐색 및 도입 단계와 마찬가지로, 실행 준비 단계는 팀에 의해 진행된다. 이 팀은 기존의 학교리더십 팀, 지역교육청 리더십 팀, 학교개선 팀 또는 재구성된 팀(예: 학교 규율 팀, 전문적 학습 공동체, 혹은 도입 단계팀)일 수 있다. 이 팀은 이후 실행 과정의 나머지 단계를 통해 해당 실제나 모델을 진행하는 역할을 맡게 된다. 이러한 점을 고려할 때, 팀 구성원은 학교의 다양한 이해관계자를 대표할 수 있어야 하며, 주요 결정을 내릴 수 있는 행정권한을 가져야 한다는 점이 중요하다(자세한 내용은 제5장을 참조).

이 단계에서 학교리더십 팀은 실행 준비를 위해 실제, 데이터, 지역교육청 지원을 포괄하는 종합적인 계획을 수립하고 이를 따른다. 팀원들은 제4장에서 설명된 MTSS 신속 점검

(MTSS Quick Audit, 〈부록 4-1〉 참조)을 통해 현재 진행 중인 실제를 점검하고, 예비 실행 전에 제거하거나 추가해야 할 항목을 평가할 수 있다. 또한, 현재 사용 중인 평가 도구(예: 충실도, 선별 검사, 진단 평가, 진전도 모니터링 등, 제3장에서 설명됨)에 대한 유사한 점검을 수행할 수 있다. 중복된 도구를 제거하고 새로운 도구를 추가해 격차를 해소한 후, 이러한 정보를 학교의 지속적인 개선 과정의 일환으로 진행 상황을 평가하고 보고하기 위한 통합 평가 계획에 포함시킨다. 또한, 이 단계에서는 실제와 평가 절차에 대한 교육 및 코칭을 제공하기 위한 계획을 수립한다(제6장 참조). 이 계획에는 학교리더십 팀이 제공하는 지원이 포함될 수 있지만, 대부분의 경우 지역, 권역 또는 주 차원의 연수가 포함되며, 이에 대한 코칭과 조정은 지역에서 이루어진다. 이러한 지원의 일환으로, 실행 과정에 참여하는 모든 구성원, 즉 학교관리자, 학교리더십 팀, 교직원, 지역교육청 관리자, 학교 커뮤니티의 역할과 책임을 명확히 정의하는 것이 중요하다. 탐색/도입 단계가 끝날 무렵에는 참여자 전원이 실제에 대한 기본적인 이해를 갖추고 있어야 하지만, 실행 준비 단계에서는 구체적인 참여 과제를 명확히 규정해야 한다. 이와 함께, 팀은 실행에 필요한 자료(예: 교실 내 기대행동 포스터, 통합된 교수·학습지도안)를 준비하거나 개발하고, 이를 활용할 수 있도록 교직원을 훈련시켜야 한다. 지원 계획에는 교직원이나 학교 팀이 전략을 공유하고, 수업을 모델링하거나 관찰하며 협력할 수 있는 공식적인 구조를 포함할 수도 있다.

실행 준비 계획의 또 다른 중요한 요소는 실제를 기존 업무에 어떻게 통합할지를 고려하는 것이다. MTSS 시행 점검 양식(이전 단계와 〈부록 7-1〉에서 설명됨)은 실행계획 통합을 위한 유용한 도구이다. 점검 항목에서는 통합 기회(예: 유사한 업무를 수행하는 팀 통합)와 해결해야 할 잠재적 장애물(예: 다른 철학을 가진 실행계획으로 인한 갈등 가능성)을 모두 식별할 수 있다. 또한, 부가가치 항목은 공통된 기반과 공유된 목표가 있는 지점을 나타낸다. 이러한 통합 작업이나 장애물 제거 작업은 예비 실행 단계 이전에 수행하는 것이 더 용이하다. 예비 실행 단계에서는 중재의 세부 계획에 초점이 맞춰지기 때문이다. 지역교육청 팀은 시·도 차원의 실행계획과 맞물리기 위해 별도의 MTSS 시행 조정 양식을 작성할 수 있다. 이러한 과정은 통합 MTSS 모델과 같은 실행계획이 여러 시·도의 요구 사항을 어떻게 충족할 수 있는지를 구성원 모두에게 명확히 전달하는 데 매우 유용하다. 또한, 통찰력 있는 학교 팀은 지역교육청 차원의 실행계획을 조율하기 위해 동일한 작업을 수행할 수 있다. 이를 통해 과도한 실행계획 부담(initiative overload)을 피할 수 있다(McIntosh, Horner, & Sugai, 2009).

통합을 강화하는 또 다른 효과적인 방법은 학교개선 계획 절차를 활용하는 것이다. 대부분의 학교에서 학교개선 계획이 필수로 요구되기 때문에 실제(예: 통합)를 학교개선 목표와 연결하면 즉각적인 우선순위를 부여하고 기존의 실행 틀에 통합할 수 있다. 실행의 충실도를 유지하면서 실행 방식을 적용하는 것은 학교개선 계획의 주요 목표 중 하나로 설정해야 하며, 실행 활동은 해당 계획의 단계에 포함될 수 있다. 이러한 접근법은 PBIS보다 학업 RTI 시스템을 실행 준비하는 데 더 적합할 수 있다. 교직원과 이해관계자들은 학업 성과를 향상시키는 것이 학교의 최우선 과제라는 데 동의하고 있지만, 일부 교직원들은 학교개선 계획이 학업 문제만을 다루어야 한다고 생각하거나 그렇게 지시받아 행동지원을 포함하지 않는 경우도 있다. 이러한 경우, PBIS의 긍정적인 학업 성과를 강조하는 방식으로 행동지원을 설계할 것을 권장한다. 예를 들어, 학습에 적합한 교육 환경(예: 안전하고 방해 요소가 없는 환경)을 조성하는 데 초점을 맞출 수 있다. 시스템을 통합하는 팀에게는 이러한 작업이 훨씬 더 수월할 것이다.

실행 준비 단계에서는 새로운 실행 방식에서 사용하는 용어를 신중히 고려하는 것이 중요하다. 이 단계에서 사용하는 단어는 사소해 보일 수 있지만, 시스템 변화를 효과적으로 이끌어 내는 데 매우 중요한 역할을 한다. 예를 들어, 아델먼과 테일러(Adelman & Taylor, 2003)는 프로젝트(project)와 같은 용어의 사용을 피할 것을 권장한다. 이러한 용어는 일반적으로 한시적인 작업을 연상시키며, 기존 업무에 지속적인 변화를 주는 개념과는 거리가 있기 때문이다. 통합과 관련해서, 최종 목표가 통합 MTSS 모델이라면, 초기에 이 용어를 사용하는 것이 유용하며, 학업 RTI와 PBIS 시스템이 MTSS 모델의 일부임을 명확히 설명해야 한다. 그렇지 않으면 교직원들이 MTSS를 기존에 효과적으로 사용하고 있는 전략을 무시하고 완전히 새로운 방식을 강요하려는 시도로 오해해 반대할 가능성이 있다.

(1) 단계별 결과

실행 준비 단계의 주요 결과는 실행 방식이나 모델이 학생들에게 적용될 준비를 완료하는 것이다. 이 단계가 끝날 때까지 팀은 실행 방안, 데이터, 그리고 팀 구조를 구축하여 효과적인 실행을 보장해야 하며, 교직원들은 자신의 역할과 수행 방법에 대해 충분히 교육받아야 한다. 이러한 준비가 부족하면 예비 실행이 원활하게 이루어질 가능성이 낮다.

(2) 주의할 점

실행 준비 단계에서 가장 큰 함정은 실제 실행이 시작되기 전에 필요한 세심한 작업을 간과하는 것이다. 일반적으로 실행 방식이 결정되면 관리자들은 교직원들에게 단순히 "그냥 실행하라"고 요구하는 경우가 많다. 그러나 많은 연구자와 실무자들이 지적하듯이, 교직원들에게 초기 교육만 제공한 상태에서 즉각적인 실행을 기대하는 것은 비효율적일 뿐만 아니라 공정하지도 않다(Fixsen et al., 2005; Joyce & Showers, 2002). 새로운 업무를 수행하기 위해 기존 업무 요구 사항을 평가하고 조정하며, 이를 성공적으로 실행하기 위해 필요한 지역 교육청의 지원을 파악하는 것이 중요하다. 양질의 실행을 위해서는 이러한 지원체계가 실행 이전에 반드시 마련되어야 한다. 종종 관리자, 학부모, 지역사회 파트너의 압박으로 실행 준비 단계를 서두르는 경우가 있지만, 준비 과정을 서두르면 이러한 이해관계자들이 원하는 결과, 즉 지속 가능하고 완전하게 실행된 새로운 운영체계를 달성하기 어렵다.

(3) 개별 시스템 통합을 위한 고려 사항

개별 시스템을 통합할 때 조정은 실행 준비 단계에서 중요한 요소이다. 학교에 학업과 행동을 위한 별도 팀이 있는 경우, 가능한 한 이러한 팀을 통합하는 것이 중요하다. 한 팀이 동일한 업무를 수행하는 두 팀보다 더 효율적으로 관리, 조정 및 소통할 수 있다. 상충된 방향으로 작업하는 두 팀보다 관리, 조정, 그리고 실행 노력을 더 효과적으로 수행할 수 있다. 또한, 학업과 행동 시스템 간의 유사점(예: 공통적인 특징과 프로세스)을 이해하도록 돕는 작업을 이 단계에서 수행함으로써 통합이 더 수월하게 이루어질 수 있다. 통합은 복잡한 작업이므로 모든 교직원이 시스템 간의 연결점(예: 데이터 기반 의사결정, 질 높은 핵심 교육에 초점)을 자연스럽게 이해할 것이라고 가정해서는 안 된다. 교육 분야의 많은 전문성 개발은 실질적 이해(즉, 평가나 중재의 단계와 절차를 학습하는 것)를 촉진하는 데 초점을 맞추고 있다. 그러나 이러한 구체적인 기술은 새로운 영역으로 쉽게 일반화되지 않는 경우가 많다. 학업 RTI 구성 요소를 PBIS로 확장하는 등 일반화를 위해서는 실질적인 기술뿐 아니라 개념적 이해(즉, 왜 특정 실제가 효과가 있는지에 대한 이론)도 필요하다. 따라서 통합 MTSS 모델에 대한 교육은 실질적 이해와 개념적 이해를 동시에 구축할 때 가장 효과적이다(Gersten, Chard, & Baker, 2000).

가능하다면, 각각의 개별 프로그램에서 수행하는 작업을 하나의 통합된 학교개선 계획으로 결합하기 시작할 것을 권장한다. 비록 이러한 작업이 여전히 개별적으로 수행되더라도 말이다. 학교개선 계획의 틀은 병렬적으로 운영되는 시스템들의 작업을 중앙 계획으로 통합하는 데 있어 논리적인 과정을 제공한다. 본질적으로, 통합 기회를 적극적으로 모색할 때 이를 발견하기가 더 쉬워진다. 단순히 두 프로그램의 모든 작업을 한 페이지에 정리하는 것만으로도 통합이 가장 적합한 영역을 명확히 드러낼 수 있다.

3) 3단계: 예비 실행

예비 실행 단계에서는 실제 또는 모델이 드디어 학생들에게 적용된다. 이 단계를 종종 모든 교직원이 학교 전체에서 모든 요소를 동시에 실행하거나, 지역 내 모든 학교가 일괄적으로 실행하는 전면적인 도입 단계로 간주하는 경우가 많다. 이러한 접근은 궁극적인 목표로는 적합할 수 있으나, 예비 실행 단계의 실제 목적은 소규모로 새로운 실제를 시범적으로 실행하여, ① 성공적인 현지 실행에 대한 문서화, ② 실제 확대 시 개선 가능한 실행 프로세스(즉, 성공적인 실행에 필요한 요소)의 모델을 마련하는 데 있다. 학교에서 소규모로 시작한다는 것은 특정 학년에서 먼저 실행하거나, 특정 영역에서 1단계 지원을 우선 도입한 후 추가적인 단계나 내용을 더하는 방식을 의미할 수 있다. 지역 단위에서는 한두 개 학교에서 유사한 방식으로 시작하는 것이 이에 해당한다. 예비 실행 장소의 수를 의도적으로 제한하면 팀이 적절한 자원을 제공할 수 있다. 이 단계에서는 집약적인 교육과 코칭을 통해 예비 실행에 막대한 투자가 이루어진다. 이 단계에서 실패하면 해당 프로그램은 성공할 가능성이 없어진다. 더 많은 자원이 투입된다면 다소 더 큰 규모로 실행을 시작할 수 있지만, 초기 단계에서 지나치게 큰 규모로 진행하려는 유혹은 피하는 것이 중요하다.

예비 실행의 첫 번째 단계는 새로운 실제를 시도해 보고 예비 실행 과정에서 발생하는 여러 어려움을 함께 해결할 의지가 있는 학교나 학급과 같은 실행 단위를 선택하는 것이다. 초기 시도는 종종 서툴고 비효율적일 수 있다. 이러한 이유로, '얼리어답터(early adopter)'(Rogers, 2003)를 파일럿으로 선정하는 것이 유용하다. 이들은 시스템 및 실행 과정을 문제없이 개선하는 데 기여할 수 있으며, 이는 시간이 걸리고 열정을 소모할 수 있는 작업이다. 예비 실행에서 발생하는 실수를 소규모 파일럿에서 배우는 것이 훨씬 더 유리하다. 이는 문제를 감내할 준비가 되어 있는 교직원들과 함께 실행하여 위험을 최소화하고, 다른 직원들이 겪을 수 있는 좌절감을 줄이는 데 도움을 준다. 지역 및 시·도 차원에서는, 학교가 파일럿으로 참여하기 위해 신청하도록 하는 선정 과정을 활용하는 것이 효과적임을 발견했다. 예를 들어, 〈부록 6-2〉에 나와 있는 준비 기준과 같은 요건을 사용하여 신청을 받으면, 실행에 대한 관심을 높이고 예비 실행을 위한 최적의 후보를 식별할 수 있다.

예비 실행 장소가 선정된 후에는, 해당 장소에 체계적인 절차를 통해 지원을 제공하고 피드백을 수집하는 것이 효과적이다. 팀이 대규모 실행(예: 학교 전체 또는 지역교육청 단위)을 효과적이고 효율적으로 진행하기 위한 방법을 파악하려면, 제공된 지원의 유형과 그 유용성을 문서화하는 것이 중요하다. 이러한 학교의 실행력을 강화하기 위해 제공되는 지원을 조정하는 것도 중요하지만, 이 경험을 통해 배우는 것도 중요하다. 관리자와 지속적인 양방향 소통을 통해 실행의 충실도에 대한 데이터를 공유하고 이를 높이기 위해 어떤 지원이 가장 유용한지에 대한 피드백을 공유해야 한다.

(1) 단계별 결과

예비 실행의 주요 목표는 다음 세 가지이다: 새로운 실제가 지역에서 실행 가능하다는 시범 사례를 제공하는 것, 일부 문제점을 해결한 상태로 실행하는 것, 그리고 학교 교직원들이 실행 과정에 적극 참여하며 지원 시스템을 구축하는 과정에서 얻은 교훈을 정리하는 것이다. 전문가나 다른 실행 사례로부터 배우는 것도 유용하지만, 지역 실행 장소가 있으면 교직원들이 업무를 효과적으로 수행하는 데 필요한 지원을 파악하는 데 매우 큰 가치를 제공한다.

(2) 주의할 점

예비 실행 단계에서 피해야 할 주요 함정은 너무 많은 학교에서 실행을 지나치게 빨리 시작하려는 유혹이다. 예비 실행 장소의 수를 제한하는 것은 성공을 위한 필수 전략이다. 초기에 너무 많은 장소에서 실행을 시작하면 자원이 지나치게 분산되거나, 실행 의지가 불완전한 환경(예: 부분적으로만 실행에 동의한 교직원들)에서 시도될 위험이 있다(Rogers, 2003). 예비 실행은 매우 취약한 단계이다. 실행이 완전히 자리 잡기 전에, 즉 실행 첫 1~2년 내에 학교가 새로운 실행을 포기할 가능성이 더 크다(Nese, McIntosh, et al., 2016). 따라서 교직원이 새로운 실행에 전념할 수 있도록 집중적인 지원을 제공하는 것이 필요하다. 종종 실행이 처음부터 완벽할 것이라는 기대가 있지만, 현실적으로 예비 실행은 예기치 않은 장애물에 반복적으로 부딪히는 과정이 더 일반적이다. 시작 자체가 불완전하더라도 실행 의지가 있는 파일럿 그룹과 함께하고, 이 단계를 통해 더욱 완벽해지는 방법을 배우는 것이 중요하다. 만약 교직원이 실행에 대해 열의를 느끼지 못하면, 장애물에 부딪히자마자 실행이 중단될 가능성이 높다.

더불어, 예비 실행 단계에서는 인내심을 가지는 것이 중요하다. 많은 경우, 교직원은 학생 성과에서 즉각적인 변화를 기대한다. 물론 이러한 변화가 가능할 때도 있지만(특히, PBIS는 학업 RTI보다 빠른 결과를 보이는 경우가 많음), 결과 변화를 위해서는 높은 실행충실도가 필요하다는 점을 전달하는 것이 중요하다. 학업 RTI와 PBIS와 같은 복잡한 시스템 기반 모델은 모든 핵심 요소를 완전히 구현하는 데 3~5년이 걸릴 수 있다(Horner, Sugai, et al., 2005). 따라서 학생 성과의 변화도 이와 같은 시간이 필요할 수 있다. 장기적인 헌신을 염두에 두고 실행 장소(예: 학교나 학급)를 신중히 선정하면 실행이 중단되는 상황을 방지하는 데 도움이 된다(Nese, McIntosh, et al., 2016).

(3) 개별 시스템 통합을 위한 고려 사항

예비 실행 단계에서의 통합은 독특한 도전 과제가 될 수 있다. 통합이 이루어지는 방식은 다양하며, 이 단계에서는 실제 지역 사례가 존재하지 않기 때문이다. 명확한 실행 지침서와 단계가 제공되는 새로운 프로그램을 시범 운영하는 것이 훨씬 이해하기 쉽다. 그러나 실행 장소를 신중히 선택해야 한다는 조언은 통합에도 똑같이 적용된다. 학교 관계자가 통합에 대한 갈등이나 불확실성에 직면하면, 과거처럼 학업 및 행동 시스템을 별도로 운영하던 방식으로 되돌아가려는 유혹을 받을 수 있다. 따라서 초기 성공이 자신감과 신뢰를 구축할 수 있도록 통합이 가장 쉬운 부분에서 시작하는 것이 유용하다. 이전 장에서 설명했듯이, 2단계와 3단계에서 실제, 팀 구성, 의사결정을 통합하는 것이 논리적인 출발점이 될 수 있다.

이 단계에서 중요한 점은 필요한 코칭 수준을 과소평가하지 않는 것이다. 경험이 많은 MTSS 팀이라고 해도 통합에는 추가적인 지원이 필요할 수 있다. MTSS의 한 영역에서 성공적으로 실행한 경험이 다른 영역으로 일반화되지는 않기 때문에, 더 많은 장애물이 예상될 수 있다. 현장 코칭은 팀이 통합의 첫 단계를 쉽게 시작할 수 있도록 돕고, 효율성과 효과성을 개선하려는 목표를 잊지 않도록 지원한다. 이는 통합에 대한 지지를 강화하는 데에도 기여할 수 있다.

4) 4단계: 정교화

예비 실행이 성공적으로 완료되면, 다음 단계는 새로운 환경, 영역, 학생으로 실행을 정교화(elaboration)하거나 실행을 더욱 완성하는 것이다. 이 단계는 시범운영을 넘어 더 많은 대상에게 적용하는 것이기 때문에 '완전한 실행'이라고 부르고 싶은 유혹이 있다. 완전한 실행(예: 실행의 핵심 요소를 더 많이 구현)은 정교화 단계의 핵심 측면이다. 더 많은 교직원과 학교가 참여하면서 실행의 범위가 확장되지만, 이 단계에 대한 깊은 이해는 실행 과정에서 지속적인 검증과 학습을 포함한다. 더 완전한 실행은 종종 더 많은 교훈을 제공하며, 이는 효율성과 효과성을 향상시키는 데 기여한다. 여러 차례의 실행 반복(예: 여러 학년, 여러 학교의 시행)으로 모델이 더욱 안정적이고 명확해지며, 무엇이 효과적이고 무엇이 그렇지 않은지, 실행과 지원 측면 모두에서, 점점 더 명확히 알게 된다. 우리는 실행 요소 중 어떤 것이 효과적인지뿐만 아니라, 이를 충실하게 지원하는 방법도 배우게 된다. 예비 실행을 위해 만들어진 구조는 지속적인 사용을 통해 더욱 발전한다. 또한, 실행이 일상적인 직무의 일부, 즉 '이곳에서 우리가 하는 일'이 되는 방향으로 점점 더 자리 잡는다. 이러한 제도화로의 전환은 확장과 지속 가능성의 핵심 요소이다(Adelman & Taylor, 2003; Gersten, Chard, & Baker, 2000; McIntosh, Predy, et al., 2014).

MTSS의 맥락에서 이 단계는 수평적 정교화과 수직적 정교화를 모두 포함한다. 앞에서 설명한 대로, 1단계 시스템은 여러 학년이나 학교로 확장될 수 있으며, 1단계 시스템을 기준에 맞게 실행한 학교들은 2단계와 3단계를 구축하고 강화하여 완전한 MTSS 모델로 발전시킬 수 있다. 이 단계에서는 통합을 향해 더 나아가는 과정도 포함되며, 팀은 진행하면서 통합할 수 있는 기회를 더 많이 발견하게 된다.

정교화 단계에서 특히 주목할 만한 한 가지 측면은 다음과 같다: 정교화는, ① 예비 실행을 통해 검증되고 입증된 시스템을 구현하거나, ② 정치적 또는 사회적 위험이 적은 변화를 포함하도록 설계된다. 더 큰 변화를 고려할 경우, 이를 새로운 실제로 간주하고 탐색 단계로 다시 돌아가 도입 결정, 실행 준비, 시범 실행 과정을 다시 시작하는 것이 더 효과적일 수 있다. 예를 들어, PBIS를 2단계와 3단계를 포함하는 체계적 지원으로 확장하는 것은 이러한 변화를 지역교육청 전체에 동시에 시행하기보다는 한두 학교에서 다시 시도하는 것이 더 효과적일 수 있다. 기존 시스템의 강점과 지역교육청 자원의 가용성은 이러한 변화를 얼마나 신중히 진행해야 할지를 결정하는 데 중요한 요소가 된다.

(1) 단계별 결과

정교화 단계는 특정 실제나 모델이 학교 전체 또는 지역교육청 차원의 성숙하고 공인된 실행 방안으로 자리 잡을 때 완료된 것으로 간주된다. 이는 도든 요소가 완벽히 실행되었거나 모든 학교가 이를 실행하고 있다는 것을 반드시 의미하지는 않는다. 대신, 관리자들이 이를 모든 팀에게 유익한 실행 방안으로 인정하고 홍보하는 수준을 의미한다. 이 결과의 한 가지 징표는 해당 실제가 학교 및 지역교육청 정책에 내재화되는 것이다(Fixsen et al., 2005). 예를 들어, 해당 실제가 지역교육청 목표를 달성하기 위한 권장 모델로 포함되거나, 예산 편성, 학교 및 개인 평가(학교개선 및 개별 성과), 직무 기술서, 채용 기준(예: 실행 경험), 그리고 지속적인 전문성 개발 계획에 반영될 수 있다. 또한, 지역교육청이 신규 교직원을 대상으로 한 필수 교육과정으로 이 실행 방안을 정기적으로 포함한다면, 각 학교가 자체적으로 신규 교직원을 훈련시켜야 하는 부담을 줄일 수 있다.

정교화 단계에서 지역교육청 차원의 또 다른 중요한 성과는 이 실행 방안이 가져오는 영향력을 추가로 입증하는 것이다. 여기에는, ① 참여 학교의 수, ② 적절한 충실도로 실행하는 학교의 수, 그리고 ③ 실행을 제대로 하고 있는 학교에서 나타나는 가치 있는 학생 성과 등이 포함된다(Algozzine et al., 2010). 예비 실행 단계에서 나타나는 시범 효과는 더 많은 관심을 끌기에 유용하지만, 광범위하고 완전한 실행에서 나타나는 효과는 지역교육청, 교육위원회, 지역사회 기관을 포함한 더 많은 이해관계자들에게 훨씬 더 설득력 있게 다가갈 것이다.

(2) 주의할 점

정교화 단계에서 흔히 발생하는 문제는 실행 범위를 과도하게, 너무 빠르게 확장하려는 유혹이다. 지역교육청 차원의 강력한 지원이 없는 경우, 모든 실행 장소를 동시에 지원할 자원이 부족할 가능성이 크다. 이러한 상황에서는 코호트 모델을 활용해 예비 실행의 장소와 동일한 수준의 관심과 자원을 단계적으로 제공하는 것이 유용하다. 또 다른 문제는 2단계와 3단계 실행에 집중하느라 1단계 시스템을 소홀히 하는 것이다. 상위 단계에 지나치게 많은 노력을 기울이면 1단계 실행의 충실도가 저하될 수 있으며, 이는 상위 단계 실행 준비에도 부정적인 영향을 미칠 수 있다. 이를 방지하려면 관리자와 코치가 1단계 전략 실행을 지속적으로 독려하고, 충실도를 평가하며, 교직원들에게 노력에 대한 피드백을 제공하는 것이 중요하다.

(3) 개별 시스템 통합을 위한 고려 사항

시스템 통합의 맥락에서 확장은 초기 단계에서 벗어나 더 복잡하지만 효과성과 효율성을 높일 수 있는 어려운 영역을 통합하는 것을 의미한다. 개별 실행 사례와 마찬가지로, 통합 과정도 정책에 반영될 수 있으며, 시스템 간의 상호작용과 협력을 강화할 것이라는 기대를 내포할 수 있다. 팀이 초기 통합 노력을 성공적으로 수행하고 이를 통해 신뢰와 헌신을 구축한 후에는 더 어려운 작업도 실행 가능해진다. 이러한 작업은 대개 초기 개별 시스템이 도입될 때 만들어진 일부 구조를 결합하거나 제거하는 방식으로 이루어진다. 특히, 지역교육청 차원의 팀 통합, 전문성 개발 일정 조정, 예산 통합은 확장 단계를 가속화하는 데 큰 도움이 된다. 그러나 이러한 통합 과정은 초기 병렬 시스템을 구축하는 데 걸린 시간보다 더 많은 시간이 소요될 수 있다는 점을 고려해야 한다.

5) 5단계: 지속적 재생산

최종 실행 단계는 지속적 재생산(regeneration) 단계라고 한다. 이 단계는 지속 가능성 또는 지속적 개선이라는 용어로도 불리기도 하지만, 우리는 지속적 재생산이라는 표현을 선호한다. 이는 이 단계가 환경 변화에 대응하여 실행 방식이나 모델을 효율성, 효과성, 지속 가능성을 향상시키기 위해 지속적이고 반복적인 변경을 특징으로 하기 때문이다(McIntosh, Filter, et al., 2010). 이러한 환경 변화에는 지역교육청이나 시 · 도 차원의 우선순위 변경, 대규모 인력 교체, 지역사회 인구 구성 변화 등이 포함될 수 있다. 본질적으로 실행 방식이나 이를 뒷받침하는 구조가 현재의 요구에 맞게 수정되지 못한다면, 지속되기가 훨씬 어려워진다.

이 시점에서는 실행 방식이나 모델이 안정적으로 운영되고 있어야 한다. 각 단계의 내용과 시스템을 충분히 검증하고 개선할 시간이 주어진 상태다. 이 단계의 주요 목적은 학생 성과에 미치는 효과를 더욱 높이고, 실행을 간단하게 하며, 지속 가능성을 강화하는 것이다. 효율성은 이 단계에서 핵심 원칙이 된다. 더 이상 새로운 방식에 대한 신선함이나 열정에 의존할 수 없기 때문이다. 대신, 그만두고 싶지 않을 정도로 쉽게 실행할 수 있어야 한다. 실행 방식은 점차 일반적인 업무 책임의 일부로 통합되며, 활동이 표준화된다. 또한, 특정 전략이 왜 효과가 있는지 설명하는 핵심 메커니즘이 강조된다(Embry & Biglan, 2008). 더불어 관리자가 매 학년 초에 이 접근법의 목적, 우선순위, 그리고 비전을 명확히 전달하는 것이 중요하다. 새로운 학교, 지역교육청, 또는 시 · 도 차원의 정책이 도입될 경우, 관리자는 해당 정책이 기존 정책과 어떻게 연결되는지 또는 이 실행 방식이 해당 정책 목표를 달성하는 데 가장 적합한 방법인지를 설명해야 한다(McIntosh, Horner, & Sugai, 2009). 예를 들어, 시 · 도 차원의 따돌림 반대 캠페인을 새로 도입하는 것보다 PBIS 내에 관련 수업을 추가하는 것이 시간과 자원 면에서 더 효율적일 수 있다(Good, McIntosh, & Gietz, 2011).

(1) 단계별 결과

이 단계는 궁극적인 단계로, 다른 단계들처럼 명확한 종료 시점을 정의할 필요가 없다. 그러나 이 단계의 지속적인 재생은 몇 가지 중요한 요소에서 드러난다. 첫째, 매뉴얼화, 문서화, 정보 저장 및 공유 시스템을 통해 해당 실행 방안에 대한 조직적 기억이 구축된다. 둘째, MTSS 데이터(예: 충실도, 학생 성과, 진전도 모니터링)를 모든 단계에서 검토하고 이를 기반으로 실행하는 지속적인 주기가 유지된다. 셋째, 해당 실행 방안이 기존 학교 구조와 공식 정책에 완전히 통합된다. 넷째, 기존 교직원의 역량을 강화하고 신규 교직원을 적응시키기 위한 지속적인 전문성 개발이 이루어진다. 다섯째, 관리자가 실행 방안을 새로운 프로그램과 통합하고, 실행을 방해하는 요소를 평가하고 제거하기 위한 지속적인 과정을 추진한다.

(2) 주의할 점

지속적인 재생산 단계에서 예상하고 예방해야 할 주요 함정은 두 가지이다. 첫 번째 함정은 의도적으로든 무의식적으로든 시간이 지나면서 실행을 점차 소홀히 하는 것이다. 많은 경우, 특정 실행 방안을 채택하고 실행하게 되는 주요 동기는 학업이나 행동에서 학생 성과가 우려스러울 정도로 낮은 상황에서 비롯된다. 실행 초기에는 효과가 분명하게 나타나며, 실행의 충실도와 직접적으로 연결되는 경우가 많다(예: 교직원이 충실하게 실행했을 때 학생들의 성과가 즉각적으로 향상됨). 그러나 시간이 흐르고, 예비 실행 과정을 경험하지 못한 교직원의 비율이 증가하면 이러한 연관성이 덜 명확해질 수 있다. 이에 따라 일부 교직원은 실행을 지속해야 할 필요성에 의문을 제기할 수도 있다(예: "우리 학생들은 이제 괜찮아 보이니 기대행동을 더 이상 가르칠 필요가 없지 않을까요?"). 이런 상황에서는 관리자가 실행의 충실도를 측정하는 중요성을 강조하고, 실행을 지속해야 하는 명확한 근거를 제공하며, 현재 실행 방안을 중단했을 때 나타날 수 있는 부정적인 결과를 설명하는 것이 필수적이다.

두 번째 함정은 실행 방안을 지속적으로 동일하게 유지하면서 환경의 변화를 반영하지 않는 것이다. 시간이 지나면서 실행이 잘 이루어진다고 해도 점차 생동감을 잃거나, 학생과 교직원의 현재 요구와 멀어질 수 있다. 이러한 경우 실행 방안은 점차 지루하고 지나치게 일상적인 것으로 여겨져 유지되기 어려워진다. 표준화가 효율성을 가져오기는 하지만, 새로운 아이디어는 실행 방안에 활력을 불어넣고 이를 개선하여 현재의 요구를 더 잘 충족시킬 수 있어 효과를 높이는 데 도움이 된다. 이를 위한 유용한 전략 중 하나는 다양한 팀의 구성원을 정기적으로 교체하는 것이다(Andreou et al., 2015). 새로운 교직원을 팀에 합류시키면 신선한 아이디어와 열정을 불어넣을 수 있고, 교직원의 역량을 강화하며, 기존 팀원들은 소진을 예방하기 위해 일정 기간 후 팀에서 물러날 수 있는 기회를 가질 수 있다.

(3) 개별 시스템 통합을 위한 고려 사항

통합의 지속적인 재생산은 통합 과정을 반복적으로 개선해 나가는 것을 의미한다. 통합 작업에는 다양한 요소가 관여하므로, 세심한 관리가 없으면 실행충실도가 떨어질 위험이 있다. 제5장에서 제안한 효과적인 회의 방식을 참고하면 유용하며, 주의를 기울이지 않으면 일부 시스템이 다른 시스템을 압도하거나 우선순위에서 밀려나는 상황이 발생할 수 있다.

주요 인력의 이직이나 새롭게 대두되는 학생 문제는 팀이 시스템을 더 효과적이고 효율적이며 지속 가능하게 조정하는 데 있어 추가적인 코칭을 필요로 할 수 있다. 통합에 능숙한 팀의 경우, 지속적인 재생은 학업 RTI와 PBIS를 넘어 학교 기반의 정신건강, 기술(technology), 신체 활동 프로그램 등 다양한 시스템을 통합하는 작업으로 확장될 수 있다.

3. 통합과 관련된 우려 사항 해결하기

실행 과학과 실행 단계에 주의를 기울이더라도 학업 RTI와 PBIS 모델을 통합하려는 과정에서 저항에 부딪히는 경우가 흔하다. 이러한 도전에 직면할 때, 우리는 항상 교직원들이 자신이 가진 기술과 지원 체계 내에서 최선을 다하고 있다는 믿음을 바탕으로 다시 생각하게 된다. 우리의 경험에 따르면, 학업 RTI와 PBIS 모델을 통합하려는 작업에서 자주 제기되는 공통적이고 이해할 만한 장애 요인들이 있다. 아래에서는 교직원들이 통합 MTSS 모델을 구현하려 할 때 자주 제기하는 우려 사항들과 이를 해결하기 위해 우리가 활용한 전략들을 소개하고자 한다.

1) "나는 과학 교과를 가르치지, 행동을 가르치는 게 아니다"

(1) 우려 사항

교육 기술과 이를 가르치는 방법이 서로 독립적이고 고유하다고 여기는 경향이 일반적이다. 예를 들어, 수학 개념은 읽기의 핵심 요소와 다르며, 이는 다시 사회 · 정서적 역량을 개발하는 데 필요한 기술과는 별개의 영역으로 간주된다. 교과 내용이 전문화되고 교직원이 학업 내용을 충실히 다룰 책임을 느끼는 고등학교에서는 이러한 교과 간 분리와 전문성이 더욱 두드러진다. 그 결과, 교과를 독립적으로 가르치는 것이 자연스러운 일처럼 여겨질 수 있다. 이러한 발언은 개인의 가치관을 반영할 수도 있지만, 동시에 교육 분야에서 기존의 분리된 구조를 변화시키는 일이 얼마나 어려운지를 보여 주는 사례이기도 하다.

(2) 가능한 해결책

각 교과 영역은 고유한 기술과 이를 개발하기 위한 전략이 있지만, 교과 간에는 공통점이 존재하며, 통합을 통해 얻을 수 있는 이점도 크다. 시스템 통합에 대한 동기를 높이려면, 통합이 학생과 교직원 모두에게 어떤 이익을 가져오는지 명확히 전달하는 것이 중요하다. 제2장에서 설명한 것처럼, PBIS를 실행하면 수업 시간이 절약되고 학업 참여도가 증가하여 교직원들이 연간 학업 내용을 더 효과적으로 다룰 수 있다. 이러한 정보를 공유하면 두 시스템이 상호 보완적이라는 점을 강조할 수 있다. 또한, 팀이 MTSS 시행 점검 양식(〈부록 7-1〉 이 장에서 앞서 설명)을 완료했다면, 시스템 통합이 추가적으로 가져다주는 가치를 구체적으로 설명할 수 있다.

2) "통합을 원하지 않는다"

(1) 우려 사항

통합의 이점이 충분히 설명되더라도, 통합 자체에 대한 반대는 다양한 심층적 문제를 반영할 수 있다. 이는 변화에 대한 일반적인 저항일 수 있다. 변화는 누구에게나 어려운 일이며, 설령 그 변화가 업무를 더 수월하게 하고 결과를 향상시킬 가능성이 있다 하더라도 그렇다. 관성이나 '매몰비용 오류'가 저항의 배경에 있을 수 있는데, 이미 현재 시스템에 너무 많은 노력을 투자했기 때문에 이를 바꾸기 어렵다고 느끼는 것이다. 변화를 한다는 것은 처음에 제대로 하지 못했음을 인정하는 것을 의미할 수도 있다. 또한, 이미 확립된 두 개의 독립적인 시스템을 통합하려는 시도가 각 시스템과 관련된 사람들이 소유권을 공유하는 데 어려움을 겪게 만들 가능성도 있다.

(2) 가능한 해결책

저항의 근본 원인을 파악하지 않으면 해결이 어렵다. 이를 위해 과거 시스템 변화 시도의 성공과 실패를 돌아보는 '시행착오 검토(initiative autopsy)' 방법을 사용할 수 있다. 이 과정에서는 도입되었으나 이후 포기된 유망한 프로그램이나 정책을 검토하고, 실패의 원인으로 보이는 요인을 분석한다. 종종 여러 사례에서 공통적인 패턴이 발견되며, 이를 통해 향후 유사한 문제를 예방할 수 있다. 기존 시스템을 고수하려는 경향은 통합의 모범 사례가 부족하거나, 실행 방법에 대한 기술적 지원이 미흡하며, 정책적으로 통합이 우선시되지 않는 상황에서 더욱 강해진다. 이러한 장벽을 예방하는 것이, 실행 후에 신념과 태도를 바꾸려는 시도보다 효과적이다. 특히, 탐색/도입 단계는 교직원의 우려를 경청하고 이를 해결할 수 있는 최적의 시기이다(Feuerborn et al., 2013; Walker & Cheney, 2012).

학생의 행동을 평가할 때처럼, 교직원의 저항도 '할 수 없는(can't do)' 문제인지, 아니면

'하지 않으려는(won't do)' 문제인지 파악하는 것이 중요하다(VanDerHeyden & Witt, 2008). 이를 교직원의 철학적 신념 때문이라고 단순히 비난하기보다는, 교직원이 일하는 환경과 맥락을 이해하는 것이 더 정확하고 효과적이다. 교직원은 새로운 시스템을 도입했을 때 학생들과 자신에게 더 나은 결과를 가져올 것이라는 설득력 있는 설명을 들어야 한다. 만약 이 문제가 '하지 않으려는(won't do)' 이유, 즉 이념적 이유 때문이라면, 특정 실행 방식에 대한 감정보다는 학생 성공이라는 공통된 목표에 초점을 맞추는 것이 효과적이다. 이 목표는 특정 교육적 실제에 대한 의견 충돌이 있더라도, 앞으로 나아갈 수 있는 공통 기반을 제공한다(Dixon & Carnine, 1994).

3) "통합을 어떻게 해야 할지 모르겠다"

(1) 우려 사항

이 우려는 앞서 언급된 '할 수 없는(cannot do)' 문제를 설명한다. 누구나 자신의 업무에서 유능하다고 느끼고 싶어 한다. 하지만 이제 막 배우기 시작한 기술을 사용하는 것은 불안하고, 이를 잘 해낼 수 있을지 확신이 서지 않기 때문에 부담으로 다가올 수 있다. 교직원들 사이에서는 이제 모든 분야에서 전문가가 되어야 한다는 인식이 퍼져 있다. 시스템을 통합하는 이 복잡한 작업에 참여함으로써 일부 사람들은 당혹감이나 비판의 대상이 될 수 있다고 느낄 수 있다. 이런 느낌이 저항으로 이어지는 것은 당연한 일이다.

(2) 가능한 해결책

학업 RTI와 PBIS를 구현하는 데 필요한 지식과 기술이 분명히 있으며, 통합 MTSS 모델을 구현하려면 이보다 더 많은 전문 지식이 요구된다. 따라서 교직원이 자신의 수요에 따라 양질의 전문성 개발 기회를 정기적으로 갖는 것이 매우 중요하다(수요는 실행충실도 데이터와 교직원의 요청을 통해 파악할 수 있다). 이러한 전문성 개발은 연수 교육, 동료 또는 외부 코칭, 자료나 웨비나 접근성 제공, 그리고 전문적 학습 공동체와 같은 연속적인 기회로 제공될 수 있다. 또한, 통합 MTSS 모델에서 강조하는 팀 접근 방식은 공유된 전문성을 활용할 수 있게 하며, 이를 통해 누구도 모든 분야의 전문가일 필요가 없다는 점을 교직원과 공유하는 것이 유용하다. 실제로는 각 스킬셋(특정 직무나 과제를 수행하기 위해 요구되는 능력, 기술, 지식)에 대해 전문성을 갖춘 팀원 한 명 또는 외부(예: 지역) 전문 지식을 활용할 수 있는 팀원 한 명만 있으면 충분하다.

4) "통합을 위한 적절한 지원을 받지 못할 것 같다"

(1) 우려 사항

교직원들은 경력 동안 수많은 새로운 프로그램과 정책에 노출되며, 그중 대부분은 지속되지 않는다(Nese et al., 2016). 새로운 정책은 종종 이를 실행하는 교직원을 어떻게 지원할 것인지에 대한 계획이 부족한 채 도입되거나, 지원이 약속되더라도 충분한 기간 동안 제공되지 않아 깊이 있는 실행에 도달하지 못하는 경우가 많다. 개별 교직원들은 '재정 지원 없는 지시 사항(unfunded mandates)'을 경험하기도 하는데, 이는 교직원이 특정 실행을 지시받고도 이를 어떻게 실행할지 스스로 해결해야 하는 상황을 의미한다. 이러한 경험은 교직원들로 하여금 새로운 학교나 지역교육청의 정책이 실패로 이어질 것이라는 인식을 갖게 만들며, 이는 과거에 정책이 중도에 포기된 사례들로부터 비롯된 좌절감에서 기인한다(Tyack & Cuban, 1995).

(2) 가능한 해결책

이 문제는 각 실행 단계와 해당 단계의 결과에 세심한 주의를 기울임으로써 가장 쉽게 해결할 수 있다. 앞서 설명했듯이, 실행 단계를 지나치게 빠르게 진행하려는 경향은 학생들을 돕고자 하는 진심 어린 관심에서 비롯되지만, 이는 종종 역효과를 초래한다. 교직원에 대한 충분한 지원과 관련해서는 실행 준비 단계가 특히 중요하다. 이 단계에서는 실행 지원을 극대화하기 위해 필요한 구조를 검토하는 것이 도움이 된다. 이를 위해 학교 교직원들에게 직접 의견을 묻는 것도 유용하다. 경험이 풍부한 교직원들은 실행 개선에 가장 적합한 지원 유형에 대해 유용한 제안을 제공할 수 있다. 또한, 과거의 '미비한 지원으로 인한 실패'라는 학습 경험을 극복하기 위해, 이번 정책 실행이 과거와 어떻게 다르고 더 나은 방식으로 진행될 것인지 명확히 보장하고 이를 명시적으로 전달하는 것이 중요하다.

5) "우리의 정책과 절차는 통합을 허용하지 않는다"

(1) 우려 사항

해당 우려는 통합의 일부 측면이 현재 학교나 지역교육청의 규정에 의해 허용되지 않을 수 있다는 인식에서 비롯된다. 실제로 교육 시스템은 교직원들이 수행할 수 있는 일과 자금 사용 방식을 규정하는 정책에 의해 운영된다. 그러나 이러한 장벽은 실제로 통합이 금지되어 있기보다는, 관리자나 교직원이 정책과 관행을 어떻게 해석하느냐에 따라 더 큰 영향을 받을 수 있다.

(2) 가능한 해결책

이러한 우려가 통합을 회피하기 위한 변명으로 사용되지 않도록 완전히 해소하는 것이 중요하다. 통합 접근 방식을 시작하기 전에 관련 정책과 절차를 검토해, 어떤 요소가 통합을 촉진하거나 방해하는지 파악하는 것이 유용하다. 통합을 지원하는 정책을 명확히 하고, 방해가 되는 정책은 수정함으로써 의견 충돌을 효과적으로 해결할 수 있다. 때로는 정책에 대한 우려가 동일한 직급의 관리자들 사이에서 발생하기도 한다. 이럴 경우, 상위 관리자의 지원을 요청해 정책을 명확히 하고 갈등을 조정하는 것이 효과적인 해결책이 될 수 있다.

6) "새로운 관점이 추가되면, 우리가 지금까지 잘해 왔던 것들이 중단될 수 있다"

(1) 우려 사항

이러한 우려는 성공적인 학업 또는 행동 시스템을 확장하려다 과도한 업무 부담으로 인해 기존 성과를 잃게 될지도 모른다는 두려움에 근거한다. 강점을 기반으로 시스템을 확장하는 것은 현명한 선택이지만, 역량이 있는 팀에 과도한 책임을 부여하면 새로운 정책이나 프로그램이 분산되는 결과를 초래할 수 있다. 교직원들은 특정 목표에 집중해 효과적으로 작동했던 시스템이 지나치게 확장된 후, 과부하로 인해 점차 약화되는 경험을 했을 수 있다.

(2) 가능한 해결책

또 다른 정책을 추가한 뒤 이전에 얻었던 성과를 잃는 것은 누구에게도 도움이 되지 않는다는 점은 자명하다. 사실, 이는 시스템이 통합되든 그렇지 않든 실제로 존재하는 우려이다. 가장 효과적인 해결책은 기존 시스템의 실행충실도를 지속적으로 모니터링하는 것이다. 시스템을 통합할 때는 예비 실행 단계에서 과부하 여부를 평가하는 것이 중요하다. 일반적으로 통합으로 인해 문제가 발생할 가능성이 가장 큰 부분이 바로 팀 구성과 협업 과정에 있다. 의제가 과도해 활동이 반복적으로 누락되지 않도록 팀을 점진적으로 통합하는 것이 중요하다. MTSS에서 흔히 발생하는 실수는 1단계 예방 시스템을 당연하게 여기고 이를 소홀히 한 채 2단계와 3단계 지원 실행에 집중하는 것이다. 이러한 문제가 발생하기 전에 통합을 지연하거나 잠시 중단하는 것이 기존 시스템의 강점을 유지하는 데 도움이 될 수 있다. 회의에서는 효율성을 최우선으로 삼아야 하며, 제5장에서는 회의 효율성을 높이고 팀을 부분적으로 통합하여 창의적인 해결책을 찾는 전략을 제시하였다.

7) "통합 작업까지 할 시간이 도저히 없어요"

(1) 우려 사항

이러한 우려는 가장 합리적이고 타당한 문제 중 하나로 보인다. 교직원들은 항상 바쁘게 업무를 처리하며, 기본적인 업무를 수행하기에도 시간이 부족한 상황에서 새로운 과제나 익숙하지 않은 작업에 시간을 할애하기는 쉽지 않다. 예를 들어, 새로운 시·도 교육 표준이나 평가 프로세스 도입 등 중요한 과제들이 이미 우리의 주의를 요구하고 있으며, 수업 자체도 우선순위에 올라 있다. 특히, 학습계획을 일정에 맞춰 완료하는 것만으로도 시간과 에너지가 대부분 소진되기 때문에, 현재 개별적으로 잘 운영되고 있다고 여겨지는 병렬 시스템을 통합하는 데 시간을 투자하기는 더더욱 어려운 상황이다.

(2) 가능한 해결책

통합 과정은 현재보다 더 많은 시간을 투자해야 하는 것으로 시작될 수밖에 없다. 그러나 우리는 시스템을 통합하기 위해 투자했던 시간이 궁극적으로는 더 많은 수업 시간을 확보하는 데 기여할 것이라고 생각한다. 통합은 업무 효율성을 높일 수 있지만, 이러한 효율성은 초기 단계에서 상당한 시간과 노력을 투자한 후에야 실현될 수 있다. 우리는 학교와 지역교육청 관리자들과 협력하여 통합이 이루어질 수 있는 환경을 조성할 것을 제안한다. 관리자는 통합을 최우선 과제로 설정하고, 통합과 경쟁하는 과제나 회의, 활동을 줄이거나 억제함으로써 이를 지원할 수 있다. 경우에 따라, 관리자들은 더 중요한 우선순위가 아닌 다른 과제들에 대해 상위 관리자들과 협상하거나, 학교 팀이 추가 과제를 맡지 않고 통합에 집중할 수 있도록 완충 시간을 제공할 필요가 있다.

MTSS 시행 점검 양식은 이 과정에서 특히 유용한 도구이다. 이 양식은 주로 새로운 실제가 기존 사업 및 프로그램과 얼마나 잘 맞는지를 평가하는 도구로 소개했지만, 동시에 충돌되거나 중복되는 사업 및 프로그램을 줄이고, 우선순위가 높은 업무에 시간을 더 할애할 기회를 찾는 데도 활용할 수 있다. 팀은 효율성을 높이기 위해 대상과 결과가 유사한 사업 및 프로그램을 검토할 수 있다. 예를 들어, 새로운 실제를 기존 정책에 통합하거나, 두 개의 기존 사업 및 프로그램과 결합하거나, 우선순위가 낮고 필수적이지 않은 사업 및 프로그램을 제거해 교직원의 소중한 시간을 절약하는 방법이 있다. 이 과정을 통해 팀은 중복된 작업을 줄이고, 서로 충돌하는 독립적 시스템을 제거하며, 다양한 정책 간의 연계를 강화할 수 있을 것이다.

또한, MTSS 시행 점검 양식은 현재의 실행 노력이 시 · 도 사업 및 프로그램과 어떻게 연계되는지를 명확히 보여 주는 데 효과적으로 활용될 수 있다. 시 · 도 차원의 정책 조정을 위해 양식을 작성할 때는 각 행에 지역교육청이나 학교의 사업 및 프로그램 대신 시 · 도 사업 및 프로그램을 나열한다. 이후 '조정' 열에 통합 MTSS 모델이 해당 시 · 도 사업 및 프로그램의 요구 사항을 충족하는지 여부를 기록한다. 이 양식을 통해 MTSS가 별도의 프로그램 도입 없이도 시 · 도 사업 및 프로그램의 요구를 충족한다는 점이 확인될 경우, 지역교육청은 MTSS 실행 단계를 체계적으로 문서화하여 정책 준수의 증거로 활용할 수 있으며, 이를 통해 파편화된 작업을 줄일 수 있다. 이러한 접근은 교직원들에게 통합 MTSS 모델이 추가적인 업무 부담이 아니라는 점을 인식시킨다. 오히려 MTSS는 지역교육청 및 시 · 도 차원의 주요 목표를 달성하는 데 있어 핵심적인 역할을 한다는 점을 강조할 수 있다.

4. 팀 체크리스트: 시스템의 완전한 통합

마지막 체크리스트는 시스템 통합 전략을 간략히 정리한 것으로, 통합 과정이 동시에 진행되든 단계적으로 이루어지든, 또는 기존의 병렬 시스템을 통합하는 방식이든 적용할 수 있다. 각 접근 방식에서 공통적으로 요구되는 단계와 전략은 실행 과정 전반에 걸쳐 지지를 확보하고 성공 가능성을 극대화하는 데 중점을 둔다.

시스템의 완전 통합을 위한 학교 수준 팀 체크리스트[1)]

실행 단계	실행 상태		
	실행 하지 않음	부분적으로 실행함	실행함
1. 통합 MTSS 모델 도입 여부를 결정하기 위한 탐색 팀을 구성한다.			
2. 탐색 팀이 육각 프레임워크([그림 7-3] 및 〈표 7-1〉)와 MTSS 시행 점검 양식(〈부록 7-1〉)을 작성한다.			
3. 탐색 팀이 통합의 기본 개념과 책임에 대해 교직원들에게 알린다.			
4. 탐색 팀은 통합 MTSS 모델을 도입하기 전에 관리자 전원과 적어도 80%의 교직원들에게 통합에 대한 동의를 얻는다.			
5. 학교관리자는 교직원에게 통합 MTSS 모델에 대한 명확하고 일관된 비전을 전달한다.			
6. 학교리더십 팀은, ① 실행 방안, ② 데이터, ③ 팀의 통합을 위해 지속적인 실행계획을 수립하고 유지하며, 실행 과정과 결과를 평가한다.			
7. 학교리더십 팀은 통합 목표와 실행 단계를 학교개선 계획에 포함한다.			
8. 학교리더십 팀은 통합을 기존 정책 및 프로그램과 조율한다.			
9. 학교관리자는 예비 실행 기간 동안 교직원이 새로운 정책이나 프로그램에 부담을 느끼지 않도록 보호한다.			
10. 학교리더십 팀은 예비 통합을 위한 최적의 영역을 결정하기 위해 신청 또는 선별 과정을 거친다.			
11. 학교관리자는 예비 실행 기간 동안 높은 수준의 강화를 제공한다.			
12. 학교리더십 팀은 피드백을 수집하고 실행을 개선하기 위한 체계적인 과정을 마련한다.			
13. 학교리더십 팀은 실행충실도를 지속적으로 모니터링하고, 실행을 더욱 효율적으로 개선할 방법을 모색한다.			
14. 학교리더십 팀은 팀 구성원을 재편하여 새로운 교직원을 합류시키고, 기존 구성원의 역할을 조정한다.			

1) Kent McIntosh와 Steve Goodman의 저서인『Integrated Multi-Tiered Systems of Support: Blending RTI and PBIS』에서 발췌.

실행계획의 우선순위 (가장 중요한 세 가지 항목)	담당자는 누구인가?	언제까지 실행하는가?	언제 완료되었는지 어떻게 알수 있는가?
1.			
2.			
3.			

시스템의 완전 통합을 위한 지역교육청 차원 팀 체크리스트[2)]

실행 단계	실행 상태		
	실행 하지 않음	부분적으로 실행함	실행함
1. 지역교육청 팀은 통합을 동시 진행할지 단계적으로 진행할지를 결정하며, 단계적 진행을 선택할 경우, 팀은 학업, 행동 또는 학교 선택 중 실행 순서를 결정한다.			
2. 지역교육청은 통합 MTSS 모델 도입 여부를 결정하기 위해 탐색 팀을 구성한다.			
3. 지역교육청 탐색 팀은 교육청 및 시 · 도 정책에 대해 육각 프레임워크([그림 7-3] 및 〈표 7-1〉)와 MTSS 시행 점검 양식(〈부록 7-1〉)을 작성한다.			
4. 지역교육청 탐색 팀은 통합에 대한 기본 개념과 책임에 대해 교직원에게 알린다.			
5. 지역교육청 탐색 팀은 통합 MTSS 모델을 도입하기 전에 관리자를 포함한 교직원과 학부모로부터 최소 80%의 동의를 확보한다.			
6. 지역교육청 관리자는 통합 MTSS 모델에 대한 비전을 명확하고 일관된 메시지로 전달한다.			
7. 지역교육청 실행 준비 팀은 통합을 기존 정책과 연계하기 위해 적합한 용어를 선정한다.			
8. 지역교육청 관리자는 통합에 집중할 수 있도록 다른 정책 실행을 잠시 미룬다.			
9. 지역교육청 관리자는 통합이 학교가 주(州) 차원의 사업 및 프로그램 요구 사항을 충족하는 데 어떻게 도움이 되는지 명확히 설명한다.			
10. 지역교육청 실행 팀은 통합 목표와 단계를 교육청 개선 계획에 포함하고, 각 학교가 통합을 학교개선 계획에 반영할 수 있도록 지원한다.			
11. 지역교육청 실행 팀은 통합을 지원하기 위한 교육 및 코칭 시스템을 구축한다.			
12. 지역교육청 실행 팀은 열정적인 시범 학교를 선정하기 위해 지원서 제출 또는 선발 과정을 활용한다.			
13. 지역교육청 관리자는 예비 실행 기간 동안 높은 수준의 강화를 제공한다.			
14. 지역교육청 실행 팀은 피드백을 수집하고 실행을 개선하기 위한 체계적인 절차를 마련한다.			
15. 지역교육청 실행 팀은 실행의 충실도를 지속적으로 모니터링하고, 실행을 더 효율적으로 만들 방법을 모색한다.			

2) Kent McIntosh와 Steve Goodman의 저서인 『Integrated Multi-Tiered Systems of Support: Blending RTI and PBIS』에서 발췌.

실행계획의 우선순위 (가장 중요한 세 가지 항목)	담당자는 누구인가?	언제까지 실행하는가?	언제 완료되었는지 어떻게 알수 있는가?
1.			
2.			
3.			

부록 7-1

MTSS 시행 점검 양식[3)]

사용 지침: 현재 시행 중인 모든 사업 및 프로그램(학교 및 또는 지역교육청)을 나열하고, 각 정책의 대상자, 성공 여부를 평가하기 위한 결과 측정 도구, 및 해당 사업 및 프로그램이 의무 사항인지 여부를 기재하십시오. 이후, 도입을 검토 중인 실제(또는 모델)별로 양식을 작성하여, 해당 실제가 기존 사업 및 프로그램과 어떻게 연계되는지(예: 충돌 또는 중복 여부)와 각 사업 및 프로그램에 어떤 부가 가치를 제공하는지 설명하십시오. 여러 가지 실제를 평가하는 경우, 각 실제마다 별도의 양식을 작성하십시오. 작성이 완료되면 제안된 실제가, ① 요구 사항을 충족하는지, ② 기존 사업 및 프로그램과 통합되거나 이를 대체할 수 있는지, 그리고 ③ 다른 사업 및 프로그램(특히, 의무 사항인 사업 및 프로그램)을 개선할 수 있는지 검토하십시오. 이러한 부가 가치는 관리자를 비롯하여 교직원 및 학교 공동체와 공유하여 새로운 실제에 대한 지지를 얻는 데 활용할 수 있습니다. 또한, 새로운 실제를 도입하기 위해 제거하거나 수정할 수 있는 사업 및 프로그램이 있는지 확인하십시오.

3) Kent McIntosh와 Steve Goodman의 저서인 『Integrated Multi-Tiered Systems of Support: Blending RTI and PBIS』에서 발췌. 구매자는 이 〈부록〉의 추가 사본을 다운로드할 수 있음(차례 끝부분의 안내 참조).

도입 평가 중인 실제 또는 모델

기존 사업 및 프로그램	예상 수혜자	결과 측정 도구	필수 시행 사업 및 프로그램 여부	평가의 대상이 되는 실제와의 일관성	실제 도입으로 추가되는 가치
			□ 예 □ 아니요		
			□ 예 □ 아니요		
			□ 예 □ 아니요		
			□ 예 □ 아니요		

George Sugai (2010)의 허가를 받아 수정 및 인용함.

제3부

성공적으로 구축된 지원체계에 대한 사례 연구

제8장 오리건주의 효과적인 행동 및 수업 지원 시스템 사업: 지역교육청 및 주(州) 차원의 관점에서 본 실행

제9장 플로리다주의 학업 및 행동을 위한 다층적 지원 시스템

제10장 미시간주의 통합 행동 및 학습 지원 사업(MiBLSi): MTSS를 위한 주 전체 지원체계

이 책의 마지막 주요 부분은 통합 MTSS 모델의 실행을 다룬 사례 연구들을 중심으로 구성되었다. 다음 3개의 장에서는 저자들이 장기간 지속되어 온 세 가지 추진 과제의 실행 및 통합 과정과 그 체계에 대해 소개한다. 우리는 이 장들을 통해 앞서 두 부분에서 제시한 개념들을 구체적으로 보여 주고, 더 나아가 시스템을 통합할 때 활용할 수 있는 다양한 접근 방식의 가능성을 제시하기 위해, 경험 많은 실행가들과 연구자들에게 집필을 의뢰하였다.

이 장들을 읽을 때 다음과 같은 몇 가지 구체적인 목적을 염두에 두고 읽어 보기를 권한다. 각 사례를 단지 모범적인 예시로 받아들이는 데 그치지 말고, 통합에 있어 다양한 접근법이 성공할 수 있음을 입증하는 증거로도 받아들이기를 바란다. 이 책 전반에 걸쳐 우리는 '형식(form)'보다는 '기능(function)'의 중요성을 강조해 왔다. 이 사례 연구들은 학교, 지역교육청, 주(state) 차원에서 동일한 절차나 경로가 항상 통용될 수 없다는 사실을 뒷받침해 주는 또 다른 증거이다. 실행은 맥락에 따라 달라지며, 각 현장의 고유한 맥락을 고려하지 않으면 추진 과제는 적합성, 확장성, 지속 가능성을 확보하기 어렵다.

또한 우리는 저자들에게 현재의 성과뿐 아니라, 해당 추진 과제가 어떻게 시작되었는지에 대한 과정을 함께 서술해 줄 것을 요청했다. 이들의 현재 규모나 성과만을 본다면, 특히 통합을 이제 막 계획하고 있는 독자에게는 다소 위압적으로 느껴질 수도 있다. 그러나 이들 집단 역시 처음 시작은 매우 유사한 지점에서 출발했다는 점을 기억하는 것이 중요하다. 각 사례마다 몇몇 헌신적인 사람들이 모여 학교 현장에서 새로운 방식으로 실천해 보자는 아이디어를 실험하면서 시작되었다. 이러한 시도들은 비록 더 큰 규모의 추진 과제를 위한 파일럿 형태였더라도, 대부분 학급이나 학교 수준에서 시작되었다. 당신이 교사든, 학교 관리자든, 주 정부의 관계자든 간에, 이 장들에서 각자의 통합 노력에 참고할 수 있는 교훈을 발견할 수 있을 것이다. 우리는 이들 각 추진 과제가 소박한 수준에서 시작되었으며, 동일한 방식으로 다른 곳에서도 적용 가능하다는 점을 확인할 수 있을 것이다.

제8장

오리건주의 효과적인 행동 및 수업 지원 시스템 사업: 지역교육청 및 주(州) 차원의 관점에서 본 실행

에린 에이 차파로, 샐리 헬턴, 캐럴 새들러(Erin A. Chaparro, Sally Helton, & Carol Sadler)

1. 개요

이 장에서는 오리건주의 여러 지역교육청(School District)이 MTSS를 실행하면서 겪었던 과정에 대해 소개하고 있다. 특히, 타이거드-투얼라틴 지역교육청(Tigard-Tualatin School District)의 사례는 주(state) 차원으로 MTSS가 퍼지는 데 결정적인 역할을 했다고 볼 수 있다. 각 세션은 MTSS 실행의 선두 주자로서 알려진 오리건주의 타이거드-투얼라틴 지역교육청의 이야기가 소개되며, 두 번째 부분에서는 MTSS를 오리건주 전체로 확장하기 위해 어떤 노력을 기울였는지에 대해 다루고자 한다.

1) 지역교육청 차원

타이거드-투얼라틴 지역교육청(Tigard-Tualatin School District: TTSD)은 오리건주 포틀랜드 남쪽에 위치한 교외의 지역교육청이다. 1996년에 PBIS(긍정적 행동지원)을 그리고 2002년에는 RTI(중재반응모형)를 도입하기 시작했으며, 이를 통합한 시스템은 효과적인 행동 및 교수 지원(Effective Behavior and Instructional Support: EBIS)으로 알려지게 되었다. 1996년부터 2013년까지, 이 지역교육청의 학생 수는 11,300명에서 13,000명 이상으로 증가했으며, 관할 학교는 총 16곳으로 초등학교 10곳, 중학교 3곳, 종합 고등학교 2곳, 대안학교 1곳이다. 같은 기간 동안에 백인이 아닌 학생 비율은 13%에서 39%로 증가했다. 이 시스템은 학교 차원으로 행동 모델을 실행하고자 했던 열정적인 교사와 교직원들의 자발적인 노력에 의해 시작되었다. 학업과 행동이 통합된 성공적인 MTSS 모델로 성장할 수 있었던 것은 캐럴 새들러

(Carol Sadler)와 페트리아 헤이겐 길든(Petrea Hagen Gilden)이라는 두 리더의 지도와 영감 때문이었다. 교사들과 교직원들은 PBIS와 RTI를 하나의 일관된 시스템으로 통합한 EBIS의 성공을 직접 확인하면서 점차 더 큰 신뢰와 지지를 보내기 시작했다. 이는 스태프와 교직원 그리고 학교 이사회 모두가 적극적으로 참여하도록 이끌었고, 현재 TTSD에서는 이 시스템이 '우리가 일하는 방식(the way we do business)'으로 자리 잡혔다.

2) 주 차원

모든 주와 마찬가지로 오리건주도 독특한 상황적 변수를 가지고 있었다. '지리, 경제, 그리고 변화하는 학생 인구 구조'는 MTSS 실행에서의 강점과 도전 과제를 결정짓는 중요한 요인이 되었다. 오리건주는 1평방 마일당 약 40명이 거주하는 인구 밀도를 가지고 있으며(U.S. Census Bureau, 2013), 산맥이 주를 가로지르며, 이로 인해 해안 지역과 주요 인구 집중 지역이 분리된다. 오리건주의 197개 교육구 중 대다수는 농촌 지역 학교들로 구성되어 있으며, 지역에 속한 학생들에게 교육적 지원을 제공하고 있다. 이러한 지리적 특성은 교육 구역 간 원활한 소통과 전문성 개발을 어렵게 만들 수 있는 요인이었다. 경제적으로는 계속해서 전국 평균보다 높은 실업률을 보이고 있으며, 이로 인해 많은 오리건주 가정은 자녀의 숙제를 도와주는 것뿐 아니라 그 이상의 어려움을 겪고 있었다. 2010~2011학년도에 오리건주 K-12 학교에 등록한 학생의 51%가 무료 또는 저렴한 가격의 급식 대상자이었으며, 이는 전국 평균인 48%와 비교했을 때도 높은 비율이었다(Oregon State Archives, 2011). 재원은 공립학교 시스템에도 영향을 미쳤는데 K-12 교육에 대한 재정 지원은 주 소득세, 복권 재원, 재산세, 그리고 연방 자금에서 나오기 때문이었다(Oregon State Archives). 오리건주는 일반적으로 학교에 추가 재원을 지원할 수 있는 소비세가 없는 주이다. 실업률이 높은 시기에는 주 교육 예산이 크게 줄어들어, 무급 휴직일이 증가하고 학생 대 교사 비율이 높아지게 된다.

마지막으로, 미국 전역의 많은 주들은 영어 학습자로 분류된 학생들의 수가 증가하는 등의 대표적인 학생 인구 구조의 변화를 겪고 있었는데 오리건주도 예외는 아니었다. 1997~1998학년도와 2009~2010학년도 사이에, 비원어민 영어 사용 학생의 수는 387% 증가했다. 같은 기간 동안, 오리건주의 다른 인구 변화로는 백인 학생 비율이 16% 감소하고, 히스패닉 학생 비율이 151% 증가했으며, 아시아/태평양 섬 주민 학생 비율이 35% 증가한 것으로 나타났다. 주 차원의 효과적인 행동 및 교수 지원 시스템(EBISS) 이니셔티브를 통해 우리는 이전 연구와 타이거드-투얼라틴 지역교육청(TTSD)의 작업을 바탕으로 학문적 및 사회적 행동 실제를 결합하여 자원의 효율성을 높이고 학생들의 성과를 개선하고자 했다. EBISS 이니셔티브는 학교와 교육청 직원들에게 실제의 핵심 요소에 대한 지속적인 전문성 개발과 코칭을 제공하여 실행과 결과의 개선을 돕고 있다.

2. MTSS의 실행의 역사

1) 지역교육청 차원

타이가드-투알라틴 교육구(TTSD)의 다중지원체계(MTSS) 도입은 1995년부터 시작되었다(Sadler, 2000). 당시 오리건주 교육부와 오리건 대학교의 행동 연구 및 교수 연구소(Behavioral Research and Teaching)의 후원을 받아, 교사 및 행정가들로 구성된 한 그룹이 효과적인 행동지원(Effective Behavioral Support: EBS)을 탐색하기 위한 행동지원 협의회(behavior support cadre)에 참여했다. 이 EBS는 나중에 학교 전체 차원의 긍정적 행동 중재 및 지원(PBIS)으로 알려지게 된다. 다음 해, 교육구 산하 당시 14개 학교 중 8개 학교가 EBS 실행을 시작하였다. 이 학교들은 조지 수가이(Dr. George Sugai) 박사에게 연수를 받고, 각 학교에 EBS 실행 팀을 구성했으며, 학교 규칙을 정하고, 학생들에게 그 규칙을 직접 가르치고 강화하기 시작했으며, ODR(사건 보고서, Office Discipline Referrals) 데이터를 수집하기 시작했다. 그 학년 봄(1996~1997년), 교육구 교육위원회는 EBS를 교육구 차원의 공식 프로그램으로 채택했고, EBS를 담당할 지역교육청 코디네이터를 위한 반일제 직책을 신설하였다. 당시 교육구에서 근무하던 학교 심리학자 캐럴 새들러 박사(Dr. Carol Sadler)가 해당 직위에 임용되어, TTSD의 첫 번째 지역 코치가 되었다. 그다음 해에는 남은 6개 학교들도 EBS 실행을 시작하였다. 초기부터 교육청 관리자, 학교장, 교사, 학생 등 모든 구성원의 강한 지지가 있었으며, ODR, 정학(suspensions), 퇴학(expulsions) 건수가 매년 눈에 띄게 감소하였다.

PBIS가 교육구 전반에 걸쳐 안정적으로 자리 잡으면서, ODR(행동 사건 보고서)을 반복적으로 받는 학생들 대부분이 학업적으로도 어려움을 겪고 있다는 사실이 점점 분명해졌다. 이에 따라 캐럴 새들러 박사(Dr. Carol Sadler)와 TTSD 학생지원국장 페트리아 헤이건 길든(Petrea Hagen Gilden)은 읽기 어려움을 조기에 식별하고 추가 지원을 제공하기 위한 보편적 선별 도구의 활용 가능성을 탐색하는 연구팀을 이끌었다. 2001년 1월, 미국 교육부 산하 특수교육국(Office of Special Education Programs)은 TTSD가 제출한 제안서—초기 읽기 평가와 특수교육 평가를 RTI(Response to Intervention) 기반으로 통합하여 EBS 모델에 적용하는 방안—에 자금을 지원하였다. 이 모델은 이후 EBIS(효과적인 행동 및 수업 지원, Effective Behavior and Instructional Supports)로 명명되었다(Sadler & Sugai, 2009). 교육구 차원에서는, EBS 코치의 역할을 보완하기 위해 EBIS 문해력(literacy) 전담 코디네이터가 전일제로 채용되었다. EBIS는 먼저 교육구 내 모든 초등학교에서 실행되었으며, 초기에는 각 학교마다 EBIS 리더십 팀이 구성되어 실행을 지원했다. 이 팀들은 읽기 지도와 행동지원이라는 두 영역 모두에 초점을 맞추는 역할을 맡았으며, 구성원으로는 영어 학습자(ELL) 및 Title I 전문가, 특수교육 교사, 행정가, 상담교사, 교사 대표 등이 포함되었다. 또한 교육구 차원에서는, 학생의 RTI 반응을 기준으로 집단 편성, 지도, 교육과정 조정을 위한 의사결정 기준을 개발하기 위한 태스크포스도 구성되었다.

이 태스크포스의 작업은, 학습장애 판단 기준을 '불일치(discrepancy) 모델'에서 RTI 기반 문제해결(problem-solving) 모델로 전환하는 교육구의 기반이 되었다.

학교 차원에서는 교사들에게 핵심 읽기 교육과정을 충실히(fidelity) 사용하고, 하루 90분 동안 읽기 지도를 실시할 것이 권장되었다. DIBELS는 보편적 선별 도구 및 읽기 진행 상황 모니터링 도구로 선정되었다. 모든 학생은 연 3회 읽기 능력에 대한 선별 검사를 받았으며, 각 선별 시기 이후에는 학교 전체 데이터를 검토하여 정규 교육과정(core program)의 효과를 평가하고, 핵심 수업만으로는 충분하지 않은 학생들을 식별하였다. 그 후, 근거 기반 중재(evidence-based interventions)가 선정되었고, 언제 중재를 시작하거나 강화 또는 중단할지에 대한 의사결정 기준이 마련되었다. 이 기준에는 팀이 선택할 수 있는 근거 기반 중재 목록, 그리고 학생들이 핵심 수업 외에 추가로 받아야 할 중재 시간도 포함되었다. 각 학교에는 읽기 중재를 총괄할 반일제 문해력(literacy) 전문가가 채용되었으며, 이 중재는 훈련받은 수업 보조원들에 의해 제공되었다. 이 문해력 전문가는 점차 학교 차원의 읽기 코치가 되었고,

상담교사와 학교 심리학자들은 학교 차원의 행동 코치 역할을 맡게 되었다.

학년 단위 EBIS 팀은 사회적 행동과 읽기 두 영역에서 중재를 받고 있는 학생들의 진전 상황을 검토하기 위해 매달 회의를 진행하였다. 이 회의에는 해당 학년의 모든 교사뿐만 아니라, 모든 학년 회의에 공통적으로 참여하는 핵심 인력(core group)도 포함되었다. 핵심 인력에는 학교장, 상담교사 또는 학교 심리학자, 영어학습자(ELL) 담당 교사, 특수교육 교사, 문해력 전문가가 포함되었다. 이 팀들은, 읽기 및 또는 행동 중재를 받고 있는 학생의 진전 상황을 검토할 때, 교육구에서 마련한 의사결정 기준과 절차를 활용하였다. 두 차례의 집단 중재(group intervention)와 한 차례의 개별 중재(individualized intervention)를 거친 후에도 충

분한 진전을 보이지 않는 학생은 특수교육 평가 대상으로 회부되었고, '이중 불일치(dual discrepancy)'에 대한 근거가 학습장애 특수교육 자격 판단 기준으로 활용되었다. 이 모델의 성공 덕분에, 2005년 오리건 주 교육청은 TTSD에게 주 차원의 RTI 기술 지원 문서를 작성해달라고 요청하였다(Oregon Department of Education, 2007). 이 문서는 특정학습장애(SLD) 자격 판단을 위한 MTSS 실행 지침을 제공한다. 이후 TTSD는 오리건주 전역의 교육구를 대상으로 MTSS 구축을 지원하는 주 차원 사업, 즉 오리건 RTI(Response to Intervention) 사업(OrRTI)을 계약 운영하게 되었다.

2) 주 차원

TTSD의 성공 사례에 영감을 받은 오리건주 교육청은, 이러한 성과의 흐름을 확대하고자 낸시 라티니(Nancy Latini) 박사와 제니퍼 코피(Jennifer Coffey) 박사의 지도 아래, PBIS와 학교 전체 읽기 모델(School-Wide Reading Model: SWRM)을 통합한 blended 모델의 기초에 대해 지역교육청 관리자들을 연수시키기 위한 보조금 신청서를 작성 · 제출하였다. 2007년, 오리건주 교육청은 미국 특수교육국(OSEP)으로부터 주 인력개발 보조금(State Personnel Development Grant: SPDG)을 받게 되었다. 이 자금은 주 교육기관(state education agencies)과 그 협력 기관들이 전문성 개발 체계, 기술 지원, 모범 실제에 관한 지식 보급 시스템을 개선하는 데 사용된다.

2007~2008학년도 가을, 오리건주 교육청(ODE)은 EBISS 사업에 참여하고자 하는 교육구를 대상으로 공모를 실시하였다. 신청을 원하는 교육구는 다섯 가지 영역에 대한 질문으로 구성된 신청서를 작성해야 했다: ① 교육구 전체 목표; ② 교육구 리더십과 참여 의지; ③ 데이터 기반 팀 운영 여부; ④ 전문성 개발 및 코칭 체계; ⑤ 교육구 차원의 평가, 교육과정, 교수 실제. 교육구 전체 목표 항목에서는, 해당 교육구가 주(州)에서 요구하는 교육발전계획(Continuous Improvement Plan)에 명시한 현재의 목표 목록을 제출하도록 하였고, 만약 EBISS 사업에 선정될 경우 참여를 통해 달성하고자 하는 목표도 함께 기재하게 했다. 이미 교육 실제 실행을 담당하는 교육구 차원의 리더십 팀이 존재하는 경우, 팀 구성원들의 이름과 역할을 명시하도록 요청받았다. 또한 교육구는 해당 팀에 대한 추가 정보—예: 팀 구성원의 전문성 수준, 회의 빈도 및 소요 시간, 일반적인 역할과 주요 성과—도 함께 제출해야 했다.

참여 교육구에는 소규모 예산이 지원되었지만, 사업 수행을 위해 자체적으로 활용 가능한 내부 자원도 식별하고 명시할 것을 요청받았다.

전문성 개발 및 코칭과 관련하여, 지역교육청은 문해력(literacy)과 PBIS 분야에 이미 마련된 코칭 자원이 있는지를 묻는 질문에 응답해야 했다. 또한, PBIS와 학교 차원의 보편적 읽기 모델(SWRM)에 대해 이전에 어떤 전문성 개발 연수를 받은 경험이 있는지를 서술하도록 요청받았다. 지역교육청은 현재 교육청 내부에서 운영 중인 전문성 개발 계획과 지속적으로 제공되는 기술 지원 또는 코칭체계에 대해서도 설명하였다. 또한, 지역교육청 차원에서 초기 문해력, 사회 · 정서 · 행동적 문제에 대한 보편적 선별 및 진행 상황 모니터링 체계가 마련되어 있는지에 대한 정보도 요구되었다. 마지막 항목에서는, 지역교육청 전반에 걸쳐 동일한 읽기 교육과정을 채택하고 있는지, 그리고 종합적인 사회적 · 행동적 중재 및 지원체계를 도입하고 있는지를 확인하는 질문이 포함되었다. 초기 4년간의 보조금 운영기간 동안, 총 30개 지역교육청이 보조금을 신청하였고, 그중 26개 지역교육청이 4년 전체 기간 동안 사업에 참여하였다.

(1) 재정

각 참여 지역교육청은 EBISS 사업 참여를 지원하기 위한 소규모 예산을 지원받았다. 보조금의 첫 2년 동안, 지역교육청은 EBISS 모델 실행을 담당할 지역교육청 차원의 인력 1명의 역할을 지원하는 데 해당 자금을 활용하도록 요청받았다. 이 인력을 시스템 코치(systems coach)라고 불렀다. 이 시스템 코치의 목적은, 연중 약 25일 정도 지역교육청 및 학교 차원의 데이터 회의 진행, 전문성 개발 일정 조율, 그리고 EBISS가 주관하는 연수 활동에 참여하는 역할을 수행할 수 있는 리더를 지역교육청 내에 확보하는 것이었다. 보조금의 후반 2년에는, 동일한 예산을 시스템 코치 외의 다른 용도로도 사용할 수 있게 되었다. 일부 지역교육청은 새로운 팀 구성원이 연수에 참여할 수 있도록 출장비 등을 지원하기도 하였다.

(2) 기술 지원

오리건주 교육청은 3명의 민간 컨설턴트와 계약을 체결하고, 오리건 대학교 교수학습센터(Center on Teaching and Learning)에 자금을 지원하여 참여 지역교육청 전체에 전문성 개발 및 기술 지원을 제공할 교육 인력을 고용하도록 하였다. 이러한 주 차원의 기술 지원 제공자들(state technical assistance providers)은 각 지역교육청의 시스템 코치와 만나, 해당 교육청의 문해력 및 행동 관련 데이터에 기반한 맞춤형 지원을 제공하였다. 이 과정을 통해, 지역교육청과 학교는 다음과 같은 다양한 형태의 지원을 받았다(단, 이에 국한되지 않음): 데이터 보고서 분석 지원, 문해력 평가 도구의 시행 및 채점 방법에 대한 연수, 문해력 지도 및 교실 내 행동관리 전략에 대한 효과적인 교수 실제 시연, 각 시스템 코치는 연 1회 이상 지역교육청 리더십 팀 회의에서 직접적인 기술 지원을 받았고, 대부분은 월 1회 이상 전화나 이메일을 통한 자문 및 소통도 함께 이루어졌다.

(3) 전문성 개발 콘퍼런스

지역교육청에 제공된 전문성 개발 연수에는 SWPBIS와 SWRM의 구현, 그리고 두 시스템을 통합하는 EBISS 팀 구성 프레임워크의 일반적인 특징에 대한 세션이 포함된다. 오리건 주 교육부와 EBISS 주 기술 지원 제공자들은 North West PBIS Network와 OrRTI를 비롯한 주 내 다른 전문가들과 협력하여 학년에 걸쳐 다양한 세션과 과정을 제공했다. 시스템 코치들은 가을과 겨울에 각각 하루씩, 연간 총 2일 동안 SWPBIS와 SWRM의 시스템 수준 구현에 초점을 맞춘 전문성 개발 세션에 참석했다. 매년 봄에는 각 지역교육청의 대표 팀이 한자리에 모여 협력적인 팀 구성과 데이터 기반 실행계획 수립에 중점을 둔 1일 워크숍에 참여했다. 이 워크숍에는 초등학교부터 고등학교까지 다양한 학년의 교사들, 각 학교급별 학교장, 그리고 특수교육 및 일반교육 담당 지역교육청 행정가들이 참여했다. 또한, 경우에 따라 보조 지도교사, 학부모 자원봉사자, 이사회 구성원, 그리고 교육감 또는 부교육감도 참석했다. 시스템 코치들은 이러한 훈련에 팀과 함께 반드시 참석해야 했으며 전문성 개발에서 배운 내용을 학교에 전달하고 이를 실행하는 주요 책임을 맡았다.

3. 현재 상황

1) 지역교육청 차원

현재 TTSD에서는 유치원부터 12학년(K−12)까지 모든 학교에서 EBIS가 시행되고 있으며, '읽기, 수학, 쓰기'뿐만 아니라 '행동과 정신건강 문제'를 포함한 여러 영역에 활용되고 있다. EBIS는 처음부터 일반교육과 특수교육 간의 진정한 협력체제로 설계되었다. 두 그룹의 구성원이 모두 EBIS 팀에 포함되어 있으며 모든 학생은 '우리의 학생'이란 전제로 양쪽 간에 원활히 연계되도록 시스템이 설계되었다. 각 학교급별(초중고) 교실에서 가장 심각한 행동 및 정서 문제를 가진 학생들을 위한 하나의 자폐성 교실(자체 학급)을 제외하면, 이 지역교육청 내에는 다른 자체 학급 프로그램이 없다. 모든 학생은 일반교육 환경에서 수업을 받으며 모든 학생의 학업 성과는 EBIS 회의에서 모니터링되고 논의된다. 특수교육 적격성을 판단하기 위해 읽기와 수학에서는 RTI 이중 불일치 모델(dual discrepancy model)을 사용한다. 다층 지원체계(The multi-tiered levels of support)는 'ADHD, 의사소통장애, 정서장애'의 진단을 위한 평가에 하나로 활용된다. 또한, Tier2 그룹에 해당하는 학생을 지원하기 위해 외부 기관의 사회복지사와 카운티 청소년 사법부 대표들이 정규 구성원으로 참여하고 있다.

모든 교사는 동일한 연구 기반의 핵심 교육과정(core curriculum)을 사용하며 이를 충실히 실행하고 있다. 초등학교에서는 학생들이 읽기 수준별 그룹 수업(walk to read)이라는 방식으로, 자신에 더 필요한 기술을 배울 수 있는 그룹에서 수업을 받을 수 있도록 한다. 이렇게 함으로써 학생들은 수업에 더 열심히 참여할 수 있게 된다. 코칭, 훈련, 열린 의사소통, 그리고 지속적인 데이터 기반 의사결정은 TTSD에서 EBIS 시스템의 중요한 요소이다. 매년 정책과 절차가 검토되고, 교육청의 EBIS 매뉴얼(초 · 중)이 수정되고 개선된다. 2013~2014학년도에는 영어 언어 발달 프로토콜과 이중 언어 읽기 프로토콜이 추가되었다. EBIS 과정은 모든 학교에서 강력하게 시행되고 있으며 TTSD의 공식적인 운영방식이 되었다.

EBIS는 학생성취를 개선하기 위한 비전을 가진 두 명의 지역 '선구자(champions)'에 의해 시작되었다. 이들이 만들어 온 과정을 유지하고 발전시키기 위해, 교육청은 블레이즈와 동료들(Blase et al., 2005)이 제시한 실행 과학의 원칙을 수용했다. 특히, 실행 동력 요소인 선발, 교육, 코칭, 성과 평가, 시스템 개입, 지원 행정, 의사결정 지원 데이터 시스템, 리더십에 중점을 두고 있다. TTSD는 학교장이 될 교육 리더를 선발하기 위해 채용 과정을 개편했으며, 표준화 측정을 정기적으로 활용하여 실행 과정의 이탈을 줄이고자 노력하고 있었다.

2005년 시작된 이후, OrRTI는 TTSD가 계약을 맺고 있는 프로그램으로, 주 내 197개 교육청 중 60개 이상의 교육청에 MTSS(Multi-Tiered System of Support) 훈련을 제공했다. 이 노력의 일환으로 진행 상황 모니터링 데이터 시스템이 만들어졌다. 중재계획 및 평가 시스템(IPAS; Tigard-Tualatin School District, 2008)은 모든 선별 및 진행 상황 모니터링 점수를 입력할 수 있게 하며, 목표선(aimline)과 추세선(trendline)을 만들어 준다. 또한, 커리큘럼, 그룹 크기, 지속 시간 등 모든 중재 데이터를 기록하고 공유할 수 있는 공간(space)을 제공한다. 팀은 이러한 데이터를 사용하여 중재 배치 결정을 내리고, 중재의 효과를 평가하며 필요에 따라 변경을 한다.

2) 주 차원

2011년 가을, 오리건주 교육청은 두 번째 주 인력개발 보조금(State Personnel Development Grant: SPDG)을 지원받게 되었다. 이 새로운 SPDG는 '심화(depth)'와 '확산(breadth)'이라는 두 가지 주요 전문성 개발 영역으로 구성되어 있다. 심화 영역(depth professional development)은 이전 SPDG의 지원을 받았던 26개 지역교육청을 대상으로 한다. 이들 지역교육청은 지속적인 전문성 개발 연수를 제공받고 있으며, 출장비와 EBISS 실행을 위한 소규모 인센티브도 함께 지원받고 있다. 각 지역교육청 팀은 한 가지 심화 분야(depth strand)를 선택하도록 요청받았다. 선택 가능한 다섯 개 분야는 다음과 같다: 중등 문해력(secondary literacy), PBIS, RTI, SLD 자격 판별을 위한 RTI, 실행 과학(implementation science). 각 전문성 개발 패키지에는 다음이 포함된다: 3일간의 대면 연수, 5회 분량의 웨비나 시리즈, 전화 및 이메일을 통한 자문 지원. 이 온라인 학습 구성은, 광범위한 지역에 걸쳐 있는 오리건주 내에서 여러 차례 대면 연수나 자문 회의에 직접 참석해야 하는 데 따르는 어려움과 비용을 해결하기 위해 개발되었다.

확산 영역(breadth professional development)은 새롭게 EBISS에 참여하는 지역교육청과 기존 참여 지역교육청 모두를 대상으로 한다. 지역교육청이 심화 또는 확산 전문성 개발 연수를 받은 이후에는, 지속적인 코칭 및 기술 지원이 함께 제공된다. 이러한 전문성 개발과 기술 지원의 결합은 4년에 걸쳐 순차적으로 시행되며, 오리건주 내 197개 모든 지역교육청에 도달하는 것을 목표로 한다. 현재 오리건 전역에는 5개의 지역 실행 구역(regional implementation zones)이 개발 중에 있다. 기존 참여 지역교육청에 대한 지원은 신규 교직원이 EBISS의 기초와 실행 과학을 익힐 수 있도록 훈련하는 데 초점을 두고 있다. 3일간의 대면 연수와 20개의 짧은 웨비나 시리즈를 통해 다음 세 가지에 대한 지식 구축과 확산을 목표로 한다: RTI, PBIS, 그리고 학교차원의 보편적 읽기 모델(SWRM)의 기초 EBISS 팀 운영 프레임워크 실행 과학(implementation science).

4. 고유한 특징

전국의 학교와 지역교육청이 MTSS를 구축하기 위해 노력하고 있는 가운데 오리건주와 티가드-투알라틴 지역에 주목할 만한 이유는 무엇일까? EBISS 모델을 구성하는 실행 요소

는 다음과 같다: ① 리더십과 헌신, ② 학교와의 실행계획 수립, ③ 조정(coordination) 및 코칭, ④ 전문성 개발과 연수, ⑤ 지속적인 평가 및 점검 시스템, ⑥ 인지도(visibility)와 정치적 지원, ⑦ 재정 지원. 이러한 요소 대부분은 대부분의 MTSS에서 공통적으로 나타나는 특징이지만 이 모델의 몇몇 부분은 TTSD과 오리건주에서 나타난 고유한 특징일 수 있다.

1) 지역교육청 차원

EBIS는 TTSD가 "모든 학생이 학교에서 성장하고, 졸업 후 성공할 준비를 갖추도록 한다"는 지역교육청의 사명을 실현하기 위해 사용하는 시스템이다. EBIS의 구조와 그 구조가 학교 현장에 정착되도록 지원하는 전문성 개발 체계는 지역교육청 차원에서 설계되며, 학교의 의견도 함께 반영된다. 지역 내 모든 학생이 어떤 교실, 어떤 학교에 속해 있든 동일한 학업 및 사회성 발달의 기회를 제공받는 것이 매우 중요하다. 이러한 원칙을 바탕으로, 실행충실도를 보장하고, 학교와 지역교육청 간 피드백 순환 체계를 유지하기 위한 여러 가지 구조들이 마련되어 있다.

(1) 리더십 팀

지역교육청 차원에서는 EBIS 운영 과정과 필요한 변경 사항에 대해 최종 결정을 내리는 리더십 팀이 존재한다. 지역교육청에는 두 명의 코치가 있으며, 이들은 학교 팀과 정기적으로 만나, 학교 현장에서의 EBIS 운영 과정에 대해 연수와 피드백을 제공한다. 각 학교에는 문해력 전문가가 배치되어 있으며, 이들은 읽기 영역의 학교 내 코치 역할을 맡는다. 또한, 상담교사 또는 학교 심리학자가 행동 영역의 학교 내 코치 역할을 수행한다. 학교장(principal)은 교수 리더로서, 수업 순시(walk-throughs)를 자주 실시하여 수업 실행의 충실도를 점검한다. 지역교육청에서는 이들 학교 내 코치들을 위한 월례 회의가 열린다. 하나는 문해력 전문가들을 위한 회의, 또 하나는 상담교사와 심리학자들을 위한 회의, 마지막 하나는 학교장들을 위한 회의이다. 이 팀 회의들의 진행자는 지역교육청 소속 코치들과 행정가들이며, 모두 지역교육청 리더십 팀에 소속되어 있다. 이러한 월례 회의는 연수, 데이터 검토, 정보 공유, 그리고 실무자들로부터의 피드백 수집을 목적으로 운영된다.

(2) 새로운 사업과의 통합

EBIS는 TTSD에서 사용하는 핵심 시스템이기 때문에, 지역교육청이 새로운 사업이나 활동을 도입하기 전에, 해당 제안이 EBIS 시스템과 어떻게 연계될 수 있을지를 우선 고려한다. 지난 수년 동안 지역교육청은 『인종에 대해 용기 있게 대화하기(Courageous Conversations about Race)』(Singleton & Linton, 2005)에서 제시된 과정을 실행해 왔다. 최근에는 전문적 학습 공동체(Professional Learning Communities: PLC)(Eaker, Dufour, & Dufour, 2002)와 디지털 학습 협업체(digital learning collaborative)도 새롭게 시작되었다. 이 디지털 학습 협업체는 지역교육청이 자체 개발한 시스템으로, 교사들이 기술을 효과적으로 활용할 수 있도록 지원하여, 학생 참여도와 학습 내용 접근성을 높이고, 수준을 차별화함으로써 전반적인 학생성취를 향상시키는 것을 목표로 한다. 이러한 활동은 모두 EBIS의 일부로 통합되었다. 따라서 교직원들은 서로 경쟁하거나 중복되는 여러 사업에 압도당하는 대신, 하나의 통합된 과정 속에서 여러 구성 요소가 강력한 정규 교육과정과 효과적인 중재를 가능하게 한다는 것을 이해하게 된다.

(3) MTSS 내에서의 특수교육 자격 판별

TTSD에서 EBIS의 또 다른 독특한 특징은, EBIS가 특수교육 자격 판별 시스템으로도 활용된다는 점이다.

우리 팀은 자격을 판단할 때 다음 세 가지 질문을 던진다:

1. 이 학생의 기술 수준은 또래에 비해 현저히 낮은가?
2. 중재에도 불구하고 충분한 성장을 보이지 않는가?
3. 이 학생은 특수하게 설계된 수업이 필요한가?

지능검사는 거의 사용하지 않는다. 이러한 접근은 상담교사와 학교 심리학자들이 행동지원에 더 집중할 수 있도록 자원을 확보해 준다. 이 전문가들은 현재 학교 내에서 PBIS 리더 역할을 수행하며, 다른 팀원들과 함께 긍정적인 학교 분위기를 조성하고, 보편적 지원만으로는 충분하지 않은 학생들에게 행동 중재를 제공하는 역할을 맡고 있다.

2) 주 차원

TTSD의 사례를 따라, 학교 차원의 실행을 지원하기 위해서는 지역교육청 차원의 지원체계가 반드시 필요하다는 점이 분명해졌다. EBISS는 주 인력개발 보조금(SPDG)의 지원을 받아 운영되기 때문에, 그 핵심은 지식의 보급과 지역교육청 내부 역량 구축에 중점을 두고 있다. EBISS 사업의 특징 중 하나는, 대부분의 전문성 개발 연수가 지역교육청 관리자들을 주요 대상으로 한다는 점이다. 그 목적은 지역교육청 전반에 걸쳐 근거 기반 실제를 정착시키는 데 필요한 정보를 제공하는 것이다. 주 차원에서 EBISS의 핵심 요소는 다음 네 가지이다: ① 시스템 코칭 역할, ② EBISS 팀 운영 프레임워크, ③ EBISS 지역교육청 시스템 지원 계획, ④ 협력 기반의 전문성 개발.

(1) 시스템 코칭 역할

EBISS 팀 운영 프레임워크 내에서, 시스템 코치(systems coach)의 역할은 지역교육청과 학교 간 이해관계자 사이의 소통을 조율하는 핵심 팀원으로 강조된다. 처음부터 시스템 코치가 EBISS 팀 운영 프레임워크의 일부였던 것은 아니다. EBISS 사업의 첫해에, EBISS 실행을 지역교육청 전반에 정착시키는 일을 자신의 책임으로 인식하고 이끌어 갈 인물이 반드시 한 명 이상 필요하다는 점이 분명해졌다.

우리는 이 인물을 시스템 코치라고 부른다(관련 자료: https://blogs.uoregon.edu/systemscoaching/). 시스템 코치는 지역교육청 차원에서 활동하며, 지역교육청 리더십 팀에게 실행 원칙을 지도하고 지원하는 역할을 한다. 시스템 코치의 전문성 개발은 PBIS와 학교 차원의 보편적 읽기 모델(SWRM)의 기초 이해부터 시작하여, 실행 과학(implementation science)의 핵심 개념과 실행 단계(Fixsen et al., 2005)를 통합적으로 학습하는 구성으로 이루어진다. 최종 목표는, 시스템 코치가 PBIS, SWRM, 실행 과학에 대해 충분한 지식을 갖추고, EBISS 실행 전 과정에서 지역교육청 리더십 팀을 효과적으로 이끌고 코칭할 수 있도록 준비시키는 것이다.

비록 시스템 코치의 역할이 EBISS 프레임워크의 핵심이자 공통된 요소이긴 하지만, 각 지역교육청은 자율적으로 해당 역할을 조정하여 지역적 맥락에 맞게 적용할 수 있다. 예를 들어, 규모가 큰 지역교육청의 경우, 두세 명의 팀원이 지역교육청 본부 내에서 자신의 주 역할 외에 시스템 코치 역할을 분담하는 사례도 드물지 않다. 반면, 규모가 작은 지역교육청에서는, 시 · 군 단위 교육서비스 기관(광역 교육지원청 등)에서 파견된 교육 전문 컨설턴트나, 특별 임무를 부여받은 교사가 시스템 코치 역할을 수행하기도 한다. 우리의 경험에 따르면, 시스템 코치가 지역교육청 집행부와 자주 소통하기만 한다면, 지역교육청 리더십 팀의 활동은 안정적으로 뒷받침될 수 있다.

(2) EBISS 팀 구성 프레임워크

오리건주 교육청은 오리건 코치 태스크포스(Oregon Coach Task Force)를 구성하였으며, 이 그룹에는 학교, 지역교육청, 광역 교육지원청, 대학의 PBIS 및 SWRM 전문가들이 참여하였다. 이 태스크포스의 과제는, 기존의 연구 기반과 PBIS/EBISS를 높은 수준으로 실행하고 있는 학교 및 지역교육청의 실제 사례들을 통합하여 효과적인 팀 구성 구조(teaming structure)를 설계하는 것이었다. 한편, TTSD는 이미 이전부터 각 학교 단위에 PBIS 실행을 위한 리더십 팀을 구성해야 한다는 결정을 내린 바 있었다(Sadler, 2000). 그리고 시간이 지나면서 이 팀은 EBIS 실행도 함께 맡게 되었다. 이러한 배경에, 다른 사업(예: Reading First)

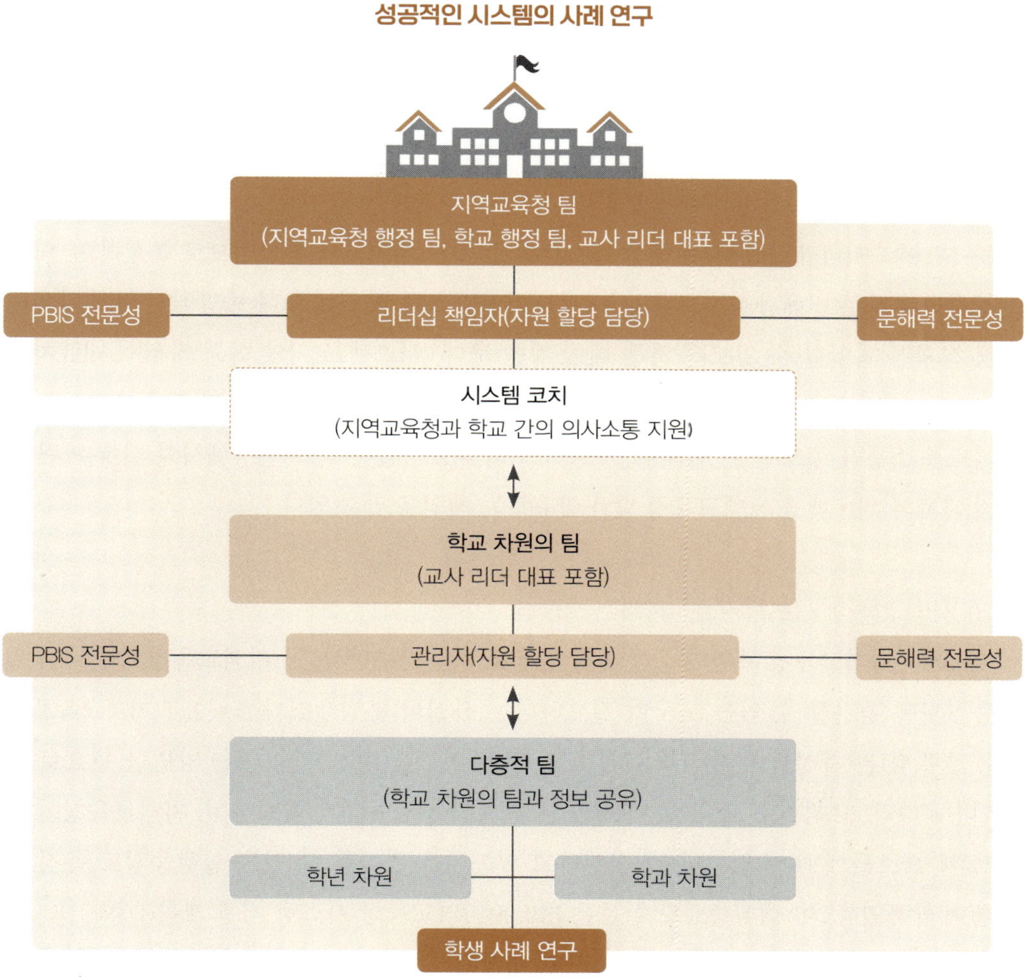

[그림 8-1] EBISS 팀 구성 프레임워크

에서 학교마다 고유한 리더십 팀을 운영해 왔던 경험까지 더해져, 우리는 이 리더십 팀의 구조를 한 단계 상향시켜 각 지역교육청에 '지역교육청 리더십 실행 팀(District Leadership Implementation Team: D-LIT)'을 구성하도록 요청하게 되었다. 이렇게 마련된 EBISS 팀 운영 프레임워크는 EBISS 전문성 개발의 핵심 주제 중 하나가 되었다.

EBISS 팀 운영 프레임워크는 [그림 8-1]에 제시되어 있으며, 이 구조는 효율적이고 효과적인 소통 순환 체계와 개선 사이클이 원활히 작동할 수 있도록 구성되어 있다. 이 팀에는 지역교육청 관계자뿐만 아니라 학교 차원의 리더들이 함께 참여한다. 학교 차원의 리더는 교사, 전문가, 또는 학교장일 수 있다. 장기적으로는, 지역교육청 팀의 모든 구성원이 시스템 전반의 행동 및 읽기 데이터를 해석할 수 있는 역량을 갖추는 것이 목표이다(Todd et al., 2011). 그러나 초기에는 데이터 분석에 자신 있는 사람이 한두 명에 불과할 수도 있다. 이때 데이터 분석가 역할은 보통 지역교육청 소속 PBIS 코치나 교수 코치가 맡게 된다. 그림에 나타나듯이, 시스템 코치는 D-LIT(지역교육청 리더십 실행 팀)과 B-LIT(학교리더십 실행 팀) 사이의 연락담당관(liaison) 역할을 수행한다. 이 역할은 한 사람이 맡을 수도 있고, 지역교육청 리더십 팀 내 여러 사람이 나누어 맡을 수도 있다.

B-LIT(학교리더십 실행 팀)은 행동 데이터와 문해력 데이터를 통합적으로 분석하여, 학교 구성원들과 다른 이해관계자들이 두 가지 데이터를 모두 반영해 보다 종합적인 학교 차원의 실행 상황을 파악할 수 있도록 하는 데 초점을 둔다. 시스템 코치와 학교 차원의 대표자들(building-level representatives)은 지역교육청 차원의 실행계획이 학교 현장에 효과적으로 전달되도록 소통을 주도한다. 반대로, 학교 차원의 대표자들은 학교 현장에서의 실행 관련 실제적 과제와 피드백을 지역교육청 팀과 공유하는 책임을 맡고 있다.

(3) 지역교육청 시스템 지원 계획

EBISS가 지역교육청 차원의 실행에 강하게 초점을 맞추면서, 곧 지역교육청 수준에서 실행충실도를 평가할 수 있는 도구가 필요하다는 사실이 분명해졌다. D-LIT(지역교육청 리더십 실행 팀)은 자신들의 강점과 실행 목표 달성 정도를 평가할 수 있는 방법을 필요로 했다. 이에 따라, 오리건주 교육청은 EBISS 기술 지원 제공자들과 협력하여, 지역교육청이 특정 실행 요소들에 대해 얼마나 잘 실행하고 있는지를 평가할 수 있는 실행충실도 측정 도구를 개발하였다. 이 실행충실도 설문은 EBISS 지역교육청 시스템 지원 계획(DSSP; District Systems Support Plan)이라 불리며 오리건 대학교 교수학습센터(Center on Teaching and Learning, 2007)에서 개발되었다. 초기 타당도 검증 결과에 따르면, 이 도구는 높은 신뢰도와 중간 수준의 구성타당도를 가지고 있는 것으로 나타났다(Chaparro, Park, Baker, & Ryan-Jackson, 2011). 이 설문 도구는 팀이 다음의 7가지 EBISS 핵심 요소에 주목할 수 있도록 구성되어 있다: ① 리더십과 실행 의지, ② 학교와의 실행계획 수립, ③ 조정 및 코칭 체계, ④ 전문성 개발 및 연수, ⑤ 지속적인 평가 및 검토 체계, ⑥ 인지도(visibility) 및 정치적 지원, ⑦ 재정 지원. D-LIT는 자교육청의 시스템을 각 항목에 따라 평가한 후, 우선순위 영역을 최대 3개까지 선정하여 해당 영역에 대한 실행계획을 수립한다. 초기에는 EBISS 기술 지원 제공자들이 D-LIT가 이 설문을 수행하도록 관리 및 촉진 역할을 한다. 그러나 시간이 지나면서 지역교육청 팀과 시스템 코치가 도구에 익숙해지면, 시스템 코치가 촉진자가 되어 설문을 독립적으로 진행할 수 있게 된다. 또한 시스템 코치가 DSSP 설문 실행 과정을 원활히 지원할 수 있도록, 오리건 코치 태스크포스(2011)에서 개발한 DSSP 평정 기준표(scoring rubric)도 함께 제공된다.

(4) 협력 기반의 전문성 개발

EBISS 팀은 주 전역의 다양한 기술 지원 제공자들과 협력하여, EBISS 전문성 개발의 범위(scope)와 순서(sequence)를 실행에 옮겼다. 오리건주 교육청(ODE)을 통해, EBISS 기술 지원 제공자들은 NWPBIS 네트워크(www.pbisnetwork.org)와 협력하였다. NWPBIS 네트워크는 매 학년도마다 오리건과 워싱턴주에서 연속적인 콘퍼런스를 개최하고 있으며, 이 콘퍼런스들은 오리건 학교관리자 연합(COSA; www.cosa.k12.or.us)과 함께 다양하고 풍부한 수준 높은 전문성 개발 기회를 제공할 수 있는 기반을 마련해 주고 있다. 한편, 2007년부터 EBISS 사업에 참여한 13개 지역교육청은 OrRTI로부터 다양한 수준의 기술 지원도 함께 제공받아 왔다. 이처럼 여러 전문성 개발 기관들 간의 협력은, 모든 지역교육청에게 MTSS를 효과적으로 실행하는 것이 왜 중요한지를 일관되게 전달하고, 반복적으로 상기시켜 주는 역할을 한다.

5. 결과 평가

1) 지역교육청 차원

EBIS 시스템이 학생성취에 미친 성과는 매우 뛰어났다. 정기적인 보편적 선별 검사는 추가적인 지도가 필요한 학생을 신속히 식별하고 중재를 제공하는 데 큰 역할을 한다. 또한 프로토콜과 의사결정 기준을 통해 일관된 절차가 유지되며, 일반교육이든 특수교육이든 모든 학생이 필요한 지원을 받을 수 있도록 보장한다. 2012년 가을, TTSD는 전국에서 뛰어난 성과를 거둔 일부 지역교육청 중 하나로 선정되어 미국 교육성과국(National Center on Educational Outcomes: NCEO)이 운영하는 Moving Your Numbers 웹 사이트(www.movingyournumbers.org)에 소개되었다. 우리 지역교육청이 선정된 이유는, 모든 학교가 따르고 있는 지역 차원의 EBIS 시스템과, 그에 따른 학생성취 향상 결과 덕분이었다.

(1) 행동 성과

EBIS는 여러 과목에서 활용되고 있지만, TTSD에서는 읽기, 행동, 인종 간 학업성취 격차 해소라는 세 가지 핵심 분야에 중점을 두고 운영해 왔다. 이러한 초점 덕분에 다음과 같은 성과를 얻을 수 있었다. [그림 8-2]에서는 PBIS 실행 이후, 월간 학생 100명당 행동 사건 보고서(ODR)의 건수가 꾸준히 감소해 온 추이를 보여 준다. 이러한 감소는 학생이 수업에서 이탈하는 시간을 줄일 뿐 아니라, 학교관리자들이 수업 리더로서 더 효과적으로 활동할 수 있는 여유를 제공하게 된다. [그림 8-3]은 학교 차원 PBIS의 핵심 요소를 평가하기 위한 도구인 SET(School-wide Evaluation Tool; Sugai et al., 2001)의 결과를 보여 준다. SET 점수가 80% 이상이면, 보편적 학교 행동지원이 적절한 수준에서 실행되고 있다는 의미다.

우리의 실행충실도는 항상 일관되지는 않았지만, 전반적으로는 점차 증가해 왔으며 안정

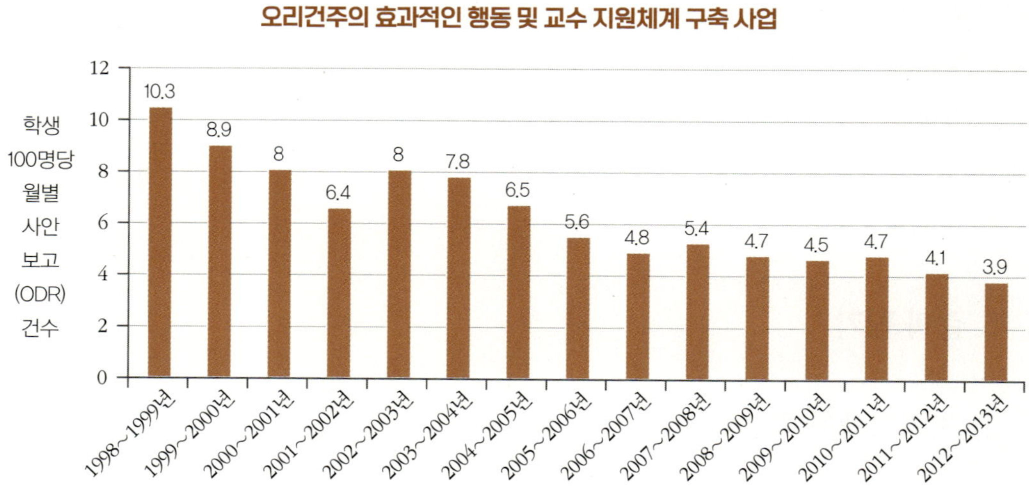

[그림 8-2] 티가드-투알라틴 교육청, 1998~2013: 매달 100명당 발생한 ODR 수

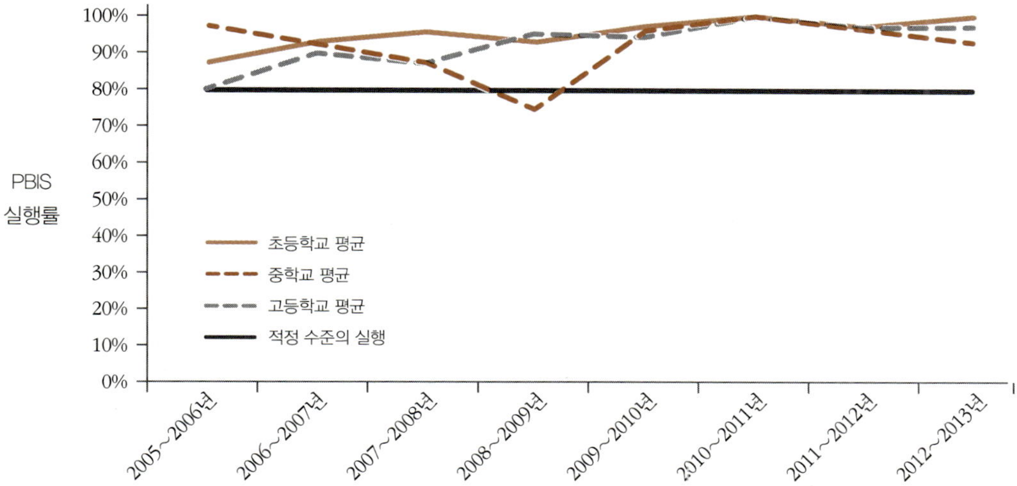

[그림 8-3] 학교 차원 평가 도구(SET) 결과

적으로 유지되고 있다. SET 점수가 하락했을 때마다, 우리는 전문성 개발을 강화하는 방식으로 대응해 왔다.

(2) 학업 성과

PBIS에 대한 실행충실도가 높아지고 행동 성과가 개선됨에 따라, 주 차원의 학업 평가 결과 또한 향상되는 추세를 보였다(Sadler & Sugai, 2009). OAKS(Oregon Assessment of Knowledge and Skills)는 오리건주 전역에서 실시되는 학업성취도 평가이다. [그림 8-4]는 TTSD 내 3학년부터 11학년까지 모든 학생 중 해당 연도에 OAKS 기준을 충족하거나 초과한 비율을 나타낸다. 앞서 언급했듯, TTSD는 세 번째 주요 목표로 백인 비히스패닉(white non-Hispanic) 학생과 히스패닉(Hispanic) 학생 간의 학업성취 격차를 해소하는 것을 설정해 왔다. 히스패닉 학생은 우리 교육구 내에서 가장 큰 소수 인종 집단이다. [그림 8-5]는 매년 OAKS에서 기준을 충족하거나 초과한 백인 비히스패닉 학생과 히스패닉 학생의 비율, 그리고 두 집단 간의 성취 격차(차이)를 보여 준다. EBIS를 활용한 결과, 이 성취 격차는 2007~2008년의 43%에서 2012~2013년에는 11%로 크게 감소하였다.

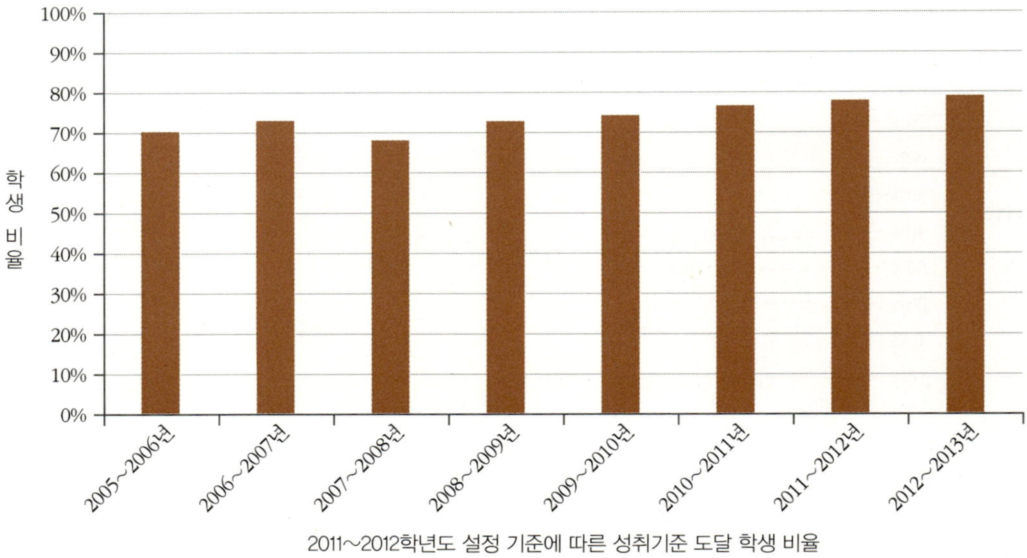

[그림 8-4] TTSD 학생 중 OAKS 읽기 평가에서 기준을 충족하거나 초과한 학생 비율

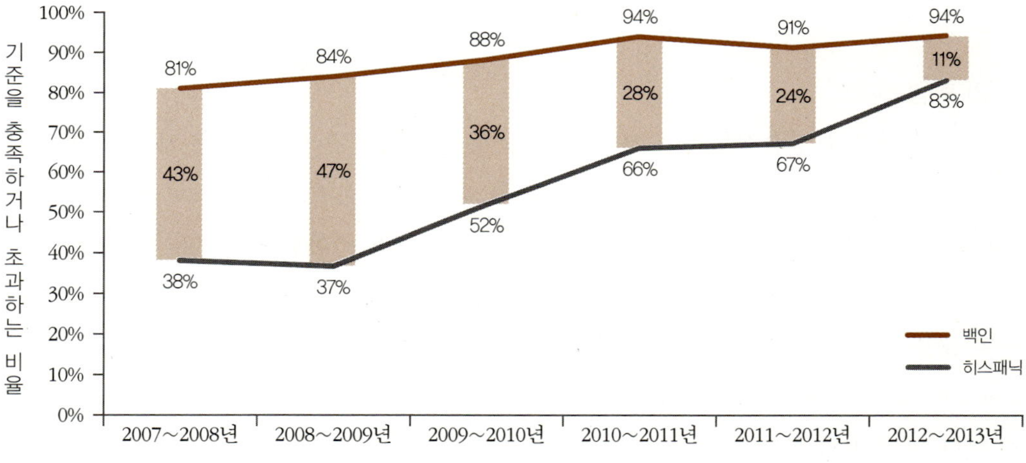

[그림 8-5] 고등학교 OAKS 읽기성취도 격차

2) 주 차원

주 차원의 EBISS 성과 평가는 외부 평가자에 의해 수행된다. 이 데이터는 전문성 개발 보조금 사업의 일환으로 수집된 것이기 때문에, 주된 목적은 성인(교직원)의 행동 변화를 보여

주는 것이었다. 지역교육청은 매년 학교 차원 및 지역교육청 차원의 데이터를 제출하도록 요청받았다. 각 지역교육청의 시스템 코치가 자 교육청 및 소속 학교의 데이터를 주(state) 팀에 제출하는 책임을 맡았다. 학교는 다음의 세 가지 주요 범주에 대한 데이터를 보고하도록 요청받았다: ① EBISS 시스템 구축 여부, ② 학생성취 데이터 수집 및 활용, ③ 실행충실도 데이터 수집 및 활용. EBISS 시스템 항목에서는, 학교에 문해력 및 행동 리더십 팀이 구성되어 있는지, 그리고 학생을 위한 연속적인 지원체계(continuum of support)가 제공되고 있는지 등을 질문하였다. 학교는 또한 다음의 정보도 보고하였다. 문해력 및 행동 선별 검사와 진행 모니터링 데이터 수집 여부, 데이터를 입력하고 분석하는 데 사용되는 시스템의 유형 또한, 문해력과 행동 영역 모두에서 연속적인 지원체계가 얼마나 갖추어져 있는지의 정도도 보고하도록 하였다. 한편, 지역교육청은 매 학년 초와 말에 DSSP(지역교육청 시스템 지원 계획)를 자가 평가 형태로 작성하였다. 이 자기 평가는 기술지원 제공자들이 전문성 개발의 범위와 순서를 각 지역교육청의 요구에 맞게 조정할 수 있도록 도와주었다.

우리는 주 차원의 EBISS 사업에 참여한 지역교육청들이, 학교 차원 데이터 요약에서 제시된 질문들을 통해 측정된 바와 같이, 교직원 행동 변화와 학생 문해력 성취 모두에서 향상을 경험했다는 점을 입증할 수 있었다. 채파로(Chaparro), 스몰코우스키(Smolkowski), 베이커(Baker), 한슨(Hanson), 그리고 라이언-잭슨(Ryan-Jackson, 2012)은 EBISS 실행 초기 2년간의 데이터를 발표하였으며, 해당 연구에는 1학년과 5학년 학생들의 읽기 유창성(oral reading fluency)에서 통계적으로 유의미한 향상이 나타났다는 결과도 포함되어 있었다. 이는 EBISS 사업에 참여한 동안 지역교육청 차원의 간접적인 성과 지표로 해석할 수 있다.

(1) 학교 차원의 EBISS 시스템

학교 차원 데이터 요약을 수집함으로써, 우리는 EBISS에 참여한 지역교육청의 초등학교들이 1년 차부터 4년 차까지, 행동과 문해력 시스템 모두와 관련된 주요 EBISS 요소들의 활용을 점차 확대해 왔다는 사실을 확인할 수 있었다. [그림 8-6]에 나타나 있듯, 많은 학교들은 이미 다음과 같은 PBIS의 기본 요소들을 갖추고 있었다: 리더십 팀, 행동지원의 연속 체계, 데이터 시스템, 학교 차원의 실행계획(building action plan). 또한, 학교들은 이미 PBIS 실행충실도를 모니터링하기 위해 SET 또는 품질 기준(BoQ; Kincaid, Childs, & George, 2005)을 사용하고 있었다. [그림 8-7]은 유사한 정보를 문해력 시스템 관점에서 보여 준다. 여기서는 PBIS에 비해 문해력 관련 EBISS 요소를 처음부터 갖춘 학교의 수가 훨씬 적었다. EBISS 사업 초기에는 초등학교의 절반가량만이 문해력에 대한 MTSS를 갖추고 있다고 보고했으나, 3년 차가 되었을 때에는 대부분의 초등학교가 계층적 지원 시스템(tiered system)을 실행하고 있는 것으로 나타났다. 또한, 초기에는 문해력 실행을 위한 학교 차원의 실행계획(building action plan)을 갖춘 학교가 31%에 불과하다는 사실에 우리도 놀랐다. 그러나 4년 차가 끝날 무렵에는 95%에 달하는 학교들이 실행계획을 갖추고 있다고 보고하였다.

(2) 교육청 차원의 EBISS 시스템

[그림 8-8]은 EBISS에 참여한 모든 지역교육청의 DSSP 평균 비율을 보여 준다. 4년간의 실행 기간 동안, DSSP로 측정된 7가지 EBISS 요소 모두에서 점진적인 향상이 나타났다. 그림의 가장 오른쪽에 제시된 전체 평균 점수에 따르면, 지역교육청들은 평균적으로 EBISS 요소를 갖춘 비율이 53%에서 78%로 증가한 것으로 나타났다. 마지막 해에는 DSSP의 모든 영역에서 전반적인 향상이 이루어졌다.

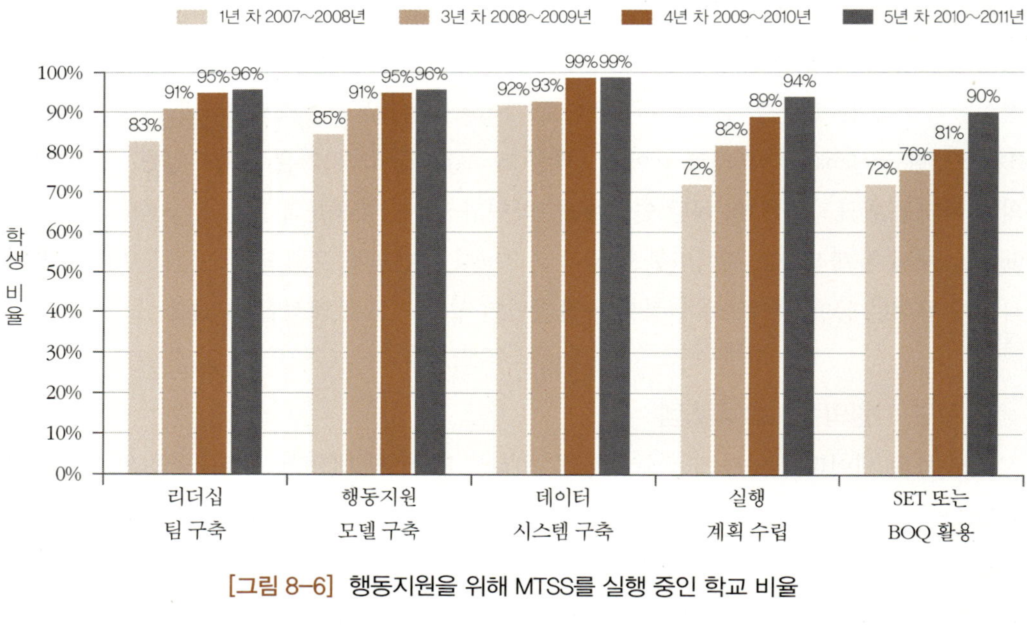

[그림 8-6] 행동지원을 위해 MTSS를 실행 중인 학교 비율

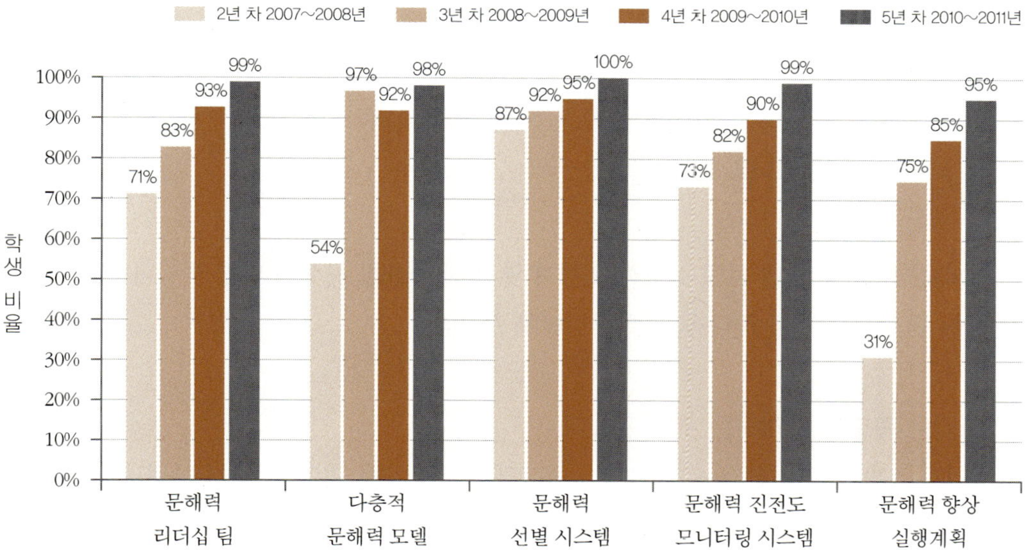

[그림 8-7] 문해력 향상을 위한 MTSS 실행 학교 비율

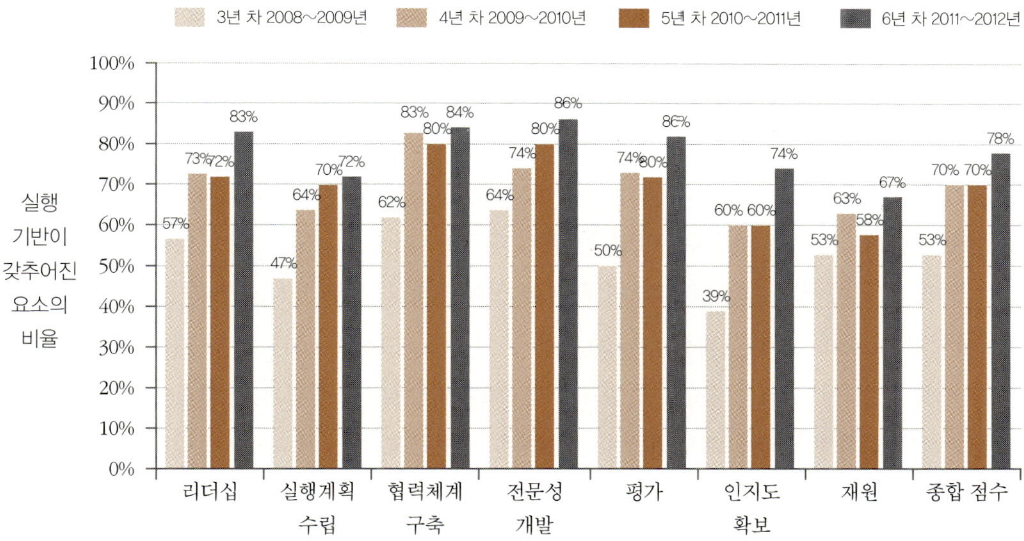

[그림 8-8] 지역교육청별 DSSP 점수의 전체 평균

6. 얻은 교훈

1) 지역교육청 차원

TTSD는 EBIS를 10년 넘게 실행해 오면서 몇 가지 중요한 사실이 알게 되었다. 그 과정에서 얻게 된 주요 교훈들을 다음과 같이 정리할 수 있다.

(1) 작은 규모로 시작하는 것이 괜찮다

우리의 첫 번째 조언은 좁은 범위에서 시작하라는 것이다. TTSD는 처음부터 지금까지 읽기와 행동에 초점을 맞춰 왔다. 다른 영역으로 확장하기 전에, 이 두 영역이 충분히 자리 잡는 것이 결정적으로 중요하다. 긍정적인 학교 분위기는 수업 시간을 늘리는 데 도움이 되며, 이를 통해 근거 기반 정규 교육과정과 중재를 실행충실도 있게 제공함으로써 학생성취를 높이고, 모든 학생이 좋은 삶을 살 기회를 가질 수 있도록 도울 수 있다.

(2) 리더십이 핵심이다

EBIS가 제대로 작동하려면, 학교관리자들이 그 구성 요소를 이해하고 신뢰해야 하며, 시스템에 대한 충실도를 보장하고, 교직원과 함께 결과를 지속적으로 검토하면서 학생 성장에 집중해야 한다. 이러한 이유로, TTSD는 관리자(교장) 채용 절차를 개편했다. 예를 들어, 우리는 교장 지원자에게 1학년과 5학년 학생에게 어떻게 읽기를 가르칠 것인지를 묻는다. 또한, 에임라인(aimline)과 추세선(trendline)을 분석하고, TTSD의 의사결정 기준을 사용해 어떤 조치를 취할 것인지 설명하도록 요구한다. 마지막으로, 교직원과 어떻게 협력하여 EBIS 실행충실도를 확보할 것인지도 묻는다. EBIS를 지지하고 이끌 수 있는 적합한 리더를 채용하는 것은 우리의 지속적인 성공과 성장의 핵심 요소이다.

(3) 성공은 또 다른 성공을 만든다

TTSD에서 EBIS를 처음 도입했을 때, 많은 교사들이 정규 교육과정이 아닌 자신이 직접 개발하거나 수집한 자료로 읽기를 가르치고 있었다. 몇몇 교장은 EBIS의 구성 요소를 따르도록 요구하지 않았다. 곧 지역교육청은 모든 교장이 정규 교육과정을 실행충실도 있게 제공하도록 압박하기 시작했다. 몇몇 교사들이 교육감에게 찾아와, 자신들은 훌륭한 교사이지만 자신의 방식대로 수업을 하지 못하면 떠날 수밖에 없다고 말했다. 교육감은 그들이 좋은 교사임을 인정했고, 그들이 떠나는 것을 원치 않는다고 말했지만, 근거 기반 정규 교육과정은 모든 학급과 학교에서 반드시 사용될 것이라고 밝혔다. 실제로 일부 교사는 떠났다. 그러나 정규 교육과정을 실행충실도 있게 제공한 지 1년 만에, 학생들의 읽기 능력이 뚜렷하게 향상되었음이 확인되었다. 성과가 향상되자, 새로운 방식에 대한 수용도도 함께 증가했다. 처음에는 교사들이 연 3회의 DIBELS 선별 검사를 불평했지만, 이제는 검사 당일에 바로 결과를 받아야 한다고 요청할 정도가 되었다. 교직원들이 은퇴하거나 다른 자리로 옮기더라도, 이 시스템에서 일할 준비가 된 새로운 인력을 채용함으로써 EBIS에 대한 지역교육청의 방향성은 바뀌지 않는다. 사실, TTSD는 학생성취의 성공 사례 덕분에 교직원들이 일하고 싶어 하는 지역교육청으로 자리잡았다.

다층 지원 시스템의 실행은 마치 새로운 세계를 향한 탐험과도 같다. 준비와 리더십, 연수, 그리고 인내심이 필요하다. 쉬운 일은 아니지만, 옳은 일을 하는 것이다. 학생들에게 요구되는 교육 기준은 점점 더 높아지고 있으며, 이는 Common Core State Standards(공통 정규 주 교육과정)에서도 잘 드러난다. MTSS는 모든 학생이 필요할 때, 필요한 수업을 받을 수 있도록 보장하는 데 도움을 준다.

콜럼버스가 서쪽으로 항해했을 때, 그는 인도에 도달하여 향신료와 귀중한 자원들을 얻는 것을 목표로 삼고 있었다. 그러나 그는 전혀 예상하지 못한 장소에 도달했고, 결과적으로 훨씬 더 가치 있는 곳을 발견하게 되었다. MTSS도 이와 같다. 그 여정은 길고, 때로는 예상치 못한 곳으로 우리를 데려가기도 하지만, 그 장소는 결국 중요한 의미를 가진 곳이 된다. MTSS라는 탐험의 여정은 끝이 없다. 학생 데이터를 바탕으로 끊임없이 개선하고 변화해 나가야 하기 때문이다. 하지만 역량 있는 교사들로 구성된 팀이 학생성취를 평가할 수 있는 구조를 갖추고 있다면, 우리는 가치 있는 정보를 얻고, 모든 학생이 '학교에서 성장하고 졸업 후 성공할 수 있도록 준비되는' 길로 나아가는 데 중요한 결정을 내릴 수 있다.

2) 주 차원

우리는 수년간 MTSS 실행에 힘써 왔지만, 여전히 배우고 있는 중이다. 새로운 지역교육청들을 참여시키면서, 우리는 재정이 빠듯한 환경 속에서 어떻게 변화시켜 나갈 수 있을지를 배우고 있고, 수년간 실행해 온 지역교육청들과는, 리더십 교체 상황에 어떻게 대처할지, 그리고 새롭지만 상호 보완적인 사업들을 어떻게 추가할지를 배우고 있다. 배운 교훈은 많지만, 주 차원에서 볼 때, 우리는 그것들을 세 가지 핵심 실행 요소로 요약했다. 이 실행 요소들을 갖춘 지역교육청은, 필요한 인적 · 재정 자원을 바탕으로 다른 도전 과제들도 효과적으로 헤쳐 나갈 수 있었다. 반면, 이러한 요소들이 마련되지 않은 경우에는, 목표에 도달하긴 했지만 과정이 더 험난하고 시간도 훨씬 더 걸리는 경향이 있었다. 이러한 이유로, MTSS를 도입할 때 반드시 다음 세 가지를 점검할 것을 권장한다. 지역교육청 리더십 실행 팀에 적절한 인력이 구성되어 있는가? 모든 이해관계자가 MTSS에 참여하고 있는가?, MTSS를 도입하기 전, 충분히 그리고 또 충분히 계획을 수립했는가?

(1) 올바른 사람들로 구성된 리더십 실행 팀을 구축하라

EBISS 초기에는, 이 사업이 단지 특수교육 영역에만 해당되는 것이라는 오해가 있었다. 그 결과, 리더십 팀은 대부분 지역교육청 특수교육 담당자나 전문가들로만 구성되어 있었다. 하지만 우리는 곧, 시스템 코치들과 협력하여 해당 지역교육청 내에 어떤 이해관계자들이 반드시 포함되어야 하는지를 함께 고민해야 한다는 사실을 알게 되었다. 또한 팀 내에 빠지기 쉬운 중요한 인물 중 하나는 예산 결정을 할 수 있는 권한을 가진 담당자였다. 재정 결정 권한자 또는 책임자가 포함되지 않은 팀은 실행계획 수립과 자원 확보에 어려움을 겪었다. 반면, 교육국장(superintendent)이나 부교육국장(assistant superintendent)이 팀에 포함되어 있을 경우, 결정을 내리고, 실행계획을 수립하며, 그 계획을 실현하는 데 필요한 자원을 확보할 수 있는 역량이 있었다. 그에 반해, 지역교육청의 소규모 코치 그룹으로만 구성된 팀은 지역교육청 전체 시스템을 효과적이고 효율적으로 변화시키는 데 한계가 있었다.

최근 우리는 EBISS 모델에 대해 더 배우고 싶어 하는 신규 지역교육청의 지역 차원 팀을 대상으로 3일간의 전문성 개발 연수를 진행했다. 몇몇 팀은 매우 열정적이었고, 다가올 해를 위한 계획 수립을 이미 시작하고 있었다. 그중 한 팀은 단 3명으로 구성된 소규모 팀이었지만, 첫 이틀 동안 적극적으로 참여하며 상세한 실행계획을 세우고 있었다. 하지만 그들은 다소 답답함도 느끼고 있었다. 이 계획이 실제로 회의실 밖에서도 실현될 수 있을지 확신이 없었기 때문이었다. 그러던 중 3일째에 새로 부임한 교육국장(superintendent)이 이 팀과 함께 연수에 참석했고, 세 팀원의 얼굴에는 밝은 미소가 번졌다.

우리가 마지막 날, 그들에게 계획 회의가 어땠는지 묻자, 그들은 이렇게 말했다. "정말 좋았어요! 이제 교육국장님이 함께하시니, 진짜 실현될 수 있다는 확신이 생겼어요!" 물론 교육국장이 모든 회의에 매번 참석할 필요는 없다. 그러나 팀 내 핵심 담당자가 교육국장과 직접 소통할 수 있는 구조는 반드시 필요하다. 교육국장이 회의 중 잠깐이라도 얼굴을 비추거나, 연중 선택된 일부 회의에 참석한다면, 팀의 작업 효율성과 실행력은 훨씬 더 높아질 수 있다.

(2) MTSS 실행에는 모든 이해관계자를 참여시켜야 한다

많은 지역교육청은 수업의 질, 학업 및 사회·행동적 데이터 활용, 자원 배분의 효율성에서 큰 발전을 이루어 냈다. 그러나 마지막까지 변화하지 않는 부분 중 하나는 인사 채용 방식이다. 채용 방식을 변화시키기 위해서는 MTSS 팀이 인사부서와 협력해야 한다. 신규 교원, 교장, 지역교육청 관리자, 심지어 교육국장까지도, MTSS가 정착된 학교 시스템에 맞는 인재로 채용될 수 있도록, 채용 관행이 바뀌어야 한다. 예를 들어, EBISS에 참여한 여러 지역교육청은 직무 설명서를 전면 수정하여 데이터 분석, 팀워크, 코칭 수용성을 명시했다. 이제는 채용 면접에서 실제 데이터를 제시하고, 지원자에게 이 데이터를 바탕으로 학생 지원 계획을 세우게 하거나, 수업 영상을 보여 주고 해당 교사에게 어떤 피드백을 줄지 설명하도록 요청하기도 한다. 반대로, 채용 방식을 바꾸지 않은 지역교육청은 매년 새 인력을 재훈련해야 하는 악순환에 빠지거나, 아예 연수를 위한 자원이 부족한 상황에 놓이게 된다. 그 결과, MTSS 실행은 리더십 변화가 일어날 때마다 추진력이 약화된다.

다양한 인재풀이 부족한 농촌 지역에서는 신입 교직원을 꾸준히 연수시켜야 할 필요성이 크다. MTSS 실행에 필요한 역량을 갖춘 인력을 채용할 수 없다면, 신규 인력을 대상으로 연례 전문성 개발 계획을 마련하는 것이 중요하다. MTSS가 우선순위로 명확히 설정되고, 정책으로 반영되어 있다면, 비록 MTSS에 대한 경험이 없더라도 배우고자 하는 의지를 가진 사람들을 채용하는 것이 훨씬 쉬워질 것이다. '모든 이해관계자의 참여'에는 학부모, 지역사회 구성원, 교육위원회 위원도 포함된다. EBISS 시스템 코치들은 연 1회 이상 학교 이사회에 행동 및 문해력 데이터를 보고해야 한다. 설령 그 해의 성과가 기대만큼 크지 않더라도, 현재 결과와 함께 향후 실행계획을 공개적으로 공유하는 것이 요구되었다. 또한, D-LIT(지역 리더십 실행 팀)의 실행계획과 목표는 지역교육청 전체의 목표로 확장되었다. 몇몇 지역교육청은 중요한 성과 지점에 맞춰 지역 언론에 보도자료를 배포함으로써, 지역사회의 참여를 이끌기도 했다. MTSS의 시스템 수준 전환을 완성하려면, 모든 이해관계자가 함께 해야 한다.

(3) MTSS가 성공할 수 있도록 충분한 계획 수립 시간을 확보하라

MTSS의 실행은 마라톤과도 같다. 마라톤을 앞두고 단 일주일 전에 훈련을 시작하겠는가? 아마 수개월 전부터 준비할 것이다. 하지만 MTSS를 도입할 때는, 많은 교육 리더들이 효율성과 실행 중심의 사고방식에 익숙해 있어 계획 수립 단계를 종종 생략하거나 축소하곤 한다. 하지만 실행하기 전에, MTSS의 여러 구성 요소들을 충분히 고민하고 준비하는 과정이 반드시 필요하다. 물론 계획이 항상 완벽하게 맞아떨어지는 것은 아니다. 시스템이 잘 작동하지 않는다면 언제든지 조정하는 것이 괜찮다. 우리도 여전히 시행착오를 겪고 있다. 의사결정 기준을 수정하거나, 평가 도구를 바꾸고, 회의 빈도를 조정하기도 한다. 중요한 것은, 의사결정 기준을 일관되게 사용하는 것, 학생들을 선별하고 진행 상황을 모니터링하는 것을 지속하는 것, 정기적으로 회의를 열고 데이터를 활용하는 것이다. 작은 일에 너무 얽매일 필요는 없다. MTSS가 모두에게 혜택이 될 수 있도록, 상황에 맞게 조정하라. 시스템 전체의 전환은 시간과 계획, 그리고 팀의 협력이 필요하다. 팀이 서로를 신뢰하며 인내심 있게 협력한다면, 궁극적으로는 교사와 학생 모두가 그 성과를 함께 누릴 수 있게 될 것이다.

제9장

플로리다주의 학업 및 행동을 위한 다층적 지원 시스템

돈 킨케이드(Don Kincaid)[1] & 조지 배치(George Batsche)[2]

1. 개요

플로리다주 교육은 학업 및 행동 지도와 중재를 제공하기 위해 데이터 기반 문제 해결과 혁신적 실제를 오랜 기간 활용해 왔다. 1990년도 초반부터 이러한 실제는 문제해결 과정을 도입하고 행동 지도 및 중재를 체계적으로 실행하는 방식을 포함하였다. 그러나 이러한 실제는 독립적으로 관리되고 실행되었으며, 별도의 조직(플로리다 교육청), 주 차원의 기관, 그리고 지역교육청 내 개별 부서를 통해 각각 운영되었다. 이로 인해 근거 기반 실제가 도입되었음에도 불구하고, 분리된 방식으로 실행되어 통합적 효과를 충분히 발휘하지 못했다.

미국 연방 의회에서 제정한 두 건의 주요 법률과 두 편의 중요한 출판물은 플로리다에서 학업 및 행동 지도에 혁신적인 실제를 통합하고, 이를 다층적 모델로 제공하는 기반을 마련하였다. 대통령 특수교육 우수성 위원회(PCESE, 2002) 보고서와 국립연구위원회(2002)의 소수 집단 학생을 위한 특수교육 및 영재교육 보고서는 각각 MTSS의 두 가지 핵심 요소를 강조했다. 이 요소는, ① 구조화된 데이터 기반 문제해결 과정과 ② 모든 학생의 요구를 충족하기 위해 다양한 수준으로 교육과 중재를 제공하는 다층적 지원체계이다. 한마디로, PCESE 보고서, 「아동낙오방지법(NCLB)」(2001)과 「장애인교육법(IDEIA)」(2004)의 통과 및 규정 시행은 플로리다에서 통합된 MTSS 모델을 실행하기 위한 틀을 제공했다.

---

1) 돈 킨케이드(Don Kincaid; 교육학 박사), 플로리다주 탬파에 위치한 사우스플로리다대학교 행동 및 지역사회 과학대학 소속.

2) 조지 배치(George Batsche; 교육학 박사), 플로리다주 탬파에 위치한 사우스플로리다대학교 교육대학 소속.

2. 시행의 역사

1) 플로리다 긍정적 행동지원 프로젝트

플로리다 긍정적 행동지원(FLPBS) 프로젝트는 1997년 플로리다주 학생들의 행동 요구를 해결하기 위해 출범하였다. 초기에는 주 내에서 문제행동이 가장 심각한 학생들을 대상으로 학교 팀과 협력하여 집중적이고 전문화된 지원을 개발하는 데 주력하였다. 그러나 2001년, FLPBS 프로젝트는 주 정부의 지원을 받아 다층적 접근 방식을 활용한 학교 혁신을 개발하고 지원하는 방향으로 전환되었다. 2001년부터 2005년까지 FLPBS 프로젝트는 MTSS의 기초가 되는 1단계(학교 전체 PBIS)를 구축하기 위해 '시범 학교'에서 시작하여 지역교육청으로 빠르게 확장하고, 2단계 지원으로 확대하기 위한 폭넓은 지원을 제공하였다. 이러한 과정에서 프로젝트는 개별 학교와의 협력에서 지역교육청 차원의 리더십 팀과의 협력으로 초점을 전환하기 위해 "긍정적 행동지원(PBS)을 통해 플로리다 지역교육청의 문제행동 해결 역량을 강화한다"라는 새로운 사명을 선언하였다(http://flpbs.fmhi.usf.edu/aboutus_projectmission.cfm). 이는 지역교육청 리더십 팀과의 시스템 수준 협력을 강화하려는 프로젝트의 방향성을 반영한 것이다. 이러한 노력의 결과, 10년 이내에 플로리다주의 1,400개 이상의 학교와 82%의 지역교육청이 FLPBS 프로젝트와 협력하여 다층적 행동지원 시스템을 활발히 실행하게 되었다.

2) 문제 해결/중재 반응 프로젝트

1990년, 플로리다 교육청은 주 전역을 대상으로 한 세 가지 프로젝트에 재정 지원을 하였으며, 이는 궁극적으로 2006년 주 전역의 문제 해결/중재 반응(PS/RTI) 프로젝트로 이어졌다. 지원을 받은 세 가지 프로젝트는 문제해결 프로젝트(사우스 플로리다 대학교), 학생지원팀 프로젝트(마이애미-데이드 교육청), 교육과정 기반 측정 프로젝트(오렌지 카운티 교육청)였다. 각 프로젝트는 데이터 기반 의사결정을 통해 교수(instruction)와 중재를 개선하기 위해 시범 지역교육청과 학교를 활용했으며, 이를 확대하기 위한 기반을 마련하는 역할을 했다. 그러나 이들 프로젝트는 독립적으로 진행되었고, 실제를 통합하기 위한 계획은 제공되지 않았다. 예상대로, 이러한 실제의 실행은 지역교육청 내외에서 단편적으로 이루어졌으며, 보다 체계적인 계획이 절실히 요구되었다.

플로리다 교육청은 과거 주 전역 프로젝트들의 작업을 바탕으로 플로리다 전 지역을 위한 중재반 모델을 개발하였다. 2007년, 교육청은 사우스플로리다 대학교에서 주 전역의 PBS/RTI 프로젝트를 지원하였고, 2008년에는 플로리다주 전역 교수/중재반응 실행계획(Florida Statewide Response to Instruction/Intervention Implementation Plan; http://floridarti.org/floridaMTSS/RtI.pdf)을 발표하였다. 이 실행계획은 RTI 모델의 세부 내용, 실행 논리 모델, 기존 교육법 및 규정의 수정, 제정을 위한 청사진, 그리고 재정 고려 사항을 구체적으로 제시하였다. 또한, 주 정부와 지역교육청의 책임 및 부모와 지역사회의 역할도 다루었다. 마지막으로, 근거 기반 실제를 확산하기 위한 토대, 주 정부 내외 기관 간의 상호 관계, 그리고 다년에 걸친 실행계획을 포함하였다.

2007년, PS/RTI 프로젝트는 RTI의 주 전역 확산을 위해 데이터를 수집할 시범 지역교육청을 선정하였다. 우선, 8개 시범 지역교육청에서 3년 동안 RTI 실행의 모든 측면을 평가하기 위해 광범위한 데이터를 수집하였다. 다음, 전 지역에서 지역교육청 및 학교 차원의 리더십 팀을 대상으로 3년 동안 전문성 개발과 기술 지원이 제공되었다. 플로리다주 내 모든 지역교육청이 이 교육 및 기술 지원에 참여하였다.

이 시기 동안 PS/RTI 프로젝트는 FLPBS(플로리다 긍정적 행동지원) 프로젝트와 동일한 지역교육청 및 학교에 교육과 기술 지원을 제공하고 있었다. 두 프로젝트 모두 데이터 기반 문제 해결 과정과 다층적 전달 체계를 사용했으며, 일부 동일한 전문 용어를 공유했다. 이로 인해 지역 관계자들 사이에서 혼란이 발생했다. 일부 지역교육청 관계자들은 "RTI를 실행해야 하므로 더 이상 PBIS를 실행할 수 없다"거나, 반대로 "PBIS를 실행해야 하므로 RTI를 실행할 수 없다"고 주장하기도 했다. 이 시점에서, 학업 및 행동 요소를 모두 통합한 모델이 학생 성과에 더 긍정적인 영향을 미친다는 강력한 증거가 제시되었다(Algozzine & Algozzine, 2007; Lassen et al., 2006; McIntosh et al., 2008; Sanford & Horner, 2013). 이에 따라, 주 전역에서 실행할 수 있는 보다 나은 접근 방식의 필요성이 다시금 분명해졌다.

3) RTI와 PBIS에서 MTSS로

2010년, 플로리다주 전역에서 RTI 실행을 위한 지역교육청 우선순위를 파악하기 위해 요구 평가 설문조사가 실시되었다. 이 설문조사의 목적은 다층적 서비스 모델을 바탕으로 각 지역에 필요한 지원을 체계적으로 제공하는 것이었다. 즉, 모든 지역이 공통적으로 필요로 하는 지원(1단계), 일부 지역교육청이 필요로 하는 지원(2단계), 소수의 지역교육청만이 필요로 하는 지원(3단계)을 구분하는 것이 목표였다. 이 설문조사는 초기 목표에 따라 지역교육청을 계층별로 구분하는 데 성공했을 뿐만 아니라, 지역교육청들이 공유한 지원 필요 사항을 바탕으로 유익한 정보를 얻었고, 이를 통해 플로리다의 통합 MTSS 모델 개발을 위한 기초가 마련되었다. 지역교육청들은 다음과 같은 목표를 달성하기 위한 지원을 요청했다:

1. RTI와 PBIS의 실제를 통합하여 교육 및 실행의 중복을 줄일 것.
2. 인력을 효과적으로 활용하고 교수에 대한 더 많은 지원을 제공할 것.
3. 데이터 기반 문제 해결의 '공통 언어/공통 이해'를 제공할 것.
4. MTSS 실행을 지원할 리더십 역량을 강화할 것.
5. 학생 성과를 보여 줄 수 있는 평가 모델을 제공할 것.
6. 가족 및 지역사회 참여를 촉진할 것.
7. MTSS 모델 내에서 PreK−12(특히 중등 교육)의 실제를 조정할 것.
8. 실행을 지원하기 위해 증거 기반 코칭 전략을 사용할 것.

지역교육청은 학생들을 위한 학업 및 행동 지원을 통합할 수 있는 모델과 기술적 지원이 필요하다는 점이 명확히 드러났다. 또한, 지역교육청 리더들이 지역 내 모든 학교에서 통합 모델을 실행하는 과정에서 발생하는 장애물을 해결하고 계획할 수 있도록 지원이 필요하다는 점도 명확했다.

PS/RTI 프로젝트와 FLPBS 프로젝트는 모두 플로리다 교육청 산하 특수교육 및 학생 지원국에 의해 관리되었다. 이 부서에 제출된 지역교육청들의 의견, 두 프로젝트 리더들의 제안, 그리고 요구 평가 설문조사의 결과는 학업 및 행동을 통합한 MTSS 모델을 도입해야 하는 필요성에 대한 공감대를 형성하는 데 기여했다. 교육청은 두 프로젝트의 리더십과 직원 활동을 결합하여 MTSS 실행 모델을 개발하고, 지역교육청들이 이를 실행할 수 있도록 지원하는 인프라를 구축할 것을 요청했다. 2010년, 이러한 통합을 위한 청사진이 수립 및 실행되었으며, 두 프로젝트는 통합된 MTSS 모델의 개발과 실행을 위해 본격적으로 협력하기 시작했다.

4) 시스템 수준의 영향과 협력

두 개의 성공적인 대규모 교육 및 기술 지원 프로젝트를 통합하려면 성숙한 리더십과 '개인의 자존심을 내려놓는' 태도가 필요했다. 두 프로젝트의 책임자들은 학생, 학부모, 그리고 교사들에게 긍정적인 결과를 가져다주는 실제를 실행하는 데 전념하였다. 이 두 프로젝트를 MTSS 모델로 통합하려면 업무 내용의 조정뿐만 아니라, 두 프로젝트의 인프라를 하나로 통합하는 작업도 필요했다. 업무 내용을 수정하는 것보다 인프라를 통합하는 일이 더 쉬워 보였기에 우리는 그 지점에서 시작했다. 별도의 인프라를 가진 두 프로젝트를 하나의 통합된 모델을 지원할 단일 인프라로 결합해야 했다.

(1) 프로젝트 간 리더십 팀

통합 모델을 이끌기 위해 단일 리더십 팀이 필요하다. 이를 위해 프로젝트 간 리더십 팀(ILT)을 구성하고, 프로젝트 간 조정자를 채용하면서 인프라 개발이 시작되었다. ILT는 통합 모델의 모든 측면에서 리더십을 발휘하고 의사결정을 내리는 역할을 맡았다. 한편, 프로젝트 간 조정자는 두 프로젝트 간의 원활한 의사소통과 협업을 보장하고, ILT의 안건 및 회의 구조를 관리하며, 각 실무 팀의 진행 상황을 모니터링하는 임무를 담당했다. ILT는 각 프로젝트의 중견급 리더(senior leadership)로 구성되었으며, 여기에는 프로젝트 디렉터, 프로젝트 간 조정자, 평가 담당자, 전문성 개발 및 코칭 담당자, 가족 및 지역사회 참여 담당자, 그리고 학업 및 행동 분야 전문가들이 포함되었다. ILT는 최소 한 달에 한 번 회의를 열어 통합 모델 실행의 모든 측면을 관리하고 책임졌다.

두 프로젝트의 강점을 결합하여 업무를 통합하고 방향을 맞추기 위해 전략 계획이 수립되었다. 이 전략 계획은 통합 작업의 첫해 목표, 활동, 자원 배분에 초점을 맞췄다. 첫해의 주요 목표는 MTSS의 공통된 사명, 비전, 정의를 수립하고, 프로젝트 간 실무 그룹을 구성해 통합 모델의 내용을 개발하며, 프로젝트 내 전문성 개발 계획을 수립하는 것이었다. 또한, MTSS 계획을 시작하기 위해 주 전역 회의를 개최하고, MTSS 실행을 지원하기 위해 지역교육청과의 협력 과정을 설계하는 것도 포함되었다. 각 프로젝트는 기존의 업무를 계속 진행하면서 통합 프로젝트에 인력, 시간, 예산을 배분해야 하는 어려움에 직면했다. FLPBS 프로젝트는 주 전역에서 학교 차원의 PBIS 실행을 지속적으로 지원했으며, PS/RTI 프로젝트는 학업에 중점을 둔 데이터 기반 의사결정 활동을 계속했다. 결과적으로, 통합 프로젝트는 두 프로젝트의 업무량을 단순히 증가시키는 결과를 초래했다. 추가로 채용된 인력은 프로젝트 간 조정자 한 명뿐이었다.

(2) 사명(mission): 공통된 비전과 방향

몇몇 주(예: 캔자스)는 주(州)의 상황에 맞게 MTSS라는 용어를 채택하고 정의했다. ILT의 초기 과제는 플로리다주에 적합한 MTSS의 정의를 설정하고, 통합 프로젝트를 위한 사명선언문을 개발하는 것이었다. 이 사명선언문은 각 프로젝트의 강점을 반영하면서 통합된 MTSS 모델의 공통된 비전을 담고 있었다.

플로리다 문제 해결/중재 반응(FL PS/RTI) 프로젝트와 플로리다 긍정적 행동지원/행동 중재 반응(FLPBS/RTI:B) 프로젝트의 협력 비전은 다음과 같다:

- 플로리다 전역 모든 학교에서 충실하게 다층적 학생지원체계를 성공적으로 실행하고 지속할 수 있는 역량을 강화하는 것.
- 교육체계 모든 수준에서 효과적인 리더십을 바탕으로 데이터 기반 문제 해결을 활용하여 학생들의 학업 및 사회·정서적 성과를 촉진하고 극대화하는 것.
- 모든 학생이 고등교육 또는 글로벌 사회에서 성공적으로 취업할 수 있도록 준비시키는 통합적이고 일관된 지속 가능한 서비스 제공 체계의 개발, 실행, 및 평가를 지원하는 것.

사명선언문의 개발은 플로리다주를 위한 MTSS의 구체적인 정의를 수립하는 데 기여했으며, 다음과 같은 특징을 포함하고 있다:

- MTSS는 학업 및 행동 지도를 통합하기 위해 데이터 기반 문제해결 접근 방식을 사용하는 증거 기반 교육 모델로 정의함.
- 학생들의 필요에 따라 다양한 수준으로(다층적 체계) 제공되는 통합된 지도와 중재를 지지함.
- 모든 학생의 성과를 향상하기 위해 지역의 자원이 적절한 수준에서 적합한 학생(학교)에게 도달하도록 하는 '요구 기반' 의사결정 과정을 강조함.

프로젝트 내부 직원들에게 MTSS 모델에 대한 공통된 언어와 이해를 보장하고, 통합된 MTSS 모델의 핵심 요소를 지역교육청에 전달하며(그리고 지역교육청 내부적으로 활용할 수 있도록) ILT는 'MTSS 실행 요소: 공통 언어와 이해 보장'이라는 제목의 문서를 개발하였다.

(3) 프로젝트 간 실무 팀

앞서 언급한 주 전역 요구 평가와 증거 기반 시스템 변화 모델에 근거하여, ILT는 통합 모델의 콘텐츠 개발을 이끌고 이를 지원하기 위해 실무 팀을 구성하였다. 각 실무 팀은 PS/RTI와 FLPBS 프로젝트의 전문가들로 이루어졌다. 초기 실무 팀은 다음과 같은 분야에 초점을 맞추었다:

1. 리더십 팀 개발: 지역교육청 및 학교 차원에서 MTSS를 실행하기 위해 리더들이 필요로 하는 핵심 역량을 규정하는 리더십 모델 개발.
2. 통합 프로그램 평가: MTSS 팀, 지역교육청, 학교의 진행 상황을 모니터링할 평가 도구 설계.
3. 조직 코칭: 지역교육청 및 학교에서 MTSS 적용을 지원하기 위해 필요한 코칭 역량을 규정하는 시스템 코칭 모델 개발.
4. 전문성 개발: 실무 팀에서 개발한 모든 콘텐츠를 일관성 있고 신뢰성 있게 전달할 내부 역량 강화.
5. 가족 및 지역사회 참여: 지역교육청과 학교가 MTSS 활동에 부모와 지역사회를 참여시키기 위한 자료와 자원 개발.
6. 데이터 기반 문제 해결: 다층적 시스템 전반에서 문제 해결을 위한 주요 질문을 정의하고, 지역교육청이 학업 및 행동 데이터를 수집, 분석, 해석하는 과정을 개발.
7. 유아교육: 유아교육 환경에서 MTSS 모델의 적용 가능성 탐구.
8. 프로젝트 간 조정 및 통합: 모든 실무 팀의 활동을 조정하여 자료의 통합을 촉진하고 MTSS 접근 방식에 대한 공통 언어와 이해를 보장.

각 실무 팀은 모든 직원이 사용할 수 있도록 각 분야의 내용을 다룬 포괄적인 문헌 검토, 업무의 범위와 내용을 정의하기 위한 결과물, 그리고 전문성 개발 모듈의 콘텐츠를 포함한 자료를 정리하였다. 이 자료들은 실무 팀의 활동에 방향을 제시하고 실질적인 지원을 제공하기 위해 마련되었다.

(4) 프로젝트 간 전문성 개발 계획

각 프로젝트의 전문가(professional staff)들은 PBIS 또는 PS/RTI 분야에서 오랜 경험과 전문성을 바탕으로 프로젝트 간 협력에 참여했다. 전문가들이 각자의 분야에서 충분히 연수받았지만, 통합 모델 도입으로 인해 외부 관계자와 작업하기 전에 필요한 교육과 전문성을 내부적으로 갖추기 위한 전문성 개발의 필요성이 대두되었다. 통합 프로젝트의 초기 2년 동안 전문성 개발 활동은 실무 팀의 구체적인 작업을 지원하고, 그 작업들이 MTSS 모델로 어떻게 통합될 수 있는지에 대한 개발 과정에 집중하였다. 프로젝트 초기부터 전문성 개발은 모든 직원에게 필수 활동으로 요구되었으며, 참여는 책임감을 강화하기 위해 철저히 모니터링되었다. 전문성 개발 활동은 매월 온라인 형식(Adobe Connect)으로 진행되며, 모든 세션은 추후 활용을 위해 아카이브로 보관된다. 또한, 매년 한두 차례 전 직원이 참여하는 대면 방식의 전문성 개발 활동도 진행된다.

(5) 주 전역 MTSS 회의

2011년 여름, 두 프로젝트는 플로리다 교육청과 협력하여 첫 번째 MTSS 하계 회의를 개최하였다. 이 회의의 주요 참석 대상은 지역교육청 및 주 정부의 리더들이었다. 회의는 두 가지 주요 목표를 중심으로 진행되었다. 첫 번째 목표는 학업과 행동 요소를 통합하여 모든 학생을 지원하는 MTSS 모델을 소개하는 것이었다. 이러한 학업과 행동 요소의 통합은 대부분의 지역교육청에 새로운 개념이었으며, 이 모델은 직원의 책임과 행동, 지역교육청의 정책과 절차, 그리고 평가 활동에 영향을 미쳤다. 두 번째 목표는 두 프로젝트의 통합된 자원을 통해 지역교육청에 제공될 전문성 개발과 기술 지원을 소개하는 것이었다. 두 프로젝트는 주 차원에서 업무를 통합했지만, 지역교육청 차원에서는 아직 통합이 이루어지지 않아, 프로젝트가 제공하는 지원 방식과 지역교육청 서비스 체계가 일치하지 않을 가능성이 있었다. 다른 주의 사례와 관련 문헌을 검토한 결과, 지역교육청이 이러한 통합을 계획하고 실행하는 과정에서 발생하는 장벽을 해결하기 위해 지원이 필요하다는 점이 명확히 드러났다.

5) 지역교육청 행동 계획 및 문제 해결

(1) 실행 지원 프로세스의 필요성

지역교육청은 일반적으로 계획 주기를 통해 전략적 계획을 수립하며 이를 표준 작업 방식으로 활용한다. 이러한 계획의 결과(예: 학생 성과에 미치는 영향)를 바탕으로, 지역교육청과 학교는 학생 성과에 영향을 미치는 문제를 해결하기 위한 개선 계획을 수립한다. MTSS를 실행하기 위해서는 지역교육청 조직 구조(지역교육청 차원의 조직 패턴, 수업 전달 모델)와 학생 성과 요인을 모두 고려해야 한다. 학업과 행동 요소를 하나의 수업 및 전달 모델로 통합하는 작업은 지역교육청의 조직 구조, 정책과 절차, 직원의 역할과 책임, 그리고 학교 차원에서의 실행 기대에 도전 과제를 제시한다. 이와 같은 대규모 변화는 쉽지 않다. 지역교육청의 전략 계획은 이러한 문제를 충분히 다루지 않는 경우가 많으며, 지역교육청 전반에서 MTSS를 체계적으로 실행하려는 과정에서 불가피하게 방해가 되는 장벽이 발생할 수 있다.

이러한 필요에 대응하기 위해 통합 프로젝트의 첫해 동안 ILT와 실무 팀은 시스템 수준 문제 해결 프로토콜을 개발하여 지역의 행동 계획 수립을 지원했다. MTSS 프로젝트는 이 과정을 지역 행동 계획 및 문제 해결(DAPPS) 프로세스라고 명명했다([그림 9-1] 참조). DAPPS 프로세스는 지역 차원에서 주요 의사결정자들을 참여시키는 과정으로 설계되었다. 이 프로세스의 초기 목적은 지역 조직 내에서 MTSS 실행을 방해하는 요인을 식별하고 이를 해결하는 것이었다. DAPPS 프로세스는 전략적 계획과 조직 문제 해결이라는 두 가지 주요 증거 기반 절차를 기반으로 한다. 이 과정은 8단계 문제해결 프로세스를 포함하며, 지역 전반에 걸쳐 MTSS 모델 실행을 방해하는 장벽을 구분하고 이를 줄이거나 제거하기 위한 행동 계획을 개발하도록 설계되었다([그림 9-2] 참조).

1단계: DAPPS 준비도	• 팀 구성하기 • 역할 및 책임 정하기 • 현재 지역리더십 팀의 우선순위 파악하기 • 목표: 지역리더십 팀의 역량 강화
2단계: 요구 평가	• 탐구 중심 데이터 활용법 가르치기 • 문제 식별 및 분석 방법 교육하기 • 학생 성화과 학교 및 지역 실천 연결하기
3단계: 행동 계획 수립	• 포괄적인 실행계획 수립하기 • 기존 지역 계획의 활용 보장하기 • 충실도 및 시스템 진행 상황 모니터링 계획 포함하기
4단계: 교육 및 기술 지원	• 지역리더십 팀에 적합한 지원 제공하기 • 지역리더십 팀이 주요 업무를 수행하도록 보장하기 • 교육자 훈련하기 • 다양한 주 지원 프로젝트를 연결하기 조율하기
5단계: 평가	• 실행 실제의 개선 사항 평가하기 • 학생 성화의 개선 사항 평가하기 • 지역 개선 계획 목표와 지역 전략 계획 목표와 연계하기

[그림 9-1] DAPPS 프로세스의 5단계 개요

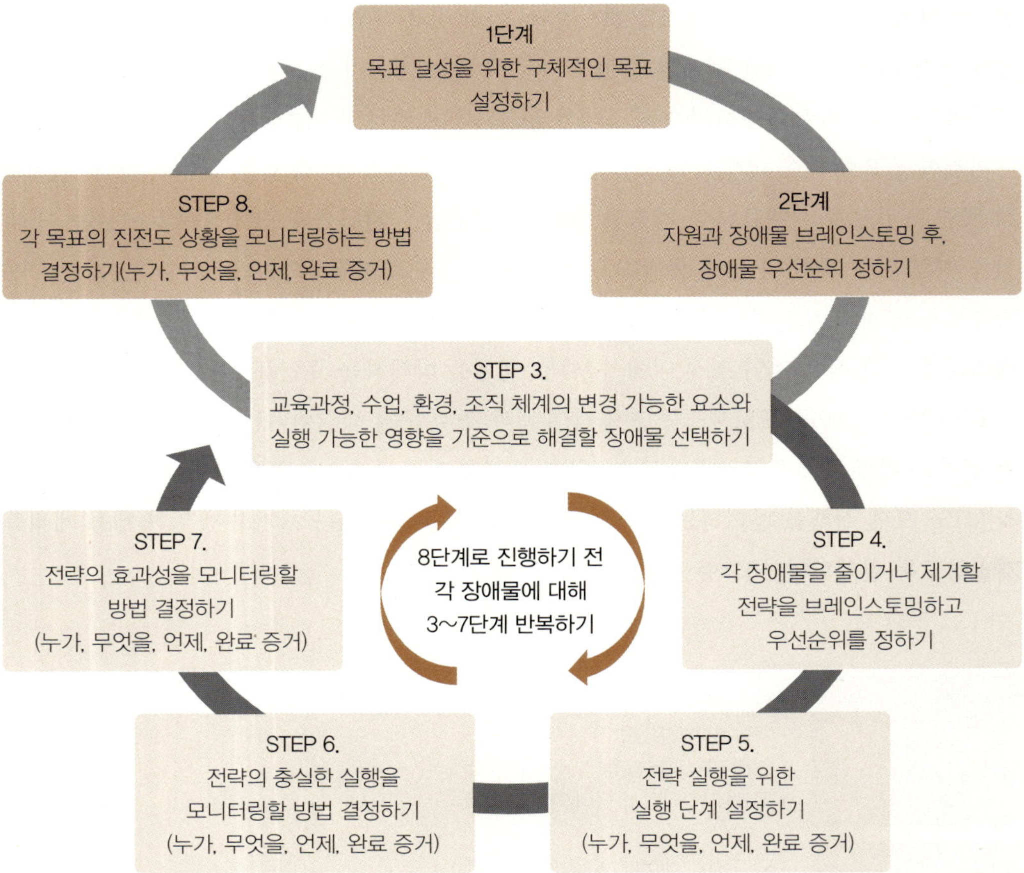

[그림 9-2] DAPPS 프로세스에서 사용되는 8단계 문제해결 과정

Curtis, Castillo 및 Cohen (2008)을 기반으로 함.

(2) 지역교육청 대상 프레젠테이션

제1회 MTSS 하계 회의에서 DAPPS 프로세스가 지역교육청에 소개되고 상세히 설명되었다. 또한, 지역교육청이 DAPPS 지원을 요청할 수 있는 절차도 안내되었다. 회의가 끝날 무렵, 각 지역교육청은 MTSS 모델의 주요 구성 요소에 대한 전문성 개발을 마쳤으며, 이 과정에서 MTSS 모델 실행에 미치는 영향과 이를 효과적으로 실행할 수 있도록 지원하는 기술 지원체계인 DAPPS를 교수하였다. DAPPS 프로세스에 대한 지역교육청들의 반응은 긍정적이었으며, 이후 주 전역에서 본격적으로 도입되었다.

(3) DAPPS 프로세스의 출범

플로리다 교육청은 긍정적인 학생성과를 촉진하는 혁신적 실제를 지속적으로 지원해 온 역사를 가지고 있다. 초기부터 주 정부는 MTSS 모델을 지지하는 것에 그치지 않고, 이를 지원하기 위해 적극적인 파트너로 활동해 왔다. 교육청은 DAPPS를 다른 지역교육청으로 확산하기 전에 시범운영을 통해 프로세스와 결과를 검토할 필요성을 인식하고 있었다. 2011년 하계 회의 이후, 플로리다 교육청의 교육감은 모든 지역교육청의 교육장에게 DAPPS 지원의 제공 가능성과 지원 요청 절차를 알리는 공문을 발송했다. 지역교육청은 광범위한 지역 정보, 데이터, 지원 약속, 기타 필요한 정보를 포함한 신청서를 제출해야 했다. 이 신청서는 MTSS 리더십 팀이 검토하여 해당 지역교육청이 MTSS를 실행할 준비가 되었는지 평가했다. 신청서는 체계적인 프로세스를 통해 검토되었으며, 평가자 간 합의를 도출하는 절차도 포함되었다. 실행 준비도와 지역교육청 선정은 어느 정도 해당 지역교육청의 요구와 PS/RTI 및 FLPBS 프로젝트에 제공할 수 있는 자원을 기반으로 결정되었다. 처음에는 6개 지역교육청이 DAPPS 지원을 즉시 제공받을 지역교육청으로 선정되었으며, 나머지 지역교육청들은 피드백과 추가 정보 요청을 받았고, 추후 지원 일정이 계획되었다.

프로젝트 내 전문성 개발은 DAPPS의 8단계 문제해결 프로세스를 포함하였다([그림 9-2] 참조). 직원들이 지역교육청의 리더십 팀과 함께 DAPPS 프로세스를 원활히 진행할 수 있도록 포괄적인 전문성 개발 과정이 사용되었다. 이 과정은 강의, 모델링, 실습, 리더 그룹의 비디오 평가, 피드백 제공, 추가 교육 등을 포함하였다. 그리하여, DAPPS 지원을 받는 지역교육청에는 팀 리더(가장 숙련된 구성원), 공동 리더, 그리고 연수생(연수 중인 구성원)로 구성된 DAPPS 팀이 배정되었다.

ILT는 DAPPS 통합 및 평가 실무 팀이라는 추가 실무 팀을 구성하여 DAPPS 지원 프로세스의 효과를 지속적으로 평가하도록 했다.

DAPPS 프로세스에 대한 지역교육청의 반응을 평가하기 위해 두 가지 설문조사가 활용되었다. 첫 번째 설문조사는 지역교육청이 매년 보고한 만족도를 측정하는 데 초점을 맞추었다. 전반적으로 DAPPS에 대한 만족도는 높은 수준을 보였으며, 이는 지속적인 높은 수준의 참여를 뒷받침했다([그림 9-3] 참조). 두 번째 설문조사는 지역교육청의 요구 평가와 DAPPS 프로세스에 따른 요구 변화 정도에 초점을 맞췄다. 요구 평가 설문조사는 MTSS 실행에 있어 지역교육청이 중요하다고 인식한 요구 사항을 평가하기 위해 설계되었으며, DAPPS 프로세스는 지역교육청이 이러한 요구를 충족하기 위한 행동 계획을 수립하도록 지원하는 방식으로 구성되었다. 따라서 DAPPS 프로세스가 진행됨에 다라 요구 충족 비율이 증가할 것

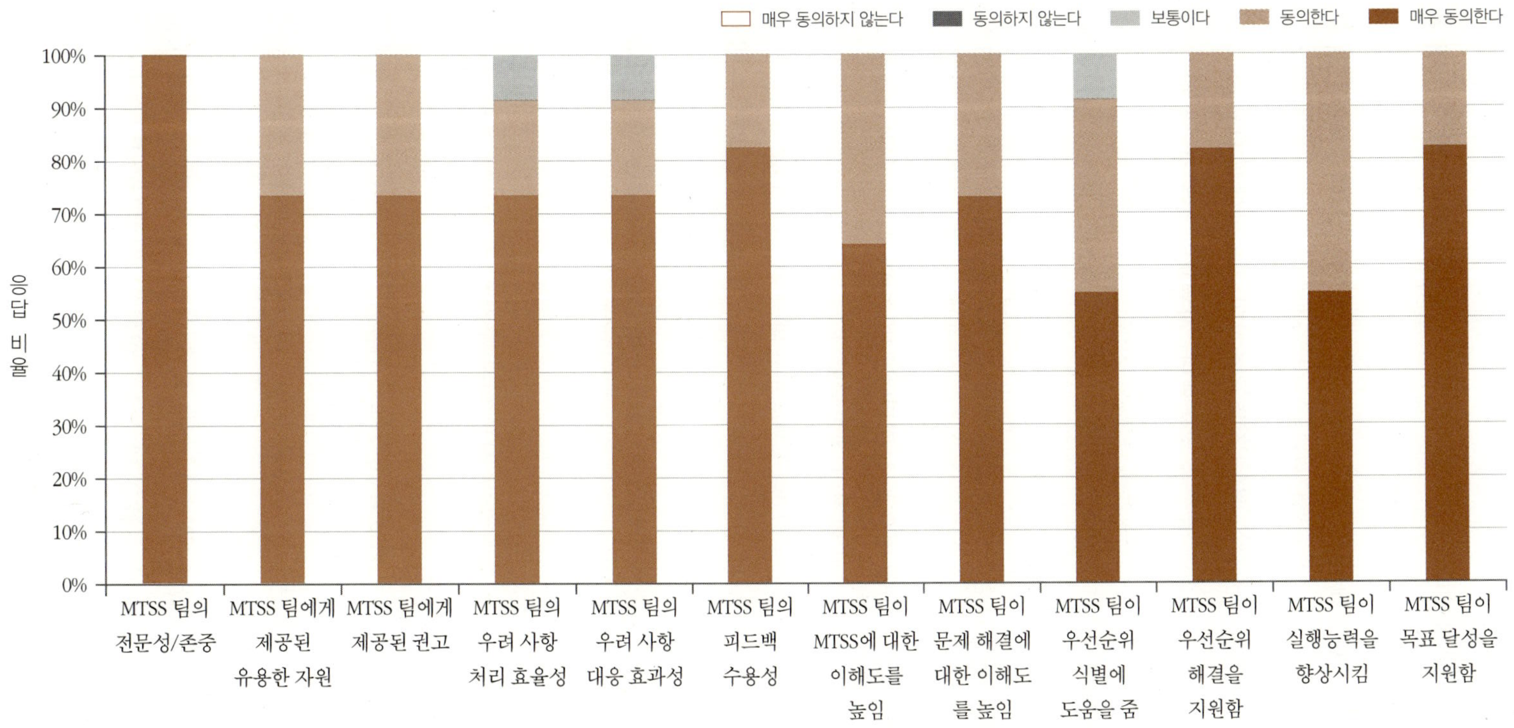

[그림 9-3] DAPPS 프로세스에 대한 지역교육청 만족도 조사 결과 샘플

으로 예상되었다. 초기 지역교육청의 피드백에 따르면, 초등학교와 중등학교의 요구 평가 데이터는 상이했으며, 이를 반영하기 위해 데이터를 별도로 분석하였다. 요구 평가 설문조사는 리더십, 의사소통/협업, 역량/인프라, 데이터 기반 문제 해결, 3단계 모델, 데이터/평가 시스템 등 6개 주요 영역으로 나뉘었으며, 각 영역은 세부적으로 여러 항목으로 구성되었다. DAPPS 프로세스의 주요 목표 중 하나는 지역교육청과 학교 수준에서 충족된 요구 사항의 비율을 높이는 것이었다. [그림 9-4], [그림 9-5], [그림 9-6]은 DAPPS 프로세스의 초기 참여 지역교육청 중 한 곳에서 지역교육청, 초등학교, 중등학교 수준에서 충족된 요구 비율의 변화를 나타낸다. DAPPS 프로세스는 지역교육청 팀의 역량을 강화하여 학교 수준에서 실행을 효과적으로 지원하는 데 초점을 맞춘다. 데이터에 따르면, 충족된 요구 비율의 가장 큰 향상은 지역교육청 수준에서 나타났으며, 이는 이 프로세스가 지역교육청을 주요 이해관계자로 삼고 있음을 보여 준다. 또한, 초등학교 수준에서의 영향은 초기 2년 동안 중등학교 수준보다 더 두드러졌다.

DAPPS 프로세스에 대한 질적 분석도 평가 모델에 포함되었다. 각 DAPPS 지원팀은 지역교육청과의 회의 후 평가 프로토콜을 작성하여 실무 팀에 제출하였다. 이후 DAPPS 팀원들과의 협력 인터뷰가 실시되었다. 이 과정을 통해 DAPPS 프로세스에 대한 질적 및 양적 평가가 이루어졌으며, 이를 바탕으로 개선 사항이 반복적으로 적용되었다. MTSS 프로젝트는 초

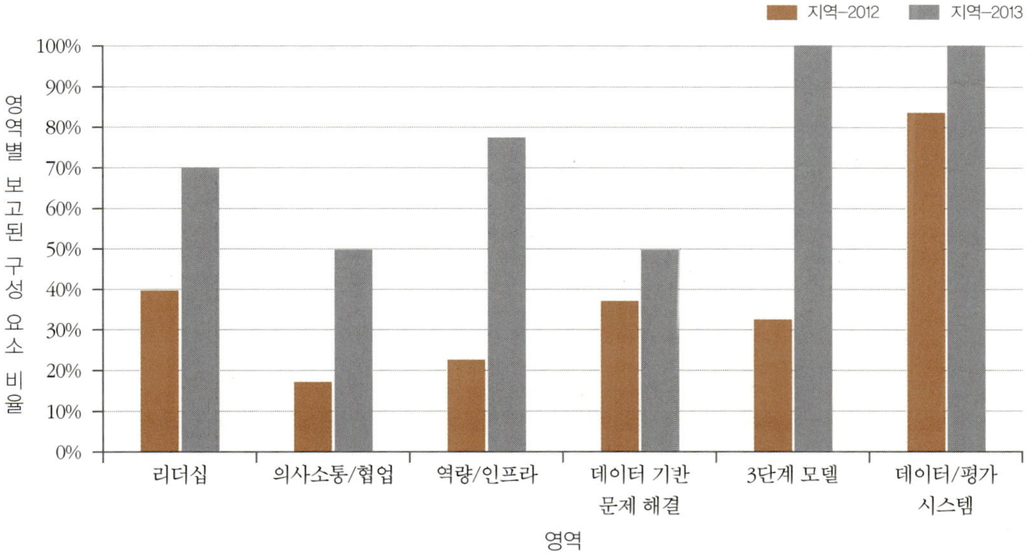

[그림 9-4] 지역교육청 차원에서 충족된 MTSS 실행 요구 조사

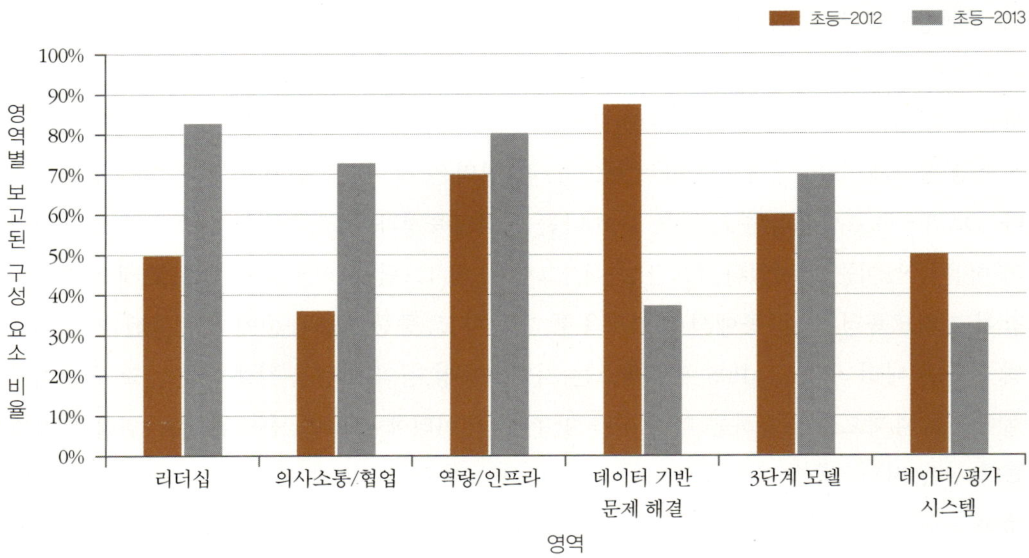

[그림 9-5] 특정 지역교육청 초등학교 차원에서 충족된 MTSS 실행 요구 조사

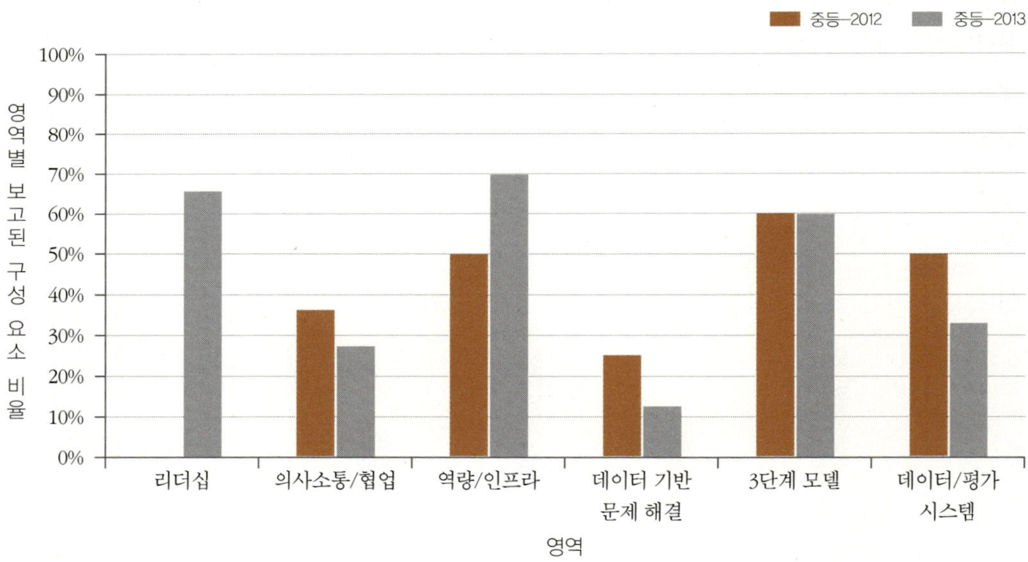

[그림 9-6] 특정 지역교육청 중등학교 차원에서 충족된 MTSS 실행 요구 조사

기 단계부터 내부 및 외부 평가를 위해 데이터 기반 문제해결 방식을 사용해 왔다.

3. 현재 진행 상황

DAPPS 프로세스는 플로리다와 미국 전역에서 중요한 시기에 실행되었다. 플로리다에서는 공통 핵심 주 교육과정(Common Core State Standards)의 도입이 핵심 과제로 부각되었으며, 저성취 학교 지원(플로리다의 차별화된 책무성 모델)은 MTSS 모델(MTSS 및 8단계 문제해결 프로세스)을 통합하고 막대한 자원을 필요로 하는 최우선 과제가 되었다. 지역교육청들은 자원 감소로 인해 여러 도전 과제와 우선순위 간의 경쟁에 직면했다. DAPPS 통합 및 평가 실무 팀은 지속적인 평가 과정을 통해 두 가지 중요한 사실을 발견했다. 일부 지역교육청은 여전히 MTSS 실행을 지원하기 위해 DAPPS 프로세스를 사용하고 있었다. 반면, 다른 지역교육청은 DAPPS 프로세스가 MTSS 실행보다는 특정 과제와 관련된 장애물을 해결하는 데 더 유용하다고 판단했다. 이에 따라 MTSS 프로젝트는 DAPPS 프로세스의 방향을 일부 조정하였다. 현재 DAPPS 프로세스는 지역교육청 팀이 다문화 학생(English Language Learner, ELL)들의 읽기 능력 개발, 조기 선별 시스템, 행동과 학업 성과 간의 관계와 같은 특정 목표를 해결하기 위한 문제해결 과정에 집중할 수 있도록 지원하고 있다. 여전히 많은 지역교육청이 DAPPS 프로세스를 활용하여 지역교육청 전체에서 MTSS를 실행하고 있지만, 다른 지역교육청들은 DAPPS 프로세스와 그 구성 요소(예: 8단계 문제해결 프로세스)가 특정 목표와 성과를 달성하는 데 특히 유용하다고 보고 있다. MTSS 모델과 DAPPS 프로세스의 예상치 못한 결과 중 하나는 플로리다의 모든 학교개선 계획(SIPs) 및 지역교육청 개선 계획(DIPs)에서 MTSS와 8단계 문제해결 프로세스의 사용이 필수로 요구되었다는 점이다.

4. 독특한 특징

MTSS 실행을 위한 우리의 노력에는 플로리다에서 진행된 프로젝트 활동의 맥락과 역사적 배경에 따라 특별한 점이 많다. MTSS에 대한 협력이 시작될 때부터, 주된 목표가 지역교육청 차원에서 MTSS를 적용하고 문제를 해결하는 능력을 향상시키는 데 집중되었다. 우리는 협력의 초점을 주와 지역교육청 차원의 실행에 맞추고, 개별 학교에는 간접적으로만 참여하기로 합의했다. 이러한 시스템적인 관점과 참여 덕분에 우리는 여러 주와 지역교육청의 다양한 활동을 통합된 하향식 접근법으로 시스템 차원에서 MTSS 전략을 촉진할 수 있었다.

이러한 노력의 결과, 플로리다 교육청은 모든 시스템 변화 노력에서 MTSS의 중요성을 깊이 이해하게 되었다. 공통 핵심 주 교육과정의 주 전역 실행, 학교개선 개혁, 인사 평가 시스템, 그리고 다른 여러 프로그램은 모두 MTSS 관점을 반영하고 있으며, 이는 플로리다주가 MTSS의 중요성을 인식하고 있음을 보여 준다. 그 결과, 플로리다 교육청의 MTSS 프로젝트 직원들이 주 전역의 다양한 교육 프로그램들과 협력하고, 그 프로그램들의 방향이나 발전에 영향을 미칠 수 있는 기회를 가지게 되었다. 이러한 연계는 주, 지역교육청, 학교의 직원들에게 MTSS에 대한 일관된 메시지를 전달하며, 이를 통해 지역교육청 차원에서 심화된 연수와 기술 지원 활동을 위한 기초적인 이해를 쌓을 수 있도록 한다. 교육청과 협력하여 전달되는 일관된 MTSS 메시지는 시스템이 기존의 모델에서 벗어나 지역교육청 및 학교 조직을 재설계해야 할 필요성을 이해하는 데 도움을 준다. 그에 따라 교육 관계자들은 지역교육청과 학교 자원을 재분배하고, 부서 간 경계를 허물며, 조직을 재구성하여 학생 성과에 실질적인 변화를 일으킬 필요성을 점차적으로 인식하게 되었다.

플로리다는 지역교육청 차원의 연수와 기술 지원에 앞서 프로젝트 간 역량을 구축하는 데 집중하여, 전문성과 협력을 갖춘 인력을 양성할 기반을 마련했다. 초기에는 명확한 사명과 비전을 수립하고, 업무 방식을 재설계하며, 두 프로젝트 간 신뢰와 존중을 쌓는 데 주력했다. 동시에, 플로리다 교육청과의 계약에 따라 프로젝트별 활동도 수행해야 했다. ILT는 모든 직원이 동일한 언어와 사명 아래에서 일하며, 문제 해결과 팀 조정 능력을 갖추고, 동료의 상호 보완적 역량을 존중할 수 있도록 전문성 개발 체계를 신속히 구축하였다.

내부 전문성 개발 프로세스에 대한 이러한 노력 덕분에, 직원들이 지역교육청 리더십 팀과 공유할 수 있는 다양한 자료와 도구를 개발하고 평가할 수 있었다. 이를 통해 코칭, 리더십, 데이터 기반 문제 해결을 위한 잘 구성되고 명확한 모델을 구축할 수 있었으며, 이는 우리의 사명에 대한 공통된 이해와 주 차원에서 활용할 다양한 자원의 기초를 마련했다. 그 결과, 우리는 시스템 변화를 촉진하는 문제 해결에 대해 교육부, OSEP(특수교육프로그램국) 지원 프로젝트, 일부 지역교육청에 집중적인 연수를 제공할 수 있었고, 이는 교육 시스템에 광범위한 영향을 미쳤다. 또한, 지역교육청과의 협력은 모든 지역교육청의 요구를 안정적으로 충족시킬 수 있는 표준화된 자료와 결과물을 개발하는 데 기여했으며, 특정 지역교육청의 고유한 조직 구조와 요구에 맞게 조정된 자료를 제작할 수 있게 하였다.

플로리다의 MTSS는 학업과 행동지원의 진정한 통합에 헌신하고 있으며, 두 개의 병행 시스템을 지원하는 것을 목표로 하지 않는다. 모든 공유 자원(예: 리더십, 코칭, 문제 해결, 안내 질문 등)은 학업과 행동을 연결하는 예시를 통해 두 영역의 데이터를 통합하는 방식으로 개발된다. 학습을 위한 보편적 설계를 활용한 MTSS 접근법은 학업과 행동 콘텐츠를 학생의 수요에 맞추어 다양한 방식으로 제시하고, 학생들이 학업과 기대행동을 이해했음을 표현할 수 있는 다양한 방법을 차별화하며, 학습에 대한 흥미와 동기를 자극한다. 따라서 행동 기술은 학업 기술과 동일한 수준으로 가르칠 뿐만 아니라, 학업과 행동 교육법이 통합된다.

DAPPS 프로세스는 모든 지역교육청의 요구를 충족시키기 위해 두 프로젝트의 자원, 협력적 팀워크, 그리고 진행, 문제 해결, 연수 및 기술 지원 역량을 통합한 구조화된 프로세스로 설계되었다. 이 프로세스는 일부 지역교육청에서는 잘 작동했지만, 앞서 설명한 바와 같이 다른 지역교육청에서는 장벽에 부딪혔다. 일부 지역교육청에서 효과가 없었던 가능한 이유는 DAPPS의 적용이 경직되어 있거나 8단계 문제해결 프로세스에 과도하게 의존한 점인데, 이는 특정 시점에서 지역교육청의 고유한 수요와 맞지 않을 수 있다. 그 결과, 우리는 더 유연한 상담 프로세스를 개발했으며, 협상 가능한 사항과 협상 불가능한 사항을 명확히 구분했다. 또한, 지역교육청의 요구에 따라 DAPPS 프로세스의 구성 요소를 연수나 문제 해결 등 개별 지원으로 나누어 제공하고, 8단계 문제해결 프로세스를 넘어선 다양한 도구와 자원을 활동에 활용할 수 있도록 확장했다(예: 팀 구성, 행동계획 수립, 요구 평가).

플로리다에만 해당되는 것은 아니지만, 주, 지역교육청, 학교 차원의 MTSS 업무에서 협상 불가능한 가치는 모든 학생을 위한 통합적이고 효과적인 1단계 지원 시스템의 중요성에 대한 전념이다. 비록 1단계가 2단계나 3단계에 미치는 영향에 대해 실험적 데이터보다는 경험적 데이터가 더 많지만, 우리는 2단계와 3단계 지원을 고려하기 전에 1단계를 충실히 실행하는 것이 중요하다는 점을 논의하고 이를 지지한다. 만약 1단계가 학교 내에서 학업과 행동을 위한 효과적이고 효율적인 방식으로 실행되지 않으면, 2단계와 3단계 지원이 필요한 학생 수가 빠르게 증가하여 학교와 지역교육청의 시간적 · 재정적 · 인적 자원을 초과하게 될 것이다.

5. 성과 평가

DAPPS 프로세스를 지역교육청 차원에서 실행한 지 1년이 지나, 현재 6개의 지역교육청은 적극적으로 참여하고 있으며, 14개의 지역교육청은 지원 초기 단계에 있다. 초기 단계에서 나타난 성과는 다양했다. 가장 큰 성과는 시스템 변화 활동에 필요한 시간과 자원을 충분히 투자할 수 있는 작은 지역교육청에서 이루어졌다. 이러한 지역교육청에서는 MTSS 팀이 리더십, 팀워크, 계획 수립, 문제 해결, MTSS 인식, 학생 출석, 학업 및 행동 성과와 관련된 장벽을 성공적으로 해결했다. 반면, 더 큰 지역교육청에서는 몇 가지 시스템 차원의 어려움이 성공에 장애물이 되었다(예: 빈번한 리더십 변화, MTSS 우선순위 설정의 어려움, 경쟁하는 다른 프로그램들 등). 이로 인해 우리는 DAPPS 프로세스를 수정하여 더 넓은 범위의 지원을 보다 유연하게 제공하고, 지역교육청 리더십의 요구에 맞춰 팀 진행, 문제해결 연수, 데이터 분석 지원 등 다양한 지원을 제공하게 되었다. 또한, 지역교육청마다 규모, 조직, 운영 방식이 다르기 때문에 하나의 시스템 변화 프로세스가 모든 지역교육청에 적합하지 않을 수 있다는 점을 깨달았다. 이로 인해 각 지역교육청에서 우리의 활동에 대한 지속적인 평가와 수정이 필요할 것으로 보인다.

플로리다에서 우리의 MTSS 프로젝트 간 협력은 주 차원의 여러 활동에 중요한 영향을 미쳤다. 우리는 플로리다 교육 기준(이전의 공통 핵심 주 교육 기준) 채택에 중요한 역할을 했으며, 지역교육청과 수천 개의 학교에서 요구 평가와 문제 해결을 위한 초기 기반을 제공했다. 현재, 우리는 8단계 문제해결 프로세스에 대한 전문성 개발을 내부 직원부터 시작하여, 관련 프로젝트 직원들과 지역교육청 직원들의 지식, 실습, 코칭 및 교수 기술을 개발하는 방향으로 확장하고 있다. MTSS 노력의 일환으로, 학교가 MTSS의 핵심 구성 요소를 자가 평가할 수 있는 도구(Self-Assessment of MTSS: SAM; www.floridarti.usf.edu)가 개발되었다. SAM은 지역교육청과 학교가 MTSS 실행을 모니터링하는 중요한 도구가 될 것이며, 기존의 행동 및 학업 평가 도구들과 결합하여 사용될 것이다. 또한, 주 정부의 저성취 학교에 대한 대응은 지역교육청 팀과 밀접하게 연결되어 있으며, MTSS 인력은 프로젝트 간 협력팀과 직접 협력하고, 많은 자원과 접근 방식을 활용하고 있다(예: 8단계 문제 해결, 데이터 분석). MTSS 리더십 인력은 플로리다 교육청이 특수교육과 관련된 국가 및 주 지표 데이터를 추적하고 대응하기 위해 구성한 주 성과 계획 지표 팀(State Performance Plan Indicator Teams)의 지원을 담당하고 있다. 이 팀은 졸업률, 학생 성공, 징계 등의 지표를 추적하고 대응한다. 주 차원에서의 우리의 노력은 주로 효과적인 1단계 학업 및 행동 시스템 구축에 집중되고 있지만, MTSS 프로젝트 직원들은 또한 학업과 행동 문제를 심각하게 겪고 있는 학생들을 위한 집중적이고 전문화된 지원 시스템 개발을 주도하고 있다(3단계 지원). 모든 활동과 계획은 학생 모두를 위한 통합된 학업 및 행동 MTSS 접근 방안을 촉진하는 데 필수적이다.

우리의 MTSS 작업은 주와 지역교육청 차원에서 집중되기 때문에, 협력적인 시스템 변화 활동이 학생들의 학업 및 행동 성과에 미치는 장기적인 영향을 직접적으로 파악하기 어렵다. 그러나 각 프로젝트는 학교 기반의 연수, 지원 및 평가를 제공하고 있어, 이를 통해 학업 및 행동 성과 데이터를 수집할 수 있다. 협력적인 MTSS 활동을 통해 우리는 다음과 같은 사항을 측정할 수 있다: ① 지역교육청 리더십 팀이 DAPPS와 8단계 문제해결 프로세스를 얼마나 효과적으로 진행하는지, ② 문제해결 프로세스에서 지역교육청 리더십 팀(DLT)이 식별한 장애물의 현황, ③ DLT가 DAPPS 프로세스의 효과와 만족도를 어떻게 평가하는지, ④ 지역교육청의 학업 및 행동 데이터를 분석하고, MTSS 진행을 촉진하거나 방해하는 지역교육청 구조에 대해 DLT를 대상으로 연례 요구 평가를 실시하는 것이다. 개별 학교 차원에서는 진전도 모니터링 도구를 통해 각 학교가 MTSS 시스템의 핵심 요소를 얼마나 잘 구축하고 있는지 평가할 수 있다. 이 도구는 학교의 리더십, 실행을 위한 인프라, 의사소통 및 협업 역량, 데이터 기반 문제 해결, 3단계 교수 및 중재, 데이터 평가 등을 측정하여, 학교와 지역교육청이 MTSS의 중요한 구성 요소를 얼마나 효과적으로 구현하고 있는지를 평가할 수 있게 한다.

6. 얻은 교훈

요약하자면, 3년에 걸친 협력에서 얻은 교훈은 다음과 같다:

1. 협력적인 MTSS 팀의 모든 구성원은 MTSS의 사명, 정의 및 핵심 구성 요소에 대한 공통의 언어와 이해를 개발하고 이를 전달해야 한다. 일관된 메시지를 전달하는 구체적인 서면 결과물에 대해 전 직원이 동의하는 것이 중요할 뿐만 아니라, 공유된 비전, 사명, 언어를 개발하는 과정은 존중, 신뢰 및 협력 관계를 구축하는 데 필수적이다.
2. 시스템 차원의 코칭을 위한 핵심 역량(전문성 개발, 리더십, 상담, 내용 지식)은 다양하며, 내부 전문성 개발에 많은 노력이 필요하다. 다른 주의 MTSS 프로젝트 직원들로부터 '일부 지역교육청에서 학업 RTI와 PBIS 직원을 단순히 함께 배치하고, 그때그때 임시로 프로세스를 해결할 계획'이라는 이야기를 들은 적이 있다. 그러나 우리는 지역교육청 차원에서 훌륭한 상담과 코칭 기술을 적용할 기회가 많다고 믿는다. 다만, 내부 직원들은 지역교육청 차원에서 업무를 시작하기 전에 공통된 언어와 프로토콜, 그리고 업무 방식을 공유해야 한다. 지역교육청들은 유능하고 상호 보완적인 직원들을 높이 평가하며, 계획되지 않았거나 효과적이지 않은 상담에는 참여하지 않을 것이다.
3. 내부 전문성 개발 활동은 모든 직원들 간의 협력적인 팀워크를 구축하는 데 유용할 뿐만 아니라, 지역교육청과 학교에서 사용되기 전에 모든 자료, 결과물 및 도구를 개발,

평가 및 수정하는 효과적인 과정으로 기능한다.

4. 프로토콜에 지나치게 얽매인 상담 모델과 명확한 절차가 없어 실행충실도를 평가할 수 없는 상담 모델 사이에서 균형을 찾는 것은 어려운 일이다. 초기 상담 노력은 다소 경직되었을 수 있었지만, 이를 통해 모델의 구성 요소가 효과적인지, 수정이 필요한지를 평가할 수 있었다. 상담 지침에 유연성을 허용하면, 직원들의 탁월한 코칭 기술을 인정받고, 다양한 구조와 지원이 필요한 지역교육청들을 효과적으로 지원할 수 있을 것이다.
5. 교육 시스템 변화의 모든 작업은 학생 성과에 의해 주도되지만, 그 성과는 종종 즉각적으로 드러나지 않는다. MTSS를 실행하기 위해 지역교육청과 협력하는 과정에서, 프로젝트, 지역교육청 및 학교 차원의 실행충실도를 측정하는 것은 학생의 성공 여부 또는 RTI 부족을 이해하는 데 중요한 요소이다.
6. 분리된 프로젝트 활동을 통합하는 것은 어려웠다. 각 프로젝트는 이미 규정상 다양한 학업 및 행동 관련 성과물을 제공해야 했기 때문이다. 분리된 방식과 통합된 방식으로 동시에 운영하는 것은 때때로 직원들에게 압도적이고 혼란스러우며 도전적인 일이었다. 돌아보면, 분리된 프로그램을 유지하고 통합하는 것보다 완전히 새로운 통합 MTSS 프로그램을 시작하는 것이 더 쉬웠을 수도 있지만, 이 과정은 직원들로 하여금 MTSS에 대해 더 깊이 이해하고, 지역교육청 차원에서 작업할 수 있는 역량을 확장하는 결과를 가져왔다.
7. MTSS의 구현은 선형적인 과정이 아니다. 학군들(school districts)은 자원 배분과 우선순위를 안내하는 전략 계획을 가지고 있다. 우리는 일부 지역교육청은 MTSS를 실행하는 데 지원을 원했지만, 다른 지역교육청은 MTSS를 실행하는 과정에서 장벽을 줄이거나 제거하기 위한 지원(예: DAPPS)을 원한다는 사실을 깨달았다. 리더들은 그들의 우선순위와 필요에 따라 결정을 내리며, 외부 자원만으로 큰 방향을 바꾸지 않는다.

플로리다에서 다층적 지원 시스템(MTSS)의 발전은 두 개의 잘 개발된 독립적인 프로그램을 결합한 결과이다. 이 두 프로그램은 각각 별개의 프로젝트로서 실행 수준이 높고 긍정적인 반응을 얻었다. 우리는 새로운 MTSS 모델의 개발이 단순히 각 접근법의 구성 요소를 결합하는 과정이 아니라, 이를 통합하는 과정이어야 한다는 점을 깨달았다. 이 두 가지 접근 방식은 문제해결 과정(비록 두 가지 접근 방식이 다소 다르기는 하지만)과 다층적 접근 방식을 활용한 전달 시스템이라는 공통된 기본 토대를 공유하고 있다. 표면적으로 보면, 이 두 접근법을 결합하는 것이 어려워 보이지 않았으나, 각 접근법이 고유한 용어, 지역교육청 내에서 각기 다른 역할, 다양한 교육적 배경과 경험을 가진 인력, 고유한 사명을 지니고 있다는 점에서 차별성이 있었다. 이에 따라 초기에는 새로운 비전과 사명선언문을 만들고, 모델, 용어집 및 실행 과학에 대한 공통된 언어와 이해를 개발하기로 결정했다. 각 프로젝트의 전문 인력들은 공통된 내용에 대해 집중적이고 지속적인 전문성 개발을 받았으며, 우리는 시스템 변화와 조직 문제 해결에 대한 공통된 접근 방식을 채택했다.

기존의 방식을 따르기보다는, 우리는 처음부터 함께 공유한 계획을 바탕으로 새로운 접근 방식을 구축하기로 결정했다. 통합된 MTSS 모델을 적용한 교육의 세 번째 해를 시작하면서, 우리는 이 과정이 시간과 지속적인 전문성 개발, 그리고 이해관계자들이 두 개의 모델이 아닌 하나의 모델로 이해하고 받아들이는 공통된 비전과 작업 방식이 필요하다는 것을 배웠다.

제 10 장

미시간주의 통합 행동 및 학습 지원 사업(MiBLSi): MTSS를 위한 주 전체 지원체계

1. 개요

미시간주의 통합 행동 및 학습 지원 사업(MiBLSi)은 광역 교육지원청 및 지역교육청들이 읽기와 행동을 위한 통합 다중지원체계(MTSS)를 실행할 수 있도록 지원하는 주 전체 시스템이다. MiBLSi의 비전은 "지속 가능하며 데이터 기반 의사결정을 활용하는 행동 및 읽기 통합 MTSS를 충실히 실행할 수 있도록, 지역 역량을 개발하고 이를 주 전역으로 확대하기 위한 구조를 구축하는 것"이다(Goodman, 2013b). 이 프로젝트는 학교가 MTSS를 실행할 수 있도록 광역 교육지원청 및 지역교육청의 리더십을 개발하는 데 중점을 두고 있다. 여기에는 교직원들이 MTSS 업무를 쉽게 수행할 수 있는 환경을 조성하고, 교직원의 역량 개발을 지원하는 것 등이 포함된다. 이러한 목표는 초기 MiBLSi가 단위 학교에 대한 직접적 지원 제공에 초점을 맞췄던 것에서, 광역 교육지원청 및 지역교육청의 역량 개발로 확장한 것을 반영한다. 미시간주 교육부(MDE)와 미국 특수교육 사무국(OSEP)은 홍보, 재정 지원, 정치적 지원을 제공한다. MiBLSi는 미시간주의 8개 보조금 지원 사업 중 하나이며, OSEP로부터 두 번의 주 인력 개발 보조금을 받은 바 있다.

MiBLSi 모델은 다음과 같은 근거를 기반으로 한다: ① 긍정적 행동지원(PBIS): 응용행동분석의 과학적 연구를 기반으로 개발됨(Horner et al., 2009); ② 연구 기반 읽기 실제: 국가 읽기 패널 보고서(National Reading Panel, 2000)의 결과를 기반으로 개발됨; ③ 국립연구위원회 및 교육과학연구소 실제 지침(the National Research Council and the Institute for Educational Science Practice Guides)(예: Gersten et al., 2008); ④ 증거 기반의 문제 해결: 데이터 수집과 연구에 기반한 명확한 행동계획의 연결(Elliott & Fuchs, 1997); ⑤ 실행 과학: 지속적인 개선을 지원하는 시스템 구축 및 유지(Blase, Van Dyke, & Fixsen, 2009; Sugai, Horner, Fixsen, et al., 2010; Fixsen et al., 2005).

2. 시행의 역사

MiBLSi는 초기 소규모 시범 프로젝트에서 시작해 주 전역으로 확대된 사업으로 현재는 전국적인 위상을 가지고 있다. 이 발전 과정은 주 내의 요구와 자원, 이용 가능한 자원과 재정 지원 기회, 리더십을 발휘하는 개인들, 그리고 정책에 따라 형성되었다. 프로젝트의 여러 측면이 발전했음에도 불구하고 몇 가지 핵심 요소는 초기부터 변함없이 유지되었다. MiBLSi는 학생성취를 향상시키는 데 초점을 맞춰 왔다. 시간이 지남에 따라 주의 조직 구조 내에서 더 높은 수준을 지원하도록 변화했음에도 불구하고, 궁극적인 목표는 항상 학생들의 학업성취와 행동에 긍정적인 영향을 미치는 것이었다. MiBLSi는 또한 실행충실도를 지원하는 데 지속적인 노력을 기울였다. 교육, 코칭, 기술 지원, 평가 모두 실행충실도를 강조하며, 팀이 충실히 실행할 수 있도록 필요한 정보, 자원 및 피드백을 제공하는 데 중점을 두고 있다. 마지막으로, MiBLSi는 학업과 행동을 통합한 모델로 시작했으며, 학업 및 행동 기술, 요구, 그리고 수업 지원 간의 상호작용을 고려하고 있다.

이 프로젝트는 작은 규모로 시작되었다. 2000년, 미시간 남서부 지역의 실무자와 대학 교수 5명으로 이루어진 팀이 연방 재정을 지원받아 행동과 읽기에 이중 초점을 둔 데이터 기반 문제해결 모델을 개발하고 실행하기 위한 시범 보조금을 신청해 승인받았다(Ervin, Schaughency, Goodman, McGlinchey, & Matthews, 2007). 이들은 5개의 초등학교에 연수 및 코칭 지원을 제공했다. 당시 미시간의 소수 학교만이 RTI(Response to Intervention)를 실행하거나 이 프레임워크에 대해 교육받은 교직원이 근무하고 있었다. 미시건의 많은 학교에서는, 데이터 활용이 쉽지 않았으며(데이터를 충분히 수집하거나 체계적으로 정리하지 못해서, 또는 수집된 데이터를 효과적으로 활용하는 시스템이나 역량이 부족해서), 의사결정이 주관적인 의견, 상황적 편의, 또는 과거 경험에 의존해서 이루어지기 십상이었다. MiBLSi가 초기 5개 학교에의 수행은 문제행동을 줄이고 학생들의 읽기 기술을 향상시키는 긍정적인 결과를 가져왔다(Ervin et al., 2006).

당시, 미시간의 특수교육국 국장은 RTI를 정치적 및 재정적으로 지원할 가치가 있는 선두적인 실제로 여겼다. MiBLSi는 주 성과 계획(State Performance Plan)의 여러 지표를 해결하기 위해 설계된 의무 활동 프로젝트로서 지원을 받았다. 2007년, 미시간 교육부는 MTSS 실행을 확산하기 위해 OSEP(특수교육 프로그램 사무소)로부터 주 인력 개발 보조금(State Personnel Development Grant: SPDG)을 수여받았다. 이 보조금은 MiBLSi가 지역별 지원을 확대하고 주 전역의 학교 수준 실행을 확산하기 위한 목표로 추가 기술 지원 파트너를 고용할 수 있도록 해 주었다.

1) 기원

2004년부터 2013년까지, 521개의 초등학교와 중학교가 MiBLSi에 참여했다(〈표 10-1〉 참조). 이 참여에는 공식적인 신청 절차, 업무 당당자 선정, 그리고 3년간의 전문 개발 과정을 완료하는 것이 포함되었다. 이 전문 개발 과정에는 통합 MTSS 모델을 실행하기 위한 연수 및 코칭 지원이 포함되었다(〈표 10-2〉 참조). MiBLSi 전문 개발의 주요 대상은 자발적으로 참여를 선택한 학교리더십 팀으로, 여기에는 교장, 교사, 그리고 최소 한 명의 시스템 코치가 포함되었다. 시스템 코치는 학교리더십 팀이 통합된 MTSS 모델을 실행할 수 있도록 지원하는 역할을 담당했다. 코치들은 학교 내에서 다양한 직함을 가지고 있었지만, 대개 학교 심리학자, 학교 사회복지사, 그리고 읽기 전문가들이었다. 수는 주 전역에서 지역별로 조직되어, 동일한 지리적 지역과 시작 연도를 가진 학교들이 하나의 코호트로 참여할 수 있도록 하였다. 당시, MiBLSi 교직원들은 학교리더십 팀의 주요 연수 강사로 활동했다. 이 프로젝트는 또한 주 전역에서 100명 이상의 강사 인력풀을 개발하기 위해 노력했다. 이 연수 강사들은 컨설턴트, 교장, 교사, 그리고 은퇴한 교원들을 포함했다. MiBLSi는 주 전역에서 MTSS 실행을 지속할 수 있도록 역량을 강화하기 위해 강사 인력풀을 개발하기 시작했다.

2) 전문성 개발 단계

전문성 개발 첫해는 읽기와 행동을 위한 1단계, 즉 보편적 지원의 실행에 중점을 두었다. 11일간의 연수는 학교 연간 일정에 적절히 나뉘어 진행되었다(〈표 10-2〉 참조). 팀들은 학교 전체 PBIS 및 학교 전체 읽기 모델을 구성하는 데이터, 실제, 시스템에 대해 설명을 들었으며, 한 해 동안 새로운 내용을 지속적으로 학습하고 각 연수 세션 사이에 특정 구성 요소를 실행하도록 요청받았다. 코칭 회의는 코치들이 다음 단계에 대비하고 실행 과정에서 발생하는 장애물을 해결할 수 있도록 지원하기 위해 연간 약 세 차례 개최되었다. 팀들이 한 해

표 10-1 2004년부터 2013년까지 MiBLSi에 참여하여 통합된 MTSS 모델을 실행한 학교 수

MiBLSi 코호트	연수 기간	초등학교	중학교	합계
시범 사례 학교	2000~2003년	5	0	5
1	2004~2007년	14	0	14
2	2005~2008년	26	0	26
3	2006~2009년	49	2	51
4	2007~2010년	103	14	117
5	2008~2011년	70	14	84
6	2009~2012년	86	15	101
7	2010~2013년	87	41	128
모든 코호트		440	86	526

동안 수집한 실행충실도와 학생성취 데이터를 활용해 체계적으로 문제해결 과정을 적용할 수 있도록 지원했다. 데이터 검토 연수는 미시간의 지속적인 학교개선 프레임워크와 일치하도록 설계되어, 팀들이 데이터를 분석하고 성공적인 과정을 확인하며 이를 바탕으로 다음 단계를 결정할 수 있는 역량을 향상시킨다.

전문성 개발을 위한 두 번째 해에는 학교들이 1단계 실행을 계속 실행하고 강화하면서 동시에 읽기와 행동을 위한 2단계와 3단계의 시스템, 데이터, 실제를 추가로 도입했다. 이 지원에는 8일간의 교육뿐만 아니라 코칭 미팅과 특정 중재 프로그램에 대한 연수도 포함되었다. 세 번째 해에는 학교들이 1단계, 2단계, 그리고 3단계의 시스템을 강화할 수 있도록 추가 지원이 제공되었다. 공식적인 연수 일수는 데이터 검토 세션 3회로 줄어들었다. 코호트 1−7의 3년 교육 시리즈에 대한 자세한 정보는 MiBLSi 웹 사이트에서 확인할 수 있다(http://miblsi.org/MiBLSiModel/ProfessionalDevelopment/BuildingTrainingScopeandSequence.aspx).

이 모델 내에서 미시간 전역의 학교와 지역교육청들은 MTSS 데이터, 실제, 시스템을 그들의 학교개선 계획에 포함시켰다. 학교들은 PBIS 및 효과적인 교육, 그리고 학습 참여를 유지하기 위해 학생들을 교실에 남길 수 있는 효과적인 실제에 맞게 처벌체계를 수정했다. 또한 학교와 지역교육청은 중재 및 데이터 수집의 효과적인 실제를 활용해 이를 글쓰기와 수학으로 일반화하기 시작했다. 시간이 지나면서 읽기와 행동 모두에서 실행충실도와 학생성취가 꾸준히 증가했다. 이 과정이 가치가 있었음을 보여 주는 또 다른 지표는 MiBLSi MTSS 실행 경험을 교사 및 관리자의 채용 자격으로 우선시하기 위해 학교들이 채용 시 우선적인 자격 요건으로 고려하도록 채용 절차를 변경하기 시작한 것이다. 프로젝트 초기에도

표 10-2 전문성 개발 순서 Cohort 1-7(더 많은 정보와 교육 주제 자료는 http://miblsi.org에서 다운로드할 수 있음)

단계		
연도	연수 시기	연수 주제
1	가을 학기	리더십 심화교육: 관리자와 코치의 리더십 및 코칭 역량, 기술, 지식을 강화하여, MTSS 실행을 위한 지속 가능한 시스템을 구축하는 데 있어 학교리더십 팀을 보다 효과적으로 이끌고 지원할 수 있도록 함 학교 차원의 PBIS 1일 차: PBIS 개념, 도구, 평가에 대한 개요와 소개. 기대행동을 파악하고 정의 학교 차원의 PBIS 2일 차: 기대행동을 가르치고 모니터링하기 위한 시스템, 강화체계, 행동 추적(SWIS)을 구축 학교 차원의 PBIS 3일 차: 문제행동을 효과적으로 수정하기 위한 시스템을 구축하고, 경미한 문제행동과 중대한 문제행동을 구분하며, PBIS 기반의 교실 관리 체계를 지원
	겨울 학기	학교 차원의 읽기 1일 차: 보편적 읽기 선별 도구(DIBELS 또는 AIMSweb)에 대한 교육과 지원 제공 학교 차원의 읽기 교육 2일 차: 보편적 읽기 선별 데이터를 수업 우선순위와 연결하고, 교실 수업을 최대한 활용하여 다양한 학습자의 요구를 충족하며, 명시적 교수법의 활용을 강화 학교 차원의 읽기 3일 차: 집중적 읽기 시간 동안 학생 학습을 최대화하는 데 초점을 맞추고, 실행충실도 평가도구(PET)를 활용하여 기존의 학교 차원의 읽기 모델 평가
	봄 학기	시스템 검토(Systems Review): 교장과 코치와 함께 학교 차원의 행동 및 읽기지원 실행 상황을 검토 후 데이터를 활용하여 MTSS 실행의 추가 업무를 계획하는 과정 착수 봄 학기 데이터 검토(Spring Data Review): 학교리더십 팀과 함께 실행 현황과 학생성취를 검토. 성공 사례를 확인하고, 필요한 영역이나 실행의 장애 요소를 해결하고 다음 학년도에 대한 실행계획을 논의

〈계속〉

		리더십 연수 2년 차: 교장과 코치와 협력하여 2단계 지원에 중점을 둔 교육을 준비. 일반적인 실행 오류를 파악, 예방, 수정하며, 현재 실행 상태를 논의
2	가을 학기	목표 행동 시스템(Targeted Behavior Systems): 목표 행동 실행을 지원하기 위한 시스템을 배우고 개발. 행동 중재(check-in/check-out)를 소개하고, 데이터를 활용하여 2단계 과정 평가(BAT)를 지원하는 방법을 익힘 전략적 읽기 시스템(Strategic Reading Systems): 1단계 읽기 실행의 현재 상태를 검토. 범용 선별 데이터를 활용해 교수적 의사결정을 내리는 방법을 학습 집중 읽기 시스템(Intensive Reading Systems): 데이터 기반 의사결정을 통해 집중적인 읽기 지도가 필요한 학생들을 파악하고, 지원하며, 학습 속도를 향상시키는 과정을 강화하거나 구축
	겨울 학기	집중 행동 시스템(Intensive Behavior Systems): 집중 행동 중재 실행을 지원하기 위해 필요한 시스템을 배우고 개발을 시작. 팀에 기능행동평가(FBA)와 행동 중재 계획을 소개하고, 데이터를 활용하여 3단계 실행충실도 평가(BAT)를 지원하는 방법을 익힘
	봄 학기	봄 학기 데이터 검토(Spring Data Review): MTSS 실행 노력을 지속하는 데 있어 학교리더십 팀의 역할을 점검. 의사결정, 성과 공유, 실행계획 수립, 그리고 MTSS 업무를 학교개선 계획과 연결하는 것을 목표로, 학교 차원의 데이터를 검토할 수 있는 시간과 방향을 제공 리더십 연수 3년차: 교장 및 코치들과 협력하여 다가오는 교육을 준비하며, 실행의 지속적인 추진력을 유지하고 장기적이고 지속 가능한 MTSS 모델을 구축하는 데 초점을 맞춤
3	가을 학기	가을 데이터 검토(Fall Data Review): 1단계, 2단계, 3단계 지원의 상태를 데이터 분석을 통해 검토. 데이터를 활용하여 행동 및 읽기 성과를 개선. 성과를 공유할 영역을 파악하고, 학교 전반에 걸쳐 연중 실행을 지속하고 실천을 확장할 준비
	겨울 학기	겨울 데이터 검토(Winter Data Review): 데이터 검토와 행동계획 수립 활동을 계속 진행
	봄 학기	봄 데이터 검토(Spring Data Review): 데이터 검토와 행동계획 수립 활동을 계속 진행

MiBLSi에 참여했던 많은 학교들이 실행을 지속할 수 있었으며, 학생성취를 계속해서 개선해 나갔다. 이러한 성공 사례는 '성과 평가' 섹션에서 더 자세히 설명될 것이다.

3. 현재 진행 상황

MTSS 실행에 대한 지속적인 개선을 위한 노력의 의지는 MiBLSi가 초기 50개 학교를 지원하는 단계에서 500개 학교로, 그리고 현재는 주 전역에서 MTSS가 미시간 교육 시스템의 표준 실제로 자리 잡도록 확장하는 데 중요한 역할을 했다. 2009년 MiBLSi는 미시간 교육부와 함께 OSEP(State Implementation and Scaling Up of Evidence-Based Practices: SISEP) 센터와 협력하여 MTSS에 실행 과학(Implementation Science)을 적용하기 위한 공식적인 절차를 시작했다. 이러한 협력과 더불어, 주 전반에 걸쳐 더 넓고 지속 가능한 영향을 미치려는 요구는 MiBLSi의 구조와 성과 측정 방식에 큰 영향을 미쳤다. 단순히 주 전역에서 'MiBLSi를 실행하는' 교육자의 수를 늘리는 것이 아니라, MTSS 프레임워크를 교육 시스템 내에 정착시켜, 시간이 지나도 지속될 수 있도록 하고, 실행충실도를 각 단계에서 유지하는 것에 초점을 맞추고 있다.

1) 주 전역 프로젝트 확장과 학생성취에 대한 지속적 영향력

주 전체의 학교에 전반적인 영향을 미치기 위해서는, 학교별 접근으로 하나하나씩 해결하려는 방식은 실행 가능하지도, 실용적이지도 않는다. 픽센, 블레즈, 호너, 수가이(Fixsen, Blase, Horner, & Sugai, 2008)는 확산(scaling up)의 과정을 "특별한 도움을 받아서만 가능했던 모범 사례들을 넘어서, 평범한 학교나 조직에서도 자연스럽고 꾸준히 새로운 방식을 잘 활용할 수 있도록 만드는 역량을 키워 가는 과정"이라고 설명했다(p. 2). 미시간주에서는 MTSS에 깊은 관심과 헌신을 가진 일부 교육자들을 넘어서, 시간이 지나도 지속 가능한 주 전체의 확장 가능한 체계를 구축하기 위해서는 전혀 다른 접근 방식과 지원의 초점이 필요했다.

MiBLSi의 학교 코호트 모델을 통한 활동은 학교 구조와 교직원들에게 많은 지원을 제공했지만, 그 접근 방식으로 해결되지 않은 몇 가지 요구도 있었다. 프로젝트에 참여한 대부분의 학교가 개선을 이루었지만, MiBLSi의 지원이 학교에 직접 제공되었음에도 불구하고 많은 학교가 높은 충실도로 완전한 실행에 도달하지 못했다.

또 다른 문제는 학교 수준에서 실행 노력을 유지하는 데 있어 지역교육청의 지원이 부족하다는 점이었다. 학교 코호트 모델에서는 3년 동안 지원과 재정이 학교에 직접 제공되었다. 그러나 MiBLSi의 전문성 개발 프로그램이 종료된 이후에는 학교들이 자체적으로 MTSS 노력을 위한 훈련, 코칭, 자원 배분을 개발하는 데 어려움을 겪는 경우가 많았다. 이를 보여주는 한 가지 명확한 예는 SWIS 계정 데이터에서 발견되었다. SWIS는 MiBLSi 파트너 학교가 프로젝트 역사 전반에 걸쳐 사용해 온 행동 데이터 추적 시스템이다. 미시간 데이터에 따르면 매년 많은 새로운 학교 계정이 생성되었지만, SWIS 계정은 평균 3.4년 후에 닫혔다. 이러한 데이터는 학교 수준에서 실행된 실제의 지속 가능성 문제를 명확히 보여 주었다. 프로젝트 팀은 지역교육청의 리더십 지원과 자원 배분을 개발하는 것이 장기적인 지속 가능성을 위한 더 나은 환경을 조성할 수 있다고 가정했다.

2011년, MDE와 MiBLSi는 미국 특수교육 사무국(OSEP)으로부터 두 번째 SPDG(주 수준 전문성 개발을 위한 보조금)를 신청했다. 이 보조금은 지역 역량 개발과 지속 가능성에 초점을 맞추기 위해 프로젝트를 확장하기 위한 목적이 있었다. 이 보조금의 일환으로 MiBLSi 지원 구조에 중요한 변화가 있었다. 새로운 지역교육청 코호트 모델이 구상되었으며, MiBLSi의 파트너십이 단위 학교에서 광역 교육지원청 및 지역교육청으로 전환되어 공동 소유권과 책임감을 강화하고자 했다. 미시간에서 광역 교육지원청은 주와 지역교육청 사이의 중간 매개체로서 카운티 또는 여러 카운티 수준에서 조직된 교육 지원 구조이다. 광역 교육지원청은 특수교육서비스, 일반 교육 컨설팅 서비스, 경력 및 기술 교육, 전문성 개발, 일부 재정 지원을 포함한 프로그램과 서비스를 지역교육청에 제공한다. MiBLSi의 광역 교육지원청 수준 업무로의 전환은 단위 학교와의 협력에서 벗어나 주 전역에 걸쳐 확산할 수 있는 교육적 틀을 제공하는 더 큰 역할로 변화했다.

MiBLSi는 초기 9년 동안 학교 수준에서의 실행에 초점을 맞추면서, 미시간 전역의 521개 학교와 파트너십을 맺을 수 있었다. 이에 비해, ISD(광역 교육지원청)와 협력한 지 처음 3년 만에 도달 가능한 학교 수는 훨씬 더 크게 증가할 수 있는 잠재력을 보였다([그림 10-1] 참조). 2011년 이후로, 세 개의 ISD 및 지역교육청 코호트가 '지역교육청 코호트 모델' 하에 지원을 받았다. 현재 MiBLSi는 22개 ISD와 2개의 지역 지역교육청(디트로이트 공립학교와 포티지 커뮤니티 스쿨)을 직접 지원하고 있으며, 이들은 다시 282개의 지역교육청 , 차터스쿨, 공립 아카데미, 총 1,412개 공립학교와 미시간 전역의 601,412명의 학생들을 지원할 수 있는 잠재력을 가지고 있다. 시간이 지남에 따라 더 많은 ISD가 추가될 예정이며, 각 파트너십은

MiBLSi의 MTSS 실행과 지원이 영향을 미치는 지역교육청 과 학교의 수를 지속적으로 증가시킬 것이다.

2) MTSS 지원의 구조화

미시간 교육 구조 전반에서 MiBLSi의 MTSS 지원이 어떻게 흐르는지 더 잘 이해하기 위해, [그림 10-2]는 교육 지원의 계단식 모델과 지원이 제공되는 방식을 보여 준다. 이 계단식 시스템을 묘사한 그림은 교육 시스템 내의 각 단위가 서로를 기반으로 구축된다는 점을 나타낸다. 각 단위는 정책 개발, 재정 지원, 서비스 조정 등 다양한 방식으로 연결되어 있다. 또한, 각 단위는 계단식 구조에서 상위 시스템에 의존하여 자신의 업무를 지원받는다. 더불어, 이 계단식 구조를 이루는 각 교육 기관은 필요, 지원, 진행 상황에 대한 의사소통과 피드백을 통해 서로 연결되어 있다. 이 그림은 MTSS의 성공이 계단식 구조를 통한 서비스 제공과 의사소통의 흐름에 크게 의존한다는 것을 보여 준다.

MiBLSi 초기 몇 년 동안 학교 코호트 모델에서는 MTSS 실행을 위한 지역 지원이 학교리더십 팀을 직접적으로 지원했다. 초기 모델에 의해 지원받은 학교들과의 장기적인 업무에서 분명히 드러난 점은, 학교리더십 팀이 비전, 정책, 재정 지원, 자원 배분과 관련된 장벽에 반복적으로 부딪혔다는 것이다. 학교리더십의 교체, 예산 삭감, 혹은 경쟁적인 정책이나 프로그램과 같은 불안정한 사건들은 수년 동안 학교 수준에서 성공적으로 실행된 MTSS 사업을 빠르게 무너뜨릴 수 있게 된다.

2011년에 지역교육청 코호트 모델로 전환하면서 MiBLSi의 지원은 미시간 전역의 계단식 구조를 통해 보다 체계적으로 흐르게 되었다. 이 새로운 지원 구조는 시스템의 모든 수준에서 리더십을 강화하여 MTSS가 오래 지속되고 안정적으로 유지될 수 있도록 설계되었다. 이전에는 교사가 혼자서 보편적 선별 데이터(universal screening data)를 분석하고 독립적으로 모든 학생들을 학업과 행동에서 숙달 단계로 이끌 방법을 고민해야 했다면, 이제는 이 교사가 계단식 구조를 따라 층층이 정렬된 연구 기반 지원을 받을 수 있게 되었다. 광역 교육지원청은 구조화된 코칭과 연수 지원을 제공해 시스템 내 모든 교사가 데이터를 해석하고, 학생들에게 적합한 중재를 연결하며, 학생들의 다양한 요구를 지원하기 위한 지식과 기술을 더 잘 갖추도록 돕는다.

지역교육청은 예방적 실제와 충분한 연구 및 실증적 근거를 가진 보완적 중재에 자원을 배분해 지역교육청 전반의 모든 요구를 지원하려는 비전을 가지고 있다. 학교 교직원은 지

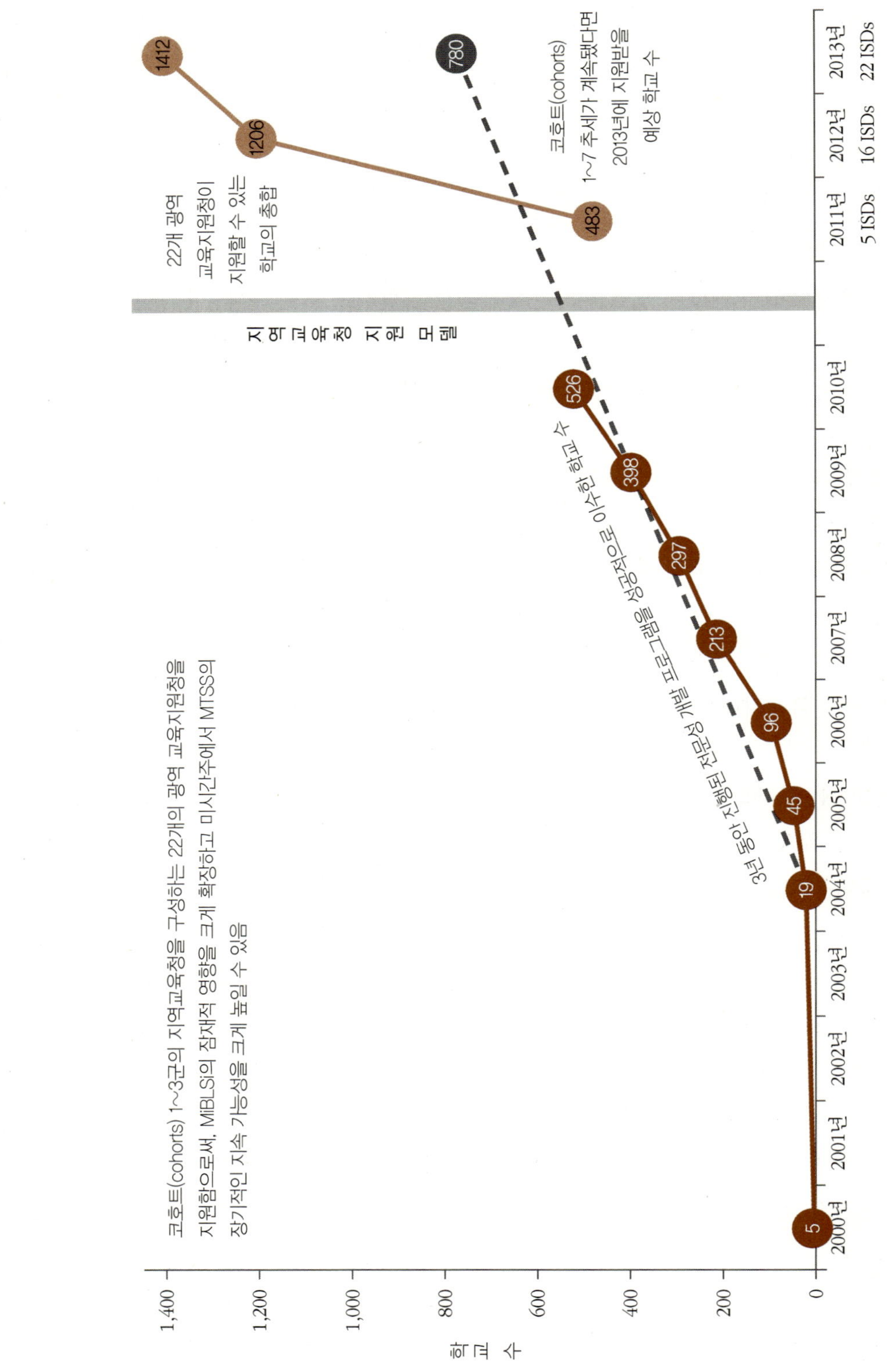

[그림 10-1] 광역 교육지원청에 지원을 투자하여 영향 범위를 확대

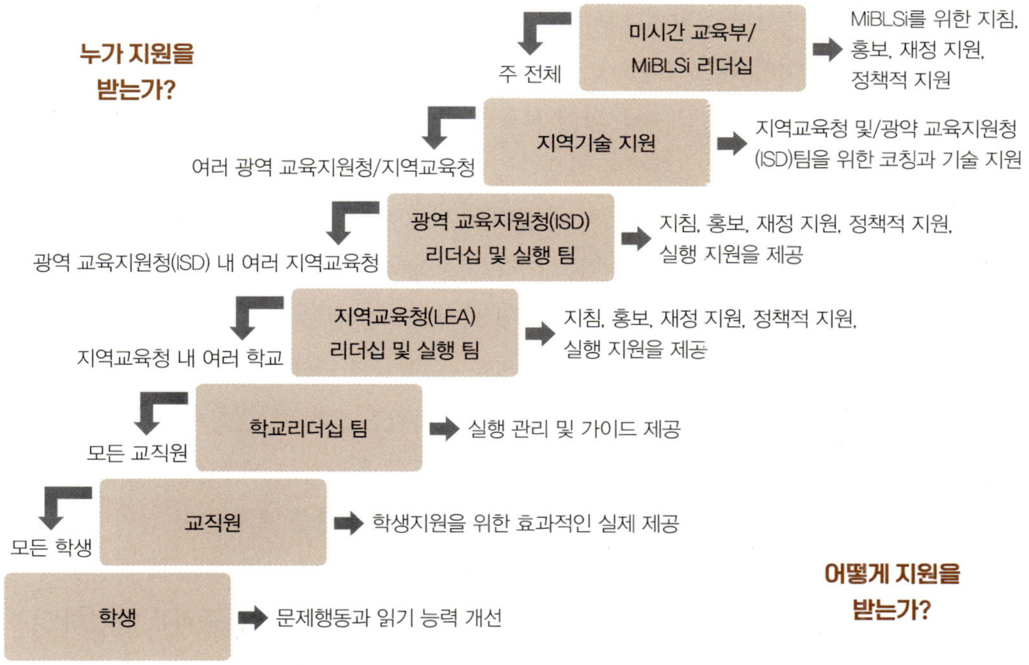

[그림 10-2] 미시간주의 주 전체에 걸친 계층적 교육 지원 모델

참고: 이 도식은 왼쪽 하단에서 시작해, 계단 구조를 따라 위쪽과 오른쪽으로 이동하여 오른쪽 상단에 있는 미시간 교육부(Michigan Department of Education)에서 끝나도록 설계됨.

역교육청과 광역 교육지원청의 비전을 이해하고, 학생들과의 업무를 향상시키기 위한 '연수, 코칭, 평가'에 대한 지원을 받았다. 시스템 전반의 모든 사람은 학생들의 학업 및 행동적 성공을 향해 나아가기 위해 학업준비도 수준에 상관없이 실천 공동체의 노력이 필요하다는 점을 알고 있다.

3) 지속 가능한 기반 구조

현재 MiBLSi 지원 모델을 이해하는 데 중요한 요소는 MTSS 실행의 핵심이 학교 차원에서 이루어진다는 점을 인식하는 것이다. 학교의 성과, 실행계획, 필요 사항에 관한 소통은 지역교육청 전체의 계획을 이끄는 원동력이 된다. 지원 단계 간 정보의 질과 흐름을 향상시키기 위한 의도적인 업무가 필요하다. 의사소통 계획과 데이터 기반 의사결정의 활용은 협력적인 분위기를 유지하고 MTSS 노력이 상명하달식 접근 방식이 되는 것을 방지한다. 각 학교가 지속 가능하고 효과적인 지원을 받으려면, 광역 교육지원청과 지역교육청 직원이 학교의 요구와 실행계획에 부합하는 방식으로 교육적 노력을 집중할 수 있도록 리더십과 조직적·역량적 지원을 제공해야 한다. MTSS는 단지 교장과 학교리더십 팀에 의해 관리될 때 위협을 받는다. 그러나 교장과 학교 수준 팀이 교육청과 광역 교육지원청 계획을 통해 훈련, 지원, 자원을 제공받을 때 업무는 훨씬 강화된다.

MiBLSi는 계단식 구조의 여러 단계에서 실행 노력을 지원하지만, 목표는 교육자들이 노력을 독립적으로 지속하고 유지할 수 있는 역량을 강화하는 것이다. 이 목표를 달성하기 위해 MiBLSi는 초기 단계에서 광역 교육지원청 및 지역교육청 실행 팀과 협력하여 MTSS를 지원하기 위해 필요한 조직 구조를 구축한다. 이후, 초기 실행 단계에서 학교 수준으로 밀착 지원을 제공하여 업무 초기부터 모든 사람이 충분한 지원을 받을 수 있도록 한다. 이러한 강도 높은 프로젝트 지원은 교육청과 학교의 실행충실도를 유지하는 데 도움을 줄 뿐만 아니라, 해당 교육청 및 학교 내에서 장기적으로 지원을 제공할 모델을 제시한다. 장기적인 비전은 지역 시스템과 직접적으로 업무하는 전문가들의 지식과 기술을 심화하는 데 시간을 투자하여, 이들이 일정 기간 MiBLSi와 협력한 후 독립적으로 실행을 이어갈 준비를 완전히 갖추도록 하는 것이다. 목표는 광역 교육지원청이 교육청과 학교의 MTSS 실행을 높은 충실도로 지원할 수 있도록 최소한의 중요한 규모의 교육청과 학교를 지원하며 지속적으로 전진하는 것이다.

광역 교육지원청이 지역교육청과 협력하기 시작하면서, 이 두 주체가 실행에 대한 공동 비전을 공유하며 협력할 것이라는 기대가 있다. 지역교육청은 실행 단계(채택/탐색, 프로그램 설치, 초기 실행, 확장, 지속적 개선/유지)를 통해 MTSS 업무에서 지원을 받는다(Fixsen et al., 2005). 그러나 실행은 항상 선형적으로 이루어지지는 않으며, 종종 반복적이다. 이러한 점을 고려해, 팀은 실행준비도와 현재 성과를 나타내는 평가를 기반으로 실행 단계를 안내받는다. 즉, 교육청과 학교를 사전에 결정된 훈련 순서로 진행시키는 대신, MiBLSi 광역 교육지원청은 필요성, 적합성, 자원, 증거, 준비도, 역량에 따라 훈련 내용과 순서를 결정한다(Blase, Kiser, et al., 2013). 기존 코호트 모델의 표준 범위와 순서는 학교 수준 맥락을 고려하지 않아 실행 단계별 진행에 필요한 시간이 학교마다 다를 수 있었다. 그러나 현재 MiBLSi의 교육청 코호트 구조는 광역 교육지원청과 교육청에 투자하여, 학교가 지속적 개선, 실행충실도, 장기적 지속 가능성을 지원하는 기반 구조 내에서 MTSS 실천을 실행할 수 있도록 한다.

4. 독특한 특징

1) 리더십과 기존 구조에 투자하기

MiBLSi의 MTSS 실행에서 핵심적인 특징 중 하나는, MiBLSi의 직접적인 지원이 끝난 이후에도 MTSS의 실행과 유지를 지속적으로 가능하게 하는 구조를 학교에 남겨두는 것이다. 이 모델의 중요한 전제는, 교육 시스템이 조직 변화의 원칙과 함께 MTSS의 3단계 모델을 적용할 때, 지속 가능하고 오래 유지되는 형태의 MTSS를 실현할 수 있다는 점이다. 3단계의 (Tier3)의 실제를 학교 내부에서 실행할 수 있는 역량을 개발하는 데 중점을 둘 때, 더 나은

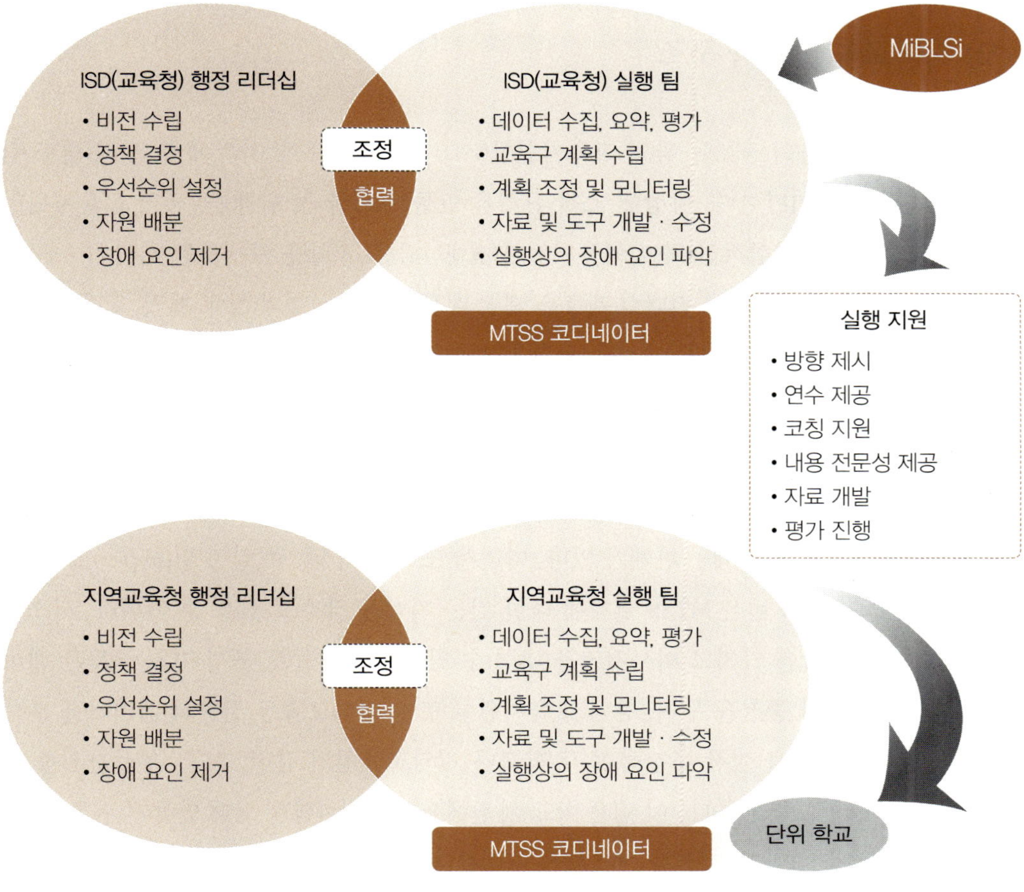

[그림 10-3] 교육청(광역 교육지원청) 및 교육지원청 관리 구조

성과가 나타날 수 있다. 비록 MTSS 실행은 학교 수준에서 이루어지지만, ISD(광역 교육지원청) 및 지역교육청 수준에서의 구조적 조직이 학생성취에 있어 가장 큰 변화를 이끌어 낼 수 있다. MTSS를 위한 기반 환경을 개선하고 재구성하는 이러한 과정은, 지속 가능하고 오래 유지되는 변화를 만들기 위해서도 꼭 필요하다.

계층적 지원체계 전반에 걸쳐 지원을 제공하기 위해, MiBLSi는 실행을 지원할 수 있는 지역교육청 관리 구조(district management structure)의 활용을 위한 코칭을 개발하고 제공하고 있다([그림 10-3] 참조). 이 구조의 핵심은 MTSS 실행을 지역교육청의 표준적인 업무 방식에 자연스럽게 통합하는 데 있다. 즉, MTSS가 지역교육청의 일상적인 운영에 뿌리내리도록 하는 것이다. 이러한 다층적인 지원체계가 갖추어지면, MTSS 실행은 시간이 지나도, 행정 담당자의 교체나 새로운 사업의 도입, 기타 일반적인 불안정 요인들로부터 흔들리지 않고 지속될 수 있다. 이러한 구조 없이는 흔히 MTSS 실행이 쉽게 약화되거나 중단되곤 한다.

2) 지역교육청 관리 구조

이 지역교육청 관리 구조는 광역 교육지원청(ISD)과 지역교육청 각각에 두 개의 별도 팀이 존재하는 것에 기반한다. 향상된 조직 환경을 만들기 위한 첫 단계는, 광역 교육지원청 및 지역교육청에서 실질적인 최고 의사결정자(집행리더십) 역할을 수행하는 사람이 누구인지 파악하는 것이다. 이 집행 리더십 계층은 재정 배분, MTSS 실행의 장벽 제거, 교육기관의 예산 관리 등의 역할을 맡는다. 새로운 조직을 만들기보다는, 이미 존재하는 중앙 행정관리자 그룹(중앙청 팀) 중에서 주요 의사결정권자들이 이 역할을 자연스럽게 수행할 수 있도록 활용하는 것이 바람직하다. 이 집행 팀은 조직의 비전을 설정하고, 자원을 통제하며, 실행에 방해가 되는 장벽을 제거할 수 있는 권한을 가지고 있지만, 관리자들의 과중한 업무로 인해 실행의 실무를 맡는 데에는 한계가 있다. 따라서 또 하나의 팀, 즉 실행 팀(implementation team)이 필요하다. 이 팀은 MTSS 실제에 대한 전문 지식을 갖추고 있을 뿐 아니라, 시스템 전반을 고려한 시각을 가지고 의사결정을 내릴 수 있는 구성원들로 구성된다. 이들은 데이터 기반 의사결정에 중점을 두며, 광역 교육지원청 또는 지역교육청 전반의 데이터를 분석하고, 다양한 정보원을 삼각 측정하여 각 학교나 지역교육청의 강점, 요구, 우선순위를 더 깊이 이해하는 데 도움을 준다. 이 팀은 학교 차원에서 MTSS 실행을 쉽게 만들기 위한 도구, 정책, 실행 관행을 개발 및 개선하는 역할을 수행한다.

MiBLSi 접근 방식은, MTSS의 완전한 실행을 위해 필요한 조직 구조를 새롭게 만들 수 있는 추가 예산이 거의 없다는 현실을 인식하고 있다. 따라서 기존 구조를 적극적으로 활용하는 것이 더욱 중요하다. 기존 인력을 재배치하고, 이 업무를 효율적으로 조직하는 동시에 시스템 전반의 비효율성을 줄이면 효과적인 시스템 재구성이 가능해진다. 예를 들어, 이미 정의된 기능을 수행하는 지역교육청 개선팀(district improvement team)과 같은 위원회나 그룹을 활용하면, 중복된 조직을 새로 만들 필요 없이 기존 구조에 자연스럽게 MTSS를 통합할 수 있다.

이러한 관리 구조는 광역 교육지원청과 지역교육청 수준 모두에서 체계적으로 구성·운영되며, 필요한 권한을 부여받아야 한다. 이러한 리더십 지원 시스템이 계단식 구조(cascade)를 통해 반복적으로 구축되면, 지원·자원·연수·코칭·평가가 학교까지 전달될 수 있게 되어, MTSS 실행이 실현 가능하고, 지속 가능하며, 효과적으로 이루어질 수 있는 환경이 만들어진다. 궁극적으로 이러한 계층적 구조의 모든 단계는 학교와 교실 수준에서 MTSS가 제대로 실행될 수 있도록 돕는 것을 목표로 하고 있다.

3) MTSS 조정(Coordination)

각 지역교육청과 광역 교육지원청(ISD) 내에서는 MTSS 조정자가 실행을 이끌어 간다. [그림 10-3]에서 볼 수 있듯이, MTSS 코디네이터 역할을 수행하는 사람들은 실행 팀의 일원이면서도, 자신이 속한 시스템과 자신이 지원하는 교육기관 간의 연결 고리(conduit) 역할을 수행한다. 예를 들어, 지역교육청 수준의 MTSS 코디네이터는 광역 교육지원청(ISD)의 실행 팀을 지원하는 동시에, MTSS 실행에 참여하는 학교에 코칭을 제공하는 핵심 인력이기도 하다. 일부 지역교육청에서는 전담 MTSS 코디네이터 직위를 따로 두기도 하지만, 일반적으로 이 역할을 맡는 사람들은 컨설턴트, 학교 심리학자, 사회복지사, 학업 코디네이터 등 기존의 직무와 역할을 유지하면서 함께 수행한다. 대부분의 경우, 기존 인력을 재배치하여 이 업무를 위한 시간을 확보함으로써 해당 역할이 수행된다.

MTSS 시스템과 실제를 훈련하고 코칭할 수 있는 역량을 개발하는 것과 더불어, MTSS 코디네이터는 데이터 기반 의사결정을 활용한 문제 해결을 이끌고, 모든 참여자가 MTSS의 데이터, 실제, 시스템에 대한 개인적인 전문성을 심화할 수 있도록 지원한다. 이 업무를 효과적으로 수행하기 위해, MTSS 코디네이터는 효과적인 의사소통 능력을 갖추고, 자신이 관여하는 시스템 전반에 걸쳐 양방향 소통 체계를 구축할 수 있어야 한다. 또한, MTSS 코디네이터는 모든 수준에서 실행의 효과성과 효율성을 평가하기 위한 지속적인 개선 사이클을 운영하는 역할도 수행한다. MTSS 코디네이터는 MiBLSi로부터 전달되는 연수 내용의 주요 전달자이며, 동시에 현장에서의 지원 및 실행과 관련된 피드백을 MiBLSi에 전달하는 피드백 루프의 핵심 연결점이기도 하다.

MiBLSi 모델 내에서 MTSS 코디네이터는 이 과정에 없어서는 안 될 존재로 평가되고 있다. 광역 교육지원청(ISD)과 지역교육청에서 강력한 MTSS 코디네이터의 노력이 없다면, MTSS 실행은 효과적이고 효율적인 속도로 추진될 수 없다. 일반적으로 MTSS 코디네이터는 현장의 실행 역량을 개발하고 지원하면서, 실행의 충실도(implementation fidelity)를 확보하는 역할을 한다. MTSS 코디네이터는 의도된 방향대로 실행이 나아가도록 돕는 동시에, 시스템 내의 다른 구성원들이 MTSS를 훈련하고, 코칭하며, 지원할 수 있는 역량을 개발하도록 지원한다.

4) 현재 진행 중인 주 및 지역교육청 차원의 사업과의 연계

MiBLSi의 비전과 관점은, 미시간 교육 시스템 내에 이미 구축된 기존 구조를 활용함으로써 MTSS 실행이 더 실현 가능하고, 간소화되며, 효율적으로 이루어질 수 있다는 데 있다. 학교 수준의 전문성 개발 과정에 전국적인 정보와 연구를 통합하는 것은 MiBLSi MTSS와 협력함으로써 얻을 수 있는 부가 가치 중 하나일 뿐이다. 협력 파트너에게 이 작업을 보다 수월하게 만드는 또 하나의 중요한 요소는, MiBLSi가 제공하는 자료와 지원이 학교, 지역교육청, 광역 교육지원청(ISD)에 요구되는 주 및 연방 수준의 우선순위와 일치하도록 보장하는 것이다. 점점 더 많은 학교들이 감소하는 자원 속에서도 학생 성과를 효과적으로 향상시킬 것을 요구받고 있다. MiBLSi는 MTSS가 추가적인 부담이 아니라, 현재의 여러 프로그램, 정책, 사업들과 본질적으로 연결되어 있다는 점을 광역 교육지원청(ISD)과 지역교육청이 이해할 수 있도록 강조한다. 이러한 의도적인 통합에 대한 정보는 MiBLSi의 도입을 고려 중인 광역 교육지원청과 지역교육청에게 도움이 될 수 있다. MiBLSi의 전문성 개발 자료, 리소스, 기술 지원은 다음과 같은 주요 주 정책 및 지침들과 정렬되어 있다: 미시간의 지속적 학교개선 프레임워크(Continuous School Improvement Framework), 긍정적 행동 중재 및 지원에 관한 미시간주 교육위원회 정책, 매트의 안전한 학교법(Matt's Safe School Law, 학교 내 괴롭힘 예방), 격리 및 물리적 제지에 관한 주 교육위원회 정책 그리고 학교 징계에서의 인종/민족 불균형 해소를 위한 주 차원의 이니셔티브.

5) MiBLSi 프로젝트 구조

MiBLSi 프로젝트는 세 명의 공동 책임자(co-director)와 한 명의 시간제 비서로 시작되었다. 시간이 흐르면서, MiBLSi의 리더십 팀은 이 모델이 확산됨에 따라 요구되는 수준에 부응하기 위해 내부 역량을 구축할 필요성을 입증함으로써 추가 인력 채용의 타당성을 확보할 수 있었다. 현재 MiBLSi는 광역 교육지원청(ISD) 및 지역교육청 파트너를 지원하기 위해 전일제 직원, 시간제 컨설턴트, 지역 지원 인력을 포함한 총 40명의 직원을 고용하고 있다. 프로젝트 인력은 미시간주 전역에 있는 10개의 광역 교육지원청(ISD)에 분산 배치되어 있으며, 기술의 발전 덕분에 몇몇 직원은 다른 주에서 원격으로 근무하면서도 높은 수준의 소통과 협업을 유지하고 있다. 이처럼 많은 인력을 확보한 주 차원의 프로젝트는 드문 편이다. MiBLSi 프로젝트는 MTSS 지원에 대해 높은 전문성과 열정을 가진 대규모 인력을 보유할 수 있었던 점에서 매우 운이 좋은 편이라 할 수다.

[그림 10-4]는 MiBLSi의 현재 조직도를 보여 준다. 모든 직원 40명은 프로젝트 전반에 기여하면서도, 자신이 속한 부서와 직무, 기술에 따라 고유한 방식으로 기여한다. MiBLSi의 디렉터(director)와 부디렉터(assistant director) 아래에서, 직원들은 내부 및 외부 기능이 뚜렷한 4개의 부서로 조직되어 있다: 기술 지원(technical assistance), 전문성 개발(professional learning), 평가 및 연구(evaluation and research), 재정(finance). 기술 지원 부서는 MTSS 코디네이터 및 주 전역의 실행 팀과 직접 협력하면서, 조직 기반 구조와 실행 역량에 대한 안내, 문제 해결, 피드백을 제공한다. 이 부서의 직원들은 교육자들이 MiBLSi MTSS 모델을 이해하고 실행할 수 있도록 돕고, 해당 모델을 지역 맥락에 맞게 조정할 수 있도록 지원한다. 전문성 개발 부서는 지역 현장 내 개인들이 MTSS 실행에 필요한 역량을 개발하고 심화할 수 있도록 정보와 자료를 통한 지식과 기술을 제공한다. 평가 및 연구 부서는 프로젝트 활동, 연수, 지원을 조사·분석함으로써 업무의 효율성을 높이고 성과를 향상시키는 것을 목표로 한다. 이 부서는 또한 광역 교육지원청, 지역교육청, 학교, 학년 수준 등 각 계층에서 자신들의 실제를 평가할 수 있도록 자료와 콘텐츠를 제공한다. 재두부(fiscal unit)는 자금의 배분과 사용이 MTSS 실행을 강화하는 방향으로 이뤄지도록 한다. MiBLSi의 조직 구조는, MiBLSi가 광역 교육지원청, 지역교육청, 학교가 구축할 수 있도록 돕는 MTSS 프레임워크에 부합하도록 지속적으로 개선 또는 조정된다. 이러한 변화에는 리더십, 조직 환경, 구조 측면에서의 내부 역량을 다루는 작업도 포함되며, 이를 통해 직원의 역량 개발을 도모한다.

MiBLSi의 네 개 부서 외에도, [그림 10-4]의 회색 음영 상자에 표시된 바와 같이, MiBLSi

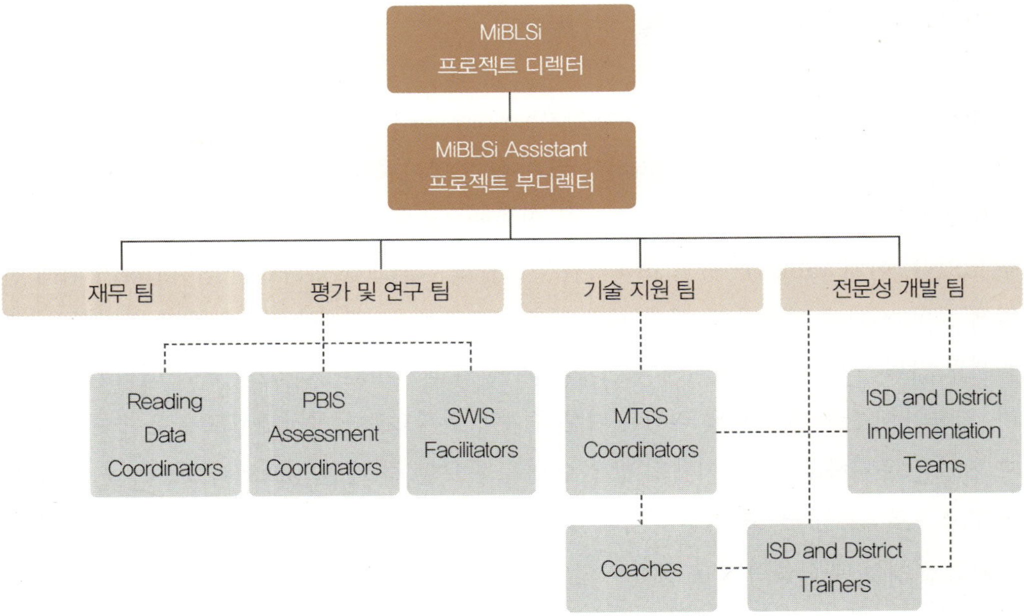

[그림 10-4] MiBLSi 조직도

는 각 협력 광역 교육지원청 및 지역교육청 내에서 중요한 MTSS 역할을 개발하고 지원하는 데 적극적이다. 이들 현장 역할을 조직도에 포함한 목적은, MiBLSi의 지원이 누구를 대상으로 제공되는지를 명확히 보여 주는 것이다. 또한 이러한 방식의 조직도는, MiBLSi가 광역 교육지원청 및 지역교육청 수준에서도 동일한 유형의 MTSS 지원체계를 구축하기 위해 적극적으로 노력하고 있음을 드러낸다. 이처럼 조직도에 지역교육청 핵심 인력들을 포함시키는 것은 프로젝트의 장기적인 계획을 항상 염두에 두도록 돕는다. 그 계획이란 바로 광역 교육지원청과 지역교육청의 시스템을 변화시키고 강화하여, 이들이 궁극적으로 자신들이 지원하는 학교, 교사, 학생을 더욱 효과적으로 뒷받침할 수 있도록 만드는 것이다.

5. 성과 평가

어떤 혁신이 오래 지속되려면, 그것이 학생들에게 긍정적인 변화를 일으킨다는 증거가 있어야 하며, 이해관계자들이 그 증거에 접근할 수 있어야 한다. 학생성취 향상은 궁극적인 목표이며, MiBLSi가 추구하는 변함없는 지향점이다. 이 목표를 달성하기 위한 방법은, 각 계층(cascade)의 수준에서 지원을 개선하는 의사결정을 데이터 기반으로 내리는 것이며, 이는 결과적으로 높은 실행충실도와 학생성취로 이어진다. 이러한 접근은 프로젝트의 성공을 과시하기 위한 평가와는 대조된다. MiBLSi의 프로젝트 성공은 평가와 지속적 개선을 위한 문제해결 과정과 깊이 연결되어 있다. 이는 지역교육청이나 학교가 스스로의 성공을 측정하는 방식에도 해당된다. MiBLSi의 평가 모델은 조직 평가, 과정 평가, 실행자 평가의 세 가지 수준을 포함한다. 이 장의 나머지 부분은 주로 조직 수준의 평가에 초점을 맞추며, 나머지 두 수준은 내부 의사결정 목적으로 활용된다. 조직 수준의 평가는 다음 두 가지 주요 질문에 초점을 맞춘다:

1. MiBLSi의 지원이 지역교육 현장에서 조직 구조를 개선하고, 실행의 충실도와 학생성취에 영향을 미치고 있는가?
2. 광역 교육지원청(ISD), 지역교육청, 학교가 MiBLSi의 지원에 대해 어떻게 평가하는가?

MiBLSi는 다양한 목적을 위해 데이터 수집을 지원한다. 그중 가장 중요하고 우선적인 목적은, 지역 팀이 데이터 기반 의사결정에 필요한 정보를 확보하여 시스템과 실제를 개선하고 학생성취에 긍정적인 영향을 미치기 위함이다. 두 번째 목적은, 참여 학교, 지역교육청, 광역 교육지원청으로부터 수집된 데이터를 통해 실행 현황과 결과를 모니터링하고 MiBLSi의 지원을 지속적으로 개선하는 것이다. 과거에는 주로 학교 수준의 평가에 중점을 두었지만, 모델이 변화함에 따라 평가 범위도 다른 계층(cascade)을 포함하도록 확장되었다. 〈표 10-3〉은 학교, 지역교육청, 광역 교육지원청, 프로젝트 수준에서의 핵심 평가 질문과 해당 데이터 출처를 요약하고 있다. 계층 구조 내 하위 수준의 결과는 상위 계층에서 제공된 지원의 효과를 측정하는 하나의 방법이다. 예를 들어, 지역교육청의 지원 효과는 학교 수준의 결과로 평가할 수 있고,

광역 교육지원청의 지원 효과는 지역교육청 수준의 결과로 평가할 수 있으며, MiBLSi의 지원 효과는 광역 교육지원청 수준의 결과로 평가할 수 있다.

MTSS 실행의 중심은 학교이며, 학생들이 MiBLSi 지원의 최종 수혜자이므로, MiBLSi의 결과 평가도 먼저 학교 수준의 영향을 살펴보는 것이 타당하다. 앞서 논의했듯이, MiBLSi의 학교 수준 전문성 개발 시퀀스를 완료한 521개 학교의 데이터는 MiBLSi가 학교 결과에 긍정적인 영향을 미쳤음을 보여 주었으며, 동시에 초기 모델의 한계도 드러냈다.

표 10-3 평가 질문 및 데이터 출처

질문	데이터 출처
학교 차원 -통합된 MTSS 모델을 충실하게 실행하는 학교의 수와 비율은 얼마인가? -학생성취가 향상된 학교의 수와 비율은 얼마인가? ① 읽기, ② 행동	-BoQ -PET(효과적인 학교 차원의 읽기 프로그램) -PET(중등학교용 학교 차원의 PET) -R-TFI -DIBELS 또는 AIMSweb -ODRs
지역교육청 차원(District level) -교육구 전체에 MTSS를 실행할 수 있도록 내부 역량을 갖춘 교육구의 수와 비율은 얼마인가?	-District MTSS Capacity Assessment(교육구 MTSS 역량 평가)
교육청(광역 교육지원청) 수준 평가 질문 -광역 교육지원청 전체에 MTSS를 실행할 수 있도록 내부 역량을 갖춘 광역 교육지원청의 수와 비율은 얼마인가?	-Intermediate Unit Capacity Assessment(중간 교육지원청 역량 평가)
프로젝트 수준 평가 질문 -MiBLSi가 제공하는 지원이 지역 수준에서 인프라 개선, 실행충실도 향상, 학생성취 향상으로 이어지고 있는가? -MiBLSi가 참여하는 광역 교육지원청, 지역 교육구, 학교에 제공하는 지원의 질에 대한 인식은 어떠한가?	-Impact data from the 광역 교육지원청, district, and school levels(광역 교육지원청, 교육구, 학교 수준의 영향 데이터) -Annual Consumer Feedback Survey(연간 소비자 피드백 설문) -Evaluation data from professional development sessions(전문성 개발 세션 평가 데이터) -Informal feedback(비공식 피드백)

* 참고 사항
BoQ: 품질 기준(Benchmarks of Quality)
DIBELS: 기초 학습 기술 평가 도구(Dynamic Indicators of Basic Early Literacy Skills)
ODRs: 교내 징계 기록(Office Discipline Referrals)
PET: 계획 및 평가 도구(Planning and Evaluation Tool)
R-TFI: 읽기 수준별 실행충실도 평가(Reading Tiered Fidelity Inventory)

학교 수준에서는 읽기와 행동 영역 모두에 대해 실행충실도와 학생 성과 데이터를 수집한다. [그림 10-5]는 가장 최근 참여한 코호트 7(Cohort 7)의 학교 결과 경향을 보여 주는 예시이다. 대부분의 참여 학교들은 통합된 MTSS 모델을 성공적으로 실행하였으며, 실행충실도는 BoQ(Kincaid et al., 2005)에서 70% 이상, PET-R(Kame'enui & Simmons, 2002) 총점에서

80% 이상일 때 충족된 것으로 간주된다. 데이터는 또한, 실행충실도가 향상됨에 따라 학생 성과도 함께 개선된다는 것을 보여 준다. 예를 들어, BoQ 중앙값이 증가함에 따라 학교당 성찰실 의뢰가 감소했고, PET-R 점수가 증가함에 따라, 봄 학기 DIBELS Next 기준 점수 이상을 받은 학생 비율도 증가했다. 읽기 성적이 향상될수록, 성찰실 의뢰가 감소했다.

이러한 실행이 충실히 유지되기 위해서는, 지역교육청과 광역 교육지원청이 필요한 지원을 제공해야 한다. 이를 위해 MiBLSi는 OSEP 산하 SISEP 센터와의 협력을 통해, 지역교육청이나 광역 교육지원청 실행 팀이 MTSS 실행을 위한 기반 역량(예: 리더십, 조직 환경, 직원 역량)을 스스로 점검할 수 있는 도구를 최근 개발하였다. 이 도구들은 광역 교육지원청(ISD) 및 지역교육청이 자체 실행 상태를 진단하고, 실질적인 실행계획을 수립하는 데 유용한 평가 도구의 공백을 채워 준다. 광역 교육지원청(ISD)용 도구는 지역 역량 평가(RCA; St. Martin et al., 2015), 지역교육청용 도구는 지역교육청 역량 평가(DCA; Ward et al., 2015)라고 불린다. 이 두 도구는 실행 기반 이론(active implementation frameworks)에 기반해 개발되었으며, 최근 파일럿 운영을 거쳐 전문가 피드백, 인지 인터뷰, 현장 테스트, 기술적 타당성 분석 등의 표준 절차를 밟고 있다. 참여자 피드백 사례:

> "RCA 덕분에 목표를 구체화하고 실행 가능하게 만들 수 있었고, 우리의 작업을 학교개선 계획과 정렬할 수 있었습니다. 광역 교육지원청 수준의 기반 구조를 어디서부터 개선할지 우선순위를 정하는 데 큰 도움이 되었어요."
>
> -MTSS 코디네이터, 지역교육청 코호트 1

> "우리는 오랫동안 광역 교육지원청 수준에서 과정을 평가할 수 있는 방법이 필요했어요. 이 도구를 통해 우리가 하고 있는 일이 얼마나 복잡한지를 명확히 인식하게 되었고, 이제는 필요한 실행계획을 세울 수 있을 것 같아요."
>
> -MTSS 코디네이터, 지역교육청 코호트 2

비록 두 번째 평가 질문(지원에 대한 만족도)은 비록 궁극적 목표인 학생성취도 향상이라는 최종 목표와는 직접 관련되지는 않지만, 후속 데이터 해석을 위한 중요한 출발점이다. MiBLSi가 더 이상 학교 교직원이나 학생에게 직접 연수나 지원을 제공하지 않기 때문에, 평가할 때는 MiBLSi의 직접적인 영향뿐 아니라, 광역 교육지원청(ISD)와 지역교육청을 거쳐 단계적으로 전달되는 간접적인 영향도 함께 고려해야 한다.

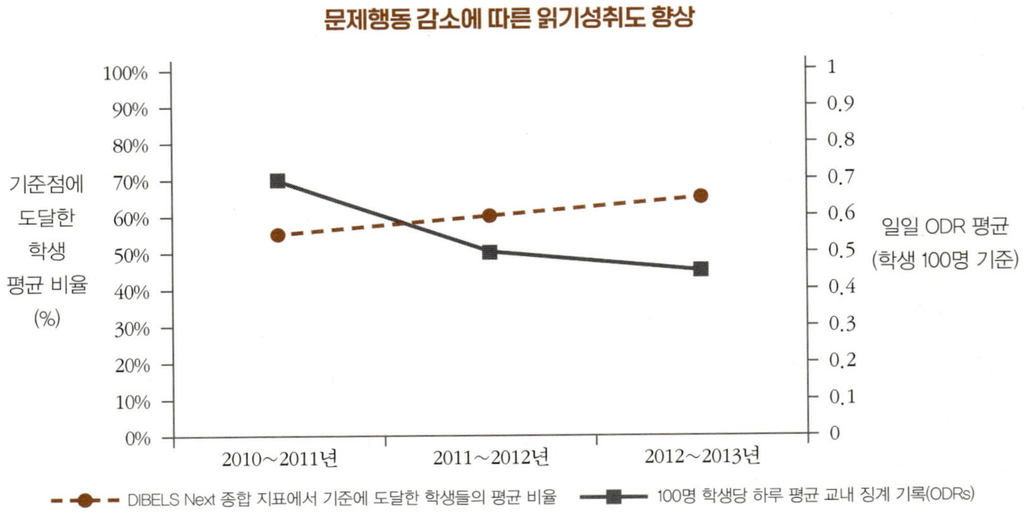

[그림 10-5] Cohort 7의 학생 읽기 및 행동 성과

첫 번째 평가 질문에 답하기 위해 사용되는 데이터에는 다음이 포함된다: ① MiBLSi가 제공한 모든 전문성 개발 세션 종료 시 수집된 회고적 자기 평가(retrospective self-assessment) 및 피드백, ② 프로젝트 참여자 전원을 대상으로 매년 실시하는 설문조사를 통해 수집된 소비자 피드백, ③ 프로젝트 참여자들로부터의 비공식 피드백. 최근 2년간, MiBLSi 소비자 피드백 설문조사 응답자의 96%가 "전반적으로 MiBLSi의 지원에 만족하며, 본 프로젝트와의 협력이 유익하다고 생각한다"는 문항에 동의 또는 강하게 동의하였다.

연수 세션에 대한 전반적인 피드백 또한, 참가자들이 경험에 대해 높은 수준의 만족도를 지속적으로 보이고 있음을 보여 준다. 예를 들어, 다음 항목에 대해 80% 이상의 참가자들이 '동의' 또는 '매우 동의'했다는 목표를 꾸준히 달성하고 있다: 연수의 목표가 명확하게 제시되었는가, 연수 내용이 자신이 소속된 학교, 지역교육청, 광역 교육지원청(ISD)의 우선순위와 부합했는가, 연수 후 실행계획을 수립하는 데 필요한 정보, 도구, 자원을 충분히 얻었는가, 그리고 하루 동안의 연수가 가치 있었고, 시간을 들일 만한 경험이었는가. 이러한 데이터들은 모두 MiBLSi가 참여자들의 요구를 충족하고 있다는 초기 지표가 된다.

> "지속 가능한 방식으로 업무를 해낼 수 있는 연구와 구조에 접근할 수 있게 해 줍니다. 또한 유사한 일을 하는 사람들과의 네트워크를 통해 타인의 도전과 성공 사례에서 배울 수 있어요."
>
> –MTSS 코디네이터, 지역교육청 코호트 2

"MiBLSi는 우리가 전략적으로 계획하고, 최신 연구와 일치된 방식으로 일할 수 있게 도와줘요. 늘 앞서 생각하며 실용적인 도구와 자료를 개발해 줘서, 우리가 지역교육청을 지원하는 데 더 집중할 수 있게 됩니다."

–MTSS 코디네이터, 지역교육청 코호트 1

1) 앞으로의 방향

이 장은 어떤 혁신이 지속 가능하려면, 그 효과를 입증할 수 있는 증거가 존재하고, 이해관계자들이 그 증거에 접근할 수 있어야 한다는 전제로 시작되었다. MiBLSi는 학생들에게 긍정적인 변화를 이끌어 온 역사를 입증해 왔으며, 그 변화가 광범위하게 확산되고 지속될 수 있도록 모든 노력을 기울이고 있다. 우리는 모든 이해관계자들이 평가 결과와 증거에 손쉽게 접근할 수 있도록 보장하는 방법을 계속해서 개발하고 있다. 이를 실현하기 위한 향후 접근 방식은 다방면적인 전략을 따른다. 첫째, 프로젝트 데이터베이스와 보고 시스템을 모든 협력 광역 교육지원청(ISD), 지역교육청, 학교에 개방할 계획이다. 이를 통해 영향 데이터를 수집하는 과정이 간소화되고, 데이터 입력 및 보고 형식이 표준화되어 계층 전반에서 즉시 데이터에 접근할 수 있게 된다. 둘째, 맥락(context), 투입(input), 실행충실도(fidelity), 성취(outcomes)에 대한 내용을 매년 정기적으로 보고할 수 있도록 템플릿을 개발 중이다. 이 보고서는 다양한 이해관계자들에게 사용되어, 소통, 일관된 메시지 전달, MiBLSi에 대한 관심 유도, 참여 확산(buy-in) 등을 지원할 수 있을 것으로 기대한다. 마지막으로, 우리는 이 모든 자료를 프로젝트 웹 사이트(http://miblsi.org)에 탑재하여, 프로젝트 직원, MiBLSi 참여자, 기타 이해관계자, 일반 대중이 모두 접근할 수 있도록 할 계획이다.

현재 MiBLSi는 전문성 개발 보조금(professional development grant)으로 운영 자금을 지원받고 있다. 따라서 데이터 수집과 분석의 주요 목적은 프로그램 평가 및 개선에 있으며, 이는 실천 연구(action research)로 분류하는 것이 가장 적절하다. MiBLSi는 내부적으로 연구를 수행할 수 있는 역량이 제한적이라는 점을 인식하고, 미시간주 내 5개 주요 주립대학의 교수들과 파트너십을 구축해 왔다. 이러한 상호 이익이 되는 협력은 MiBLSi의 특정 특성에 대한 보다 심층적인 분석을 가능하게 한다. 현재 진행 중인 공동 연구 과제는 다음과 같다: ① 기술 지원 제공자(technical assistance providers)가 제공하는 부가 가치(value added)에 대한 체계적 분석, ② MiBLSi와 같은 조직이 대규모 시스템 변화를 어떻게 실행하는지에 대한 분석, ③ 광역 교육지원청(ISD) 및 지역교육청에 대한 MiBLSi의 지원이 학교 현장의 교사들에 의해 어떻게 실제 행동으로 전환되는지에 대한 분석, ④ MTSS 관리 구조 내에서 ISD 및 지역교육청 차원의 MTSS 조정 역할이 수행하는 기능 분석.

6. 얻은 교훈

MiBLSi 실행 과정을 통해 우리가 얻은 핵심 교훈은 다음 세 가지이다: ① 작게 시작하고, 그 과정에서 얻은 학습을 바탕으로 점차 확산하라, ② 지속 가능한 MTSS 실제를 학교에 정착시키기 위해서는 시스템의 모든 수준에서 변화가 필요하다, ③ 평가는 지속적인 개선을 위한 도구로 활용하라. 이 세 가지 교훈을 통해 MiBLSi는 지원 범위를 확장하고, 학생과 학교 시스템에 긍정적인 변화를 이끌어 낼 수 있었다.

1) 작게 시작하고 학습을 통해 확장하라

MiBLSi가 직접적인 지원 대상을 학교에서 광역 교육지원청(ISD) 및 지역교육청으로 전환하면서, 프로젝트 팀은 현재 소규모로 운영되거나 주로 학교 수준에서 활동 중인 타 프로젝트나 추진사업으로부터 질문을 자주 받는다. 이러한 동료들은 너무 작게 시작한 것이 아닌지, 또는 처음부터 지역교육청이나 광역 차원에서 시작하지 않은 것이 실수는 아닌지에 대해 우려를 표한다. 그러나 MiBLSi의 역사와 시간이 지나며 이루어진 성공적인 확산 사례는, 시범 학교(demonstration sites)에서 통합된 행동-읽기 모델을 먼저 실험해 보는 것이 중요함을 보여 준다. MiBLSi는 단 5개의 파일럿 학교에서 시작해 점차 성공을 복제해 나가며, 위험을 최소화한 상태에서 교훈을 얻고, 시간이 지남에 따라 현 추진사업의 범위, 우선순위, 구조를 형성해 온 증거와 경험을 축적할 수 있었다. 만약 시범 학교에서 적절한 자원을 투입했음에도 성공적인 성과를 낼 수 없다면, 그 실행 노력을 다른 현장에 확산하는 것을 정당화하기 어렵다. MiBLSi의 장기적인 성공은, 먼저 소규모로 시작해 모델이 작동하는 데 필요한 조건을 충분히 이해하고, 그 이후에 이러한 학습을 바탕으로 더 많은 학교를 대상으로 프로그램 지원을 조정하고 확장해 나가는 과정에 기반해 왔다. 프로그램이 개선될수록, 더 다양한 환경과 다양한 학생 집단에서도 이 모델이 효과를 발휘할 수 있는지를 확인하기 위해 추가 학교들이 참여 대상으로 포함되었다.

2) 지속 가능한 변화

MiBLSi 팀은 처음부터 MTSS 실행 과정에서 효과적인 중재(intervention)의 활용을 촉진하고, 장려하며, 지원하기 위한 의식적인 노력을 기울여 왔다. 시간이 지나면서, 이러한 중재를 지역 수준에서 의도적으로 실행하는 것이 장기적인 학업 및 행동 측면의 성취로 이어진다는 사실이 분명해졌다. MiBLSi는 실행 단계 전반에 걸쳐 근거 기반 중재(evidence-based interventions)의 실행을 지원하고, 중재가 적용될 교육 환경을 재구성함으로써, 광역 교육지원청(ISD) 및 지역교육청이 성공적인 학생성취를 이끌 가능성이 높은 활동에 예산을 배정할 수 있도록 더 효과적으로 지원할 수 있다. 또한, 학교는 자원이 제한적이기 때문에, 보다 집중적이고 의도적인 실행 방식에 초점을 맞추는 것이 계층 구조(cascade) 전반의 리더십에게 크게 공감되고 있다.

지속적인 지원은 MTSS 실행의 충실도와 지속 가능성을 유지하는 데 핵심적이다.

연수와 코칭을 제공하면, 학교는 실행충실도 기준을 충족할 수 있게 된다. 그러나 초기 연수가 완료되고 코칭이 줄어들면, MTSS 실행충실도가 점차 저하되고, 학생성취도 악화로 이어질 수 있다. 실행 지원(implementation supports)에는 다음이 포함된다: 전문성 개발(연수), 코칭, 기술 지원, 자료 제공, 피드백. 이러한 실행 지원을 통해 우리는 학교 내에 MTSS 실제를 오랜 시간 동안 충실하게 적용할 수 있도록 돕는 '수용 환경(host environment)'을 구축하게 된다(Kame'enui et al., 2000). 우리의 실행 지원에서 핵심적인 요소 중 하나는, MTSS를 현재의 교육 사업과 우선 과제에 자연스럽게 통합하는 것이다.

3) 데이터를 활용한 지속적 개선

형성 평가(formative evaluation)와 총괄 평가(summative evaluation)는, 학생과 교사가 MTSS에 반응하면서 발생하는 변화와 현재의 요구에 따라 MTSS 프로그램을 조정하기 위해 반드시 필요하다. MiBLSi는 학생성취, 실행충실도, 시스템의 질 등 모든 수준의 데이터를 지속적인 개선을 위해 활용한다. 현재는 데이터를 저장하고 요약할 수 있는 정교한 프로그램과 시스템들이 다양하게 존재하며, 이는 데이터 기반 의사결정을 보다 효율적으로 수행할 수 있도록 도와준다. 그러나 정교한 시스템의 부재가 통합된 MTSS 모델 평가를 시작하는 데 장애물이 될 필요는 없다. 진정으로 중요한 것은, 계층 구조(cascade) 전반에 걸쳐 데이터 기반 의사결정에 대한 초기부터 지속적인 강조가 이루어지는 것이다. 이러한 강조는 곧, MiBLSi

프로젝트, 광역 교육지원청(ISD), 지역교육청, 학교, 교실 내의 리더십 및 실행 팀과 함께 평가와 문제 해결을 지원하고, MTSS가 효과적이고 통합된 다중지원체계(Multi-Tiered System of Supports)로 작동하는 전 단계에 걸쳐 평가 실행을 지속적으로 재생산할 수 있을 정도로 평가 문화를 정착시키는 것을 의미한다.

7. 사례 연구에서의 핵심 포인트

제8장~제10장에서 소개된 사례 연구의 저자들은 학업지원체계와 행동지원체계를 통합하여 하나의 MTSS로 구성한 뛰어난 사례들을 제시하였다. 이 사례들에서 볼 수 있듯이, 리더들이 각자의 사업을 어떻게 구조화했는지, 그리고 현재의 상태에 이르기까지 어떤 경로를 걸었는지는 매우 다양하다. 그럼에도 불구하고, 이들 사례에는 공통적인 요소들도 분명 존재한다. 이 책에서 다룬 통합된 MTSS 모델의 핵심 개념에 대해 명확하고 일치된 초점 외에도, 몇 가지 중요한 공통점이 있었다. 첫째, 모든 프로젝트는 소규모 인원으로 시작했지만, 초기의 성공 이후 다른 사람들을 적극적으로 참여시키려는 노력을 기울였다. 둘째, 각 그룹은 학교 현장의 실행 노력을 지원하기 위한 구조에 투자하였고, 특히 실행 범위가 확장되면서 보다 체계적으로 접근해야 할 필요성을 인식하였다. 마지막으로, 각 그룹은 새롭게 등장한 주 차원의 사업이나 기회와 자신들의 사업을 통합하려는 노력을 지속적으로 기울였다. 이러한 점에서, 아주 정교하게 설계된 이러한 사업들조차도, 자신들의 통합된 MTSS 모델의 효과성, 확장성, 지속 가능성을 향상시키기 위해 끊임없이 진화하고 있다.

제 4부

돌아보기, 앞을 내다보기

제 11장 결론

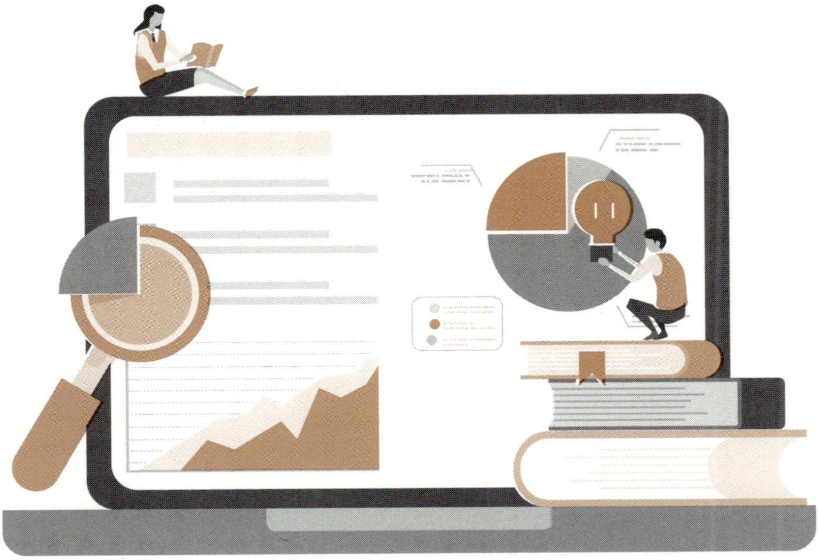

제11장

결론

앞서 살펴본 것과 같이, 학업지원과 행동지원은 대개 서로 독립적으로 작동하는 병렬 시스템으로 구현되는 경우가 많다. 우리는 학업 RTI와 PBIS를 통합할 수 있으며, 이를 통해 시스템을 최적화하고 학생의 성과를 향상시킬 수 있음을 증명하였다. 그러나 병렬 시스템보다 더 나은 결과를 가져올지에 대해 충분히 고려하지 않고 완전한 통합을 강요하고 싶지는 않다. 그 대신에, 각 학교와 지역교육청의 고유한 상황에 맞춰 무엇을 통합할지, 그리고 이를 어떻게 통합할지 전략적으로 고민할 때 최상의 결과를 얻을 수 있다고 믿는다. 이러한 관점은 이 책을 집필하는 과정에서 더욱 확고해졌다. 이 마지막 장에서는 그동안의 과정을 통해 얻은 시사점과 앞으로 통합을 위해 나아가야 할 방향을 요약한다.

1. 통합 시스템에 관한 핵심 시사점

우리는 우선순위, 자원, 그리고 지역의 역량에 따라 다양한 접근이 필요하다는 점을 인식하면서, 통합 MTSS 모델의 주요 특징과 이를 효율적이고 효과적으로 구현하는 방법을 파악하는 데 초점을 맞췄다. 이미 학업적 RTI와 PBIS를 개별적으로 다룬 훌륭한 자료들이 많이 존재한다. 우리는 단순히 같은 책에서 두 시스템을 설명하고 이를 통합이라 부르는 데 그치지 않도록 서로를 독려해 왔다. 대신, 진정한 통합이 무엇을 의미하는지, 그리고 그것이 개별 학생 수준에서 지역교육청 수준에 이르기까지 어떤 모습일지를 탐구하고자 노력했다. 이러한 과정을 글로 정리하는 과정에서, 통합 MTSS 모델에 대해 우리가 배운 여섯 가지 핵심 시사점이 명확히 드러났다.

1) 시사점 1: 전략적으로 통합하기

첫 번째 시사점은 통합된 접근 방식이 전략적으로 실행될 때 가장 효과적이라는 점이다. 병렬 시스템을 유지하는 것은 효율성이 떨어지고 우선순위와 책임에 대한 갈등과 혼란을 가중시킬 수 있지만, 전략적 통합을 통해 실질적인 가치를 창출할 수 있도록 해야 한다. 이론에 따르면 완전 통합은 효과성, 효율성, 사용 편의성을 개선하지만 이미 스트레스를 받고 있는 교육 시스템에 복잡성을 추가할 여지는 없다. 따라서 전략적 통합은 병렬 시스템과 완전 통합 사이의 실행 가능한 중간 경로다. 전략적 통합에서는 더 큰 변화의 부담을 감수하기 전에, 통합하기 가장 용이하고 합리적인 측면을 우선적으로 파악해야 한다. 경험상 1단계(Tier 1)보다 2단계(Tier 2)와 3단계(Tier 3)의 시스템 통합부터 시작하는 것이 더 쉽다. 지원을 계획할 때 전체 아동의 개별적인 수요를 고려하는 것이 중요하기 때문에, 같은 팀이 두 가지 유형의 데이터를 모두 검토하고 중재 옵션을 더 많이 확보할 때 더 나은 결과를 얻을 수 있다. 이렇게 계획적이고 순차적이며 체계적인 접근 방식을 사용하면 교사와 교육 시스템에 과도한 부담을 주지 않을 수 있다.

2) 시사점 2: 기능이 형식(form)보다 중요하다

앞 장의 사례 연구에서 논의했듯이, 학교와 지역교육청은 통합 MTSS 모델을 다양한 방식으로 구현한다. 우리의 경험에 따르면, 이러한 사례의 형식을 그대로 복제하기보다 중요한 특징을 실행하고 핵심 기능을 해결하는 데 집중하는 것이 더 중요하다. 사례 연구는 서로 다른 지역에서 시스템을 통합하는 다양한 방식을 보여 주며, 각 사례는 정책, 우선순위, 역량 등 특정한 맥락에 기반하고 있다. 우리는 통합이 다양한 형식으로 이루어진다는 점을 인정하게 되었고, 이를 존중하게 되었다. 한 가지 방식만을 고집하기보다는, 이 책에서 설명하는 다양한 요소가 단위 학교나 지역교육청의 상황에 어떻게 적합할 수 있는지를 파악하고, 이후 자연스럽게 발전하는 형태를 받아들이는 것이 더 바람직할 수 있다.

3) 시사점 3: 팀과 함께 이끌어 가기

우리는 어떤 이니셔티브이든 강력하게 동기가 부여된 한 명의 리더나 개별적으로 작업하는 개인들보다, 팀 단위로 작업할 때 더 효과적으로 지원 받을 수 있다는 것을 배웠다. 팀의 수와 구성은 학교와 지역교육청마다 다를 수 있지만, 통합 MTSS 모델의 핵심적인 특징은 팀의 활용과 효과적인 팀 구성 절차에 있다. 매일 교사의 개인적인 영웅담에 의존하는 것은 비합리적이고 불공정하다. 교육의 궁극적인 목표는 교육자가 개별 학생들에게 양질의 교육을 제공하는 것이지만, 이러한 목표는 학교리더십 팀이 주도하는 학교 전체의 협력적 접근 방식과 지역교육청 팀의 실행 지원을 통해 더 잘 달성할 수 있고 지속 가능하다는 것을 알고 있다.

4) 시사점 4: 몇 가지 중요한 일에 집중하기

중요한 시사점 중 하나는 가장 효과적인 실제를 선택하는 것뿐만 아니라, 이러한 실제를 충실하게 실행하기 위한 시스템을 구축하는 것이다. 어떤 실제를 실행하기로 결정했을 때는, 가능한 한 충실성을 보장하기 위해 최대한의 노력을 기울여야 한다. 현재의 교육 예산 수준으로는 모든 좋은 아이디어나 우리가 하고자 하는 모든 것을 실행할 수 있는 자원이 부족하다. 따라서 여러 가지 이니셔티브를 대충 실행하는 것보다 적은 수의 이니셔티브를 제대로 실행하는 것이 더 낫다. 이는 교사들에게 더 많은 지원을 제공하고, MTSS를 기존 구조와 주요 이니셔티브를 통합하며, 실행 과정에서 발생하는 장애물을 제거하는 것의 중요성을 강조한다.

5) 시사점 5: 통합은 어려운 작업이다

통합에는 몇 가지 장점이 있다. 학업 RTI와 PBIS는 팀 접근 방식, 효과적인 교수 실제에 대한 집중, 데이터 기반 의사결정 등 통합을 용이하게 만드는 공통적인 특징을 공유한다. 또한 대부분의 학교에서 통합은 이전의 성공을 기반으로 한 발전으로 여겨진다. 그러나 우리가 이러한 변화가 중요한 결과의 개선으로 이어질 것을 알고 있더라도, 모든 변화는 어렵다. 이는 우리의 시간, 집중력, 에너지를 차지하려고 경쟁하는 과제들이 너무 많기 때문이다. 통합은 새로운 학습과 협업 과정에서의 새로운 역할 조정을 필요로 한다. 또한, 기존 방식에서 벗어나는 것에 대한 저항은 항상 존재하며, 예산 통합 시에는 영역 다툼이 발생하기도 한다. 때로는 학생들을 위해 협력하도록 강제할 수 있는 권한을 가진 관리자에게 지원을 요청해야 할 수도 있다. 별도의 시스템을 유지하는 현 상태로 되돌아가는 것이 더 쉬워 보이는 순간도 있을 것이다. 조지 배치(George Batsche)는 통합된 MTSS 모델을 '합쳐진 가족(blended family)'이라고 비유한다. 그는 이를 "결국 누군가의 소파가 길가에 버려질 것이다(At the end of the day, somebody's couch is going to end up on the curb)"라는 비유로 설명하며, 기존 방식이나 시스템이 더 이상 유지되지 못하고 버려질 수 밖에 없는 현실을 은유적으로 표현하고 있다. 통합 과정에서 이러한 현실적인 어려움을 간과하지 않는 것이 중요하다.

6) 시사점 6: 통합은 노력할 만한 가치가 있다

통합에 수반되는 많은 노력을 생각하면, 이를 통해 얻을 수 있는 이점을 간과하기 쉽다. 하지만 통합에 도전하면 매우 많은 장점이 있다. 통합 MTSS 모델은 학생 성과를 향상시키고, 보다 효율적이고 효과적이며 지속 가능한 시스템을 개발할 수 있는 놀라운 가능성을 가지고 있다. 제2장에서 논의한 바와 같이, 병렬 시스템보다 통합 MTSS 접근법의 효과를 뒷받침하는 연구 결과들이 존재한다. 조지 배치의 '합쳐진 가족'에 대한 비유를 다시 떠올려 보면, 통합을 통해 소파를 잃을 수도 있지만 그 대신에 멋진 대형 TV를 얻을 수 있다. 통합에 대해 불확실성이 존재하는 시기에는, 사람들이 통합 과정에서 잃을 수 있는 것만이 아니라 얻을 수 있는 것에 초점을 맞출 수 있도록 돕는 것이 중요하다.

2. 더 알아야 할 것들

지난 몇 년간 통합적 접근 방식에 대해 많은 것을 배웠지만, 이러한 이해는 아직도 발전 중이며, 교사나 관리자와 같은 핵심 인력의 역할과 절차를 세분화하고 개선하는 데 있어 여전히 더 많은 연구와 학습이 필요하다. 여전히 해결해야 할 많은 질문들이 남아 있다. 앞서 설명했듯이, 통합 모델은 상당한 잠재력을 가지고 있으며, 다음의 중요한 질문들에 대한 답을 찾게 되면 그 잠재력은 더욱 확대될 것이다.

1) 데이터(Data)

우리는 통합 MTSS 모델의 다른 기능들보다 데이터의 수집과 활용에 대해 더 많은 것을 알고 있을 가능성이 크다. 학생 성과와 실행충실도를 평가하기 위한 도구들이 영역과 내용 교과 전반에 걸쳐 확립되어 있으며, 분석 과정과 의사결정 규칙도 비교적 잘 일반화되어 있다.

또한, 다양한 데이터 소스를 저장하고 접근할 수 있는 통합 데이터 웨어하우스가 팀에게 큰 도움이 될 것이라는 점은 분명하다. 그러나 이러한 비전을 실현하는 데는 여러 장애물이 존재한다. 데이터 시스템은 일반적으로 특정 데이터 자원을 수집, 저장, 요약할 목적으로 설계되었지만, 다른 데이터 시스템과 호환되지 않는 경우가 많다. 이러한 시스템들은 대개 상호 간에 효과적으로 연동되지 않는다. 게다가 시스템 간의 호환성을 확보하거나 제3자 공급업체(즉, 기술 회사)와 연계하기 위한 기술은 끊임없이 변화하고 있어, 현재로서는 통합에 대한 표준이 존재하지 않는다. 더욱이, 공급업체들은 소프트웨어 코드 업데이트에 드는 비용과 자사 제품 마케팅에 대한 이해관계로 인해 데이터 통합을 허용하지 않는 경우도 있다. 우리는 지역교육청과 지방자치단체 차원에서 공급업체가 서로 다른 데이터 시스템 간의 통합을 허용하고 이를 촉진할 수 있도록 공동의 노력을 요구하는 방법을 모색해야 한다.

2) 실제(Practices)

통합 MTSS 모델을 논의할 때 초등학교 단계에서 행동과 문해력을 함께 고려하는 것은 비교적 쉽다. 그러나 이러한 내용 교과와 연령대의 차이가 너무 크면(특히, 학업 영역에서), 다양한 영역과 학교급에 걸쳐 효과적인 중재에 대해 우리가 얼마나 많은 것을 알아야 하는지를 더욱 실감하게 된다. 효과적인 교육의 동일한 원칙이 적용되지만, 문해력과 다른 내용 교과 사이에는 실제를 변화시켜야 할 만큼 충분한 차이가 있는 것으로 보인다. 그럼에도 우리는 문해력과 행동 영역에서 시스템을 실행했던 경험을 바탕으로, 덜 익숙한 분야에서도 이를 적용할 수 있다. 하지만 초등학교에서 중학교와 고등학교로 넘어가는 과정에서는 예방에 대한 근본적인 아이디어와 복잡한 시스템에서 어떤 중재가 실행 가능한지에 대한 도전에 직면하게 된다(Flannery, Sugai, & Anderson, 2009; Vaughn et al., 2010). 우리는 청소년을 대상으로 RTI 시스템을 실행하기 위해 어떤 적응이 필요한지에 대해 더 많이 알아야 한다. 특히, 고등학교의 조직 구조와 내용 교과에 대한 초점은 중등학생에게 적합한 다양한 효과적인 실제를 구축하기 위해 더 많은 관심과 노력을 필요로 한다.

3) 팀 접근(Teaming)

다른 연구자들과 실무자들이 강조하듯, 모든 교육 시스템 변화를 구현하는 데 있어 팀 접근 방식은 필수적이다. 우리는 학교와 지역교육청이 통합 MTSS를 구현하기 위해 새로운 팀을 구성하기보다는 기존의 팀 구조를 최대한 활용할 것을 권장한다. 하지만 한 팀의 업무 목록에 너무 많은 항목을 추가하면, 결과적으로 어느 항목도 충분히 다루지 못하는 상황이 발생할 수 있다. 예를 들어, 1단계 문해력을 효과적으로 다루는 학교리더십 팀이 행동지원을 추가하면 원활하게 운영될 수 있을까? 여기에 수학, 문장 표현, 2단계, 3단계까지 추가하면 어떻게 될까? 현재로서는 효과와 효율성 사이의 적절한 균형이나 완벽한 팀 구성에 대한 증거 기반이 부족하다. 통합 MTSS 모델에 대한 향후 연구가 모든 학교(또는 대부분의 학교)에 적용할 수 있는 최적의 팀 구성을 밝혀내지는 못하더라도, 최소한 몇 가지 경험적 지침이 제공되기를 기대한다.

4) 통합(Integration)

통합 MTSS 모델을 구현하는 과정에는 상당한 시간과 노력이 요구된다. 우리의 경험을 바탕으로 이 과정을 시작하는 방법을 제안할 수 있지만, 경험적 증거에 의해 뒷받침되는 접근 방식을 나타내는 연구가 부재한 상황에서 이러한 제안은 최선의 추측일 뿐이다. 통합에 앞서 하나의 영역에 먼저 투자하는 것이 최선일까? 그렇다면 행동과 학업 중 어느 쪽에 우선순위를 두는 것이 더 나을까? 아니면, 개별 시스템의 성공을 기반으로 단계적으로 발전시키는 것보다, 처음부터 통합된 MTSS 모델에 투자하는 것이 더 나을까? 이러한 질문은 대규모 연구를 통해야만 명확히 답할 수 있는 중요한 문제이다. 그러나 각 답변은 맥락에 따라 달라질 가능성이 크다. 많은 경우에 신중한 팀은 올바른 데이터를 가지고 있을 때 통합의 구체적인 세부 사항에 대해 현명한 의사결정을 내릴 수 있다.

3. 통합 MTSS 모델을 위한 새로운 지침

통합에 관한 작업이 점차 발전함에 따라, 문해력과 행동을 넘어 통합의 개념을 수학, 쓰기, 그리고 내용 교과로 확장하는 것이 점점 더 중요해질 것이다. 우리는 교육 및 기타 분야에서 특수교육 시스템과 일반교육 시스템을 아우르는 영역에서 통합과 조정 작업이 모두 포함될 것으로 예상한다. 여기서 통합이란, 각 시스템의 실제 구성 요소를 결합하여 하나의 기능적인 단일 시스템을 만드는 것을 의미하며, 조정은 시스템의 핵심 요소를 체계적으로 비교, 조정, 그리고 조율하여 마찰 없이 효과적이고 효율적으로 병렬적으로 작동하도록 하는 것을 뜻한다. 이러한 조정은 동일한 목표를 공유하는 전체 시스템의 틀 안에서 이루어진다. 우리가 조화(alignment)를 강조하는 이유는 교육 밖의 체계에서는 법률이나 제도가 사회서비스 기관 간의 진정한 통합을 허용하지 않을 수 있기 때문이다. 향후 MTSS 작업을 위해 제안하는 두 가지 주요 영역은, ① 수직적 및 수평적 통합을 통해 포괄적인 교육 시스템을 구축하는 것과, ② 교육 시스템을 넘어 사회서비스 기관 및 공중보건서비스로 범위를 확장하는 것이다.

1) 종합적인 교육 시스템을 형성하기 위한 통합

이 책에서 실행의 기본 단위는 학교 수준이고, 지원의 기본 단위는 지역교육청 수준이다. 이러한 접근은 특히 교사들에게 매우 합리적인 출발점이다. 하지만 어떤 면에서는 성숙한 이니셔티브가 기초자치단체, 광역자치단체, 중앙정부 수준에서 통합되고 조정될 때 큰 이점을 얻을 수 있다(McIntosh, Mercer, et al., 2016). 교육 분야에는 광범위한 시스템 접근 없이는 지속적으로 해결할 수 없는 심각한 문제들이 존재하며, 이는 종종 정책 입안자들과의 협력을 요구한다. 예를 들어, 새로운 국가 교육과정과 대학 및 취업 역량 표준에 통합 MTSS 모델을 효과적으로 포함시키는 방법을 학습함으로써, MTSS가 이러한 표준과 어떻게 연결되는지 명확히 할 수 있는 기회를 활용해야 한다. 종합적인 시스템 통합의 또 다른 사례로는 MTSS와 교사 평가 체계를 연계하는 것을 들 수 있다. 평가를 단순히 저성과 교사를 확인하고 퇴출하기 위한 모호한 수단으로 보는 대신, 지역교육청과 지방자치단체는 평가 기준을 객관적인 MTSS 역량과 연계하고, 이를 바탕으로 교사의 효과성을 높일 수 있는 전문성 개발 활동을 파악할 수 있다. 이러한 통합적 접근은 교육 시스템의 지속 가능성을 높이고, 전반적인 효과성을 증진시키는 데 중요한 역할을 할 것이다.

2) 교육 시스템을 넘어선 확장

최근 국가 차원에서 학생 성과를 더욱 향상시키기 위해 여러 기관 간 협업의 중요성이 강조되고 있다. 예를 들어, 미국 교육부와 법무부는 지원적 학교 훈육 이니셔티브(the Supportive School Discipline Initiative; U.S. Department of Justice, 2011)와 학교 훈육의 차별 없는 제공(Nondiscriminatory Provision of School Discipline; U.S. Departments of Education and Justice, 2014)을 위해 협력해 왔다. 학교 환경에서 통합 MTSS 시스템을 구현하며 얻은 지식

은 교육 분야를 넘어, 학생과 그 가족을 대상으로 서비스를 제공하는 외부 시스템과의 통합을 촉진하는 데 기여할 수 있다. 상호 연결된 시스템 프레임워크(Barrett et al., 2013)는 PBIS 접근법을 사용하는 학교 팀이 지역사회 기반 정신건강 서비스 제공자 및 기타 사회서비스와 어떻게 협력할 수 있는지를 보여 준다. 일부 사회 문제들(예: 노숙자, 빈곤, 지역사회 폭력, 약물 남용)은 학생들의 학습에 분명히 영향을 미치지만, 그 규모가 커서 교육만으로 해결하기에는 한계가 있다. 이러한 문제를 해결하려면 더 많은 자원과 다각적인 접근이 필요하다. 그럼에도 불구하고, 다른 기관과 통합된 접근 방식을 통해 협력하면 사회적 차원에서 결과를 개선할 수 있는 상당한 잠재력이 있다. 기관 간 통합과 연계는 이치에 맞는 접근이지만, 예산 활용 방식의 제약과 같은 통합의 장벽을 해결하기 위한 새로운 접근법이 요구된다.

4. 마무리하며

아직 알아야 할 것도 많고 새로운 방향이 방대한 목표임에도 불구하고, 교육과 그 안에서의 통합 MTSS 모델이 수행할 역할은 매우 낙관적이다. 제1장에서 다룬 학교 시스템의 역사를 돌아보면, 과거에는 무엇이 유효한 측정 방법이고 효과적인 실제인지에 대한 합의를 이루는 데 어려움이 있었다는 점을 알 수 있다. 이러한 논의가 아직 완전히 종결되지는 않았지만, 오늘날 교사가 사용할 수 있는 도구와 전략은 이전보다 훨씬 발전하였다. 이와 마찬가지로, 학생의 성과를 향상시키는 것으로 입증된 학업 및 행동 모델을 실행하기 위한 시스템을 개발하는 데에도 상당한 진전이 있었다. 학업 RTI와 PBIS는 교육에서 진정한 패러다임 전환을 나타낸다. 또한, 효과적인 실제가 충실하게 구현되고 지속 가능하도록 하기 위해 필요한 시스템에 대한 이해도 더욱 깊어졌다. 이 작업은 쉽지 않지만, 단순히 효과적인 실제와 정확한 측정을 개발하는 수준에서, 이를 효과적으로 실행하기 위한 시스템을 구축하는 단계로 발전하였다. 이제는 더 큰 효과와 효율성을 위해 이러한 시스템을 통합하는 새로운 과제에 도달하였다. 단일 내용 교과나 개별적인 교육 전략도 중요하지만, 종합적이고 질 높은 교육을 정의하는 것은 이러한 요소들을 통합적으로 구성하는 데 달려 있다. 이러한 통합적 접근은 통합의 핵심적인 잠재력 중 하나이다. 통합 MTSS 모델을 구현하고 학생 성과를 향상시키는 방법은 다양하며, 이 책이 앞으로 이러한 작업을 위한 로드맵으로 활용되기를 바란다.

참고문헌

Adams, M. J. (1990). *Beginning to read: Thinking and learning about print*. Cambridge, MA: MIT Press.

Adelman, H. S., & Taylor, L. (2003). On sustainability of project innovations as systemic change. *Journal of Educational and Psychological Consultation, 14*, 1-25.

Albin, R. W., Lucyshyn, J. M., Horner, R. H., & Flannery, K. B. (1996). Contextual fit for behavioral support plans: A model for "goodness of fit." In L. K. Koegel, R. L. Koegel, & G. Dunlap (Eds.), *Positive behavioral support: Including people with difficult behavior in the community* (pp. 81-98). Baltimore, MD: Brookes.

Albin, R. W., & Todd, A. W. (2015). Application of a multielement positive behavior interventions and supports plan for Alie, an elementary student with intellectual disabilities. In F. Brown, J. Anderson, & R. L. DePry (Eds.), *Individual positive behavior supports: A standards-based guide to practices in school and community-based settings* (pp. 463-480). Baltimore, MD: Brookes.

Algozzine, K. M., & Algozzine, B. (2007). Classroom instructional ecology and school-wide positive behavior support. *Journal of Applied School Psychology, 24*, 29-47.

Algozzine, R. F., & Algozzine, K. M. (2009). Facilitating academic achievement through schoolwide positive behavior support. In W. Sailor, G. Dunlap, G. Sugai, & R. H. Horner (Eds.), *Handbook of positive behavior support* (pp. 521-550). New York: Springer.

Algozzine, R. F., Barrett, S., Eber, L., George, H., Horner, R. H., Lewis, T. J., . . . Sugai, G. (2014). *PBIS Tiered Fidelity Inventory*. Eugene, OR: OSEP Technical Assistance Center on Positive Behavioral Interventions and Supports. Available at *www.pbis.org*.

Algozzine, R. F., Horner, R. H., Sugai, G., Barrett, S., Dickey, C. R., Eber, L., . . . Tobin, T. (2010). *Evaluation blueprint for school-wide positive behavior support* (2nd ed.). Eugene, OR: National Technical Assistance Center on Positive Behavior Interventions and Support. Retrieved from *www.pbis.org*.

Algozzine, R. F., Wang, C., & Violette, A. S. (2011). Reexamining the relationship between academic achievement and social behavior. *Journal of Positive Behavior Interventions, 13*, 3-16.

Allen, S. J., & Blackston, A. R. (2003). Training preservice teachers in collaborative problem solving: An investigation of the impact on teacher and student behavior change in real-world settings. *School Psychology Quarterly, 18*, 22-51.

Anderson, C. M., Childs, K., Kincaid, D., Horner, R. H., George, H., Todd, A. W., . . . Spaulding, S. A. (2012). *Benchmarks for advanced tiers*. Unpublished instrument, Educational and Community Supports, University of Oregon & University of South Florida.

Andreou, T. E., McIntosh, K., Ross, S. W., & Kahn, J. D. (2015). Critical incidents in the sustainability of school-wide positive behavioral interventions and supports. *Journal of Special Education, 49*, 157-167.

Archer, A. L., & Gleason, M. M. (1990). *Skills for school success*. North Billerica, MA: Curriculum Associates.

Archer, A. L., Gleason, M. M., & Vachon, V. (2006). *REWARDS (Reading Excellence, Word Attack, and Rate Development Strategies)* (2nd ed.). Longmont, CO: Sopris West Educational Services.

Archer, A. L., & Hughes, C. A. (2011). *Explicit instruction: Effective and efficient teaching*. New York: Guilford Press.

Arnold, E. M., Goldston, D. B., Walsh, A. K., Reboussin, B. A., Daniel, S. S., Hickman, E., & Wood, F. B. (2005). Severity of emotional and behavioral problems among poor and typical readers. *Journal of Abnormal Child Psychology, 33*, 205-217.

Ayllon, T., Layman, D., & Burke, S. (1972). Disruptive behavior and reinforcement of academic performance. *The Psychological Record, 22*, 315-323.

Ayllon, T., & Roberts, M. D. (1974). Eliminating discipline problems by strengthening academic performance. *Journal of Applied Behavior Analysis, 7*, 71-76.

Baker, S. K., Fien, H., & Baker, D. L. (2010). Robust reading instruction in the early grades: Conceptual and practical issues in the integration and evaluation of Tier 1 and Tier 2 instructional supports. *Focus on Exceptional Children, 42*(9), 1-20.

Baker, S. K., Gersten, R., Dimino, J. A., & Griffiths, R. (2004). The sustained use of research-based instructional practice: A case study of peer-assisted learning strategies in mathematics. *Remedial and Special Education, 25*, 5-24.

Barrett, P. (2004). *FRIENDS for life: Group leader's manual for children*. Bowen Hills, Queensland, Australia: Academic Press.

Barrett, S., Eber, L., & Weist, M. (Eds.). (2013). *Advancing education effectiveness: Interconnecting school mental health and school-wide positive behavior support*. Eugene, OR: OSEP Center for Positive Behavioral Interventions and Supports.

Barrish, H. H., Saunders, M., & Wolf, M. M. (1969). Good Behavior Game: Effects of individual contingencies for group consequences on disruptive behavior in a classroom. *Journal of Applied Behavior Analysis, 2*, 119-124.

Barton-Arwood, S. M., Wehby, J. H., & Falk, K. B. (2005). Reading instruction for elementary-age students with emotional and behavioral disorders: Academic and behavioral outcomes. *Exceptional Children, 72*, 7-27.

Bear, G. G., Gaskins, C., Blank, J., & Chen, F. F. (2011). Delaware School Climate Survey-Student: Its factor structure, concurrent validity, and reliability. *Journal of School Psychology, 49*, 157-174.

Bearman, S. K., Ugueto, A., Alleyne, A., & Weisz, J. R. (2010). Adapting cognitive-behavioral therapy for depression to fit diverse youths and contexts: Applying the deployment-focused model of treatment development and testing. In A. E. Kazdin & J. R. Weisz (Eds.), *Evidence-based psychotherapies for children and adolescents* (2nd ed., pp. 466-481). New York: Guilford Press.

Becker, W. C., & Engelmann, S. (1978). Systems for basic instruction: Theory and applications. In A. Catania & T. Brigham (Eds.), *Handbook of applied behavior analysis: Social and instructional processes* (pp. 57-92). Chicago: Science Research Associates.

Benner, G. J., Nelson, J. R., Sanders, E. A., & Ralston, N. C. (2012). Behavior intervention for students with externalizing behavior problems: Primary-level standard protocol. *Exceptional Children, 78*, 181-198.

Bennett, K. J., Brown, K. S., Boyle, M., Racine, Y., & Offord, D. (2003). Does low reading achievement at school entry cause conduct problems? *Social Science and Medicine, 56*, 2443-2448.

Blase, K. A., Fixsen, D. L., Naoom, S. F., & Wallace, F. (2005). *Operationalizing implementation: Strategies and methods*. Tampa, FL: University of South Florida, Louis de la Parte Florida Mental Health Institute.

Blase, K. A., Kiser, L., & Van Dyke, M. (2013). The hexagon tool: Exploring context. Chapel Hill, NC: National Implementation Research Network, FPG Child Development Institute, University of North Carolina.

Blase, K. A., Van Dyke, M., & Fixsen, D. (2009). Evidence-based programming in the context of practice and policy. *Social Policy Report, 23,* 13-14.

Blase, K. A., Van Dyke, M., & Fixsen, D. L. (2013). *Implementation drivers: Assessing best practices*. Chapel Hill, NC: University of North Carolina.

Bohanon, H., Goodman, S., & McIntosh, K. (2009). Integrating behavior and academic supports within RtI framework: General overview. Retrieved July 2, 2015, from *www.rtinetwork.org/learn/behavior-supports/integrating-behavior-and-academic-supports-general-overview*.

Boneshefski, M. J., & Runge, T. J. (2014). Addressing disproportionate discipline practices within a school-wide positive behavioral interventions and supports framework: A practical guide for calculating and using disproportionality rates. *Journal of Positive Behavior Interventions, 16*, 149-158.

Boyd, R. J., & Anderson, C. M. (2013). Breaks are Better: A Tier II social behavior intervention. *Journal of Behavioral Education, 22*, 348-365.

Bradley, R., Danielson, L., & Hallahan, D. P. (Eds.). (2002). *Identification of learning disabilities: Research to practice*. Mahwah, NJ: Erlbaum.

Bradshaw, C. P., Koth, C. W., Thornton, L. A., & Leaf, P. J. (2009). Altering school climate through school-wide positive behavioral interventions and supports: Findings from a group-randomized effectiveness trial. *Prevention Science, 10*, 100-115.

Bradshaw, C. P., Mitchell, M. M., & Leaf, P. J. (2010). Examining the effects of schoolwide positive behavioral interventions and supports on student outcomes: Results from a randomized controlled effectiveness trial in elementary schools. *Journal of Positive Behavior Interventions, 12*, 133-148.

Bradshaw, C. P., & Pas, E. T. (2011). A state-wide scale-up of positive behavioral interventions and supports (PBIS): A description of the development of systems of support and analysis of adoption and implementation. *School Psychology Review, 40*, 530-548.

Bradshaw, C. P., Waasdorp, T. E., & Leaf, P. J. (2012). Effects of school-wide positive behavioral interventions and supports on child behavior problems and adjustment. *Pediatrics*, e1136-e1145.

Brophy, J. (1988). Educating teachers about managing classrooms and students. *Teaching and Teacher Education, 4*, 1-18.

Brown-Chidsey, R., Bronaugh, L., & McGraw, K. (2009). *RTI in the classroom: Guidelines and recipes for success*. New York: Guilford Press.

Brown-Chidsey, R., & Steege, M. W. (2010). *Response to intervention: Principles and strategies for effective practice* (2nd ed.). New York: Guilford Press.

Bruhn, A. L., & Watt, S. (2012). Improving behavior by using multi-component self-monitoring within a targeted reading intervention. *Behavioral Disorders, 38*, 3-17.

Burke, M. D., Davis, J. L., Lee, Y., Hagan-Burke, S., Kwok, O., & Sugai, G. (2012). Universal screening for behavioral risk in elementary schools using SWPBS expectations. *Journal of Emotional and Behavioral Disorders, 20*, 38-54.

Burns, M. K., Riley-Tillman, T. C., & VanDerHeyden, A. M. (2012). *RTI applications: Vol. 1. Academic and behavioral interventions*. New York: Guilford Press.

Campbell, A. L., & Anderson, C. M. (2011). Check-in/check-out: A systematic evaluation and component analysis. *Journal of Applied Behavior Analysis, 44*, 315-326.

Caplan, G., & Grunebaum, H. (1967). Perspectives on primary prevention. *Archives of General Psychiatry, 17*, 331-346.

Carnine, D. W., Silbert, J., Kame'enui, E. J., Tarver, S. G., & Jungjohann, K. (2006). *Teaching struggling and at-risk readers: A direct instruction approach*. Columbus, OH: Pearson.

Carr, E. G. (1977). The motivation of self-injurious behavior: A review of some hypotheses. *Psychological Bulletin, 84*, 800-816.

Carroll, J. M., Maughan, B., Goodman, R., & Meltzer, H. (2005). Literacy difficulties and psychiatric disorders: Evidence for comorbidity. *Journal of Child Psychology and Psychiatry, 46*, 524-532.

Chaparro, E. A., Nese, R. N. T., & McIntosh, K. (2015). *Examples of engaging instruction to increase equity in education*. Eugene, OR: Center on Positive Behavioral Interventions and Supports. University of Oregon.

Chaparro, E. A., Park, H., Baker, S. K., & Ryan-Jackson, K. M. (2011). *District system support plan: A district level self-assessment tool* (Report No. 1102). Eugene, OR: Center on Teaching and Learning, University of Oregon.

Chaparro, E. A., Smolkowski, K., Baker, S. K., Hanson, N., & Ryan-Jackson, K. M. (2012). A model for system-wide collaboration to support integrated social behavior and literacy evidence-based practices. *Psychology in the Schools, 49*, 465-482.

Chard, D. J., & Harn, B. A. (2008). Project CIRCUITS: Center for Improving Reading Competence Using Intensive Treatments Schoolwide. In C. R. Greenwood, T. R. Kratochwill, & M. Clements (Eds.), *Schoolwide prevention models: Lessons learned in elementary schools* (pp. 143-172). New York: Guilford Press.

Childs, K. E., Kincaid, D., George, H. P., & Gage, N. A. (2016). The relationship between school-wide implementation of positive behavior intervention and supports and student discipline outcomes. *Journal of Positive Behavior Interventions, 18*, 89-99.

Christenson, S. L., Reschly, A. L., Appleton, J. J., Berman-Young, S., Spanjers, D. M., & Varro, P. (2008). Best practices in fostering student engagement. In A. Thomas & J. P. Grimes (Eds.), *Best practices in school psychology V* (pp. 1099-1119). Bethesda, MD: National Association of School Psychologists.

Coburn, C. E. (2003). Rethinking scale: Moving beyond numbers to deep and lasting change. *Educational Researcher, 32*(6), 3-12.

Coffey, J., & Horner, R. H. (2012). The sustainability of school-wide positive behavioral interventions and supports. *Exceptional Children, 78*, 407-422.

Coie, J. D., & Krehbiel, G. (1984). Effects of academic tutoring on the social status of low achieving, socially rejected children. *Child Development, 55*, 1465-1478.

Collaborative for Academic Social and Emotional Learning. (2003). *Safe and sound: An educational leader's guide to evidence-based social and emotional learning programs*. Chicago: Author.

Committee for Children. (1997). *Second Step: A violence prevention curriculum* Seattle, WA: Author.

Cook, B. G., & Odom, S. L. (2013). Evidence-based practices and implementation science in special education. *Exceptional Children, 79*, 135-144.

Cook, C. R., Dart, E., Collins, T., Restori, A., Daikos, C., & Delport, J. (2012). Prelimiary study of the confined, collateral, and combined effects of reading and behavioral interventions: Evidence for a transactional relationship. *Behavioral Disorders, 38*, 38-56.

Cornell, D. G. (2006). *School violence: Fears vs. facts*. Mahwah, NJ: Erlbaum.

Coyne, M. D., Kame'enui, E. J., & Carnine, D. (2007). *Effective teaching strategies that accommodate diverse learners* (3rd ed.). Bloomington, MN: Pearson.

Cronbach, L. J. (1957). The two disciplines of scientific psychology. *American Psychologist, 12*, 671-684.

Cronbach, L. J. (1975). Beyond the two disciplines of scientific psychology. *American Psychologist, 30*, 116-127.

Crone, D. A., Hawken, L. S., & Horner, R. H. (2010). *Responding to problem behavior in schools: The Behavior Education Program* (2nd ed.). New York: Guilford Press.

Crone, D. A., Hawken, L. S., & Horner, R. H. (2015). *Building positive behavior support systems in schools: Functional behavioral assessment* (2nd ed.). New York: Guilford Press.

Cummings, J. G., Pepler, D. J., Mishna, F., & Craig, W. M. (2006). Bullying and victimization among students with exceptionalities. *Exceptionality Education Canada, 16*, 193-222.

Curtis, M. J., Castillo, J. M., & Cohen, R. (2008). Best practices in system-level change. In A. Thomas & J. P. Grimes (Eds.), *Best practices in school psychology V* (pp. 887-901). Bethesda, MD: National Association of School Psychologists.

Daly, E. J., Neugebauer, S., Chafouleas, S. M., & Skinner, C. H. (2015). *Interventions for reading problems: Designing and evaluating effective strategies* (2nd ed.). New York: Guilford Press.

Darch, C. B., & Kame'enui, E. J. (2003). *Instructional classroom management: A proactive approach to behavior management* (2nd ed.). Upper Saddle River, NJ: Prentice Hall.

Darney, D., Reinke, W. M., Herman, K. C., Stormont, M., & Ialongo, N. S. (2013). Children with co-occurring academic and behavior problems in first grade: Distal outcomes in twelfth grade. *Journal of School Psychology, 51*, 117-128.

Dawson, P., & Guare, R. (2010). *Executive skills in children and adolescents: A practical guide to assessment and intervention* (2nd ed.). New York: Guilford Press.

Deno, S. L. (1989). Curriculum-based measurement and special education services: A fundamental and direct relationship. In M. R. Shinn (Ed.), *Curriculum-based measurement: Assessing special children* (pp. 1-17). New York: Guilford Press.

Deno, S. L. (1995). School psychologist as problem solver. In A. Thomas & J P. Grimes (Eds.), *Best practices in school psychology III* (pp. 471-484). Bethesda, MD: National Association of School Psychologists.

Deno, S. L., & Mirkin, P. K. (1977). *Data-based program modification: A manual*. Reston, VA: Council for Exceptional Children.

DiPerna, J. C., Volpe, R. J., & Elliott, S. N. (2002). A model of academic and elementary reading/language arts achievement. *School Psychology Review, 31*, 298-312.

Dishion, T. J., French, D. C., & Patterson, G. R. (1995). The development and ecology of antisocial behavior. In D. Cicchetti & D. J. Cohen (Eds.), *Developmental psychopathology: Vol. 2. Risk, disorder, and adaptation* (pp. 421-471). New York: Wiley.

Dishion, T. J., & Snyder, J. (Eds.). (2016). *Handbook of coercive relationship dynamics: Basic mechanisms, developmental processes, and intervention applications*. New York: Oxford University Press.

Dixon, R., & Carnine, D. W. (1994). Ideologies, practices, and their implications for special education. *Journal of Special Education, 28*, 356-367.

Drummond, T. (1994). *The Student Risk Screening Scale (SRSS)*. Grants Pass, OR: Josephine County Mental Health Program.

Duda, M. A., Ingram-West, K., Tadesco, M., Putnam, D., Buenerostro, M., Chaparro, E. A., & Horner, R. H. (2012). *District Capacity Assessment*. Unpublished instrument. Chapel Hill, NC: University of North Carolina.

Duncan, G. J., Dowsett, C. J., Claessens, A., Magnuson, K., Huston, A. C., Klebanov, P., . . . Brooks-Gunn, J. (2007). School readiness and later achievement. *Developmental Psychology, 43*, 1428-1446.

Durlak, J. A., Weissburg, R. P., Dymnicki, A. B., Taylor, R. D., & Schellinger, K. B. (2011). The impact of enhancing students' social and emotional learning: A meta-analysis of school-based universal interventions. *Child Development, 82*, 405-432.

Dweck, C. S. (1975). The role of expectations and attributions in the alleviation of learned helplessness. *Journal of Personality and Social Psychology, 31*, 674-685.

Eaker, R., Dufour, R., & Dufour, R. (2002). *Getting started: Reculturing schools to become professional learning communities*. Bloomington, IN: Solution Tree.

Eber, L., Hyde, K., & Suter, J. C. (2011). Integrating wraparound into a schoolwide system of positive behavior supports. *Journal of Child and Family Studies, 20*, 782-790.

Elliott, S. N., & Fuchs, L. S. (1997). The utility of curriculum-based measurement and performance assessment as alternatives to traditional intelligence and achievement tests. *School Psychology Review, 26*, 224-233.

Embry, D. D., & Biglan, A. (2008). Evidence-based kernels: Fundamental units of behavioral influence. *Clinical Child and Family Psychology Review, 11*, 75-113.

Ervin, R. A., Schaughency, E., Goodman, S. D., McGlinchey, M. T., & Matthews, A. (2006). Merging research and practice agendas to address reading and behavior school-wide. *School Psychology Review, 35*, 198-223.

Ervin, R. A., Schaughency, E., Goodman, S. D., McGlinchey, M. T., & Matthews, A. (2007). Moving from a model demonstration project to a statewide initiative in Michigan: Lessons learned from merging research-practice agendas to address reading and behavior. In S. R. Jimerson, M. K. Burns, & A. M. VanDerHeyden (Eds.), *Handbook of response to intervention: The science and practice of assessment and intervention* (pp. 354-377). New York: Springer.

Fairbanks, S., Simonsen, B., & Sugai, G. (2008). Classwide secondary and tertiary tier practices and systems. *Teaching Exceptional Children, 40*(6), 44-54.

Feuerborn, L., Wallace, C., & Tyre, A. D. (2013). Gaining staff support for schoolwide positive behavior supports: A guide for teams. *Beyond Behavior, 22*(2), 27-34.

Filter, K. J., & Horner, R. H. (2009). Function-based academic interventions for problem behavior. *Education and Treatment of Children, 32*, 1-19.

Fisher, A. V., Godwin, K. E., & Seltman, H. (2014). Visual environment, attention allocation, and learning in young children: When too much of a good thing may be bad. *Psychological Science, 25*, 1362-1370.

Fisher, C. W., Berliner, D. C., Filby, N. N., Marliave, R., Cahen, L. S., & Dishaw, M. M. (1981). Teaching behaviors, academic learning time, and student achievement: An overview. *Journal of Classroom Interaction, 17*, 2-15.

Fixsen, D. L., Blase, K., Horner, R., & Sugai, G. (2008). *Developing the capacity for scaling up the effective use of evidence-based programs in state departments of education*. Chapel Hill, NC: University of North Carolina.

Fixsen, D. L., Blase, K. A., Horner, R. H., & Sugai, G. (2009a). *Scaling up brief*. Chapel Hill, NC: University of North Carolina.

Fixsen, D. L., Blase, K. A., Horner, R. H., & Sugai, G. (2009b, February). *Intensive technical assistance: Scaling up brief #2*. Chapel Hill, NC: University of North Carolina.

Fixsen, D., Blase, K., Metz, A., & Van Dyke, M. (2013). Statewide implementation of evidence-based programs. *Exceptional Children, 79*, 213-230.

Fixsen, D. L., Naoom, S. F., Blase, K. A., Friedman, R. M., & Wallace, F. (2005). *Implementation research: Synthesis of the literature*. Tampa, FL: University of South Florida, Louis de la Parte Florida Mental Health Institute, National Implementation Research Network (FMHI Publication #231).

Flannery, K. B., Sugai, G., & Anderson, C. M. (2009). School-wide positive behavior support in high school: Early lessons learned. *Journal of Positive Behavior Interventions, 11*, 177-185.

Flay, B. R., Biglan, A., Boruch, R. F., Castro, F. G., Gottfredson, D., Kellam, S., . . . Ji, P. (2005). Standards of evidence: Criteria for efficacy, effectiveness, and dissemination. *Prevention Science, 6*, 151-175.

Fleming, C. B., Harachi, T. W., Cortes, R. C., Abbott, R. D., & Catalano, R. F. (2004). Level and change in reading scores and attention problems during elementary school as predictors of problem behavior in middle school. *Journal of Emotional and Behavioral Disorders, 12*, 130-144.

Florida Statewide Response to Instruction/Intervention Implementation Plan. (2008). Retrieved August 1, 2013, from *http://florida-rti.org/floridaMTSS/RtI.pdf*.

Florida's MTSS. (2013). *Self-assessment of MTSS implementation*. Unpublished instrument. Tampa, FL: University of South Florida.

Florida's Positive Behavior Support Project. (2004). *Children's literature: Tools for teaching school-wide expectations and rules*. Tampa, FL: University of South Florida.

Fuchs, D., Fuchs, L. S., Mathes, P. G., & Martinez, E. A. (2002). Preliminary evidence on the social standing of students with learning disabilities in PALS and no-PALS classrooms. *Learning Disabilities Research and Practice, 17*, 205-215.

Fuchs, D., Mock, D., Morgan, P. L., & Young, C. L. (2003). Responsiveness-to-intervention: Definitions, evidence, and implications for the learning disabilities construct. *Learning Disabilities Research and Practice, 18*, 157-171.

Fuchs, L. S. (1995). *Curriculum-based measurement and eligibility decision making: An emphasis on treatment validity and growth* [Commissioned paper]. Washington, DC: National Academy of Sciences.

Fuchs, L. S., & Fuchs, D. (1998). Treatment validity: A unifying concept for reconceptualizing the identification of learning disabilities. *Learning Disabilities Research and Practice, 13*, 204-219.

Fuchs, L. S., Fuchs, D., Yazdian, L., & Powell, S. R. (2002). Enhancing first-grade children's mathematical development with peer-assisted learning strategies. *School Psychology Review, 31*, 569-583.

Furey, J., & Stoner, G. (2015). *Multi-tiered systems of support needs assessment* [Excel workbook for use by school personnel]. Unpublished instrument. Retrieved from *https://sites.google.com/site/mtssneedsassessment*.

Garbacz, S. A., McIntosh, K., Eagle, J., Dowd-Eagle, S., Hirano, K., & Ruppert, T. (2016). Family engagement within School-wide Positive Behavioral Interventions and Supports. *Preventing School Failure*, 60-69.

George, H. P., & Kincaid, D. K. (2008). Building district-level capacity for positive behavior support. *Journal of Positive Behavior Interventions, 10*, 20-32.

Gersten, R. (2013, March). *A candid look at RTI mathematics*. Invited keynote presentation at MiBLSi State Implementer's Conference, Lansing, MI.

Gersten, R., Chard, D. J., & Baker, S. (2000). Factors enhancing sustained use of research-based instructional practices. *Journal of Learning Disabilities, 33*, 445-457.

Gersten, R., Compton, D., Connor, D., Dimino, J., Santoro, L., Linan-Thompson, S., & Tilly, W. D. (2008). *Assisting students struggling with reading: Response to intervention and multi-tier intervention in the primary grades. A practice guide*. (NCEE 2009-4045). Washington, DC: National Center for Education Evaluation and Regional Assistance, Institute of Education Sciences, U.S. Department of Education. Retrieved from *http://ies.ed.gov/ncee/wwc/publications/practiceguides*.

Gersten, R., Fuchs, L. S., Compton, D., Coyne, M., Greenwood, C., & Innocenti, M. S. (2005). Quality indicators for group experimental and quasi-experimental research in special education. *Exceptional Children, 71*, 149-165.

Gietz, C., & McIntosh, K. (2014). Relations between student perceptions of their school environment and academic achievement. *Canadian Journal of School Psychology, 29*, 161-176.

Gilbert, T. F. (1978). *Human competence: Engineering worthy performance*. New York: McGraw-Hill. (Tribute Edition published in 1996 by HRD Press and ISPI Publications, Washington, DC.)

Gladwell, M. (2006). *The tipping point: How little things can make a big difference*. New York: Little, Brown.

GlobalScholar. (2011). *Response to intervention (RTI) adoption survey 2011*. Bellevue, WA: GlobalScholar/Spectrum K12.

Good, C., McIntosh, K., & Gietz, C. (2011). Integrating bullying prevention into school-wide positive behavior support. *Teaching Exceptional Children, 44*(1), 48-56.

Good, R. H., Gruba, J., & Kaminski, R. A. (2002). Best practices in using Dynamic Indicators of Basic Early Literacy Skills (DIBELS) in an outcomes-driven model. In A. Thomas & J. P. Grimes (Eds.), *Best practices in school psychology IV* (pp. 699-720). Bethesda, MD: National Association of School Psychologists.

Good, R. H., & Kaminski, R. A. (Eds.). (2010). *Dynamic Indicators of Basic Early Literacy Skills* (7th ed. Eugene, OR: Dynamic Measurement Group. Available at *http://dibels.org*.

Goodman, S. (2005, October). *Implementation of reading and behavior support at the state level*. Paper presented at the PBIS Forum, Chicago.

Goodman, S. D. (2013a). Implementation of a district-wide multi-tiered system of supports (MTSS) initiative through stages of implementation. *Utah Special Educator, 35*, 20-21.

Goodman, S. D. (2013b). About MiBLSi. *Michigan's integrated behavior and learning support initiative*. Retrieved November 1, 2013, from *http://miblsi.org/About.aspx*.

Gordon, R. S. (1983). An operational classification of disease prevention. *Public Health Reports, 98*, 107-109.

Gottman, J. M., Coan, J., Carrere, S., & Swanson, C. (1998). Predicting marital happiness and stability from newlywed interactions. *Journal of Marriage and the Family, 60*, 5-22.

Gray, S. A. O., Carter, A. S., Briggs-Gowan, M. J., Jones, S. M., & Wagmiller, R. L. (2014). Growth trajectories of early aggression, overactivity, and inattention: Relations to second-grade reading. *Developmental Psychology, 50*, 2255-2263.

Greenberg, M. T., Weissburg, R. P., & O'Brien, M. E. (2003). Enhancing school-based prevention and youth development through coordinated social, emotional, and academic learning. *American Psychologist, 58*, 466-474.

Greenwood, C. R., Horton, B. T., & Utley, C. A. (2002). Academic engagement: Current perspectives on research and practice. *School Psychology Review, 31*, 328-349.

Gregory, A., Skiba, R. J., & Noguera, P. A. (2010). The achievement gap and the discipline gap: Two sides of the same coin? *Educational Researcher, 39*, 59-68.

Gresham, F. M. (1989). Assessment of treatment integrity in school consultation and prereferral intervention. *School Psychology Review, 18*, 37-50.

Gresham, F. M. (1991). Conceptualizing behavior disorders in terms of resistance to intervention. *School Psychology Review, 20*, 23-36.

Gunn, B., Biglan, A., Smolkowski, K., & Ary, D. (2000). The efficacy of supplemental instruction in decoding skills for Hispanic and non-Hispanic students in early elementary school. *Journal of Special Education, 34*, 90-103.

Hall, T. E., Meyer, A., & Rose, D. H. (2012). *Universal design for learning in the classroom: Practical applications*. New York: Guilford Press.

Harry, B., & Klingner, J. K. (2014). *Why are so many minority students in special education? Understanding race & disability in schools* (2nd ed.). New York: Teachers College Press.

Hattie, J. (2009). *Visible learning: A synthesis of over 800 meta-analyses relating to achievement*. Oxford, UK: Routledge.

Hayes, S. C., Wilson, K. G., Gifford, E. V., Follette, V. M., & Strosahl, K. (1996). Experiential avoidance and behavioral disorders: A functional dimensional approach to diagnosis and treatment. *Journal of Consulting and Clinical Psychology, 64*, 1152-1168.

Heath, S. B. (1980). The functions and uses of literacy. *Journal of Communication, 30*, 123-133.

Heifetz, R. A., Grashow, A., & Linksy, M. (2009). *The practice of adaptive leadership: Tools and tactics for changing your organization and the world*. Cambridge, MA: Harvard Business Press.

Herman, K. C., Lambert, S. F., Reinke, W. M., & Ialongo, N. S. (2008). Low academic competence in first grade as a risk factor for depressive cognitions and symptoms in middle school. *Journal of Counseling Psychology, 55*, 400-410.

Hinshaw, S. P. (1992). Externalizing behavior problems and academic underachievement in childhood and adolescence: Causal relationships and underlying mechanisms. *Psychological Bulletin, 111*, 127-155.

Horner, R. H., Carr, E. G., Halle, J., McGee, G., Odom, S., & Wolery, M. (2005). The use of single-subject research to identify evidence-based practice in special education. *Exceptional Children, 71*, 165-180.

Horner, R. H., McDonnell, J. J., & Bellamy, G. T. (1985). Teaching generalized behaviors: General case instruction in simulation and community settings. In R. H. Horner, L. H. Meyer, & H. D Fredericks (Eds.), *Education of learners with severe handicaps: Exemplary service strategies* (pp. 289-315). Baltimore, MD: Brookes.

Horner, R. H., & McIntosh, K. (2016). Reducing coercion in schools: The impact of School-wide Positive Behavioral Interventions and Supports. In T. Dishion & J. Snyder (Eds.), *Handbook of coercive relationship dynamics: Basic mechanisms, developmental processes, and intervention applications* (pp. 330-340). New York: Oxford University Press.

Horner, R. H., Sampson, N. K., Anderson, C. M., Todd, A. W., & Eliason, B. M. (2013). *Monitoring advanced tiers tool*. Unpublished instrument, Educational and Community Supports, University of Oregon.

Horner, R. H., & Sugai, G. (2006). *Policy brief: Scaling up effective educational innovation*. Policy brief prepared at the request of the U.S. Department of Education, Office of Special Education Programs, Washington, DC.

Horner, R. H., Sugai, G., & Anderson, C. M. (2010). Examining the evidence base for school-wide positive behavior support. *Focus on Exceptional Children, 42*(8), 1-14.

Horner, R. H., Sugai, G., Smolkowski, K., Eber, L., Nakasato, J., Todd, A. W., & Esparanza, J. (2009). A randomized, wait-list controlled effectiveness trial assessing school-wide positive behavior support in elementary schools. *Journal of Positive Behavior Interventions, 11*, 133-144.

Horner, R. H., Sugai, G., & Todd, A. W. (2001). "Data" need not be a four-letter word: Using data to improve schoolwide discipline. *Beyond Behavior, 11*(1), 20-26.

Horner, R. H., Sugai, G., Todd, A. W., & Lewis-Palmer, T. (2005). Schoolwide positive behavior support: An alternative approach to discipline in schools. In L. M. Bambara & L. Kern (Eds.), *Individualized supports for students with problem behaviors: Designing positive behavior plans* (pp. 359-390). New York: Guilford Press.

Horner, R. H., & Todd, A. W. (2002). *Targeted interventions: A reference guide for function-based support options*. Eugene, OR: Educational and Community Supports, University of Oregon.

Hosp, M. K., Hosp, J. L., & Howell, K. W. (2016). *The ABCs of CBM: A practical guide to curriculum-based measurement* (2nd ed.). New York: Guilford Press.

Ialongo, N. S., Werthamer, L., Kellam, S. G., Brown, C. H., Wang, S., & Lin, Y. (1999). Proximal impact of two first-grade preventive interventions on the early risk behaviors for later substance abuse, depression, and antisocial behavior. *American Journal of Community Psychology, 27*, 599-641.

Individuals with Disabilities Education Improvement Act, 20 U.S.C. § 1400 P.L. 108-446 (2004). Intervention Planning and Assessment System. (2008) [Software and training materials]. Tigard-Tualatin, OR: Tigard-Tualatin School District. Retrieved from *www.oregonrti.org/node/174*.

Jerald, C. D. (2006). *Identifying potential dropouts: Key lessons for building an early warning data system*. New York: Carnegie Corp.

Jitendra, A. (2002). Teaching students math problem-solving through graphic representations. *Teaching Exceptional Children, 34*(4), 34-38.

Joyce, B. R., & Showers, B. (2002). *Student achievement through staff development* (3rd ed.). Alexandria, VA: ASCD.

Jussim, L. (2013). Teachers' expectations. In J. Hattie & E. Anderman (Eds.), *International guide to student achievement* (pp. 243-246). New York: Routledge.

Kalberg, J. R., Lane, K. L., & Menzies, H. M. (2010). Using systematic screening procedures to identify students who are nonresponsive to primary prevention efforts: Integrating academic and behavioral measures. *Education and Treatment of Children, 33*, 561–584.

Kame'enui, E. J., & Simmons, D. C. (2002). *Planning and Evaluation Tool for Effective Schoolwide Reading Programs-Revised(PET-R)*. Eugene, OR: Institute for the Development of Educational Achievement.

Kame'enui, E. J., Simmons, D. C., & Coyne, M. D. (2000). Schools as host environments: Toward a schoolwide reading improvement model. *Annals of Dyslexia, 50*, 31–51.

Kamphaus, R. W., & Reynolds, C. R. (2007). *Behavioral and emotional screening system*. Bloomington, MN: Pearson.

Kansas MTSS Project. (2012). Timeline to Kansas multi-tier system of supports. Topeka, KS: Kansas State Department of Education.

Kellam, S. G., Mayer, L. S., Rebok, G. W., & Hawkins, W. E. (1998). Effects of improving achievement on aggressive behavior and of improving aggressive behavior on achievement through two preventive interventions: An investigation of causal paths. In B. P. Dohrenwend (Ed.), *Adversity, stress, and psychopathology* (pp. 486–505). London: Oxford University Press.

Kelm, J. L., & McIntosh, K. (2012). Effects of school-wide positive behavior support on teacher self-efficacy. *Psychology in the Schools, 49*, 137–147.

Kelm, J. L., McIntosh, K., & Cooley, S. (2014). Effects of implementing school-wide positive behaviour interventions and supports on problem behaviour and academic achievement in a Canadian elementary school. *Canadian Journal of School Psychology, 29*, 195–212.

Kincaid, D., Childs, K., & George, H. (2005). *School-wide benchmarks of quality*. Unpublished instrument, University of South Florida, Tampa, FL.

Kratochwill, T. R., & Shernoff, E. S. (2004). Evidence-based practice: Promoting evidence-based interventions in school psychology. *School Psychology Review, 33*, 34–48.

Kratochwill, T. R., & Stoiber, K. C. (2002). Evidence-based interventions in school psychology: Conceptual foundations of the Procedural and Coding Manual of Division 16 and the Society for the Study of School Psychology Task Force. *School Psychology Quarterly, 17*, 341–389.

Kusche, C., & Greenberg, M. T. (1994). *The PATHS curriculum: Instructor's manual*. South Deerfield, MA: Channing Bete.

Lane, K. L. (1999). Young students at risk for antisocial behavior: The utility of academic and social skills interventions. *Journal of Emotional and Behavioral Disorders, 7*, 211–223.

Lane, K. L., & Menzies, H. M. (2005). Teacher-identified students with and without academic and behavioral concerns: Characteristics and responsiveness. *Behavioral Disorders, 31*, 65–83.

Lane, K. L., Menzies, H. M., Oakes, W. P., & Kalberg, J. R. (2012). *Systematic screenings of behavior to support instruction: From preschool to high school*. New York: Guilford Press.

Lane, K. L., O'Shaughnessy, T. E., Lambros, K. M., Gresham, F. M., & Beebe-Frankenberger, M. E. (2001). The efficacy of phonological awareness training with first-grade students who have behavior problems and reading difficulties. *Journal of Emotional and Behavioral Disorders, 9*, 219–232.

Lane, K. L., Wehby, J. H., Menzies, H. M., Gregg, R. M., Doukas, G. L., & Munton, S. M. (2002). Early literacy instruction for first-grade students at-risk for antisocial behavior. *Education and Treatment of Children, 25*, 438–458.

Layne, A. E., Bernstein, G. A., & March, J. S. (2006). Teacher awareness of anxiety symptoms in children. *Child Psychiatry and Human Development, 36*, 383–392.

Lassen, S. R., Steele, M. M., & Sailor, W. (2006). The relationship of school-wide positive behavior support to academic achievement in an urban middle school. *Psychology in the Schools, 43*, 701-712.

Latham, G. (1988). The birth and death cycles of educational innovations. *Principal, 68*, 41-43.

Lee, J. (2002). Racial and ethnic achievement gap trends: Reversing the progress toward equity? *Educational Researcher, 31*, 3-12.

Lee, Y., Sugai, G., & Horner, R. H. (1999). Using an instructional intervention to reduce problem and offtask behaviors. *Journal of Positive Behavior Interventions, 1*, 195-204.

Legters, N., & Balfanz, R. (2010). Do we have what it takes to put all students on the graduation path? *New Directions for Youth Development, 127*, 11-24.

Levy, S., & Chard, D. J. (2001). Research on reading instruction for students with emotional and behavioural disorders. *International Journal of Disability, Development and Education, 48*, 429-444.

Lewis, T. J., Barrett, S., Sugai, G., & Horner, R. H. (2010). *Blueprint for school-wide positive behavior support training and professional development* (2nd ed.). Eugene, OR: National Technical Assistance Center on Positive Behavioral Interventions and Support. Retrieved from www.pbis.org.

Lewis-Palmer, T., Bounds, M., & Sugai, G. (2004). Districtwide system for providing individual student support. *Assessment for Effective Intervention, 30*, 53-65.

Lewis-Palmer, T., Todd, A. W., Horner, R. H., Sugai, G., & Sampson, N. K. (2003). *Individual Student Systems Evaluation Tool (ISSET)*. Eugene, OR: Educational and Community Supports.

Lin, Y., Morgan, P. L., Hillemeier, M., Cook, M., Maczuga, S., & Farkas, G. (2013). Reading, mathematics, and behavioral difficulties interrelate: Evidence from a cross-lagged panel design and population-based sample of U.S. upper elementary students. *Behavioral Disorders, 38*, 212-227.

Locke, W. R., & Fuchs, L. S. (1995). Effects of peer-mediated reading instruction on the on-task behavior and social interaction of children with behavior disorders. *Journal of Emotional and Behavioral Disorders, 3*, 92-99.

Lohrmann, S., Forman, S., Martin, S., & Palmieri, M. (2008). Understanding school personnel's resistance to adopting schoolwide positive behavior support at a universal level of intervention. *Journal of Positive Behavior Interventions, 10*, 256-269.

Loman, S., Strickland-Cohen, M. K., Borgmeier, C., & Horner, R. H. (2013). *Basic FBA to BSP trainer's manual*. Eugene, OR: University of Oregon, Educational and Community Supports.

Lorhmann, S., & Davis, B. (2014, May). *Examples of implementing PBIS in urban settings*. Paper presented at the Northeast PBIS Conference, Mystic, CT.

Losen, D. J., Hodson, C., Keith, M. A., Morrison, K., & Belway, S. (2015). *Are we closing the school discipline gap?* Los Angeles, CA: Center for Civil Rights Remedies at The Civil Rights Project at UCLA.

Luiselli, J. K., Putnam, R. F., Handler, M. W., & Feinberg, A. B. (2005). Whole-school positive behaviour support: Effects on student discipline problems and academic performance. *Educational Psychology, 25*, 183-198.

MacKay, L., Andreou, T., & Ervin, R. A. (2009). Peer-mediated intervention strategies. In G. Gimpel Peacock, R. A. Ervin, E. J. Daly & K. W. Merrell (Eds.), *The practical handbook of school psychology: Effective practices for the 21st century* (pp. 319-336). New York: Guilford Press.

March, R. E., Horner, R. H., Lewis-Palmer, T., Brown, D., Crone, D., Todd, A. W., & Carr, E. G. (2000). *Functional Assessment Checklist: Teachers and Staff (FACTS)*. Eugene, OR: Educational and Community Supports. Available at *www.pbis.org/tools.htm*.

Mathews, S., McIntosh, K., Frank, J. L., & May, S. L. (2014). Critical features predicting sustained implementation of school-wide positive behavior support. *Journal of Positive Behavior Interventions, 16*, 168-178.

Mattison, R. E., & Blader, J. C. (2013). What affects academic functioning in secondary special education students with serious emotional and/or behavioral problems? *Behavioral Disorders, 38*, 201-211.

McCart, A., Wolf, N., Sweeney, H. M., & Choi, J. H. (2009). The application of a family-based multi-tiered system of support. *NHSA DIALOG, 12*, 122-132.

McGlinchey, M., Goodman, S., & Schallmo, K. (2005, February). *Michigan's Integrated Behavior and Learning Support Initiative.* Paper presented at the DIBELS Summit, Albuquerque, NM.

McIntosh, K. (2007, June). *Sustaining school-wide reading and positive behavior support through collaboration.* Keynote paper presented at the Southwest Ohio SERRC Conference, Columbus, OH.

McIntosh, K., Barnes, A., Morris, K., & Eliason, B. M. (2014). *Using discipline data within SWPBIS to identify and address disproportionality: A guide for school teams.* Eugene, OR: Center on Positive Behavioral Interventions and Supports, University of Oregon.

McIntosh, K., Borgmeier, C., Anderson, C. M., Horner, R. H., Rodriguez, B. J., & Tobin, T. J. (2008). Technical adequacy of the Functional Assessment Checklist-Teachers and Staff (FACTS) FBA interview measure. *Journal of Positive Behavior Interventions, 10*, 33-45.

McIntosh, K., Campbell, A. L., Carter, D. R., & Dickey, C. R. (2009). Differential effects of a Tier Two behavior intervention based on function of problem behavior. *Journal of Positive Behavior Interventions, 11*, 82-93.

McIntosh, K., Campbell, A. L., Carter, D. R., & Zumbo, B. D. (2009). Concurrent validity of office discipline referrals and cut points used in schoolwide positive behavior support. *Behavioral Disorders, 34*, 100-113.

McIntosh, K., Chard, D. J., Boland, J. B., & Horner, R. H. (2006). Demonstration of combined efforts in school-wide academic and behavioral systems and incidence of reading and behavior challenges in early elementary grades. *Journal of Positive Behavior Interventions, 8*, 146-154.

McIntosh, K., Eliason, B. M., Horner, R. H., & May, S. L. (2014). Have schools increased their use of the SWIS school ethnicity report? *PBIS Evaluation Brief.* Eugene, OR: Educational and Community Supports.

McIntosh, K., Filter, K. J., Bennett, J. L., Ryan, C., & Sugai, G. (2010). Principles of sustainable prevention: Designing scale-up of school-wide positive behavior support to promote durable systems. *Psychology in the Schools, 47*, 5-21.

McIntosh, K., Flannery, K. B., Sugai, G., Braun, D., & Cochrane, K. L. (2008). Relationships between academics and problem behavior in the transition from middle school to high school. *Journal of Positive Behavior Interventions, 10*, 243-255.

McIntosh, K., Frank, J. L., & Spaulding, S. A. (2010). Establishing research-based trajectories of office discipline referrals for individual students. *School Psychology Review, 39*, 380-394.

McIntosh, K., Girvan, E. J., Horner, R. H., & Smolkowski, K. (2014). Education not incarceration: A conceptual model for reducing racial and ethnic disproportionality in school discipline. *Journal of Applied Research on Children, 5*(2), 1-22.

McIntosh, K., Goodman, S., & Bohanon, H. (2010). Toward true integration of academic and behavior support. *NASP Communique, 39*(2), *1*, 14-16.

McIntosh, K., Herman, K., Sanford, A., McGraw, K., & Florence, K. (2004). Teaching transitions: Techniques for promoting success between lessons. *Teaching Exceptional Children, 37*(1), 32-38.

McIntosh, K., Horner, R. H., Chard, D. J., Boland, J. B., & Good, R. H. (2006). The use of reading and behavior screening measures to predict non-response to school-wide positive behavior support: A longitudinal analysis. *School Psychology Review, 35*, 275-291.

McIntosh, K., Horner, R. H., Chard, D. J., Dickey, C. R., & Braun, D. H. (2008). Reading skills and function of problem behavior in typical school settings. *Journal of Special Education, 42*, 131-147.

McIntosh, K., Horner, R. H., & Sugai, G. (2009). Sustainability of systems-level evidence-based practices in schools:

Current knowledge and future directions. In W. Sailor, G. Dunlap, G. Sugai, & R. H. Horner (Eds.), *Handbook of positive behavior support* (pp. 327-352). New York: Springer.

McIntosh, K., Kelm, J. L., & Canizal Delabra, A. (2016). In search of how principals change: A qualitative study of events that help and hinder administrator support for school-wide PBIS. *Journal of Positive Behavior Interventions, 18*, 100-110.

McIntosh, K., Lucyshyn, J. M., Strickland-Cohen, M. K., & Horner, R. H. (2014). Building supportive environments: Toward a technology for enhancing fidelity of implementation. In F. Brown, J. Anderson, & R. L. DePry (Eds.), *Individual positive behavior supports: A standards-based guide to practices in school and community-based settings* (pp. 413-428). Baltimore, MD: Brookes.

McIntosh, K., MacKay, L. D., Andreou, T., Brown, J. A., Mathews, S., Gietz, C., & Bennett, J. L. (2011). Response to intervention in Canada: Definitions, the evidence base, and future directions. *Canadian Journal of School Psychology, 26*, 18-43.

McIntosh, K., Massar, M., Algozzine, R. F., George, H. P., Horner, R. H., Lewis, T. J., & Swain-Bradway, J. (in press). Technical adequacy of the SWPBIS Tiered Fidelity Inventory. *Journal of Positive Behavior Interventions*.

McIntosh, K., Mercer, S. H., Hume, A. E., Frank, J. L., Turri, M. G., & Mathews, S. (2013). Factors related to sustained implementation of schoolwide positive behavior support. *Exceptional Children, 79*, 293-311.

McIntosh, K., Mercer, S. H., Nese, R. N. T., Strickland-Cohen, M. K., & Hoselton, R. (2016). Predictors of sustained implementation of school-wide PBIS at 3 and 5 years after initial implementation. *Journal of Positive Behavior Interventions*.

McIntosh, K., Predy, L. K., Upreti, G., Hume, A. E., Turri, M. G., & Mathews, S. (2014). Perceptions of contextual features related to implementation and sustainability of school-wide positive behavior support. *Journal of Positive Behavior Interventions, 16*, 29-41.

McIntosh, K., Reinke, W. M., & Herman, K. E. (2009). Schoolwide analysis of data for social behavior problems: Assessing outcomes, selecting targets for intervention, and identifying need for support. In G. Gimpel Peacock, R. A. Ervin, E. J. Daly, & K. W. Merrell (Eds.), *The practical handbook of school psychology: Effective practices for the 21st century* (pp. 135-156). New York: Guilford Press.

McIntosh, K., Sadler, C., & Brown, J. A. (2012). Kindergarten reading skill level and change as risk factors for chronic problem behavior. *Journal of Positive Behavior Interventions, 14*, 17-28.

McIntosh, K., Ty, S. V., Horner, R. H., & Sugai, G. (2013). School-wide positive behavior interventions and supports and academic achievement. In J. Hattie & E. Anderman (Eds.), *International guide to student achievement* (pp. 146-148). New York: Routledge.

McIntosh, K., Ty, S. V., & Miller, L. D. (2014). Effects of school-wide positive behavior support on internalizing problems: Current evidence and future directions. *Journal of Positive Behavior Interventions, 16*, 209-218.

McLaughlin, M. W., & Mitra, D. (2001). Theory-based change and change-based theory: Going deeper, going broader. *Journal of Educational Change, 2*, 301-323.

Mercer, S. H., McIntosh, K., Strickland-Cohen, M. K., & Horner, R. H. (2014). Measurement invariance of an instrument assessing sustainability of school-based universal behavior practices. *School Psychology Quarterly, 29*, 125-137.

Merrell, K. W., & Gueldner, B. A. (2010). *Social and emotional learning in the classroom: Promoting mental health and academic success*. New York: Guilford Press.

Merton, R. K. (1968). *Social theory and social structure*. New York: Free Press.

Metcalfe, L. A., Harvey, E. A., & Laws, H. B. (2013). The longitudinal relation between academic/cognitive skills and externalizing behavior problems in preschool children. *Journal of Educational Psychology, 105*, 881-894.

Miller, D., & Goodman, S. (2012, October). *A district model for integrated RtI systems*. Paper presented at the 2012 PBIS Implementers Forum, Chicago.

Morgan, P. L., Farkas, G., Tufis, P. A., & Sperling, R. A. (2008). Are reading and behavior problems risk factors for each other? *Journal of Learning Disabilities, 41*, 417–436.

Morgan, P. L., Farkas, G., & Wu, Q. (2012). Do poor readers feel angry, sad, and unpopular? *Scientific Studies of Reading, 16*, 360–381.

Morrison, G. M., Anthony, S., Storino, M., & Dillon, C. (2001). An examination of the disciplinary histories and the individual and educational characteristics of students who participate in an in-school suspension program. *Education and Treatment of Children, 24*, 276–293.

National Reading Panel. (2000). *Report of the National Reading Panel: An evidence-based assessment of the scientific research literature on reading and its implications for reading instruction*. Bethesda, MD: National Institute of Child Health and Human Development.

National Research Council. (2002). *Minority students in special and gifted education*. Washington, DC: National Academies Press.

Nelson, J. R. (1996). Designing schools to meet the needs of students who exhibit disruptive behavior. *Journal of Emotional and Behavioral Disorders, 4*, 147–161.

Nelson, J. R., Benner, G. J., Lane, K. L., & Smith, B. W. (2004). Academic achievement of K-12 students with emotional and behavioral disorders. *Exceptional Children, 71*, 59–73.

Nelson, J. R., Benner, G. J., Reid, R. C., Epstein, M. H., & Currin, D. (2002). The convergent validity of office discipline referrals with the CBCL-TRF. *Journal of Emotional and Behavioral Disorders, 10*, 181–188.

Nelson, J. R., & Carr, B. A. (2000). *The Think Time strategy for schools*. Longmont, CO: Sopris West.

Nelson, J. R., Lane, K. L., Benner, G. J., & Kim, O. (2011). A best evidence synthesis of literacy instruction on the social adjustment of students with or at-risk for behavior disorders. *Education and Treatment of Children, 34*, 141–162.

Nelson, J. R., Martella, R. M., & Marchand-Martella, N. (2002). Maximizing student learning: The effects of a comprehensive school-based program for preventing problem behaviors. *Journal of Emotional and Behavioral Disorders, 10*, 136–148.

Nese, R. N. T., Horner, R. H., Dickey, C. R., Stiller, B., & Tomlanovich, A. (2014). Decreasing bullying behaviors in middle school: Expect Respect. *School Psychology Quarterly, 29*, 272–286.

Nese, R. N. T., McIntosh, K., Mercer, S. H., Bloom, J., Johnson, N. W., Phillips, D., . . . & Hoselton, R. (2016). *Predicting abandonment of School-wide PBIS*. Manuscript submitted for publication.

Newton, J. S., Horner, R. H., Algozzine, B., Todd, A. W., & Algozzine, K. (2012). A randomized waitlist controlled analysis of the implementation integrity of team-initiated problem solving processes. *Journal of School Psychology, 50*, 421–441.

Newton, J. S., Todd, A. W., Algozzine, B., Algozzine, K., Horner, R. H., & Cusumano, D. L. (2014). Supporting team problem solving in inclusive schools. In J. McLeskey, N. L. Waldron, F. Spooner, & B. Algozzine (Eds.), *Handbook of research and practice for inclusive schools* (pp. 275–291). New York: Routledge.

No Child Left Behind Act of 2001, 20 U.S.C. 70 § 6301 *et seq.* O'Neill, R. E., Albin, R. W., Storey, K., Horner, R. H., & Sprague, J. R. (2015). *Functional assessment and program development for problem behavior: A practical handbook* (3rd ed.). Pacific Grove, CA: Brooks/Cole.

Oregon Coach Task Force. (2011). *Systems coach manual*. Center on Teaching and Learning, University of Oregon, Eugene, OR. Retrieved from *http://ctl.uoregon.edu/node/613#coach_manuals*.

Oregon Department of Education, (2007). *Oregon RTI Technical Assistant to School Districts: Identification of Students* with *Learning Disabilities under IDEA 2004*. Retrieved from *www.ode.state.or.us*.

Oregon State Archives. (2011, February 14). Public education in Oregon. Retrieved from http://bluebook.state.or.us/education/.

Osher, D., Bear, G. G., Sprague, J. R., & Doyle, W. (2010). How can we improve school discipline? *Educational Researcher, 39*, 48–58.

Paine, S. C., Radicchi, J., Rosellini, L. C., Deutchman, L., & Darch, C. B. (1983). *Structuring your classroom for academic success*. Champaign, IL: Research Press.

Preciado, J. A., Horner, R. H., & Baker, S. K. (2009). Using a function-based approach to decrease problem behavior and increase reading academic engagement for Latino English language learners. *Journal of Special Education, 42*, 227–240.

Predy, L. K., McIntosh, K., & Frank, J. L. (2014). Utility of number and type of office discipline referrals in predicting chronic problem behavior in middle schools. *School Psychology Review, 43*, 472–489.

President's Commission on Excellence in Special Education. (2002). A new era: Revitalizing special education for children and their families. Retrieved August 1, 2013, from *www.ufttc.org/index.php?s=49643ae017a5447b784bbad32970df68&act=attach&type=post&id=119*.

Rasplica, C., McIntosh, K., & Hoselton, R. (2016). *Concurrent validity among fidelity of implementation of SWPBIS during initial implementation*. Manuscript submitted for publication.

Rathvon, N. (2004). *Early reading assessment: A practitioner's handbook*. New York: Guilford Press.

Rathvon, N. (2008). *Effective school interventions: Evidence-based strategies for improving student outcomes* (2nd ed.). New York: Guilford Press.

Reschly, D. J. (1988). Special education reform: School psychology revolution. *School Psychology Review, 17*, 459–475.

Reschly, D. J. (1995). Psychological practice in the schools: System change in the heartland. In R. C. Talley & R. J. Short (Eds.), *Creating a new vision of school psychology: Emerging models of psychological practice in the schools* (pp. 23–27). Washington, DC: American Psychological Association.

Reynolds, M. C., Wang, M. C., & Walberg, H. J. (1987). The necessary restructuring of special and regular education. *Exceptional Children, 53*, 391–198.

Riley-Tillman, T. C., & Burns, M. K. (2010). *Evaluating educational interventions: Single-case design for measuring response to intervention*. New York: Guilford Press. Riley-Tillman,

T. C., Burns, M. K., & Gibbons, K. (2013). *RTI applications: Vol. 2. Assessment, analysis, and decision making*. New York: Guilford Press.

Roeser, R. W., & Eccles, J. S. (2000). Schooling and mental health. In A. J. Sameroff, M. Lewis, & S. M. Miller (Eds.), *Handbook of developmental psychopathology* (2nd ed., pp. 135–156). New York: Kluwer Academic/Plenum.

Rogers, E. (2003). *Diffusion of innovations* (5th ed.). New York: Free Press.

Ross, S. W., & Horner, R. H. (2009). Bully prevention in positive behavior support. *Journal of Applied Behavior Analysis, 42*, 747–759.

Sadler, C. (2000). Effective behavior support implementation at the district level: Tigard-Tualatin school district. *Journal of Positive Behavior Interventions, 2*, 241–243.

Sadler, C. (2003, March). *EBIS: Effective behavior and instructional support*. Paper presented at the first annual EBIS statewide conference, Corvallis, OR.

Sadler, C., & Sugai, G. (2009). Effective behavior and instructional support: A district model for early identification and prevention of reading and behavior problems. *Journal of Positive Behavior Interventions, 11*, 35–46.

Sanche, B. (1976, October). *Implementing the SEECC model of special education service delivery in rural Saskatchewan.*

Paper presented at the National Congress of the Council for Exceptional Children, Saskatoon, Saskatchewan, Canada.

Sanford, A. K., & Horner, R. H. (2013). Effects of matching instruction difficulty to reading level for students with escape-maintained problem behavior. *Journal of Positive Behavior Interventions, 15*, 79-89.

Schaper, A., McIntosh, K., & Hoselton, R. (2016). Within-year growth in implementation fidelity of SWPIS during installation and initial implementation. *School Psychology Quarterly, 31*, 358-368.

Scott, T. M., Anderson, C. M., & Alter, P. (2012). *Managing classroom behavior using positive behavior supports*. Upper Saddle River, NJ: Pearson.

Scott, T. M., & Barrett, S. B. (2004). Using staff and student time engaged in disciplinary procedures to evaluate the impact of school-wide PBS. *Journal of Positive Behavior Interventions, 6*, 21-27.

Seligman, M. E. P. (1972). Learned helplessness. *Annual Review of Medicine, 23*, 407-412.

Seligman, M. E. P. (2002). Positive psychology, positive prevention, and positive therapy. In C. R. Cnyder & S. J. Lopez (Eds.), *Handbook of positive psychology* (pp. 3-9). New York: Oxford University Press.

Severson, H. H., Walker, H. M., Hope-Doolittle, J., Kratochwill, T. R., & Gresham, F. M. (2007). Proactive, early screening to detect behaviorally at-risk students: Issues, approaches, emerging innovations, and professional practices. *Journal of School Psychology, 45*, 193-223.

Shapiro, E. S. (2010). *Academic skills problems: Direct assessment and intervention* (4th ed.). New York: Guilford Press.

Shaywitz, B. A., Shaywitz, S. E., Blachman, B. A., Pugh, K. R., Fulbright, R. K., Skudlarski, P., . . . Mar-chione, K. E. (2004). Development of left occipitotemporal systems for skilled reading in children after a phonologically-based intervention. *Biological Psychiatry, 55*, 926-933.

Shinn, M. R. (2008). Best practices in using curriculum-based measurement in a problem-solving model. In A. Thomas & J. P. Grimes (Eds.), *Best practices in school psychology V* (pp. 243-261). Bethesda, MD: National Association of School Psychologists.

Sideridis, G. D., Antoniou, F., Stamovlasis, D., & Morgan, P. L. (2013). The relationship between victimization at school and achievement: The cusp catastrophe model for reading performance. *Behavioral Disorders, 38*, 228-242.

Sindelar, P. T., Shearer, D. K., Yendol-Hoppey, D., & Liebert, T. W. (2006). The sustainability of inclusive school reform. *Exceptional Children, 72*, 317-331.

Singleton, G. E., & Linton, C. (2005). *Courageous conversations about race: A field guide for achieving equity in schools*. Thousand Oaks, CA: Corwin Press.

Skiba, R. J., Horner, R. H., Chung, C., Rausch, M. K., May, S. L., & Tobin, T. (2011). Race is not neutral: A national investigation of African American and Latino disproportionality in school discipline. *School Psychology Review, 40*, 85-107.

Skiba, R. J., Simmons, A. B., Ritter, S., Gibb, A. C., Rausch, M. K., Cuadrado, J., & Chung, C. (2008). Achieving equity in special education: History, status, and current challenges. *Exceptional Children, 74*, 264-288.

Skinner, B. F. (1953). *Science and human behavior*. New York: Macmillan.

Simeonsson, R. J. (Ed.). (1994). *Risk, resilience and prevention: Promoting the well-being of all children*. Baltimore, MD: Brooks.

Simmons, D. C., Kame'enui, E. J., Good, R. H., Harn, B. A., Cole, C., & Braun, D. (2002). Building, implementing, and sustaining a beginning reading model: Lessons learned school by school. In M. R. Shinn, H. M. Walker, & G. Stoner (Eds.), *Interventions for academic and behavioral problems II: Preventive and remedial approaches* (pp. 403-432). Bethesda, MD: National Association of School Psychologists.

Social and Character Development Research Consortium. (2010). *Efficacy of schoolwide programs to promote social and character development and reduce problem behavior in elementary school children*. (NCER 2011-2001). Washington,

DC: National Center for Education Research, Institute of Education Sciences, U.S. Department of Education.

Sprague, J. R., Colvin, G., & Irvin, L. K. (2002). *The school safety survey* (2nd ed.). Eugene, OR: Institute on Violence and Destructive Behavior.

Spira, E. G., Bracken, S. S., & Fischel, J. E. (2005). Predicting improvement after first-grade reading difficulties: The effects of oral language, emergent literacy, and behavior skills. *Developmental Psychology, 41*, 225-234.

Sprick, R. (2009). *CHAMPS: A proactive and positive approach to classroom management* (2nd ed.) Eugene, OR: Pacific Northwest Publishing.

Sprick, R., Knight, J., Reinke, W. M., & McKale, T. (2006). *Coaching for positive classrooms: Supporting teachers with classroom management*. Eugene, OR: Pacific Northwest Publishing.

Stewart, R. M., Benner, G. J., Martella, R. C., & Marchand-Martella, N. E. (2007). Three-tier models of reading and behavior: A research review. *Journal of Positive Behavior Interventions, 9*, 239-253.

St. Martin, K. A., Huth, E., & Harms, A. (2015). *Reading Tiered Fidelity Inventory Comprehensive Edition*. Lansing, MI: Michigan's Integrated Behavior and Learning Support Initiative, Michigan Department of Education.

St. Martin, K. A., Nantais, M., & Harms, A., Huth, E. (2015). *Reading Tiered Fidelity Inventory(Elementary-Level Edition)*. Lansing, MI: Michigan Department of Education, Michigan's Integrated Behavior and Learning Support Initiative.

St. Martin, K. A., Nantais, M., & Harms, A. (2015). *Reading Tiered Fidelity Inventory (Secondary-Level Edition)*. Lansing, MI: Michigan Department of Education, Michigan's Integrated Behavior and Learning Support Initiative.

St. Martin, K. A., Ward, C., Fixsen, D., Harms, A., & Russell, C. (2015). Regional Capacity Assessment. Unpublished instrument, University of North Carolina at Chapel Hill.

Stoll, L., Bolam, R., McMahon, A., Wallace, M., & Thomas, S. (2006). Professional learning communities: A review of the literature. *Journal of Educational Change, 7*, 221-258.

Stollar, S. A., Poth, R. L., Curtis, M. J., & Cohen, R. M. (2006). Collaborative strategic planning as illustration of the principles of systems change. *School Psychology Review, 35*, 181-197.

Stormont, M., Reinke, W. M., Herman, K. C., & Lembke, E. S. (2012). *Academic and behavior supports for at-risk students: Tier 2 interventions*. New York: Guilford Press.

Stormshak, E. A., Fosco, G. M., & Dishion, T. J. (2010). Implementing interventions with families in schools to increase youth school engagement: The family check-up model. *School Mental Health, 2*, 82-92.

Strickland-Cohen, M. K., McIntosh, K., & Horner, R. H. (2014). Sustaining effective practices in the face of principal turnover. *Teaching Exceptional Children, 46*(3), 18-24.

Sugai, G. (2010). *Committee/group self-assessment and action planning (working smarter matrix)*. Eugene, OR: Center on Positive Behavioral Interventions and Supports, University of Oregon.

Sugai, G., & Horner, R. H. (2009a). Defining and describing schoolwide positive behavior support. In W. Sailor, G. Dunlap, G. Sugai, & R. H. Horner (Eds.), *Handbook of positive behavior support* (pp. 307-326). New York: Springer.

Sugai, G., & Horner, R. H. (2009b). Responsiveness-to-intervention and school-wide positive behavior supports: Integration of multi-tiered system approaches. *Exceptionality, 17*, 223-237.

Sugai, G., Horner, R. H., Algozzine, R., Barrett, S., Lewis, T., Anderson, C., . . . Simonsen, B. (2010). *School-wide positive behavior support: Implementation blueprint and self-assessment* (2nd ed.). Eugene, OR: University of Oregon. Available at *http://pbis.org/resource/216*.

Sugai, G., Horner, R., Fixsen, D., & Blase, K. (2010). Developing systems-level capacity for RTI implementation: Current efforts and future directions. In T. A. Glover & S. Vaughn (Eds.), *The promise of response to intervention: Evaluating current science and practice* (pp. 286-309). New York: Guilford Press.

Sugai, G., Horner, R. H., & Lewis-Palmer, T. L. (2001). *Team Implementation Checklist (TIC)*. Eugene, OR: Educational and Community Supports. Available at *www.pbis.org*.

Sugai, G., Horner, R. H., & Todd, A. W. (2000). *PBIS Self-Assessment Survey 2.0*. Eugene, OR: Educational and Community Supports. Available at *www.pbisapps.org*.

Sugai, G., Kame'enui, E. J., Horner, R. H., & Simmons, D. C. (2002). *Effective instructional and behavioral support systems: A school-wide approach to discipline and early literacy*. Washington, DC: U.S. Office of Special Education Programs.

Sugai, G., Lewis-Palmer, T. L., Todd, A. W., & Horner, R. H. (2001). *School-wide Evaluation Tool (SET)*. Eugene, OR: Educational and Community Supports. Available at *www.pbis.org*.

Sugai, G., Sprague, J. R., Horner, R. H., & Walker, H. M. (2000). Preventing school violence: The use of office discipline referrals to assess and monitor school-wide discipline interventions. *Journal of Emotional and Behavioral Disorders, 8*, 94–101.

Sugai, G., & Todd, A. W. (2004). *Conducting leadership team meetings* (2nd ed.). Eugene, OR: Center on Positive Behavioral Interventions and Supports, University of Oregon.

Sugai, G., & Todd, A. W. (2006). *Coaching introduction and readiness self-assessment* (2nd ed.). Eugene, OR: Center on Positive Behavioral Interventions and Supports, University of Oregon.

Sullivan, E., & Daily, J. (2013, March). *Family school and community partnerships within a multi-tiered system of supports*. Paper presented at the International APBS Conference, San Diego, CA.

Sutherland, K. S., & Snyder, A. (2007). Effects of reciprocal peer tutoring and self-graphing on reading fluency and classroom behavior of middle school students with emotional or behavioral disorders. *Journal of Emotional and Behavioral Disorders, 15*, 103–118.

Tilly, W. D., Reschly, D. J., & Grimes, J. P. (1998). Disability determination in problem solving systems: Conceptual foundations and critical components. In D. J. Reschly, W. D. Tilly, & J. P. Grimes (Eds.), *Functional and noncategorical identification and intervention in special education* (pp. 285–300). Des Moines, IA: State of Iowa Department of Education.

Tobin, T. J., & Vincent, C. G. (2011). Strategies for preventing disproportionate exclusions of African American students. *Preventing School Failure, 55*, 192–201.

Todd, A. W., Horner, R. H., Berry, D., Sanders, C., Bugni, M., Currier, A., . . . Algozzine, K. (2012). A case study of team-initiated problem solving addressing student behavior in one elementary school. *Journal of Special Education Leadership, 25*, 81–89.

Todd, A. W., Horner, R. H., Newton, J. S., Algozzine, R. F., Algozzine, K. M., & Frank, J. L. (2011). Effects of team initiated problem solving on meeting practices of schoolwide behavior support teams. *Journal of Applied School Psychology, 27*, 42–59.

Todd, A. W., Horner, R. H., Sugai, G., & Colvin, G. (1999). Individualizing school-wide discipline for students with chronic problem behaviors: A team approach. *Effective School Practices, 17*, 72–82.

Todd, A. W., Sampson, N. K., & Horner, R. H. (2005). Data-based decision making using office discipline referral data from the School-Wide Information System (SWIS). *Association for Positive Behavior Support Newsletter, 2*(2), 3.

Torgesen, J. K. (2006). *A comprehensive K-3 reading assessment plan: Guidance for school leaders*. Portsmouth, NH: RMC Research Corporation, Center on Instruction.

Trzesniewski, K. H., Moffitt, T. E., Caspi, A., Taylor, A., & Maughan, B. (2006). Revisiting the association between reading achievement and antisocial behavior: New evidence of an environmental explanation from a twin study. *Child Development, 77*, 72–88.

Turri, M. G., Mercer, S. H., McIntosh, K., Nese, R. N. T., & Hoselton, R. (in press). Assessing barriers to sustainability of school-based interventions and effects on fidelity of implementation. *Assessment for Effective Intervention*.

Tyack, D. B., & Cuban, L. (1995). *Tinkering toward utopia: A century of public school reform*. Cambridge, MA: Harvard University Press.

University of Oregon, Center on Teaching and Learning. (2007). *EBISS District Systems Support Plan*. Unpublished instrument. University of Oregon, Center on Teaching and Learning.

U.S. Census Bureau, (2013). *2013 Population Estimates*. Retrieved from http://quickfacts.census.gov. U.S. Department of Justice. (2011). Attorney General Holder, Secretary Duncan announce effort to respond to school-to-prison pipeline by supporting good discipline practices [Press release]. Retrieved from *www.justice.gov/opa/pr/2011/July/11-ag-951.html*.

U.S. Departments of Education and Justice. (2014). Dear Colleague letter: Nondiscriminatory administration of school discipline. Retrieved from *www2.ed.gov/about/offices/list/ocr/letters/colleague-201401-title-vi.html*.

Valli, L., & Buese, D. (2007). The changing roles of teachers in an era of high-stakes accountability. *American Educational Research Journal, 44*, 519-588.

VanDerHeyden, A. M., & Witt, J. C. (2008). Best practices in can't do/won't do assessment. In A. Thomas & J. P. Grimes (Eds.), *Best practices in school psychology V* (pp. 131-139). Bethesda, MD: National Association of School Psychologists.

VanDerHeyden, A. M., Witt, J. C., & Gilbertson, D. (2007). A multi-year evaluation of the effects of a response to intervention (RTI) model on identification of children for special education. *Journal of School Psychology, 45*, 225-256.

Vaughn, S., Cirino, P. T., Wanzek, J., Wexler, J., Fletcher, J. M., Denton, C. D., & Barth, A. (2010). Response to intervention for middle school students with reading difficulties: Effects of a primary and secondary intervention. *School Psychology Review, 39*, 3-21.

Vaughn, S., Linan-Thompson, S., & Hickman, P. (2003). Response to instruction as a means of identifying students with reading/learning disabilities. *Exceptional Children, 69*, 391-409.

Vellutino, F. R., Scanlon, D. M., Sipay, E. R., Small, S. G., Pratt, S., Chen, R., & Denckla, M. B. (1996). Cognitive profiles of difficult-to-remediate and readily remediated poor readers: Early intervention as a vehicle for distinguishing between cognitive and experiential deficits as basic causes of specific reading disability. *Journal of Educational Psychology, 88*, 601-638.

Vincent, C. G., Swain-Bradway, J., Tobin, T. J., & May, S. (2011). Disciplinary referrals for culturally and linguistically diverse students with and without disabilities: Patterns resulting from school-wide positive behavior support. *Exceptionality, 19*, 175-190.

Volpe, R. J., DuPaul, G. J., DiPerna, J. C., Jitendra, A., Lutz, J. G., Tresco, K., & Junod, R. V. (2006). Attention deficit hyperactivity disorder and scholastic achievement: A model of mediation via academic enablers. *School Psychology Review, 35*, 47-61.

Volpe, R. J., & Fabiano, A. (2013). *Daily behavior report cards: An evidence-based system of assessment and intervention*. New York: Guilford Press.

Waasdorp, T. E., Bradshaw, C. P., & Leaf, P. J. (2012). The impact of schoolwide positive behavioral interventions and supports on bullying and peer rejection. *Archives of Pediatrics and Adolescent Medicine, 166*, 149-156.

Walker, B., & Cheney, D. (2012). *The SAPR-PBIS manual: A team-based approach to implementing effective schoolwide positive behavior interventions and supports*. Baltimore, MD: Brookes.

Walker, H. M., Horner, R. H., Sugai, G., Bullis, M., Sprague, J. R., Bricker, D., & Kaufman, M. J. (1996). Integrated approaches to preventing antisocial behavior patterns among school-age children and youth. *Journal of Emotional and Behavioral Disorders, 4*, 194-209.

Walker, H. M., & Severson, H. (1992). *Systematic screening for behavior disorders* (2nd ed.). Longmont, CO: Sopris West.

Wang, M. C., Haertel, G. D., & Walberg, H. J. (1997). Learning influences. In H. J. Walberg & G. D. Haertel (Eds.), *Psychology and educational practice* (pp. 199-211). Berkeley, CA: McCutchan.

Wanzek, J., Al Otaiba, S., & Petscher, Y. (2013). Oral reading fluency development for children with emotional disturbance or learning disabilities. *Exceptional Children, 80*, 187-204.

Wanzek, J., Vaughn, S., Kim, A., & Cavanaugh, C. L. (2006). The effects of reading interventions on social outcomes for elementary students with reading difficulties: A synthesis. *Reading & Writing Quarterly, 22*, 121-138.

Ward, C., St. Martin, K., Horner, R., Duda, M., Ingram-West, K., Tedesco, M., . . . Chaparro, E. (2015). District Capacity Assessment. Unpublished instrument, University of North Carolina at Chapel Hill.

Wehby, J. H., Falk, K. B., Barton-Arwood, S., Lane, K. L., & Cooley, C. (2003). The impact of comprehensive reading instruction on the academic and social behavior of students with emotional and behavioral disorders. *Journal of Emotional and Behavioral Disorders, 11*, 225-238.

Wehby, J. H., Lane, K. L., & Falk, K. B. (2003). Academic instruction of students with emotional and behavioral disorders. *Journal of Emotional and Behavioral Disorders, 11*, 194-197.

Westen, D., & Morrison, K. (2001). A multidimensional meta-analysis of treatments for depression, panic, and generalized anxiety disorder: An empirical examination of the status of empirically supported therapies. *Journal of Consulting and Clinical Psychology, 69*, 875-899.

Wickstrom, K. F., Jones, K. M., LaFleur, L. H., & Witt, J. C. (1996). An analysis of treatment integrity in school-based behavioral consultation. *School Psychology Quarterly, 13*, 141-154.

Witt, J. C., Daly, E. J., & Noell, G. H. (2000). *Functional assessments: A step-by-step guide to solving academic and behavior problems*. Longmont, CO: Sopris West.

Wong, H. K., Wong, R. T., & Seroyer, C. (1998). *The first days of school: How to be an effective teacher*. Mountain View, CA: Harry K. Wong.

Yong, M., & Cheney, D. A. (2013). Essential features of tier 2 social-behavioral interventions. *Psychology in the Schools, 50*, 844-861.

Young, E. L., Caldarella, P., Richardson, M. J., & Young, K. R. (2012). *Positive behavior support in secondary schools: A practical guide*. New York: Guilford Press.

찾아보기

인명

내용

저자 소개

켄트 매킨토시(Kent McIntosh), Ph.D.

켄트 매킨토시 박사는 오리건 대학교(University of Oregon) 교육대학 부교수이자 동 대학 산하 연구기관인 Educational and Community Supports 소장을 맡고 있다. 또한 미국 특수교육 사무국(OSEP)이 지원하는 전국 긍정적 행동중재와 지원(PBIS) 기술지원센터의 공동 연구책임자로 활동하고 있다. 매킨토시 박사의 주요 연구 관심사는 학업 · 행동 반응-중재(RTI) 통합 체계 등 학교 기반 중재의 실행 및 지속 가능성, 학교 징계의 형평성 문제이다. 그는 50편 이상의 국제학술지 논문, 무료 웨비나 · 워크숍, 그리고 학업 능력과 문제행동, 기능적 행동 평가의 타당성, 학교 전체 PBIS가 학업성취에 미치는 영향, 교무실 징계 기록의 타당성 등을 주제로 한 수차례의 기조강연을 통해 연구 결과를 널리 보급해 왔다. 해당 연구는 미국과 캐나다의 연방 기관 다수로부터 연구비를 지원받았다. 연구 활동 외에도 매킨토시 박사는 PBIS 분야의 전국 강사 · 컨설턴트 · 평가자로 일하고 있으며, 과거에는 학교심리사 · 교사 연수 강사 특수 및 일반학급 교사로 근무한 경험이 있다.

스티브 굿맨(Steve Goodman), Ph.D.

스티브 굿맨 박사는 미시간주 통합 행동 · 학습 지원 사업(MiBLSi) 디렉터이자, 전국 PBIS 기술지원센터의 파트너로 활동하고 있다. 그는 학업(읽기)과 행동 지원을 통합한 모델 시범 사업(OSEP 지원)의 미시간주 책임연구자(PI)로 첫 공모에 선정된 바 있다. 굿맨 박사는 특수교사 · 교사 컨설턴트 · 연수 강사로서 30여 년간 교육 현장 경험을 쌓아 왔으며, 미시간주 PBIS 프로젝트의 트레이너로 활동해 왔다. 연구 · 저술 활동도 활발하여 학술 논문과 도서 챕터를 공동 저술했고, 국내외 학술대회에서 다수의 발표를 진행했다. 현재 그는 국제 긍정적 행동 지원 학회(Association for Positive Behavior Support)의 이사로서, 행동 및 읽기 지원 분야의 검증된 실천을 미국 전역과 전 세계 학교 현장에 확산하여 학생 성과 향상에 기여하는 것을 목표로 하고 있다.

역자 소개

손승현(Son, Seunghyun)

The University of Texas at Austin Ph.D.

전 한국학습장애학회 회장

현 고려대학교 교육학과 교수

강영모(Kang, Youngmo)

고려대학교 대학원 교육학박사(자폐 및 정서행동장애)

현 대구사이버대학교 행동치료학과 특임교수

국제공인행동분석가-박사급(BCBA-D)

고서연(Ko, Seoyeon)

고려대학교 대학원 교육학박사(학습장애)

현 고려대학교 교육학과 겸임교수

건국대학교 교육대학원 겸임교수

김미령(Jin, Meiling)

고려대학교 대학원 교육학박사(학습장애)

현 고려대학교 연구교수

백영선(Paek, Youngsun)

고려대학교 대학원 교육학박사(긍정적 행동지원)

현 서울시교육청 행동중재전문관

고려대학교 교육학과 겸임교수

학생맞춤통합지원체계 구축하기

다층지원체계(MTSS): 기초학력과 정서행동 지원의 통합

Integrated Multi-Tiered Systems of Support
Blending RTI and PBIS

2025년 10월 20일 1판 1쇄 인쇄
2025년 10월 30일 1판 1쇄 발행

지은이 • Kent McIntosh · Steve Goodman
옮긴이 • 손승현 · 강영모 · 고서연 · 김미령 · 백영선
펴낸이 • 김진환
펴낸곳 • (주)학지사
04031 서울특별시 마포구 양화로 15길 20 마인드월드빌딩
대표전화 • 02-330-5114 팩스 • 02-324-2345
등록번호 • 제313-2006-000265호

홈페이지 • http://www.hakjisa.co.kr
인스타그램 • https://www.instagram.com/hakjisabook

ISBN 978-89-997-3540-0 93370

정가 27,000원